*O amigo ama em todos os momentos;
é um irmão na adversidade.*

Provérbios 17.17

PETIÇÕES & PRÁTICA CÍVEL

GUILHERME KRONEMBERG HARTMANN
RODOLFO KRONEMBERG HARTMANN

PETIÇÕES &
PRÁTICA CÍVEL

Ideal para o exercício da Advocacia e o EXAME DA OAB

5ª edição, revista e atualizada

Niterói, RJ
2022

 © 2022, Editora Impetus Ltda.

Editora Impetus Ltda.
Av. Ernani do Amaral Peixoto, 507 – Loja 05 – Centro – Niterói – RJ
CEP: 24.020-072 – Telefax: (21) 2621-7007

CONSELHO EDITORIAL:
ANA PAULA CALDEIRA • BENJAMIN CESAR DE AZEVEDO COSTA
CELSO JORGE FERNANDES BELMIRO • ED LUIZ FERRARI • EUGÊNIO ROSA DE ARAÚJO
FÁBIO ZAMBITTE IBRAHIM • FERNANDA PONTES PIMENTEL
IZEQUIAS ESTEVAM DOS SANTOS • MARCELO LEONARDO TAVARES
RENATO MONTEIRO DE AQUINO • ROGÉRIO GRECO
VITOR MARCELO ARANHA AFONSO RODRIGUES • WILLIAM DOUGLAS

PROJETO GRÁFICO: SBNIGRI ARTES E TEXTOS LTDA.
EDITORAÇÃO ELETRÔNICA: SBNIGRI ARTES E TEXTOS LTDA.
CAPA: EDITORA IMPETUS LTDA.
REVISÃO DE PORTUGUÊS: CARMEM BECKER
IMPRESSÃO E ENCADERNAÇÃO: VOZES GRÁFICA E EDITORA LTDA.

DATA DE FECHAMENTO DA EDIÇÃO: 18/03/2022

H333p
  Hartmann, Rodolfo Kronemberg
    Petições e prática cível / Rodolfo Kronemberg Hartmann, Guilherme Kronemberg Hartmann. 5. ed. – Niterói, RJ: Impetus, 2022
    572 p. ; 17x24cm.

    ISBN: 978-65-86044-34-8

    1. Processo civil – Brasil – Prática forense. 2. Petição inicial (Processo civil) – Brasil. 3. Petições (Direito) – Brasil. I. Hartmann, Guilherme Kronemberg II. Título.

    CDD: 347.8105

O autor é seu professor; respeite-o: não faça cópia ilegal.
TODOS OS DIREITOS RESERVADOS – É proibida a reprodução, salvo pequenos trechos, mencionando-se a fonte. A violação dos direitos autorais (Lei nº 9.610/1998) é crime (art. 184 do Código Penal). Depósito legal na Biblioteca Nacional, conforme Decreto nº 1.825, de 20/12/1907.
A **Editora Impetus** informa que quaisquer vícios do produto concernentes aos conceitos doutrinários, às concepções ideológicas, às referências, à originalidade e à atualização da obra são de total responsabilidade do autor/atualizador.

www.impetus.com.br

Dedicatória

À Paula e à nossa princesa Antônia, com amor.

Guilherme Kronemberg Hartmann.

Este livro é especialmente dedicado
À Geisa, ao Matheus e ao Lucas,
Aos meus pais, irmãos, sobrinha e afilhado,
Aos meus sogros e cunhado,
Aos cumpadres (com "u" mesmo),
Ao Raphael Hammoud e ao Fábio de Oliveira
E aos advogados e estudantes de Direito de todo o Brasil.

Rodolfo Kronemberg Hartmann.

Os Autores

Guilherme Kronemberg Hartmann

- Advogado.
- Doutor e Mestre em Direito Processual (UERJ).
- Pós-graduado em Direito Público e Privado (EMERJ/UNESA).
- Professor Adjunto de Direito Processual Civil (UFRJ).
- Professor em cursos de pós-graduação (AMPERJ, EMERJ, FEMPERJ, FESUDEPERJ, ESA/OAB, CEPED/UERJ).
- Coordenador do Escritório Modelo Cível (UERJ, 2013-2015).
- Vice-Presidente da Comissão de Recuperação de Ativos da OAB-RJ (triênio 2019-2021).
- Membro fundador do Instituto Carioca de Direito Processual (ICPC).
- Autor do livro *Competência no processo civil*: da teoria tradicional à gestão judicial da competência adequada. Salvador: JusPodivm, 2021.
- <http://www.hartmannadv.com.br>.
- <@guilhermekhartmann>.

Rodolfo Kronemberg Hartmann

- Juiz Federal – RJ.
- Doutorando (UNESA) e Mestre em Direito (UGF-RJ).
- Coordenador Adjunto de Processo Civil (EMERJ, 2006-2013).
- Coordenador da pós-graduação de Processo Civil (EMERJ e Verbo Jurídico).
- Examinador de Processo Civil para ingresso na EMERJ (2006-2011, 2016 e 2018).
- Coordenador da Comissão de Processo Civil (EMARF).
- Professor de disciplina presencial e telepresencial (UNESA e PROAB).
- Professor de pós-graduação e palestrante em vários Estados.
- Membro fundador do Instituto Carioca de Direito Processual (ICPC).
- Autor do livro *Curso Completo do Novo Processo Civil*, 7. ed. Niterói: Impetus, 2021.
- Articulista em diversas obras.
- <http://www.rodolfohartmann.com.br>.
- <@rodolfo_kronemberg_hartmann>

Prefácio

Com muita alegria, recebi dos meus filhos Rodolfo e Guilherme o convite para redigir o prefácio do livro por eles escrito, abrangendo a prática jurídica cível, ilustrada com modelos de petições e contratos inerentes ao exercício da profissão de advogado e do interesse de todos os acadêmicos de Direito.

Como pai e advogado militante, registrado na OAB há 48 anos, prefaciar esse livro constituiu uma das maiores conquistas da minha vida, tanto pessoal como profissional e posso dizer que estou comemorando o fato tão efusivamente como se tivesse ganho uma medalha de ouro olímpica.

Sempre tive orgulho pelo fato de os meus três filhos haverem escolhido a mesma profissão que a minha e, também, porque eles deram seus primeiros passos na prática forense atuando no meu escritório, existente há 43 anos no centro do Rio de Janeiro. Rodolfo me deixou primeiro ao ingressar nas fileiras da magistratura federal, e não parou por aí: é autor de diversos livros publicados, tornou-se professor renomado, palestrante em diferentes Estados e articulista em variadas publicações. Maurício, também advogado empresarial, tornou-se leiloeiro público oficial do Estado do Rio de Janeiro, abrindo o leque dos seus horizontes profissionais. Guilherme, o caçula, é advogado militante, ingressou de corpo e alma no magistério superior e, como o irmão mais velho, ministra aulas em várias instituições de ensino, atua como professor concursado na Faculdade Nacional de Direito (FND/UFRJ), além de já ter dado significativos passos na vida acadêmica com livro e artigos publicados.

Relembro com carinho da época em que, por dois anos e meio, eu dava carona ao Rodolfo para deixá-lo às 07h:50min na porta da Emerj e depois, quando por igual período, levava o Guilherme ao mesmo local, uma vez que ele seguiu os passos do irmão, tendo os dois completado o curso com sucesso. Não me esqueço de que o Rodolfo, neste trajeto, sempre fazia uma revisão da matéria das provas em voz alta, fazendo-me de motorista-ouvinte. Passados alguns anos, ambos tornaram-se professores efetivos dessa mesma instituição de excelência e vejo que minha "carona amiga" inspirou bons resultados. Agora fico na expectativa de ver se meus netinhos, Matheus, Lucas e Antônia, seguirão o mesmo caminho.

Cabe-me como pai, colega e amigo, continuar torcendo por eles e, na verdade, minha esposa Nádia e eu sentimo-nos imensamente felizes pela prole que criamos e encaminhamos na vida. Nossos saudosos pais Pedro e Dulce Hartmann, Nelson e Eunice Kronemberg, devem ser lembrados com carinho, pois muito contribuíram para a formação dos netos.

Assim como eu, espero que todos aqueles que percorrerem as páginas deste livro sintam-se satisfeitos com essa nova fonte de pesquisa literária, porque a obra que lhes é oferecida, escrita a quatro mãos por um juiz e um advogado, conjugando a experiência e o talento de ambos, traz um formato ímpar de abordagem sobre a prática processual cível e contempla seus leitores com modelos instrutivos e eficazes de petições, o que constitui valioso trabalho para permanente consulta.

Rio de Janeiro, 15 de junho de 2016.

Carlos Afonso Hartmann

Nota dos autores – 5ª edição

Recordamos bem da época de criação da obra, de como era incerto dar certo o projeto de escrever sobre petições e prática cível num contexto de mercado já saturado de livros nessa temática de oferta copiosa e gratuita de peças processuais na internet (embora de qualidade suspeita). Nós acreditávamos que poderíamos ofertar um produto melhor e muito nos empenhamos para tanto, com o crucial apoio editorial.

Talvez o diferencial desta obra esteja na abordagem meticulosa de cada um dos institutos e peças processuais. Talvez seja o fato de o livro lograr seu objetivo de, a sério, colocar o(a) leitor(a) numa perspectiva elevada quanto ao assunto jurídico estudado. Talvez seja a exposição experimentada do conteúdo na visão conjugada, de juiz e de advogado, dos autores, ambos professores. Quem sabe tudo isso. Seja o que for, sabemos que não é qualquer livro que chega na 5ª edição. Estamos muito orgulhosos e agradecidos pela vigorosa acolhida do público.

Uma das novidades desta edição (2022) é a inversão do nome dos autores na capa, em reconhecimento de que ambos – irmãos de sangue, amizade e companheirismo, unidos na vida pessoal e profissional – estão em pé de igualdade na construção desta obra tão singular, tornando mais do que justa a referida troca da ordem de apresentação dos créditos. Faremos isso a cada nova edição deste livro e de outro que está surgindo em parceria.

A presente versão do *Petições & Prática Cível* foi devidamente atualizada com as mais recentes alterações normativas, a exemplo da Lei nº 14.195/2021, que aperfeiçoou o formato de *citação eletrônica* do demandado – sendo abordado nesta obra, inclusive, a controversa admissibilidade de comunicação processual por aplicativos de mensagem, como WhatsApp –; bem como da disciplina de reconhecimento da *prescrição intercorrente* em razão da execução frustrada. Além disso, foi acrescentado um modelo de "*Ação de Interdição*", em atenção às significativas alterações promovidas pelo Estatuto da Pessoa com Deficiência (Lei nº 13.146/2015). Também foram acrescentados inúmeros julgados relevantes, sobretudo dos Tribunais Superiores, o que deixa o(a) leitor(a) por dentro do que há de mais importante sobre as ferramentas do CPC/2015. Foram revisados e incluídos novos comentários dos autores sobre a "gestão e estratégia processual" e concernente ao "empreendedorismo jurídico".

Nosso propósito é e sempre foi oferecer um livro de "petições & prática cível" marcadamente *comentado*. Esperamos que gostem.

Rio de Janeiro, primavera de 2021.
Os autores.

Abreviaturas

ACO = Ação de competência originária
ADCT = Ato das Disposições Constitucionais Transitórias
AIJ = Audiência de Instrução e Julgamento
BB = Banco do Brasil
CC = Código Civil
CDA = Certidão de Dívida Ativa
CDC = Código de Defesa do Consumidor
CEF = Caixa Econômica Federal
CJF = Conselho da Justiça Federal
CLT = Consolidação das Leis Trabalhistas
CNJ = Conselho Nacional de Justiça
COJES = Comissão Judiciária de Articulação dos Juizados Especiais, TJ-RJ
CP = Código Penal
CPC = Código de Processo Civil
CPP = Código de Processo Penal
CRFB = Constituição da República Federativa do Brasil de 1988
CTN = Código Tributário Nacional
DETRAN = Departamento Estadual de Trânsito
DJ = Diário de Justiça
DL = Decreto-Lei
DO = Diário Oficial
DNA = Ácido Desoxirribonucleico
EC = Emenda Constitucional
ECT = Empresa de Correios e Telégrafos
ENFAM = Escola Nacional de Formação e Aperfeiçoamento de Magistrados
FGTS = Fundo de Garantia por Tempo de Serviço
FONAJE = Fórum Nacional de Juizados Especiais
FONAJEF = Fórum Nacional dos Juizados Especiais Federais
FPPC = Fórum Permanente de Processualistas Civis
HC = Habeas Corpus
IBDFAM = Instituto Brasileiro de Direito de Família
INFOJUD = Sistema de Informação ao Judiciário
INSS = Instituto Nacional de Seguridade Social
IRDR = Incidente de Resolução de Demandas Repetitivas

JEC = Juizado Especial Cível

JEC-RJ = Consolidação de Enunciados dos Juizados Especiais do Rio de Janeiro (Aviso nº 23/2008; e Aviso Conjunto TJ-RJ/COJES nº 15/2016)

JEFP = Juizados Especiais da Fazenda Pública

LINDB = Lei de Introdução às normas do Direito Brasileiro

LC = Lei Complementar

LEF = Lei de Execução Fiscal

LOMAN = Lei Orgânica da Magistratura

MP = Ministério Público

N.A.= Nota dos autores

OAB = Ordem dos Advogados do Brasil

RENAJUD = Restrições Judiciais sobre Veículos Automotores

RESP = Recurso especial

REXTR = Recurso extraordinário

RISTF = Regimento Interno do Supremo Tribunal Federal

RF = Receita Federal

RGI = Registro Geral de Imóveis

RPV = Requisição de Pequeno Valor

SS = Suspensão de Segurança

STA = Suspensão de tutela antecipada

STF = Supremo Tribunal Federal

STJ = Superior Tribunal de Justiça

STM = Supremo Tribunal Militar

TJ-RJ = Tribunal de Justiça do Estado do Rio de Janeiro

TRF2 = Tribunal Regional Federal da 2ª Região

V.G. = *Verbi Gratia* (locução latina com o significado de "por exemplo")

Sumário

Capítulo 1 – A Situação Concreta.. **1**

1.1.   Exposição da Situação Concreta e de suas mais de 50 Petições Vinculadas 1

Capítulo 2 – Petições Cíveis: Procedimento Comum **7**

2.1.   Petição Inicial 7

    2.1.1.   Petição Inicial Completa.. 7

    2.1.2.   Petição Inicial Simplificada, com Requerimento de Tutela Provisória de Urgência Antecipada 13

    2.1.3.   Petição Inicial Simplificada, com Requerimento de Tutela Provisória de Urgência Cautelar 16

2.2.   Resposta do Réu 20

    2.2.1.   Contestação 20

    2.2.2.   Reconvenção (Pleito Inserido na Contestação)..28

2.3.   Intervenção de Terceiros... 32

    2.3.1.   Requerimento para Ingresso do Assistente 32

    2.3.2.   Impugnação ao Ingresso do Assistente 34

    2.3.3.   Denunciação da Lide...36

    2.3.4.   Chamamento ao Processo 39

    2.3.5.   Requerimento de Desconsideração da Personalidade Jurídica......................41

    2.3.6.   Requerimento para Ingresso do *Amicus Curiae* 43

2.4.   Outras Petições no Procedimento Comum 45

    2.4.1.   Arguição de Impedimento ou Suspeição do Magistrado 46

    2.4.2.   Alegação de Desinteresse na Realização da Audiência de Conciliação e de Mediação.....48

    2.4.3.   "Réplica" do Autor Quanto aos Termos da Contestação 49

    2.4.4.   Requerimento de Desistência da Ação 51

    2.4.5.   Petição de Acordo (c/ Cláusulas Contratuais)..53

    2.4.6.   Requerimento de Gratuidade de Justiça 55

    2.4.7.   Requerimento de Impugnação a Gratuidade de Justiça 58

    2.4.8.   Requerimento para Realização do Julgamento Antecipado do Mérito..........59

    2.4.9.   Requerimento para Observância da Ordem de Publicação e Efetivação dos Pronunciamentos Judiciais 60

    2.4.10.   Produção Antecipada de Provas (Petição Inicial)..61

    2.4.11.   Requerimento de Inversão ou Dinamização do Ônus da Prova 64

    2.4.12.   Razões Finais / Memoriais pelo Demandante 67

2.4.13. Razões Finais / Memoriais pelo Demandado 69

2.5. Fluxogramas 71

Capítulo 3 – Petições Cíveis: Procedimentos Especiais de Jurisdição Contenciosa e Voluntária **75**

3.1. Ação de Consignação em Pagamento.. 75

3.2. Ação de Exigir Contas 78

3.3. Ações Possessórias 83

3.4. Embargos de Terceiro 88

3.5. Ação de Oposição.. 92

3.6. Ação Monitória 95

3.7. Embargos Monitórios 99

3.8. Ação de Usucapião (em Procedimento Comum).. 102

3.9. Requerimento de Falência.. 105

3.10. Ações sobre o Direito Sucessório... 110

3.10.1. Inventário e Partilha..110

3.10.2. Arrolamento 115

3.10.3. Petição Inicial com Requerimento de Alvará Judicial................................118

3.11. Ações de Família 121

3.11.1. Ação de Divórcio Litigioso..122

3.11.2. Ação de Divórcio Consensual..128

3.11.3. Ação de Reconhecimento e Dissolução de União Estável 132

3.11.4. Ação de Alimentos 137

3.11.5. Ação Revisional de Alimentos...142

3.11.6. Ação de Regulamentação de Guarda e de Regime de Visitação 146

3.11.7. Ação de Investigação de Paternidade...153

3.12. Ações Locatícias 158

3.12.1. Ação de Despejo (por Falta de Pagamento) 159

3.12.2. Ação Revisional de Aluguel...165

3.12.3. Ação Renovatória de Locação..169

3.13. Juizados Especiais Cíveis 173

3.13.1. Ação de Indenização nos Juizados Especiais Cíveis....................................173

3.13.2. Contestação nos Juizados Especiais Cíveis..179

3.13.3. Recurso Inominado nos Juizados Especiais Cíveis......................................184

3.14. Ação de Interdição.. 189

3.15. Fluxogramas 195

Capítulo 4 – Petições Cíveis: Liquidação e Cumprimento de Sentença.................................. 205

4.1. Liquidação 205

    4.1.1. Requerimento para Início da Etapa de Liquidação 205

4.2. Cumprimento de Sentença / Obrigação de Pagar... 207

    4.2.1. Cumprimento Provisório da Obrigação de Pagar..207

    4.2.2. Cumprimento Definitivo da Obrigação de Pagar 209

    4.2.3. Cumprimento de Decisão que Reconheça Obrigação de Pagar Alimentos....................212

    4.2.4. Cumprimento de Sentença de Obrigação de Pagar Devida pela Fazenda Pública 215

    4.2.5. Cumprimento da Decisão Estrangeira Homologada pelo STJ 219

    4.2.6. Requerimento para que a Decisão Judicial Seja Levada a Protesto............................221

    4.2.7. Impugnação ao Cumprimento de Sentença..222

    4.2.8. Requerimento para Início da Execução Invertida..226

4.3. Cumprimento de Sentença / Obrigação de Fazer, não Fazer ou para Entrega de Coisa 228

    4.3.1. Cumprimento de Sentença de Obrigação de Fazer, não Fazer ou para Entrega de Coisa 228

    4.3.2. Requerimento para Cumprimento Provisório/Definitivo das *Astreintes* 230

4.4. Fluxogramas 234

Capítulo 5 – Petições Cíveis: Execução Autônoma por Título Extrajudicial........................ 239

5.1. Execução por Quantia Certa Fundada em Título Extrajudicial.................................... 239

    5.1.1. Execução por Quantia Certa Fundada em Título Extrajudicial.................................239

    5.1.2. Execução de Alimentos Fundada em Título Extrajudicial.......................................242

    5.1.3. Execução em Face da Fazenda Pública Fundada em Título Extrajudicial 246

    5.1.4. Execução por Quantia Certa em Face de Devedor Insolvente Fundada em Título Extrajudicial ou Judicial 250

    5.1.5. Embargos à Execução 254

5.2. Execução por Obrigação de Fazer, Não Fazer ou para Entrega de Coisa Fundada em Título Extrajudicial.. 258

    5.2.1. Execução por Obrigação de Fazer, Não Fazer ou para Entrega de Coisa Fundada em Título Extrajudicial...259

5.3. Outras Petições na Execução de Título Extrajudicial 262

    5.3.1. Requerimento de Arresto Executivo 262

    5.3.2. Requerimento de Penhora *On-Line*...264

    5.3.3. Requerimento de Cancelamento da Penhora *On-Line* 267

    5.3.4. Requerimento de Consulta Eletrônica ao INFOJUD 269

    5.3.5. Requerimento de Consulta Eletrônica ao RENAJUD 272

    5.3.6. Requerimento de Penhora de Percentual do Faturamento de Empresa 273

    5.3.7. Arguição de Preferência em Penhora 275

    5.3.8. Requerimento de Substituição de Bem Penhorado 277

    5.3.9. Requerimento de Reconhecimento de Fraude a Execução..278

| 5.3.10. | Requerimento de Suspensão da Execução em Decorrência da Ausência de Bens Penhoráveis | 281 |

5.3.10. Requerimento de Suspensão da Execução em Decorrência da Ausência de Bens Penhoráveis 281

5.3.11. Requerimento de Pronúncia da Prescrição Intercorrente 283

5.3.12. Exceção de Pré-Executividade 285

5.3.13. Requerimento de Parcelamento/ Moratória Legal 287

5.4. Fluxogramas 290

Capítulo 6 – Petições Cíveis: Ações Autônomas e Incidentes de Competência Originária de Tribunal **297**

6.1. Ação Rescisória 297

6.2. Reclamação 305

6.3. Contestação a Reclamação 309

6.4. Mandado de Segurança 311

6.5. Resposta ao Mandado de Segurança 317

6.6. Homologação de Decisão Estrangeira 319

6.7. Conflito de Competência 322

6.8. Assunção de competência (IAC) 324

6.9. Incidente de Resolução de Demandas Repetitivas (IRDR) 327

6.10. Incidente de Arguição de Inconstitucionalidade 330

6.11. Suspensão de Liminar / de Tutela Antecipada / da Segurança 333

6.12. Fluxogramas 337

Capítulo 7 – Petições Cíveis: Recursos **341**

7.1. Recurso de Apelação 341

7.2. Contrarrazões ao Recurso de Apelação 346

7.3. Contrarrazões das Contrarrazões ao Recurso de Apelação 349

7.4. Requerimento de Efeito Suspensivo ao Recurso de Apelação 350

7.5. Agravo de Instrumento 352

7.6. Comunicação da Interposição do Agravo de Instrumento no Juízo de Primeira Instância ... 359

7.7. Contrarrazões ao Agravo de Instrumento 360

7.8. Agravo Interno 362

7.9. Contrarrazões ao Agravo Interno 365

7.10. Embargos de Declaração 367

7.11. Contrarrazões aos Embargos de Declaração 372

7.12. Recurso Ordinário 374

7.13. Contrarrazões ao Recurso Ordinário 377

7.14. Recurso Especial 379

7.15. Contrarrazões ao Recurso Especial 385

7.16. Recurso Extraordinário 387

7.17. Contrarrazões ao Recurso Extraordinário 393

7.18. Arguição de *Distinguishing* (Distinção) em Recurso Repetitivo 395

7.19. Requerimento de Efeito Suspensivo ao Recurso Especial ou Extraordinário 397

7.20. Agravo em Recurso Especial e em Recurso Extraordinário 400

7.21. Contrarrazões ao Agravo em Recurso Especial e em Recurso Extraordinário 403

7.22. Embargos de Divergência 405

7.23. Contrarrazões aos Embargos de Divergência 409

7.24. Fluxogramas 411

Capítulo 8 – Prática Forense **419**

8.1. Atuação do Advogado 419

    8.1.1. Preparação da Demanda 419

        8.1.1.1. Instrumento de procuração 422

        8.1.1.2. Instrumento de substabelecimento 424

        8.1.1.3. Contrato de honorários advocatícios 426

        8.1.1.4. Noções sobre empreendedorismo na seara advocatícia 429

    8.1.2. Sucessão de Advogados 431

        8.1.2.1. Petição de revogação de mandato 431

        8.1.2.2. Petição de renúncia ao mandato 432

    8.1.3. Gestão e Estratégia Processual 434

    8.1.4. Processo eletrônico 439

        8.1.4.1. Atuação no processo eletrônico 439

        8.1.4.2. Comunicação processual eletrônica 441

        8.1.4.3. Prazos no processo eletrônico 445

8.2. Institutos processuais relevantes e impactos do CPC/2015 na vida prática do advogado 447

    8.2.1. Direito Intertemporal 447

    8.2.2. Procedimentos 448

    8.2.3. Competência 449

    8.2.4. Gratuidade de Justiça 451

    8.2.5. Intervenção de Terceiros 451

    8.2.6. Imparcialidade do Magistrado 451

    8.2.7. Negócios Processuais 452

    8.2.8. Prazos 454

8.2.9.	Citação	456
8.2.10.	Intimações	457
8.2.11.	Petição Inicial: Pedido	458
8.2.12.	Tutela Provisória	459
8.2.13.	Resposta do Demandado	460
8.2.14.	Provas	461
8.2.15.	Sentença	463
8.2.16.	Cumprimento da Sentença	464
8.2.17.	Execução de Título Extrajudicial	466
8.2.18.	Recursos	469
8.2.19.	Incidentes nos Tribunais	474

8.3. Principais Prazos Processuais 475

8.3.1.	Parte Geral	475
8.3.2.	Processo de Conhecimento	477
8.3.3.	Cumprimento de Sentença	478
8.3.4.	Procedimentos Especiais	479
8.3.5.	Processo de Execução	479
8.3.6.	Processo nos Tribunais e Impugnação das Decisões Judiciais	480

8.4. Audiências e Sessão de Julgamento 480

8.4.1.	Disciplina Comum	480
8.4.2.	Audiência de Conciliação ou de Mediação	482
8.4.3.	Audiência de Saneamento Compartilhado e Organização da Instrução	488
8.4.4.	Audiência de Instrução e Julgamento	488
8.4.5.	Audiências nos Juizados Especiais Cíveis	494
8.4.6.	Sessão de Julgamento	499

8.5. Honorários Advocatícios 503

8.5.1.	Introdução	503
	8.5.1.1. Honorários contratuais/convencionais	506
	8.5.1.2. Honorários por arbitramento judicial	508
	8.5.1.3. Honorários sucumbenciais	508
8.5.2.	Espécies de Sucumbência e a Negativa de Compensação	510
8.5.3.	Fixação do Patamar dos Honorários Advocatícios	512
8.5.4.	Cálculo dos Honorários Advocatícios	513
8.5.5.	Cumulação de Verba Sucumbencial	514
8.5.6.	Verba Honorária Sucumbencial na Ação de Execução	515
8.5.7.	Verba Honorária Sucumbencial na Ação Monitória	516
8.5.8.	Verba Honorária Sucumbencial no Mandado de Segurança	516

8.6. Jurisprudência em Temas 517

8.6.1.	Bancário e cartão de crédito	517

8.6.2.	"Bem de família"	519
8.6.3.	Condomínio	520
8.6.4.	Consumidor: aplicação/inaplicação do CDC	522
8.6.5.	Consumidor: assuntos gerais	523
8.6.6.	Cadastro de inadimplentes e negativação indevida	524
8.6.7.	Dano moral	526
8.6.8.	Incorporação imobiliária	528
8.6.9.	Planos de saúde	529
8.6.10.	Transportes	531
8.6.11.	Seguro DPVAT	532
8.6.12.	Serviços públicos	533
8.7.	Alienação em Leilão Judicial.	534

Bibliografia Sugerida **543**

Capítulo 1
A Situação Concreta

1.1. Exposição da Situação Concreta e de suas mais de 50 Petições Vinculadas

CAIO CARVALHO promove demanda, em procedimento comum, objetivando receber R$ 30.000,00 (trinta mil reais) de TÍCIO TAVARES, em virtude de contrato de mútuo celebrado entre as partes, distribuindo **petição inicial completa** (item nº 2.1.1.). Optou por promover a demanda perante um juízo cível e requereu a gratuidade de justiça, que foi deferida. Manifestou, também, que não tinha interesse na realização da audiência de conciliação ou de mediação (art. 319, inc. VII, CPC).

TÍCIO TAVARES, por sua vez, foi regularmente citado e apresentou petição com **alegação de desinteresse na realização da aludida audiência de conciliação ou de mediação** (item nº 2.4.2.), razão pela qual o seu prazo para contestar foi antecipado (art. 335, inc. II, CPC).

Após, o demandado apresentou tempestiva **contestação** (item nº 2.2.1.). Nela, arguiu uma série de questões preliminares (art. 337, CPC). Mas, quanto ao mérito propriamente dito, negou a existência da obrigação vinculando o demandado (defesa de mérito direta), bem como argumentou que, ao tempo do suposto negócio jurídico, era incapaz (defesa de mérito indireta impeditiva). Também requereu a intervenção de terceiros, através de chamamento ao processo. Quase ao mesmo tempo, foi apresentado **requerimento para ingresso de assistente** (item nº 2.3.1.), como também **requerimento de ingresso de *amicus curiae*** (item nº 2.3.6.).

Na sequência, o autor se manifestou quanto aos termos da contestação, peça que é tradicionalmente denominada **"réplica"** (item nº 2.4.3.), assim como também apresentou **impugnação ao ingresso do assistente** (item nº 2.3.2.). Em seguida, o magistrado proferiu decisão interlocutória devidamente motivada, rejeitando todas as questões preliminares suscitadas pelo demandado, inclusive afastando a tese de incompetência absoluta do juízo, e, também, indeferindo todas as modalidades de intervenções de terceiros pretendidas no processo. Só que, ao ter ciência desta decisão, o demandado interpôs agravo de instrumento e suscitou conflito de competência.

No que diz respeito, precisamente, ao indeferimento do chamamento ao processo, é que houve, por parte do demandado, a interposição de **agravo de instrumento** (item nº 7.5.), constando posterior **comunicação da interposição do agravo de instrumento no juízo de primeira instância** (item nº 7.6.), o que levou o demandante a apresentar **contrarrazões ao**

2 ■ Petições e Prática Cível

agravo de instrumento (item nº 7.7.). A decisão agravada foi mantida e nenhum outro recurso foi interposto do acórdão proferido neste recurso. Já quanto ao capítulo da mesma decisão que reconheceu a competência do juízo da 10ª Vara Cível, como não se trata de situação incluída no rol que permite o aludido recurso (art. 1.015, CPC), alternativa outra não restou à parte do que suscitar o tema na forma de **conflito de competência** (item nº 6.7.), diretamente no Tribunal (art. 951 – art. 959, CPC). Este, porém, não teve êxito, tendo sido apreciado por decisão monocrática que reafirmou a competência do juízo originário.

Chamou a atenção, do demandante, a circunstância de que, no juízo da 10ª Vara Cível da Comarca da Capital, nem sempre estava sendo observada a ordem cronológica preferencial à qual se submete a serventia, de acordo com a ordem de chegada dos autos (art. 153, CPC), cuja norma prestigia a publicidade e a transparência das atividades desempenhadas pelo Poder Judiciário. Com efeito, peticionou fazendo **requerimento para observância da ordem de publicação e efetivação dos pronunciamentos judiciais** (item nº 2.4.9.).

Oportunamente, o magistrado atuante em primeira instância proferiu decisão interlocutória reduzindo, de ofício, o valor da causa para R$ 15.000,00 (quinze mil reais),o que encontra respaldo normativo (art. 292, parágrafo único, CPC). Em seguida, o demandante, por entender que não havia outras provas a serem produzidas, apresentou petição com **requerimento para realização de julgamento antecipado do mérito** (item nº 2.4.8.), muito embora seu requerimento tenha sido indeferido.

Algum tempo depois, o magistrado que atuava no processo foi promovido ao cargo de Desembargador quando, então, outro foi designado para assumir a titularidade do referido juízo em que tramitava o presente processo. Só que o demandante vislumbrou que o novo juiz era suspeito (art. 145, CPC), motivo pelo qual ofereceu **arguição de suspeição do magistrado** (item nº 2.4.1.). Após o regular processamento, o Tribunal considerou que esta peça deveria ser rejeitada, não tendo sido esta decisão objeto de qualquer outro recurso. E, logo em seguida, um dos advogados do demandante apresentou **petição de renúncia ao mandato** (item nº 8.1.5.), comunicando ao juízo e cumprindo todas as formalidades para tanto.

O demandado, posteriormente, também apresentou petição com **requerimento de inversão ou dinamização do ônus da prova** (item nº 2.4.11.), nos termos da legislação (art. 373, § 1º, CPC), mesmo não se tratando de relação de consumo. Mas, após ter sido oportunizado o contraditório (art. 9º, CPC), o requerimento foi negado por meio de decisão interlocutória devidamente fundamentada.

Por ocasião do saneamento do processo, o demandado postulou a produção de prova pericial, o que também foi indeferido motivadamente. Mas, como não se trata de decisão interlocutória passível de agravo de instrumento por ausência de previsão legal (fora do rol do art. 1.015, CPC), foi então impetrado **mandado de segurança** (item nº 6.4.), no Tribunal de Justiça que, após regular tramitação (inclusive com a apresentação, por parte do beneficiário da decisão impugnada, de **resposta ao mandado de segurança** – item nº 6.5.), denegou a segurança pretendida. Desta nova decisão do Tribunal, o demandado interpôs **recurso ordinário** (item nº 7.12.), tendo sido apresentadas as respectivas **contrarrazões ao recurso**

ordinário (item nº 7.13.). Este recurso, por sua vez, teve a sua admissibilidade e mérito analisados pelo STJ, entendendo-se pelo seu descabimento, o que importou na manutenção do indeferimento da produção de prova pericial.

Como a sua situação financeira se deteriorou, muito em razão da crise que assola o país, o demandado apresentou **requerimento de gratuidade de justiça** (item nº 2.4.6.), através de simples petição, o que foi deferido após regular processamento, pois o inconformismo apresentado pela outra parte, mediante **requerimento de impugnação à gratuidade de justiça** (item nº 2.4.7.), também através de mera petição, não foi acolhido.

Foi realizada audiência de instrução e julgamento, para a produção de prova oral. As partes requereram em ata que fosse permitida a apresentação de "memoriais" na forma escrita, em razão de o processo versar sobre questões complexas tanto de fato quanto de direito (art. 364, § 2º, CPC), o que foi deferido pelo magistrado. Então, foram apresentadas, sucessivamente, **razões finais pelo demandante** (item nº 2.4.12.), e, posteriormente, **razões finais pelo demandado** (item nº 2.4.13.).

O magistrado, após regular instrução, prolatou sentença julgando procedente o pedido formulado pelo demandante, razão pela qual condenou o demandado a lhe pagar o valor de R$ 15.000,00 (quinze mil reais). Porém, apesar de ter condenado o vencido a arcar com os consectários da sucumbência, acabou por isentar-lhe por ora destes recolhimentos (art. 98, § 3º, CPC). Diante do insucesso na demanda judicial, o demandado apresentou **petição de revogação do mandato** (item nº 8.1.4.), especificamente quanto a um dos seus advogados, mantendo os demais.

Além da cadeia recursal que será narrada abaixo, o vencido entendeu que a sentença proferida era em sentido oposto ao raciocínio que era dado ao tema pela jurisprudência do STJ, e, por este motivo, ajuizou uma **reclamação** (item nº 6.2.) diretamente neste Tribunal Superior. O beneficiário da decisão nem mesmo aguardou sua citação e compareceu espontaneamente aos autos trazendo sua **contestação à reclamação** (item nº 6.3.). Em seguida, o STJ rejeitou de plano a referida reclamação, por decisão que não foi impugnada por nenhum outro recurso.

Paralelamente ao emprego da reclamação diretamente ao STJ, o demandado também interpôs **embargos de declaração** (item nº 7.10.) perante o juízo da 10ª Vara Cível, apontando a ocorrência de omissão, contradição, obscuridade e erro material na sentença proferida. Diante da possibilidade de ser dado efeito modificativo ou infringente (art. 1.023, § 2º, CPC), o magistrado intimou o demandante a apresentar **contrarrazões aos embargos de declaração** (item nº 7.11.), muito embora, posteriormente, tenha negado provimento aos embargos.

Após, para impugnar a aludida sentença, o demandado interpôs **recurso de apelação** (item nº 7.1.), ocasião em que suscitou, em sede de preliminar, a necessidade de que o Tribunal também apreciasse determinada decisão interlocutória não sujeita a agravo de instrumento (art. 1.009, § 1º, CPC). Por sua vez, o demandante apresentou suas **contrarrazões ao recurso de apelação** (item nº 7.2.), e, nesta via, igualmente em preliminar, fez requerimento para que o Tribunal se manifestasse quanto à decisão interlocutória pretérita que reduziu o valor da causa (art. 1.009, § 2º, CPC). Na sequência, foi aberta oportunidade para que o demandado

4 ■ *Petições e Prática Cível*

apresentasse **contrarrazões das contrarrazões ao recurso de apelação** (item nº 7.3.), o que foi realizado; e, após, este, por petição avulsa, fez **requerimento de efeito suspensivo ao recurso de apelação** (item nº 7.4.).

Enquanto o Tribunal processava o recurso de apelação, o demandado também suscitou a instauração do incidente de **assunção de competência** (item nº 6.8.), que não foi aceito pelo órgão fracionário e cuja decisão não foi objeto de qualquer recurso.

Posteriormente, o recurso de apelação foi inadmitido monocraticamente no Tribunal, o que motivou a interposição, pelo réu, de **recurso de agravo interno** (item nº 7.8.), tendo o autor apresentado, regularmente, suas **contrarrazões ao agravo interno** (item nº 7.9.). Mas, antes do julgamento do agravo interno pelo órgão colegiado, tentou o demandado instaurar, então, mediante requerimento, o **incidente de resolução de demandas repetitivas, vulgo IRDR** (item nº 6.9.), que foi rejeitado pelo órgão competente. Assim, continuou a tramitar o processo com a consequente análise do recurso de agravo interno, tendo sido negado provimento a ele pelo órgão colegiado.

Diante da confirmação da decisão monocrática pelo órgão colegiado, foram então interpostos, simultaneamente, tanto **recurso extraordinário** (item nº 7.16.) quanto **recurso especial** (item nº 7.14.), sendo que, na sequência, foram ofertadas, respectivamente, **contrarrazões ao recurso extraordinário** (item nº 7.17.) e **contrarrazões ao recurso especial** (item nº 7.15.).

Depois da interposição do recurso extraordinário e do especial, sobreveio decisão do Tribunal recorrido inadmitindo apenas o recurso extraordinário, o que motivou a interposição de um **agravo em recurso extraordinário** (item nº 7.20.), constando, também, oferta de **contrarrazões ao agravo em recurso extraordinário** (item nº 7.21.). Este agravo teve seguimento negado no STF, por decisão que não foi objeto de qualquer outro recurso.

Quando ao recurso especial interposto no Tribunal de origem, houve decisão no sentido de que este seria processado na forma dos "repetitivos" (art. 1.036 – art. 1.041, CPC), o que levou o requerente a peticionar no sentido da **arguição de *distinguishing* (distinção) em recurso especial** (item nº 7.18.), ou seja, para alegar que o caso concreto em julgamento apresenta particularidades que não permitem aplicar adequadamente a jurisprudência do tribunal a ser firmada, de modo que descabida a suspensão de seu processamento, requerendo a respectiva "desvinculação" e o decorrente prosseguimento do feito (art. 1.037, § 9º, CPC).

Diante de seu êxito nesta petição, e justamente para obstar a produção de efeitos da decisão contrária, fez **requerimento de efeito suspensivo ao recurso especial** (item nº 7.19.), o que foi negado. Em decorrência desta circunstância, tendo em vista que a decisão já produz efeitos, o credor apresentou perante o juízo de primeira instância requerimento para início do **cumprimento provisório da obrigação de pagar** (item nº 4.2.1.). Posteriormente, o próprio recurso especial também teve seu seguimento negado perante o STJ.

Prolatada a decisão do recurso especial pelo STJ, o demandado vislumbrou dissídio jurisprudencial entre os órgãos deste mesmo Tribunal superior, razão pela qual interpôs

embargos de divergência (item nº 7.22.), aos quais se juntaram as respectivas **contrarrazões aos embargos de divergência** (item nº 7.23.), sendo que tal recurso também foi negado.

Afinal, com o trânsito em julgado da decisão judicial, foi apresentado novo requerimento pelo credor, agora para que seja iniciada a etapa de **cumprimento definitivo da obrigação de pagar** (item nº 4.2.2.). Em outra petição, o exequente também fez **requerimento para que a decisão judicial fosse levada a protesto** (item nº 4.2.6.), o que serviria como fator coercitivo extra, por dar publicidade à mora do devedor.

O demandado, contudo, logo após ser intimado apresentou defesa denominada **impugnação ao cumprimento de sentença** (item nº 4.2.7.), além de outra petição em que trouxe **requerimento de parcelamento / moratória legal** (item nº 5.3.13.), tendo sido ambas repelidas de pronto pelo magistrado. Paralelamente, o executado ajuizou **ação rescisória** (item nº 6.1.), que teve seu regular processamento, muito embora o seu pleito também tenha sido negado.

Foi realizado **requerimento de penhora *on-line*** (item nº 5.3.2.), medida executiva preferencial, tendo restado esta infrutífera, de modo que o credor acabou por indicar à penhora outros bens de propriedade do executado. Contudo, após a realização da penhora o executado peticionou com **requerimento de substituição do bem penhorado** (item nº 5.3.8.), paralelamente à petição, apresentada por outro credor (terceiro), de **arguição de preferência de bem penhorado** (item nº 5.3.7.). Só que, no caso específico, o juiz entendeu que a penhora deveria ser nulificada, ante a ausência de valor comercial do bem inicialmente penhorado e, também, daquele que foi oferecido pelo executado em substituição à penhora. Consequentemente, o magistrado deixou de enfrentar o requerimento formulado por terceiro no sentido da arguição de preferência, já que não mais subsistia a constrição anteriormente realizada (perda de objeto).

Na sequência, o exequente identificou a possibilidade de o executado ter transferido fraudulentamente os bens de sua propriedade para terceiros, o que lhe motivou a peticionar postulando a ineficácia desta transferência, mediante **requerimento de reconhecimento de fraude a execução** (item nº 5.3.9.). Contudo, mesmo após o contraditório da parte contrária, o magistrado não se sensibilizou ante a argumentação apresentada, tendo indeferido o aludido requerimento.

Em sua próxima iniciativa, o exequente requereu, por simples petição, que fosse deferida intervenção de terceiros na execução, consistente no **requerimento de desconsideração da personalidade jurídica** (item nº 2.3.5.), o que foi indeferido pelo magistrado, em razão da falta de preenchimento dos pressupostos normativos para tanto.

Diante da ausência de localização de bens passíveis de penhora, o credor, em suas derradeiras tentativas, fez **requerimento de consulta eletrônica ao INFOJUD** (item nº 5.3.4.), com o objetivo de localizar bens de propriedade do devedor. Na sequência, também peticionou com **requerimento de consulta eletrônica ao RENAJUD** (item nº 5.3.5.), muito embora ambas tenham sido infrutíferas, pois, nestes cadastros, não constava nenhuma informação relevante a respeito do patrimônio do executado.

6 ■ *Petições e Prática Cível*

Em dado momento, o exequente ainda teve a esperança de que viria a receber algum valor, após a notícia de que, enfim, foi realizada a penhora sobre determinado bem. Contudo, imediatamente foram apresentados **embargos de terceiros** (item nº 3.5.), ante o argumento de que o patrimônio constrito judicialmente não era de propriedade do executado. E, após a regular instrução, o pedido desta nova demanda foi julgado procedente, tendo sido desfeita a penhora.

Como não foram localizados bens passíveis de penhora, o credor peticionou ao juízo com **requerimento de suspensão da execução em decorrência da ausência de bens penhoráveis** (item nº 5.3.10.), pois se trata de uma das hipóteses autorizadoras para tanto (art. 921, inc. III, CPC). Após o decurso de algum tempo, o executado trouxe **requerimento de pronúncia da prescrição intercorrente** (item nº 5.3.11.), muito embora este pleito não tenha sido deferido pela ausência do decurso do tempo necessário. E, na sequência, foi apresentada uma nova petição inicial ao juízo competente, desta vez postulando a **execução por quantia certa em face de devedor insolvente** (item 5.1.4.), ou seja, a insolvência civil, que permanece sendo regulada pela legislação anterior (art. 1.052, CPC c/c art. 748 – art. 786-A, CPC/1973). Entretanto, se esta última medida judicial atendeu, enfim, o propósito de ressarcimento financeiro do exequente, isso já é uma história a ser contada num próximo livro...

Capítulo 2
Petições Cíveis: Procedimento Comum

2.1. Petição Inicial

A petição inicial é a peça que inaugura o processo, ou seja, aquela que corporifica o instrumento da demanda, eis que é por ela que o autor provoca o Estado a prestar a jurisdição (art. 2º, CPC), por meio do exercício do direito de ação. Trata-se de ato processual de suma importância, porquanto é por intermédio dela que o demandante narra os fatos e o fundamento jurídico que embasam a pretensão que será analisada pelo magistrado. Por esta razão, a confecção desta peça deve velar pela observância de certas normas processuais (*v.g.*, art. 319, CPC), tratando-se de ato processual solene.

2.1.1. Petição Inicial Completa

Peça vinculada ao caso concreto: Sim.

Finalidade: Petição utilizada pelo demandante para provocar o Estado-Juiz, mediante exercício do direito de ação, para que a jurisdição seja regularmente prestada em um processo.

Dispositivo(s): art. 319 (forma), art. 292 (valor da causa), art. 322 – art. 329 (pedido), arts. 320, 77, inc. V, 82 e 287 (demais requisitos), CPC.

Importante:

1) Para a **identificação do órgão jurisdicional competente**, deverão ser analisadas as regras de competência previstas na CRFB, no CPC ou mesmo em outras leis (*v.g.*, legislação especial; Códigos Estaduais de Organização Judiciária).

2) Quanto à **capacidade processual**, cabe analisar a necessidade de adequada representação em juízo para determinadas partes. Por exemplo, na eventualidade de uma das partes ser "incapaz", deverá ser representada ou assistida por seus pais, por tutor ou por curador, na forma da lei (art. 71, CPC). Outro exemplo é quanto ao "condomínio", que deve estar representado em juízo pelo "síndico ou administrador" (art. 75, XI, CPC).

3) Tratando-se de demandante casado, será necessária a prova da **outorga marital ou uxória**, exceto no regime da separação absoluta (art. 73, CPC), valendo o mesmo para a situação de união estável comprovada nos autos (art. 73, par. 3º, CPC). É fato que o atendimento ou fiscalização deste

8 ■ Petições e Prática Cível

requisito encontra obstáculos na vida prática, pela provável ausência de registro, dificultando a vida do demandante (*v.g.*, descobrir se o réu namora ou tem união estável). Tal indicação somente deve ser controlada em demandas que trazem a exigência legal correlata de comunicação ao cônjuge, não constituindo motivo para indeferimento da inicial (art. 319, par. 2º, CPC).

4) Em se tratando de parte ou interessado com **idade** igual ou superior a 60 (sessenta) anos – ou, mais ainda, quando se tratar de maior de 80 (oitenta) anos (art. 71, § 5º, Lei nº 10.741/2003, incluído pela Lei nº 13.466/2017) – ou portador de **doença grave**, nos moldes legais, ou processo regulado pelo Estatuto da Criança e do Adolescente (Lei nº 8.069/90), deverá o advogado fazer prova dessa condição, requerendo seja concedida a **prioridade de tramitação** do procedimento judicial, o que vale para qualquer juízo ou tribunal, e independe de deferimento pelo juiz (art. 1.048, CPC). Interessa notar que é a pessoa contemplada com a benesse processual que tem legitimidade para fazer tal requerimento de prioridade de tramitação, e não seu adversário nos autos: "*4. A pessoa idosa é a parte legítima para requerer a prioridade de tramitação do processo, devendo, para tanto, fazer prova da sua idade. 5. Na hipótese dos autos, a exequente - pessoa jurídica - postula a prioridade na tramitação da execução de título extrajudicial pelo fato de um dos executados ser pessoa idosa, faltando-lhe, portanto, legitimidade e interesse para formular o referido pedido*" (STJ – REsp 1.801.884/SP, 3ª Turma, DJ 21/05/2019).

5) Ainda que a condenação judicial na sucumbência, bem como a incidência de correção monetária e juros de mora, sejam consideradas "pedidos implícitos" (art. 322, par. 1º, CPC), recomenda-se, sempre, **pleitos(s) claro(s) e bem delineado(s)** na petição inicial.

6) Literalmente, o CPC exige **pedido determinado de danos morais**, sob pena de indeferimento da petição inicial (art. 292, V, c/c art. 330, par. 1º, II), pondo fim à possibilidade de pleito genérico de dano moral (interpretação do art. 286, II, CPC/1973).

7) É lícita a **cumulação de pedidos** num mesmo feito, devendo ser preenchidos os requisitos legais (art. 327, par. 1º, CPC). Quando se pretenda cumular pedidos em que haja querela sobre a compatibilidade do acolhimento conjunto (*v.g.*, pleito de anulação do contrato e, simultaneamente, de revisão do mesmo), será o caso de o autor formular seus pedidos em ordem subsidiária, narrando que se busca o acolhimento de apenas um deles, com preferência pelo primeiro indicado (art. 326, CPC). Tal preleção é importante porque o requisito da compatibilidade entre os pedidos cumulados não se aplica na referida cumulação em ordem subsidiária (art. 327, par. 3º, CPC).

8) O documento consistente em **reprodução cinematográfica ou fonográfica** deverá constar na petição inicial, mas sua exposição será realizada em audiência, intimando-se previamente as partes (art. 434, par. único, CPC). No processo eletrônico, sendo impossível a sua juntada via distribuição pelo sistema do tribunal, será o caso de o autor fazer requerimento, logo na inicial, para que seja posteriormente apresentado e acautelado no Cartório (art. 11, par. 5º, Lei nº 11.419/2006), por exemplo, num CD-ROM ou pen drive.

9) A importância na fixação do **valor da causa** recai: a) na fixação da competência dos Juizados Especiais Cíveis (art. 3º, I, Lei nº 9.099/1995 c/c art. 3º, Lei nº 10.259/2001 c/c art. 2º, Lei nº 12.153/2009); b) no recolhimento das custas judiciais, que tem por base de cálculo o valor da causa; c) também para fins de imposição de multa por ato atentatório à dignidade da

Petições Cíveis: Procedimento Comum ■ **9**

justiça (art. 77, par. 2º, CPC) e litigância de má-fé (art. 81, CPC), dentre outros. Há critério legal a ser seguido nesta fixação (art. 292, CPC), porém, se a causa não tiver valor econômico imediatamente auferível, o valor da causa poderá ser estimado pelo autor em quantia provisória (dito "valor de alçada"), passível de posterior adequação ao valor apurado na sentença" (STJ – REsp 714.242/RJ, 4ª Turma, *DJ* 26/02/2008).

10) Tratando de processo físico, deve o autor fornecer **cópia(s) da petição inicial**, bem como da eventual planilha de cálculo que a acompanha, em quantidade proporcional ao número de demandados, que servirão como contrafé a ser entregue ao(s) citando(s) no momento da diligência citatória (*v.g.*, arts. 250, V; 251, I; 253, par. 3º, CPC). No caso de processo eletrônico, tem-se a exigência de recolhimento prévio de custas judiciais para a extração da respectiva contrafé, sendo desnecessária a juntada de outras vias da petição inicial e planilha pelo demandante.

Verbete(s): Súmula nº 667, STF: *"Viola a garantia constitucional de acesso à Justiça a taxa judiciária calculada sem limite sobre o valor da causa"*; **Súmula nº 37, STJ:** *"São cumuláveis as indenizações por dano material e dano moral oriundos do mesmo fato"*; **Súmula nº 326, STJ:** *"Na ação de indenização por dano moral, a condenação de montante inferior ao postulado na inicial não implica sucumbência recíproca"*; **Súmula nº 387, STJ:** *"É lícita a cumulação das indenizações de dano estético e dano moral"*; **Súmula nº 481, STJ:** *"Faz jus ao benefício da justiça gratuita a pessoa jurídica com ou sem fins lucrativos que demonstrar sua impossibilidade de arcar com os encargos processuais"*; **Súmula nº 105, TJ-RJ:** *"A indenização por dano moral, fixada em montante inferior ao requerido, não implica, necessariamente, em sucumbência recíproca"*.

Modelo

COLENDO JUÍZO DA ___ª VARA CÍVEL DA COMARCA DO RIO DE JANEIRO – RJ.

A alteração do termo "juiz" para "juízo" (art. 319, I, CPC) denota a impessoalidade da jurisdição, sendo importante endereçar a petição com indicativo do juízo competente. Não entendemos como equivocado indicar "Exmo. Sr. Dr. Juiz" ou algo do tipo, dentro da óptica de liberdade das formas (art. 188, CPC), desde que haja correta expressão do órgão jurisdicional. Se a causa for da Justiça Federal, substituir o termo "Comarca" por "Seção Judiciária".

PROC. Nº___

CAIO CARVALHO, brasileiro, solteiro, agente público, domiciliado e residente na Rua Barão do Rio Branco, nº 1.505, Centro, Cep: 33.122-101, na cidade do Rio de Janeiro – RJ, regularmente inscrito no CPF sob o

Ainda não há numeração de processo, pois ausente a distribuição ou registro. Tal ressalva não será mais mencionada nas ulteriores petições iniciais.

Caso o autor não disponha do endereço eletrônico do réu, requisito da inicial (art. 319, inc. II, CPC), será o caso de requerer ao juiz diligências necessárias a sua obtenção (art. 319, §§ 1º – 3º, CPC). Não se repetirá mais tal ressalva posteriormente.

É costume nominar o objetivo da petição inicial, bem como o procedimento que estará sendo iniciado, muito embora não haja exigência legal neste sentido (STJ – REsp 7.759/SP, 4ª Turma, DJ 05/11/1991).

A demanda é proposta "contra" o Estado (de quem se reclama uma prestação jurisdicional), e "em face" do demandado (aquele que contraria os interesses do autor).

nº 183.298.118-59, com endereço eletrônico caio.carvalho@internet. com.br, vem, por meio de seu advogado regularmente constituído que esta subscreve, respeitosamente, propor a presente:

AÇÃO DE COBRANÇA EM PROCEDIMENTO COMUM

Em face de TÍCIO TAVARES, brasileiro, solteiro, profissional liberal, domiciliado e residente na Rua Uruguaiana, nº 11, apartamento nº 616, Centro, Cep: 33.159-161, na cidade do Rio de Janeiro – RJ, regularmente inscrito no CPF sob o nº 444.598.874-17, com endereço eletrônico ticio. carson@earth.com.br, pelos fatos e fundamentos seguintes:

I – Fatos e fundamentos jurídicos do pedido.

O demandante firmou com o demandado contrato de mútuo, no importe de R$ 30.000,00 (trinta mil reais), já incluindo correção monetária e juros até a presente data, que deveria ter sido regularmente quitado na data de 10/04/2018 (doc. 1). Esta quantia, por sinal, representava todas as economias do autor, tendo sido advinda do quinhão que lhe cabia em processo de inventário.

Vale dizer que esta prova documental (contrato), embora não ostente força executiva, se constitui em valioso instrumento probatório para demonstrar a relação jurídica de direito material afirmada.

Após o vencimento da obrigação, tentou o autor diversos contatos com o demandado, sempre por meio eletrônico, não tendo qualquer retorno (doc. 2). Por fim, até mesmo foi realizada uma notificação extrajudicial, por serventia própria, que também não gerou o efeito prático aguardado, que seria o cumprimento voluntário da obrigação assumida (doc. 3).

Não é indispensável ao autor especificar o fundamento legal (STJ – REsp 477.415/ PE, 1ª Turma, DJ 08/04/2003), muito embora seja recomendável para auxiliar/ contaminar a tarefa jurisdicional.

A legislação é muito clara, ao prever que "*o mutuário é obrigado a restituir ao mutuante o que dele recebeu em coisa do mesmo gênero, qualidade e quantidade*" (art. 586, CC). Da mesma maneira, também a jurisprudência é precisa em admitir o contrato verbal de mútuo entre particulares – inclusive aplicando o prazo prescricional de 10 anos previsto no art. 205, Código Civil (STJ – REsp 1.510.619/SP, 3ª Turma, *DJ* 27/04/2017) –, salvo nos casos em que for comprovada a prática de agiotagem, conforme atesta o seguinte aresto:

É relevante a menção a julgados embasando a pretensão, sobretudo de tribunais superiores, ou do próprio tribunal, embora isto não constitua requisito da inicial, nem de outras petições. Tal ressalva não mais será mencionada posteriormente.

"*Ementa: Apelação Cível. Ação Monitória. Empréstimo de dinheiro entre particulares. Agiotagem. Não configurada. É possível a concessão de empréstimo entre particulares, salvo nos casos em que ficar comprovada a prática de agiotagem por meio de prova robusta e incidência de juros abusivos. Apelação desprovida*" (TJ-RS – Apelação Cível nº 70048468151, 16ª Câmara Cível, Relator: Munira Hanna, DJ 19/03/2015).

Assim, não tendo sido cumprida a obrigação de maneira regular pelo réu, alternativa outra não resta ao demandante do que propor a presente demanda, com a expectativa de obter a tutela jurisdicional, sendo nítido o seu interesse de agir, bem como a sua legitimidade, em razão do acima exposto (art. 17, CPC).

II – Requerimento de gratuidade de justiça.

A pessoa natural ou jurídica, brasileira ou estrangeira, com insuficiência de recursos para pagar custas, despesas processuais e honorários advocatícios, tem direito à gratuidade de justiça (art. 98, CPC). É, justamente, o caso dos autos, eis que o demandante, apesar de ser agente público vinculado ao Poder Executivo, está afastado de suas atribuições com suspensão de seus vencimentos, recebendo ajuda financeira dos parentes que lhe são mais próximos. E, apesar de o presente processo buscar o recebimento de vultosa quantia, já foi esclarecido que o valor emprestado representava todas as suas economias, tendo sido amealhado por meio de processo de inventário.

Vale dizer que, nos termos da legislação (art. 99, § 3º, CPC), presume-se verdadeira a alegação de insuficiência deduzida exclusivamente por pessoa natural, bem como que o magistrado somente poderá indeferir o pedido se houver nos autos elementos que evidenciem a falta dos pressupostos para a concessão do beneplácito, mas desde que primeiro seja intimada a parte para esclarecimentos (art. 99, § 2º, CPC).

Portanto, à luz do acima exposto, requer seja deferida a gratuidade de justiça, compreendendo todas as despesas mencionadas em lei (art. 98, § 1º, CPC).

III – Pedidos.

Pelo exposto, o demandante requer a citação do réu para integrar a relação processual, através de diligência do Sr. Oficial de Justiça (art. 247, V, CPC), constando no mandado todas as especificações legais (art. 250, CPC).

Neste ensejo, informa o autor o seu desinteresse quanto à realização da audiência de conciliação e mediação, tendo em vista as inúmeras tentativas de recebimento extrajudicial em vão (art. 319, VII, c/c art. 334, par. 4º, I, CPC).

Requer, após regular tramitação do processo, seja o seu pedido acolhido para que o réu seja condenado a lhe pagar a quantia de R$ 30.000,00 (trinta mil reais), mais correção monetária e juros de mora, bem como também seja condenado a arcar com a sucumbência, que

---

Trata-se de item opcional, apenas para os casos em que a parte realmente for hipossuficiente e pretender este beneplácito, muito embora o mesmo também possa ser apresentado posteriormente por petição avulsa (art. 99, CPC).

No âmbito carioca, tem-se regramento de que são isentos do pagamento de custas judiciais os maiores de 60 anos que recebam até 10 salários mínimos (art. 17, X, Lei RJ nº 3.350/1999).

É permitido que a gratuidade de justiça seja concedida apenas em relação a algum ato processual determinado, como uma prova pericial (art. 98, § 5º, CPC), bem como resta previsto o direito ao parcelamento das despesas processuais (art. 98, § 6º, CPC), o que pode ser explorado pelo advogado.

O requerimento de citação do demandado não é requisito da inicial, muito embora seja conveniente fazê-lo constar para eleição da modalidade de citação mais apropriada à hipótese vivenciada. Note-se que o réu não é mais citado a fim de se defender, e sim para integrar a relação processual (art. 238, CPC)

Não basta a manifestação pretérita no sentido da falta de interesse conciliatório para se livrar do comparecimento à audiência futuramente designada, fazendo incidir a multa no caso de ausência da parte: "5. Ato atentatório. Embora o banco demandante, em sua peça inicial, tenha consignado expressamente não ter interesse na realização de audiência de conciliação, fato é que lhe incumbia estar presente à audiência designada e mantida, em respeito ao instituto conciliatório e à

Petições e Prática Cível

determinação do juízo, o que não fez" (TJ-RJ – 0001785-18.2016.8.19.0006, 25ª Câmara Cível, DJ 07/11/2018).

Parágrafo facultativo, conforme exposto anteriormente.

Recomenda-se uma postulação ampla de produção probatória, evitando qualquer entrave preclusivo, e, se possível, de forma específica, já com a indicação da prova que se pretenda produzir – embora seja possível, por exemplo, apresentar depois o rol de testemunhas (art. 357, § 3º, CPC).

O prequestionamento é requisito de admissibilidade do recurso especial e do recurso extraordinário (enfrentamento da questão de direito pelo tribunal *a quo*, v.g., Verbete Sumular nº 282, STF), sendo recomendável que o mesmo seja desde logo apresentado, inclusive para viabilizar eventuais embargos de declaração, caso haja omissão de sua análise (art. 1.025, CPC).

Trata-se de faculdade do patrono da parte, que poderá realizar um planejamento tributário quanto aos valores que eventualmente irá receber (art. 15, Lei nº 8.906/1994, alterada pela Lei nº 13.247/2016), bem como melhor se organizar para efeitos de intimações.

Esta listagem é facultativa, tendo como escopo somente facilitar o manuseio das peças que compõem o processo pelos demais operadores do Direito.

compreende tanto o pagamento das custas processuais (art. 82, par. 2º, CPC) quanto dos honorários advocatícios (art. 85, CPC).

Reitera pelo deferimento do pedido de concessão de gratuidade de justiça.

Protesta por provar o alegado por todos os meios de prova legais e moralmente legítimos (art. 369, CPC), notadamente pela produção antecipada de prova, ata notarial, documentos físicos e eletrônicos, confissão, testemunhas, perícia, prova técnica simplificada, dentre outros, que possam influenciar a decisão jurisdicional. No mesmo ensejo, apresenta requerimento de que seja invertido ou dinamizado o ônus da prova a seu favor, tendo em vista que se trata de hipótese em que há excessiva onerosidade no cumprimento do referido encargo (art. 373, par. 1º, CPC).

Também deixa expresso a V.Ex.a que, se a presente pretensão for julgada improcedente, estará sendo vulnerada a norma constitucional que assegura acesso ao Poder Judiciário para a reparação de lesão a direito (art. 5º, XXV, CRFB), bem como as normas infraconstitucionais que regulamentam o instituto do mútuo (art. 586 – art. 592, CC), razão pela qual desde logo já apresenta o prequestionamento, para que as mesmas sejam expressamente enfrentadas por ocasião do ato decisório.

As eventuais intimações do patrono do demandante deverão ser realizadas em nome da sociedade de advogados que integra, que é a Sampaio & Lacombe Advogados Associados, com endereço à Rua do Rosário, nº 88, Centro, Cep: 33.142-176, na cidade do Rio de Janeiro – RJ (art. 106 c/c art. 272, par. 1º, CPC). Aliás, desde logo já se querer que eventual verba honorária sucumbencial também seja a ela destinada (art. 85, par. 11, CPC).

Dá-se à causa o valor de R$ 30.000,00 (trinta mil reais), uma vez que este é o proveito econômico pretendido pelo demandante (art. 292, I, CPC).

Termos em que

Pede e espera deferimento.

Local e data.

Nome e assinatura do advogado(a)

Lista de documentos (art. 434, CPC):

Doc. 1 – Via original do contrato de mútuo celebrado entre as partes.

Doc. 2 – Impressão das mensagens enviadas pelo demandante ao demandado, sempre por meio eletrônico.

Doc. 3 – Notificação realizada por tabelião ao demandado para que fosse cumprida a obrigação.

2.1.2. Petição Inicial Simplificada, com Requerimento de Tutela Provisória de Urgência Antecipada

Peça vinculada ao caso concreto: Não.

Finalidade: Petição utilizada pelo demandante para pleitear a concessão de tutela provisória de urgência antecipada, de forma simplificada, devido à urgência que eventualmente pode envolver a situação (*periculum in mora*).

Dispositivo(s): art. 303 – art. 304, CPC.

Importante:

1) Admite-se a **formulação incidental** do requerimento de tutela provisória, seja no próprio corpo da petição inicial "completa" (que contenha o pedido principal), seja no curso do processo, posteriormente à sua distribuição (art. 294, par. único, CPC).

2) Se o autor optar por apresentar a **formulação antecedente** do requerimento de tutela provisória (sem conter o pedido principal), que é o presente modelo, deverá então informar expressamente esta circunstância na exordial (art. 303, § 5º, CPC). Além disso, obtida a liminar pretendida, deverá o autor então promover o **aditamento** da petição inicial, com a complementação de sua argumentação, juntada de novos documentos e confirmação do pedido de tutela final, em 15 (quinze) dias (art. 303, § 1º, I, CPC), sob pena de extinção do processo sem resolução do mérito (art. 303, § 2º, CPC). Nesse ponto, a Corte Superior entendeu que tal prazo para aditamento da petição inicial exige intimação específica do autor e é subsequente, e não concomitante, ao prazo do réu para possivelmente agravar da decisão que concedeu a tutela antecipada antecedente: *"Tutela antecipada requerida em caráter antecedente (..) 12. Os prazos do requerido, para recorrer, e do autor, para aditar a inicial, não são concomitantes, mas subsequentes. 13. Solução diversa acarretaria vulnerar os princípios da economia processual e da primazia do julgamento de mérito, porquanto poderia resultar na extinção do processo a despeito da eventual ausência de contraposição por parte do adversário do autor, suficiente para solucionar a lide trazida a juízo. 14. Como a interposição do agravo de instrumento é eventual e representa o marco indispensável para a passagem do 'procedimento provisório' para o da tutela definitiva, impõe-se a intimação específica do autor para que tome conhecimento desta circunstância, sendo indicada expressa e precisamente a necessidade de que complemente sua argumentação e pedidos"* (STJ – REsp 1.766.376/TO, 3ª Turma, *DJ* 25/08/2020).

3) Havendo dúvida sobre a natureza da tutela de urgência (se ela tem feição "antecipada" ou "cautelar"), será possível a aplicação da regra de **fungibilidade**, permitindo o aproveitamento do ato processual, com a determinação judicial do procedimento a ser aplicável, sem qualquer prejuízo para o demandante (art. 305, par. único, CPC). Vale dizer que esta fungibilidade tem "mão dupla", ou seja, pode ser aplicada tanto quando for requerida erroneamente medida de cunho antecipatório quanto de natureza cautelar.

4) Há regramento quanto à **estabilidade da decisão** que conceder a tutela antecipada em caráter antecedente (art. 304, CPC). Cuida-se de novo elemento do sistema de preclusão, decorrente da omissão do réu quanto à interposição do recurso cabível contra a decisão antecipatória. A controvérsia é se a apresentação de contestação, ou a manifestação pela realização da audiência de conciliação ou de mediação, também poderão evitar a estabilização. Nesse ponto,

14 ■ *Petições e Prática Cível*

consta precedente da Corte Superior no sentido de que a apresentação de contestação pelo réu, a despeito da interposição do recurso de agravo de instrumento, impede a referida estabilização: *"3.2. É de se observar, porém, que, embora o* caput *do art. 304 do CPC/2015 determine que 'a tutela antecipada, concedida nos termos do art. 303, torna-se estável se da decisão que a conceder não for interposto o respectivo recurso', a leitura que deve ser feita do dispositivo legal, tomando como base uma interpretação sistemática e teleológica do instituto, é que a estabilização somente ocorrerá se não houver qualquer tipo de impugnação pela parte contrária, sob pena de se estimular a interposição de agravos de instrumento, sobrecarregando desnecessariamente os Tribunais, além do ajuizamento da ação autônoma, prevista no art. 304, § 2º, do CPC/2015, a fim de rever, reformar ou invalidar a tutela antecipada estabilizada. 4. Na hipótese dos autos, conquanto não tenha havido a interposição de agravo de instrumento contra a decisão que deferiu o pedido de antecipação dos efeitos da tutela requerida em caráter antecedente, na forma do art. 303 do CPC/2015, a ré se antecipou e apresentou contestação, na qual pleiteou, inclusive, a revogação da tutela provisória concedida, sob o argumento de ser impossível o seu cumprimento, razão pela qual não há que se falar em estabilização da tutela antecipada, devendo, por isso, o feito prosseguir normalmente até a prolação da sentença"* (STJ – REsp 1.760.966/SP, 3ª Turma, DJ 04/12/2018). Em sentido diverso: *"I – Nos termos do disposto no art. 304 do CPC 2015, a tutela antecipada, deferida em caráter antecedente (art. 303), estabilizar-se-á, quando não interposto o respectivo recurso. II – Os meios de defesa possuem finalidades específicas: a contestação demonstra resistência em relação à tutela exauriente, enquanto o agravo de instrumento possibilita a revisão da decisão proferida em cognição sumária. Institutos inconfundíveis. III – A ausência de impugnação da decisão mediante a qual deferida a antecipação da tutela em caráter antecedente, tornará, indubitavelmente, preclusa a possibilidade de sua revisão. IV – A apresentação de contestação não tem o condão de afastar a preclusão decorrente da não utilização do instrumento processual adequado – o agravo de instrumento"* (STJ – REsp 1.797.365/RS, 1ª Turma, DJ 03/10/2019). Não havendo manifestação impugnativa do réu, teremos a aceitação tácita da decisão, além da preclusão temporal, pela inação da parte. Finalmente, a decisão que concede tal tutela, ainda que não haja recurso, não faz coisa julgada; porém, a estabilidade de seus efeitos só será afastada por decisão que a revir, reformar ou invalidar, proferida em ação ajuizada por uma das partes no prazo de 2 (dois) anos (art. 304, §§ 2º, 5º e 6º, CPC).

Modelo

COLENDO JUÍZO DA __ª VARA CÍVEL DA COMARCA DO RIO DE JANEIRO – RJ.

PROC. Nº___

JOAQUIM ARANTES, brasileiro, solteiro, policial militar, domiciliado e residente na Rua da Taquara, nº 89, Barra da Tijuca, Cep: 21.122-001, na cidade do Rio de Janeiro – RJ, regularmente inscrito no CPF sob o nº 009.498.067-45, com endereço eletrônico joaquim.arantes@internet.com.br, vem, por meio de seu advogado regularmente constituído que esta subscreve, conforme instrumento de procuração em anexo (art. 287, CPC), respeitosamente, apresentar a presente:

PETIÇÃO SIMPLIFICADA REQUERENDO A CONCESSÃO DE TUTELA PROVISÓRIA DE URGÊNCIA ANTECIPADA

Em face de SOCIEDADE MÉDICO HOSPITALAR, pessoa jurídica de direito privado, estabelecida na Avenida Rio Branco, nº 467, 5º andar, Centro, Cep: 20.059-090, na cidade do Rio de Janeiro – RJ, regularmente inscrita no CNPJ sob o nº 44.223.047/0001-17, com endereço eletrônico saudeplena@internet.com.br, pelos fatos e fundamentos seguintes:

O demandante sofre de grave doença cardíaca, conforme atestam os 3 (três) laudos assinados por especialistas que acompanham a evolução de sua saúde nos últimos anos (doc. anexo), tendo sofrido um infarto na madrugada deste dia (15/04/2018), o que levou à internação médica no hospital "Plena Saúde" do réu.

Imediatamente, a família acionou o plano de saúde, do qual o demandante é integrante há exatos 22 (vinte e dois) anos, conforme matrícula nº 555.578 (doc. anexo), porém foi negada a cobertura pela internação médica e a respectiva operação de urgência, estimada em R$ 50.000,00 (cinquenta mil reais), da qual o mesmo necessita (doc. anexo). É importante destacar que o plano de saúde contratado não nega expressamente tal cobertura, sendo certo, também, que não se trata de doença preexistente à assinatura do referido contrato.

Soa nítido o perigo de dano, pois, enquanto não realizada a referida cirurgia indicada pelo médico responsável, Dr. Francisco Chagas Neto, correrá o demandante grande risco de vida. A evidência do direito autoral está escorada na ausência de terapia alternativa, firmada pelo referido especialista (doc. anexo), que, inclusive, atesta que "não há vagas na rede pública para tal intervenção médica de urgência". Logo, estão presentes ambos os requisitos que autorizam a concessão da tutela provisória de urgência antecipada (art. 300, CPC).

Ademais, trata-se de situação abrangida pelos ditames do Código de Defesa do Consumidor (Verbete Sumular nº 469, STJ: "*Aplica-se o CDC aos contratos de plano de saúde*"), norma de ordem pública que traz regramento diferenciado quanto ao ônus da prova, permitindo a sua inversão pelo juiz na hipótese (art. 6º, inc. VIII, CDC), o que se requer.

A legislação processual permite que seja apresentada petição inicial simplificada com requerimento de tutela provisória de urgência em caráter antecedente (art. 294, parágrafo único, CPC), devendo ser postulada, em tais casos, já ao juízo competente para conhecer do pedido principal (art. 299, CPC).

Pelo exposto, requer a concessão de tutela provisória de urgência antecipada, em caráter *inaudita altera parte* (art. 300, § 2º, CPC), para fins de determinar que seja realizada a relatada intervenção cirúrgica, tendo em vista o grave quadro clínico em que se apresenta o autor, sob pena de ser fixado algum meio executivo para reforçar o seu cumprimento (art. 139, inc. IV, CPC).

É costume nominar o objetivo da petição inicial e, neste caso, também serve para cumprimento de disposição legal (art. 303, § 5º, CPC).

Quando fechado o Fórum (v.g., finais de semana ou na madrugada), será o caso de se levar a pretensão ao plantão judiciário, cuja atuação é restrita às medidas de caráter urgente, como *in casu* (STJ – AgRg no REsp 750.146/AL, 1ª Turma, DJ 07/10/2008).

Frise-se que o juiz pode exigir caução pelo demandante para a concessão da tutela de urgência (art. 300, § 1º, CPC).

No caso de tutela provisória concedida liminarmente, o contraditório se vê postergado para depois da citação do réu (art. 9º, inc. I, CPC). O réu poderá recorrer mediante agravo de instrumento (art. 1.015, I, CPC), cujo prazo corre da juntada aos autos do mandado citatório cumprido (art. 1.003, § 2º, CPC). Todavia, o cumprimento da determinação judicial corresponderá à data em que se der a comunicação (art. 231, § 3º, CPC).

Em casos de deferimento da medida ora pleiteada, desde logo esclarece, em atenção à boa-fé (art. 5º, CPC), que irá realizar o aditamento da petição inicial no prazo legal (art. 303, § 1º, inc. I, CPC).

Ademais, se for do entendimento de V.Ex.a que este requerimento de tutela provisória tem natureza cautelar, requer que seja então aplicada regra de fungibilidade (art. 305, parágrafo único, CPC), para fins de que seja observado o procedimento adequado para tanto.

Subsidiariamente, caso V.Ex.a entenda que não estão presentes os requisitos necessários para a concessão da aludida medida, que seja então determinada a intimação do demandante para que providencie a sua emenda (art. 303, § 6º, CPC).

As eventuais intimações do patrono do demandante deverão ser realizadas em nome da sociedade de advogados que integra, que é a Sampaio & Lacombe Advogados Associados, com endereço à Rua do Rosário, nº 88, Centro, Cep: 33.142-176, na cidade do Rio de Janeiro – RJ (art. 106 c/c art. 272, § 1º, CPC). Aliás, desde logo se requer que eventual verba honorária sucumbencial também seja a ela destinada (art. 85, § 11, CPC).

> Trata-se de faculdade do patrono, que poderá realizar um planejamento tributário quanto aos valores que irá receber, bem como melhor se organizar para efeitos de intimações.

Dá-se à causa o valor de R$ 50.000,00 (cinquenta mil reais), uma vez que este é o proveito econômico pretendido pelo demandante quando deduzir, oportunamente, o pleito para a obtenção da tutela em caráter definitivo (art. 292, inc. I, c/c art. 303, § 4º, CPC).

Termos em que

Pede e espera deferimento.

Local e data.

Nome e assinatura do advogado(a)

Lista de documentos (art. 434, CPC):

Doc. 1 – Cópia do contrato de plano de saúde.

> Esta listagem é facultativa, tendo como escopo somente facilitar o manuseio das peças que compõem o processo pelos demais operadores do Direito.

Doc. 2 – Laudos assinados por especialista que acompanha a evolução médica do paciente.

Doc. 3 – Negativa de realização da cirurgia pelo plano de saúde.

Doc. 4 – Atestado médico com indicativo da necessidade de cirurgia e da inexistência de terapia alternativa.

2.1.3. Petição Inicial Simplificada, com Requerimento de Tutela Provisória de Urgência Cautelar

Peça vinculada ao caso concreto: Sim, embora não utilizada na hipótese narrada.

Finalidade: Petição utilizada pelo demandante para pleitear a concessão de tutela provisória de urgência cautelar, de forma simplificada, devido à urgência que eventualmente pode envolver a situação (*periculum in mora*).

Dispositivo(s): art. 305 – art. 310, CPC.

Importante:

1) Admite-se a **formulação incidental** do requerimento de tutela provisória, seja no próprio corpo da petição inicial "completa" (que contenha o pedido principal), seja no curso do processo, posteriormente à sua distribuição (arts. 294, par. único c/c art. 308, par. 1º, CPC).

2) Se o autor optar por apresentar a **formulação antecedente** do requerimento de tutela provisória (sem conter o pedido principal), que é o presente modelo, deferida e efetivada a medida cautelar pretendida, deverá o autor então promover o **aditamento** da petição inicial, com a complementação de sua argumentação e elaboração do pedido principal em 30 (trinta) dias (art. 308, CPC), sob pena de extinção do processo sem resolução do mérito, com a consequente revogação da tutela provisória (art. 309, I, CPC c/c Verbete Sumular nº 482, STJ). Se a medida constritiva antecedente for cumprida de forma parcial, tem-se que *"a contagem do prazo de 30 dias previsto no art. 308 do CPC/2015 para formulação do pedido principal se inicia na data em que for totalmente efetivada a tutela cautelar"* (STJ – REsp 1.954.457/GO, 3ª Turma, DJ 09/11/2021).

3) Havendo dúvida sobre a natureza da tutela de urgência (se ela tem feição "antecipada" ou "cautelar"), será possível a aplicação da regra de **fungibilidade**, permitindo o aproveitamento do ato processual, com a determinação judicial do procedimento a ser aplicável, sem qualquer prejuízo para o demandante (art. 305, par. único, CPC). Vale dizer que esta fungibilidade tem "mão dupla", ou seja, pode ser aplicada tanto quando for requerida erroneamente medida de cunho antecipatório quanto de natureza cautelar.

4) A legislação traz **rol exemplificativo** de medidas cautelares (art. 301, CPC), podendo o juiz se valer do poder geral de cautela para determinar qualquer outra medida idônea, mesmo atípica, para asseguração do direito (art. 301, CPC).

Verbete(s): Súmula nº 482, STJ: *"A falta de ajuizamento da ação principal no prazo do art. 806 do CPC/73 acarreta a perda da eficácia da medida liminar deferida e a extinção do processo cautelar".*

Modelo

COLENDO JUÍZO DA __ª VARA CÍVEL DA COMARCA DO RIO DE JANEIRO – RJ.

PROC. Nº___

CAIO CARVALHO, brasileiro, solteiro, agente público, domiciliado e residente na Rua Barão do Rio Branco, nº 1.505, Centro, Cep: 33.122-101, na cidade do Rio de Janeiro – RJ, regularmente inscrito no CPF sob o nº 183.298.118-59, com endereço eletrônico caio.carvalho@internet.com.br, vem, por meio de seu advogado regularmente constituído que esta subscreve, respeitosamente, apresentar a presente:

PETIÇÃO SIMPLIFICADA REQUERENDO A CONCESSÃO DE TUTELA PROVISÓRIA DE URGÊNCIA CAUTELAR DE ARRESTO

> É costume nominar o objetivo da petição inicial, até porque há norma que exemplifica algumas providências de cunho cautelar que podem ser requeridas (art. 301, CPC).

Em face de TÍCIO TAVARES, brasileiro, solteiro, profissional liberal, domiciliado e residente na Rua Uruguaiana, nº 11, apartamento nº 616, Centro, Cep: 33.159-161, na cidade do Rio de Janeiro – RJ, regularmente inscrito no CPF sob o nº 444.598.874-17, com endereço eletrônico ticio.tavares@internet.com.br, pelos fatos e fundamentos seguintes:

O demandante firmou com o demandado contrato de mútuo, no importe de R$ 30.000,00 (trinta mil reais – já incluindo correção monetária e juros até a presente data), que deveria ter sido regularmente quitado em data de 10/04/2018. Esta quantia, por sinal, representava todas as economias do autor, tendo sido advinda do quinhão que lhe cabia em processo de inventário.

É evidente o direito do autor, diante da clareza da obrigação firmada no contrato de mútuo celebrado entre as partes, sendo certo que o conjunto probatório ainda conta com a impressão das mensagens enviadas pelo demandante ao demandado, sempre por meio eletrônico; bem como a notificação realizada por tabelião ao demandado para que fosse cumprida a obrigação (docs. anexos).

> Cabe ao autor trazer o máximo de elementos que possam demonstrar o seu direito, ou, no mínimo, a probabilidade deste.

Da mesma maneira, é inequívoco o perigo de dano ou o risco ao resultado útil do processo, pois, se nenhuma medida for tomada imediatamente, existe grande risco de que o demandado não tenha patrimônio suficiente para que, no momento oportuno, possa responder por esta obrigação, já que há informações contundentes de que o mesmo visa a transferir seus bens para terceiros, inclusive constando anúncio recente nos classificados do jornal "Notícias" da venda de seu único veículo conhecido, um New Fiesta, 2015, cor preta, placa JJJ 0171 (doc. anexo).

Logo, estão presentes ambos os requisitos que autorizam a concessão da tutela provisória de urgência antecipada (art. 300, CPC). A legislação processual permite que seja apresentada petição inicial simplificada com requerimento de tutela provisória de urgência cautelar em caráter antecedente (art. 294, parágrafo único, CPC), devendo ser postulada, em tais casos, já ao juízo competente para conhecer do pedido principal (art. 299, CPC).

> Note-se que não se postula a prolação de sentença de mérito, afinal o juiz apenas está a decidir, em juízo de cognição sumária, sobre a presença dos requisitos para a concessão de medida cautelar.

Assim, o demandante requer a V.Ex.a, respeitosamente, a prolação de decisão interlocutória devidamente motivada, determinando que sejam arrestados tantos bens do patrimônio do devedor quanto forem suficientes para que seja assegurado o cumprimento da obrigação pecuniária. Acrescenta-se, por oportuno, que esta tutela cautelar de arresto foi expressamente nominada na novel legislação (art. 301, CPC).

Petições Cíveis: Procedimento Comum ■ **19**

Pelo exposto, requer a concessão de tutela provisória de urgência cautelar, em caráter *inaudita altera parte* (art. 300, § 2º, CPC), para fins de determinar o arresto sobre bens que integram o patrimônio do devedor, suficientes para a satisfação da importância de R$ 30.000,00 (trinta mil reais), cujo valor já inclui a correção monetária e os juros de mora até a presente data, mandando expedir ofício ao DETRAN-RJ para imediata averbação do gravame, ou mesmo por intermédio do sistema eletrônico RENAJUD.

Em casos de deferimento da medida ora pleiteada tal como requerido, desde logo esclarece, em atenção à boa-fé (art. 5º, CPC), que irá realizar o aditamento da petição inicial no prazo legal (art. 308, inc. I, CPC).

Se, eventualmente, for do entendimento de V.Ex.a que este requerimento de tutela provisória tem natureza antecipada (satisfativa), requer que seja então aplicada regra de fungibilidade (art. 305, parágrafo único, CPC), para fins de que seja observado o procedimento adequado para tanto.

As eventuais intimações do patrono do demandante deverão ser realizadas em nome da sociedade de advogados que integra, que é a Sampaio & Lacombe Advogados Associados, com endereço à Rua do Rosário, nº 88, Centro, Cep: 33.142-176, na cidade do Rio de Janeiro – RJ (art. 106 c/c art. 272, § 1º, CPC). Aliás, desde logo se requer que eventual verba honorária sucumbencial também seja a ela destinada (art. 85, § 11, CPC).

Dá-se à causa o valor de R$ 30.000,00 (trinta mil reais), uma vez que este é o proveito econômico pretendido pelo demandante quando deduzir, oportunamente, o pleito para a obtenção da tutela em caráter definitivo (art. 292, inc. I c/c art. 303, § 4º, CPC).

Termos em que

Pede e espera deferimento.

Local e data.

Nome e assinatura do advogado(a)

Lista de documentos (art. 434, CPC):

Doc. 1 – Via original do contrato de mútuo celebrado entre as partes.

Doc. 2 – Impressão das mensagens enviadas pelo demandante ao demandado, sempre por meio eletrônico.

Doc. 3 – Notificação realizada por tabelião ao demandado para que fosse cumprida a obrigação.

Doc. 4 – Anúncio publicado no jornal "Notícias" com a oferta do veículo de propriedade do demandado.

No caso de tutela provisória concedida liminarmente, o contraditório se vê postergado para depois da citação do réu (art. 9º, inc. I, CPC). O réu poderá recorrer mediante agravo de instrumento (art. 1.015, I, CPC), cujo prazo corre da juntada aos autos do mandado citatório cumprido (art. 1.003, § 2º, CPC).

Trata-se de faculdade do patrono, que poderá realizar um planejamento tributário quanto aos valores que irá receber, bem como melhor se organizar para efeitos de intimações.

Fez-se referência ao dispositivo utilizado diretamente ao procedimento da tutela "antecipada" requerida em caráter antecedente, em consideração ao pedido final (art. 303, par. 4º, CPC), embora o advogado possa trabalhar a indicação do valor da causa de alçada (valor mínimo) – sobretudo para recolher menos custas judiciais –, argumentando a ausência de proveito econômico imediato no procedimento da "tutela cautelar" requerida em caráter antecedente (art. 291, CPC).

Esta listagem é facultativa, tendo como escopo somente facilitar o manuseio das peças que compõem o processo pelos demais operadores do Direito.

2.2. Resposta do Réu

Uma vez citado, o demandado passa a integrar a relação jurídica processual, podendo adotar o comportamento que melhor lhe aprouver. Pode, por exemplo, permanecer inerte, o que pode gerar a incidência dos efeitos da revelia, sobretudo o material (art. 344, CPC). De outro modo, pode o demandado, em ato dispositivo, reconhecer a procedência total ou parcial do pedido (art. 487, III; e art. 354, CPC). Ainda, pode o demandado adotar uma postura mais aguerrida quanto aos rumos do processo, apresentando uma das modalidades de respostas previstas na lei processual, notadamente a contestação ou mesmo a reconvenção.

2.2.1. Contestação

Peça vinculada ao caso concreto: Sim.
Finalidade: Instrumento utilizado pelo demandado no procedimento comum (e até em outros), para apresentar suas defesas de cunho processual e material.
Dispositivo(s): art. 335 – art. 341, CPC.
Prazo: 15 (quinze) dias (art. 335, CPC).

Importante:
1) Um dos pontos mais relevantes da contestação é o respeito à regra da **eventualidade** (art. 336, CPC), ou "concentração de defesas", cujo sentido é tornar realizável um atuar diligente das partes, o que contribui para evitar retrocessos. Toda matéria de defesa, seja processual ou de mérito, deve ser alegada por meio de contestação, sob pena de ocorrência de preclusão consumativa. Desse modo, ainda que o réu esteja certo do sucesso de sua defesa processual, deverá alegar neste momento, também, matéria defensiva de mérito, pela mera hipótese que a primeira possa vir a ser rejeitada pelo magistrado. Em princípio, a cumulação deve ocorrer ainda que haja contradição entre as defesas, exatamente no sentido de que sejam feitas alegações subsidiárias de defesa (STJ – AgRg no Ag 671.524/SC, 3ª Turma, *DJ* 23/11/2005). No entanto, como decorrência do dever de lealdade e boa-fé (art. 5º, CPC), deverá a defesa guardar coerência como um todo. É certo que as defesas processuais são perfeitamente compatíveis com as defesas de mérito. O problema, em verdade, verifica-se na chamada "defesa de mérito indireta" (em que o réu assume o fato constitutivo alegado pelo autor, porém alega outro fato extintivo, modificativo ou impeditivo do direito do autor) cumulada com a "defesa de mérito direta" (em que o réu simplesmente nega o fato constitutivo alegado pelo autor), já que, nessa hipótese, haverá reconhecimento implícito do fato autoral negado (*v.g.*, incoerência do réu que diz que não recebeu as mercadorias contratadas, e depois menciona que foram recebidas com defeito). Entretanto, se o réu apenas hipoteticamente assumiu o fato, torna-se perfeitamente cabível a cumulação destas defesas (*v.g.*, "ainda que existisse" o fato constitutivo do direito do autor, consubstanciado no contrato, estaria a obrigação prescrita).

Petições Cíveis: Procedimento Comum ■ 21

2) O réu deve ter muita atenção quanto ao cumprimento do **ônus da impugnação especificada** (art. 341, CPC), pois, o fato alegado pelo autor que não for expressamente impugnado na contestação poderá ser presumido como verdadeiro, gerando a desnecessidade de produção de prova quanto a ele, de modo favorável ao demandante.

3) Pela novel legislação, aglutinam-se respostas do demandado dentro do corpo da contestação. Com efeito, passam a ser matérias **preliminares de contestação** as alegações de incompetência relativa (art. 64 e art. 337, inc. II, CPC); de incorreção do valor da causa (art. 293 e art. 337, III, CPC); bem como de indevida concessão do benefício de gratuidade de justiça ao autor (art. 100 e art. 337, XIII, CPC). No regime anterior, tais alegações vinham em petições apartadas, sendo processadas em apenso ao feito principal. Por seu turno, a contestação e a reconvenção deverão ser apresentadas na mesma peça, caso em que também deverá ser atribuído valor à causa (art. 343 c/c art. 292, CPC).

4) Sendo interesse do demandado, a denunciação da lide ou o chamamento ao processo, que são modalidades de **intervenção de terceiro**, poderão ser apresentadas na contestação, sob pena de preclusão formal.

5) Tratando-se de causa complexa, o réu poderá aproveitar o ensejo da contestação para requerer a realização do **saneamento compartilhado** (art. 357, par. 3º, CPC), algo importante para trazer algum esclarecimento adicional quanto ao despautério da alegação autoral diretamente ao juiz (*v.g.*, explicar a necessidade/desnecessidade de prova pericial na hipótese).

6) O réu poderá pleitear **gratuidade de justiça** na ocasião da contestação (art. 99, CPC), o que tem importância não só para evitar a antecipação do recolhimento das eventuais custas judiciais que lhe caberiam (*v.g.*, honorários periciais; preparo recursal), mas também para tornar suspensa uma fortuita condenação na sucumbência (art. 98, par. 3º, CPC).

Modelo

COLENDO JUÍZO DA 10ª VARA CÍVEL DA COMARCA DO RIO DE JANEIRO – RJ.

PROC. Nº 0000123-30.2015.8.19.0001

TÍCIO TAVARES, já qualificado nos autos em epígrafe, da ação de cobrança em procedimento comum que lhe promove CAIO CARVALHO, vem, por intermédio do seu procurador regularmente constituído, conforme instrumento de procuração anexo (art. 104, CPC), respeitosamente, apresentar sua:

> Na contestação não é necessário requalificar as partes, porém pode o réu aproveitar tal momento para atualizar seu endereço residencial ou profissional, para fins de intimação futura (*v.g.*, 77, V, CPC).

Petições e Prática Cível

Conforme o caso, o demandado poderá apresentar alegações defensivas processuais, que devem vir como questões preliminares, logo no início da peça (art. 337, CPC). Serão apresentados modelos para cada uma delas, cabendo ao leitor adaptá-la ou excluí-la, conforme sua necessidade ou conveniência. Vale dizer que algumas delas não guardam pertinência com a "situação concreta" apresentada no Capítulo 1.

O comparecimento espontâneo supre a falta ou nulidade de citação, fluindo a partir desta data o prazo para apresentação de contestação (art. 239, par. 1º, CPC), o que ganha relevância se esta fosse a única defesa trazida pelo réu. Outro destaque é que o vício de citação pode ser arguido a qualquer tempo pelo demandado, mesmo após o trânsito em julgado da decisão final, se o processo correu a sua revelia (art. 525, par. 1º, I, CPC).

O argumento aqui exposto é meramente ilustrativo e sobremaneira inconsistente, já que a competência dos Juizados Especiais é opcional ao demandante (art. 3º, par. 3º, Lei nº 9.099/1995). De toda forma, diga-se que é possível ao réu antecipar-se, realizando a arguição da incompetência (absoluta ou relativa) antes mesmo da data designada para a audiência, de modo a suspendê-la (art. 340, par. 3º, CPC). Sobre o assunto: CJF, nº 124 (II Jornada de Direito Processual Civil): *"Não há preclusão consumativa do direito de apresentar contestação, se o réu se manifesta, antes da data da audiência de conciliação ou de mediação, quanto à incompetência do juízo".*

A incompetência relativa deve ser alegada na contestação, e não mais pela via da "exceção de incompetência", que deixou de existir.

CONTESTAÇÃO

Nos termos seguintes:

I – Questões preliminares.

I.I. – Inexistência ou nulidade de citação (art. 337, inc. I, CPC).

Conforme se observa na certidão exarada nos autos pelo oficial de justiça, a citação foi realizada no momento em que o demandado frequentava culto religioso, o que torna este ato inquinado de vício processual extremamente grave (art. 243, inc. I, CPC). Vale dizer que a legislação pontua que são nulas as citações realizadas sem observância das prescrições legais (art. 280, CPC). Portanto, requer a V.Ex.a se digne de pronunciar a nulidade do ato de citação.

I.II. – Incompetência absoluta (art. 337, inc. II, CPC).

Trata-se de demanda em que o autor objetiva receber a quantia de R$ 30.000,00 (trinta mil reais), valor este que é inferior a 40 (quarenta) salários-mínimos. Por este motivo, este processo não deveria ter sido instaurado perante juízo cível, mas sim perante o único Juizado Especial da Capital, nos termos da legislação específica (art. 3º, Lei nº 9.099/95). Portanto, à luz do acima arrazoado, requer a V.Ex.a se digne de acolher esta questão preliminar e, na sequência, proferir decisão interlocutória declinando em prol do juízo apontado como competente (art. 64, § 3º, CPC).

I.III. – Incompetência relativa (art. 337, inc. II, CPC).

Trata-se de demanda em que as partes modificaram, por meio de convenção processual, a competência do foro em razão do território (art. 63, CPC), tendo sido eleito o da Comarca de São Paulo/SP para dirimir quaisquer dúvidas oriundas desta relação jurídica de direito material, conforme se observa nos autos (doc. 1 – contrato em que há o aludido foro de eleição). Portanto, à luz do acima arrazoado, requer a V.Ex.a se digne de acolher esta questão preliminar e, na sequência, proferir decisão interlocutória declinando em prol do juízo competente (art. 64, § 3º, CPC).

I.IV. – Incorreção do valor da causa (art. 337, inc. III, CPC).

É de se destacar que a petição inicial padece de vício processual, posto que o valor atribuído à causa encontra-se equivocado, já que foi atualizado até data que não coincide com a do ajuizamento da demanda, em violação aos ditames legais (art. 292, I, CPC). Por este motivo, requer a V.Ex.a se digne de acolher esta questão preliminar para que, de ofício, seja realizada a retificação deste equívoco (art. 292, § 3º, CPC), determinando ao demandante que realize o escorreito recolhimento da diferença de custas judiciais, sob pena de extinção do processo sem resolução do mérito.

> O argumento é infundado no conteúdo, diante daquilo que constou na petição inicial, mas válido para fins de demonstração formal desta preliminar.

I.V. – Inépcia da petição inicial (art. 337, inc. IV, CPC).

De início, observa-se que a petição inicial padece de vício extremamente grave, uma vez que o demandante apresentou pedido genérico de danos morais, o que é vedado por lei (art. 292, inc. V, CPC), além de ser hipótese de inépcia da petição inicial, motivando o seu indeferimento (art. 330, § 1º, inc. II, CPC). Portanto, requer a V.Ex.a se digne de acolher esta tese, intimando na sequência o demandante para que realize os adequados ajustes, bem como recolha a diferença de custas processuais, sob pena de extinção do processo sem resolução do mérito.

> Tal defesa encontra-se nitidamente desvinculada do caso concreto, aqui constando apenas para demonstração formal desta preliminar. Diga-se que na preliminar de inépcia "relacionada ao pedido ou à causa de pedir", veda-se ao juiz que, apresentada a contestação, possibilite ao autor emendar à inicial, diante da regra de estabilização da demanda (sentido do art. 329, CPC): *"Contestada a ação, a petição inicial já não pode ser emendada; a não ser assim, o réu – quem demonstrou o defeito – estaria fornecendo subsídios contra si próprio, em benefício do autor"* (STJ – EREsp 674.215/RJ, 2ª Seção, DJ 25/06/2008).

I.VI. – Perempção (art. 337, inc. V, CPC).

Conforme documentação em anexo (doc. 1), o demandante por 3 (três) ocasiões propôs exatamente esta mesma ação em face do demandado, tendo em todas elas permitido que os processos fossem extintos sem resolução do mérito por abandono (art. 485, inc. III, CPC).Assim, resta evidente um abuso no direito de acionar o Estado-Juiz, o que caracteriza o fenômeno da "perempção" (art. 486, § 3º, CPC). Portanto, requer a V.Ex.a se digne de acolher esta questão preliminar, proferindo sentença que extinga o processo sem resolução do mérito (art. 354 c/c art. 485, inc. V, CPC).

I.VII. – Litispendência (art. 337, inc. VI, CPC).

Conforme documentação em anexo (doc. 1), o demandante está promovendo, noutro juízo, outra demanda idêntica a esta, ou seja, com os mesmos elementos da ação, que são: partes, pedido e causa de pedir (art. 337, § 2º, CPC). Portanto, requer a V.Ex.a se digne de acolher esta questão preliminar, proferindo sentença que extinga o processo sem resolução do mérito (art. 354 c/c art. 485, inc. V, CPC).

> A teoria positivada, da "tríplice identidade" (art. 337, par. 2º, CPC), não é capaz de explicar todas as hipóteses vivenciadas na prática, sendo perfeitamente possível encontrar demandas judiciais com nítido caráter idêntico, muito embora não coincidam os três elementos da ação. Nessas situações, busca-se socorro na "teoria da identidade da relação jurídica", bastando que se trate do "mesmo litígio" (*v.g.*, TJ-RJ – 0111411-36.2006.8.19.0001, 9ª Câmara Cível, *DJ* 20/03/2012). Vale o mesmo para a situação de coisa julgada.

I.VIII. – Coisa julgada (art. 337, inc. VII, CPC).

Conforme documentação em anexo (doc. 1), o demandante já promoveu, perante o Poder Judiciário, demanda idêntica a esta, ou seja, com os mesmos elementos da ação, que são: partes, pedido e causa de pedir (art. 337, § 2º, CPC). E, vale acrescentar, o referido processo já teve a prolação de sentença de mérito (art. 487, CPC), transitada em julgado tanto em seu aspecto formal quanto no material. Portanto, requer a V.Ex.a se digne de acolher esta questão preliminar, proferindo sentença que extinga o processo sem resolução do mérito (art. 354 c/c art. 485, inc. V, CPC).

I.IX. – Conexão (art. 337, inc. VIII, CPC).

Permite-se a reunião dos feitos que possam gerar risco de prolação de decisões conflitantes ou contraditórias se decididos separadamente, "mesmo sem conexão" entre eles (art. 55, par. 3º, CPC), o que pode ser explorado pelo advogado visando ao respectivo agrupamento de causas.

Conforme documentação em anexo (doc. 1), o presente processo é conexo (art. 55, CPC) com outro distribuído anteriormente perante juízo distinto, sendo que, inclusive, este último é o prevento para processar ambas as causas (art. 59, CPC). É sabido que a "conexão" se traduz numa causa de modificação de competência do juízo de um dos processos, sempre que houver risco de decisões contraditórias, ou mesmo para fins de economia processual. Portanto, à luz do arrazoado, requer a V.Ex.a se digne de acolher esta questão preliminar, declinando da competência em prol do juízo apontado (art. 58, CPC).

I.X. – Incapacidade da parte, defeito na representação ou falta de autorização (art. 337, inc. IX, CPC).

Conforme se observa nos autos, há vício na capacidade postulatória da parte autora, posto que foi carreado aos autos instrumento de procuração que se encontra vencido. Assim, requer a V.Ex.a se digne de acolher esta questão preliminar para que, na sequência, seja o autor intimado a regularizá-la em tempo razoável (art. 76, CPC), sob pena de o processo ser extinto sem resolução do mérito (art. 76, § 1º, inc. I, CPC).

I.XI. – Convenção de arbitragem (art. 337, inc. X, CPC).

Tal preliminar, se não alegada pelo réu em contestação, estará sujeita à preclusão, com a aceitação da jurisdição estatal e renúncia à arbitragem (art. 337, par. 6º, CPC). O juiz não pode reconhecer tal vício de ofício, sem provocação da parte (art. 337, par. 5º, CPC).

Conforme documentação em anexo (doc. 1), as partes ajustaram entre si que eventuais litígios decorrentes da presente relação jurídica de direito material seriam resolvidos perante um arbitro, em razão da existência de cláusula compromissória neste exato sentido. Portanto, requer a V.Ex.a se digne de acolher esta questão preliminar, proferindo sentença que extinga o processo sem resolução do mérito (art. 354 c/c art. 485, inc. VI, CPC).

I.XII. – Ausência de legitimidade passiva (art. 337, inc. XI, CPC).

Trata-se de processo em que o demandado é parte manifestamente ilegítima. Com efeito, observa-se pelo contrato juntado aos autos que o instrumento foi celebrado entre o demandante e VIVALDINO VIEIRA. Assim, não havendo motivo plausível ou jurídico para a presença do réu nestes autos, este, desde logo, requer que seja intimado o autor para ciência dos termos desta peça e, se consentir, seja então excluído da presente relação processual, para que já seja citado o legitimado passivo VIVALDINO VIEIRA, CPF nº 023456789, CI nº 9876543210, residente e domiciliado à Travessa Loop Loop, nº 171, Bingen, na cidade de Petrópolis – RJ, com o endereço eletrônico vivaldinovieira@internet.com.br, tudo em conformidade com a legislação processual vigente (art. 338 c/c art. 339, CPC). Requer, ainda, seja reconhecido o direito do patrono do atual demandado em receber honorários advocatícios (art. 338, parágrafo único, CPC).

> Tal defesa encontra-se desvinculada do caso concreto, aqui constando apenas para demonstração formal desta preliminar. Ao alegar a sua ilegitimidade, cabe ao réu indicar, quando possível, aquele que seria o legitimado passivo adequado, o que possibilitará, eventualmente, a sucessão processual (art. 108, CPC); se assim não agir, poderá o réu arcar com as despesas processuais e ter que indenizar o autor pelos prejuízos decorrentes da falta de indicação (art. 339, CPC).

I.XIII. – Ausência de interesse processual (art. 337, inc. XI, CPC).

Trata-se de processo de conhecimento, em procedimento comum, em que o demandante tem o objetivo de receber determinada soma em dinheiro. Contudo, as provas carreadas aos autos já indicam que o mesmo ostenta título executivo extrajudicial (art. 784, CPC), o que torna a presente via cognitiva absolutamente imprópria, posto que o interesse processual em agir deve ser analisado sob o prisma da necessidade e da adequação. Ademais, deve ser levado em consideração que em nenhum momento o autor afirmou que estava renunciando à força executiva de seu título. Assim, requer a V. Ex.a se digne de acolher a presente preliminar para que, na sequência, seja o demandante intimado a realizar os ajustes necessários na petição inicial, sob pena de ser prolatada sentença terminativa (art. 485, inc. VI, CPC).

> Frise-se que tal defesa é manifestamente infundada, pois esbarra na própria previsão legal (art. 785, CPC).

I.XIV. – Falta de caução ou de outra prestação que a lei exige como preliminar (art. 337, inc. XII, CPC).

Trata-se de processo de conhecimento, em procedimento especial de jurisdição contenciosa, em que o demandante pretende obter o reconhecimento do direito à consignação de valores (art. 539 – art. 549, CPC). Contudo, para este tipo de rito, é imperioso que a petição inicial já venha acompanhada do aludido depósito ou, então, que o mesmo seja realizado no prazo legal (art. 542, CPC). Porém, o que se observa é que, mesmo já tendo ocorrido a citação do demandado, ainda permanece o autor recalcitrante quanto ao cumprimento desta obrigação. Desta maneira, requer a V.Ex.a se digne de acolher a presente questão preliminar, extinguindo o processo sem exame do mérito (art. 485, inc. X, CPC).

> Tal defesa encontra-se nitidamente desvinculada do caso concreto, aqui constando apenas para demonstração formal desta preliminar.

I.XV. – Indevida concessão do benefício de gratuidade de justiça (art. 337, inc. XIII, CPC).

Conforme se observa nos autos, o demandante teve deferido o requerimento de gratuidade de justiça, o que vinha lhe isentando do recolhimento das despesas processuais. Ocorre que, conforme as provas em anexo (doc. 1), o autor não faz jus a este beneplácito, que deve ser deferido apenas aos que realmente dele necessitam, posto que o mesmo ostenta ganhos incompatíveis com a medida. Com efeito, trata-se de pessoa que é agente público vinculado ao Poder Executivo e que, por este motivo, tem seus ganhos divulgados perante os meios de comunicação. Assim, observa-se que seus vencimentos são bem acima do valor do salário-mínimo, aliado à circunstância de que não foi demonstrado nenhum tipo de despesa fixa (v.g., aluguel, medicamentos de uso contínuo etc.), que o tornasse merecedor deste benefício. Desta maneira, requer a V.Ex.a se digne de acolher esta preliminar, para fins de revogar o aludido benefício, bem como que, na sequência, seja determinado o recolhimento das custas processuais, sob pena de extinção do processo sem resolução do mérito.

Se revogado o benefício, havendo má-fé daquele que postulou a gratuidade de justiça, será imposta multa de até o décuplo das despesas processuais (art. 100, par. único, CPC). Ainda: da decisão de revogação do benefício, caberá agravo de instrumento pelo interessado (art. 1.015, V, in fine, CPC); da decisão que rejeitar tal preliminar, não caberá recurso imediato, podendo ser impugnada pelo interessado na apelação ou nas contrarrazões de apelação (art. 1.009, par. 1º, CPC).

II – Mérito.

Acaso superada qualquer uma das questões preliminares apresentadas, o que somente se admite por puro amor ao debate, melhor sorte não assiste ao demandante no que diz respeito ao mérito.

O réu deve cuidar para impugnar especificamente todos os fatos trazidos pelo autor, sob pena de eles serem presumidos como verdadeiros (art. 341, CPC). A impugnação "genérica" dos fatos autorais, portanto, não é adequada.

Com efeito, o contrato de mútuo apresentado aos autos em nenhum momento menciona o nome do demandante. Ademais, nenhuma outra prova produzida até o momento traz qualquer vinculação. Portanto, a negativa da existência do fato constitutivo do direito do demandante consubstancia defesa de mérito direta, que merece pronto acolhimento.

De toda sorte, desde logo se destaca que, ao tempo da celebração do aludido negócio jurídico narrado na petição inicial, o demandado era absolutamente incapaz em razão da sua idade (art. 3º, CC), o que reflete uma defesa de mérito indireta apta a aniquilar a pretensão autoral.

Portanto, seja pelo argumento da inexistência de dívida ou mesmo pela incapacidade do réu, é que respeitosamente se requer que o pedido autoral seja julgado inteiramente improcedente.

Item facultativo, apenas se a parte ré pretender realizar o chamamento ao processo de um terceiro.

III – Intervenção de terceiros: do chamamento ao processo.

O chamamento ao processo é uma modalidade de intervenção de terceiros (art. 130 – art. 132, CPC), sempre que o demandado tencione que haja o ingresso de um outro devedor solidariamente obrigado no polo passivo da relação jurídica processual, formando um litisconsórcio facultativo.

No caso vertente, muito embora o demandado venha negando peremptoriamente a existência do aludido negócio jurídico celebrado entre as partes, se, porventura, V.Ex.a entender que o mesmo juridicamente existiu e foi válido, o que, repita-se, apenas se admite por amor a argumentação, certo é que em data próxima o demandado emprestou dinheiro ao seu tio, que atravessava delicada situação financeira. Esta hipótese, inclusive, está retratada nas mensagens eletrônicas impressas e nos comprovantes bancários que seguem junto a esta peça. Portanto, tendo em vista o disposto no Código

Civil (art. 942, CC), se alguém extraiu benefício na hipótese, foi, certamente, este último, que, assim, deverá concorrer, solidariamente, para a sua reparação. Assim, neste momento, o demandado requer o chamamento ao processo de seu tio, TARCÍSIO TAVARES, brasileiro, solteiro, triatleta, domiciliado e residente na Rua Clóvis dos Azulejos, n° 20, apartamento n° 216, Centro, Cep: 33.562-132, na cidade do Rio de Janeiro – RJ, regularmente inscrito no CPF sob o n° 569.598.874-17, com endereço eletrônico tarcisiotavares@internet.com.br.

> Importa registrar que tal argumentação do réu não atende as hipóteses de chamamento ao processo, já que a solidariedade não se presume, somente constando para visualização formal de um chamamento ao processo inserido na contestação.

IV – Requerimento(s).

Pelo exposto, requer:

a) a intimação do autor para apresentar réplica, querendo, no prazo de 15 dias, conforme exigência legal (arts. 350/351, CPC);

b) o acolhimento das questões preliminares suscitadas, culminando, conforme o caso, na extinção do processo sem resolução do mérito (art. 485, CPC), ou na intimação do autor para imediata regularização;

c) o deferimento da modalidade de intervenção de terceiros pretendida nesta peça, para que seja observado e aplicado o seu pertinente procedimento;

> Cuida-se de pleito facultativo, apenas se foi requerida a intervenção provocada de terceiros, como exposto no item III desta petição.

d) caso superadas as preliminares, seja o pleito autoral julgado totalmente improcedente (art. 487, I, CPC), inclusive mediante julgamento antecipado do mérito (art. 355, CPC);

e) em qualquer das hipóteses de julgamento contrário ao demandante, seja ele condenado nos ônus sucumbenciais (art. 85, CPC);

f) além de protestar pela produção de todos os meios de prova legais e moralmente legítimos (art. 369, CPC), requer, ainda, que seja invertido o ônus da prova a favor do réu, tendo em vista que se trata de hipótese em que há excessiva onerosidade de este encargo ser cumprido, diante da impossibilidade de o demandado fazer prova de fato negativo (art. 373, I, CPC).

> Vê-se cabível a condenação em honorários advocatícios do autor derrotado inclusive na sentença terminativa (art. 485, CPC), em respeito ao princípio da causalidade, isso naturalmente se a parte ré já se encontrava integrada ao feito, quando será beneficiária da sucumbência (STJ – REsp 1.138.109/MG, 4ª Turma, DJ 18/05/2010).

Também deixa expresso a V.Ex.a que se a pretensão deduzida pelo autor for julgada procedente, a decisão judicial deverá ser devidamente fundamentada, com o enfrentamento e afastamento de todas as matérias defensivas, sob pena de se estar vulnerando norma que tem tanto sede constitucional (art. 93, inc. IX, CRFB) quanto infraconstitucional (art. 489, par. 1º, CPC), razão pela qual desde logo apresenta o prequestionamento das mesmas, para que sejam expressamente observadas e aplicadas por ocasião do ato decisório.

> O prequestionamento é requisito de admissibilidade do recurso especial e do recurso extraordinário (enfrentamento da questão de direito pelo tribunal a quo, v.g., Verbete Sumular n° 282, STF), sendo recomendável que o mesmo seja desde logo apresentado, inclusive para viabilizar eventuais embargos de declaração, caso haja omissão de sua análise (art. 1.025, CPC).

28 ■ *Petições e Prática Cível*

Por fim, requer que as eventuais intimações do patrono do demandado sejam realizadas em nome da sociedade de advogados que integra, Tevez & Torres Advogados Associados, com endereço na Rua da Macaxeira, nº 2, Centro, Cep: 33.145-886, na cidade do Rio de Janeiro – RJ (art. 106 c/c art. 272, par. 1º, CPC). Aliás, desde logo requer que eventual verba honorária sucumbencial também seja a ela destinada (art. 85, par. 11, CPC).

> Trata-se de faculdade do patrono, que poderá realizar um planejamento tributário quanto aos valores que irá receber, bem como melhor se organizar para efeito de intimações.

Termos em que

Pede e espera deferimento.

Local e data.

Nome e assinatura do advogado(a)

Lista de documentos (art. 434, CPC):

Doc. 1 – Atestado mencionando que o demandado era incapaz ao tempo da mencionada celebração do negócio jurídico que consta na petição inicial;

> Esta listagem é facultativa, tendo como escopo somente facilitar o manuseio das peças que compõem o processo pelos demais operadores do Direito.

Doc. 2 – Ata notarial (art. 384, CPC), em que o Tabelião certifica que escutou a conclusão de especialista quanto ao estado do demandado ao tempo da celebração do malfadado negócio jurídico.

2.2.2. Reconvenção (Pleito Inserido na Contestação)

Peça vinculada ao caso concreto: Sim, embora não utilizada na hipótese narrada.

Finalidade: Instrumento utilizado pelo demandado para exercer direito de ação narrando fato que seja conexo com o que já se discute na demanda originária ou com seus fundamentos de defesa.

Dispositivo(s): art. 343, CPC.

Prazo: 15 (quinze) dias (art. 335, CPC), pois deve ser apresentada juntamente com a contestação (art. 343, *caput*, CPC).

Importante:

1) Admitem-se **três possibilidades**: a parte interessada pode apenas contestar; reconvir sem contestar (art. 343, par. 6º, CPC); ou, se for o caso, apresentar estas duas modalidades de respostas de forma concomitante, no corpo da contestação (art. 343, *caput*, CPC).

2) A reconvenção pode provocar a **inclusão de terceiros** em regime de litisconsórcio (art. 343, pars. 3º e 4º, CPC), seja no polo ativo (hipótese de dois ou mais reconvintes) ou no polo passivo (hipótese de dois ou mais reconvindos), por exemplo para incluir outro credor da dívida reconvinda, ou um garantidor da dívida reconvinda, respectivamente.

3) A reconvenção gera direito à percepção de **honorários advocatícios** autônomos da ação originária (art. 85, par. 1º, CPC).

4) A **perda do prazo** para oferecer a reconvenção pelo réu não implica em perda do direito envolvido na "demanda conexa", sendo possível que este o realize através do ajuizamento de ação autônoma, inclusive mediante distribuição por dependência ao mesmo juízo da ação originária, em virtude da conexão (art. 286, I, CPC).

5) Consta na jurisprudência a permissão de **alegação de compensação em sede de contestação, independente de reconvenção**. Na verdade, a compensação é uma defesa de mérito indireta (como o pagamento), podendo servir como matéria apta a extinguir a obrigação. Só cabe notar que a cobrança de eventual saldo pelo réu que supere o pedido autoral originário depende de pedido reconvencional, pois está além dos limites da defesa: "A compensação é meio extintivo da obrigação (art. 368 do CC), caracterizando-se como defesa substancial de mérito ou espécie de contradireito do réu. Nesse contexto, a compensação pode ser alegada em contestação como matéria de defesa, independentemente da propositura de reconvenção, em obediência aos princípios da celeridade e da economia processual. Com efeito, não é razoável exigir o ajuizamento de ação reconvencional para a análise de eventual compensação de créditos, devendo-se prestigiar a utilidade, a celeridade e a economia processuais, bem como obstar enriquecimento sem causa. No mais, o novo Código de Processo Civil, nos arts. 336, 337 e 343, atento aos princípios da economia e da celeridade processual, adotou a concentração das respostas do réu, facultando a propositura da reconvenção na própria contestação. Precedente citado: REsp 781.427-SC, Quarta Turma, *DJe* 09/09/2010" (STJ – REsp 1.524.730/MG, 3ª Turma, *DJ* 18/08/2015).

6) Admite-se **reconvenção sucessiva**, no sentido de o autor-reconvindo, uma vez intimado para se manifestar sobre a reconvenção apresentada pelo réu-reconvinte (art. 343, § 1º, CPC), também apresentar sua reconvenção. O sentido é viabilizar que as partes solucionem integralmente o litígio que as envolve no mesmo processo, em atenção à eficiência e economia processual: "*É admissível a reconvenção sucessiva, também denominada reconvenção à reconvenção, desde que a questão que justifique a propositura tenha surgido na contestação ou na primeira reconvenção*" (STJ – REsp 1.690.216/RS, 3ª Turma, *DJ* 22/09/2020). Tal manifestação só é vedada na ação monitória (art. 702, § 6º, CPC).

Verbete(s): Súmula nº 258, STF: "*É admissível reconvenção em ação declaratória*"; **Súmula nº 292, STJ:** "*A reconvenção é cabível na ação monitória*".

30 ■ *Petições e Prática Cível*

Modelo

COLENDO JUÍZO DA 10ª VARA CÍVEL DA COMARCA DO RIO DE JANEIRO – RJ.

PROC. Nº 0000123-30.2015.8.19.0001

TÍCIO TAVARES, já qualificado nos autos em epígrafe, da ação de cobrança em procedimento comum que lhe promove CAIO CARVALHO, vem, por intermédio do seu procurador regularmente constituído, conforme instrumento de procuração em anexo (art. 104, CPC), apresentar sua:

> *Tratando-se de uma mesma petição com mais de uma finalidade, recomenda-se extrema organização por parte de quem a elabora, preferencialmente separando por tópicos ou títulos à qual delas está se referindo, bem como já indicando o assunto que estará sendo abordado.*

CONTESTAÇÃO E RECONVENÇÃO

Nos termos seguintes:

I – Contestação.

I.1. – Questão(ões) preliminar(es).

(...)

I.2. – Defesas de mérito.

Acaso superada a questão preliminar apresentada, o que somente se admite por puro amor ao debate, melhor sorte não assiste ao demandante no que diz respeito ao mérito.

O contrato de mútuo apresentado aos autos em nenhum momento menciona o nome do demandante. Ademais, nenhuma outra prova produzida até o momento traz qualquer vinculação. Portanto, a negativa da existência do fato constitutivo do direito do demandante consubstancia defesa de mérito direta, que deve ser acolhida por V.Ex.a. Mas, de todo modo, desde logo se destaca que, ao tempo da celebração do aludido negócio jurídico narrado na petição inicial, o demandado era absolutamente incapaz em razão da sua idade, o que também se traduz em uma defesa de mérito indireta.

Portanto, seja pelo argumento da inexistência de dívida ou mesmo pela incapacidade do réu, é que respeitosamente se requer que o pedido autoral seja julgado inteiramente improcedente, caso não seja antes acolhida a questão preliminar apresentada.

> *A reconvenção deve ter forma de petição inicial (art. 319, CPC). No caso concreto, como não houve mudança de litigantes, vê-se dispensável a qualificação das partes. Contudo, se fosse o caso de inclusão de terceiro em regime de litisconsórcio (art. 343, §§ 3º e 4º, CPC), seria absolutamente indispensável que o mesmo fosse nominado e qualificado neste momento.*

II – Reconvenção.

TÍCIO TAVARES, já qualificado nos autos em epígrafe, vem por meio de seu advogado regularmente constituído que esta subscreve, respeitosamente, apresentar RECONVENÇÃO em face de CAIO CARVALHO, também qualificado nos autos, pelos fatos e fundamentos seguintes:

A reconvenção corporifica o exercício de direito de ação, trazendo a lume um fato que seja conexo com o que o demandante originário narrou em sua petição inicial ou com algum outro fato que tenha sido mencionado na contestação (art. 343, *caput*, CPC).

No caso vertente, o reconvinte mencionou em sua peça de resistência que, no momento de celebração do contrato era absolutamente incapaz (art. 3º, CC). Contudo, ainda que esta tese seja acolhida por este magistrado, apenas será proferida sentença de improcedência do pleito autoral, permanecendo, porém, como válida e eficaz a relação contratual mencionada na petição inicial.

Desta maneira, para que o demandado, ora reconvinte, não tenha mais que atravessar o dissabor de, novamente, ter que discutir em juízo qualquer outra cláusula do aludido instrumento contratual, alternativa outra não lhe resta do que a apresentação da presente reconvenção, com a finalidade de que haja pronunciamento judicial de V.Ex.a declarando esta incapacidade para fins de reconhecer, com força de coisa julgada, a nulidade do aludido negócio jurídico (art. 166, inc. I, CC).

> Ainda que o pedido reconvencional fosse denominado eventualmente de forma equivocada como "pedido contraposto", não se impediria o regular processamento da pretensão formulada pelo réu contra o autor, desde que esta esteja bem delimitada na contestação (STJ – REsp 1.940.016/PR, 3ª Turma, *DJ* 22/06/2021).

III – Requerimento(s).

Pelo exposto, requer:

a) o acolhimento da(s) questão(ões) preliminar(es), e, em caso negativo, que seja julgado improcedente o pedido autoral;

b) quanto à reconvenção, que seja determinada a intimação do autor, na pessoa de seu advogado, para apresentar resposta em 15 dias (art. 343, § 1º, CPC), e, cumpridas as formalidades regulares, seja o pedido julgado procedente, para fins de se reconhecer, com força de coisa julgada, a nulidade do negócio jurídico objeto do presente processo;

c) em qualquer das hipóteses de julgamento contrário ao demandante, tanto na contestação quanto na reconvenção, seja o mesmo condenado nos ônus sucumbenciais (art. 85, *caput* e § 1º, CPC);

d) além de protestar pela produção de todos os meios de prova legais e moralmente legítimos (art. 369, CPC), requer, ainda, que seja invertido o ônus da prova a favor do réu (ora reconvinte), tendo em vista que se trata de hipótese em que há excessiva onerosidade de este encargo ser cumprido, posto que não há como o demandado fazer prova de fato negativo (art. 373, inc. I, CPC).

Também deixa expresso a V.Ex.a que se a pretensão deduzida pelo autor/reconvindo for julgada procedente e a do demandado/reconvinte não for acolhida, a decisão judicial deverá ser devidamente fundamentada, com o enfrentamento de todos os temas, sob pena de se estar vulnerando norma que tem tanto sede constitucional (art. 93, inc. IX, CRFB), quanto infraconstitucional (art. 489, § 1º, CPC), razão pela qual desde logo apresenta o prequestionamento das mesmas, para que sejam expressamente observadas e aplicadas por ocasião do ato decisório.

> O prequestionamento é requisito de admissibilidade do recurso especial e do recurso extraordinário (enfrentamento da questão de direito pelo tribunal *a quo*, v.g., Verbete Sumular nº 282, STF), sendo recomendável que o mesmo seja desde logo apresentado, inclusive para viabilizar eventuais embargos de declaração, caso haja omissão de sua análise (art. 1.025, CPC).

32 ■ *Petições e Prática Cível*

> Trata-se de faculdade do patrono, que poderá realizar um planejamento tributário quanto aos valores que irá receber, bem como melhor se organizar para efeito de intimações.

Por fim, requer que as eventuais intimações do patrono do demandado/reconvinte sejam realizadas em nome da sociedade de advogados que integra, Tevez & Torres Advogados Associados, com endereço na Rua da Macaxeira, nº 2, Centro, Cep: 33.145-886, na cidade do Rio de Janeiro – RJ (art. 106 c/c art. 272, par. 1º, CPC). Aliás, desde logo se requer que eventual verba honorária sucumbencial também seja a ela destinada (art. 85, par. 11, CPC).

> A reconvenção deve ter obrigatoriamente valor dado à causa (art. 292, *caput*, CPC), uma vez que corporifica exercício de direito de ação, por introduzir uma nova pretensão de direito material a ser apreciada pelo magistrado.

Dá a causa reconvencional o valor de R$ 30.000,00 (trinta mil reais), que é o conteúdo econômico do contrato que se pretende nulificar (art. 292, inc. II, CPC).

Termos em que

Pede e espera deferimento.

Local e data.

Nome e assinatura do advogado(a)

2.3. Intervenção de Terceiros

Este assunto é um dos que mais vem gerando controvérsias e dificuldades de compreensão no Direito Processual Civil, uma vez que o tratamento dado pela legislação é bastante inconsistente, e, em alguns momentos, até mesmo contraditório. O ponto de partida seria justamente assimilar o que vem a ser um "terceiro" no tramitar do processo, o que não é exatamente difícil, pois se trata de um conceito de exclusão: terceiro é todo aquele que não seja considerado parte (demandante ou demandado) no que concerne ao exercício de poderes e deveres processuais, ao menos até a sua intervenção. No entanto, a maioria das modalidades legais de intervenção de terceiros trata, em realidade, do ingresso de uma parte principal, seja em litisconsórcio ou não, o que demonstra o desacerto da concepção inicial do que vem a ser um terceiro.

De qualquer maneira, entre as modalidades admitidas pelo ordenamento jurídico situam-se as seguintes: a) assistência; b) denunciação da lide; c) chamamento ao processo; d) incidente de desconsideração da personalidade jurídica; e) *amicus curiae*.

2.3.1. Requerimento para Ingresso do Assistente

Peça vinculada ao caso concreto: Sim.

Finalidade: Permitir que haja a intervenção de um assistente simples ou litisconsorcial. Por meio da assistência, um terceiro (assistente) ingressa em processo alheio para auxiliar uma das partes em litígio (assistido), desde que presente o interesse jurídico, espécie de interesse de agir de terceiro. Constitui intervenção voluntária por inserção, pois o terceiro intervém em relação jurídica já existente, mediante simples peticionamento.

Dispositivo(s): art. 119, CPC.

Prazo: Pode ser apresentada enquanto o processo estiver pendente, mesmo na instância recursal, ou seja, enquanto a decisão judicial ainda não tiver transitado em julgado (art. 119, parágrafo único, CPC).

Importante:

1) Deve ser alegado e demonstrado o **interesse jurídico** do assistente na controvérsia, que não se confunde com interesse meramente "afetivo" ou "econômico". O assistente deve convencer que outra relação jurídica de que ele participa será direta ou indiretamente afetada (prejuízo jurídico) por meio da decisão que for proferida no referido processo.

2) Na **assistência simples** (arts. 121/123, CPC), o terceiro não é sujeito da relação jurídica deduzida no processo, mas de outra, daquela subordinada ou interligada, que pode indiretamente lhe prejudicar (*v.g.*, julgado procedente o pedido de despejo, estará rompido o contrato de locação e, consequentemente, o de sublocação, de modo que se vê permitido ao sublocatário intervir, antes, como assistente do locatário). Justamente por não titularizar o objeto litigioso – o interveniente não propõe nova demanda tampouco modifica o objeto do litígio –, haverá **subordinação do assistente simples aos atos dispositivos praticados pelo assistido** (art. 122, CPC). Assim é que a atuação do assistente simples não impede a parte principal (assistido) de praticar atos dispositivos, como a desistência, transação ou reconhecimento da procedência do pedido: "*É defeso ao assistente praticar atos judiciais em contraposição ao assistido, cessando a assistência em face da desistência ou da extinção do feito*" (STJ – REsp 1.093.191/PE, 1ª Turma, *DJ* 11/11/2008).

3) Na **assistência litisconsorcial** (art. 124, CPC), dá-se a intervenção daquele que poderia ser parte inicialmente, mas não o foi. Aqui, o terceiro também é titular do direito material discutido no processo, podendo ser afetado diretamente pela decisão prolatada no feito (*v.g.*, na ação proposta pelo credor em face de um dos devedores solidários, poderá qualquer dos outros intervir como assistente litisconsorcial, pois inegável seu interesse no julgamento pela improcedência). Assim, não fica o assistente litisconsorcial sujeito à atuação do assistido (não se aplica a disposição do art. 122, CPC), de modo que, para que o ato dispositivo, dito prejudicial, praticado pelo assistido seja eficaz, também será necessariamente exigido o consentimento do assistente.

4) O assistente deve preencher os **requisitos processuais** comuns ao peticionamento em juízo, como, por exemplo, a regularidade de representação processual, sob pena de ser excluído do feito (art. 76, par. 1º, III, CPC).

5) Admite-se condenação do assistente nas **custas judiciais**, caso o assistido seja vencido, em proporção à atividade que o primeiro houver exercido no processo (art. 94, CPC).

6) Da decisão interlocutória que admite ou inadmite a intervenção de terceiros, cabe **agravo de instrumento** (art. 1.015, IX, CPC).

Modelo

COLENDO JUÍZO DA 10ª VARA CÍVEL DA COMARCA DO RIO DE JANEIRO – RJ.

PROC. Nº 0000123-30.2015.8.19.0001

NICOLAS NIGRI, brasileiro, solteiro, pedreiro, domiciliado e residente na Rua das Couves nº 15, Centro, Cep: 33.171-181, na cidade do Rio de Janeiro – RJ, regularmente inscrito no CPF sob o nº 189.298.154-44, com endereço eletrônico nicolasnigri@internet.com.br, vem, por meio de seu advogado regularmente constituído que esta subscreve, conforme instrumento de procuração em anexo (art. 104, CPC), respeitosamente, requerer seu ingresso como ASSISTENTE SIMPLES em favor de TÍCIO TAVARES, que é o demandado no processo que lhe promove CAIO VARVALHO.

> Embora o presente modelo se refira apenas à assistência simples (art. 121 – art. 123, CPC), o mesmo também pode ser utilizado para o ingresso do assistente litisconsorcial (art. 124, CPC), realizados os devidos ajustes.

Desde logo, o requerente justifica o seu interesse jurídico, pois, se ao final do processo o demandado for condenado a ressarcir os danos do autor, haverá significativo desfalque de seu patrimônio, o que impossibilitaria o ora requerente de receber um crédito que possui junto ao mesmo e que se encontra sendo cobrado judicialmente perante outro processo e órgão jurisdicional (proc. nº 2016.001.985641-87, 15ª Vara Cível da Capital).

> Importa dizer que o argumento aqui exposto é meramente ilustrativo, por ser inconsistente, já que retrata interesse meramente "econômico". Inclusive, o mesmo será rebatido na peça de impugnação a este pleito (item 2.3.2.).

Portanto, requer, respeitosamente, sejam intimados os então litigantes para que, no prazo de 15 (quinze) dias, possam oferecer impugnação, findos os quais, se não houver qualquer manifestação, deverá o pleito ser deferido (art. 120, CPC).

Aproveitando o ensejo, vem requerer a produção de todos os meios de prova legais e moralmente legítimos (art. 369, CPC), conforme lhe permite a lei (art. 121, CPC).

Termos em que

Pede e espera deferimento.

Local e data.

Nome e assinatura do advogado(a)

2.3.2. Impugnação ao Ingresso do Assistente

Peça vinculada ao caso concreto: Sim.
Finalidade: Questionar o requerimento de ingresso do assistente ao processo.
Dispositivo(s): art. 120, CPC.

Prazo: 15 (quinze) dias (art. 120, CPC).

Importante:

1) Trata-se de petição sem maiores formalidades, cuja **causa de pedir** se volta, basicamente, sobre a ausência de interesse jurídico (art. 120, par. único, CPC) ou o não preenchimento de requisitos processuais pelo assistente.

2) Da decisão interlocutória que admite ou inadmite a intervenção de terceiros, cabe **agravo de instrumento** (art. 1.015, IX, CPC).

Modelo

COLENDO JUÍZO DA 10ª VARA CÍVEL DA COMARCA DO RIO DE JANEIRO – RJ.

PROC. Nº 0000123-30.2015.8.19.0001

CAIO CARVALHO, já qualificado nos autos em epígrafe, da ação de cobrança em procedimento comum que promove em face de TÍCIO TAVARES, vem, por intermédio do seu procurador regularmente constituído, apresentar sua impugnação ao requerimento para ingresso do assistente simples NICOLAS NIGRI, nos termos seguintes.

Conforme narrado na petição de ingresso do assistente, observa-se que o requerente não dispõe de qualquer interesse jurídico para intervir no presente processo. Com efeito, de acordo com a argumentação apresentada, soa nítido e cristalino que o pretenso motivo a justificar esta intervenção seria em decorrência da existência de um suposto crédito em favor do requerente da medida por parte do demandado. Contudo, trata-se de exemplo clássico de existência de interesse "econômico" (e não meramente "jurídico"), pois a relação creditícia entre ambos não será diretamente afetada por qualquer decisão deste processo.

Assim, por não se cuidar de hipótese que autoriza o ingresso de assistente simples, é que respeitosamente requer o demandante que seja instaurado incidente para a solução da presente controvérsia, mas sem que seja suspenso o tramitar do presente processo (art. 120, parágrafo único, CPC), para, ao final, excluir o terceiro do feito.

> Outra matéria que pode ser aduzida é a irregularidade de representação do terceiro assistente, caso em que o juiz deverá abrir prazo para regularização, sob pena de exclusão do assistente do feito (art. 76, § 1º, inc. III, CPC).

Termos em que

Pede e espera deferimento.

Local e data.

Nome e assinatura do advogado(a)

36 ■ *Petições e Prática Cível*

2.3.3. Denunciação da Lide

Peça vinculada ao caso concreto: Não.

Finalidade: Cuida-se de intervenção de terceiros, envolvendo as figuras do denunciante (autor ou réu) e denunciado (terceiro). Consiste em verdadeira propositura de uma ação de regresso antecipada, para a eventualidade da sucumbência do denunciante. Seu objetivo é vincular o terceiro ao quanto decidido na causa, viabilizando, destarte, sua condenação, ou seja, assegurar um possível direito de regresso, do denunciado ao denunciante, dentro do processo originário (mesma base procedimental), em claro prestígio a celeridade e economia processual.

Dispositivo(s): art. 125 – art. 129, CPC.

Prazo: Quanto ao autor, deverá denunciar à lide na própria petição inicial; quanto ao réu, no prazo da contestação (art. 126 – art. 128, CPC). Com efeito, quando de iniciativa do autor não se terá aqui, propriamente, o ingresso de um terceiro em processo pendente, por dele já fazer parte desde o início.

Importante:

1) As hipóteses de cabimento da denunciação da lide são legalmente previstas (art. 125, CPC) e buscam assegurar eventual **direito de regresso** por parte daquele que a realiza. O exercício da denunciação da lide é **facultativo**, e não obrigatório (art. 125, *caput*, CPC), de modo que, caso não seja realizada, nada impedirá que o titular do direito regressivo ajuíze ação autônoma posteriormente (art. 125, par. 1º, CPC), direcionando-a para o mesmo juízo em que tramita o processo primitivo, já que ele já se encontrará prevento (art. 286, I, CPC).

2) É admitida uma única **denunciação da lide sucessiva**, pelo adquirente a seu alienante imediato, e deste (litisdenunciado) para uma quarta pessoa que lhe teria alienado o bem anteriormente (denunciado sucessivo), conforme ditames legais (art. 125, par. 2º, CPC). Em casos motivados pela evicção, o denunciado será o alienante imediato (art. 125, I, CPC), o que evita a denunciação *per saltum.*

3) Veda-se a denunciação da lide em **causas consumeristas**, pela expressa disposição legal (art. 88, CDC), como também para não comprometer a efetividade da prestação jurisdicional, tratando-se de norma favorável ao consumidor (STJ – AgRg no AREsp 619.161/PR, 4ª Turma, *DJ* 07/04/2015).

Verbete(s): Súmula nº 529, STJ: *"No seguro de responsabilidade civil facultativo, não cabe o ajuizamento de ação pelo terceiro prejudicado direta e exclusivamente em face da seguradora do apontado causador do dano"*; **Súmula nº 537, STJ**: *"Em ação de reparação de danos, a seguradora denunciada, se aceitar a denunciação ou contestar o pedido do autor, pode ser condenada, direta e solidariamente junto com o segurado, ao pagamento da indenização devida à vítima, nos limites contratados na apólice"*; **Súmula nº 50, TJ-RJ**: *"Em ação de indenização ajuizada em face de pessoa jurídica de direito público, não se admite a denunciação da lide ao seu agente ou a terceiro (art. 37, § 6º, CRFB/88)"*; **Súmula nº 92, TJ-RJ**: *"Inadmissível, em qualquer hipótese, a denunciação da lide nas ações que versem relação de consumo"*; **Súmula nº 240, TJ-RJ**: *"Inadmissível a denunciação da lide fundada na imputação de responsabilidade a terceiro pelo evento danoso".*

Modelo

COLENDO JUÍZO DA 1ª VARA CÍVEL REGIONAL DA BARRA DA TIJUCA – RJ.

PROC. Nº 0009528-84.8.19.0001

MÁRCIO SILVA, já qualificado nos autos em epígrafe, da ação indenizatória que lhe promove NILMAR QUEIXADA, também qualificado, vem, por intermédio do seu procurador regularmente constituído, conforme instrumento de procuração em anexo (art. 104, CPC), apresentar sua:

> A ação acessória da denunciação da lide é proposta no juízo competente para a ação principal (art. 61, CPC), inclusive porque é versada dentro do corpo da contestação.

CONTESTAÇÃO c/c DENUNCIAÇÃO DA LIDE

Nos termos seguintes:

I – Contestação.

Conforme se observa, o autor pretende compelir o réu a proceder ao pagamento da importância de R$ 10.000,00 (dez mil reais) referente à indenização a título de danos materiais, em razão de um acidente de veículo envolvendo o carro do autor e a motocicleta do réu, já discriminados na petição inicial.

> Tratando-se de uma mesma petição com mais de uma finalidade, recomenda-se extrema organização por parte de quem a elabora, preferencialmente separando por tópicos ou títulos à qual delas está se referindo, bem como já indicando o assunto que estará sendo abordado.

Ocorre que o acidente ocorreu de forma bem diversa da narrativa autoral. A batida entre os veículos somente se deu pelo erro de manobra do próprio autor, que reduziu bruscamente a velocidade, numa via de alto e rápido tráfego de veículos, qual seja a Avenida das Américas, na Barra da Tijuca, na altura do nº 5.000, quando se direcionava para entrar à direita, numa pista que é contramão ao sentido que visava. Desse modo, pouco importa se o mesmo deu "seta" ou não, pois ali não se espera, nem se permite, que nenhum veículo dobre à direita.

Corrobora a afirmação o próprio boletim de ocorrência constante nos autos juntado pelo próprio autor, o que, diante do princípio da comunhão da prova, não impede que seja interpretado contra si.

O princípio da confiança rege as leis de trânsito, sendo certo que todos devem colaborar para evitar acidentes. O autor foi negligente e/ou imperito, chegando a confessar que estava olhando um aplicativo de celular no momento do acidente, ocasionando, por sua única responsabilidade, o choque entre os veículos. Tal fato pode ser comprovado porquanto o demandante brigou com o guarda de trânsito, Cabo Pessanha, insistindo que poderia ter virado naquela esquina, já que assim constava na tela de seu celular, tendo sido reprimido prontamente.

II – Denunciação da lide.

MÁRCIO SILVA, já qualificado nos autos em epígrafe, da ação indenizatória que lhe promove NILMAR QUEIXADA, também qualificado, vem, por intermédio do seu procurador regularmente constituído, apresentar DENUNCIAÇÃO DA LIDE, em face de SEGURADORA "SALVAGUARDA LTDA.", pessoa jurídica de direito privado, estabelecida na Rua Almirante Juca Teles, nº 35, salas 12 e 13, Centro, Cep: 20.053-089, na cidade do Rio de Janeiro – RJ, regularmente inscrita no CNPJ sob o nº 12.345.047/0001-22, com endereço eletrônico salvaguarda.seguros@internet.com.br, pelos fatos e fundamentos seguintes:

> Numa concepção restritiva, não havendo alegação de direito reversivo, mas tão somente a atribuição de responsabilidade a outrem, não será o caso de denunciação da lide: "*4. A jurisprudência do STJ é no sentido de ser incabível a denunciação da lide com amparo no 125, II, do CPC/2015, em situações que não se vislumbra o direito de regresso, mas sim o objetivo do denunciante de ver reconhecida a culpa de terceiro. Precedentes do STJ*" (STJ – AgInt no AREsp 1.368.021/MG, 4ª Turma, DJ 30/05/2019).

O réu-denunciante tem contrato de seguro com a denunciada, contra danos causados a terceiros e acidentes pessoais a passageiros, cuja apólice tem o nº 45.784, tendo sido renovada em 04/12/2017, antes do fatídico acidente, portanto em plena validade, conforme anexo documento comprobatório (art. 758, CC).

Aproveitando o ensejo, o réu-denunciante demonstra ter quitado o valor devido anual cobrado pela seguradora, conforme documento também acostado à presente (art. 763, CC); bem como informa ter comunicado à denunciada imediatamente após o sinistro, o que foi feito mediante ligação telefônica registrada pelo protocolo de atendimento nº 880012 (art. 771, CC).

É certo que a seguradora se obriga, mediante o pagamento do prêmio, a garantir interesse legítimo do segurado contra riscos predeterminados (art. 757, CC), que, no caso, é justamente relacionado ao litígio vertente.

> Da decisão interlocutória que admite ou inadmite a intervenção de terceiros, cabe agravo de instrumento (art. 1.015, IX, CPC).

Com efeito, caso o réu perca a demanda principal, quem deverá arcar com o prejuízo é justamente a sua seguradora, ora denunciada, nos termos da lei (art. 125, inc. II, CPC), inclusive para se responsabilizar diretamente perante o autor quanto ao pagamento da eventual condenação (Verbete Sumular nº 537, STJ).

III – Requerimento(s).

Pelo exposto, requer:

a) o acolhimento das teses defensivas apresentadas, para fins de ser julgado improcedente o pedido autoral;

b) quanto à denunciação da lide, após o juízo de admissibilidade, a citação da denunciada para integrar a relação processual, e, querendo, contestar o presente pleito secundário formulado pelo réu-denunciante, como também aquele realizado originariamente pelo autor (art. 128, I, CPC);

c) por consequência, a condenação na sucumbência do autor na ação principal, bem como da denunciada na denunciação da lide, conforme o caso, de forma devidamente atualizada (art. 772, CC);

d) subsidiariamente, no caso de procedência do pleito na ação principal, e de procedência na denunciação da lide, seja imputado à denunciada, também, a sucumbência em relação à ação originária.

Protesta pela produção de todos os meios de prova legais e moralmente legítimos (art. 369, CPC), sobretudo da oitiva do guarda de trânsito, Cabo Pessanha, devidamente qualificado no rol de testemunhas que segue anexado à presente.

Também deixa expresso a V.Ex.a que no caso de procedência da pretensão autoral, ou de improcedência do pedido na denunciação da lide, a decisão judicial deverá ser devidamente fundamentada, com o enfrentamento de todos os temas, sob pena de se estar vulnerando norma que tem tanto sede constitucional (art. 93, inc. IX, CRFB), quanto infraconstitucional (art. 489, § 1º, CPC), razão pela qual desde logo já apresenta o prequestionamento das mesmas, para que sejam expressamente observadas e aplicadas por ocasião do ato decisório.

Por fim, requer que as eventuais intimações do patrono do réu-denunciante sejam realizadas em nome da sociedade de advogados que integra, Tevez & Torres Advogados Associados, com endereço na Rua da Macaxeira, nº 2, Centro, Cep: 33.145-886, na cidade do Rio de Janeiro – RJ (art. 106 c/c art. 272, par. 1º, CPC). Aliás, desde logo se requer que eventual verba honorária sucumbencial também seja a ela destinada (art. 85, § 11, CPC).

Dá à demanda secundária o valor de R$ 10.000,00 (dez mil reais), que é o conteúdo econômico do contrato que se pretende nulificar (art. 292, inc. II, CPC).

Termos em que

Pede e espera deferimento.

Local e data.

Nome e assinatura do advogado(a)

> Frise-se que a vitória do denunciante na ação principal trará como efeito automático a perda de objeto da denunciação da lide (questão prejudicada). Note-se que, nesse caso, não haverá prejuízo para condenação do réu-denunciante ao pagamento das verbas de sucumbência em favor do terceiro-denunciado (art. 129, parágrafo único, CPC). Com efeito, a denunciação da lide exige certa cautela do eventual denunciante, para que não traga a juízo desnecessariamente o denunciado.

> Há, inclusive, disciplina neste sentido no caso de evicção (art. 450, inc. III, CC).

> O prequestionamento é requisito de admissibilidade do recurso especial e do recurso extraordinário (enfrentamento da questão de direito pelo tribunal *a quo*, v.g., Verbete Sumular nº 282, STF), sendo recomendável que o mesmo seja desde logo apresentado, inclusive para viabilizar eventuais embargos de declaração, caso haja omissão de sua análise (art. 1.025, CPC).

> Trata-se de faculdade do patrono, que poderá realizar um planejamento tributário quanto aos valores que irá receber, bem como melhor se organizar para efeito de intimações.

2.3.4. Chamamento ao Processo

Peça vinculada ao caso concreto: Sim.

Finalidade: Cuida-se de intervenção de terceiros, envolvendo as figuras do chamante (réu) e do chamado (terceiro). O demandado tem a faculdade (não o dever) de trazer ao processo os coobrigados pela dívida, dando causa à instauração de um litisconsórcio passivo.

40 ■ *Petições e Prática Cível*

Dispositivo(s): art. 130 – art. 132, CPC.

Prazo: Sendo realizado exclusivamente pelo demandado, o chamamento ao processo já deverá constar na contestação (art. 131, CPC).Trata-se de uma faculdade do demandado, que poderá ou não exercê-la.

Importante:

1) São hipóteses legais de **cabimento** do chamamento ao processo (art. 130, CPC): fiador chama ao processo o afiançado (em alegação do benefício de ordem (art. 827, CC); fiador(es) chama(m) ao processo outro(s) fiador(es), o que retrata a hipótese de cofiança (art. 829, CC); e devedor(es) solidário(s) chama(m) ao processo outro(s) devedor(es) solidário(s), o que retrata a hipótese de solidariedade passiva (art. 275, CC).

2) Admitido o chamamento ao processo, será formado um **litisconsórcio passivo** e, após ser proferida a sentença de procedência ao demandante, ela valerá como título executivo em favor do réu que satisfizer a dívida, a fim de que possa exigi-la, por inteiro, do devedor principal, ou, de cada um dos codevedores, a sua quota, na proporção que lhes tocar (art. 132, CPC).

3) Da decisão interlocutória que admite ou inadmite a intervenção de terceiros, cabe **agravo de instrumento** (art. 1.015, IX, CPC).

4) Há situação específica de chamamento ao processo nas **demandas consumeristas**, na hipótese em que o réu fornecedor tiver contrato de seguro de responsabilidade que acoberte o dano discutido na demanda, trazendo a juízo a seguradora para fazer parte do feito (art. 101, II, CDC). A situação se amolda à denunciação da lide, sendo daí intitulada de "chamamento ao processo *sui generis*". O mais importante é que o consumidor passe a ter título judicial em face da seguradora do fornecedor. Se efetivado, o chamamento ao processo implicará na formação de um litisconsórcio passivo superveniente, podendo, o consumidor, ao final, promover a execução em face de ambos os réus (art. 132, CPC), em dupla alternativa indenizatória, ou, sobretudo e simplesmente, contra a seguradora.

5) Há situação específica de chamamento ao processo de coobrigados (outros parentes) na **ação de alimentos** (art. 1.698, CC). Como se vê, não há óbice a que o demandado exponha, circunstancialmente, a arguição de não ser o único alimentante, tomando a iniciativa de chamamento de outro potencial devedor de alimentos para integrar a lide. Tal intervenção de terceiros provocada não se amolda às hipóteses comuns de chamamento ao processo, pois ausente a situação de solidariedade na obrigação alimentar, afinal não se pode exigir todo o pagamento de apenas um dos obrigados.

Verbete(s): Súmula nº 115, TJ-RJ: *"A solidariedade dos entes públicos, no dever de assegurar o direito à saúde, não implica na admissão do chamamento do processo"*; **Súmula nº 208, TJ-RJ**: *"Admissível chamamento ao processo da seguradora pelo fornecedor nas ações fundadas em relação de consumo".*

Modelo

Ver a peça da contestação (item nº 2.2.1.), pois já se encontra nela enxertado.

2.3.5. Requerimento de Desconsideração da Personalidade Jurídica

Peça vinculada ao caso concreto: Sim.

Finalidade: Objetiva a desconsideração da personalidade jurídica (tradicional ou inversa), que, doravante, passa a ser considerada como uma modalidade de intervenção de terceiros. Constitui medida excepcional, momentânea e para o caso concreto (eficácia episódica da separação patrimonial), de penetração do patrimônio particular do sócio para que responda pelas obrigações da sociedade, ou a aplicação inversa deste mecanismo, no que se denomina desconsideração inversa da personalidade jurídica (art. 133, § 2º, CPC).

Dispositivo(s): art. 133-art. 137, CPC; arts. 49-A-50, CC, conforme Lei nº 13.874/2019; art. 28, CDC; art. 135, CTN; arts. 2º, § 2º; e 855-A, CLT; art. 4º, Lei nº 9.605/98; art. 34, Lei nº 12.529/2011.

Prazo: Não há previsão de prazo máximo, sendo certo que esta modalidade de intervenção de terceiros pode ocorrer tanto na etapa de conhecimento quanto na de execução (art. 134, CPC). O requerimento de desconsideração da personalidade jurídica já pode ser apresentado na própria petição inicial do processo de conhecimento ou de execução, se for o caso (art. 134, § 2º, CPC)

Importante:

1) Distinguem-se duas teorias, maior e menor, no trato da matéria. Na **teoria maior** (art. 50, CC), exige-se o "desvio de finalidade", que é a intenção dos sócios em fraudar terceiros com o uso abusivo da personalidade jurídica; ou a demonstração de "confusão patrimonial", na inexistência fática de separação patrimonial entre os bens da pessoa jurídica e de seus sócios. Desse modo, o descumprimento de uma obrigação, por si só, como também a mera falta de patrimônio da empresa não é suficiente, em princípio, para gerar a desconsideração. Por outro lado, a **teoria menor** é aplicada nas relações consumeristas (art. 28, par. 5º, CDC), bem como nas relações ambientais (art. 4º, Lei nº 9.605/1998), não estando subordinada a desconsideração da personalidade jurídica da sociedade à demonstração dos demais requisitos (*v.g.*, art. 28, *caput*, CDC), mas apenas a prova do prejuízo ao credor, sem que a pessoa jurídica devedora detenha patrimônio para lhe socorrer (*vide*: STJ – REsp 279.273/SP, 3ª Turma, *DJ* 04/12/2003).

2) As decisões interlocutórias proferidas neste incidente processual são impugnadas por meio de **agravo de instrumento** (art. 1.015, IV, CPC). Porém, se a decisão for proferida por relator, caberá agravo interno (art. 136, par. único, CPC).

3) Admite-se a desconsideração da personalidade jurídica no âmbito dos **Juizados Especiais** (art. 1.062, CPC), muito embora haja discussão se o seu procedimento deve ser rigidamente observado, posto que conspira contra os princípios norteadores do referido microssistema, sobretudo a celeridade, cabendo ainda considerar a inexistência de cabimento de agravo de instrumento. Frise-se, por fim, a negativa legal específica de vedação de intervenção de terceiros (art. 10, Lei nº 9.099/1995).

42 ■ *Petições e Prática Cível*

4) Para que se tenha a **responsabilidade patrimonial** dos sócios, aborde-se a previsão específica de respeito ao incidente processual ora retratado (art. 790, VII, e art. 795, par. 4º, CPC). Aquele que sofrer constrição judicial de seus bens por força de desconsideração da personalidade jurídica, de cujo incidente não fez parte, poderá ajuizar embargos de terceiro (art. 674, par. 2º, III, CPC).

5) Aborde-se a chamada **desconsideração inversa da personalidade jurídica**, também no sentido de desconsiderar a autonomia patrimonial da pessoa jurídica, porém de forma invertida (art. 50, § 3º, CC, incluído pela Lei nº 13.874/2019 c/c art. 133, § 2º, CPC). Em interpretação teleológica do instituto estudado, que se funda em princípios éticos, contra o abuso de direito e fraude, admite-se a aplicação inversa deste mecanismo, para atingir bens da pessoa jurídica (ente coletivo e seu patrimônio social) por dívida de seu sócio (*v.g.*, sócio que, ao se divorciar, compra bens com capital próprio em nome da empresa, para que sua ex-mulher seja prejudicada na partilha).

6) Também é admitida a **desconsideração expansiva da personalidade jurídica**, que tem por finalidade *atingir o patrimônio do sócio oculto* que se utiliza de um terceiro aparente ("laranja" ou "testa de ferro") para controlar a sociedade. Se assim não fosse, havida a desconsideração, o credor encontraria um sócio "laranja" ou "testa de ferro" com escasso patrimônio, o que diminuiria a chance de adimplemento da obrigação.

7) A **desconsideração indireta/econômica (ou sucessão entre empresas)**, com aplicação substancial aos grupos/conglomerados econômicos, se dá na hipótese em que há uma sociedade controladora cometendo fraudes e abusos por meio de outra empresa que figura como controlada ou filiada (arts. 1.098/1.099, CC). O objetivo é *atingir o patrimônio da sociedade controladora*. Ressalve-se que a mera existência de grupo econômico, por si só, não autoriza a desconsideração da personalidade da pessoa jurídica" (art. 50, § 4º, CC, incluído pela Lei nº 13.874/2019).

8) Entende-se pelo descabimento de **honorários advocatícios** em incidente de desconsideração da personalidade jurídica, conforme a orientação de que não é cabível tal condenação em incidente processual, inexistindo previsão legal excepcional (STJ – REsp 1.845.536/SC, 3ª Turma, *DJ* 26/05/2020).

Modelo

COLENDO JUÍZO DA 10ª VARA CÍVEL DA COMARCA DO RIO DE JANEIRO – RJ.

PROC. Nº 0000123-30.2015.8.19.0001

CAIO CARVALHO, já qualificado nos autos em epígrafe, da demanda que promove em face de TÍCIO TAVARES, vem, por meio de seu advogado subscritor, expor para ao final requerer o seguinte.

Apesar de o cumprimento de sentença já ter se iniciado há algum tempo, ainda não foi possível realizar a penhora sobre bens que integram o patrimônio do devedor, conforme se pode aquilatar com uma perfunctória análise dos autos.

Tal circunstância ocorre porque, apenas recentemente, veio o credor a descobrir que o executado é sócio da empresa RODSOFT INFORMÁTICA LTDA., CNPJ nº 11.234.569.845/0001-98, que está funcionando em seu próprio endereço residencial. E, vale dizer, o devedor não tem bem algum em seu próprio nome, justamente porque os mesmos foram imobilizados como ativos dessa pessoa jurídica, com o claro intuito de dificultar a atuação judicial dos seus credores, pois estes mesmos bens continuam sendo utilizados regularmente pelo executado (art. 50, CC c/c art. 134, § 4º, CPC). Trata-se, portanto, da hipótese designada como "desconsideração inversa" (art. 133, § 2º, CPC).

Diante do exposto, requer a V.Ex.a que seja analisado e deferido este requerimento, de desconsideração inversa da personalidade jurídica, respeitado seu procedimento regular, com a suspensão do processo (art. 134, § 3º, CPC) e comunicação ao distribuidor para as anotações devidas (art. 134, § 1º, CPC), determinando-se a citação da pessoa jurídica indicada, RODSOFT INFORMÁTICA LTDA., para se manifestar e requerer as provas cabíveis no prazo de 15 dias (art. 135, CPC), sob pena de revelia, para que, no momento próprio, os bens da sociedade sobredita possam responder pelo pagamento da dívida contraída por seu sócio, ora executado.

> Para ser fiel à situação concreta narrada no Capítulo 1, optou-se pela formulação deste requerimento apenas em sede de cumprimento de sentença, muito embora o mesmo também possa ser efetuado na etapa de conhecimento do processo (art. 134, CPC).

> Fez-se previsão de amplo e prévio contraditório nesta hipótese de redirecionamento da execução contra os sócios (art. 135, CPC). A citação se dá justamente porque o sócio é terceiro, tornando-se parte, inclusive com anotação no distribuidor, após instaurado tal incidente (art. 134, § 1º, CPC). Sendo o caso, pode-se pedir a concessão de tutela provisória: CJF nº 42 (I Jornada de Direito Processual Civil): *"É cabível a concessão de tutela provisória de urgência em incidente de desconsideração da personalidade jurídica".*

Termos em que

Pede e espera deferimento.

Local e data.

Nome e assinatura do advogado(a)

2.3.6. Requerimento para Ingresso do *Amicus Curiae*

Peça vinculada ao caso concreto: Sim.

Finalidade: Permitir que haja a intervenção do *amicus curiae* ("amigo da Corte") num feito, o que se traduz num mecanismo de democracia. Cuida-se de intervenção de terceiro que pode ser voluntária, como no presente exemplo, ou mesmo provocada.

Dispositivo(s): art. 138, CPC.

44 ■ *Petições e Prática Cível*

Prazo: Não há prazo final para ingresso voluntário, exceto o julgamento final da causa, estando dentro da liberalidade do julgador. Porém, nos casos em que houve intimação provocada por qualquer das partes ou pelo magistrado, o *amicus curiae* deverá ingressar no feito no prazo de 15 (quinze) dias.

Importante:

1) Quanto aos **requisitos**, sob pena de o *amicus curiae* se tornar um verdadeiro *inimicus curiae*, deve ser alegada e demonstrada a relevância da matéria, a especificidade do tema objeto da demanda ou a repercussão da controvérsia. Registre-se que o interesse do *amicus curiae* é institucional, e não jurídico, sendo inconfundível com a intervenção de terceiros da assistência. Sua atuação se pauta na **democracia participativa**, permitindo-se que contribua com informações e argumentos que possam ser sopesados no momento do julgamento, embora sem vinculação ao julgador.

2) Ao intervir o *amicus curiae* não se torna parte no processo; por isso, sua intervenção **não gera alteração de competência** (art. 138, par. 1º, CPC), tornando inaplicável, *in casu*, a disposição do art. 45, CPC.

3) Justamente pela motivação não jurídica de sua intervenção no feito, há **restrição de legitimidade recursal** do *amicus curiae*, com exceção dos embargos de declaração (art. 138, par. 1º, CPC). Por vezes, a própria legislação chancela que o *amicus curiae* possa ter interesse direto na resolução da controvérsia jurídica (art. 983, CPC), viabilizando a sua legitimidade recursal (*v.g.*, art. 138, par. 3º, CPC).

Modelo

COLENDO JUÍZO DA 10ª VARA CÍVEL DA COMARCA DO RIO DE JANEIRO – RJ.

PROC. Nº 0000123-30.2015.8.19.0001

ASSOCIAÇÃO BRASILEIRA DE DEFESA DO CONSUMIDOR, sociedade civil sem fins lucrativos, regularmente inscrita no CNPJ sob o nº 05.592.035/0001-60, com sede na Rua Jaime Bittencourt, nº 6.421, Recreio dos Bandeirantes, na cidade do Rio de Janeiro – RJ, Cep: 20.059-090, com endereço eletrônico defesadoconsumidor@internet.com.br, vem, requerer seu ingresso na condição de *AMICUS CURIAE* no processo sobredito, que é promovido por CAIO CARVALHO em face de TÍCIO TAVARES.

A ASSOCIAÇÃO BRASILEIRA DE DEFESA DO CONSUMIDOR está constituída há mais de 5 (cinco) anos e tem como finalidade a defesa do consumidor.

O processo em comento cuida de cobrança em razão de mútuo celebrado entre as partes, matéria que embasa centenas de demandas judiciais que envolvem relações consumeristas, com grande proximidade das questões jurídicas debatidas que merecerão enfrentamento.

Trata-se de tema de relevância e grande repercussão social, pois eventual decisão proferida neste processo poderá servir como embasamento para a definição das ações de cunho correlato, em prestígio aos postulados da isonomia e segurança jurídica.

Por conseguinte, requer, respeitosamente, seja deferido o ingresso pretendido na condição de *amicus curiae*, bem como estabeleça, na sequência, quais os exatos poderes que serão exercidos no presente processo (art. 138, § 2º, CPC).

São irrecorríveis as decisões do juiz pela admissão do ingresso voluntário do *amicus curiae*, ou da admissão da solicitação de seu ingresso provocado (art. 138, *caput*, CPC). Por sua vez, já se decidiu que as decisões denegatórias de ingresso no feito como *amicus curiae* são irrecorríveis, tendo em vista a *ratio essendi* colaborativa (STF – RE 602.584 AgR/DF, Plenário, DJ 17/10/2018).

Termos em que

Pede e espera deferimento.

Local e data.

Nome e assinatura do advogado(a)

2.4. Outras Petições no Procedimento Comum

Esta obra situou, neste tópico, algumas outras petições que são extremamente corriqueiras no dia a dia, incluindo-as no capítulo próprio em que as mesmas costumam ser apresentadas. Contudo, algumas delas podem ser utilizadas nos mais variados processos, procedimentos ou etapas. Para exemplificar, embora tenha sido incluída no processo de conhecimento (Capítulo 2), a "arguição de impedimento ou suspeição" também poderá ser apresentada em cumprimento de sentença (Capítulo 4) ou na execução por título extrajudicial (Capítulo 5). Da mesma forma, também o requerimento para realização da penhora *on-line* foi apresentado topograficamente na parte relativa à execução por título extrajudicial (Capítulo 5), embora possa ser apresentado em outro, na execução envolvendo título judicial, com poucos ajustes (Capítulo 4).

Portanto, a sugestão que fica ao leitor é a de que, se estiver tendo qualquer dificuldade em localizar algum modelo de petição em específico, seja realizada uma verificação junto ao tópico nominado "Outras petições", inclusive no capítulo sobre execução autônoma por título extrajudicial (item nº 5.3.).

Uma última observação: embora não seja obrigatório que a parte subscritora nomine a petição apresentada (v.g. denominando-a como "arguição de impedimento"), tal indicação é relevante para otimizar a identificação de seu objetivo, ficando ao talante do patrono, que até mesmo pode invocar em seu favor o princípio da liberdade de forma dos atos processuais (art. 188, CPC).

46 ■ *Petições e Prática Cível*

2.4.1. Arguição de Impedimento ou Suspeição do Magistrado

Peça vinculada ao caso concreto: Sim.

Finalidade: Afastar o magistrado parcial, ou seja, aquele que é impedido (art. 144, CPC) ou suspeito (art. 145, CPC).O legislador fez previsão de hipóteses em que a imparcialidade do juiz está fragilizada, reduzindo o risco de julgamentos injustos.

Dispositivo(s): art. 146, CPC.

Prazo: 15 (quinze) dias da data da ciência do fato (art. 146, CPC). As causas de impedimento podem, porém, ser apresentadas mesmo posteriormente já que não se sujeitam à preclusão, sendo de bom tom, para aquele que peticionar a destempo, esclarecer por quais motivos o aludido prazo não foi respeitado (art. 5º, CPC).

Importante:

1) Trata-se de petição que envolve **tema delicado**, pois se afirma a parcialidade de um magistrado e, por este motivo, deve ser muito bem fundamentada, sendo admitida a produção de provas (art. 146, par. 1º, CPC).

2) Em **diferenciação do modelo anterior** (CPC/1973), a legislação atual não mais menciona a expressão "Exceção de Impedimento" ou "Exceção de Suspeição", se limitando a mencionar que o interessado deve apresentar uma petição específica de "Arguição de Impedimento e/ou Suspeição" (art. 146, CPC).

3) Quanto ao **momento de arguição** previsto em 15 dias, cabe destacar que o impedimento (nulidade absoluta) é mais grave do que a suspeição (nulidade relativa), razão pela qual aquele vício de parcialidade pode ser apresentado a qualquer momento (não preclui), inclusive após a decisão de mérito já ter transitado em julgado, por meio de ação rescisória (art. 966, II, CPC).

4) Sobre o **procedimento**, após a apresentação da petição, o magistrado de primeira instância terá que se pronunciar reconhecendo ou não o seu impedimento ou suspeição, independentemente de a outra parte ser intimada para se manifestar quanto ao tema; se não se reconhecer parcial, o juiz apresentará suas razões e será distribuído o incidente processual na segunda instância (art. 146, pars.1º e 2º, CPC). Interessa notar que o juiz poderá recorrer da decisão final do incidente processual que entenda pela sua suspeição ou impedimento, condenando-o nas custas (art. 146, par. 6º, CPC).

5) As hipóteses de impedimento e suspeição também se aplicam a **outros sujeitos do processo**, tais como os membros do Ministério Público, os auxiliares da Justiça e os demais sujeitos imparciais do processo, embora o processamento e a competência para análise sejam distintos, por não implicar na suspensão do processo, cujo incidente será resolvido por decisão do próprio juiz da causa (art. 148, CPC).

Modelo

COLENDO JUÍZO DA 10ª VARA CÍVEL DA COMARCA DO RIO DE JANEIRO – RJ.

PROC. Nº 0000123-30.2015.8.19.0001

CAIO CARVALHO, já qualificado nos autos em epígrafe da ação de cobrança em procedimento comum que promove em face de TÍCIO TAVARES, vem, por intermédio de seu procurador regularmente constituído, apresentar:

ARGUIÇÃO DE SUSPEIÇÃO DO MAGISTRADO

Em razão dos argumentos seguintes:

A legislação enumera as hipóteses em que o magistrado é suspeito (art. 145, CPC), ou seja, aqueles casos em que o mesmo deixa de ser imparcial, comprometendo o exercício da sua função. Pontua, inclusive, que haverá suspeição quando o magistrado for amigo íntimo de qualquer das partes ou de seus advogados (art. 145, inc. I, CPC), o que é exatamente o caso nos autos.

Com efeito, de acordo com a ata notarial (art. 384, CPC) e fotografias impressas que seguem junto a esta, o magistrado é amigo do patrono da outra parte em famosa rede social da internet, tendo sido ambos fotografados confraternizando em diversos eventos, inclusive sendo a maioria de cunho não profissional.

Desta maneira, caracterizada esta hipótese clara de suspeição, respeitosamente requer que V.Ex.a reconheça sua parcialidade assim que receber a presente petição, remetendo-a juntamente com o processo para o magistrado tabelar (art. 146, § 1º). Do contrário, requer então que sejam apresentadas suas razões, para que seja então determinada a remessa dos autos ao Tribunal, a quem competirá o julgamento da presente matéria, bem como determinar se este incidente terá ou não efeito suspensivo (art. 146, § 2º, CPC).

Distribuído o incidente, passa a ser possível ao relator receber tal arguição sem efeito suspensivo, voltando o processo a correr, mesmo antes da solução sobre a questão da imparcialidade, o que reflete uma exceção à regra geral (art. 313, inc. III, CPC).

Termos em que

Pede e espera deferimento.

Local e data.

Nome e assinatura do advogado(a)

2.4.2. Alegação de Desinteresse na Realização da Audiência de Conciliação e de Mediação

Peça vinculada ao caso concreto: Sim.

Finalidade: Instrumento utilizado pelo demandado no procedimento comum para comunicar seu desinteresse na realização da aludida audiência.

Dispositivo(s): art. 334, § 4º, inc. I, CPC.

Prazo: Deve ser apresentada com pelo menos 10 (dez) dias de antecedência da realização da audiência (art. 334, § 5º, CPC).

Importante:

1) Trata-se de petição **sem exigência de maiores formalidades**.

2) Caso o demandante já tenha comunicado, na petição inicial, o seu desinteresse na realização desta audiência (art. 319, VII, CPC), e o demandado, posteriormente, se manifestar nos autos também pela negativa ("discordância dupla"), este último terá o seu **prazo** para a contestação antecipado, pois este passará a correr no primeiro dia útil seguinte após o protocolo desta petição (art. 335, inc. II, CPC), não se realizando a referida audiência.

3) Se o autor tiver se manifestado pela realização da audiência de conciliação ou de mediação (art. 319, VII, CPC), em tese, tal petição será **ineficaz** para fins de cancelamento do referido ato processual, afinal a legislação adotou o sistema da dupla discordância (art. 334, § 4º, I, CPC). Ocorrendo tal situação, o juiz poderá aplicar a sanção de multa caso o réu não compareça na referida audiência não cancelada (art. 334, § 8º, CPC). Frise-se que, ainda que uma das partes tenha se manifestado contra a audiência, se o juiz mantiver sua realização, deverá a parte comparecer, sob pena de multa. Nesse sentido: "É aplicável ao INSS a multa prevista no art. 334, § 8º, do CPC/2015, quando a parte autora manifestar interesse na realização da audiência de conciliação e a autarquia não comparecer no feito, mesmo que tenha manifestando seu desinteresse previamente" (STJ – REsp 1.769.949/SP, 1ª Turma, *DJ* 08/09/2020).

Modelo

COLENDO JUÍZO DA 10ª VARA CÍVEL DA COMARCA DO RIO DE JANEIRO – RJ.

PROC. Nº 0000123-30.2015.8.19.0001

TÍCIO TAVARES, já qualificado nos autos em epígrafe da ação de cobrança em procedimento comum que lhe promove CAIO CARVALHO, vem, por intermédio do seu procurador regularmente constituído, manifestar o seu desinteresse na realização da audiência de conciliação e mediação (art.

334, § 4º, inc. I, CPC), posto que, sob a sua ótica, nenhuma razão assiste ao demandante quanto à dinâmica dos fatos narrados na petição inicial.

Termos em que

Pede e espera deferimento.

Local e data.

Nome e assinatura do advogado(a)

> Recomenda-se que todas as manifestações volitivas das partes contenham esclarecimentos ou argumentos, justamente por se tratar de um novo modelo de processo civil constitucional, com respeito à lealdade processual (art. 6º, CPC).

2.4.3. "Réplica" do Autor Quanto aos Termos da Contestação

Peça vinculada ao caso concreto: Sim.

Finalidade: Exercer o contraditório quanto aos termos da contestação apresentada pelo demandado, dependendo do teor das teses defensivas. Somente ocorrerá quando se tenha ao menos uma defesa processual (v.g., aquelas mencionadas no art. 337, CPC) ou de mérito indireta (v.g., pagamento, que é um fato extintivo da obrigação). No entanto, se a defesa de mérito for exclusivamente direta, não será o caso de o juiz mandar intimar o autor para replicar, e isso porque o réu simplesmente negou aquilo que foi afirmado pelo autor.

Dispositivo(s): art. 350 – art. 351, CPC.

Prazo: 15 (quinze) dias (art. 350 – art. 351, CPC).

Importante:

1) No exercício do **contraditório**, deve-se ocupar a réplica em atacar a contestação do réu, e todas as questões ali aduzidas. Mas, sobretudo, deve atentar para o eventual descumprimento pelo réu da regra do ônus da impugnação especificada dos fatos (art. 341, CPC), já que as questões fáticas não impugnadas na contestação, ou impugnadas apenas genericamente, podem ser tidas como verdadeiras pelo juiz, dispensando a sua efetiva comprovação (art. 374, IV, CPC), o que pode ser favorável ao autor.

2) Caso o réu tenha formulado defesa indireta de mérito, será aplicado **também ao autor**, na oportunidade da réplica, o regramento do **ônus da impugnação especificada dos fatos** (art. 341, CPC). Constando alegação de fato impeditivo, modificativo ou mesmo extintivo na contestação, terá o autor que impugná-lo especificamente na réplica, sob pena de aquele se presumir verdadeiro. Nesse sentido: TJ-RJ – 0062956-98.2010.8.19.0001, CC20ª, *DJ* 29/11/2010.

3) Sobre **requerimentos**, o autor poderá aproveitar tal momento processual, conforme o caso, para requerer a concessão de **tutela provisória de evidência**, em razão de eventual defesa abusiva ou manifesto propósito protelatório do réu (art. 311, I, CPC), que valerá caso haja prova documental suficiente dos fatos constitutivos do direito do autor e a contestação não apresente prova capaz de gerar dúvida razoável (art. 311, IV, CPC).

4) Sobre **requerimentos**, o autor poderá aproveitar tal momento processual, tratando-se de causa complexa, para requerer a realização do **saneamento compartilhado** (art. 357, par. 3º, CPC), algo importante para trazer algum esclarecimento adicional quanto à sua alegação diretamente ao juiz (*v.g.*, explicar a necessidade/desnecessidade de prova pericial na hipótese).

Modelo

COLENDO JUÍZO DA 10ª VARA CÍVEL DA COMARCA DO RIO DE JANEIRO – RJ.

PROC. Nº 0000123-30.2015.8.19.0001

CAIO CARVALHO, já qualificado nos autos em epígrafe da demanda que promove em face de TÍCIO TAVARES, vem, por meio do seu advogado subscritor, se manifestar quanto aos termos da contestação apresentada, em atenção ao que prevê o CPC (art. 350 – art. 351, CPC).

Quanto à questão preliminar apresentada, de nulidade de citação, o demandante observa que este argumento é frágil, não se sustentando juridicamente. Com efeito, além de não ter sido realizada prova desta circunstância, de que o réu se encontrava em culto religioso, é certo que o mesmo constituiu patrono, outorgando-lhe até mesmo poderes para receber citação, que apresentou defesa tempestivamente. Assim, ainda que reconhecido eventual vício, o mesmo estaria sendo superado em razão do comparecimento espontâneo do demandado (art. 239, § 1º, CPC), também sendo certo que, na hipótese vertente, nenhum prejuízo foi observado (art. 283, parágrafo único, CPC). Portanto, esta preliminar deve ser rejeitada.

> Embora tenham constado diversos exemplos de questões preliminares no modelo de contestação apresentado (item 2.2.1.), para esta petição, que é mais simples, optou-se por enfrentar apenas a primeira delas.

Já no que diz respeito ao mérito, resumem-se em duas as teses defensivas. A primeira delas, que é a inexistência de dívida, deve ser ultrapassada de pronto tendo em vista os fatos, argumentos e provas trazidos na petição inicial.

Quanto à segunda tese defensiva, observa-se que o demandado arguiu a sua incapacidade absoluta para a prática do negócio jurídico narrado na petição inicial, o que não é o adequado. Com efeito, o instrumento em questão foi celebrado em 1º/04/2018, com data de pagamento do mútuo prevista para 10/04/2018. Contudo, conforme se observa nos autos, o demandado atingiu a maioridade em 31/03/2018, o que é claro indicativo de que era plenamente capaz de praticar qualquer ato civil no momento em que o pacto foi firmado. A questão é tão singela que basta uma análise da documentação trazida pelo próprio réu para se chegar a esta conclusão. Portanto, este tema em específico deve ser rechaçado, exatamente por estes motivos.

> Na réplica, deverá o autor se manifestar sobre os documentos anexados à contestação (art. 437, CPC). Poderá, inclusive, suscitar a falsidade documental (art. 430, CPC).

> Item facultativo, caso o demandado tenha tencionado o ingresso de terceiro, ou este mesmo por conta própria, e o prazo para manifestação do demandante coincidir com o da apresentação desta petição.

Quanto à pretendida modalidade de intervenção de terceiros, pela leitura da petição e documentação apresentadas, não deve a mesma ser deferida, simplesmente por ausente o enquadramento normativo apto a autorizá-las (art. 130, CPC).

Petições Cíveis: Procedimento Comum ■ **51**

Pelo exposto, requer a V.Ex.a que:

a) seja determinado o prosseguimento do processo, com a realização do saneamento e etapas ulteriores, permitindo a produção de prova suplementar pelo autor;

> Permite-se ampla produção de prova ao autor para esclarecimento dos fatos controvertidos, não só documental, inclusive quanto àqueles alegados pelo réu em contestação (arts. 350/351, *in fine*, CPC).

b) caso V.Ex.a entenda pela desnecessidade de dilação probatória, que seja então realizado o julgamento antecipado do mérito (art. 355, CPC), para que o pedido autoral seja integralmente acolhido, exatamente nos mesmos termos da petição inicial.

c) seja liminarmente indeferida a modalidade de intervenção de terceiros pretendida pelo demandado em sua contestação.

Termos em que

Pede e espera deferimento.

Local e data.

Nome e assinatura do advogado(a)

2.4.4. Requerimento de Desistência da Ação

Peça vinculada ao caso concreto: Não.

Finalidade: Instrumento utilizado pelo demandante, para informar a sua desistência quanto aos rumos do processo, o que se denota como um ato dispositivo apto a gerar a extinção do feito sem julgamento do mérito.

Dispositivo(s): art. 485, inc. VIII, §§ 4º e 5º, art. 775 e art. 1.040, §§ 1º, 2º e 3º, CPC.

Prazo: Deve ser apresentada antes que seja proferida sentença (art. 485, § 5º, CPC).

Importante:

1) Trata-se de petição **sem exigência de maiores formalidades**, seja na etapa de conhecimento, na de cumprimento de sentença ou mesmo na execução por título extrajudicial.

2) Antes da contestação, poderá o autor apresentar desistência sem a **anuência do réu**. Oferecida a contestação, a extinção sem julgamento do mérito ocasionada pela homologação da desistência dependerá do consentimento do réu (art. 485, par. 4º, CPC) – muito embora tal concordância do demandado possa ser excepcionalmente dispensada no caso de prolação de acórdão contrário em recurso extraordinário ou especial repetitivo (paradigma jurisprudencial contrário à pretensão do autor), o que, aliás, constitui fator de isenção do recolhimento de demais custas e de honorários advocatícios de sucumbência, caso a desistência da ação se dê antes da contestação (art. 1.040, pars.1º, 2º e 3º, CPC).

3) O **abandono de causa** pelo autor, como possível "desistência tácita", também exige consentimento do réu para gerar a extinção do processo (art. 485, par. 6º, CPC c/c Verbete Sumular nº 240, STJ).

4) Em **diferenciação**, a "desistência" autoral não se confunde com "renúncia" autoral, já que esta última é enquadrada como causa extintiva do feito com julgamento do mérito (art. 487, III, "c", CPC), apta a gerar coisa julgada material.

52 ■ *Petições e Prática Cível*

5) Em **diferenciação**, não se deve confundir "desistência da ação" com "desistência do recurso", sendo certo que esta última não exige anuência do recorrido, bem como implica apenas na inadmissibilidade recursal (art. 998, CPC).

6) Sobre a **desistência na execução**: pode o exequente desistir do feito, também levando-o à extinção (art. 775, CPC). Nesse caso, o credor poderá renovar o pleito em diversa demanda, afinal não renunciou ao crédito. A desistência pode se dar em relação a um ato executivo, quando não se cogitará de extinção do feito. Em se tratando de desistência de toda a execução, se esta ocorrer antes do oferecimento dos embargos, desnecessária será a anuência do executado (STJ – REsp 263.718/MA, 3ª Turma, DJ 16/04/2002). Por sua vez, havendo apresentação de defesa pelo executado (embargos à execução ou impugnação ao cumprimento da sentença, conforme o caso), que (i) versem unicamente sobre *matéria processual* (*v.g.*, incompetência do juízo), o acolhimento da desistência não exigirá consentimento, importando, outrossim, na extinção dos embargos ou impugnação (art. 775, parágrafo único, I, CPC). Mas se a defesa executiva (ii) tratar de *matéria de mérito* (*v.g.*, prescrição), será exigida expressa anuência do embargante ou impugnante (art. 775, parágrafo único, II, CPC). Interessa destacar que o entendimento de que *"na vigência do novo CPC, a desistência da execução por falta de bens penhoráveis não enseja a condenação do exequente em honorários advocatícios"* (STJ – REsp 1.675.741/PR, 4ª Turma, DJ 11/06/2019), até porque não foi o credor que deu causa ao insucesso na recuperação financeira, e sim a ausência de bens do devedor. Na mesma linha, já se decidiu que: *"A prescrição intercorrente decorre de fato objetivo, o mero decurso do tempo sem a localização de bens penhoráveis. Com efeito, o fato de o exequente não localizar bens do devedor não pode significar mais uma penalidade em desfavor daquele que, embora tenha decisão meritória favorável, não vem a obter êxito prático com o processo. Do contrário, o devedor que não apresentou bens suficientes ao cumprimento da obrigação ainda sairia vitorioso na lide, fazendo jus à verba honorária em prol de sua defesa, o que se revelaria teratológico, absurdo, aberrante"* (STJ – REsp 1.769.201/SP, 4ª Turma, DJ 12/03/2019).

Modelo

A desistência da ação pode se dar até a sentença (art. 485, § 5º, CPC). Quem desistir arcará com as despesas e honorários pagos pela outra parte (art. 90, CPC). Cabe atentar quanto à exegese de que *"é cabível a condenação em honorários advocatícios na hipótese de o pedido de desistência da ação ter sido protocolado após a ocorrência da citação da ré, ainda que em data anterior à apresentação da contestação"* (STJ – AgInt no AREsp 1.449.328/SP, 4ª Turma, *DJ* 19/08/2019).

COLENDO JUÍZO DA 3ª VARA CÍVEL DA COMARCA DO RIO DE JANEIRO – RJ.

PROC. Nº 2016.001.222565711-88

RICHARD ROBERT, já qualificado nos autos em epígrafe da ação em procedimento comum que promove em face de RODRIGO REANO, tendo em vista que já conseguiu regularizar a situação narrada nos autos em caráter administrativo, vem, por intermédio do seu procurador regularmente constituído, manifestar a sua desistência quanto aos termos da demanda, motivo pelo qual requer respeitosamente a intimação da parte contrária, já integrada ao feito, para que consinta a respeito, tudo em conformidade com a legislação (art. 485, § 4º, CPC).

Termos em que

Pede e espera deferimento.

Local e data.

Nome e assinatura do advogado(a)

2.4.5. Petição de Acordo (c/ Cláusulas Contratuais)

Peça vinculada ao caso concreto: Não.

Finalidade: Demonstra ao juízo a realização de transação entre as partes, sujeitando-a ao julgador para homologação.

Dispositivo(s): art. 3º, §§. 2º e 3º, e art. 139, inc. V (método estimulado em juízo); art. 354 (transação parcial); art. 487, inc. III (transação total); art. 515, inc. II (título executivo judicial); art. 840 – art. 850, CC.

Importante:

1) No **plano consequencial**, o acordo entre as partes sobre o objeto litigioso no processo de conhecimento leva à extinção do processo com julgamento do mérito (art. 487, III, "b", CPC). No processo/fase de execução, o acordo entre as partes leva à suspensão do feito (art. 922, CPC).

2) Admite-se a **convenção quanto à suspensão do feito**, seja no processo de conhecimento ou no processo/fase de execução (art. 313, II, CPC), sendo certo que tal hipótese retrata um **negócio processual** típico (art. 190, CPC), notadamente um acordo pelo sobrestamento do feito (*v.g.*, em geral, por período de 1 a 3 meses, para que o devedor possa se reorganizar financeiramente, visando a cumprir sua obrigação de direito material), e não sobre o objeto litigioso.

3) O advogado somente estará habilitado a realizar transação do objeto litigioso sem a participação/assinatura de seu cliente, caso o instrumento de **procuração** lhe reserve tal poder específico (art. 105, CPC).

4) Conforme modelo abaixo, utilizou-se de exemplo de petição com **assinatura** conjunta das partes e de seus respectivos advogados, o que é recomendável ao se realizar um acordo que será objeto de homologação judicial. Entretanto, diga-se que há precedentes jurisdicionais que dispensam a participação de advogado em transação firmada em juízo, até porque, nesta via, há maior proteção das partes em razão da atividade judicante (STJ – REsp 1.584.503/SP, 3ª Turma,

DJ 19/04/2016); como também reconhecem a validade de transação fora dos autos, com a intenção de pôr fim ao processo, sempre que ausente prova/resquício de vício de vontade/ consentimento, tratando-se de parte capaz e o acordo versar sobre direitos patrimoniais, ainda que litigiosos (STJ – REsp 666.328/PR, 1ª Turma, *DJ* 03/03/2005). Argumenta-se que os poderes atribuídos pela procuração ao advogado não lhe concedem supremacia sobre a vontade do mandante, quando este seja maior e capaz, até porque o mandante pode, simplesmente, revogar o respectivo instrumento de poderes. Enfim, *"exigir que os advogados de ambas as partes requeiram e concordem com essa homologação, é o mesmo que exigir que concordem com a própria transação. Se a lei dispensa a presença do advogado para o mais (que é a própria transação, com todos os efeitos dela decorrentes no âmbito da relação de direito material), não faz sentido algum exigi-la para o menos (que é o requerimento de homologação do ato, no âmbito da relação processual)"* (STJ – REsp 1.135.955/SP, 1ª Turma, *DJ* 12/04/2011).

5) O acordo feito pelo cliente do advogado e a parte contrária, salvo aquiescência do profissional, não lhe prejudica os **honorários**, quer os convencionados, quer os concedidos por sentença (art. 24, par. 4º, Lei nº 8.906/1994).

6) Nas **ações de família**, havendo interesse de incapaz, o Ministério Público deverá ser ouvido previamente à homologação de acordo (art. 698, CPC).

Modelo

COLENDO JUÍZO DA 3ª VARA CÍVEL DA COMARCA DO RIO DE JANEIRO – RJ.

> O acordo pode envolver sujeito estranho ao processo (v.g. como um fiador, em garantia do pagamento da dívida), bem como versar sobre relação jurídica que não tenha sido deduzida em juízo (v.g. para incluir um título não cobrado ou uma obrigação não exigida nesta demanda), conforme o caso (art. 515, § 1º, CPC).

PROC. Nº 0000123-30.2015.8.19.0001

CAIO CARVALHO e TÍCIO TAVARES, ambos já qualificados nos autos em epígrafe da demanda que o primeiro promove em face do segundo, vêm conjuntamente à presença de V.Ex.a, respeitosamente, comunicar a realização de acordo amigável, conforme cláusulas contratuais abaixo, para requerer sua homologação pelo juízo, o que dará azo à extinção do feito com julgamento do mérito (art. 487, inc. III, "b", CPC).

Cláusula Primeira: O réu se compromete a pagar ao autor o valor de R$ 20.000,00 (vinte mil reais), em 4 (quatro) parcelas mensais de R$ 5.000,000 (cinco mil reais), sendo a primeira para pagamento imediato, vencendo-se as demais nos dias 10/07/2016, 10/08/2016 e 10/09/2016, mediante transferência bancária à conta corrente 00001-4, agência 6262, Banco Nasser, de titularidade do autor, valendo os respectivos comprovantes dos depósitos como recibos.

> Interpretam-se restritivamente a transação e a quitação nela contida (art. 843, CC), sendo importante a rigorosa especificação daquilo que está sendo acordado.

Cláusula Segunda: O valor total alcançado contempla a importância relativa ao crédito reclamado na presente demanda, incluindo as custas judiciais e os honorários advocatícios. Após o efetivo cumprimento total da cláusula primeira, ter-se-á a quitação expressa da dívida.

Cláusula Terceira: A ausência de pagamento nas datas estipuladas na cláusula primeira, ou a não disponibilização do numerário na aludida conta-corrente em decorrência do estorno do depósito, implica no vencimento antecipado das demais parcelas, em cujo saldo devido incidirá a multa convencionada de 10% (dez por cento), chancelando o início da fase executiva deste título judicial, uma vez homologado.

> Cabe frisar que se nada houver sido acordado quanto às despesas, estas serão divididas igualmente (art. 90, § 2º, CPC).

Cláusula Terceira: Eventuais custas judiciais remanescentes para baixa do feito ficam dispensadas, conforme mandamento legal (art. 99, § 3º, CPC); mas, caso existam, serão suportadas integralmente pelo réu.

Cláusula Quarta: O autor não se opõe ao eventual pleito do réu para desentranhamento do(s) título(s) acostado(s) ao feito, ficando a cargo deste último proceder e custear tal medida.

Termos em que

Pede e espera deferimento.

Local e data.

Autor:

Advogado do Autor:

Réu:

Advogado do Réu:

2.4.6. Requerimento de Gratuidade de Justiça

Peça vinculada ao caso concreto: Sim.

Finalidade: Obtenção de gratuidade para todas as despesas do processo (art. 98, § 1º, CPC) ou de apenas parte delas (art. 98, § 5º, CPC), o que pode ser requerido tanto pelo autor quanto pelo réu.

Dispositivo(s): art. 98 – art. 102 e art. 1.072, inc. III, CPC; Lei nº 1.060/50.

Prazo: Não há previsão de prazo limite, podendo ser apresentado a qualquer momento processual, seja na etapa de conhecimento, recursal ou menos durante o cumprimento de sentença (art. 99, CPC).

Importante:

1) Recomenda-se a **instrução documental** do requerimento de gratuidade, em que pese a legislação dispor que presume-se verdadeira a alegação de hipossuficiência deduzida exclusivamente por pessoa natural (art. 99, par. 3º, CPC).

56 ■ *Petições e Prática Cível*

2) No âmbito carioca, tem-se regramento relacionado à **idade do necessitado** no sentido de que são isentos do pagamento de custas judiciais os maiores de 60 anos que recebam até 10 salários mínimos (art. 17, X, Lei nº 3.350/1999).

3) Havendo **indeferimento** do pedido, será possível a interposição de **recurso** que pode tanto ser o agravo de instrumento (art. 1.015, V, CPC), quanto o agravo interno, ou até mesmo apelação, dependendo da hipótese concreta envolvida. Contudo, em tais casos, o recorrente fica dispensado, por ora, de realizar o preparo, até que esta questão seja decidida preliminarmente ao julgamento do recurso (art. 101, *caput* e pars., CPC).

4) Requerida a gratuidade de justiça em recurso, o recorrente estará dispensado do recolhimento do respectivo preparo, incumbindo ao relator, neste caso, apreciar o requerimento e, se indeferi-lo, abrir oportunidade para o recolhimento posterior, sem inadmitir de pronto o recurso (art. 99, par. 7º, CPC).

5) Quando o **pagamento da perícia** for de responsabilidade de beneficiário de gratuidade de justiça, tratou a lei de prever a respectiva fonte de custeio da produção probatória (art. 95, par. 3º, CPC).

6)A gratuidade de justiça tanto difere da assistência judiciária gratuita (defesa técnica sem custo), que se permite ao necessitado ser patrocinado por **advogado particular** e, ainda assim, obter o benefício relacionado às custas judiciais e à sucumbência (art. 99, par. 4º, CPC). Com efeito, não se exige que o advogado firme declaração de isenção da cobrança de honorários advocatícios contratuais.

7) Tal benefício não pode subverter os ditames éticos e cooperativos, de modo que a gratuidade de justiça não livra a parte beneficiada das penalidades por prática de **litigância de má-fé** (art. 98, par. 4º, CPC).

Verbete(s): Súmula nº 481, STJ: *"Faz jus ao benefício da justiça gratuita a pessoa jurídica com ou sem fins lucrativos que demonstrar sua impossibilidade de arcar com os encargos processuais";* **Súmula nº 39, TJ-RJ:***"É facultado ao Juiz exigir que a parte comprove a insuficiência de recursos, para obter concessão do benefício da gratuidade de Justiça (art. 5º, inc. LXXIV, da CF/88), visto que a afirmação de pobreza goza apenas de presunção relativa de veracidade";* **Súmula nº 40, TJ-RJ:***"Não é obrigatória a atuação da Defensoria Pública em favor do beneficiário da gratuidade de justiça, facultada a escolha de advogado particular para representá-lo em juízo, sem a obrigação de firmar declaração de que não cobra honorários";* **Súmula nº 42, TJ-RJ:** *"O benefício de gratuidade de justiça, concedido no curso do processo, em ambos os graus de jurisdição, alcança os atos subsequentes, se comprovadas as condições supervenientes e sem depender de impugnação";* **Súmula nº 43, TJ-RJ:***"Cabe a revogação, de ofício e a qualquer tempo, do benefício da gratuidade de justiça, desde que fundamentada";* **Súmula nº 101, TJ-RJ:** *"A gratuidade de justiça não abrange o valor devido em condenação por litigância de má-fé";* **Súmula nº 108, TJ-RJ:***"A gratuidade de justiça abrange o depósito na ação rescisória";* **Súmula nº 190, TJ-RJ:** *"A gratuidade de justiça concedida à parte não se estende ao patrono quando seu recurso envolver exclusivamente a fixação ou majoração dos honorários advocatícios de sucumbência";* **Súmula nº 288, TJ-RJ:***"Não se presume juridicamente necessitado o demandante* *que deduz pretensão revisional de cláusulas de contrato de financiamento de veículo, cuja parcela mensal seja incompatível com a condição de hipossuficiente".*

Modelo

COLENDO JUÍZO DA 10ª VARA CÍVEL DA COMARCA DO RIO DE JANEIRO – RJ.

PROC. Nº 0000123-30.2015.8.19.0001

> Nominar a petição é um item opcional, mas recomenda-se para que desde logo o magistrado e a outra parte saibam qual o intento da referida peça.

TÍCIO TAVARES, já qualificado nos autos em epígrafe da ação de cobrança em procedimento comum que lhe promove CAIO CARVALHO, tendo em vista o decurso do tempo do processo e o agravamento de sua situação financeira devido à crise que se instalou em vários setores econômicos do País, vem, por intermédio do seu procurador regularmente constituído, apresentar:

REQUERIMENTO DE GRATUIDADE DE JUSTIÇA.

A pessoa natural ou jurídica, brasileira ou estrangeira, com insuficiência de recursos para pagar custas, despesas processuais e honorários advocatícios, tem direito à gratuidade de justiça (art. 98, CPC). É, justamente, o caso dos autos, eis que o demandado, diante da grave crise financeira que se instalou recentemente no País, teve recentemente perdas significativas de seus rendimentos, comprometendo até mesmos os seus gastos necessários para fins de subsistência.

> São bases lógicas indiciárias da situação de miserabilidade (*v.g.*, remuneração, propriedade de bens, local de moradia, profissão), o que deve ser destacado pelo requerente do benefício. Contracheque irrisório ou comprovante de isenção do recolhimento do imposto de renda refletem substancial prova documental. Um eventual salário de valor substancial não impede a concessão da gratuidade se comprovados altos gastos com a subsistência do requerente (*v.g.*, remédios, filhos).

Vale dizer que, nos termos da legislação (art. 99, § 3º, CPC), presume-se verdadeira a alegação de insuficiência deduzida exclusivamente por pessoa natural, bem como que o magistrado somente poderá indeferir o pedido se houver nos autos elementos que evidenciem a falta dos pressupostos para a concessão do beneplácito, mas desde que primeiro seja intimada a parte para esclarecimentos (art. 99, § 2º, CPC).

Portanto, à luz do acima exposto, requer seja deferida a gratuidade de justiça, compreendendo todas as despesas mencionadas em lei (art. 98, § 1º, CPC).

> Alerte-se sobre a possibilidade de imposição de multa se vislumbrada má-fé no pleito de gratuidade de justiça, quando revogado o benefício (art. 100, par. único, CPC).

Termos em que

Pede e espera deferimento.

Local e data.

Nome e assinatura do advogado(a)

58 ▪ *Petições e Prática Cível*

2.4.7. Requerimento de Impugnação a Gratuidade de Justiça

Peça vinculada ao caso concreto: Sim.
Finalidade: Forma de uma das partes se insurgir em relação ao deferimento de gratuidade de justiça ao seu adversário.
Dispositivo(s): art. 100 e art. 1.072, inc. III, CPC; Lei nº 1.060/50.
Prazo: 15 (quinze) dias (art. 100, CPC).

Importante:
1) Seguindo a metodologia da situação concreta exposta (Capítulo 1), optou-se por apresentar este **requerimento impugnativo** por meio de petição avulsa, muito embora o seu conteúdo possa ser enxertado na contestação (art. 337, XIII, CPC), na réplica ou mesmo em contrarrazões recursais (art. 100, *caput,* CPC).

2) A legislação somente permite a interposição de **agravo de instrumento** quando for indeferido o pedido de gratuidade de justiça ou quando a presente petição, de revogação ao benefício, tiver sido acolhida (art. 1.015, V, CPC). Portanto, se esta petição de revogação não for acolhida, aquele que a requereu não disporá do recurso de agravo de instrumento para impugná-la.

Modelo

COLENDO JUÍZO DA 10ª VARA CÍVEL DA COMARCA DO RIO DE JANEIRO – RJ.

PROC. Nº 0000123-30.2015.8.19.0001

CAIO CARVALHO, já qualificado nos autos em epígrafe da ação de cobrança em procedimento comum que promove em face de TÍCIO TAVARES, tendo em vista que foi deferido o requerimento de gratuidade de justiça formulado pelo demandado, vem, por intermédio do seu procurador regularmente constituído, apresentar:

IMPUGNAÇÃO A GRATUIDADE DE JUSTIÇA.

Conforme se observa nos autos, o demandado teve deferido o requerimento de gratuidade de justiça, o que vinha lhe isentando do recolhimento das despesas processuais. Ocorre que, conforme as provas em anexo (doc. 1), o réu não faz jus a este beneplácito, que deve ser deferido apenas aos que realmente dele necessitam, posto que o mesmo ostenta ganhos incompatíveis com a medida. Com efeito, trata-se de pessoa que é profissional liberal muito requisitado no setor em que atua, sempre presente em grandes eventos profissionais conforme os arquivos

> Nominar a petição é um item opcional, mas recomenda-se para que desde logo o magistrado e a outra parte saibam qual o intento da referida peça. Atentar que a própria legislação adota a expressão "impugnar" (art. 100, CPC).

em anexo, extraídos de seu perfil em rede social. Desta maneira, constata-se que seus vencimentos são bem acima do valor do salário-mínimo, aliado à circunstância de que não foi demonstrado nenhum tipo de despesa fixa (*v.g.* aluguel, medicamentos de uso contínuo etc.) que o tornasse merecedor deste benefício.

Portanto, à luz do acima exposto, requer seja revogada a decisão que deferiu a gratuidade de justiça, devendo o demandado arcar com todas as despesas processuais que tiver deixado de adiantar, bem como seja reconhecida a má-fé em sua conduta, com a consequente condenação ao pagamento de multa a ser fixada em seu patamar máximo (art. 100, parágrafo único, CPC).

> Em se tratando de pessoa física, ou de pessoa jurídica sem fins lucraticos, prevalece a exegese de que o ônus da prova quanto ao estado de miserabilidade é do impugnante (STJ – EREsp AgRg no Ag 1.289.175/MA, 1ª Turma, DJ 17/05/2011).

Termos em que

Pede e espera deferimento.

Local e data.

Nome e assinatura do advogado(a)

2.4.8. Requerimento para Realização do Julgamento Antecipado do Mérito

Peça vinculada ao caso concreto: Sim.

Finalidade: Antecipar o momento de prolação da sentença, nos casos de suficiência probatória. É uma forma de abreviação do processo, em que o juiz dispensa a sua continuidade, pois desnecessária (daí o termo "*antecipado*"). Cabe atentar que o julgamento antecipado do mérito se dá através de cognição exauriente (tutela definitiva ou juízo de certeza), através da prolação de sentença, atacável por apelação. Destarte, distingue-se da situação de tutela provisória antecipada (art. 300, CPC), concedida mediante a cognição sumária do juiz (juízo de probabilidade), através de decisão interlocutória (regra), atacável por agravo de instrumento.

Importante:

1) Trata-se de petição **sem exigência de maiores formalidades**, bastando que seja uma das hipóteses de cabimento previstas em lei (art. 355, CPC).

2) Diversamente do julgamento antecipado (total) do pedido (art. 355, CPC), ora estudado, a legislação também admite em dadas circunstâncias o **julgamento antecipado parcial do mérito** (art. 356, CPC), tratando-se de hipótese de tutela definitiva quando incontroverso o pedido cumulado ou parcela de um pleito (devendo a petição abaixo ser adaptada conforme tal pleito de julgamento "parcial"). O escopo desta última ferramenta processual é acelerar a formação do título executivo judicial ainda que quanto à parte do mérito, cuja decisão é passível de ser objeto de agravo de instrumento (art. 356, par. 5º, CPC). O feito prosseguirá para julgamento da questão meritória ainda controversa ou dependente de provas. São exemplos

60 ■ *Petições e Prática Cível*

de julgamento antecipado parcial do mérito: FPPC, nº 513: *"(Art. 356; Lei nº 8.245/1991) Postulado o despejo em cumulação com outro(s) pedido(s), e estando presentes os requisitos exigidos pelo art. 356, o juiz deve julgar parcialmente o mérito de forma antecipada, para determinar a desocupação do imóvel locado";* IBDFAM, nº 18: *"Nas ações de divórcio e de dissolução da união estável, a regra deve ser o julgamento parcial do mérito (art. 356 do novo CPC), para que seja decretado o fim da conjugalidade, seguindo a demanda com a discussão de outros temas";* CJF, nº 602 (VII Jornada de Direito Civil): *"Transitada em julgado a decisão concessiva do divórcio, a expedição do mandado de averbação independe do julgamento da ação originária em que persista a discussão dos aspectos decorrentes da dissolução do casamento".*

Modelo

COLENDO JUÍZO DA 10ª VARA CÍVEL DA COMARCA DO RIO DE JANEIRO – RJ.

PROC. Nº 0000123-30.2015.8.19.0001

> A aplicação da ferramenta processual, preenchidas as condições legais, não reflete propriamente uma faculdade do juiz, e sim um dever de atuação, em reverência ao princípio da razoável duração do processo (art. 5º, LXXVIII, CRFB).

CAIO CARVALHO, já qualificado nos autos em epígrafe, da ação de cobrança em procedimento comum que promove em face de TÍCIO TAVARES, vem, por intermédio do seu procurador regularmente constituído, requerer que já seja realizado o julgamento antecipado do mérito (art. 355, inc. I, CPC), em virtude da desnecessidade de se produzir qualquer outra prova além daquelas que já se encontram carreadas aos autos.

Termos em que

Pede e espera deferimento.

Local e data.

Nome e assinatura do advogado(a)

2.4.9. Requerimento para Observância da Ordem de Publicação e Efetivação dos Pronunciamentos Judiciais

Peça vinculada ao caso concreto: Sim.

Finalidade: Chamar a atenção dos servidores que integram o juízo de que deve ser observada, preferencialmente, uma ordem de publicação e efetivação dos pronunciamentos judiciais.

Dispositivo(s): art. 153, CPC.

Importante:

1) Trata-se de petição **sem exigência de maiores formalidades**.

Petições Cíveis: Procedimento Comum ■ **61**

2) A ordem para publicação e efetivação dos pronunciamentos judiciais não é absoluta, mas serve como **parâmetro** que os servidores merecem observar, contribuindo para uma maior transparência da atividade desempenhada pelo Poder Judiciário, inclusive porque a publicidade foi erigida como norma fundamental da nova legislação (art. 11, CPC).

3) Embebida deste mesmo propósito, outra norma pontua que os magistrados devem, "preferencialmente", seguir a **ordem de conclusão** para sentenciar os processos (art. 12, CPC).

Modelo

COLENDO JUÍZO DA 10ª VARA CÍVEL DA COMARCA DO RIO DE JANEIRO – RJ.

PROC. Nº 0000123-30.2015.8.19.0001

CAIO CARVALHO, já qualificado nos autos em epígrafe, da ação de cobrança em procedimento comum que promove em face de TÍCIO TAVARES, vem, por intermédio do seu procurador regularmente constituído, rememorar que os provimentos judiciais devem ser publicados e/ou efetivados pela serventia preferencialmente de acordo com a ordem de chegada dos autos (art. 153, CPC), norma esta que busca dar mais publicidade e transparência às atividades desempenhadas diuturnamente pelo Poder Judiciário, sob pena das consequências ali previstas.

> Tal regramento reverencia, ainda, a igualdade processual e a razoável duração do processo, embora contemple algumas exceções (art. 153, § 2º, CPC), como, por exemplo, as preferências legais (v.g., art. 1.048, CPC).

Termos em que

Pede e espera deferimento.

Local e data.

Nome e assinatura do advogado(a)

2.4.10. Produção Antecipada de Provas (Petição Inicial)

Peça vinculada ao caso concreto: Não.

Finalidade: Petição utilizada pelo interessado em produzir alguma prova, sobretudo em razão da urgência acometida à situação vivenciada (*v.g.*, testemunha em estado terminal; perícia em computador que corre risco de ter seus arquivos deletados), antes mesmo de o processo já ter sido deflagrado (art. 381, I, CPC). Entretanto, a nova legislação processual trouxe hipótese de produção antecipada da prova de forma desvinculada da urgência (situações não cautelares), como para viabilizar a autocomposição ou outro meio adequado de solução do conflito (art. 381,

62 ■ *Petições e Prática Cível*

II, CPC); ou para justificar ou evitar o ajuizamento de ação (art. 381, III, CPC). O requerimento de produção de provas pode ser veiculado via petição inicial, que é o formato ora estudado, denominada "ação probatória autônoma" (art. 381, par. 3º, CPC); ou mediante pedido incidental na ação principal (*v.g.*, art. 139, VI, CPC), quiçá através de tutela provisória de urgência (art. 300, CPC). Nesse sentido, FPPC, nº 634: "*(Art. 381) Se, na pendência do processo, ocorrer a hipótese do art. 381, I ou II, poderá ser antecipado o momento procedimental de produção da prova, seguindo-se o regramento próprio do meio de prova requerido e não o procedimento dos arts. 381 a 383*".

Prazo: Não há prazo legal, exceto aquele prescricional ou decadencial relacionado à obrigação principal.

Dispositivo(s): art. 381 – art. 383, CPC.

Importante:

1) Nesta via, o magistrado **não se pronunciará** sobre a ocorrência ou inocorrência do fato, nem sobre as respectivas consequências jurídicas, devendo apenas analisar, por exemplo, a urgência em produzir tal prova e depois homologá-la (art. 382, par. 2º, CPC).

2) O juiz determinará a **citação** dos interessados (art. 382, CPC), que poderão requerer a produção de qualquer prova no mesmo procedimento (iniciativa probatória do requerido), desde que relacionadas ao mesmo fato (art. 382, par. 3º, CPC). Aplica-se o princípio da comunhão da prova (sentido do art. 383, CPC), até para que o autor não desista da ação probatória autônoma quando verifique um resultado negativo da prova.

3) Neste procedimento, **não se admitirá defesa ou recurso**, salvo contra a decisão que indeferir totalmente a produção da prova pleiteada pelo requerente originário (art. 382, par. 4º, CPC) – entretanto, o requerido poderá, em defesa, provocar, certamente, a decisão jurisdicional sobre a ausência de pressupostos processuais ou controlar defeitos desta ordem, por exemplo alegar incompetência absoluta ou relativa. Nesse sentido, CJF, nº 32 (I Jornada de Direito Processual Civil): "*A vedação à apresentação de defesa prevista no art. 382, par. 4º, do CPC, não impede a alegação pelo réu de matérias defensivas conhecíveis de ofício*".

4) Após a decisão do juiz homologando a prova produzida, os autos ficarão em cartório durante 1 (um) mês, para a **extração de cópias ou obtenção de certidões** pelos interessados, sendo que após o seu término os autos serão entregues ao requerente da medida (art. 383, CPC), exceto no processo eletrônico.

5) A urgência (art. 381, I, CPC) não é configurada pelo mero risco de **esquecimento dos fatos** pela testemunha, argumento que não legitima a antecipação da produção da prova oral respectiva (analogia do Verbete Sumular nº 455, STJ: "*A decisão que determina a produção antecipada de provas com base no art. 366 do CPP deve ser concretamente fundamentada, não a justificando unicamente o mero decurso do tempo*").

Verbete(s): Súmula nº 263, da Súmula do TFR: "*A produção antecipada de prova, por si só, não previne a competência para a ação principal*".

Modelo

COLENDO JUÍZO DA _ VARA CÍVEL DA COMARCA DO RIO DE JANEIRO – RJ.

PROC. Nº___

LEANDRO LEMES, brasileiro, solteiro, motorista, domiciliado e residente na Rua da Ladeira, nº 1.505, Bairro Limoeiro, Cep: 34589-121, na cidade do Rio de Janeiro – RJ, regularmente inscrito no CPF sob o nº 888.298.118-14, com endereço eletrônico leandro.lemes@internet.com. br, vem, por meio de seu advogado regularmente constituído que esta subscreve, respeitosamente, requerer a presente:

PRODUÇÃO ANTECIPADA DE PROVAS

Em que também requer a citação do interessado OSCAR OLIVEIRA, brasileiro, solteiro, profissional liberal, domiciliado e residente na Rua Espanhola, nº 311, apartamento nº 1.506, Copacabana, Cep: 22.011-161, na cidade do Rio de Janeiro – RJ, regularmente inscrito no CPF sob o nº 326.598.874-85, com endereço eletrônico oscar.oliveira@internet.com.br, pelos fatos e fundamentos seguintes.

Inicialmente, destaca que esta base territorial é a competente para a instauração do presente requerimento, pois se trata do foro em que a prova deve ser produzida e, também, daquele em que o demandado tem domicílio (art. 381, par. 2º, CPC).

O requerente celebrou negócio jurídico com o interessado, para fins de que o mesmo realizasse instalação de serviços de internet no seu endereço residencial, pelo valor de R$ 3.000,00 (três mil reais). Contudo, apesar de o contrato ter sido regularmente assinado e parte do valor devido já antecipado, até o presente momento não foi realizado o serviço, em razão do argumento de que o edifício em que reside o requerente não possui cabeamento próprio e/ ou estrutura para comportar esta providência. Verifica-se, portanto, que há a necessidade de se produzir prova pericial ou até mesmo exame técnico simplificado (art. 464, §§ 2º e 3º, CPC), para apurar a veracidade de tais informações. Afinal, o prévio conhecimento destes fatos pode justificar ou evitar o ajuizamento de ação, além de o seu resultado também ser utilizado para viabilizar solução consensual (art. 381, incs. II e III, CPC).

Ademais, destaca-se que a ausência de produção destas provas no exato momento pode implicar até mesmo a impossibilidade de posteriormente produzi-la, tendo em vista que obras no condomínio poderão ser realizadas, descaracterizando por completo o estado atual das coisas (art. 381, inc. I, CPC).

Notas laterais:

A produção antecipada de provas é da competência do juízo do foro onde esta deva ser produzida ou do foro do domicílio do réu (art. 381, § 2º, CPC), muito embora a mesma não gere prevenção para a ação que venha a ser proposta (art. 381, § 3º, CPC).

Nominar a petição é um item opcional, mas recomenda-se para que desde logo o magistrado e a outra parte saibam qual o intento da referida peça.

Podem ser antecipados, em especial, o interrogatório da parte, a inquirição de testemunhas e o exame pericial. Há dificuldade em se antecipar a produção de prova documental (exceto sua exibição) ou a inspeção judicial, até porque esta última trata da verificação direta do juiz que irá julgar a causa, e não de outro. Não se antecipa, também, a confissão, mas sim a realização do depoimento pessoal da parte.

64 ■ *Petições e Prática Cível*

Caso fosse o caso de produção antecipada de provas fundada na urgência, seria possível requerer a concessão de tutela provisória *inaudita altera partes* (art. 300, par. 2º, CPC).

Tal medida serve para interromper a prescrição (sentido do art. 202, II, CC, em "conotação de protesto"), como reconhecia a jurisprudência (STJ – REsp 202.564/RJ, 4ª Turma, *DJ* 02/08/2001).

As despesas da produção antecipada de prova cabem a quem requerê-las, podendo a parte ser ressarcida no processo subsequente (art. 82, par. 2º, CPC). Há raciocínio pela possibilidade de condenação em verba honorária neste procedimento, caso haja pretensão resistida, conforme CJF, nº 118 (II Jornada de Direito Processual Civil): "*É cabível a fixação de honorários advocatícios na ação de produção antecipada de provas na hipótese de resistência da parte requerida na produção da prova*".

Portanto, respeitosamente requer:

a)   a citação do interessado para que participe da produção das aludidas provas requeridas (pericial e exame técnico simplificado, para apurar se a estrutura do edifício do requerente possibilita ou não a instalação de serviço de internet);

b)   que, ao final, depois de as provas já terem sido deferidas e produzidas, seja então proferida sentença homologado-as, bem como seja disponibilizado os autos em cartório para a extração de cópias ou obtenção de certidões pelos interessados, devendo no momento próprio os autos serem entregues ao requerente da medida (art. 383, CPC).

Dá-se à causa o valor de R$ 3.000,00 (três mil reais), que corresponde ao valor do contrato celebrado entre as partes, ou seja, ao proveito econômico que ora se discute (art. 291, CPC).

Termos em que

Pede e espera deferimento.

Local e data.

Nome e assinatura do advogado(a)

2.4.11. Requerimento de Inversão ou Dinamização do Ônus da Prova

Peça vinculada ao caso concreto: Sim.

Finalidade: Obtenção da inversão ou dinamização do ônus da prova (encargo de produzir a prova). Partindo de uma atribuição fixa do ônus da prova, caberá aplicar tal ferramenta processual que se dá por intermédio do julgador, mediante autorização legal.

Dispositivo(s): art. 373, CPC; art. 6º, inc. VIII, CDC.

Prazo: Não há, podendo ser apresentado a qualquer momento processual, desde que anterior a prolação do ato decisório final. Pode ser feito pelo autor na própria petição inicial, pelo réu na contestação (como constou na situação concreta narrada no Capítulo 1), ou mesmo por qualquer das partes em petição avulsa (como no exemplo abaixo).

Importante:

1) No **plano consumerista**, a inversão do ônus da prova é tida como *ope judice*, ou seja, por depender de decisão judicial, na dependência do preenchimento dos requisitos legais (art. 6º, VIII, Lei nº 8.078/1990); mas também pode se enquadrar como *ope legis*, sendo, pois, automática, ou seja, independente de decisão judicial (*v.g.*, art. 12, par. 3º, Lei nº 8.078/1990). Nesse último caso, a adoção do sistema da responsabilidade objetiva aplicada às relações de consumo, o que independe da vontade ou decisão do julgador, resulta na dispensa do perquirimento do elemento culpa. Na prática, isso implica na atenuação quanto ao ônus da prova do fato constitutivo do direito – dispensa de o consumidor produzir prova quanto à negligência, imperícia ou imprudência do fornecedor –, cabendo ao demandante somente a comprovação da existência do fato, o nexo de causalidade entre o produto/serviço, e o efetivo dano.

2) O legislador de 2015 adota a teoria da **carga dinâmica do ônus da prova**, mesmo quando não se tratar de relação de consumo, bastando que sejam detectadas peculiaridades da causa relacionadas à impossibilidade ou à excessiva onerosidade de cumprir o encargo, bem como a facilidade de obtenção da prova do fato contrário (art. 373, par. 1º, CPC). Explica a jurisprudência que "(...) 3. *No processo civil, a **técnica do ônus dinâmico da prova** concretiza e aglutina os cânones da solidariedade, da facilitação do acesso à Justiça, da efetividade da prestação jurisdicional e do combate às desigualdades, bem como expressa um renovado due process, tudo a exigir uma genuína e sincera cooperação entre os sujeitos na demanda. 4. O legislador, diretamente na lei (= ope legis), ou por meio de poderes que atribui, específica ou genericamente, ao juiz (= ope judicis), modifica a incidência do onus probandi, transferindo-o para a parte em melhores condições de suportá-lo ou cumpri-lo eficaz e eficientemente, tanto mais em relações jurídicas nas quais ora claudiquem direitos indisponíveis ou intergeracionais, ora as vítimas transitem no universo movediço em que convergem incertezas tecnológicas, informações cobertas por sigilo industrial, conhecimento especializado, redes de causalidade complexa, bem como danos futuros, de manifestação diferida, protraída ou prolongada*" (STJ – REsp 883.656/RS, 2ª Turma, *DJ* 09/03/2010).

3) A inversão ou dinamização do ônus da prova não pode, contudo, gerar situação em que a desincumbência do encargo pela parte seja impossível ou excessivamente difícil (art. 373, par. 2º, CPC), no que se denominaria "**prova diabólica**".

4) Quanto ao **momento processual**, a inversão ou dinamização do ônus da prova não pode ser determinada na sentença (art. 373, par. 1º, *in fine*, CPC), pois isto retiraria a possibilidade de a parte se livrar do respectivo encargo que ora lhe foi transmitido. O melhor entendimento é de que o juiz deve deliberar sobre tanto "*antes do término da instrução processual, inadmitida a aplicação da regra só quando da sentença proferida*" (STJ – REsp 881.651/BA, 4ª Turma, *DJ* 10/04/2007), em interpretação assumida pela lei (sentido do art. 357, III, CPC).

5) A dinamização/inversão do *onus probandi* não importa na imposição de um **dever de custeio da prova** para aquele que assume o encargo (verbete sumular nº 227, TJ-RJ). A lei excepciona o regramento quanto ao ônus da prova, mas não o regramento referente ao adiantamento de despesas judiciais. Em termos práticos, se aquele a quem foi imputado o peso da prova não arcar com o seu custeio, esta fatalmente não será produzida, de modo lhe serão aplicadas as consequências jurídicas negativas daí verificadas, afinal o ônus probatório agora é seu. Nesse sentido: "*A inversão do ônus probatório leva consigo o custeio da carga invertida, não como dever, mas como simples faculdade, sujeita as consequências processuais advindas da não produção da prova*" (STJ – REsp 1.807.831/RO, 2ª Turma, *DJ* 07/11/2019).

6) Destaque-se a **inaplicação** de imposição de ônus da prova ao réu (dinamização), na forma do art. 373, §§ 1º e 2º, CPC, na **ação de improbidade administrativa** (art. 17, § 19, II, Lei nº 8.429/1992, incluído pela Lei nº 14.230/2021).

Verbete(s): Súmula nº 91, TJ-RJ: "*A inversão do ônus da prova, prevista na legislação consumerista, não pode ser determinada na sentença*"; **Súmula nº 156, TJ-RJ:** "*A decisão que defere ou indefere a produção de determinada prova só será reformada se teratológica*"; **Súmula nº 227, TJ-RJ:** "*A decisão que deferir ou rejeitar a inversão do ônus da prova somente será reformada se teratológica*"; **Súmula nº 229, TJ-RJ:**"*A inversão do ônus da prova constitui direito básico do consumidor, uma vez preenchidos os pressupostos previstos no art. 6º, inc. VIII, do CDC, sem implicar, necessariamente, na reversão do custeio, em especial quanto aos honorários do perito*"; **Súmula nº 300, TJ-RJ:** "*Os princípios facilitadores da defesa do consumidor em juízo, notadamente o da inversão do ônus da prova, não exoneram o autor do ônus de fazer, a seu encargo, prova mínima do fato constitutivo do alegado direito*".

Modelo

COLENDO JUÍZO DA 10ª VARA CÍVEL DA COMARCA DO RIO DE JANEIRO – RJ.

PROC. Nº 0000123-30.2015.8.19.0001

> Nominar a petição é um item opcional, mas recomenda-se para que desde logo o magistrado e a outra parte saibam qual o intento da referida peça. Nada impede que o requerente se valha de pedidos de inversão ou de dinamização do ônus probatório, a depender da hipótese e do preenchimento dos atinentes requisitos processuais.

TÍCIO TAVARES, já qualificado nos autos em epígrafe, da ação de cobrança em procedimento comum que lhe promove CAIO CARVALHO, vem, por intermédio do seu procurador regularmente constituído, apresentar:

REQUERIMENTO DE DINAMIZAÇÃO OU
INVERSÃO DO ÔNUS DA PROVA

Nos termos seguintes.

Conforme pontua a legislação, a regra é a de que o ônus da prova compete à parte que alega (art. 373, incs. I e II, CPC), muito embora também seja certo que não se trata de ônus "estático".

Com efeito, há norma autorizando que esta inversão seja deferida em razão de peculiaridades da causa relacionadas à impossibilidade ou à excessiva onerosidade de cumprir o encargo, bem como à facilidade de obtenção da prova do fato contrário (art. 373, § 1º, CPC), que é justamente a hipótese vertente.

Petições Cíveis: Procedimento Comum ■ **67**

É que, na esteira do que alegou o demandado em sua contestação, não há prova da existência de vínculo material entre as partes. Assim, por ser excessivamente difícil ao réu ter que produzir prova para comprovar "fato negativo", soa nítido e cristalino que é o demandante quem reúne as melhores condições para provar a existência desta relação.

Acrescenta-se, outrossim, que o deferimento da inversão do ônus da prova neste exato momento processual não estará gerando um novo ônus impossível ou excessivamente difícil ao demandante, posto que ainda não foi realizado o saneamento do processo (art. 373, § 2º, CPC).

> Adota-se a regra de procedimento, de modo que o juiz deverá, no momento do saneamento e organização do processo, definir a distribuição do ônus probatório (art. 357, inc. III, CPC). Também se tem previsão específica disto quanto à carga dinâmica da prova (art. 373, § 1º, *in fine*, CPC).

Portanto, à luz do acima exposto, requer seja deferida a inversão ou dinamização do ônus da prova, uma vez demonstrado o preenchimento dos requisitos processuais para tanto.

Termos em que

Pede e espera deferimento.

Local e data.

Nome e assinatura do advogado(a)

2.4.12. Razões Finais / Memoriais pelo Demandante

Peça vinculada ao caso concreto: Sim.

Finalidade: Petição apresentada após o término da audiência de instrução e julgamento, quando o processo apresentar questões complexas de fato ou de direito, substituindo os debates orais.

Dispositivo(s): art. 364, § 2º, CPC.

Prazo: O prazo para sua apresentação escrita será de 15 (quinze) dias, contado de forma sucessiva para cada uma das partes, primeiro ao demandante (art. 364, § 2º, CPC).

Importante:

1) Usualmente, após o término da instrução oral em AIJ, as partes costumam fazer uso da palavra (art. 364, par. 1º, CPC), reportando-se às suas respectivas petições anteriores, muito embora por vezes seja mais adequada a apresentação de **memoriais ou razões finais escritas**, caso o tema apresente complexidade.

2) A **falta de abertura de prazo** para os memoriais somente gerará nulidade se comprovado o prejuízo da parte, naturalmente, se isso influenciou no resultado da demanda (STJ – REsp 727.271/MA, 1ª Turma, *DJ* 13/12/2005). Por outro lado, se intimada a parte e caso não haja apresentação de alegações finais, orais ou escritas, não se aplica consequência negativa à parte (inexiste situação de revelia *in casu*).

3) Eventualmente, caberá ao demandante reiterar, nos memoriais, para que seja concedida a **tutela provisória** mesmo na sentença, o que guarda especial relevância para que tal capítulo da decisão gere efeitos ainda que haja apelação da parte adversa (art. 1.012, par. 1º, V; e art. 1.013, par. 5º, CPC).

Modelo

COLENDO JUÍZO DA 10ª VARA CÍVEL DA COMARCA DO RIO DE JANEIRO – RJ.

> Foi incluída a expressão *"em prazos sucessivos"* no dispositivo que trata das alegações finais por escrito (art. 364, § 2º, CPC), de modo que cabe ao autor primeiramente apresentá-las (não se trata de um prazo único para ambas as partes).

PROC. Nº 0000123-30.2015.8.19.0001

CAIO CARVALHO, já qualificado nos autos em epígrafe, da demanda que promove em face de TÍCIO TAVARES, vem, por meio do seu advogado regularmente constituído que esta subscreve, respeitosamente, apresentar seus/suas:

MEMORIAIS / RAZÕES FINAIS ESCRITAS

Em razão dos fatos e fundamentos seguintes.

Inicialmente, o demandante ratifica todas as suas petições e manifestações anteriores neste processo.

Conforme se observou nos autos, o demandante firmou com o demandado contrato de mútuo, que deveria ter sido regularmente quitado em data de 10/04/2016 (fls.). Vale dizer que esta prova documental (contrato), embora não ostente força executiva, se constitui em valioso instrumento probatório para demonstrar a relação jurídica de direito material afirmada.

> As razões finais servem não apenas para tonificar os argumentos trazidos nas petições anteriores, ou mesmo determinada manifestação pretérita do Ministério Público em sentido favorável, mas, também, em reforço de alguns elementos probatórios, destacando-os com o objetivo de despertar a atenção do magistrado quanto a eles. É sempre conveniente que sejam listadas as fls. dos autos em que podem ser encontradas as peças, documentos e decisões essenciais à compreensão da controvérsia, facilitando a atividade do julgador.

Mesmo após o vencimento da obrigação, tentou o autor diversos contatos com o demandado, sempre por meio eletrônico, não tendo qualquer retorno (fls.). Por fim, até mesmo foi realizada uma notificação extrajudicial, por serventia própria, que também não gerou o efeito prático aguardado, que seria o cumprimento voluntário da obrigação assumida (fls.).

A legislação é muito clara, ao prever que "o mutuário é obrigado a restituir ao mutuante o que dele recebeu em coisa do mesmo gênero, qualidade e quantidade" (art. 586, CC). Da mesma maneira, a jurisprudência é precisa em admitir o contrato verbal de mútuo entre particulares, salvo nos casos em que for comprovada a prática de agiotagem, o que não é a hipótese vertente, conforme V.Ex.a irá analisar pelo documento carreado aos autos.

De resto, a prova oral produzida em audiência de instrução e julgamento também é toda de acordo com estas ponderações trazidas acima.

Assim, em razão de todo o exposto, respeitosamente requer que o pedido autoral seja julgado inteiramente procedente, nos termos da petição inicial, inclusive com a condenação nas verbas sucumbenciais, bem como expressa que, se o pedido não for acolhido, estará sendo vulnerada a norma constitucional que assegura acesso ao Poder Judiciário para a reparação de lesão a direito (art. 5º, inc. XXV, CRFB), bem como as normas infraconstitucionais que regulamentam o instituto do mútuo (art. 586 – art. 592, CC), razão pela qual desde logo apresenta o prequestionamento de tais normas, para que as mesmas sejam expressamente enfrentadas por ocasião do ato decisório.

Termos em que

Pede e espera deferimento.

Local e data.

Nome e assinatura do advogado(a)

> O prequestionamento é requisito de admissibilidade do recurso especial e do recurso extraordinário (enfrentamento da questão de direito pelo tribunal *a quo*, v.g. Verbete Sumular nº 282, STF), também podendo ser apresentado desta maneira, inclusive para viabilizar eventuais embargos de declaração, caso haja omissão de sua análise (art. 1.025, CPC).

2.4.13. Razões Finais / Memoriais pelo Demandado

Peça vinculada ao caso concreto: Sim.

Finalidade: Petição apresentada após o término da audiência de instrução e julgamento, quando o processo apresentar questões complexas de fato ou de direito, substituindo os debates orais.

Dispositivo(s): art. 364, § 2º, CPC.

Prazo: O prazo para sua apresentação escrita será de 15 (quinze) dias, contado de forma sucessiva para cada uma das partes, primeiro ao demandante (art. 364, § 2º, CPC).

Importante:

1) Usualmente, após o término da instrução oral em AIJ as partes costumam fazer uso da palavra (art. 364, par. 1º, CPC), reportando-se às suas respectivas petições anteriores, muito embora por vezes seja mais adequada a apresentação de **memoriais ou razões finais escritas**, caso o tema apresente complexidade.

2) Como forma de prestigiar o contraditório, foi incluída a expressão "*em prazos sucessivos*" no dispositivo que trata das alegações finais por escrito (art. 364, par. 2º, CPC), de modo que cabe ao autor primeiramente apresentá-las (não se trata de um prazo único para ambas as partes). O réu, portanto, somente se manifesta após a apresentação das alegações finais do autor.

3) A **falta de abertura de prazo** para os memoriais somente gerará nulidade se comprovado o prejuízo da parte, naturalmente, se isso influenciou no resultado da demanda (STJ – REsp 727.271/MA, 1ª Turma, *DJ* 13/12/2005). Por outro lado, se intimada a parte e caso não haja apresentação de alegações finais, orais ou escritas, não se aplica consequência negativa à parte (inexiste situação de revelia *in casu*).

Modelo

COLENDO JUÍZO DA 10ª VARA CÍVEL DA COMARCA DO RIO DE JANEIRO – RJ.

PROC. Nº 0000123-30.2015.8.19.0001

TÍCIO TAVARES, já qualificado nos autos em epígrafe, da ação de cobrança em procedimento comum que lhe promove **CAIO CARVALHO**, vem, por intermédio do seu procurador regularmente constituído, apresentar seus/suas:

MEMORIAIS / RAZÕES FINAIS ESCRITAS

Em razão dos fatos e fundamentos seguintes:

Inicialmente, o demandado ratifica todas as suas petições e manifestações anteriores neste processo.

Conforme se observa nos autos, não há razão alguma do demandante. Com efeito, o contrato de mútuo apresentado aos autos em nenhum momento menciona o nome do demandante. Ademais, nenhuma outra prova produzida até o momento traz qualquer vinculação. Portanto, a negativa da existência do fato constitutivo do direito do demandante consubstancia defesa de mérito direta, que deve ser acolhida por V.Ex.a Mas, de todo modo, desde logo se destaca que, ao tempo da celebração do aludido negócio jurídico narrado na petição inicial, o demandado era absolutamente incapaz em razão da sua idade, o que também se traduz em uma defesa de mérito indireta.

De resto, a prova oral produzida em audiência de instrução e julgamento também é toda de acordo com estas ponderações trazidas acima (fls.). Portanto, seja pelo argumento da inexistência de dívida ou mesmo pela incapacidade do réu, realmente se observa que o demandante não tem razão alguma.

Assim, em razão de todo o exposto, respeitosamente requer que o pedido autoral seja julgado improcedente, com a condenação do mesmo ao pagamento dos ônus de sucumbência. Mas, desde logo, também deixa expresso a V.Ex.a que, se a pretensão deduzida pelo autor for julgada procedente, a decisão judicial deverá ser devidamente fundamentada, com o enfrentamento de todos os temas, sob pena de se estar vulnerando norma que tem tanto sede constitucional (art. 93, inc. IX, CRFB), quanto infraconstitucional (art. 489, § 1º, CPC), razão pela qual desde logo apresenta o prequestionamento das mesmas, para que sejam expressamente observadas e aplicadas por ocasião do ato decisório.

> As razões finais servem não apenas para tonificar os argumentos trazidos nas petições anteriores, ou mesmo determinada manifestação pretérita do Ministério Público em sentido favorável, mas, também, em reforço de alguns elementos probatórios, destacando-os com o objetivo de despertar a atenção do magistrado quanto a eles. É sempre conveniente que sejam listadas as fls. dos autos em que podem ser encontradas as peças, documentos e decisões essenciais à compreensão da controvérsia, facilitando a atividade do julgador.

> O prequestionamento é requisito de admissibilidade do recurso especial e do recurso extraordinário (enfrentamento da questão de direito pelo tribunal *a quo*, v.g. Verbete Sumular nº 282, STF), também podendo ser apresentado desta maneira, inclusive para viabilizar eventuais embargos de declaração, caso haja omissão de sua análise (art. 1.025, CPC).

Termos em que

Pede e espera deferimento.

Local e data.

Nome e assinatura do advogado(a)

Petições Cíveis: Procedimento Comum ■ 71

2.5. Fluxogramas

PROCEDIMENTO COMUM

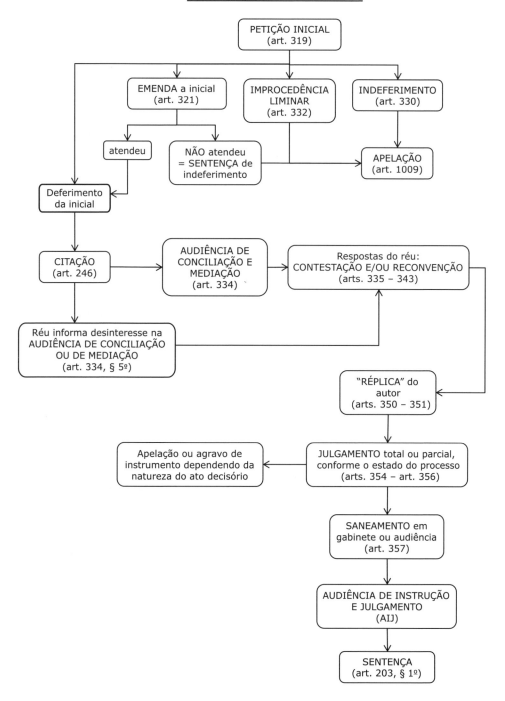

TUTELA PROVISÓRIA DE URGÊNCIA ANTECIPADA

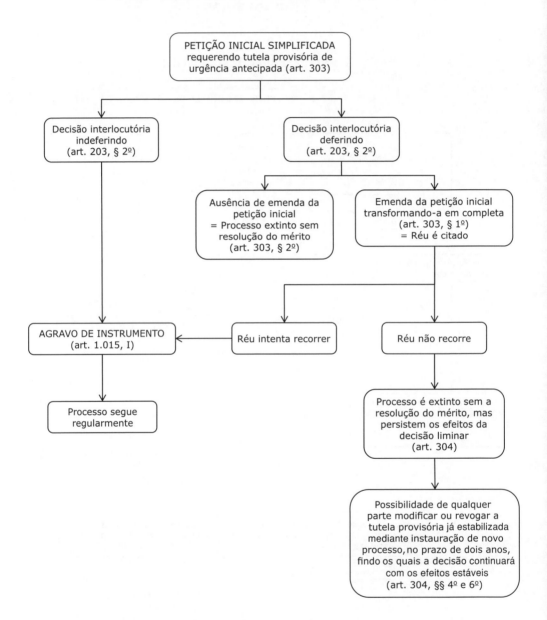

TUTELA PROVISÓRIA DE URGÊNCIA CAUTELAR
(ART. 305 - ART. 310)

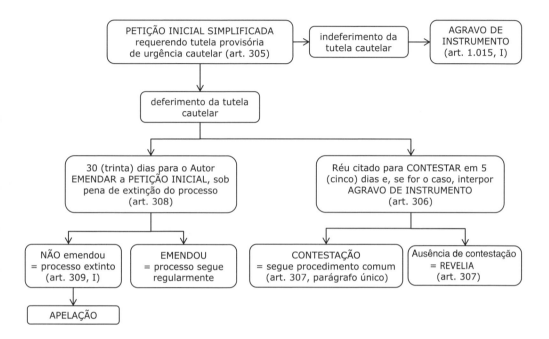

ATENÇÃO: O pedido principal já pode ser formulado conjuntamente com a tutela cautelar (art. 308).

Capítulo 3
Petições Cíveis: Procedimentos Especiais de Jurisdição Contenciosa e Voluntária

3.1. Ação de Consignação em Pagamento

Peça vinculada ao caso concreto: Não.

Finalidade: Petição inicial visando a obter a liberação do devedor, com a extinção do vínculo obrigacional, mediante a consignação da quantia ou da coisa devida. Intenta o devedor obter o reconhecimento (declaração) judicial de que não mais se encontra obrigado. O pagamento por consignação é uma das formas de extinção das obrigações, tendo como pressupostos a mora do credor ou o risco de pagamento ineficaz (art. 335, CC).

Dispositivo(s): art. 539 – art. 549, CPC e art. 334 – art. 345, CC.

Importante:

1) Há **formato extrajudicial**, constituindo uma faculdade (opção) para que o devedor/terceiro realize a "consignação bancária", desde que a prestação seja quantia em dinheiro, antes ou de forma a dispensar o ajuizamento da ação de consignação. O depósito deve ser feito no estabelecimento bancário, sendo o credor cientificado através de carta emitida pela instituição financeira, de modo que se este não manifestar recusa por escrito, considerar-se-á o devedor liberado da obrigação. Contudo, ocorrendo recusa, ao devedor caberá propor a ação de consignação em pagamento, instruindo a inicial com a prova da recusa (art. 539, pars. 1º a 4º, CPC). O prazo legal de 1 (um) mês serve apenas para firmar a interrupção de incidência dos consectários pela dívida a partir da consignação extrajudicial. Finalmente, cabe registrar que a consignação será necessariamente judicial quando tiver por objeto coisa ou quando não for possível utilizar a via extrajudicial – *v.g.*, havendo dúvida sobre quem deva receber (art. 335, IV, CC), diante da dificuldade em se identificar/cientificar o destinatário (art. 547, CPC).

2) Em se tratando de **prestações periódicas**, com referência às obrigações que se cumprem por meio de atos reiterados (obrigação de trato sucessivo), uma vez consignado o primeiro pagamento, poderá o devedor ir depositando as prestações que se vencerem no curso da demanda, até 5 (cinco) dias contados da data do vencimento, sem mais formalidades e independentemente de requerimento no mesmo processo (art. 541, CPC). Se assim não fosse, teria que ser ajuizada uma ação de consignação em pagamento diversa a cada vencimento mensal ocorrido, por exemplo. Insere-se, assim, na sistemática de uma legislação que persegue a economia processual buscando

76 ■ *Petições e Prática Cível*

evitar o surgimento de demandas múltiplas (STJ – REsp 56.761/SP, 4ª Turma, *DJ* 14/11/1995). No mesmo sentido, FPPC, nº 60: "*(Art. 541) Na ação de consignação em pagamento que tratar de prestações sucessivas, consignada uma delas, pode o devedor continuar a consignar sem mais formalidades as que se forem vencendo, enquanto estiver pendente o processo*".

3) No caso do procedimento da consignatória, quando haja **dúvida quanto à titularidade do crédito** (art. 335, IV, CC c/c arts. 547/548, CPC), serão incluídos no polo passivo todos aqueles que se apresentam como credores. O rito terá duas fases, uma para verificação da adequação do depósito feito pelo consignante, terminando com a eventual declaração de que este está liberado da obrigação; e a outra para analisar o destino do depósito efetuado. O vencido (aquele a quem não for atribuído o crédito), ao final, responderá pela sucumbência (STJ – REsp 109.868/MG, 4ª Turma, *DJ* 15/02/2000).

4) É possível **cumular pedido** de natureza especial (*v.g.*, consignação) com pedido de natureza comum (*v.g.*, revisão contratual), seguindo-se o rito comum (art. 327, par. 2º, CPC).

Verbete(s): Súmula nº 179, STJ: "*O estabelecimento de crédito que recebe dinheiro, em depósito judicial, responde pelo pagamento da correção monetária relativa aos valores recolhidos*".

Modelo

A competência é extraída do foro do lugar do pagamento (art. 540, CPC c/c art. 337, CC), ou do lugar em que se encontra a coisa (art. 341, CC). Em regra, o pagamento se dá no domicílio do devedor, quando se diz que a dívida é quesível (art. 327, CC), embora seja possível convencionar contrariamente, hipótese em que a dívida é tida portável (art. 327, paragrafo único, CC). Diversamente, na consignatória de pagamento de aluguel, será aplicável o foro da situação do imóvel (art. 67, inc. II, Lei nº 8.245/91).

COLENDO JUÍZO DA _ VARA CÍVEL DA COMARCA DO RIO DE JANEIRO – RJ

PROC. Nº____

NEY NORÕES, brasileiro, divorciado, empresário, domiciliado e residente na Rua Lucas Andrade, nº 100, Centro, Cep: 45.122-103, na cidade do Rio de Janeiro – RJ, portador da identidade nº 10652799-3, emitida pelo Detran/RJ, regularmente inscrito no CPF sob o nº 152.987.448-78, com endereço eletrônico ney.noroes@internet.com.br, vem, por meio do seu advogado regularmente constituído que esta subscreve, conforme instrumento de procuração anexo (art. 287, CPC), respeitosamente, propor a presente:

AÇÃO DE CONSIGNAÇÃO EM PAGAMENTO

Em face de LAURO LIMA, brasileiro, solteiro, músico, domiciliado e residente na Rua Rainha Guilhermina, nº 150, apartamento nº 801, Glória, Cep: 15.050-145, na cidade do Rio de Janeiro – RJ, portador da identidade nº 10785099-5, emitida pelo Detran/RJ, regularmente inscrito no CPF sob o nº 096.875.223-12, com endereço eletrônico lauro.lima@internet.com.br, pelos fatos e fundamentos seguintes.

I. Fatos e fundamentos jurídicos do pedido.

Em 20 de fevereiro de 2017, foi celebrado um contrato de empréstimo entre as partes, cujo desembolso se daria mediante o pagamento de 2 (duas) parcelas de R$ 2.000,00 (dois mil reais), nas datas de 20/02/2018 e 20/03/2018, conforme documento anexo. Ocorre que as prestações restaram inadimplidas pelo obrigado a pagar, ora autor, em razão da crise financeira que o acometeu.

Desta feita, passados exatos 5 (cinco) meses do inadimplemento da primeira parcela, o devedor procurou o credor, ofertando-lhe o pagamento à vista da dívida, acrescido de correção monetária e dos juros legais, porém o mesmo apresentou injustificada recusa, de insuficiência do valor, com exigência de pagamento de multa moratória não pactuada, além de honorários advocatícios extrajudiciais, sem que tenha atuado qualquer advogado na cobrança dos valores devidos.

A normatividade não só obriga o devedor ao pagamento como, também, lhe assegura o direito de pagar (art. 335, inc. I, CC e art. 539, CPC). Mas, uma vez que a efetivação do pagamento depende da cooperação do credor para aceitá-lo e outorgar quitação, vê-se inconteste que, havendo a sua injusta recusa (mora *accipiendi* ou mora *credendi*), há de se garantir uma forma indireta de o devedor se livrar do vínculo obrigacional independentemente da aquiescência daquele, subsumindo a hipótese do vertente pedido consignatório.

Com efeito, o autor traz demonstrativo detalhado da obrigação, com estipulação de valor ofertado que tenha força de válido pagamento (art. 336, CC), além de pormenorizar a recusa do devedor quanto ao recebimento.

II. Pedido(s).

Ante o exposto, vem requerer a V.Ex.a se digne, respeitosamente, de determinar a expedição de guia de depósito, a ser efetivado no prazo de 5 (cinco) dias contados do deferimento (art. 542, inc. I, CPC); bem como do mandado de citação do réu para levantar o depósito ou oferecer contestação (art. 542, inc. II, CPC).

Requer, ao final, seja julgado procedente o pedido de consignação, com efeito de pagamento (art. 334, CC), declarando-se plenamente quitada a dívida consubstanciada no contrato de empréstimo objeto da presente demanda. Ainda, requer a condenação do réu nas despesas processuais antecipadas (art. 82, § 2º, CPC) e em honorários advocatícios sobre o

---

Cabe registrar que pode consignar o devedor que esteja em mora, desde que este, por óbvio, deposite os encargos pelo atraso injustificado, como meio para evitar a perpetuação desta, purgando-a (STJ – REsp 38.204/RJ, 2ª Turma, DJ 09/05/1996).

Admite-se, também, a consignação em pagamento visando à revisão do conteúdo do contrato (discutir o *quantum debeatur*), e não apenas para consignar dívida líquida e certa – até mesmo pela expressa possibilidade desta discussão (art. 544, inc. IV e art. 545, CPC), como reconhece a jurisprudência (STJ – REsp 919.243/SP, 3ª Turma, DJ 19/04/2007).

Tal prova pode se dar por vários meios (v.g., prova documental, como e-mails, testemunhas, ou, simplesmente, ter sido infrutífera a consignação bancária). Interessa notar que, se de um lado, houver injusta recusa do credor e, do outro, depósito insuficiente pelo devedor, a hipótese será de acolhimento parcial do pedido de consignação no montante depositado, caracterizando sucumbência recíproca (STJ – AgRg no AREsp 98.619/SP, 4ª Turma, DJ 09/09/2014).

Não será necessário realizar o pleito de expedição de guia de depósito caso o feito judicial seja precedido da consignação bancária (art. 539, §§ 1º a 4º, CPC). Noutro giro, mesmo se já escoado o prazo de 5 dias ainda poderá ser feito o depósito, mas desde que o processo ainda não tenha sido extinto sem resolução do mérito (STJ – REsp 702.739/PB, 3ª Turma, DJ 19/09/2006).

78 ■ *Petições e Prática Cível*

Firmou-se o seguinte entendimento em recurso especial repetitivo: *"Em ação consignatória, a insuficiência do depósito realizado pelo devedor conduz ao julgamento de improcedência do pedido, pois o pagamento parcial da dívida não extingue o vínculo obrigacional"* (STJ – REsp 1.108.058/DF, 2ª Seção, DJ 10/10/2018).

valor da condenação (art. 85, CPC), o que deve valer, do mesmo modo, se o credor receber e der quitação (art. 546, parágrafo único, CPC).

As eventuais intimações do patrono do demandante deverão ser realizadas em nome da sociedade de advogados que integra, que é a Sampaio & Lacombe Advogados Associados, com endereço à Rua do Rosário, nº 88, Centro, Cep: 33.142-176, na cidade do Rio de Janeiro – RJ (art. 106 c/c art. 272, § 1º, CPC). Aliás, desde logo se requer que eventual verba honorária sucumbencial também seja a ela destinada (art. 85, § 11, CPC).

Protesta o autor pela produção de todas as provas legais, como moralmente legítimas, para provar a verdade dos fatos articulados (art. 319, inc. VI, CPC).

Dá à presente causa o valor de R$ 4.000,00 (quatro mil reais).

Termos em que

Pede e espera deferimento.

Local e data.

Nome e assinatura do advogado(a)

3.2. Ação de Exigir Contas

Peça vinculada ao caso concreto: Não.

Finalidade: Petição inicial com a finalidade de fazer alguém aclarar o resultado de sua gestão, com a exposição parcela por parcela da situação crédito/débito, e, sendo o caso, concluir pela apuração ou não de saldo credor ou devedor, impondo condenação. Aquele que presta contas eventualmente poderá ter saldo a pagar ou a receber, o que somente será esclarecido após a prestação de contas. Como requisito inicial, *"a pretensão de exigir ou prestar contas supõe a administração, de um modo geral, de bens, negócios ou interesses de outrem"* (STJ – REsp 9.013/MG, 4ª Turma, DJ 28/05/1991).

Dispositivo(s): art. 550 – art. 553, CPC.

Importante:

1) Vê-se a **alteração nominal** do procedimento especial de "prestação de contas", que passa a se chamar "ação de exigir contas". Em verdade, não mais se tem o rito especial para a "ação de dar contas" (art. 914, II, e art. 916, CPC/1973), aplicada quando alguém tinha o interesse em prestar as contas para obter a quitação e se ver liberado desse encargo, sendo aplicável, nessa hipótese, o rito comum.

2) A ação de exigir contas desdobra-se em **fases procedimentais** distintas: uma relativa à averiguação do dever de prestar contas, em que não se discute o *quantum debeatur*; e outra, subsequente, quando apresentadas as contas, servindo para apurar eventual saldo devido. Vislumbra-se, possivelmente, uma terceira e consequente fase, notadamente a execução do julgado, havendo inadimplemento (art. 552, CPC). Nesse exato sentido, em clara explicação procedimental: "3. *A ação de prestação de contas é de rito especial e possui estrutura procedimental diferenciada, em que a primeira fase visa discutir a existência ou não do direito de exigir ou de prestar contas e a segunda fase julga a própria prestação das contas a partir das receitas, despesas e eventual saldo, de modo que a atividade jurisdicional desenvolvida em ambas as fases possui natureza jurídica cognitiva própria da fase de conhecimento, tendo em vista a necessidade de acertamento da relação jurídica de direito material que vincula as partes. 4. A fase de cumprimento da sentença e, eventualmente, de liquidação da sentença na ação de prestação de contas apenas pode ser deflagrada após a prolação da sentença proferida na segunda fase dessa ação, oportunidade em que a cognição acerca do dever de prestar ou de exigir e a apuração de créditos, débitos e existência de saldo estarão definitivamente julgadas, viabilizando, se necessário, a liquidação da sentença condenatória e a cobrança do valor apurado sob a forma de cumprimento da sentença*" (STJ – REsp 1.821.793/RJ, 3ª Turma, DJ 20/08/2019).

3) É exigida a prestação de contas em **formato adequado**, trazendo transparência/clareza, pelo que as receitas, despesas e saldo devem ser especificados ("parcela por parcela"), inclusive em ordem cronológica, com a devida documentação comprobatória, o que vale tanto para as contas apresentadas do réu (art. 551, CPC), quanto para aquelas trazidas pelo autor em substituição (art. 551, par. 2º, CPC).

4) Há situação especial de **prestação de contas por dependência**, que ocorre quando há nomeação judicial para administrar bens ou interesses alheios, para verificar se atuou a contento, como, por exemplo, nas contas do inventariante, no processo de inventário (art. 553, CPC). Cuida-se, em realidade, de prestação de contas dita administrativa, cabendo ao próprio juízo tomar contas, inclusive para definir sanções aos administradores judiciais, como a destituição do cargo, o sequestro dos bens sob sua guarda, glosando a gratificação a que este teria direito (art. 553, par. único, CPC). Nesse caso, não se forma processo autônomo, sendo realizada a prestação de contas no bojo de outro em apartado.

5) Sobre as **relações bancárias**: admite-se a proposição de ação de exigir contas pelo consumidor correntista em face da instituição financeira (Verbete Sumular nº 259, STJ), sendo imprescindível que aponte concreta e fundamentadamente as irregularidades detectadas, não bastando a mera referência genérica a respeito, ou seja, deve indicar o período determinado e os encargos controvertidos (STJ – AgInt no REsp 1.680.049/SP, 3ª Turma, *DJ* 06/03/2018). Entretanto, vale a ressalva de que a ação de prestação de contas não serve para revisão de cláusulas contratuais ou de taxa de juros e demais encargos de empréstimos obtidos por meio de abertura de limite de crédito em conta-corrente, em razão da diversidade de ritos (STJ – REsp 1.497.831/PR, 2ª Seção, *DJ* 14/09/2016, em sede de recurso repetitivo).

6) Finalizando a primeira fase deste procedimento, o juiz proferirá *"decisão"* (art. 550, § 5º, CPC, em substituição ao termo *"sentença"* previsto no art. 915, § 2º, CPC/73), declarando

80 ■ Petições e Prática Cível

existente ou inexistente o dever de prestar contas. Com base nessa alteração legislativa, vem se preconizando que tal pronunciamento se trata de "decisão interlocutória" de mérito, suscetível de ataque via agravo de instrumento (art. 1.015, II, CPC). Nesse sentido: *"O recurso cabível contra decisão que julga procedente, na primeira fase, a ação de exigir contas é o agravo de instrumento"*, com a fundamentação de que: *"O novo Código, aprimorando a técnica do anterior, ao se referir a uma decisão, deixou mais claro que poderá não haver sentença, como sucede quando a ação de exigir contas é julgada procedente na primeira fase, para ter prosseguimento ainda. Na hipótese contrária, ou seja, se a decisão der pela improcedência da ação de exigir contas, aí sim teremos uma sentença"* (STJ – REsp 1.680.168/SP, 4ª Turma, DJ 09/04/2019); FPPC, nº 177: *"(Arts. 550, § 5º e 1.015, inc. II) A decisão interlocutória que julga procedente o pedido para condenar o réu a prestar contas, por ser de mérito, é recorrível por agravo de instrumento"*. Diversamente, entendendo-se tratar de "sentença": STJ – AgInt no AgRg no REsp 1.200.271/RS, 4ª Turma, DJ 10/05/2016. O impasse interpretativo, em tese, sustenta a aplicabilidade do princípio da fungibilidade recursal: *"1. Mostra-se razoável a aplicação do princípio da fungibilidade, quando interposta apelação no lugar de agravo de instrumento em face de decisão, que resolve a primeira fase da ação de exigir contas (art. 550, § 5º, CPC), haja vista que se trata de erro escusável em virtude de existir controvérsia doutrinária, e porque são idênticos os prazos para a prática de tais atos processuais. Jurisprudencial a respeito do tema"* (STJ – AREsp 1.324.516/DF, Rel. Min. Luis Felipe Salomão, DJ 15/08/2018). Ao revés, no âmbito fluminense, tem-se negado a aplicação da fungibilidade recursal, com a inadmissão do recurso de apelação por erro de cabimento (inadequação da via eleita), já que cabível agravo de instrumento contra a decisão que encerra a primeira fase do procedimento de exigir contas: TJ-RJ – 0024220-34.2017.8.19.0205, 2ª Câmara Cível, DJ 16/07/2018; TJ-RJ – 0240501-53.2013.8.19.0001, 20ª Câmara Cível, DJ 18/04/2018.

Verbete(s): Súmula nº 259, STJ: *"A ação de prestação de contas pode ser proposta pelo titular da conta-corrente bancária"*; **Súmula nº 477, STJ:** *"A decadência do art. 26 do CDC não é aplicável à prestação de contas para obter esclarecimentos sobre cobrança de taxas, tarifas e encargos bancários"*.

Modelo

Sobre a competência territorial, deve-se considerar o lugar do ato ou fato quando o réu for o administrador ou gestor de negócios alheios (art. 53, inc. IV, "b", CPC). Em se tratando de relação de consumo, como ocorre, com frequência, em contratos bancários (Verbete Sumular nº 259, STJ), será aplicável o foro do domicílio do autor (art. 100, inc. I, CDC).

COLENDO JUÍZO DA _ VARA CÍVEL DA COMARCA DO RIO DE JANEIRO – RJ

PROC. Nº____

GOMES SÁ, brasileiro, divorciado, enfermeiro, domiciliado e residente na Rua Felizardo Sobrinho, nº 15, apto. 102, Méier, Cep: 22.000-190, na cidade do Rio de Janeiro – RJ, portador da identidade nº

10002284-8, emitida pelo Detran/RJ, regularmente inscrito no CPF sob o nº 015.014.007-66, com endereço eletrônico bacalhau@internet.com. br, vem, por meio do seu advogado regularmente constituído que esta subscreve, conforme instrumento de procuração anexo (art. 287, CPC), respeitosamente, propor a presente:

AÇÃO DE EXIGIR CONTAS

Em face de OTAVIO LINO, brasileiro, solteiro, advogado e síndico, domiciliado e residente na Rua Felizardo Sobrinho, nº 15, apto. 405, Méier, Cep: 22.000-190, na cidade do Rio de Janeiro – RJ, portador da identidade nº 14555001-2, emitida pelo Detran/RJ, regularmente inscrito no CPF sob o nº 450.525.937-65, com endereço eletrônico otavio.lino@internet. com.br, pelos fatos e fundamentos seguintes.

> Na hipótese, a legitimidade passiva é daquele que tem o dever de prestar contas, sendo induvidosa a responsabilidade do síndico, e não do condomínio, já que o primeiro é representante e administrador do segundo (STJ – REsp707.506/ RJ, 3ª Turma, DJ 15/12/2009).

I. Fatos e fundamentos jurídicos do pedido.

O autor é condômino do apartamento nº 102, do Condomínio Chácara das Rosas, situado na Rua Felizardo Sobrinho, nº 15, Méier, Rio de Janeiro/RJ, no qual atua como síndico o Sr. Octávio Lino, tendo assumido o encargo de administrar o condomínio em 20/02/2014, conforme ata da assembleia da ocasião (doc. 1).

Segundo a legislação de regência (art. 22, § 1º, alínea "f", Lei nº 4.591/64), e de acordo com a Convenção do Condomínio em comento (art. 3º, alínea "d"), compete ao síndico "prestar contas da sua administração à Assembleia Geral", o que, porém, não foi feito a contento. Com efeito, na ata da assembleia ordinária realizada em 15/12/2018, com quórum suficiente, constou expressamente a divergência quanto às contas apresentadas, sob a denominação genérica de "gastos extraordinários do Condomínio", cujos documentos comprobatórios não foram tidos como suficientes, ao menos pelo condômino do apto. 102, ora autor, bem como pela condômina do apto. 103, Sra. Amélia Antunes, que demonstraram seu descontentamento (doc. 2).

> Na petição inicial, é fundamental que o autor demonstre a existência de uma relação jurídica de direito material em que o réu administre bem, direito ou interesse alheio, bem como que especifique, detalhadamente, as razões pelas quais exige as contas, instruindo-a com documentos comprobatórios dessa necessidade (art. 550, § 1º, CPC).

Ocorre que, mesmo passados 4 (quatro) meses desta última assembleia, não foram disponibilizados os documentos que comprovam os referidos "gastos extraordinários", muito embora o autor tenha enviado 3 (três) e-mails em cobrança do síndico, cujas respostas foram evasivas (doc. 3), sendo desconhecidos, portanto, os valores envolvidos, o que somente poderá ser apurado mediante a escorreita prestação de contas pelo réu.

> Se o valor da pendência já é de conhecimento, não será cabível a ação de prestação de contas, e sim o ajuizamento de ação de cobrança por aquele que visa o recebimento (STJ – REsp 1.102.688/RS, 3ª Turma, DJ 07/10/2010).

II. Pedido(s).

Ante o exposto e, em atenção ao firme conjunto probatório trazido aos autos, vem a presença de V.Ex.a respeitosamente requerer a citação do réu para que preste as contas, em formato adequado (art. 551, CPC), ou, querendo, ofereça contestação, no prazo de 15 (quinze) dias (art. 550, CPC).

> O termo inicial desse prazo de 15 dias (art. 550, § 5º, CPC) começa a fluir automaticamente a partir da intimação do réu, na pessoa do seu advogado, acerca da respectiva decisão (STJ – REsp 1.847.194/MS, 3ª Turma, *DJ* 16/03/2021).

No caso de inércia do réu, requer, desde já, o julgamento antecipado do mérito (art. 550, § 4º, e art. 355, CPC), para condená-lo a prestar as contas, também no prazo de 15 (quinze) dias, sob pena de não lhe ser lícito impugnar as que o autor apresentar em substituição (art. 550, § 5º, CPC).

Certificadas as contas e havendo saldo pendente, vem requerer seja o demandado condenado a ressarci-las, incluídos os consectários devidos (art. 552, CPC).

Ainda, vem requerer a condenação do réu nas despesas processuais antecipadas (art. 82, § 2º, CPC) e em honorários advocatícios (art. 85, CPC), para as duas fases procedimentais.

> Reconhece-se a possibilidade de majoração da verba honorária de forma favorável ao vencedor das duas fases da ação de exigir contas, sobretudo havendo desenvolvimento de contraditório e litígio (STJ – REsp 154.925/SP, 4ª Turma, DJ 17/03/1998).

As eventuais intimações do patrono do demandante deverão ser realizadas em nome da sociedade de advogados que integra, que é a Sampaio & Lacombe Advogados Associados, cujo endereço é à Rua do Rosário, nº 88, Centro, Cep: 33.142-176, na cidade do Rio de Janeiro – RJ (art. 106 c/c art. 272, § 1º, CPC). Aliás, desde logo se requer que eventual verba honorária sucumbencial também seja a ela destinada (art. 85, § 11, CPC).

Protesta o autor pela produção de todas as provas legais, como moralmente legítimas, para provar a verdade dos fatos articulados (art. 319, inc. VI, CPC), incluindo o depoimento pessoal do réu (art. 385, CPC), bem como a oitiva das testemunhas, Sra. Amélia Antunes e Sr. Justo Dias, condôminos, devidamente qualificados no rol que segue junto à presente.

Dá-se a causa o valor de alçada R$ 1.000,00 (mil reais), em se tratando de autorização para pedido genérico (art. 324, § 1º, inc. III, CPC).

Termos em que

Pede e espera deferimento.

Local e data.

Nome e assinatura do advogado(a)

Petições Cíveis: Procedimentos Especiais de Jurisdição Contenciosa e Voluntária ■ **83**

3.3. Ações Possessórias

Peça vinculada ao caso concreto: Não.

Finalidade: Petição inicial utilizada pelo possuidor para reaver a posse perdida (reintegração); para atalhar embaraçamento/turbação ao exercício da posse (manutenção); ou para impedir que a ameaça de moléstia à posse se concretize (interdito proibitório). As ações possessórias são também denominadas interditos possessórios e têm como finalidade a proteção da posse (*vide* art. 561, I, CPC), conforme rito especial ora indicado. Não se confundem com as chamadas "ações petitórias/dominiais", cujo objetivo é discutir o título de propriedade, com adoção do rito comum. Em visualização comparativa de que a "ação de imissão na posse" não é uma ação possessória: "*1. A ação de imissão na posse, ao contrário do que o nomen iuris pode indicar, tem natureza petitória. 2. A presente ação (ação de imissão na posse) é instrumento processual colocado à disposição daquele que, com fundamento no direito de propriedade e sem nunca ter exercido a posse, almeja obtê-la judicialmente*" (STJ – REsp 1.126.065/SP, 3ª Turma, DJ 17/09/2009); "*Não prevista pelo CPC em vigor como ação sujeita a procedimento especial, aplica-se à ação de imissão de posse, de natureza petitória, o rito comum*" (STJ – REsp 404.717/MT, 3ª Turma, DJ 27/08/2002). **Dispositivo(s)**: art. 554 – art. 557 (características), art. 560 – art. 568 (espécies), art. 561 (requisitos); art. 558 – art. 559 e art. 562 – art. 565 (procedimento), CPC.

Importante:

1) Aborde-se a possibilidade de **desforço imediato da posse** (art. 1.210, par. 1º, CC), forma extrajudicial para defesa da posse, não sendo exigível, desse modo, aguardar a intervenção estatal. O ordenamento jurídico, excepcionalmente, legitima uma situação de autotutela (justiça pelas próprias mãos). É cabível como uma reação à agressão, num atuar do sujeito em "legítima defesa da posse", desde que seja feita imediatamente, e adotados somente os meios necessários para restabelecimento da posse, ou seja, exige-se a proporcionalidade entre a ação do possuidor e a ameaça sofrida. Mesmo o detentor pode se valer do desforço imediato em proteção da posse do bem, sob pena de inutilidade de sua presença no local fático (nesse sentido, CJF, nº 493 – V Jornada de Direito Civil).

2) Sobre as ações possessórias, a legislação processual codificada trata de 2 (dois) **procedimentos** (art. 558, CPC), conforme o transcurso ou não de mais de ano e dia do momento em que a posse foi agredida (turbação ou esbulho). Registre-se que o prazo corre da ciência do esbulho para quem não o presenciou (art. 1.224, CC), o que é adequado à situação de posse injusta por clandestinidade. Dentro deste prazo (no que se denomina "posse de força nova"), terá o possuidor molestado a utilização do rito especial ora analisado. Contudo, ultrapassado tal prazo (no que se denomina "posse de força velha"), será o caso de aplicação do rito comum, e não do especial (art. 558, par. único, CPC), cuja principal decorrência prática é a perda da possibilidade de obtenção da liminar independente do perigo na demora (inaplicabilidade do art. 562, CPC), embora não seja negada, no rito comum, a concessão de tutela provisória genérica, desde que presentes os requisitos para sua concessão: "*4. O STJ tem entendimento*

84 ■ Petições e Prática Cível

de que é possível a concessão de tutela antecipada em ação possessória de força velha, desde que preenchidos os requisitos do art. 273 do CPC/1973 [art. 300, CPC/2015], a serem aferidos pela instância de origem" (STJ – AgInt no AREsp 1.089.677/AM, 4ª Turma, *DJ* 08/02/2018). No mesmo sentido: CJF, nº 238 (III Jornada de Direito Civil).

3) Quando se tratar de bem imóvel de valor não excedente a 40 (quarenta) salários-mínimos, chancela-se a faculdade ao interessado de levar a sua causa aos **Juizados Especiais Cíveis** (art. 3º, inc. IV, e par. 3º, Lei nº 9.099/1995), seja de força nova ou velha, com aplicabilidade, nestes moldes, da liminar (art. 562, CPC).

4) Sobre o **interdito proibitório**, cabível no caso de ameaça à posse (arts. 567/568, CPC), temos um remédio de caráter preventivo (instrumento de tutela inibitória), concedido ao possuidor que tem justo receio de ser molestado em sua posse, assegurando-o contra a violência iminente do agressor. Sua estrutura busca exigir uma prestação negativa do demandado (obrigação de não fazer), sob pena de incorrer em multa pecuniária (art. 567, *in fine*, CPC). Veda-se aqui, igualmente, a exceção de domínio apresentada pelo proprietário (art. 557, CPC). Se depois da liminar o réu converter a ameaça em turbação ou esbulho, será possível requerer a medida necessária de proteção da posse no mesmo processo (art. 554, CPC), bem como executar a referida multa.

5) De resto, ressalva-se que há verdadeira zona cinzenta na identificação da moléstia à posse, inclusive pela possibilidade de mudança da situação fática no curso da demanda judicial, como numa ameaça e/ou turbação que se concretize posteriormente num esbulho. A solução é dada pela **fungibilidade dos interditos possessórios**, que advém justamente da possibilidade de haver dúvida do julgador e do jurisdicionado a respeito da medida mais adequada para a situação. Segundo tal característica, o juiz pode julgar uma ação possessória pela outra, sem que haja aditamento da inicial, nem a conversão de uma ação em outra, e muito menos sobrevive qualquer imputação de que a sentença seja tida por *extra petita*, o que denota hipótese de mitigação ao princípio da congruência (art. 141 e art. 492, CPC).

6) Viabilizando um escorreito e eficaz desenrolar da fase inicial de **comunicação processual** quando se tenha um grande número de pessoas no polo passivo da ação possessória, pormenorizou-se a hipótese de amplo litisconsórcio passivo, ditando-se o cabimento de citação pessoal e ficta (art. 554, pars. 1º a 3º, CPC): "*2. Nas ações possessórias voltadas contra número indeterminado de invasores de imóvel, faz-se obrigatória a citação por edital dos réus incertos. 3. O CPC/2015, visando adequar a proteção possessória a tal realidade, tendo em conta os interesses público e social inerentes a esse tipo de conflito coletivo, sistematizou a forma de integralização da relação jurídica, com o fito de dar a mais ampla publicidade ao feito, permitindo que o magistrado se valha de qualquer meio para esse fim. 4. O novo regramento autoriza a propositura de ação em face de diversas pessoas indistintamente, sem que se identifique especificamente cada um dos invasores (os demandados devem ser determináveis e não obrigatoriamente determinados), bastando a indicação do local da ocupação para permitir que o oficial de justiça efetue a citação daqueles que forem lá encontrados (citação pessoal), devendo os demais serem citados presumidamente (citação por edital)*" (STJ – REsp 1.314.615/SP, 4ª Turma, *DJ* 09/05/2017). Finalmente, deve ser frisado que a petição inicial terá deferimento, ainda que os demandados sejam desconhecidos, constatada a viabilidade de citação (art. 319, par. 2º, CPC).

7) No caso de **litígio coletivo pela posse de imóvel** (art. 565, CPC), fez-se previsão de necessária designação de audiência de mediação, caso o esbulho ou a turbação tenha ocorrido há mais de ano e dia, o que denota certa consolidação do fato ocorrido. Recorde-se que a mediação constitui mecanismo estimulado pelo novo diploma codificado processual (art. 3º, par. 3º, art. 139, V, e art. 165 – art. 175, CPC). Nessa hipótese, tem-se obrigatória intervenção do Ministério Público como fiscal da ordem jurídica (art. 178, III, CPC).

8) Sobre o eventual direito do demandado de **indenização por benfeitorias** úteis e necessárias (*vide* art. 96, CC), cabe relatar que a jurisprudência do STJ não excepciona a necessidade de formulação de pedido expresso nesse sentido, sendo incabível a tutela *ex officio* pelo magistrado (STJ – REsp 1.836.846/PR, 3ª Turma, *DJ* 22/09/2020). Entretanto, já se afastou a preclusão quanto a esta alegação do direito de indenização, evitando-se o locupletamento indevido do adversário (STJ – REsp 764.529/RS, 3ª Turma, *DJ* 09/11/2010).

Verbete(s): Súmula nº 237, STF: *"O usucapião pode ser arguido em defesa"*; **Súmula no 487, STF:** *"Será deferida a posse a quem, evidentemente, tiver o domínio, se com base neste for ela disputada"* (entendimento que não prevalece diante do art. 557, CPC); **Súmula Vinculante nº 23, STF**: *"A Justiça do Trabalho é competente para processar e julgar ação possessória ajuizada em decorrência do exercício do direito de greve pelos trabalhadores da iniciativa privada"*; **Súmula nº 228, STJ:** *"É inadmissível o interdito proibitório para proteção do direito autoral"*; **Súmula nº 637, STJ:** *"O ente público detém legitimidade e interesse para intervir, incidentalmente, na ação possessória entre particulares, podendo deduzir qualquer matéria defensiva, inclusive, se for o caso, o domínio".*

Modelo

COLENDO JUÍZO DA _ VARA CÍVEL DA COMARCA DO RIO DE JANEIRO – RJ

PROC. Nº___

CHARLES CAVALERA, brasileiro, divorciado, enfermeiro, domiciliado e residente na Rua Privilégio, nº 2.015, Centro, Cep: 20.588-190, na cidade do Rio de Janeiro – RJ, portador da identidade nº 15698422-8, emitida pelo Detran/RJ, regularmente inscrito no CPF sob o nº 078.879.159-11, com endereço eletrônico charles.cavalera@internet.com.br , vem, por meio de seu advogado regularmente constituído que esta subscreve, conforme instrumento de procuração anexo (art. 287, CPC), respeitosamente, propor a presente:

> A legislação processual dita a competência absoluta do foro da situação da coisa para a demanda possessória imobiliária (art. 47, § 2º, CPC). Porém, se a possessória versar sobre móveis, será aplicável a regra geral de competência do foro do domicílio do réu (art. 46, CPC).

AÇÃO DE MANUTENÇÃO DE POSSE COM REQUERIMENTO DE LIMINAR

Em face de BRUNO BENTES, brasileiro, solteiro, profissional liberal, domiciliado e residente na Rua Embaixador Souza Faria, nº 51, apartamento nº 111, Ilha do Governador, Cep: 48.789.456, na cidade do Rio de Janeiro – RJ, portador da identidade nº 11246577-8, emitida pelo Detran/RJ, regularmente inscrito no CPF sob o nº 098.788.445-78, com endereço eletrônico bruno.bentes@internet.com.br, pelos fatos e fundamentos seguintes.

I. Fatos e fundamentos jurídicos do pedido.

As partes firmaram contrato escrito de locação quanto ao imóvel situado na Rua Irineu Marinho, nº 100, Centro, Cep: 33.122-101, na cidade do Rio de Janeiro – RJ, na data de 15/01/2018, momento em que se deu a transferência da posse ao autor-locatário, conforme documento anexo (art. 561, inc. I, CPC c/c art. 1.204 – art. 1.205, inc. I, CC).

Ocorre que o demandado, proprietário e locador, vem atuando de forma temerária, embaraçando a utilização da posse de forma plena pelo autor-locatário ainda na vigência do contrato de locação, ao que parece para forçar a desocupação do imóvel locado.

Assim é que o réu-locador, em 3 (três) oportunidades, exatamente em 20/04/2018, 25/04/2018 e 28/04/2018, desligou, dolosamente, a energia elétrica do imóvel locado, cortando os fios de luz (art. 561, incs. II e III, CPC). Tais condutas foram flagradas pela câmera de segurança instalada pelo autor junto à porta principal do imóvel, conforme vídeos anexados à presente inicial, através de CD-ROM, que devem ser acautelados no Cartório (art. 11, § 5º, Lei nº 11.419/2006). Além disso, também os vizinhos Mauro Andrade e Sergio Ferreira atestaram o ocorrido nos termos das declarações escritas que ora são apresentadas, bem como podem testemunhar de forma favorável ao demandante, caso necessário.

Observa-se, portanto, que os referidos atos caracterizam "turbação", que se constitui em vício da posse que reclama a decretação da manutenção de posse (art. 560, CPC), já que o autor permanece na posse do imóvel (art. 561, inc. IV, CPC). Cabe frisar, outrossim, que a pretensão autoral quanto à sua posse se escora no direito constitucional de moradia (art. 6º, CRFB), verdadeira necessidade primária do homem (art. 1º, inc. III, CRFB).

Destarte, preenchidos os requisitos legais, deve ser concedida a liminar de manutenção de posse, independente da prova do *periculum in mora*, uma vez que o dano se entende presumido quando se tratar de "força nova" (ficção jurídica). E, apesar disso, apura-se patente situação ameaçadora da ocorrência de esbulho, com grande risco de concretização no curso deste processo.

A ação possessória pode ser utilizada mesmo em face do proprietário, pois, do contrário, estaria esvaziada a defesa da posse pretendida pelo legislador. Tanto é que será irrelevante a alegação de domínio (propriedade) sobre o bem (art. 557, parágrafo único, CPC c/c art. 1.210, § 2º, CC). É que o magistrado deverá julgar não com base no título de propriedade (juízo petitório), e sim escorado naquele que demonstrar ter a melhor posse (juízo possessório).

Para o deferimento da tutela provisória específica das possessórias basta o preenchimento dos requisitos legais: prova da posse, da turbação/esbulho e sua data, e da continuação/perda da posse (art. 561, CPC). Só que, diante do caráter satisfativo envolvido, há exigência legal de alguma instrução probatória (art. 562, CPC), ou seja, um início de prova, sobretudo documental – v.g. títulos de domínio e/ou posse, documentos comprobatórios do pagamento de despesas relacionadas ao bem, boletim de ocorrência policial, fotografias –; porém, não há necessidade de prova cabal, porque a liminar é deferida em cognição não exauriente (juízo de probabilidade).

Diga-se, por fim, que o autor se viu forçado, nas 3 (três) ocasiões, a contratar eletricista para consertar o fio de luz e religar a eletricidade do imóvel, consubstanciando o gasto total de R$ 1.000,00 (hum mil reais), conforme recibos em anexo, quantia esta que deve ser objeto de ressarcimento (art. 186 – art. 187 e art. 927, CC).

II. Pedido(s).

Ante o exposto, e em atenção ao firme conjunto probatório trazido aos autos, vem requerer a V.Ex.a, respeitosamente, o deferimento do mandado liminar de manutenção de posse, sem ouvir o réu (art. 562, CPC), com a imposição de medida necessária e adequada para evitar nova turbação ou esbulho (obrigação de não fazer), consubstanciada em multa coercitiva (art. 537, CPC), cuja tutela provisória deve ser confirmada pela sentença de procedência do pleito.

> Se deferida a tutela provisória e esta restar confirmada na sentença (ou deferida nesta ocasião), o eventual recurso de apelação do réu não terá efeito suspensivo quanto a este capítulo da condenação (art. 1.012, § 1º, inc. V, CPC).

Entendendo de forma diversa à concessão liminar do mandado de manutenção de posse, requer o autor a designação de audiência de justificação, momento em que poderá demonstrar de forma mais ampla o alegado, com a citação do réu para comparecer (art. 562, *in fine*, CPC).

Ademais, requer o autor a condenação do réu em perdas e danos, notadamente os prejuízos decorrentes do desligamento forçado da energia elétrica, no valor de R$ 1.000,00 (hum mil reais), conforme permissivo legal (art. 555, inc. I, CPC). Ainda, vem requerer a condenação do réu nas despesas processuais antecipadas (art. 82, § 2º, CPC) e em honorários advocatícios (art. 85, CPC).

As eventuais intimações do patrono do demandante deverão ser realizadas em nome da sociedade de advogados que integra, que é a Sampaio & Lacombe Advogados Associados, cujo endereço é à Rua do Rosário, nº 88, Centro, Cep: 33.142-176, na cidade do Rio de Janeiro – RJ (art. 106 c/c art. 272, § 1º, CPC). Aliás, desde logo se requer que eventual verba honorária sucumbencial também seja a ela destinada (art. 85, § 11, CPC).

Protesta o autor pela produção de todas as provas legais, como moralmente legítimas, para provar a verdade dos fatos articulados (art. 319, inc. VI, CPC).

Dá-se a causa o valor de R$ 10.000,00 (dez mil reais).

> O valor da causa nas ações possessórias deve considerar a expressão econômica da posse, que não obrigatoriamente coincide com o valor da propriedade, incluído o quantitativo decorrente da eventual cumulação de pedidos (art. 292, inc. VI, CPC).

Termos em que

Pede e espera deferimento.

Local e data.

Nome e assinatura do advogado(a)

3.4. Embargos de Terceiro

Peça vinculada ao caso concreto: Sim.

Finalidade: Petição inicial que tem como objeto liberar o bem de terceiro, quando atingido por um ato (ou ameaça) de apreensão judicial oriundo de processo alheio (*v.g.*, penhora de bem de sócio quando a dívida é da sociedade; adquirente de imóvel que o vê penhorado por dívida do antigo devedor). O raciocínio básico desenvolvido é que aquele que não é demandado não tem seu patrimônio sujeito à responsabilidade patrimonial (art. 789, CPC). Exige-se, em primeiro lugar, a qualidade de "terceiro" em relação ao processo do qual emanou a ordem judicial ("terceiro" é aquele que não é parte – art. 674, CPC). Outro pressuposto é a existência de um processo em curso (art. 676, CPC), o que não se restringe à execução, afinal os embargos de terceiro também são admissíveis no processo de conhecimento (art. 675, CPC). Diga- se, por oportuno, que a maior incidência se dá no âmbito do processo executivo, notadamente pela "penhora" se demonstrar como a medida constritiva de patrimônio mais comum. Os embargos de terceiro são cabíveis para desembaraçar determinado bem de qualquer apreensão judicial tida como injusta, em caráter repressivo (*v.g.*, penhora, arresto, sequestro); como também na situação de ameaça, ou temor sério de concretização da apreensão judicial tida como injusta, em caráter inibitório, numa espécie de "embargos de terceiro preventivos" (art. 674, *caput*, CPC).

Dispositivo(s): art. 674 – art. 681, CPC.

Prazo: Os embargos de terceiro podem ser interpostos: a) a qualquer tempo no processo de conhecimento, desde que anteriormente ao trânsito em julgado da sentença – note-se que nesta seara também podem ser praticados atos de apreensão judicial, como o arresto cautelar (art. 301, CPC); b) no processo de execução e no cumprimento da sentença, desde a determinação da apreensão judicial até cinco dias depois da arrematação, adjudicação ou remição, mas sempre antes da assinatura da respectiva carta (art. 675, CPC).

Importante:

1) O terceiro embargante deverá elaborar **petição inicial** (art. 677, CPC), não podendo se manifestar no feito pendente por meio de simples petição, por inadequação da via eleita, carecendo de interesse de agir. Com efeito, a exceção de pré-executividade não é sucedânea de embargos de terceiro, em respeito aos ditames e formalidades exigidas pela legislação.

2) São **legitimados ativos** para os embargos de terceiro: a) proprietário, inclusive fiduciário, ou possuidor do bem, inclusive (art. 674, par. 1º, CPC); b) cônjuge ou companheiro, em defesa de sua meação (art. 674, par. 2º, I, CPC c/c Verbete Sumular nº 134, STJ), independentemente da intimação da penhora (art. 842, CPC); c) adquirente de bens que foram constritos em razão de decisão que declara a ineficácia da alienação já que em fraude a execução (art. 674, par. 2º, II, e art. 790, V, CPC), devendo o terceiro adquirente ser devidamente intimado para opor embargos de terceiro (art. 792, par. 4º, CPC); d) aquele que sofre constrição judicial de seus

Petições Cíveis: Procedimentos Especiais de Jurisdição Contenciosa e Voluntária ■ **89**

bens por força de desconsideração da personalidade jurídica, de cujo incidente não fez parte (art. 674, par. 2º, III, CPC), ou seja, no desrespeito à exigência de prévio contraditório (art. 135, CPC); e) credor com garantia real, para obstar a alienação judicial por outro credor do bem objeto da hipoteca, penhor ou anticrese (art. 674, par. 2º, IV, CPC).

3) A legislação processual precisa a figura do **legitimado passivo** dos embargos de terceiro, que é, justamente, aquele a quem o ato constritivo aproveita (critério do interesse), incluindo o seu adversário no processo principal, em litisconsórcio passivo necessário, quando tenha sido deste a indicação para que a constrição judicial recaia sobre aquele determinado bem (art. 677, par. 4º, CPC). De toda sorte, diga-se que a ampliação da legitimidade passiva, *in casu*, tem importância para a valorização do contraditório, sendo relevante perquirir quem fez a indicação do bem, em verdade, para definição da responsabilidade pelos ônus sucumbenciais.

4) Sobre os **ônus sucumbenciais**, cabe aplicar o princípio da causalidade, na análise de quem deu causa à referida apreensão judicial (Verbete Sumular nº 303, STJ), ou seja, se improcedente o pedido, responderá o embargante pela sucumbência. Ao contrário, se acolhido o pedido, será o embargado (credor ou devedor) condenado na sucumbência. Todavia, se a penhora se deu por iniciativa do oficial de justiça, ainda que procedente o pleito, mas não tendo o embargado resistido à pretensão de desconstituição da constrição judicial, inviável será a condenação na sucumbência deste último (STJ – REsp 828.519/MG, 2ª Turma, *DJ* 07/08/2008).

5) Em **diferenciação**, os embargos de terceiro são inconfundíveis com os **embargos à execução** (art. 914 – art. 920, CPC), pois estes últimos são ajuizados pelo executado (parte) e têm causa de pedir distinta, relacionada à oposição da própria dívida, sua existência, validade, montante ou exigibilidade (art. 917, CPC). Diversamente, os embargos de terceiro visam a excluir o bem constrito em virtude de decisão oriunda de processo de execução, conhecimento ou cautelar, com base na argumentativa de posse, propriedade ou direito real de garantia.

6) Em **diferenciação**, os embargos de terceiro são inconfundíveis com a **oposição** (art. 682 – art. 686, CPC), pois o terceiro embargante não se opõe ao objeto principal do processo, mas apenas pretende a liberação do bem que foi apreendido judicialmente, pela ausência de responsabilidade patrimonial deste. Isso é bem visualizado pela constatação de que na oposição há uma relação de prejudicialidade, pois, se procedente o pedido deduzido na oposição, será improcedente o relativo à demanda originária, algo que já não ocorre nos embargos de terceiro. Ademais, enquanto a oposição é restrita ao processo de conhecimento, os embargos de terceiro podem ser ajuizados, sobretudo, no processo de execução, onde não se desenvolve propriamente atividade cognitiva.

Verbete(s): **Súmula nº 84, STJ:** *"É admissível a oposição de embargos de terceiro fundados em alegação de posse advinda de compromisso de compra e venda de imóvel, ainda que desprovido do registro"*; **Súmula nº 134, STJ:** *"Embora intimado da penhora em imóvel do casal, o cônjuge do executado pode opor embargos de terceiro para defesa de sua meação"*; **Súmula nº 303, STJ:** *"Em embargos de terceiro, quem deu causa à constrição indevida deve arcar com os honorários advocatícios".*

Petições e Prática Cível

> O processo será distribuído para o próprio Juízo que determinou a constrição do bem, por dependência (art. 676, CPC). De outro modo, nos atos de constrição praticados por carta, os embargos de terceiro deverão ser apresentados no juízo deprecado, exceto se a referida ordem partiu do juízo deprecante ou se já devolvido tal meio de comunicação processual entre juízos (art. 676, parágrafo único, CPC).

Modelo

COLENDO JUÍZO DA 10ᴬ VARA CÍVEL DA COMARCA DO RIO DE JANEIRO – RJ

PROC. Nº 0000123-30.2015.8.19.0001

AUGUSTO ABRANTES, brasileiro, divorciado, empresário, domiciliado e residente na Rua Lucas Andrade, nº 88, Centro, Cep: 45.122-103, na cidade do Rio de Janeiro – RJ, portador da identidade nº 20652799-5, emitida pelo Detran/RJ, regularmente inscrito no CPF sob o nº 232.987.448-64, com endereço eletrônico augusto.abrantes@internet.com.br, vem, por meio do seu advogado regularmente constituído que esta subscreve, conforme instrumento de procuração anexo (art. 287, CPC), respeitosamente, propor os presentes:

EMBARGOS DE TERCEIRO

Em face de CAIO CARVALHO, brasileiro, solteiro, agente público, domiciliado e residente na Rua Barão do Rio Branco, nº 1.505, Centro, Cep: 33.122-101, na cidade do Rio de Janeiro – RJ, regularmente inscrito no CPF sob o nº 183.298.118-59, com endereço eletrônico caio.carvalho@internet.com.br; e TÍCIO TAVARES, brasileiro, solteiro, profissional liberal, domiciliado e residente na Rua Uruguaiana, nº 11, apartamento nº 616, Centro, Cep: 33.159-161, na cidade do Rio de Janeiro – RJ, regularmente inscrito no CPF sob o nº 444.598.874-17, com endereço eletrônico ticio.tavares@internet.com.br, que, entre si contendem, nos autos da AÇÃO DE COBRANÇA, ora em fase de CUMPRIMENTO DE SENTENÇA promovida pelo primeiro contra o segundo, Processo nº 0000123-30.2015.8.19.0001, perante este D. Juízo, pelos fatos e fundamentos seguintes.

I. Fatos e fundamentos jurídicos do pedido.

O patrimônio do devedor, composto por seus bens presentes e futuros, se sujeita à execução (art. 789, CPC), mas não o patrimônio do terceiro embargante, porquanto alheio ao imbróglio judicial e sua satisfação.

O embargante é o possuidor do bem objeto da penhora oriunda do processo em epígrafe, conforme determinação judicial, qual seja o imóvel situado na Rua Paraíso, nº 15, Madureira, Rio de Janeiro/RJ, avaliado em R$ 180.000,00 (cento e oitenta mil reais). De fato, o embargante firmou compromisso de compra e venda junto a TÍCIO TAVARES, segundo embargado, de forma pretérita à exigibilidade da dívida cobrada na ação principal, tornando-se promitente-comprador (documento anexo).

A constrição judicial indevida que recaiu sobre o bem do embargante se deu em 10/06/2016, em virtude de nomeação à penhora realizada pelo executado, TÍCIO TAVARES, a que anuiu o exequente, CAIO CARVALHO, tornando adequada e tempestiva a via dos embargos de terceiro para desconstituir a apreensão judicial (art. 674, § 1º, *in fine*, CPC).

> Cabe ao terceiro embargante o encargo de fazer a prova, ainda que de forma sumária, de sua posse ou de seu domínio (art. 677, CPC), sendo facultada a produção probatória, especialmente testemunhal, em audiência preliminar a ser designada (art. 677, § 1º, CPC).

De resto, é indubitável a legitimidade do embargante possuidor, ainda que ausente a averbação do referido contrato no registro do bem (Verbete Sumular nº 84, STJ: "*É admissível a oposição de embargos de terceiro fundados em alegação de posse advinda de compromisso de compra e venda de imóvel, ainda que desprovido de registro*").

II. Pedido(s).

Ante o exposto, vem requerer a V.Ex.a se digne, respeitosamente, de determinar a distribuição por dependência dos presentes embargos de terceiro a feito executivo originário, com o apensamento dos autos (art. 676, CPC); e impor, liminarmente, a suspensão das medidas processuais quanto ao bem envolvido, de forma a preservar a esfera jurídica do embargante (art. 678, CPC), ou mesmo designar audiência para prova suplementar da posse, por meio da oitiva das testemunhas abaixo arroladas (art. 677, § 1º, CPC).

> Inclusive, pode ser feito pleito liminar de manutenção ou reintegração provisória da posse, se for o caso (art. 678, *in fine*, CPC), podendo o juiz exigir a prestação de caução pelo embargante, ressalvada a impossibilidade da parte economicamente hipossuficiente (art. 678, parágrafo único, CPC).

Requer a citação dos embargados, na pessoa de seus procuradores regularmente constituídos na ação principal (art. 677, § 3º, CPC), para apresentar contestação, querendo, no prazo de 15 (quinze) dias (art. 679, CPC).

> Não há necessidade de que as procurações aos advogados dos opostos lhes outorguem poderes específicos para receber citação (art. 105, *in fine*, CPC), uma vez que o formato de comunicação processual decorre da lei. Anote-se regra especial se o réu da demanda original for revel e se encontrar sem advogado constituído nos autos (art. 239, CPC).

Requer, ao final, seja julgado procedente o pleito de cancelamento da constrição judicial indevida, reconhecendo-se a titularidade do bem pertencente ao embargante (art. 681, CPC). Ainda, requer a condenação do réu nas despesas processuais antecipadas (art. 82, § 2º, CPC) e em honorários advocatícios sobre o valor da condenação (art. 85, CPC).

> Sobre os ônus sucumbenciais, cabe aplicar o princípio da causalidade, na análise de quem deu causa à referida apreensão judicial (Verbete Sumular nº 303, STJ).

As eventuais intimações do patrono do demandante deverão ser realizadas em nome da sociedade de advogados que integra, que é a Sampaio & Lacombe Advogados Associados, com endereço à Rua do Rosário, nº 88, Centro, Cep: 33.142-176, na cidade do Rio de Janeiro – RJ (art. 106 c/c art. 272, § 1º, CPC). Aliás, desde logo se requer que eventual verba honorária sucumbencial também seja a ela destinada (art. 85, § 11, CPC).

92 ■ Petições e Prática Cível

Protesta o autor pela produção de todas as provas legais, como moralmente legítimas, para provar a verdade dos fatos articulados (art. 319, VI, CPC), e, especialmente pela prova testemunhal, conforme rol abaixo.

Dá a presente causa o valor de R$ 180.000,00 (cento e oitenta mil reais), conforme ditames legais (art. 292, inc. IV, CPC).

Termos em que

Pede e espera deferimento.

Local e data.

Nome e assinatura do advogado(a)

> Em conformidade ao procedimento especial, convém explicitar o rol de testemunhas logo na inicial, com a devida qualificação (art. 450, CPC), sendo certo que há limite legal quantitativo para a prova da cada fato (art. 357, §§ 4º a 6º, CPC).

ROL DE TESTEMUNHAS: 1) LAURA LILIBETH, autônoma, solteira, com 25 anos de idade, regularmente inscrita no CPF sob o nº 002.003.887-01, residente à Rua Gal. Menezes, nº 10, Penha, Rio de Janeiro/RJ, Cep: 21.054-090, e 2) CARLOS CASTRO, farmacêutico, casado, com 67 anos de idade, regularmente inscrito no CPF sob o nº 405.023.677-45, residente à Avenida Cristóvão, nº 1.019, casa A, Riachuelo, Rio de Janeiro/RJ, Cep: 21.001-001.

3.5. Ação de Oposição

Peça vinculada ao caso concreto: Não.

Finalidade: Petição inicial para que alguém (opoente) intervenha em ação pendente, manifestando pretensão de ver reconhecido como seu o direito ou a coisa sobre o que controvertem autor e réu originários (opostos). A oposição possui natureza jurídica de ação, devendo, por isso mesmo, observar os requisitos da petição inicial (art. 683, CPC). Constitui a oposição uma demanda autônoma e incompatível em relação à demanda "originária" (e não tecnicamente "principal", já que não existe acessoriedade na oposição). Sintetizando, a finalidade da oposição é abreviar a solução da pendência (economia processual), porquanto o terceiro, em vez de aguardar o resultado do processo pendente para depois ajuizar uma demanda contra o vencedor, opta por já direcionar sua demanda imediatamente no mesmo órgão jurisdicional em que tramita o outro processo, visando a obter o reconhecimento de seu direito perante os demais litigantes, o que se justifica pela conexão decorrente do objeto comum que se disputa.

Dispositivo(s): art. 682 – art. 686, CPC.

Prazo: A oposição possui um termo final, devendo ser oferecida antes da prolação da sentença (art. 682, CPC). Se já transitou em julgado a demanda originária, bastará ao terceiro demandar contra o respectivo vencedor. Ao contrário, se ainda não transitou em julgado, estando em fase de recurso, não será permitida a oposição, afinal a demanda do opoente seria iniciada perante o tribunal, suprimindo uma instância.

Importante:

1) Sobre a **natureza jurídica**, anteriormente, a oposição era enquadrada como uma das espécies de intervenção de terceiros (art. 56 – art. 61, CPC/1973); no novo regime, porém, tal mecanismo foi incluído no rol de procedimentos especiais do processo de conhecimento, sobretudo por se traduzir no exercício de verdadeira ação, no caso incidental, ajuizada por terceiro.

2) Há também **diferenciação procedimental quanto ao momento de apresentação da oposição.** É que, caso o ingresso do terceiro se dê antes da AIJ, a oposição ocorre sob a forma de mera intervenção no processo, sendo apensada aos autos do processo original, com julgamento em uma única sentença (art. 685 – art. 686, CPC). Só que, caso o ingresso do terceiro se dê depois da AIJ, permanecerá a exigência de tramitação no mesmo juízo, porém não necessariamente de forma apensada ao feito originário, limitando-se a lei processual a criar uma hipótese de fixação de competência do juízo pelo critério funcional. Nesse caso, o magistrado não estará afeto a decidir as causas conjuntamente, muito embora sempre esteja aberta a oportunidade de sobrestar o andamento do processo original visando ao julgamento conjunto das demandas (art. 685, par. único, CPC).

Modelo

COLENDO JUÍZO DA 5ª VARA CÍVEL DA COMARCA DO RIO DE JANEIRO – RJ

> A oposição é distribuída por dependência ao juízo em que tramita o processo primitivo (art. 683, parágrafo único e art. 286, parágrafo único, CPC). Segue a linha sistemática de reunião de feitos conexos para julgamento conjunto, desde que isto se dê antes da prolação da sentença do processo originário (art. 55, § 1º, CPC).

PROC. Nº 2016.001.156789412-1 (Distribuição por dependência)

ALAN ATILA, brasileiro, casado, designer de interiores, domiciliado e residente na Rua Batista da Costa, nº 80, Centro, Cep: 33.122-456, na cidade do Rio de Janeiro – RJ, portador da identidade nº 74156922-8, emitida pelo Detran/RJ, regularmente inscrito no CPF sob o nº 789.456.228-8, com endereço eletrônico alan.atila@internet.com.br, devidamente autorizado por sua cônjuge ANDREIA ATILA (art. 73, CPC), como demonstra o documento anexo, vem, por meio de seu advogado regularmente constituído que esta subscreve, conforme instrumento de procuração anexo (art. 287, CPC), respeitosamente, propor a presente:

> Tratando-se de demandante casado, será necessário a prova da outorga uxória, exceto no regime da separação absoluta (art. 73, CPC), valendo o mesmo para a situação de união estável comprovada nos autos (art. 73, § 3º, CPC).

AÇÃO DE OPOSIÇÃO

Em face de MAURÍCIO MANHÃES, brasileiro, solteiro, profissional liberal, domiciliado e residente na Rua do Vilarejo, nº 78, apartamento nº 605, Glória, Cep: 45.789.-123, na cidade do Rio de Janeiro – RJ, portador da identidade nº 12578966-8, emitida pelo Detran/RJ, regularmente inscrito no CPF sob o nº

A legitimidade passiva é do autor e do réu da demanda primitiva, formando-se um litisconsórcio necessário passivo ulterior (art. 682, *in fine*, CPC). Ademais, temos um litisconsórcio comum/ simples, diante da possibilidade de decisões diversas. Prova disto é que, se um dos opostos reconhecer a procedência do pedido formulado pelo opoente, a oposição prosseguirá em face do outro oposto (art. 684, CPC).

078.254.445-78, com endereço mauricio.manhaes@internet.com.br; e TADEU TEMMER, brasileiro, casado, advogado, domiciliado e residente na Rua Ministro Hartmann, nº 210, Centro, Cep: 44.111-880, na cidade do Rio de Janeiro – RJ, portador da identidade nº 65412577-5, emitida pelo Detran/ RJ, regularmente inscrito no CPF sob o nº 458.874.111-45, com endereço eletrônico tadeutemmer@internet.com.br, que, entre si contendem, nos autos da AÇÃO DE REIVINDICAÇÃO promovida pelo primeiro em face do segundo, processo de nº 00005556-78.2015.8.19.0001, perante este mesmo Juízo, pelos fatos e fundamentos seguintes.

I. Fatos e fundamentos jurídicos do pedido.

Controvertem os opostos sobre o domínio do imóvel situado na Rua das Macaxeiras, nº 15, salas 1 a 3, Riachuelo, Rio de Janeiro/RJ, Cep: 20.050-015, avaliado em R$ 100.000,00 (cem mil reais), atualmente na posse do segundo réu, TADEU TEMMER. Na demanda originária, os opostos discutem a titularidade do domínio, conforme respectivos contratos de compra e venda que os supostamente imputam como proprietários, assinados pelo alienante JOSÉ EDUARDO PANOEIRO DA PAZ.

Ocorre que o referido alienante nunca se incluiu como titular da propriedade do imóvel disputado, algo demonstrado pelo anexo documento comprobatório oficial, extraído junto ao respectivo Registro Geral de Imóveis desta cidade, que outorga a titularidade à ALINE ATILA, justamente a genitora do ora autor, já falecida, deixando-o como único herdeiro, conforme sentença definitiva oriunda do processo de inventário nº 2013.001.456789213-45, que tramitou perante a 2ª Vara de Órfãos e Sucessões do do Rio de Janeiro/RJ, cujas principais peças seguem em cópias reprográficas acostadas à presente inicial.

Não há necessidade de que as procurações aos advogados dos opostos lhes outorguem poderes específicos para receber citação (art. 105, *in fine*, CPC), uma vez que o formato de comunicação processual decorre da lei. Há regra especial para o caso de o réu da demanda original ser revel e estar sem advogado constituído nos autos (art. 239, CPC).

II. Pedido(s).

Ante o exposto, vem requerer a V.Exa. se digne, respeitosamente, de determinar a distribuição por dependência da presente ação de oposição à demanda reivindicatória originária (art. 683, par. único e art. 286, par. único, CPC), com o apensamento dos autos (art. 685, CPC), realizando-se a citação dos opostos, na pessoa de seus respectivos advogados, para contestar o pedido no prazo comum de 15 (quinze) dias.

A oposição reflete questão prejudicial, pois se a coisa ou direito é do terceiro, então não será nem do autor, nem do réu originário. Por este motivo, aliás, é que a oposição será julgada de forma precedente à demanda originária (art. 686, CPC).

Requer, ao final, seja julgada procedente o pedido para fins de reconhecer a propriedade do imóvel em tela em nome do opoente, condenando os opostos nas despesas processuais antecipadas (art. 82, par. 2º, CPC) e em honorários advocatícios sobre o valor da condenação (art. 85, CPC), solidariamente (art. 87, par. 2º, CPC).

Petições Cíveis: Procedimentos Especiais de Jurisdição Contenciosa e Voluntária ■ **95**

As eventuais intimações do patrono do demandante deverão ser realizadas em nome da sociedade de advogados que integra, que é a Sampaio & Lacombe Advogados Associados, cujo endereço é à Rua do Rosário, nº 88, Centro, Cep: 33.142-176, na cidade do Rio de Janeiro – RJ (art. 106 c/c art. 272, par. 1º, CPC). Aliás, desde logo se requer que eventual verba honorária sucumbencial também seja a ela destinada (art. 85, par. 11º, CPC).

Protesta o autor pela produção de todas as provas legais, como moralmente legítimas, para provar a verdade dos fatos articulados (art. 319, inc. VI, CPC).

Dá a presente causa o valor de R$ 100.000,00 (cem mil reais), conforme ditames legais (art. 292, inc. IV, CPC).

Termos em que

Pede e espera deferimento.

Local e data.

Nome e assinatura do advogado(a)

3.6. Ação Monitória

Peça vinculada ao caso concreto: Não.

Finalidade: Petição inicial utilizada pelo credor/demandante, valendo-se de procedimento especial do processo de conhecimento, para exigir o pagamento de quantia pecuniária, entrega de coisa, bem como o adimplemento de obrigação de fazer ou não fazer, com base em prova escrita sem eficácia de título executivo. Cuida-se de rito concentrado que acelera a formação do título executivo judicial, suprimidos determinados atos que compõem o procedimento comum, diante da evidência do direito do autor revelada por prova documental.

Dispositivo(s): art. 700 (requisitos), art. 701 (procedimento), art. 702 (embargos monitórios), CPC.

Importante:

1) Sobre o **objeto**, a nova lei processual inclui a possibilidade de a ação monitória trazer pretensão que envolva a entrega de coisa infungível, incluindo imóvel (art. 700, II, CPC), além do cumprimento de obrigação de fazer ou não fazer (art. 700, III, CPC), o que não se permitia no regime pretérito (art. 1.102-A, CPC/1973).

2) Quanto ao **requisito documental**, são exemplos de "prova escrita sem eficácia de título executivo" apta a aparelhar a ação monitória: a) documento assinado pelo devedor que não está subscrito por testemunhas (não preenchido o requisito do art. 784, III, CPC); b) compra e venda representada por notas fiscais; c) contrato de serviços educacionais acompanhado do demonstrativo de débitos (STJ – REsp 296.044/MG, 4ª Turma, *DJ* 20/02/2001); d) contrato de abertura de conta-corrente, acompanhado de demonstrativo de débitos (Verbete Sumular nº 247, STJ); entre outros.

3) Na configuração da "prova escrita", requisito da ação monitória, passa a ser admitida a utilização de **prova oral documentada**, produzida antecipadamente (art. 700, par. 1º, c/c art. 381, CPC), ou mesmo em decorrência do empréstimo probatório (art. 372, CPC).

4) Na hipótese de controvérsia sobre a idoneidade da prova documental que lastreia a ação monitória, caberá ao juiz não indeferir a petição inicial de pronto, mas intimar o autor para, querendo, emendar a petição inicial, **adaptando-a ao procedimento comum** (art. 700, par. 5º, CPC).

5) Ainda que detenha prova escrita sem eficácia de título executivo, há verdadeira **opção procedimental** na hipótese, podendo o credor se valer do rito monitório ou do rito comum (STJ – REsp 993.535/PR, 3ª Turma, *DJ* 06/04/2010). A principal vantagem da ação monitória é que se o réu, citado, não apresentar embargos monitórios, será o caso de imediata conversão do mandado inicial em mandado executivo, constituindo-se de pleno direito o título executivo judicial favorável ao autor, algo que independe, em tese, de requerimento do autor (art. 701, par. 2º, CPC). Nesse sentido, já se decidiu que: "*1. O procedimento monitório tem natureza peculiar, não se confundindo com mero procedimento de ação de conhecimento, porque não há dilação probatória nem se destina à produção de uma sentença de mérito. 2. A inércia do devedor no procedimento monitório tem por consequência limitar a atividade jurisdicional, convertendo-se o mandado monitório em mandado executivo ope legis, diferentemente da revelia, que tem efeitos restritos à distribuição do ônus probatório. 3. O despacho proferido em procedimento monitório que converte o mandado inicial em mandado executivo não detém natureza jurídica de sentença, tampouco é dotado de conteúdo decisório, não sendo passível de oposição de embargos de declaração. 4. A análise de matérias de mérito, ainda que conhecíveis de ofício, é obstada nas hipóteses de inércia do devedor no procedimento monitório. Isso porque a ausência de abertura do processo de conhecimento impossibilita a produção de contraprovas pelo autor monitório, essenciais ao exercício do direito fundamental de defesa, inviabilizando o aprofundamento do conhecimento da causa pelo Poder Judiciário*" (STJ – REsp 1.432.982/ES, 3ª Turma, *DJ* 17/11/2015). Diversamente se dá no rito comum, onde a revelia do réu implica em mera presunção relativa de veracidade daquilo que foi afirmado na inicial, sujeita ao convencimento do juiz (art. 344, CPC). Outra vantagem do rito monitório é a ausência da audiência preliminar de conciliação ou de mediação (art. 334, CPC), o que acelera a tramitação. A desvantagem do rito monitório, porém, pode ser vislumbrada na isenção do pagamento das custas judiciais e na aplicação de um percentual de 5%, apenas, de verba honorária, caso o réu cumpra o mandado de pagamento no prazo legal (art. 701, *in fine*, e par. 1º, CPC), algo que pode ser visto como prejudicial caso o réu detenha alto poder financeiro.

6) Outra **faculdade do credor** é se valer do procedimento monitório ainda que detenha um título executivo extrajudicial, não se impedindo o ajuizamento de ação de conhecimento (art. 785, CPC).

7) Uma alusão possível, embora inoportuna para fins de recuperação financeira imediata, é sobre a chancela de **moratória legal** ao réu (art. 701, par. 5º, CPC), o que se traduz num direito subjetivo seu ao parcelamento da dívida, nos termos da lei (art. 916, CPC). Nesse último caso, não haverá isenção das custas judiciais e a verba honorária deverá ser fixada no patamar geral, preferencialmente em 10% (dez por cento), sobre o valor da causa.

8) A nova lei processual expressou a admissibilidade de **ação monitória em face da Fazenda Pública** (art. 700, par. 6º, CPC), positivando o Verbete Sumular nº 339, STJ. Nesse caso, se não apresentados embargos monitórios pelo ente público, a constituição de pleno direito do título executivo judicial somente se dará após ser aplicada a prerrogativa processual da remessa necessária (art. 701, par. 4º c/c art. 496, CPC).

Verbete(s): Súmula nº 247, STJ: *"O contrato de abertura de crédito em conta-corrente, acompanhado de demonstrativo do débito, constitui documento hábil para o ajuizamento da ação monitória"*; **Súmula nº 282, STJ:** *"Cabe a citação por edital em ação monitória"*; **Súmula nº 292, STJ:** *"A reconvenção é cabível na ação monitória, após a conversão do procedimento em ordinário"*; **Súmula nº 299, STJ:** *"É admissível a ação monitória em cheque prescrito"*; **Súmula nº 339, STJ:** *"É cabível ação monitória contra a Fazenda Pública"*; **Súmula nº 384, STJ:** *"Cabe ação monitória para haver o saldo remanescente de venda extrajudicial de bem alienado fiduciariamente em garantia"*; **Súmula nº 503, STJ:** *"O prazo para ajuizamento de ação monitória em face do emitente de cheque sem força executiva é quinquenal, a contar do dia seguinte à data de emissão estampada na cártula"*; **Súmula nº 504, STJ:** *"O prazo para ajuizamento de ação monitória em face do emitente de nota promissória em força executiva é quinquenal, a contar do dia seguinte ao vencimento do título"*; **Súmula nº 531, STJ:** *"Em ação monitória fundada em cheque prescrito ajuizada contra o emitente, é dispensável a menção ao negócio jurídico subjacente à emissão da cártula"*.

Modelo

COLENDO JUÍZO DA _ VARA CÍVEL DA COMARCA DO RIO DE JANEIRO – RJ

PROC. Nº____

ALAN ANTONELLI, brasileiro, divorciado, comerciante, domiciliado e residente na Rua da Cachoeira, nº 100, Copacabana, Cep: 33.122-101, na cidade do Rio de Janeiro – RJ, portador da identidade nº 01256344-9, emitida pelo Detran/RJ, regularmente inscrito no CPF sob nº 088.744.156.-56, com endereço eletrônico alanantonelli@internet. com.br, vem, por meio do seu advogado regularmente constituído que esta subscreve, conforme instrumento de procuração anexo (art. 287, CPC), respeitosamente, propor a presente:

AÇÃO MONITÓRIA

Em face de LOUIS LINCOLN, brasileiro, solteiro, comerciante, domiciliado e residente na Rua Venceslau Monteiro, nº 11, apartamento nº 702, Glória, Cep: 15.526-156, na cidade do Rio de Janeiro – RJ, portador da identidade nº 36688878-8, emitida pelo Detran/RJ, regularmente inscrito no CPF sob o nº 087548663-56, desconhecido o seu endereço eletrônico (art. 319, §§ 1º a 3º, CPC), pelos fatos e fundamentos seguintes.

I. Fatos e fundamentos jurídicos do pedido.

O autor é credor da importância de R$ 10.000,00 (dez mil reais), extraída do somatório de 2 (dois) cheques emitidos pelo réu. Embora seja dispensável a menção ao negócio jurídico subjacente à emissão da cártula (Verbete Sumular nº 531, STJ), tais títulos de crédito são oriundos de compra e venda de mercadorias entre as partes.

Os referidos cheques, devidamente colacionados à inicial, ambos de R$ 5.000,00 (cinco mil reais), de nºs 15678-4 e 15679-4, do Banco Nasser, datados de 10/06/2018 e 10/07/2018, respectivamente, não puderam ser compensados diante da falta de provisão de fundos suficientes para quitar o débito.

As tentativas extrajudiciais de resolver a pendência restaram infrutíferas, tornando necessária a adoção da via judicial. Uma vez decorrido o lapso temporal que implica na perda da eficácia executiva dos títulos que embasam a presente postulação (art. 59, Lei nº 7.357/85), chancela-se ao credor a faculdade de se valer do procedimento monitório (Verbete nº 299 da Súmula do STJ), inclusive porque observado o prazo quinquenal contado do dia seguinte à data de emissão estampada na cártula (Verbete nº 503 da Súmula do STJ). Declara o autor que o crédito atualizado até a presente data soma R$ 12.500,00 (doze mil e quinhentos reais), conforme demonstrativo de cálculo anexo (arts. 700, § 2º, CPC).

II. Pedido(s).

Ante o exposto, vem requerer a V.Ex.a se digne, respeitosamente, de determinar a expedição do mandado de pagamento, realizando-se a citação do réu pelos correios, através de aviso de recebimento (art. 700, § 7º, CPC), com a concessão do prazo de 15 (quinze) dias para o cumprimento, incluído o adimplemento dos honorários advocatícios no percentual de 5% (cinco por cento) do valor da causa, patamar provisório fixado pela lei para o caso de cumprimento do mandado (art. 701, CPC), sob pena de,

---

É indispensável juntar documento que constitua prova escrita sem eficácia de título executivo, havendo precedente jurisdicional de que o e-mail eletrônico pode fundamentar a pretensão monitória, desde que o juízo se convença da verossimilhança das alegações e da idoneidade das declarações, possibilitando ao réu impugná-lo (STJ – REsp 1.381.603/MS, 4ª Turma, DJ 06/10/2016).

No viés do processo eletrônico, junta-se ao processo o título digitalizado, tendo este a mesma força probante do original, ressalvada a alegação motivada e fundamentada de adulteração (art. 11, § 1º, Lei nº 11.419/2006).

A expedição do mandado monitório revela o juízo positivo inicial sobre a evidência do direito autoral, cuja decisão não se sujeita ao prévio contraditório (art. 9º, par. único, III, CPC), o que só se desenvolverá após a citação do réu, caso este último queira se defender, mediante a apresentação de embargos monitórios.

não o fazendo, ser constituído de pleno direito o título executivo judicial favorável ao autor (arts 701, § 2º, CPC).

O mandado de pagamento deve trazer advertência ao réu que a apresentação de má-fé de embargos monitórios configura atuação reprovável, sujeita à multa de até 10% (dez por cento) do valor da causa, em favor do autor, o que desde já se requer (art. 702, § 11, CPC).

Ainda, havendo apresentação de defesa parcial, vem o autor, desde já, requerer sejam os embargos monitórios autuados em apenso, constituindo-se de pleno direito o título executivo judicial quanto à parte incontroversa (art. 702, § 7º, CPC).

Requer, também, a condenação do réu nas despesas processuais antecipadas (art. 82, § 2º, CPC) e em honorários advocatícios sobre o valor da condenação (art. 85, CPC).

As eventuais intimações do patrono do demandante deverão ser realizadas em nome da sociedade de advogados que integra, que é a Sampaio & Lacombe Advogados Associados, com endereço à Rua do Rosário, nº 88, Centro, Cep: 33.142-176, na cidade do Rio de Janeiro – RJ (art. 106 c/c art. 272, § 1º, CPC). Aliás, desde logo se requer que eventual verba honorária sucumbencial também seja a ela destinada (art. 85, § 11, CPC).

Protesta o autor pela produção de todas as provas legais, como moralmente legítimas, para provar a verdade dos fatos articulados (art. 319, inc. VI, CPC).

Dá à causa o valor de R$ 12.500,00 (doze mil e quinhentos reais), em atenção à determinação legal (art. 700, § 3º, CPC).

Termos em que

Pede e espera deferimento.

Local e data.

Nome e assinatura do advogado(a)

> Diversamente do regime anterior (art. 1.102-C, § 1º, CPC/73), o pagamento imediato pelo devedor implica apenas na isenção de custas judiciais, sendo ressalvado o recebimento da verba honorária pelo advogado, no percentual provisório de 5% (cinco por cento). É importante destacar que, se o réu apresentar embargos monitórios, deverá o juiz, numa eventual sentença de procedência, incluir condenação no patamar geral entre 10% (dez por cento) e 20% (vinte por cento), nos termos da legislação (art. 85, § 2º, CPC).

> Tal menção é conveniente em formato inibidor da apresentação de defesa protelatória pelo demandado.

> Tal requerimento favorece a rotina prática, uma vez que a parcela incontroversa já será objeto de execução, ao passo que a discussão da parte controvertida permanecerá observando regramento próprio a processo de conhecimento.

3.7. Embargos Monitórios

Peça vinculada ao caso concreto: Não.

Finalidade: Petição defensiva utilizada pelo demandado/devedor contra o pedido monitório. Cabe ao devedor a iniciativa do contraditório, quando assumirá o procedimento a forma completa de cognição, aplicando-se as disposições do rito comum (art. 318, parágrafo único, CPC).

Dispositivo(s): art. 702, CPC.

100 ▪ *Petições e Prática Cível*

Importante:

1) Em **diferenciação**, não se deve confundir os embargos monitórios com os **embargos à execução**, constituindo estes últimos a defesa na execução por título extrajudicial. Segundo entendimento doutrinário majoritário, os embargos monitórios não ensejam a criação de uma nova relação processual e não são, em regra, processados em apenso, diferentemente do que ocorre com o outro modelo (art. 914, par. 1º, CPC).

2) Se preferir, poderá o réu requerer a chancela da **moratória (parcelamento) legal** em vez de oferecer embargos, caso em que estará a reconhecer a existência da dívida (art. 701, par. 5º, e art. 916, CPC). Cuida-se, portanto, de um "direito subjetivo ao parcelamento", nos moldes legais.

Verbete(s): Súmula nº 292, STJ: *"A reconvenção é cabível na ação monitória, após a conversão do procedimento em ordinário".*

Modelo

Os embargos monitórios são apresentados nos mesmos autos, tal qual uma "contestação", somente sendo autuados em apartado se o juiz entendê-los como parciais, constituindo-se de pleno direito o título executivo judicial em relação à parte incontroversa (art. 702, § 7º, CPC).

Não é necessária a requalificação do réu/embargante, exceto para incluir ou corrigir algum dado, como o e-mail ou o endereço. A correção do endereço pode ser desejável para o recebimento de futuras intimações (art. 274, parágrafo único e art. 771, parágrafo único, CPC).

COLENDO JUÍZO DA 1ᴬ VARA CÍVEL DA COMARCA DO RIO DE JANEIRO – RJ

PROC. Nº 2016.001.156789777-48

LOUIS LINCOLN, com endereço eletrônico Louis.lincoln@internet. com.br, já qualificado nos autos em epígrafe, da AÇÃO MONITÓRIA que lhe move ALAN ANTONELLI, por meio de seu advogado regularmente constituído, que esta subscreve, conforme instrumento de procuração anexo (art. 287, CPC), vem, nos próprios autos, respeitosamente, apresentar:

EMBARGOS MONITÓRIOS

pelos fatos e fundamentos seguintes, sendo conveniente destacar desde logo a desnecessidade de garantia do juízo para o seu processamento (art. 702, CPC).

I. Fatos e fundamentos jurídicos do pedido.

O autor/embargado reclama o pagamento de cheque prescrito emitido pelo réu/embargante, dado como pagamento por supostos serviços prestados pelo primeiro ao segundo. Na verdade, não subsiste a dívida reclamada, muito menos no valor indicado na petição inicial, como doravante será sobejamente demonstrado.

Com efeito, a pretensão autoral deve ser rechaçada sob o fundamento de que as mercadorias contratadas nunca foram entregues ao réu/embargante, não constando nos autos nenhum comprovante deste fato.

Ademais, se utopicamente fosse reconhecido como legítimo o crédito, ainda assim haveria incorreção quanto ao quantitativo cobrado pelo autor/embargado, já que utilizada planilha de cálculo que não indica o índice de correção monetária utilizado, nem a taxa de juros aplicada, violando, desta maneira, norma processual que deve ser aplicada por analogia (art. 798, parágrafo único, CPC). No máximo, e somente por suposição, o referido crédito somente poderia chegar ao montante de R$ 11.000,00 (onze mil reais), conforme anexa memória discriminada e atualizada.

II. Requerimento(s).

Ante o exposto, vem requerer a V.Ex.a se digne, respeitosamente, de receber os presentes embargos monitórios, determinando a suspensão da eficácia do mandado inicial (art. 702, § 4º, CPC), bem como a intimação do autor/embargado, na pessoa de seu procurador, para respondê-los no prazo de 15 (quinze) dias (art. 70, § 5º, CPC).

Requer, ao final, que os argumentos defensivos sejam acolhidos, importando no julgamento de improcedência do pleito autoral, com a condenação do autor/embargado nas verbas sucumbenciais (arts. 82, § 2º; e 85, CPC), bem como ao pagamento de multa de 10% (dez por cento), pela proposição de má-fé da ação monitória (art. 702, § 10, CPC), ambas em favor do réu/embargado.

Protesta o embargante/réu pela produção de todas as provas legais, como moralmente legítimas, para provar a verdade dos fatos articulados (art. 336, CPC).

Por fim, requer que as eventuais intimações do patrono do demandado sejam realizadas em nome da sociedade de advogados que integra, Tevez & Torres Advogados Associados, com endereço na Rua da Macaxeira, nº 2, Centro, Cep: 33.145-886, na cidade do Rio de Janeiro – RJ (art. 106 c/c art. 272, § 1º, CPC). Aliás, desde logo se requer que eventual verba honorária sucumbencial também seja a ela destinada (art. 85, § 11, CPC).

Termos em que

Pede e espera deferimento.

Local e data.

Nome e assinatura do advogado(a)

> Os embargos monitórios podem se fundar em matéria passível de alegação como defesa no procedimento comum (art. 702, § 1º, CPC). Inclusive, pode-se alegar a prescrição civilista, sendo o caso (Verbete Sumular nº 503, STJ).

> Note-se que não há obstáculo para a cumulação de defesas – pelo contrário, tal formato atende a regra de eventualidade da defesa (art. 336, CPC) –, inexistindo antagonismo na hipótese. Mas se o autor pleiteia quantia superior à devida, deverá o réu declinar de imediato o valor que entende correto, apresentando cálculo atual da dívida (art. 702, § 2º, CPC), sob pena de rejeição dos embargos monitórios, caso este seja o único argumento, ou de sua negação, caso haja outro fundamento (art. 702, § 3º, CPC).

> Se forem rejeitados os embargos monitórios, a eventual apelação do réu/embargante será recebida no efeito suspensivo (art. 1.012, *caput*, CPC), negando-se aplicação à normatividade referente aos embargos do executado (art. 1.012, par. 1º, III, CPC): STJ – REsp 207.728/SP, 3ª Turma, *DJ* 17/05/2001. Em sentido contrário, CJF, nº 134 (II Jornada de Direito Processual Civil): "*A apelação contra a sentença que julga improcedentes os embargos ao mandado monitório não é dotada de efeito suspensivo automático (art. 702, par. 4º, e 1.012, par. 1º, V, CPC)*".

3.8. Ação de Usucapião (em Procedimento Comum)

Peça vinculada ao caso concreto: Não.

Finalidade: Petição inicial que visa a obter a declaração da propriedade imobiliária ou mobiliária, ou de outro direito real. A legislação civilista tratou do instituto no feminino, expressando "*da usucapião*", ao tratar da aquisição da propriedade imóvel (art. 1.238 – art. 1.244, CC) e móvel (art. 1.260 – art. 1.262, CC). Usucapião é termo oriundo do latim *usu capere*, cuja tradução significa "tomar a coisa pelo uso". Reflete a aquisição não negocial da propriedade ou de outro direito real pela posse prolongada, uma vez preenchidos os seus requisitos legais, dentre eles, em geral, a posse e o tempo. Assim, tal demanda judicial é utilizada para o aperfeiçoamento da usucapião, qualquer que seja sua espécie, sendo requisitos: a) a existência de posse qualificada pelo *animus domini*, ou seja, o propósito do usucapiente de possuir a coisa como se esta lhe pertencesse (posse *ad usucapionem*); b) a continuidade desta pelo lapso temporal legal (posse contínua e duradoura), sendo permitida, inclusive, a união de posses (art. 1.243, CC); c) a ausência de oposição judicial por parte de quem pretende retomá-la (posse mansa e pacífica da coisa). Finalmente, esta demanda somente recai sobre bens de particulares, pois os públicos são impenhoráveis e, diante disso, vigora a impossibilidade de usucapião (art. 183, § 3º e art. 191, parágrafo único, CRFB; art. 102, CC c/c Verbete Sumular nº 340, STF).

Dispositivo(s): art. 246, § 3º (citação) e art. 259, inc. I, CPC (edital).

Importante:

1) Promove-se a **exclusão do procedimento especial** da ação de usucapião (art. 941 – art. 945, CPC/1973), de modo que tal postulação seguirá, doravante, o rito comum (art. 318, CPC). Diga-se que as disposições revogadas aplicar-se-ão às ações propostas e não sentenciadas até o início da vigência do novo Código (art. 1.046, par. 1º, CPC).

2) A usucapião constitui um benfazejo instrumento de realização da função social da propriedade, prestigiando aquele que confere uma destinação socialmente adequada ao bem, e punindo a desídia do proprietário registral. É enquadrada como uma **prescrição aquisitiva**, por envolver decurso de prazo temporal, sendo inclusive aplicáveis as causas impeditivas, interruptivas ou suspensivas da prescrição (art. 1.244, CC). Vale dizer que o tempo da posse praticada exigido irá variar para as espécies de usucapião, conforme listagem que segue: a) usucapião ordinária (art. 1.242, *caput* e par. único e art. 1.260, CC); b) usucapião extraordinária (art. 1.238, *caput* e par. único e art. 1.261, CC); c) usucapião na situação de abandono de lar (art. 1.240-A, CC); d) usucapião especial ou constitucional rural (art. 191, CRFB c/c art. 1.239, CC c/c art. 1º, Lei nº 6.969/1981); e) usucapião especial ou constitucional urbana (art. 183, CRFB c/c art. 1.240, CC c/c art. 9º, Lei nº 10.257/2001); f) usucapião coletivo (art. 10, Lei nº 10.257/2001).

3) Afirma-se a existência de um **litisconsórcio passivo necessário** incluindo o proprietário registral (*v.g.*, no caso de imóvel, veículo) e os proprietários dos imóveis confrontantes (confinantes) com a área usucapienda, exceto quando tiver por objeto unidade autônoma de prédio em condomínio, caso em que tal figuração, e a própria citação dos vizinhos, restará dispensada (art. 246, par. 3º, CPC).

Em se tratando de bem não registrado, dever-se-á citar aquele que tem algum título de propriedade; desconhecido este, a citação será feita por edital. Finalmente, se o proprietário registral for casado, também deverá figurar no polo passivo o seu cônjuge (art. 73, par. 1º, I, CPC), o que vale para a união estável comprovada nos autos (art. 73, par. 3º, CPC).

4) Seguindo a tendência de "desjudicialização", ou seja, de desafogo do Judiciário (*v.g.,* arts. 571; 610, § 1º e 733, CPC), foi inserida na Lei de Registros Públicos a figura da **usucapião extrajudicial ou administrativa**, efetuada diretamente perante o cartório do registro de imóveis da comarca onde situado o imóvel (art. 1.071, CPC, incluindo o art. 216-A, Lei nº 6.015/73, com as alterações e inclusões do art. 7º, Lei nº 13.645/2017). Em ultima *ratio*, constitui-se numa verdadeira ferramenta de fomento à função social da propriedade (art. 5º, XXIII, CRFB). Em respeito à garantia constitucional da proteção judiciária (art. 5º, XXXV, CRFB), ainda que rejeitado o pedido extrajudicial, não se nega posterior ajuizamento de demanda judicial com pleito de reconhecimento de usucapião (art. 216-A, § 9º, Lei nº 6.015/73). Aliás, a legislação ressalta que a usucapião extrajudicial sequer é considerada via preliminar obrigatória à judicial (art. 216-A, *caput*, Lei nº 6.015/1973), o que já foi afirmado pela Corte Superior: "*O interesse jurídico no ajuizamento direto de ação de usucapião independe de prévio pedido na via extrajudicial*" (STJ – REsp 1.824.133/RJ, 3ª Turma, *DJ* 11/02/2020). A usucapião em cartório tem como requisito fundamental a ausência de litigiosidade (art. 216-A, § 6º, Lei nº 6.015/1973), afinal a eventual impugnação apresentada importa na necessária judicialização da questão (art. 216-A, § 10, Lei nº 6.015/1973). Sobre a documentação exigida, anote-se o Provimento nº 65, de 14/12/2017, CNJ, estabelecendo diretrizes para o procedimento da usucapião extrajudicial nos serviços notariais e de registro de imóveis; bem como o Provimento nº 23/2016, CGJ, TJ-RJ, em regulamentação da usucapião extrajudicial nos Serviços Notariais e de Registro de Imóveis do Rio de Janeiro.

Verbete(s): Súmula nº 237, STF: "*O usucapião pode ser arguido em defesa*"; **Súmula nº 263, STF:** "*O possuidor deve ser citado pessoalmente para a ação de usucapião*"; **Súmula nº 340, STF:** "*Desde a vigência do Código Civil, os bens dominicais, como os demais bens públicos, não podem ser adquiridos por usucapião*"; **Súmula nº 391, STF:** "*O confinante certo deve ser citado, pessoalmente, para a ação de usucapião*"; **Súmula nº 11, STJ:** "*A presença da União ou de qualquer de seus entes, na ação de usucapião especial, não afasta a competência do foro da situação do imóvel*".

Modelo

COLENDO JUÍZO DA _ VARA CÍVEL DA COMARCA DO RIO DE JANEIRO – RJ

PROC. Nº____

HERCULANO HEINZEMBERG, brasileiro, solteiro, pedreiro, domiciliado e residente na Rua Douglas Ferreira, nº 87, apto. 101,

> A competência é a do foro da situação do imóvel (art. 47, CPC c/c art. 4º, Lei nº 6.969/81 c/c Verbete Sumular nº 11, STJ), ou, em se tratando de móvel, a do domicílio do réu (art. 46, CPC). Cabe verificar, ainda, se na Lei estadual de Organização Judiciária há Juízo Especializado de Registros Públicos, pois, do contrário, o processo será instaurado em Vara Cível ou Vara Única, conforme o caso.

Não se pode deixar de incluir o litisconsorte passivo quando necessário (*vide* art. 246, par. 3º, CPC). Apesar disso, há precedente de que a falta de citação de confrontante enseja "nulidade relativa" somente se constatado "efetivo prejuízo"; afinal o verdadeiro intento de sua citação é bem diverso daquele dos titulares do domínio, sendo justamente o de delimitar a área usucapienda, para evitar, assim, uma eventual invasão indevida dos terrenos vizinhos (STJ – REsp 1.432.579/ MG, 4ª Turma, *DJ* 24/10/2017).

Deve-se descrever as características e confrontações do bem que se pretende usucapir, porquanto a decisão final ficará sujeita a compor/alterar registro público, interferindo na esfera de terceiros (art. 176, § 1º, inc. II, "3" e art. 225 – art. 226, Lei nº 6.015/73). Não se vê indispensável que a planta do imóvel tenha sido detalhada por profissional habilitado, quanto mais se a parte autora for hipossuficiente, sendo admissível, em geral, a juntada de um *croqui* ou *croquis* (esboço ou rascunho, sem grande precisão) da propriedade, desde que o documento se mostre capaz de identificar o bem e suas confrontações.

Centro, Rio de Janeiro/RJ, Cep: 21.112-080, portador da identidade nº 45612378-9, emitida pelo Detran/RJ, regularmente inscrito no CPF sob o nº 985.257.444-48, com endereço eletrônico herculano.heinzemberg@ internet.com.br, vem, por meio de seu advogado regularmente constituído que esta subscreve, conforme instrumento de procuração anexo (art. 287, CPC), respeitosamente, instaurar a presente:

AÇÃO DE USUCAPIÃO EM PROCEDIMENTO COMUM

Em face do proprietário registral, NILMAR NORONHA, brasileiro, solteiro, profissional liberal, domiciliado e residente na Rua Vogue, nº 11, apartamento nº 402, Glória, Cep: 12.189-113, na cidade do Rio de Janeiro – RJ, portador da identidade nº 12578944-1, emitida pelo Detran/RJ, regularmente inscrito no CPF sob o nº 456.122.998-63, desconhecido o seu endereço eletrônico (art. 319, §§ 1º a 3º, CPC), pelos fatos e fundamentos seguintes.

I. Fatos e fundamentos jurídicos do pedido.

O autor reside, com plena posse, de forma mansa e pacífica, por mais de 15 (quinze) anos e desde 07/07/2000, no apartamento nº 101, da Rua Douglas Ferreira, nº 87, Centro, Rio de Janeiro/RJ, Cep: 21.112-080, avaliado em R$ 200.000,00 (duzentos mil reais), unidade autônoma de prédio em condomínio, conforme planta do imóvel que segue anexa à presente.

A posse foi obtida em razão de o imóvel estar abandonado, vazio e desocupado, sendo certo que, desde então, o autor passou a possuir o bem como se este lhe pertencesse, inclusive pagando os impostos e despesas relacionadas ao mesmo (documentos anexos), inexistindo qualquer oposição judicial.

Em se tratando de usucapião extraordinário, vê-se irrelevante a presença de justo título e boa-fé, bastando a demonstração do decurso do prazo da prescrição aquisitiva, que no caso é de 15 (quinze) anos (art. 1.238, CC), o que, escorado na função social da propriedade, legitima a aquisição do imóvel por usucapião, declarando-se a prescrição aquisitiva da propriedade, com data retroativa.

II. Pedido(s).

Ante o exposto, vem requerer a V.Ex.a se digne, respeitosamente, de determinar a citação do demandado, proprietário do bem usucapiendo (art. 246, § 3º, CPC), além da publicação de edital para ciência de eventuais interessados (art. 259, inc. I, CPC).

Requer, ao final, seja julgado procedente o pleito para declarar a propriedade imóvel, na modalidade extraordinária, com data retroativa ao início da posse do autor, de modo que tal título possa ser levado ao respectivo registro (art. 1.241, parágrafo único, CC c/c art. 167, inc. I, "28", Lei nº 6.015/73), condenando o requerido nas despesas processuais antecipadas (art. 82, § 2º, CPC) e em honorários advocatícios (art. 85, CPC).

Requer, ainda, a intimação da União, do Estado e do Município, para que manifestem se têm interesse na causa; bem como do Ministério Público para, querendo, intervir como fiscal da ordem jurídica, diante do interesse público evidenciado pela questão envolvendo alteração de registro geral (art. 178, inc. I, CPC).

As eventuais intimações do patrono do demandante deverão ser realizadas em nome da sociedade de advogados que integra, que é a Sampaio & Lacombe Advogados Associados, com endereço à Rua do Rosário, nº 88, Centro, Cep: 33.142-176, na cidade do Rio de Janeiro – RJ (art. 106 c/c art. 272, § 1º, CPC). Aliás, desde logo se requer que eventual verba honorária sucumbencial também seja a ela destinada (art. 85, § 11, CPC).

Protesta o autor pela produção de todas as provas legais, como moralmente legítimas, para provar a verdade dos fatos articulados (art. 319, VI, CPC), notadamente pela produção antecipada de prova, ata notarial, documentos físicos e eletrônicos, confissão, testemunhas, perícia, prova técnica simplificada, dentre outros.

Dá à presente causa o valor de R$ 200.000,00 (duzentos mil reais), em atenção aos ditames legais (art. 292, inc. IV, CPC).

Termos em que

Pede e espera deferimento.

Local e data.

Nome e assinatura do advogado(a)

> Se for o caso de inclusão dos confinantes no polo passivo da demanda (em outras palavras, quando não se tratar de usucapião de unidade autônoma de prédio em condomínio), deverá ser incluído o pleito de citação daqueles.

> Frise-se que há entendimento contrário à imposição de verba sucumbencial na ação de usucapião, em razão de se tratar, em verdade, de uma ação dirigida contra a "coletividade", considerando, ainda, o princípio da causalidade (STJ – RESP 10.151/RS, 3ª Turma, DJ 18/12/1991).

> É necessário comprovar os requisitos da usucapião, mormente a posse com *animus domini* pelo lapso temporal exigido, em especial através de prova documental (v.g., documento que comprova a aquisição de terreno, em demonstração do justo título da usucapião ordinária) e testemunhal, sendo o caso de já indicar as testemunhas e sua qualificação – embora seja possível apresentar tal rol depois (art. 357, § 3º, CPC). Também pode ser requerido o depoimento pessoal da parte adversa na tentativa de obtenção de sua confissão.

3.9. Requerimento de Falência

Peça vinculada ao caso concreto: Não.

Finalidade: O pedido de falência (etapa pré-falencial) visa à prolação da sentença declaratória de "quebra" do devedor, o que provoca a instauração do processo de execução coletiva/concursal, com o rateio/divisão paritária dos bens arrecadados (*par conditio creditorum*). Embora se afirme em contrário, o requerimento de falência em razão da impontualidade do devedor é utilizado pelo credor, na prática, muito mais para receber o seu crédito (instrumento de cobrança do

106 ■ *Petições e Prática Cível*

devido) do que para ver declarada a falência daquele. Diga-se que o requerimento de falência é cabível em face de empresário ou sociedade empresária (art. 1º, Lei nº 11.101/2005), conforme definição legal (art. 966, CC).

Dispositivo(s): Lei nº 11.101/2005 (que revogou o Decreto-Lei nº 7.661/1945, com a ressalva do art. 192, Lei nº 11.101/2005).

Importante

1) Sobre as **causas de pedir**, além da (i) **impontualidade**, ou seja, do não pagamento da dívida no vencimento, que é o modelo da presente petição (art. 94, I, Lei nº 11.101/2005), cabe ressalvar que também se permite o requerimento de falência no caso de (ii) **execução frustrada**, ou seja, do *"executado por qualquer quantia líquida, não paga, não deposita e não nomeia à penhora bens suficientes dentro do prazo legal"* (art. 94, II, Lei nº 11.101/2005), o que deve ser instruído com certidão expedida pelo juízo em que se processa a execução (art. 94, par. 4º, Lei nº 11.101/2005). Na jurisprudência: *"Execução frustrada com cálculos homologados. Pedido de falência. Possibilidade. (...) 2. A empresa executada não pagou, não depositou e não nomeou à penhora bens suficientes à satisfação do crédito no processo executivo, o que preenche os requisitos legais para requerimento da quebra"* (STJ – AgRg no AREsp 314.476/DF, 4ª Turma, DJ 04/02/2016); *"2. É pressuposto do pedido de falência fundado na execução frustrada que a exordial venha acompanhada de certidão expedida pelo juízo no qual se processou a execução, conforme exigido pelo art. 94, par. 4º, da Lei de Falência, sendo necessário constar na referida certidão que o devedor não pagou, não depositou o montante da dívida e nem nomeou bens à penhora"* (TJ-RJ – 0134726-15.2014.8.19.0001, 14ª Câmara Cível, DJ 28/09/2015). Outra possibilidade é o requerimento de falência fundado na prática de (iii) **atos de falência** (art. 94, III, Lei nº 11.101/2005).

2) Em **diferenciação** ao regime falimentar ("insolvência empresarial"), aborde-se a chamada **insolvência civil**, que revela hipótese de execução coletiva/concursal de todo o patrimônio do *devedor civil*, satisfazendo suas obrigações, ao qual concorrem todos os credores quirografários (art. 762, CPC/1973). A nova legislação processual codificada mantém os ditames do CPC/1973, tanto para os processos novos quanto para os que venham a ser propostos, até a edição de lei específica (art. 1.052, CPC). Outra diferença é que a insolvência civil comporta uma etapa de conhecimento para apuração da insolvência econômica do devedor, enquanto na falência basta a impontualidade para a sua decretação (art. 94, I, Lei nº 11.101/2005).

3) Dentre os mais relevantes **efeitos da decretação de falência** cabe listar: *fixação do termo legal da falência*, que configura o lapso temporal anterior à decretação da quebra, fixado pelo juiz sem poder retrotraí-lo por mais de 90 dias do primeiro protesto por falta de pagamento, com a importância de configuração da ineficácia de determinados atos do falido perante a massa (art. 99, II, Lei nº 11.101/2005); *proibição da prática de qualquer ato de disposição ou oneração dos bens da falida*, exceto com prévia autorização judicial (art. 99, VI, Lei nº 11.101/2005); *nomeação de administrador judicial*, que terá várias atribuições, inclusive elaborar a relação de credores (arts. 22, I; e 99, IX, Lei nº 11.101/2005); *vencimento antecipado das dívidas do devedor e dos sócios ilimitada e solidariamente responsáveis*, com o abatimento proporcional dos juros (art. 77, Lei nº 11.101/2005); *suspensão do curso da prescrição e das execuções ajuizadas contra o devedor*, além da proibição de qualquer forma de constrição judicial ou extrajudicial sobre os bens do devedor, oriunda de demandas judiciais ou extrajudiciais cujos créditos ou obrigações sujeitem-se à falência (arts. 6º e 99, V, Lei nº 11.101/2005, com alteração promovida pela Lei nº 14.112/2020). O sentido é impedir que sigam em curso, concomitantemente, duas pretensões que objetivam a satisfação do mesmo crédito. Todavia, isso não vale para as ações que demandem quantia ilíquida, pois estas terão prosseguimento no respectivo juízo (art. 6º, § 1º, Lei nº 11.101/2005): "1. A decretação da falência, a despeito de instaurar o juízo universal falimentar, não acarreta a suspensão nem a atração das ações que demandam quantia ilíquida: se elas já tinham sido ajuizadas antes, continuam tramitando no juízo onde foram propostas; se forem ajuizadas depois, serão distribuídas normalmente segundo as regras gerais de competência. Em ambos os casos, as ações tramitarão no juízo respectivo até a eventual definição de crédito líquido" (STJ – AgRg no REsp 1.471.615/SP, 4ª Turma, DJ 16/09/2014).

4) Há **sistema recursal próprio** no processo falimentar, a determinar que da decisão que julga improcedente o pedido (decisão denegatória) cabe *recurso de apelação*, seja porque houve a elisão do pedido (requerido sucumbiu), ou pela pertinência das razões aduzidas na contestação (requerente sucumbiu). Por outro lado, da decisão que decreta a falência cabe *recurso de agravo de instrumento*, seja por impontualidade justificada, execução frustrada, convolação de recuperação judicial, dentre outras causas (art. 100, Lei nº 11.101/2005). Interposto o respectivo recurso junto ao tribunal, o agravante deverá comunicar o juízo falimentar para efetuar o juízo de retratação. No tribunal, o relator poderá dar efeito suspensivo ao recurso, havendo requerimento do agravante, o que importa na continuação da atividade empresarial. Finalmente, as decisões interlocutórias prolatada no processo de falência e de recuperação judicial se sujeitam ao recurso de agravo de instrumento, sendo possível a recorribilidade imediata (art. 189, II, Lei nº 11.101/2005, alterado pela Lei nº 14.112/2020). Aliás, o STJ havia firmado tal posição em sede de recurso especial repetitivo (STJ – REsp 1.712.213/MT, 2ª Seção, j. 03/12/2020). No mesmo sentido: CJF, nº 69 (I Jornada de Direito Processual Civil): "*A hipótese do art. 1.015, parágrafo único, do CPC abrange os processos concursais, de falência e de recuperação*".

5) No regime atual, não há qualquer dispositivo que determine a manifestação do **Ministério Público** em *estágio anterior* ao decreto de quebra nos pedidos de falência (STJ – REsp 1.094.500/DF, 3ª Turma, DJ 16/09/2010). Mencione-se o veto ao art. 4º, Lei nº 11.101/2005, que preconizava a intervenção obrigatória do *Parquet* nos processos de falência e recuperação judicial. Há hipóteses, porém, em que se exige expressamente a sua comunicação (*v.g.*, arts. 52, V; 99, XIII; 142, par. 7º; 154, par. 3º, Lei nº 11.101/2005).

Verbete(s): **Súmula nº 29, STJ:** "*No pagamento em juízo para elidir falência, são devidos correção monetária, juros e honorários de advogado*"; **Súmula nº 248, STJ:** "*Comprovada a prestação de serviços, a duplicata não aceita, mas protestada, é título hábil para instruir pedido de falência*"; **Súmula nº 361, STJ:** "*A notificação do protesto, para requerimento de falência da empresa devedora, exige a identificação da pessoa que a recebeu*"; **Súmula nº 581, STJ:** "*A recuperação judicial do devedor principal não impede o prosseguimento das ações e execuções ajuizadas contra terceiros devedores solidários ou coobrigados em geral, por garantia cambial, real ou fidejussória*".

6) Constou alteração legislativa nos processos de falência e de recuperação judicial (Lei nº 14.112/2020). Seguem alguns pontos relevantes, num panorama geral: (i) contagem de prazos em dias corridos (art. 189, § 1º, I, Lei nº 11.101/2005, alterado pela Lei nº 14.112/2020), em exceção ao art. 219, CPC – no que cabe a crítica de que isso confunde o operador, além do que, se a intenção era trazer celeridade, seria possível simplesmente diminuir alguns prazos; (ii) admissão expressa de desconsideração da personalidade jurídica, com observância do art. 50, CC (art. 82-A, Lei nº 11.101/2005, incluído pela Lei nº 14.112/2020); (iii) incentivo à conciliação e mediação (arts. 20-A; 20-B; 20-C; 20-D, Lei nº 11.101/2005, incluídos pela Lei nº 14.112/2020); (iv) admissão de negócios processuais atípicos, tendo sido delimitada a manifestação de vontade exigida, qual seja a do devedor, de forma expressa (e não tácita), e a dos credores, por maioria (art. 189, § 2º, Lei nº 11.101/2005, alterado pela Lei nº 14.112/2020).

Modelo

> Aplica-se o foro do local do "principal estabelecimento" do devedor (art. 3º, Lei nº 11.101/2005): *"estabelecimento principal é o local onde a atividade se mantém centralizada', não sendo, de outra parte, 'aquele a que os estatutos conferem o título principal, mas o que forma o corpo vivo, o centro vital das principais atividades do devedor'"* (STJ – CC 21.896/MG, 2ª Seção, DJ 10/06/1998); CJF, nº 466 (V Jornada de Direito Civil): *"Para fins do Direito Falimentar, o local do principal estabelecimento é aquele de onde partem as decisões empresariais, e não necessariamente a sede indicada no registro público".* Definido o foro, deve-se analisar a existência de juízo especializado empresarial, conforme as regras estaduais de organização judiciária.
>
> Sobre a legitimidade ativa e o preenchimento dos requisitos legais, *vide* art. 97, Lei nº 11.101/2005.

COLENDO JUÍZO DA _ VARA EMPRESARIAL DA COMARCA DO RIO DE JANEIRO – RJ

PROC. Nº___

CARIOCA AÇOS S.A., pessoa jurídica de direito privado, inscrita no CNPJ sob o nº 01.444.748/0001-10, estabelecida no endereço da Av. Carlos Magno, nº 677, Santa Cruz, Rio de Janeiro/RJ, Cep 23.627-001, com endereço eletrônico financeiro@carioca.com.br, por meio de seu advogado regularmente constituído que esta subscreve, conforme instrumento de procuração anexo (art. 287, CPC), vem perante V. Ex.a, respeitosamente, com fulcro no art. 94, I, da Lei nº 11.101/2005, apresentar o presente

REQUERIMENTO DE FALÊNCIA

de LOG GUILP INDÚSTRIA E COMÉRCIO DE FERRO LTDA., pessoa jurídica de direito privado, sociedade empresária limitada, inscrita no CNPJ sob nº 10.681.184/0001-07, tendo o seu principal estabelecimento nesta comarca, no endereço da Estrada Teles Santoro, nº 1.515, Santa Cruz, Rio de Janeiro/RJ, Cep 23.550-000, com endereço eletrônico lopguilp@uol.com.br, ante os fatos e fundamentos que a seguir expõe.

I. Fato(s) e Fundamento(s) Jurídico(s).

A requerente é credora da requerida pela importância de R$ 41.438,75 (quarenta e um mil, quatrocentos e trinta e oito reais e setenta e cinco centavos), tratando-se de obrigação certa, líquida e exigível, representada pelo valor de face das inclusas duplicatas de compra e venda mercantis não quitadas nos respectivos vencimentos, relacionadas na planilha de cálculo (doc. anexo), correspondentes aos legítimos negócios jurídicos havidos entre as partes, discriminados nas respectivas notas fiscais e comprovantes das entregas (doc. anexo).

Cumpre ressaltar que os títulos estão devidamente protestados para fins falimentares, com intimação pessoal identificada, como informam os respectivos Instrumentos dos Protestos, todos com certidão firmada pelo Oficial do Cartório, detentor de fé pública (doc. anexo).

Esgotados todos os meios suasórios objetivando o adimplemento da obrigação, resultado de infrutíferas tentativas para solução amigável, a requerente vale-se do presente remédio jurídico para salvaguarda dos seus direitos creditícios, tendo em vista estar plenamente caracterizada a impontualidade e documentalmente instruída a inadimplência da sociedade requerida, comprovadas pelos protestos dos títulos para fins falimentares (art. 94, par. 3º, Lei nº 11.101/2005).

II. Pedido(s).

Pelo exposto, com fundamento nos dispositivos legais mencionados, respeitosamente, requer se digne V. Exa. de mandar citar a sociedade requerida, na pessoa do seu representante legal, para ser integrada ao feito e, querendo, apresentar sua contestação, no prazo de 10 (dez) dias, facultada a efetivação do depósito elisivo na forma da lei (art. 98, *caput* e par. único, Lei nº 11.101/2005), e conforme preconiza a jurisprudência (Verbete Sumular nº 29, STJ).

Assinala, por oportuno, que o valor do depósito elisivo equivale, nesta data, a R$ 46.927,35 (quarenta e seis mil e novecentos e vinte e sete reais e trinta e cinco centavos) conforme cálculo de atualização com a utilização dos índices e parâmetros informados na tabela do TJ-RJ (doc. anexo).

Ao final, requer a procedência do pedido e, ante a ausência do depósito elisivo, seja decretada a falência da sociedade requerida, com todas as determinações legais (art. 99, Lei nº 11.101/2005), além de sua condenação nos ônus sucumbenciais, como de estilo.

Protesta o autor pela produção de todas as provas legais, como moralmente legítimas, para provar a verdade dos fatos articulados, sobretudo prova documental, depoimento pessoal do representante legal da sociedade requerida, prova testemunhal, prova pericial, prova técnica simplificada, dentre outros.

Ainda que possua um título executivo extrajudicial, poderá o credor valer-se diretamente do requerimento de falência: *"Desnecessidade de prévio ajuizamento de execução forçada na falência requerida com fundamento na impontualidade do devedor. Precedentes"* (STJ – REsp 1.354.776/MG, 3ª Turma, *DJ* 26/08/2014).

Na intimação do protesto para requerimento de falência, é necessária a identificação da pessoa que o recebeu, e não a intimação da pessoa do representante legal da pessoa jurídica (Verbete Sumular nº 361, STJ).

Observe-se que na falência não é necessário demonstrar a insolvência econômica da sociedade devedora, sendo bastante a ausência do depósito elisivo: *"Falência (...) é de todo irrelevante a argumentação da recorrente, no sentido de ser uma das maiores empresas do ramo e de ter notória solidez financeira. Há uma presunção legal de insolvência que beneficia o credor"* (STJ – REsp 1.433.652/RJ, 4ª Turma, *DJ* 18/09/2014).

O demandado poderá se valer das defesas legais (art. 96, Lei nº 11.101/2005), inclusive para, neste momento, formular pedido de recuperação judicial (arts. 51 e 96, VII, Lei nº 11.101/2005).

110 ■ *Petições e Prática Cível*

Deve o feito tramitar de forma preferencial, nos termos legais (art. 79, Lei nº 11.101/2005).

> A obrigação líquida materializada em título(s) executivo(s) protestado(s) que se sujeita à falência é aquela cuja soma ultrapasse o equivalente a 40 salários-mínimos na data do pedido de falência (art. 94, I, Lei nº 11.101/2005). Cuida-se de requisito de procedibilidade da falência, sendo considerados abusivos os requerimentos aquém deste patamar.

As eventuais intimações do patrono da requerente deverão ser realizadas em nome da sociedade de advogados que integra, que é a Sampaio & Lacombe Advogados Associados, com endereço à Rua do Rosário, nº 88, Centro, Cep: 33.142-176, na cidade do Rio de Janeiro – RJ (art. 106 c/c art. 272, par. 1º, CPC). Aliás, desde logo se requer que eventual verba honorária sucumbencial também seja a ela destinada.

Dá à presente, para os devidos e legais efeitos, o valor de R$ 46.927,35 (quarenta e seis mil e novecentos e vinte e sete reais e trinta e cinco centavos).

Termos em que

Pede e espera deferimento.

Local e data.

Nome e assinatura do advogado(a)

3.10. Ações sobre o Direito Sucessório

Nesse tópico, abordam-se as principais petições utilizadas no âmbito do Direito Sucessório (ou hereditário), que configura o complexo de princípios, segundo os quais se realiza a transmissão (sucessão) do patrimônio de alguém, que deixa de existir (arts. 1.784/2.027, CC). O pressuposto é a morte do falecido (*de cujus*), o que merecerá comprovação mediante apresentação da atinente certidão de óbito.

3.10.1. Inventário e Partilha

Peça vinculada ao caso concreto: Não.

Finalidade: Via processual utilizada para obter a declaração de transmissão do(s) bem(ns) em virtude da morte de alguém, de modo que o(s) sucessor(es) obtenha(m) o respectivo título comprobatório (carta de adjudicação ou formal de partilha), apto a ser levado no registro competente, tornando-se, dele(s), proprietário(s). Inventariar significa catalogar bens, no sentido de levantar o patrimônio (abrange bens, direitos e obrigações) e realizar sua avaliação; ainda, tem a finalidade de elencar os herdeiros e legatários do falecido, além de regularizar aspectos tributários. Já a finalidade da partilha é ultimar a divisão dos bens inventariados,

Petições Cíveis: Procedimentos Especiais de Jurisdição Contenciosa e Voluntária ■ **111**

designando o quinhão que tocará a cada um dos sucessores (herdeiros ou legatários). A partilha constitui o segundo estágio do procedimento, como um complemento lógico do inventário, porém nem sempre necessário, já que pode existir inventário sem partilha (v.g. inventário "negativo"), mas inexistirá partilha sem inventário.

Dispositivo(s): art. 611 (prazo), art. 615 – art. 616 (legitimidade ativa), art. 626 (legitimidade passiva), art. 613 – art. 614 (administrador provisório), art. 617 – art. 625 (inventariante), art. 647 – art. 658 (partilha), CPC; art. 1.991 – art. 2.027, CC.

Importante:

1) O Judiciário brasileiro tem **jurisdição internacional exclusiva** para processar e julgar o inventário e partilha dos bens aqui localizados (art. 23, II, CPC), o que significa dizer que o ordenamento jurídico pátrio nega eficácia à decisão estrangeira que partilhe bens aqui localizados (art. 964, CPC).

2) É possível a celebração de **inventário e partilha extrajudicial**, tratando-se de faculdade dos interessados, caso em que tudo se fará por escritura pública, lavrada por tabelião, a qual constituirá título hábil para qualquer ato de registro, bem como para levantamento de importância depositada em instituições financeiras (art. 610, § 1º, CPC). Sobre o respectivo processamento para a lavratura da escritura de inventário e partilha, aplicam-se as normas da Resolução nº 35/2007, CNJ; bem como da Consolidação Normativa da Corregedoria Geral da Justiça do Estado do Rio de Janeiro – Parte Extrajudicial – atualizada em 30/11/2017 (arts. 268/308). Dentre os seus **requisitos**, cabe listar: (i) capacidade de todos os herdeiros; (ii) concordância quanto aos termos do inventário e quanto à partilha; (iii) assistência por advogado, que pode ser comum ou não, ou defensor público (art. 610, § 2º, CPC); e (iv) ausência de testamento (art. 610, *caput*, CPC). Quanto a este último requisito, firmou-se o seguinte entendimento: "*3. Assim, de uma leitura sistemática do* caput *e do § 1º do art. 610 do CPC/2015, c/c os arts. 2.015 e 2.016 do CC/2002, mostra-se possível o inventário extrajudicial, ainda que exista testamento, se os interessados forem capazes e concordes e estiverem assistidos por advogado, desde que o testamento tenha sido previamente registrado judicialmente ou haja a expressa autorização do juízo competente*" (STJ – REsp 1.808.767/RJ, 4ª Turma, DJ 15/10/2019). No mesmo sentido: CJF, nº 51 (I Jornada de Direito Processual Civil): "*Havendo registro judicial ou autorização expressa do juízo sucessório competente, nos autos do procedimento de abertura, registro e cumprimento de testamento, sendo todos os interessados capazes e concordes, poderão ser feitos o inventário e a partilha por escritura pública*".

3) A lei prevê espécies de procedimento judicial para o inventário e partilha: **inventário litigioso**, de forma completa (art. 615 – art. 658, CPC); **arrolamento comum**, de forma litigiosa, porém simplificada, em casos de bens de pequeno valor (art. 664 – art. 665, CPC); e **arrolamento sumário**, no formato amigável quanto à partilha (art. 659 – art. 663, CPC), o que naturalmente vem a agilizar o respectivo processamento. Nesse ponto, não se pode deixar de frisar que a solução amigável é mais do que recomendável, exceto se as divergências se demonstrem realmente inconciliáveis. Embora os ânimos estejam à flor da pele em razão da

112 ■ Petições e Prática Cível

dolorosa perda de um ente querido (não raro o elemento unificador daquela família), cabe considerar que muitas vezes a demora de um processo litigioso de inventário provoca situação em que todos os herdeiros vêm a perder, por ficarem privados dos bens a que têm direito, sem contar ainda o desgaste familiar ocasionado. Finalmente, há, ainda, a hipótese de "**pedido de alvará judicial**" (art. 666, CPC c/c Lei nº 6.858/80), dito independente ou autônomo, configurando hipótese em que não se tem inventário ou arrolamento, mas sim demanda de jurisdição voluntária (art. 725, inc. VII, CPC), voltada para levantamento de valor depositado em conta-corrente do falecido, por meio de ordem judicial, ou autorização judicial para recebimento, cuja competência é da Justiça Estadual (Verbete Sumular nº 161, STJ).

4) Das decisões interlocutórias proferidas no processo de inventário, caberá o recurso de **agravo de instrumento** (art. 1.015, par. único, CPC).

5) O **inventariante** é o administrador e representante do espólio, possuindo inúmeras incumbências (art. 618 – art. 619, CPC), dentre elas a atuação no processo de inventário, como, também, a defesa do espólio em diversas demandas judiciais, ativa ou passivamente. O inventariante será nomeado pelo juiz segundo o princípio do melhor interesse do espólio, uma vez que a ordem legal tem caráter relativo (art. 617, CPC). Antes da nomeação do inventariante e de ser prestado tal compromisso, o espólio será representado pelo **administrador provisório** (art. 613 – art. 614, CPC), que já se encontrava, em princípio, na administração dos bens, inclusive por força do princípio de *saisine*, no sentido da transmissão da herança ao tempo da morte do *de cujus* (art. 1.784, CC).

6) Os **credores do espólio**, de dívidas vencidas e exigíveis, poderão, logo no início do procedimento de inventário, habilitar-se no feito (art. 642, CPC). O mesmo pode ser feito pelo credor de dívida líquida e certa ainda não vencida (art. 644, CPC). Tal petição do credor será distribuída por dependência e autuada em apenso (art. 642, § 1º, CPC). Concordando as partes com o pedido, o juiz declarará habilitado o credor, determinando medidas para separação de dinheiro/bens suficientes ao pagamento (art. 642, § 2º, CPC). Já se decidiu sobre a facultatividade dessa habilitação de crédito, sem impedir ao credor de promover a ação judicial respectiva, inclusive com pleito nesta de constrição judicial de valores a receber no inventário, caso ainda disponíveis bens/valores: "*3. A habilitação de crédito no inventário, a ser realizada antes da partilha, é medida de natureza facultativa, disponibilizada ao credor para facilitar a satisfação da dívida, o que não impede, contudo, o ajuizamento de ações autônomas para a mesma finalidade, especialmente nas hipóteses em que a dívida não está vencida ou não é exigível. Precedentes. 4. Ajuizada ação autônoma de cobrança e deferido o arresto cautelar de valores vinculados à conta judicial da ação de inventário, é irrelevante o fato de já ter sido homologada judicialmente a sentença de partilha, na medida em que o arresto, nessas circunstâncias, assemelha-se à penhora no rosto do inventário dos direitos sucessórios dos herdeiros, e também porque, após o trânsito em julgado, haverá a prática de atos típicos de cumprimento e de execução inerentes à atividade judicante, não havendo que se falar em esgotamento da jurisdição do juízo do inventário que o impeça de implementar a ordem judicial emanada do juízo em que tramita a ação de cobrança*" (STJ – RMS 58.653/SP, 3ª Turma, DJ 02/04/2019).

Petições Cíveis: Procedimentos Especiais de Jurisdição Contenciosa e Voluntária ■ **113**

Verbete(s): Súmula nº 112, STF: *"O imposto de transmissão causa mortis é devido pela alíquota vigente ao tempo da abertura da sucessão"*; **Súmula nº 115, STF:** *"Sobre os honorários do advogado contratado pelo inventariante, com a homologação do juiz, não incide o imposto de transmissão* causa mortis*"*; **Súmula nº 542, STF:** *"Não é inconstitucional a multa instituída pelo Estado-membro, como sanção pelo retardamento do início ou da ultimação do inventário"*; **Súmula nº 161, STJ:** *"É da competência da Justiça Estadual autorizar o levantamento dos valores relativos ao PIS/PASEP e FGTS, em decorrência do falecimento do titular da conta".*

Modelo

COLENDO JUÍZO DA _ VARA DE ÓRFÃOS E SUCESSÕES DA COMARCA DO RIO DE JANEIRO – RJ

PROC. Nº___

ONILDO OTTO, brasileiro, médico, casado, domiciliado e residente na Rua Professor Pimentel, nº 1.500, Centro, Cep: 43.122-101, na cidade do Rio de Janeiro – RJ, portador da identidade nº 98521477-5, emitida pelo Detran/RJ, regularmente inscrito no CPF sob o nº 987.257.448-48, com endereço eletrônico onildo.otto@internet.com.br, vem, por meio de seu advogado regularmente constituído que esta subscreve, conforme instrumento de procuração anexo (art. 287, CPC), respeitosamente, requerer a abertura de:

INVENTÁRIO E PARTILHA

do patrimônio deixado em virtude do falecimento de OCTÁCIO OTTO, de 65 (sessenta e cinco) anos, ocorrido em 15/04/2016, em Parati/RJ, conforme atesta a anexa certidão de óbito (art. 615, parágrafo único e art. 320, CPC). Era brasileiro, casado, aposentado, então domiciliado e residente na Rua Paranhos, nº 11, apartamento nº 21, Botafogo, Cep: 15.789-111, na cidade do Rio de Janeiro – RJ, portador da identidade nº 15965477-3, emitida pelo Detran/RJ, regularmente inscrito no CPF sob o nº 157.487.225-78.

I – Prazo.

A presente demanda de inventário e partilha foi distribuída dentro do interregno de 2 (dois) meses, contados da abertura da sucessão (art. 611, CPC).

> Aplica-se o foro do (último) domicílio do autor da herança (falecido) no Brasil (art. 48, CPC). Se este não tinha domicílio certo, seguir-se-ão os foros subsidiários, com preferência para aquele da situação dos bens imóveis, ou não os havendo, do foro de qualquer dos bens do espólio (art. 48, parágrafo único, CPC). Cabe verificar na Lei estadual de organização judiciária a existência de Juízo Especializado Sucessório, pois, do contrário, o processo será instaurado e processado perante Vara Cível ou Vara Única, conforme o caso.

> Deve ser frisado que, em se tratando de prazo contado em meses, não se aplica a contagem somente em dias úteis (inaplicável o art. 219, CPC). A importância da instauração desta ação de rito especial neste prazo é evitar a imposição da multa (Verbete Sumular nº 542, STF).

114 ■ Petições e Prática Cível

II. Cônjuge e herdeiros.

Falecendo um herdeiro no curso do inventário primitivo, poderá incidir o fenômeno da cumulação de inventários, com nítida finalidade de assegurar economia processual (art. 672, CPC).

CORALINA COUTO OTTO esteve casada sob o regime da comunhão parcial de bens com o falecido. Durante o relacionamento, o casal teve 3 (três) filhos, ONILDO OTTO, OLÉGARIO OTTO e ORESTES OTTO, nascidos, respectivamente, em 10/03/1976, 15/09/1977 e 01/01/1979, todos maiores de idade. Todos, com exceção de ONILDO OTTO, residem no endereço do *de cujus*.

III. Espólio: bens, direitos e obrigações.

Tal rito especial é dito documental, de modo que surgindo qualquer questão de fato que exija, para sua decisão, a produção de outros meios de prova, deverá esta ser resolvida em processo autônomo (art. 612, CPC) – v.g., disputa sobre a qualidade de herdeiro (art. 627, par. 3º, in fine, CPC), exclusão de herdeiro por indignidade (art. 814, CC), disputa sobre bens sonegados (art. 1.994, CC). Já se decidiu, porém, que "o reconhecimento de união estável em sede de inventário é possível quando esta puder ser comprovada por documentos incontestes juntados aos autos do processo" (STJ – REsp 1.685.935/ AM, 3ª Turma, DJ 17/08/2017).

A relação completa e individualizada de todos os bens do espólio (art. 620, inc. IV, CPC) é a seguinte: a) imóvel sito à Rua Paranhos, nº 11, apartamento nº 21, Botafogo, Cep: 15.789-111, na cidade do Rio de Janeiro – RJ; b) veículo automotor marca Ssangyong, ano 2014.

A relação completa dos direitos do espólio (art. 620, inc. IV, "f", CPC) é a seguinte: direito ao recebimento de precatório no valor de R$ 88.000,00 (oitenta e oito mil reais), em razão de processo distribuído em face da União, que tramita perante a 5ª Vara Federal da Capital, sob o nº 2015.001.789456231-78.

A relação completa das obrigações do espólio (art. 620, inc. IV, "f", CPC) é a seguinte: término do financiamento para aquisição do veículo automotor marca Ssangyong, em que é paga mensalmente a importância de R$ 1.000,00 (mil reais), com previsão para encerramento em 15/05/2017.

IV. Pedido(s)

Se o próprio autor da ação de inventário tem o objetivo de assumir a inventariança, poderá fazer tal requerimento na própria inicial e, assim, desde já, apresentar as primeiras declarações. A procuração poderá outorgar poderes expressos ao advogado para assinar o termo de compromisso em nome do inventariante (art. 105; e art. 617, par. único, CPC).

Ante o exposto, vem requerer seja o requerente nomeado como inventariante, por se achar na posse e administração do espólio, levando em consideração à inabilidade da viúva, que manifesta, em documento anexo, sua expressa recusa/dispensa para o encargo (art. 617, inc. II, CPC).

Nesta própria petição inaugural, o requerente apresenta as primeiras declarações, das quais, constado o cumprimento dos requisitos legais, deve ser lavrado termo circunstanciado, devidamente assinado (art. 620, CPC), o que se pede admitir, em nome da instrumentalidade processual.

Requer a citação do cônjuge sobrevivente e dos demais herdeiros acima listados para integrar a relação processual, bem como a intimação da Fazenda Pública, e do Ministério Público, diante da existência de herdeiro incapaz (art. 626, CPC), devendo o ato de comunicação processual contemplar a cópia das presentes primeiras declarações (art. 626, §§ 3º e 4º, CPC).

Finalmente, requer a procedência do pedido para que, após regular processamento do feito, seja expedido o competente formal de partilha, com a determinação de que os encargos do inventário sejam deduzidos do monte da herança.

As eventuais intimações do patrono do demandante deverão ser realizadas em nome da sociedade de advogados que integra, que é a Sampaio & Lacombe Advogados Associados, com endereço à Rua do Rosário, nº 88, Centro, Cep: 33.142-176, na cidade do Rio de Janeiro – RJ (art. 106 c/c art. 272, § 1º, CPC). Aliás, desde logo se requer que eventual verba honorária sucumbencial também seja a ela destinada (art. 85, § 11, CPC).

Dá-se à presente causa o valor de R$ 780.000,00 (setecentos e oitenta mil reais), conforme bens a inventariar.

Termos em que

Pede e espera deferimento.

Local e data.

Nome e assinatura do advogado(a)

> A legislação exige a formação de um litisconsórcio passivo necessário, em relação a todos os herdeiros (art. 626, CPC), sendo este entendido como simples/comum, diante da possibilidade de solução diversa para cada um dos herdeiros.
>
> Afirma-se que *"não havendo interesses em conflito entre os interessados, os honorários do advogado contratado pela inventariante constituem encargo da herança"* (STJ – RESP nº 210.036/RJ, 3ª Turma, DJ 19/02/01). O juiz poderá mandar reservar o valor relativo aos serviços advocatícios contratados do montante apurado no espólio (art. 643, parágrafo único, CPC). É possível deduzir o valor dos honorários advocatícios da base de cálculo do imposto (Verbete Sumular nº 115, STF).

3.10.2. Arrolamento

Peça vinculada ao caso concreto: Não.

Finalidade: Arrolamento vem de arrolar, fornecer rol, relação. E é exatamente o que acontece aqui: os herdeiros fornecem a relação de bens do autor da herança e rol de herdeiros. O arrolamento sumário, retratado no presente modelo de petição, constitui a simplificação (abreviação) do inventário-partilha, sem que se tenha a lavratura de termos (art. 660, *caput*, CPC); nem intervenção do *Parquet*, até porque ausente figuração de incapaz; analisando-se as questões tributárias mediante a via administrativa. É tratado como um procedimento de jurisdição voluntária, de modo que aquilo que for estipulado pelos interessados será homologado pelo juiz (art. 659, CPC) e pode ser anulado em caso de vício de consentimento (art. 657, CPC).

Dispositivo(s): art. 659 – art. 663, CPC; art. 2.015 – 2.016, CPC.

Importante:

1) A lei prevê **espécies de procedimento judicial** para o inventário e partilha: *inventário litigioso*, de forma completa (art. 615 – art. 658, CPC); *arrolamento comum*, de forma litigiosa, porém simplificada, em casos de bens de pequeno valor (art. 664 – art. 665, CPC); e *arrolamento*

116 ■ Petições e Prática Cível

sumário, no formato amigável quanto à partilha (art. 659 – art. 663, CPC), o que naturalmente vem a agilizar o respectivo processamento (sendo este o modelo da presente petição). Nesse ponto, não se pode deixar de frisar que a solução amigável é mais do que recomendável, exceto se as divergências se demonstrem realmente inconciliáveis. Embora os ânimos estejam à flor da pele em razão da dolorosa perda de um ente querido (não raro o elemento unificador daquela família), cabe considerar que muitas vezes a demora de um processo litigioso de inventário provoca situação em que todos os herdeiros vêm a perder, por ficarem privados dos bens a que têm direito, sem contar ainda o desgaste familiar ocasionado.

2) Os **requisitos** para o arrolamento sumário são que todos os *herdeiros sejam capazes* e estejam *de acordo* com a partilha amigável (art. 659, CPC c/c art. 2.015, *in fine*, CC), não importando o valor e natureza dos bens, bem como o número de herdeiros.

3) Quanto houver herdeiro único, será o caso tecnicamente de **pedido de adjudicação** (art. 659, par. 1º, CPC), uma vez que não se cogita de "partilha".

4) Das decisões interlocutórias proferidas no processo de inventário (ou arrolamento), caberá o recurso de **agravo de instrumento** (art. 1.015, par. único, CPC).

5) Admite-se a **convolação ritual** do inventário judicial em arrolamento sumário, caso os herdeiros sejam capazes e demonstrem no curso do feito estarem de pleno acordo com relação à partilha de bens do espólio, como forma de prestigiar a celeridade e economia processual (*v.g.*, TJ-RJ – 0066732-70.2014.8.19.0000, 6ª Câmara Cível, *DJ* 13/03/2015).

Modelo

Aplica-se o foro do último domicílio do *de cujus* (art. 48, CPC), constando foros subsidiários (art. 48, par. único, CPC). Cabe verificar na Lei estadual de Organização Judiciária a existência de Juízo Especializado de Sucessões, pois, do contrário, o feito será julgado por Vara Cível ou Vara Única, conforme o caso.

COLENDO JUÍZO DA _ VARA DE ÓRFÃOS E SUCESSÕES DA COMARCA DO RIO DE JANEIRO – RJ

PROC. Nº____

ONILDO OTTO, brasileiro, médico, viúvo, domiciliado e residente na Rua Professor Pimentel, nº 1.500, Centro, Cep: 43.122-101, na cidade do Rio de Janeiro – RJ, portador da identidade nº 98.521.477-5, emitida pelo Detran/RJ, regularmente inscrito no CPF sob o nº 987.257.448-48, com endereço eletrônico onildo.otto@internet.com.br; bem como seus filhos AMÉLIA OTTO, brasileira, solteira, dentista, domiciliada e residente na Rua Marechal Gomes, nº 123, Centro, Cep: 56.122-101, na cidade do Rio de Janeiro – RJ, portadora da identidade nº 15.678.944-5, emitida pelo Detran/RJ, regularmente inscrita no CPF sob o nº 225.456.789-58, com endereço eletrônico amelia.abreu@internet.com.br; e CLAUDIO OTTO, brasileiro, solteiro, comerciante, domiciliado e residente na Rua Felix

Furtado, n.º 411, apto. n.º 550, Porto Pacheco, Cep: 15.789-111, na cidade de Vitória – ES, portador da identidade n.º 15.647.844-1, emitida pelo Detran/RJ, regularmente inscrito no CPF sob o n.º 321.789.145-87, com endereço eletrônico romeu.rocha@internet.com.br, vêm, por meio de seu advogado comum regularmente constituído que esta subscreve, conforme instrumento de procuração anexo (art. 287, CPC), respeitosamente, propor a presente:

AÇÃO DE ARROLAMENTO SUMÁRIO

> A petição inicial, em nome de todos os requerentes, será assinada pelos respectivos advogados ou pelo único advogado escolhido de comum acordo.

do patrimônio deixado em virtude do falecimento de VALENTINA OTTO, de 65 (sessenta e cinco) anos, ocorrido em 15/04/2018, em Parati/RJ, conforme atesta a anexa certidão de óbito (art. 615, par. único, e art. 320, CPC). Era brasileira, casada, aposentada, com último domicílio na Rua Professor Pimentel, n.º 1.500, Centro, Cep: 43.122-101, na cidade do Rio de Janeiro – RJ, sendo portadora da identidade n.º 12.498.723-5, emitida pelo Detran/RJ, e regularmente inscrita no CPF sob o n.º 440.001.034-11, pelos fatos e fundamentos seguintes.

I. Fatos e fundamentos jurídicos.

Inicialmente, aborde-se que se trata de partilha amigável entre herdeiros capazes, inexistindo testamento da falecida, em atenção aos requisitos legais (art. 659, CPC c/c arts. 2.015/2.016, CC).

A falecida foi casada com o Sr. Onildo Otto sob o regime da comunhão parcial de bens, conforme atesta a anexa certidão de casamento. Deixou 2 (dois) filhos, ora requerentes, já qualificados, ambos maiores de idade, como comprovam os respectivos documentos de identidade trazidos aos autos.

Os filhos do casal, ora requerentes, declaram concordar que o Sr. Onildo Otto, cônjuge sobrevivente, seja nomeado *inventariante*, conforme ordem legal (art. 617, I, CPC) e posto que se encontra na posse e administração dos bens do *de cujus* (art. 660, I, CPC).

> Tal procedimento não cogita necessariamente de avaliação dos bens, já que não há impugnação, pois o procedimento pressupõe a concordância de todos (art. 661, CPC).

A relação completa e individualizada de todos os *bens do espólio* da falecida, e seu respectivo valor (art. 660, III, CPC) é a seguinte: a) imóvel sito à Rua Paranhos, n.º 11, apto. n.º 21, Botafogo, Cep: 21.002-030, na cidade do Rio de Janeiro – RJ, avaliado por estimativa em R$ 800.000,00 (oitocentos mil reais); b) imóvel sito à Rua Ferreira Goulart, n.º 908, casa, Vargem Grande, Cep: 21.439-000, na cidade do Rio de Janeiro – RJ, avaliado por estimativa em R$ 550.000,00 (quinhentos e cinquenta mil reais).

118 ■ Petições e Prática Cível

Existindo credores do espólio, ainda assim não restará impedida a homologação da partilha ou da adjudicação, se forem reservados bens suficientes para o pagamento da dívida (art. 663, CPC), o que se dará pelo valor estimado pelas partes, salvo se o credor, regularmente notificado, impugnar a estimativa, caso em que se promoverá a respectiva avaliação (art. 663, parágrafo unico, CPC).

Neste rito simplificado e concentrado não há que se falar em citação, pois o arrolamento sumário pressupõe que todos os herdeiros estejam representados nos autos e concordem com a partilha apresentada.

No arrolamento, não serão conhecidas ou apreciadas questões relativas ao lançamento, ao pagamento ou à quitação de taxas judiciárias e de tributos incidentes sobre a transmissão da propriedade dos bens do espólio (art. 662, *caput*, CPC). O intuito é estabelecer um procedimento sumário, com limitação de questões que podem ali ser aduzidas, *v.g.*, descabe ao respectivo juízo analisar questões sobre isenção legal de tributo, impondo a suspensão do arrolamento até a resolução da questão na seara administrativa ou pela via judicial apropriada (STJ – REsp 1.150.356/SP, 1ª Seção, *DJ* 09/08/2010, em regime de recurso repetitivo).

Inexistem dívidas a serem pagas, nem mesmo qualquer ação judicial em trâmite contra a falecida. Neste momento, são juntadas as anexas certidões negativas de impostos devidos pela falecida, bem como quanto aos bens imóveis do espólio.

Os herdeiros, todos maiores e capazes, acordam em partilhar os bens ficando o primeiro bem imóvel exclusivamente para o cônjuge meeiro sobrevivente, Sr. Onildo Otto; e o segundo bem imóvel dividido em 2 (duas) partes iguais, entre a segundo e o terceiro requerentes, Sra. Amélia Otto e Sr. Claudio Otto, respectivamente.

II. Pedido(s).

Ante o exposto, requerem o processamento do presente arrolamento, com a homologação de plano da partilha amigável ora apresentada, para que surta seus efeitos jurídicos.

Transitada em julgado a sentença de homologação de partilha, requer seja cientificada a Fazenda Pública para acompanhar o recolhimento do imposto *mortis causa* (art. 155, I, CRFB c/c art. 659, par. 2º, CPC), e expedido o formal de partilha.

Protestam os requerentes pela produção de todas as provas legais, como moralmente legítimas, para provar a verdade dos fatos articulados (art. 319, VI, CPC).

As eventuais intimações do patrono do demandante deverão ser realizadas em nome da sociedade de advogados que integra, que é a Sampaio & Lacombe Advogados Associados, com endereço à Rua do Rosário, nº 88, Centro, Cep: 33.142-176, na cidade do Rio de Janeiro – RJ (art. 106 c/c art. 272, par. 1º, CPC). Aliás, desde logo se requer que eventual verba honorária sucumbencial também seja a ela destinada.

Dá-se à causa o valor de R$ 1.350.000,00 (hum milhão, trezentos e cinquenta mil reais), conforme bens arrolados.

Termos em que

Pede e espera deferimento.

Local e data.

Nome e assinatura do advogado(a)

3.10.3. Petição Inicial com Requerimento de Alvará Judicial

Peça vinculada ao caso concreto: Não.

Finalidade: Cuida-se de demanda de jurisdição voluntária (art. 725, inc. VII, CPC), com procedimento simplificado, na concepção clássica de obtenção do alvará judicial, que é a autorização do juiz, sobretudo, para a prática de um ato, embora também seja possível que o mesmo vise, por exemplo, ao suprimento de consentimento (v.g., visando à autorização judicial para que um menor viaje ao exterior na negativa de seus genitores). Uma das hipóteses de cabimento mais corriqueiras de outorga de alvará judicial é para o levantamento, pelos dependentes e sucessores, de ativos financeiros favoráveis ao falecido – v.g., montantes das contas individuais do FGTS (art. 20, inc. IV, Lei nº 8.036/90) e do PIS-PASEP (art. 4º, § 1º, Lei Complementar nº 26/75); restituições relativas ao imposto de renda; saldos bancários e de contas de caderneta de poupança e fundos de investimento até o limite de 500 (quinhentas) Obrigações do Tesouro Nacional (art. 1º e art. 2º, Lei nº 6.858/80) –, tornando desnecessária a inclusão do pedido num processo de inventário ou arrolamento, o que só ocorre, justamente, quando inexistam bens sujeitos a tais procedimentos (art. 666, CPC). Nesse caso, denomina-se "alvará autônomo" ou "alvará independente".

Dispositivo(s): art. 666 e art. 725, inc. VII, CPC; Lei nº 6.858/80.

Importante:

1) Sobre o **formato**, havendo bens do falecido sujeitos a inventário ou arrolamento, será possível cumular, sob tais formatos, o pedido de expedição de alvará judicial, inclusive com natureza antecipada, provados seus requisitos, no que se denomina "alvará subsidiário" ou "alvará dependente".

2) As Obrigações do Tesouro Nacional constituem **índice monetário** não mais existente, de modo que a definição do quantitativo limite para o alvará judicial (art. 2º, Lei nº 6.858/1980) pode ser extraída de critério valorativo estabelecido pela jurisprudência (STJ – REsp 1.168.625/MG, 1ª Seção, *DJ* 09/06/2010).

3) O julgamento do alvará judicial é de **competência** da Justiça Estadual ainda que o valor esteja depositado em instituição financeira de cunho federal, como a CEF – Caixa Econômica Federal, pois esta não é integrante da relação processual, mas mera destinatária do alvará judicial (Verbete Sumular nº 161, STJ).

4) Em se tratando de procedimento de jurisdição voluntária, haverá **processamento** durante as férias forenses, onde as houver, sem suspensão pela superveniência delas (art. 215, I, CPC). Além disso, as **despesas** serão adiantadas pelo requerente, mas rateadas entre os interessados ao final (art. 88, CPC).

Verbete(s): Súmula nº 161, STJ: *"É da competência da Justiça Estadual autorizar o levantamento dos valores relativos ao PIS/PASEP e FGTS, em decorrência de falecimento do titular da conta".*

Modelo

Embora aplicável a competência territorial do inventário (art. 48, CPC), tem-se que tal regramento é relativo (disponível), sendo aceito o ajuizamento no foro do domicílio do requerente, de forma insuscetível de controle judicial (STJ – CC 102.965/BA, 1ª Seção, DJ 25/03/2009).	COLENDO JUÍZO DA _ VARA CÍVEL DA COMARCA DO RIO DE JANEIRO – RJ PROC. Nº____

Em se tratando de jurisdição voluntária, pode-se cogitar de demanda sem réu.

Se houver mais de um sucessor, este(s) poderá(ão) ingressar conjuntamente ou fornecer declaração que abdica(m) do seu direito em favor do outro; em caso contrário, deverá(ão) ser citado(s) para integrar a relação processual (art. 721, CPC), como litisconsorte(s) necessário(s) passivo(s).

Frise-se que o requerimento de alvará judicial se revela como um procedimento de jurisdição voluntária e, portanto, não comporta dilação probatória. Assim, é via inadequada para se pretender, *v.g.* o reconhecimento da união estável com o falecido (TJ-RJ – 0082720-51.2013.8.19.0038, 15ª Câmara Cível, *DJ* 24/10/2017).

Em suma, a inicial exige a certidão de óbito, a indicação da origem do valor a ser sacado, a relação de sucessores, além da demonstração da inexistência de outros bens. A menção à situação de necessidade do requerente, acaso verídica, poderá ser importante diante da autorização para julgamento baseado na equidade (art. 723, parágrafo único, CPC).

Somente em se tratando de hipótese interventiva do Ministério Público (art. 178, CPC) é que deverá constar o pedido de sua intimação (art. 721, CPC), conforme já reconhecia a jurisprudência (STJ – REsp 46.770/RJ, 4ª Turma, DJ 18/02/1997).

FELIPE MIRANDA NETO, brasileiro, solteiro, taxista, domiciliado e residente na Rua Fernando Ronaldo Lima, nº 30, apto. 805, Centro, Cep: 22.000-010, na cidade do Rio de Janeiro – RJ, portador da identidade nº 10455522-8, emitida pelo Detran/RJ, regularmente inscrito no CPF sob o nº 758.044.057-66, com endereço eletrônico forçajovemvasco@internet. com.br, vem, por meio de seu advogado regularmente constituído que esta subscreve, conforme instrumento de procuração anexo (art. 287, CPC), respeitosamente, propor o presente pedido de:

ALVARÁ JUDICIAL

nos termos da Lei nº 6.858/80 e do art. 725, inc. VII, CPC, pelos fatos e fundamentos seguintes.

I. Fatos e fundamentos jurídicos do pedido.

Conforme certidão de óbito em anexo, o Sr. Felipe Miranda Filho, viúvo, veio a falecer, em 1º/06/2016. O *de cujus* era domiciliado e residente na Rua Fernando Ronaldo Lima, nº 30, apto. 805, Centro, Cep: 22.000-010, na cidade do Rio de Janeiro – RJ, sendo portador da identidade nº 00567838, emitida pelo Detran/RJ, e inscrito no CPF sob o nº 030.343.307-40.

O falecido é pai do requerente, conforme certidão de nascimento anexa, comprovando ser seu sucessor direto (art. 1.829, I, CC), não tendo deixado outros herdeiros.

Ademais, não existem bens de sua titularidade, o que foi atestado pela respectiva certidão de óbito, tornando desnecessária a abertura do processo de inventário ou arrolamento (art. 666, CPC).

O falecido apenas possuía conta-corrente junto ao Banco Nasser, agência 1234, conta-corrente 00256-8, conforme anexo documento comprobatório. O levantamento do numerário inconteste existente servirá para subsistência do requerente, que vive com dificuldades para sustentar sua família, sendo imperioso, para tanto, o alvará judicial (art. 720, CPC), conforme chancela a legislação (arts. 2º, Lei nº 6.858/80).

II. Pedido(s).

Ante o exposto, vem requerer a V.Ex.a, respeitosamente, que seja oficiado ao Banco Nasser, para que informe as contas-corrente ou poupança, além das aplicações financeiras e investimentos, de titularidade do falecido, assim como o saldo atualizado das mesmas, na data do óbito.

Após, requer seja acolhido o presente pleito, expedindo-se alvará judicial para levantamento dos respectivos valores, favorável ao requerente, com a prévia oitiva da Fazenda Pública, sendo o caso (art. 722, CPC).

As eventuais intimações do patrono do demandante deverão ser realizadas em nome da sociedade de advogados que integra, que é a Sampaio & Lacombe Advogados Associados, com endereço à Rua do Rosário, nº 88, Centro, Cep: 33.142-176, na cidade do Rio de Janeiro – RJ (art. 106 c/c art. 272, § 1º, CPC).

Protesta o autor pela produção de todas as provas legais, como moralmente legítimas, para provar a verdade dos fatos articulados (art. 319, inc. VI, CPC).

Dá-se à causa o valor de alçada de R$ 1.000,00 (mil reais), para os efeitos legais.

Termos em que

Pede e espera deferimento.

Local e data.

Nome e assinatura do advogado(a)

3.11. Ações de Família

O legislador promove a unificação procedimental para as diversas ações de *caráter contencioso*, correlatas ao tema do Direito de Família – divórcio, separação, reconhecimento e extinção de união estável, guarda, visitação e filiação (art. 693, *caput*, CPC), exceto a ação de alimentos e a que versar sobre interesse de criança ou de adolescente, que permanecem a seguir o rito específico (Leis nº 5.478/68 e nº 8.069/90, respectivamente), com aplicação, no que couber, das disposições do Código de Processo Civil –, prevendo a realização da audiência de mediação ou de conciliação como ato procedimental inicial (art. 693 – art. 699, CPC).

Há procedimento diferenciado quando se trate de ações com *caráter consensual*, especificamente para o divórcio ou separação consensuais, extinção consensual da união estável, além da alteração do regime de bens do casamento (art. 731 – art. 734, CPC).

A temática envolvendo a violência doméstica nas ações de família ganhou novos contornos protetivos relativos à participação do Ministério Público: "*O Ministério Público intervirá, quando não for parte, nas ações de família em que figure como parte vítima de violência doméstica e familiar, nos termos da Lei nº 11.340/2006*" (art. 698, parágrafo único, CPC, incluído pela Lei nº 13.894/2019). Além disso, foi incluída outra competência territorial favorável à vítima de violência doméstica: "*foro do domicílio da vítima de violência doméstica e familiar, nos termos da Lei nº 11.340/2016*" (art. 53, I, "d", CPC, incluído pela Lei nº 13.894/2019).

3.11.1. Ação de Divórcio Litigioso

Peça vinculada ao caso concreto: Não.

Finalidade: Petição inicial que visa à dissolução de casamento, havendo litígio, mediante procedimento de jurisdição contenciosa. O divórcio é meio voluntário, verdadeiro direito potestativo, de pôr termo aos efeitos civis do matrimônio. O pleito de divórcio cabe naturalmente aos cônjuges (art. 1.582, CC), mas é possível sua formulação, em caso de incapacidade, por curador, ascendente ou irmão (art. 1.582, par. único, CC c/c art. 24, par. único, Lei nº 6.515/77). Não se impede vários divórcios após subsequentes casamentos (revogação da restrição do art. 38, Lei nº 6.515/77).

Dispositivo(s): Lei nº 6.515/77; art. 693 – art. 699, CPC; art. 1.571 – art. 1582, CC.

Importante:

1) Em se tratando de **divórcio ou separação consensual**, bem como de dissolução consensual de união estável, ao revés, caberá a utilização do procedimento de jurisdição voluntária visando à respectiva homologação judicial (art. 731 – art. 732, CPC).

2) À causa que verse sobre o estado e capacidade das pessoas, ainda que de cunho patrimonial, **não se aplica o rito dos Juizados Especiais Cíveis** (art. 3º, par. 2º, Lei nº 9.099/1995), de modo que a presente ação deve ser ajuizada na Justiça Comum, sendo aplicado o rito especial das ações de família (art. 693, CPC).

3) Admite-se a **solução extrajudicial** do divórcio ou separação *consensual*, e da extinção *consensual* da união estável, por meio de escritura pública lavrada por tabelião (art. 733, CPC), a qual constituirá título hábil para qualquer ato de registro, bem como para levantamento de importância depositada em instituições financeiras (art. 733, par. 1º, CPC). Dentre os seus requisitos, cabe listar: a) natureza consensual; b) não haver nascituros ou filhos incapazes do casal – vale a ressalva: Enunciado nº 571, CJF – VI Jornada de Direito Civil: "*Se comprovada a resolução prévia e judicial de todas as questões referentes aos filhos menores ou incapazes, o tabelião de notas poderá lavrar escrituras públicas de dissolução conjugal.*"; c) representação de ambos os requerentes por advogado, ou por defensor público, ainda que comum (art. 733, par. 2º, CPC); d) forma pública, por meio de escritura lavrada por tabelião. A escritura poderá tratar de outras questões que não o fim da sociedade conjugal (*v.g.*, manutenção do nome de casado), com exceção da guarda de crianças, afinal incabível tal delimitação por via extrajudicial. Deve ser frisado que a utilização da via extrajudicial constitui uma faculdade dos interessados (art. 2º, Resolução nº 35/2007, CNJ).

4) A **mediação** se demonstra mais adequada às ações de família, pois se trata de hipóteses em que se apuram um vínculo anterior entre as partes, atuando o mediador para, dentre outras coisas, restabelecer a comunicação entre elas (art. 165, par. 3º, CPC). Tal audiência preliminar deve ser entendida como obrigatória, até porque o rito específico somente remete ao "comum" depois de realizada a mesma ("*a partir de então*", conforme art. 697, CPC). Ademais, "*todos os esforços serão empreendidos para a solução consensual da controvérsia*" (art. 694, CPC). Podem ser realizadas várias sessões de mediação ou de conciliação, se for o caso (art. 696, CPC).

Petições Cíveis: Procedimentos Especiais de Jurisdição Contenciosa e Voluntária ■ **123**

5) Embora haja alguma restrição jurisprudencial, deve-se admitir a **cumulação de pedidos** no âmbito da ação de divórcio (art. 327, CPC), a incluir tanto o pleito de fim da sociedade conjugal, quanto a partilha de bens do casal, estipulação da guarda de menor, regime de visitação, imposição de alimentos, manutenção ou modificação do nome de casado, e, até mesmo, indenização por dano moral, facultativamente (STJ – REsp 37.051/SP, 3ª Turma, *DJ* 17/04/2001; TJ-RJ – 0047534-76.2016.8.19.0000, 1ª Câmara Cível, *DJ* 08/11/2016). Diga-se que o divórcio, tratando-se de questão existencial, deve ser resolvido antecipadamente (art. 356, CPC), conforme o caso (no que se denomina "divórcio liminar", *v.g.* TJ-RJ – 0009957-64.2016.8.19.0000, 6ª Câmara Cível, *DJ* 26/10/2016). Nesse sentido, também IBDFAM, nº 18: *"Nas ações de divórcio e de dissolução da união estável, a regra deve ser o julgamento parcial do mérito (art. 356 do novo CPC), para que seja decretado o fim da conjugalidade, seguindo a demanda com a discussão de outros temas"*; e CJF, nº 602 (VII Jornada de Direito Civil): *"Transitada em julgado a decisão concessiva do divórcio, a expedição do mandado de averbação independe do julgamento da ação originária em que persista a discussão dos aspectos decorrentes da dissolução do casamento".*

6) A temática sobre a imputação de **desrespeito aos deveres conjugais ("culpa" pelo fim do casamento)**, muitas das vezes restringe-se à maturação de problemas pessoais dos ex-cônjuges. Apesar da descrição civilista (art. 1.566, CC), a respectiva violação não tem especial relevância quanto à definição da guarda de filhos (art. 27, Lei nº 6.515/77 c/c art. 1.579, CC), nem mesmo evita absolutamente que o cônjuge casado mantenha o nome de casado (abertura dos incisos do art. 1.578, CC), bem como não impede a concessão de alimentos de forma favorável ao cônjuge culpado, desde que necessários à sua subsistência (art. 1.704, par. único, CC). Certo é que a imputação de culpa tem serventia para fins de responsabilidade civil, quanto ao dever de indenizar imposto a um dos cônjuges em face do outro (*v.g.*, traição, violência doméstica; transmissão de doença grave; imputação de falsa filiação). Sobre a traição, tão significativa é a imposição do dever de fidelidade que a legislação brasileira chegou a considerar o adultério como crime (art. 240, CP, revogado pela Lei nº 11.106/2005).

7) Antes mesmo da propositura da demanda de divórcio, torna-se possível a qualquer dos cônjuges requerer a **providência cautelar de separação de corpos** (art. 1.562, CC c/c art. 7º, par. 1º, Lei nº 6.515/1977 c/c art. 301, CPC). A medida tem claro caráter acautelatório, imputando a suspensão autorizada do dever de coabitação do casal por um prazo curto, findo o qual deverá ser promovida a ação principal. Nada impede que tal pedido de separação de corpos seja feito na própria demanda principal, através de pedido incidental (art. 294, par. único, CPC).

8) Admite-se, também, o pedido de definição de **guarda/custódia/visitação de animal de estimação**. Ressalve-se que, nesse caso, tal pleito deve ser analisado no interesse das partes, e não do animal, pois o afeto tutelado é o das pessoas (embora a saúde do animal também deva ser levada em consideração, cf. art. 32, Lei nº 9.605/1998): IBDFAM, Enunciado nº 11: *"Na ação destinada a dissolver o casamento ou a união estável, pode o juiz disciplinar a custódia compartilhada do animal de estimação do casal".*

9) A jurisprudência sedimenta a fixação de **alimentos transitórios** (ou por prazo determinado), por constituir instrumento de motivação para que o(a) alimentando(a) procure meios próprios de subsistência, e não como fomento ao ócio, levando em consideração, também, a idade, condição e formação profissional compatível com uma provável inserção no mercado

124 ■ *Petições e Prática Cível*

de trabalho, em relação ao alimentando. Uma vez findo o prazo estipulado (emancipação da tutela do alimentante), o dever de pagar alimentos se extingue automaticamente (STJ – REsp 1.025.769/MG, 3ª Turma, *DJ* 24/08/2010).

10) Um ponto tormentoso na prática é sobre a **partilha de bens**. Não se impede a realização do divórcio antes mesmo de se ter resolvida a questão da partilha de bens (art. 1.581, CC c/c Verbete Sumular no 197, STJ), o que poderá se dar em ação posterior com tal fim. Inexistindo consenso entre as partes quanto à partilha, deve-se indicar os referidos bens e sugerir a divisão. As regras de partilha dependem do regime de bens no casamento (arts. 1.639-1.688, CC). Em visualização quanto ao **regime da comunhão parcial**, comunicam-se os bens que sobrevierem ao casal, na constância do casamento, com certas exceções como os bens adquiridos antes do casamento, ou aqueles recebidos depois por doação ou por herança, assim como aqueles bens adquiridos com o dinheiro de outro bem particular de uma das partes (*vide* arts. 1.658-1.659, CC). Sobre o assunto: *"Não se comunicam, na partilha decorrente de divórcio, os bens adquiridos por uma das partes antes do casamento, no período de namoro"* (STJ – REsp 1.841.128/MG, 3ª Turma, *DJ* 23/11/2021). Outro tema recorrente é sobre a partilha dos *bens financiados* pelo casal durante o casamento, isto é, deve ser partilhada a soma de todas as parcelas quitadas durante a união, independentemente de quem efetivamente as pagou: *"Ação de divórcio c/c partilha de bens (...) Imóvel adquirido antes do matrimônio das partes. Imóvel que se encontra financiado junto à CEF. Direito do ex-cônjuge à 50% sobre os valores pagos das prestações do financiamento do imóvel. Presunção de esforço comum do ex-casal. Desnecessidade de prova acerca da efetiva colaboração do ex-companheiro, sendo presumida a existência de esforço comum para a aquisição à título oneroso do bem, mediante financiamento"* (TJ-RJ – 0009772-51.2020.8.19.0205, 2ª Câmara Cível, *DJ* 28/06/2021).

Verbete(s): Súmula nº 197, STJ: *"O divórcio direto pode ser concedido sem que haja prévia partilha dos bens";* **Súmula nº 336, STJ:** *"A mulher que renunciou aos alimentos na separação judicial tem direito à pensão previdenciária por morte do ex-marido, comprovada a necessidade econômica superveniente";* **Súmula nº 383, STJ:** *"A competência para processar e julgar as ações conexas de interesse de menor é, em princípio, do foro do domicílio do detentor de sua guarda".*

Modelo

> Cabe verificar na Lei estadual de Organização Judiciária a existência de Juízo Especializado de Família, pois, do contrário, o feito será julgado por Vara Cível ou Vara Única, conforme o caso.

COLENDO JUÍZO DA _ VARA DE FAMÍLIA DA COMARCA DO RIO DE JANEIRO – RJ

PROC. Nº___

AMÉLIA ABREU ROCHA, brasileira, separada de fato, dentista, domiciliada e residente na Rua Marechal Gomes, nº 123, Centro, Cep: 56.122-101, na cidade do Rio de Janeiro – RJ, portadora da identidade nº 15678944-5, emitida pelo Detran/RJ, regularmente inscrita no CPF sob o nº 225.456.789-58, com endereço eletrônico amelia.abreu@internet. com.br, vem, por meio de seu advogado regularmente constituído que esta subscreve, conforme instrumento de procuração anexo (art. 287, CPC), respeitosamente, propor a presente:

AÇÃO DE DIVÓRCIO LITIGIOSO
com pedido de modificação do nome, fixação de guarda do filho menor e regime de visitas, além de partilha de bens

Em face de ROMEU ROCHA, brasileiro, separado de fato, comerciante, domiciliado e residente na Rua da Perdição, nº 411, apartamento nº 550, Porto de Tubarão, Cep: 15.789-111, na cidade de Vitória – ES, portador da identidade nº 15.647.844-1, emitida pelo Detran/RJ, regularmente inscrito no CPF sob o nº 321.789.145-87, com endereço eletrônico romeu. rocha@ internet.com.br, pelos fatos e fundamentos seguintes.

I. Competência.

A autora ajuíza a presente ação de divórcio no foro da Comarca do Rio de Janeiro – RJ, valendo-se do regramento que lhe é favorável, afinal a genitora tem a guarda do filho comum do casal (art. 53, I, "a", CPC).

II. Fatos e fundamentos jurídicos.

As partes contraíram núpcias no dia 1º de abril de 1998, sob o regime da comunhão parcial de bens, conforme anexa certidão de casamento registrada às fls., Livro 12, nº 427 (art. 320, CPC), não existindo pacto antenupcial.

A separação de fato do casal se deu em 11 de setembro de 2015, em razão da impossibilidade de convivência harmoniosa, sobretudo pelas constantes crises de ciúmes e tortura psicológica, falta de respeito e consideração, além de infidelidades, condutas estas praticadas pelo cônjuge varão (art. 1.566, I e V, CC).

Diante da impossibilidade de acordo visando à solução amigável, e com base no princípio da ruptura do afeto, vem a requerente postular a decretação do divórcio do casal, para o qual é desimportante o lapso temporal de separação fática do casal, conforme nosso ordenamento jurídico (art. 226, par. 6º, CRFB c/c art. 2º, IV, Lei nº 6.515/1977 c/c art. 1.571, IV, CC).

Uma vez que o "nome" constitui direito da personalidade (art. 16, CC), a requerente apresenta expressa manifestação de renúncia ao

---

Quanto ao descasamento, não mais se utiliza o termo "desquite", tendo o mesmo sido substituído por "separação" ou "divórcio" (art. 39, Lei nº 6.515/77). No casamento se utiliza costumeiramente o nome "cônjuge varão" para identificar o homem, e "cônjuge virago" para identificar a mulher.

Para as ações de família, aplica-se o foro do domicílio do guardião de filho incapaz (noção da Súmula nº 383, STJ); do domicílio do casal, caso não haja filho incapaz; ou do domicílio do réu, se nenhuma das partes residir no antigo domicílio do casal (art. 53, I, "a", "b" e "c", CPC). Sobre o assunto, CJF, nº 108 (II Jornada de Direito Processual Civil): "A competência prevista nas alíneas do art. 53, I, do CPC não é de foros concorrentes, mas de foros subsidiários". Frise-se a inclusão da regra do "foro do domicílio da vítima de violência doméstica e familiar, nos termos da Lei nº 11.340/2016" (art. 53, I, "d", CPC, incluído pela Lei nº 13.894/2019).

Frise-se a inclusão da regra do "foro do domicílio da vítima de violência doméstica e familiar, nos termos da Lei nº 11.340/2016" (art. 53, I, "d", CPC, incluído pela Lei nº 13.894/2019).

A EC nº 66/2010 fez alteração no par. 6º do art. 226, CRFB, para não mais exigir nenhum requisito temporal para o divórcio, de modo que os cônjuges exerçam com liberdade seu direito de desconstituir a sociedade conjugal, a qualquer tempo e sem precisar declinar os motivos, o que acaba por simplificar a vertente petição inicial.

sobrenome do requerido, "ROCHA", que lhe foi incorporado no momento do casamento (art. 1.578, par. 1º, CC c/c 18, Lei nº 6.515/77).

Da união, resultou um único filho, RODOLFO ROCHA, com 5 (cinco) anos de idade, conforme se extrai de sua certidão de nascimento (doc. anexo), atualmente residindo com a genitora requerente, no imóvel abaixo descrito. A guarda deve ser atribuída de forma unilateral à postulante (art. 1.584, CC), considerada a relação de afetividade, e, também, porque o pai já manifestou desinteresse pela guarda do menor (art. 1.584, par. 2º, CC), conforme e-mail acostado à inicial (art. 422, par. 3º, CPC).

Durante a constância do casamento, exatamente na data de 02/02/2005, as partes adquiriram 1 (um) imóvel, situado na Rua Juiz Walner de Castro, Lote nº 15, s/nº, Cascadura, Rio de Janeiro/RJ, apenas em nome do cônjuge varão e estimado em R$ 100.000,00 (cem mil reais), conforme anexa certidão do Registro Geral de Imóveis, que entra na comunhão (art. 1.660, I, CC) e deve ser objeto de partilha pela metade. Cuida-se de único bem comum sujeito à divisão patrimonial.

Na hipótese, a impossibilidade da requerente, pelo seu trabalho, de se manter, justamente porque desempregada, por ter se dedicado, e muito, ao lar e à prole durante o casamento, como acordado com o requerido quando de sua convivência, torna legítima a imposição do dever de este último pagar-lhe alimentos (art. 1.694 e art. 1.702, CC).

Considere-se que o requerido se trata de pessoa bem estabelecida (art. 1.694, par. 1º, CC), com salário estimado em R$ 20.000,00 (vinte mil reais), algo que poderá ser comprovado nos autos pelo seu respectivo contracheque, por meio de requisição judicial para sua demonstração, o que desde já se requer.

Além disso, deve ser destacado que o requerido viaja mais de uma vez ao ano ao exterior e goza de estilo de vida altamente custoso, o que caracteriza situação de ampla capacidade econômica. Os sinais exteriores de riqueza se demonstram pelas anexas fotos retiradas de suas redes sociais, demonstrando ostentação e frequência em restaurantes caros e viagens.

III. Pedido(s).

Ante o exposto, vem requerer a V.Ex.a., respeitosamente, o deferimento da citação, com a consequente expedição do mandado designando previamente a audiência de mediação ou de conciliação, para a qual será comunicado pessoalmente o requerido para comparecer, com a

---

O divórcio pode se dar ainda que não se tenha a partilha de bens (art. 1.581, CC c/c Verbete Sumular nº 197, STJ). A noção é de que sejam resolvidas primeiramente as questões existenciais, deixando de lado aquelas de natureza patrimonial.

A culpa de um dos cônjuges pelo fim do casamento não afeta diretamente a obrigação alimentícia. Nessa linha de ideias, *vide* IBDFAM, Enunciado nº 1: "*A EC 66/2010, ao extinguir o instituto da separação judicial, afastou a perquirição da culpa na dissolução do casamento e na quantificação dos alimentos*".

CJF, nº 573, CJF (VI Jornada de Direito Civil): "*Na apuração da possibilidade do alimentante, observar-se-ão os sinais exteriores de riqueza*"; "*Alimentos entre cônjuges. Alegação de que a alimentada exerce atividade laborativa. (...) Manifestações colhidas em redes sociais (Facebook, blogs etc.) podem funcionar como princípio de prova, mas devem ser contextualizados com outras evidências*" (TJ-RJ – 0006733-21.2016.8.19.0000, 2ª Câmara Cível, *DJ* 1º/03/2016).

antecedência mínima de 15 dias (art. 695, pars. 2º e 3º, CPC), e de forma desacompanhada de cópia da petição inicial (art. 695, par. 1º, CPC).

E, por fim, requer que todos os pedidos formulados sejam julgados procedentes, conforme segue:

a) decretação do divórcio litigioso do casal, pugnando pela expedição de ofício para averbação no Cartório de Registro Civil de Pessoas Naturais;

b) modificação do nome da requerente, para excluir o sobrenome do requerido, determinando-se a averbação no Registro Civil de Pessoas Naturais (arts. 10, I, CC c/c 29, par. 1º, "a", Lei nº 6.015/1973);

c) fixação da guarda unilateral do filho comum do casal à genitora, além do respectivo regime de visitação;

d) determinação de divisão do bem imóvel indicado na presente exordial.

e) condenação do requerido ao pagamento de alimentos à requerida, no importe de 30% (trinta por cento) dos vencimentos de seu salário, cujo quantitativo ainda será objeto de comprovação nos autos, de modo que o valor da causa foi calculado sobre o montante de 1 (um) salário-mínimo (R$ 880,00), por estimativa (art. 292, III, CPC);

f) condenação do requerido nas despesas processuais antecipadas (art. 82, par. 2º, CPC) e em honorários advocatícios (art. 85, CPC).

Protesta a requerente pela produção de todas as provas legais, como moralmente legítimas, para provar a verdade dos fatos articulados (art. 319, VI, CPC).

Diante do interesse de incapaz, filho comum das partes, deve o Ministério Público ser intimado pessoalmente para intervir como fiscal da ordem jurídica (art. 698, CPC).

Cuida-se de hipótese acobertada pelo segredo de justiça, nos termos da lei (art. 189, IV, CPC), o que se pede determinar.

As eventuais intimações do patrono da demandante deverão ser realizadas em nome da sociedade de advogados que integra, que é a Sampaio & Lacombe Advogados Associados, com endereço à Rua do Rosário, nº 88, Centro, Cep: 33.142-176, na cidade do Rio de Janeiro – RJ (art. 106 c/c art. 272, par. 1º, CPC). Aliás, desde logo se requer que eventual verba honorária sucumbencial também seja a ela destinada.

Atribui-se à causa, como de direito, o valor de R$ 110.560,00 (cento e dez mil, quinhentos e sessenta reais), conforme benefício patrimonial almejado (art. 292, VI, CPC).

Termos em que

Pede e espera deferimento.

Local e data.

Nome e assinatura do advogado(a)

O sentido da norma é evitar um clima de beligerância entre os demandantes. Naturalmente, o advogado do demandado, devidamente constituído, poderá ter acesso à petição inicial antes mesmo da realização da comentada audiência (art. 107, CPC).

Neste modelo de petição, optou-se pelo formato de cumulação de pedidos numa única ação judicial, trazendo a disciplina genérica dos temas. Maiores informações sobre cada um dos pleitos podem ser obtidas nos atinentes modelos de petições (*v.g.*, ação de alimentos; ação de guarda).

Até a divisão do imóvel, aplicar-se-ão as regras do condomínio, por exemplo, para fins do art. 1.319, CC (STJ – REsp 983.450/RS, 3ª Turma, *DJ* 02/02/2010). Enquanto não realizada a partilha, estando o imóvel comum na posse exclusiva de um dos companheiros, justifica-se, possivelmente, a concessão de alimentos ao outro (STJ – REsp 1.287.579/RN, 3ª Turma, *DJ* 11/06/2013).

A hipótese de intervenção do *Parquet* em qualquer causa que envolvesse o casamento (art. 82, II, CPC/1973) não foi repetida na nova lei processual (art. 178, CPC), só devendo o órgão ministerial participar das demandas judiciais deste naipe que interessem ao incapaz.

3.11.2. Ação de Divórcio Consensual

Peça vinculada ao caso concreto: Não.

Finalidade: Petição inicial que visa à dissolução judicial do casamento, havendo consenso, mediante procedimento de jurisdição voluntária, para obter a respectiva homologação judicial. O pleito de divórcio cabe naturalmente aos cônjuges (art. 1.582, CC), mas é possível sua formulação, em caso de incapacidade, por curador, ascendente ou irmão (art. 1.582, par. único, CC c/c art. 24, par. único, Lei nº 6.515/77).

Dispositivo(s): art. 34, Lei nº 6.515/77; art. 731 – art. 732, CPC; art. 1.571 – art. 1582, CC.

Importante:

1) Em se tratando de **divórcio *litigioso*,** diferentemente, cabe aplicar outro regime procedimental (art. 693 – art. 699, CPC).

2) As disposições ora estudadas relativas ao processo de homologação judicial de "divórcio ou de separação *consensuais*" aplicam-se, no que couber, ao processo de homologação da "**extinção consensual de união estável**" (art. 732, CPC).

3) À causa que verse sobre o estado e capacidade das pessoas, ainda que de cunho patrimonial, **não se aplica o rito dos Juizados Especiais Cíveis** (art. 3º, par. 2º, Lei nº 9.099/1995), de modo que a presente ação deve ser ajuizada na Justiça Comum.

4) Admite-se a **solução extrajudicial** do divórcio ou separação *consensual*, e da extinção consensual da união estável, por meio de escritura pública lavrada por tabelião (art. 733, CPC), a qual constituirá título hábil para qualquer ato de registro, bem como para levantamento de importância depositada em instituições financeiras (art. 733, § 1º, CPC). Dentre os seus requisitos, cabe listar: a) natureza consensual; b) não haver nascituros ou filhos incapazes do casal (bem como a inexistência de gravidez do cônjuge virago ou desconhecimento acerca desta circunstância, conforme art. 47, Resolução nº 35/2007, CNJ, alterada pela Resolução nº 220/2016, CNJ) – com a ressalva do Enunciado nº 571, CJF – VI Jornada de Direito Civil: "*Se comprovada a resolução prévia e judicial de todas as questões referentes aos filhos menores ou incapazes, o tabelião de notas poderá lavrar escrituras públicas de dissolução conjugal*"; c) representação de ambos os requerentes por advogado, ou por defensor público, ainda que comum (art. 733, § 2º, CPC); d) forma pública, por meio de escritura lavrada por tabelião. A escritura poderá tratar de outras questões que não o fim da sociedade conjugal (v.g., manutenção do nome de casado), com exceção da guarda de crianças, afinal incabível tal delimitação por via extrajudicial. Deve ser frisado que a utilização da via extrajudicial constitui uma *faculdade* dos interessados, não inibindo o ajuizamento de ação judicial mesmo se preenchidos os requisitos para o divórcio consensual (art. 2º, Resolução nº 35/2007, CNJ).

5) A petição inicial de divórcio consensual pode trazer **cumulação de pedidos**, para tratar, também, da (i) descrição dos bens do casal e a respectiva partilha; (ii) das disposições relativas à pensão alimentícia entre os cônjuges; (iii) o acordo relativo à guarda dos filhos incapazes e ao regime de visitas; (iv) o valor da contribuição para criar e educar os filhos (art. 731, CPC). De forma isonômica, interessa notar que a legislação substitui a expressão "*pensão alimentícia do marido à mulher*" (art. 1.120, IV, CPC/1973), para "*disposições relativas à pensão alimentícia entre os cônjuges*" (art. 731, II, CPC).

Petições Cíveis: Procedimentos Especiais de Jurisdição Contenciosa e Voluntária ■ **129**

6) No caso de divórcio consensual em que haja **doação da meação do ex-cônjuge**, incidirá o imposto de transmissão (Verbete Sumular nº 66, TJ-RJ), devendo ser observado o prazo legal para pagamento, contado da sentença de partilha judicial de bens, sob pena da incidência de multa (*v.g.* art. 27, par. 4, I, "c"; e 37, Lei estadual RJ nº 7.174/2015).

7) Admite-se o pedido de definição de **guarda/custódia/visitação de animal de estimação**. Ressalve-se que, nesse caso, tal pleito deve ser analisado no interesse das partes, e não do animal, pois o afeto tutelado é o das pessoas (embora a saúde do animal também deva ser levada em consideração, cf. art. 32, Lei nº 9.605/1998): IBDFAM, Enunciado nº 11: "*Na ação destinada a dissolver o casamento ou a união estável, pode o juiz disciplinar a custódia compartilhada do animal de estimação do casal*".

Verbete(s): Súmula nº 66, TJ-RJ: "*Em partilha de bens decorrente da separação consensual, em que haja diferença de quinhões sem indício de reposição, compensação pecuniária ou qualquer onerosidade, incidirá o imposto estadual de transmissão sobre doações*".

Modelo

COLENDO JUÍZO DA _ VARA DE FAMÍLIA DA COMARCA DO RIO DE JANEIRO – RJ

PROC. Nº___

> Cabe verificar na Lei estadual de Organização Judiciária a existência de Juízo Especializado de Família, pois, do contrário, o feito será julgado por Vara Cível ou Vara Única, conforme o caso.

AMÉLIA ABREU ROCHA, brasileira, separada de fato, dentista, domiciliada e residente na Rua Marechal Gomes, nº 123, Centro, Cep: 56.122-101, na cidade do Rio de Janeiro – RJ, portadora da identidade nº 15.678.944-5, emitida pelo Detran/RJ, regularmente inscrita no CPF sob o nº 225.456.789-58, com endereço eletrônico amelia.abreu@internet.com.br; e ROMEU ROCHA, brasileiro, separado de fato, comerciante, domiciliado e residente na Rua da Perdição, nº 411, apartamento nº 550, Porto de Tubarão, Cep: 15.789-111, na cidade de Vitória – ES, portador da identidade nº 15.647.844-1, emitida pelo Detran/RJ, regularmente inscrito no CPF sob o nº 321.789.145-87, com endereço eletrônico romeu.rocha@internet.com.br, vêm, por meio de seu advogado comum regularmente constituído que esta subscreve, conforme instrumento de procuração anexo (art. 287, CPC), respeitosamente, propor a presente:

> A petição inicial, em nome de ambas as partes, será assinada pelos advogados das partes ou pelo advogado escolhido de comum acordo (art. 34, par. 1º, Lei nº 6.515/1973).

AÇÃO DE DIVÓRCIO CONSENSUAL

com pedido de homologação de acordo quanto à guarda do filho menor, regime de visitas, além de alimentos pelos fatos e fundamentos seguintes.

I. Dos fatos.

Os requerentes contraíram núpcias no dia 1º de abril de 1998, sob o regime da comunhão parcial de bens, conforme anexa certidão de

130 ■ *Petições e Prática Cível*

casamento registrada às fls., Livro 12, nº 427 (art. 320, CPC), não existindo pacto antenupcial.

A separação de fato do casal se deu em 11 de setembro de 2018, em razão da impossibilidade de convivência harmoniosa, vindo os cônjuges manifestar seu desejo de dissolver o casamento pelo divórcio, sendo desimportante o lapso temporal de separação fática do casal, conforme autoriza o ordenamento jurídico (art. 226, par. 6º, CRFB c/c art. 2º, IV, Lei nº 6.515/77 c/c art. 1.571, IV, CC).

> A EC nº 66/2010 fez alteração no par. 6º do art. 226, CRFB, para não mais exigir nenhum requisito temporal para o divórcio. O sentido é permitir que os cônjuges exerçam com liberdade seu direito de desconstituir a sociedade conjugal, a qualquer tempo e sem precisar declinar os motivos.

Da união, resultou um único filho, RODOLFO ROCHA, brasileiro, regularmente inscrito no CPF sob o nº 842.066.795-00, com 5 (cinco) anos de idade, conforme se extrai de sua certidão de nascimento (doc. anexo), atualmente residindo com a genitora requerente, no endereço indicado na qualificação.

Os requerentes declaram não possuir bens de sua titularidade, móveis ou imóveis, a partilhar.

> Havendo bens a partilhar, poderá desde já se estabelecer um acordo, nesta mesma petição (art. 731, I, CPC). Entretanto, inexistindo acordo sobre a divisão de bens, nada impede que isso seja resolvido em outra ação judicial (art. 731, par. único, CPC).

II. Acordo relativo à guarda do filho menor, regime de visitação e prestação alimentícia.

Os requerentes demonstram o seguinte acordo relativo à *guarda* do filho menor, que deve ser atribuída de forma unilateral à genitora (art. 1.584, I, CC), considerada a relação de afetividade, sendo estabelecido o seguinte regime de visitação (art. 1.589, CC): a) *encontros periódicos regulares*: em finais de semana alternados, poderá o pai retirar o filho a partir das 18h de sexta-feira e devolvê-lo até às 20h do domingo; b) *férias escolares*: de verão, o pai poderá viajar com o filho dentro do território nacional, ou internacional mediante autorização da mãe, pelo prazo de 15 dias, todos os anos; e de inverno, na segunda quinzena de julho, nos mesmos termos, porém apenas nos anos pares; c) *dias festivos*: o filho passará os aniversários do pai em sua companhia, além do dia dos pais, no horário entre 8h e 22h do referido dia; véspera de natal e natal em anos pares e véspera de ano novo e primeiro dia do ano em anos ímpares, pegando o filho às 8h e devolvendo-o às 22h, respectivamente; d) *ressalvas*: a genitora passará seu aniversário e o dia das mães com o filho, independente de se tratar do final de semana de encontro periódico com o pai.

> Vale mencionar que a maioridade do filho não cessa automaticamente o dever de pagar alimentos, conforme CJF, nº 344 (IV Jornada de Direito Civil): *"A obrigação alimentar originada do poder familiar, especialmente para atender às necessidades educacionais, pode não cessar com a maioridade".*

Acordam os requerentes o pagamento de *pensão alimentícia* ao filho nos seguintes termos: o genitor arcará integralmente com as despesas escolares do filho, incluindo matrícula, mensalidades, livros e material, além do uniforme; curso de inglês e 1 (uma) atividade física extraescolar; bem como com o plano de saúde do filho.

III. Alteração do nome da requerente.

Uma vez que o "nome" constitui direito da personalidade (art. 16, CC), a requerente apresenta expressa manifestação de renúncia ao sobrenome do requerido, "ROCHA", que lhe foi incorporado no momento do casamento (art. 1.578, par. 1º, CC c/c 18, Lei nº 6.515/77).

IV. Dos pedidos.

Os requerentes, por estarem de acordo com as cláusulas acima, por livre vontade, desde já a ratificam. Ante o exposto, vêm requerer a V.Ex.a, respeitosamente, seja dispensada a realização de audiência de ratificação, nos termos da jurisprudência de tribunal superior.

> *"Processual civil. Recurso especial. Família. Ação de divórcio consensual direto. (...) Divórcio homologado de plano. Possibilidade. (...) 1. Em razão da modificação do art. 226, par. 6º, da CRFB, com a nova redação dada pela EC 66/2010, descabe falar em requisitos para a concessão de divórcio. 2. Inexistindo requisitos a serem comprovados, cabe, caso o magistrado entenda ser a hipótese de concessão de plano do divórcio, a sua homologação. 3. A audiência de conciliação ou ratificação passou a ter apenas cunho eminentemente formal, sem nada produzir, e não havendo nenhuma questão relevante de direito a se decidir, nada justifica na sua ausência, a anulação do processo" (STJ – REsp 1.483.841/RS, 3ª Turma, DJ 17/03/2015).*

Assim, requerem a homologação de todos os pedidos formulados, na forma acima pactuada, com destaque à decretação do divórcio consensual do casal, pugnando pela expedição de ofício para averbação no Cartório de Registro Civil de Pessoas Naturais; modificação do nome da requerente, para excluir o sobrenome do requerido, determinando-se a averbação no Registro Civil de Pessoas Naturais (arts. 10, I, CC c/c 29, par. 1º, "a", Lei nº 6.015/1973); fixação da guarda unilateral do filho comum do casal à genitora, bem como homologação do regime de visitação nos termos trazidos; homologação do acordo quanto à prestação alimentícia pelo genitor.

Diante do interesse de incapaz, filho comum das partes, deve o Ministério Público ser intimado pessoalmente para intervir como fiscal da ordem jurídica e se manifestar antes da homologação do respectivo acordo (art. 698, CPC).

Cuida-se de hipótese acobertada pelo segredo de justiça, nos termos da lei (art. 189, IV, CPC), o que se pede determinar.

Protestam os requerentes pela produção de todas as provas legais, como moralmente legítimas, para provar a verdade dos fatos articulados (art. 319, VI, CPC).

Não se impede o juiz de recusar a homologação do divórcio, caso verificado que o acordo não preserva suficientemente os interesses dos filhos ou de um dos cônjuges (art. 34, par. 2º, Lei nº 6.515/1973 c/c art. 1.574, par. único, CC c/c CJF, nº 515 (V Jornada de Direito Civil): "Art. 1.574, parágrafo único. Na separação judicial por mútuo consentimento, o juiz só poderá intervir no limite da preservação do interesse dos incapazes ou de um dos cônjuges, permitida a cindibilidade dos pedidos com a concordância das partes, aplicando-se esse entendimento também ao divórcio".

A hipótese de intervenção do *parquet* em qualquer causa que envolvesse o casamento (art. 82, II, CPC/1973) não foi repetida na nova lei processual (*vide* art. 178, CPC), só devendo o órgão ministerial participar das demandas judiciais deste naipe que interessem ao incapaz.

As eventuais intimações do patrono dos requerentes deverão ser realizadas em nome da sociedade de advogados que integra, que é a Sampaio & Lacombe Advogados Associados, com endereço à Rua do Rosário, nº 88, Centro, Cep: 33.142-176, na cidade do Rio de Janeiro – RJ (art. 106 c/c art. 272, par. 1º, CPC).

Atribui-se à causa, como de direito, o valor de R$ 25.000,00 (art. 292, III, CPC).

Termos em que

Pede e espera deferimento.

Local e data.

Nome e assinatura do advogado(a)

3.11.3. Ação de Reconhecimento e Dissolução de União Estável

Peça vinculada ao caso concreto: Não.

Finalidade: Obter o reconhecimento da existência de união estável entre os companheiros e, também, a declaração de sua dissolução, em cumulação de pedidos (conforme retrata o presente modelo de petição). De outra forma, pode se verificar uma ação judicial com pleito único de dissolução de união estável, caso esta já esteja registrada ou se for consensual a existência do vínculo.

Dispositivo(s): art. 226, par. 3º, CRFB c/c arts. 1.723/1.727, CC c/c Leis nº 8.971/1994 e nº 9.278/1996 c/c arts. 693/699, CPC.

Importante:

1) O texto constitucional reconhece a união estável, equiparando-a ao casamento (art. 226, par. 3º, CRFB), o que é acompanhado pela legislação infraconstitucional. Segundo o **conceito** legal: "*É reconhecida como entidade familiar a união estável entre homem e mulher, configurada na convivência pública, contínua e duradoura e estabelecida com o objetivo de constituição de família*" (art. 1.723, CC). Como se nota, não constam pressupostos relacionados ao tempo de convivência e/ou existência de prole para sua caracterização.

2) A **coabitação** não constitui requisito necessário à configuração da união estável, embora tal fato constitua um relevante indício a ser considerado pelo juiz: "*2.1. O propósito de constituir família, alçado pela lei de regência como requisito essencial à constituição da união estável – a distinguir, inclusive, esta entidade familiar do denominado 'namoro qualificado' –, não consubstancia mera proclamação, para o futuro, da intenção de constituir uma família. É mais abrangente. Esta deve se afigurar presente durante toda a convivência, a partir do efetivo compartilhamento de vidas, com irrestrito apoio moral e material entre os companheiros. É dizer: a família deve, de fato, restar constituída. 2.2. Tampouco a coabitação, por si, evidencia a constituição de uma união estável (ainda que possa vir a constituir, no mais das vezes, um relevante indício), especialmente se considerada a* *particularidade dos autos, em que as partes, por contingências e interesses particulares (ele, a trabalho; ela, pelo estudo) foram, em momentos distintos, para o exterior, e, como namorados que eram, não hesitaram em residir conjuntamente. Este comportamento, é certo, revela-se absolutamente usual nos tempos atuais, impondo-se ao Direito, longe das críticas e dos estigmas, adequar-se à realidade social"* (STJ – REsp 1.454.643/RJ, 3ª Turma, DJ 03/03/2015). Como se extrai, mesmo que os companheiros apenas pernoitem em companhia do outro nos finais de semana, ou mesmo em dias isolados da semana, poderá ser reconhecida, em tese, a união estável.

3) A união estável não se concretizará se verificado algum dos **impedimentos** para casar (arts. 1.723, par. 1º; e 1.521, CC). Importa destacar que as pessoas casadas, desde que separadas de fato ou judicialmente, poderão constituir união estável (art. 1.723, par. 1º, *in fine*, CC).

4) Diante do princípio da monogamia, e do dever de fidelidade (art. 1.566, CC), repudiam-se as **uniões paralelas**, o que se denomina "poliamor" (ou "relações poliafetivas"). Isso está cristalizado na proibição do reconhecimento do concubinato (art. 1.727, CC); bem como no requisito da exclusividade de relacionamento sólido para existência jurídica da união estável (art. 1723, par. 1º, CC): *"2. A jurisprudência do STJ possui entendimento no sentido de que não é possível o reconhecimento de uniões simultâneas, de modo que a caracterização da união estável pressupõe a ausência de impedimento para o casamento ou, pelo menos, a necessidade de haver separação de fato ou judicial entre os casados"* (STJ – AgRg no EDcl no AREsp 514.772/SP, 4ª Turma, DJ 09/12/2014). É o entendimento predominante na Justiça fluminense (Verbete Sumular nº 122, TJ-RJ), quanto mais na situação em que a(o) concubina(o) tinha ciência da existência da outra relação do(a) parceiro(a).

5) Sobre o reconhecimento de **união estável homoafetiva** (entre pessoas do mesmo sexo), a Corte Suprema se pronunciou: *"O sexo das pessoas, salvo disposição constitucional expressa ou implícita em sentido contrário, não se presta como fator de desigualação jurídica. Proibição de preconceito, à luz do inc. IV do art. 3º da CRFB, por colidir frontalmente com o objetivo constitucional de 'promover o bem de todos'. (...) A Constituição de 1988, ao utilizar-se da expressão 'família', não limita sua formação a casais heteroafetivos nem a formalidade cartorária, celebração civil ou liturgia religiosa. (...) Ante a possibilidade de interpretação em sentido preconceituoso ou discriminatório do art. 1.723 do CC, não resolúvel à luz dele próprio, faz-se necessária a utilização da técnica de 'interpretação conforme à Constituição'. Isso para excluir do dispositivo em causa qualquer significado que impeça o reconhecimento da união contínua, pública e duradoura entre pessoas do mesmo sexo como família. Reconhecimento que é de ser feito segundo as mesmas regras e com as mesmas consequências da união estável heteroafetiva"* (STF – ADIn 4.277/DF e ADPF 132/RJ, Tribunal Pleno, DJ 05/05/2011); o que foi corroborado posteriormente pelo Conselho Nacional de Justiça (Resolução nº 175/2013, CNJ, que dispõe sobre *"a habilitação, celebração de casamento civil, ou de conversão de união estável em casamento, entre pessoas do mesmo sexo"*). Vem se admitindo a concessão de alimentos entre companheiros(as) do mesmo sexo, dentre outras prerrogativas: *"2. A plena equiparação das uniões estáveis homoafetivas, às uniões estáveis heteroafetivas trouxe, como corolário, a extensão automática àquelas, das prerrogativas já outorgadas aos companheiros dentro de uma união estável tradicional. (...) 4. Se a prerrogativa de vara privativa*

134 ■ *Petições e Prática Cível*

é outorgada ao extrato heterossexual da população brasileira, para a solução de determinadas lides, também o será à fração homossexual, assexual ou transexual, e todos os demais grupos representativos de minorias de qualquer natureza que tenham similar demanda" (STJ – REsp 1.291.924/RJ, 3ª Turma, DJ 28/05/2013). No mesmo sentido, CJF nº 117 – I Jornada de Direito Civil: *"Art. 1.831. O direito real de habitação deve ser estendido ao companheiro, seja por não ter sido revogada a previsão da Lei nº 9.278/96, seja em razão da interpretação analógica do art. 1.831, informado pelo art. 6º, caput, da CRFB/88".*

6) O termo **"concubinato"**, em acepção moderna, especifica uma união não formalizada pelo casamento civil (art. 1.511, CC) nem reconhecida como união estável (art. 1.723, CC). Em verdade, o concubinato não identifica uma entidade familiar, e sim uma união retratada por relações não eventuais entre homem e mulher, impedidos de casar (art. 1.727, CC). O(a) concubino(a) é visto(a) como um(a) amante, sendo tal relação reprimida por lei ou convenção social, negando o direito à meação patrimonial, alimentos e direitos sucessórios.

7) As disposições relativas ao processo de homologação judicial de "divórcio ou de separação *consensuais"* aplicam-se, no que couber, ao processo de homologação da "**extinção consensual de união estável**" (art. 732, CPC).

8) À causa que verse sobre o estado e capacidade das pessoas, ainda que de cunho patrimonial, **não se aplica o rito dos Juizados Especiais Cíveis** (art. 3º, par. 2º, Lei nº 9.099/1995), de modo que a presente ação deve ser ajuizada na Justiça Comum, sendo aplicado o rito especial das ações de família (art. 693, CPC).

Verbete(s): Súmula nº 122, TJ-RJ: *"É inadmissível o reconhecimento de uniões estáveis concomitantes";* **Súmula nº 189, TJ-RJ:** *"A partilha de bens decorrente da dissolução da união estável deve observar a lei de regência da época da extinção do vínculo";* **Súmula nº 370, TJ-RJ:** *"Compete ao juízo de família o julgamento de demanda que verse sobre o reconhecimento e dissolução da união estável,* post mortem, *dirimindo a questão atinente à divisão de bens".*

Modelo

Aplica-se o foro comum às ações de família (art. 53, I, CPC). Definido este, deve-se analisar a existência de juízo especializado de família conforme as regras estaduais de organização judiciária. Aliás, disciplina a lei que *"toda a matéria relativa à união estável é de competência do juízo da Vara de Família, assegurado o segredo de justiça"* (art. 9º, Lei nº 9.278/1996).

COLENDO JUÍZO DA _ VARA DE FAMÍLIA DA COMARCA DO RIO DE JANEIRO – RJ

PROC. Nº____

DEYSE OHARA, brasileira, solteira e em união estável não registrada, cantora profissional, domiciliada e residente na Rua Chicana, nº 66, Centro, Cep: 20.001-123, na cidade do Rio de Janeiro – RJ, portadora da identidade nº 332346-2, emitida pelo Detran/RJ, regularmente inscrita no CPF sob o nº 686.232.007-12, com endereço eletrônico deyse.1989@

internet.com.br, vem, por meio de seu advogado regularmente constituído que esta subscreve, conforme instrumento de procuração anexo (art. 287, CPC), respeitosamente, propor a presente:

AÇÃO DE RECONHECIMENTO E DISSOLUÇÃO DE UNIÃO ESTÁVEL
com pedido de partilha de imóvel

Em face de MAX DE LA TORRE, brasileiro, solteiro e em união estável não registrada, bancário, domiciliado e residente à Rua Conde Boamorte, nº 13, Glória, Cep: 21.122-001, na cidade do Rio de Janeiro – RJ, portador da identidade nº 102.598-8, emitida pelo Detran/RJ, regularmente inscrita no CPF sob o nº 004.123.012-09, com endereço eletrônico max. ratodepraia@internet.com.br, pelos fatos e fundamentos seguintes.

I. Fatos e fundamentos jurídicos.

A autora conviveu com o réu por cerca de 6 (seis) anos, de junho/2012 a abril/2018, sendo certo que ambos passaram a morar juntos, dividindo o mesmo teto, com compartilhamento de vidas e irrestrito apoio moral e material entre si, em relação pública de convivência, desde novembro/2012, inexistindo qualquer impedimento legal para tanto (art. 1.723, par. 1º, CC).

A relação de união estável está devidamente comprovada pela demonstração de que a autora e o réu compartilhavam um único orçamento familiar e dividiam as respectivas despesas (docs. anexos); sendo clarividente a existência de convivência pública, contínua e duradoura do casal, estabelecida com o objetivo de constituição de família, inclusive mediante documentação (fotos e docs. anexos), o que ainda será corroborado pela produção de prova testemunhal, inclusive de vizinhos e amigos do casal, em preenchimento dos requisitos exigidos pela lei (art. 1.723, CC).

Da longa relação entre autora e réu, não surgiram filhos, porém.

No dia 15 de novembro de 2018, a união estável mantida pelo casal foi dissolvida, pelo fato de a autora ter descoberto uma traição episódica praticada pelo companheiro-réu com outra mulher.

Fato é que, antes disso, na data de 10 de janeiro de 2015, ainda na constância da relação, o casal adquiriu um imóvel, no valor de

A prova da união estável pode ser feita, *v.g.*, através do casamento apenas religioso ou de sua festa de celebração; casamento no exterior; indicação do(a) companheiro(a) como dependente no imposto de renda; existência de conta bancária conjunta; divisão de despesas comuns; coabitação; documento público ou particular reconhecendo a constância da relação afetiva; averbação do patronímico do companheiro no Registro Civil das Pessoas Naturais (art. 57, Lei nº 6.015/1973); acordo extrajudicial estabelecendo pensão alimentícia entre os companheiros.

Havendo filhos, cabe mencionar e, inclusive, fazer constar pedido cumulado de definição de sua guarda e do regime de visitação (aproveitando-se, no que couber, os demais e respectivos modelos de petição trazidos neste livro).

Inexiste necessidade de demonstrar a culpa de um dos companheiros para configuração do interesse de agir desta demanda judicial, embora seja corrente este tipo de menção

R$ 1.500.000,00 (hum milhão e quinhentos mil reais), o qual foi registrado apenas no nome do réu, cujos dados podem ser confirmados pela escritura de compra e venda do bem (doc. anexo), além da matrícula no RGI local (doc. anexo).

Aplica-se o regime da comunhão parcial de bens à união estável, já que inexistiu a celebração de qualquer contrato escrito entre os companheiros (art. 1.725, CC), vigorando a presunção de esforço comum dos conviventes para adquirir o respectivo bem. Nesse sentido:

"2. A jurisprudência desta egrégia Corte Superior já proclamou que, após a edição da Lei nº 9.278/1996, vigente o regime da comunhão parcial na união estável, há presunção absoluta de que os bens adquiridos onerosamente na constância da convivência são resultado do esforço comum dos conviventes. Precedentes" (STJ – AgRg no REsp 1.475.560/MA, 3ª Turma, *DJ* 24/05/2016).

Com efeito, deverá ser realizada a partilha do atinente bem imóvel, o qual permanece na posse exclusiva do réu, sendo certo que o administrador dos bens em estado de mancomunhão tem a obrigação de prestar contas ao outro companheiro alijado do direito de propriedade.

Finalmente, a autora declara não necessitar de assistência financeira, já que exerce atividade laborativa regular.

II. Pedido(s).

Ante o exposto, requer:

a)   a expedição do mandado de citação do réu, integrando-o ao feito, com sua intimação para comparecer à audiência previamente designada (art. 695, CPC), observado o interregno mínimo legal (art. 695, par. 2º, CPC), e sem necessidade de que no mandado citatório conste a cópia da contrafé (art. 695, par. 1º, CPC);

b)   seja julgado procedentes os pleitos autorais, em cumulação sucessiva, para declarar a existência da união estável e para que, consequentemente, seja decretada sua dissolução; bem como para determinar a partilha, em igual parte, do imóvel descrito nesta petição;

c)   condenação do requerido nas despesas processuais antecipadas (art. 82, par. 2º, CPC) e em honorários advocatícios (art. 85, CPC).

Protesta a autora pela produção de todas as provas legais, como moralmente legítimas, para provar a verdade dos fatos articulados (art. 319, VI, CPC), notadamente pela produção antecipada de prova, ata

---

Até a divisão do imóvel, aplicar-se-ão as regras do condomínio, por exemplo, para fins do art. 1.319, CC (STJ – REsp 983.450/RS, 3ª Turma, *DJ* 02/02/2010). Enquanto não realizada a partilha, estando o imóvel comum na posse exclusiva de um dos companheiros, justifica-se, possivelmente, a concessão de alimentos ao outro (STJ – REsp 1.287.579/RN, 3ª Turma, *DJ* 11/06/2013).

Não se nega a possibilidade de pleito de alimentos entre companheiros, sendo possível fazê-lo constar nesta mesma petição (aproveitando-se, no que couber, os demais e respectivos modelos de petição trazidos neste livro). Tende-se a reconhecer "alimentos transitórios" (por tempo determinado) para companheiro(a) inserido(a) no mercado de trabalho ou apto(a) a readquirir sua capacidade de trabalho, para não fomentar o ócio e o parasitismo (STJ – REsp 1.454.263/CE, 4ª Turma, *DJ* 16/04/2015).

O sentido da norma é evitar um clima de beligerância entre os demandantes. Naturalmente, o advogado do demandado, devidamente constituído, poderá ter acesso à petição inicial antes mesmo da realização da comentada audiência (art. 107, CPC).

Petições Cíveis: Procedimentos Especiais de Jurisdição Contenciosa e Voluntária ■ **137**

notarial, documentos físicos e eletrônicos, confissão, testemunhas, perícia, prova técnica simplificada, dentre outros.

Ad cautelam, já vem indicar o rol preliminar de testemunhas, que comparecerão à audiência designada independentemente de intimação (art. 455, par. 2º, CPC): *1. Jair Barros (CPF: 001.289.047-00); Rua Flamingo, nº 35, Apto. 407, Copacabana, Rio de Janeiro/RJ; 2. Alessandra Fonseca (CPF: 444.001.047-31), Praça do Aviador, nº 38, Apto. 102, Catete, Rio de Janeiro/RJ; 3. Isabella Gutierres da Silva (CPF: 021.236.610-07); Rua Douglas Costa, nº 10, Califórnia, Nova Iguaçu/RJ.*

> A prova testemunhal pode ser arrolada posteriormente (art. 357, par. 4º, CPC), mas convém mensurá-la desde já nesta tipologia de ação, inclusive com eventual menção ao parentesco ou relação de proximidade com as partes e/ou com o menor envolvido na demanda judicial.

As eventuais intimações do patrono da demandante deverão ser realizadas em nome da sociedade de advogados que integra, que é a Sampaio & Lacombe Advogados Associados, com endereço à Rua do Rosário, nº 88, Centro, Cep: 33.142-176, na cidade do Rio de Janeiro – RJ (art. 106 c/c art. 272, par. 1º, CPC). Aliás, desde logo se requer que eventual verba honorária sucumbencial também seja a ela destinada.

Dá-se à causa o valor de R$ 1.500.000,00 (hum milhão e quinhentos mil reais).

Termos em que

Pede e espera deferimento.

Local e data.

Nome e assinatura do advogado(a)

3.11.4. Ação de Alimentos

Peça vinculada ao caso concreto: Não.

Finalidade: Petição inicial que visa à obtenção de alimentos, de forma a garantir a sobrevivência digna do necessitado. A ação de alimentos é de rito especial (art. 1º, Lei nº 5.478/68), onde se preconiza a celeridade, afinal a "fome não espera". Deve ser verificada a necessidade do alimentando (credor), a possibilidade do alimentante (devedor), mediante juízo de proporcionalidade. Os alimentos devem ser prestados em favor do alimentando de *"modo compatível com a sua condição social"* (art. 1.694, CC), o que deve ser visto de forma circunstancial, com precedência de um obrigatório cotejo com os recursos da pessoa obrigada (art. 1.694, § 1º, CC). Sobre a execução da decisão de alimentos, confira-se modelo de petição inserida no tópico nº 4.2.3. deste livro.

Dispositivo(s): Lei nº 5.478/68 c/c art. 693, parágrafo único, CPC e art. 1.694 – art. 1.710, CC.

Importante:

1) A ação de alimentos tem **rito especial**, somente se aplicando o capítulo das "ações de família", previsto no novo Código de Processo Civil, naquilo que for compatível (art. 693, par. único, CPC). Aliás, diga-se que à causa de natureza alimentar **não se aplica o rito dos**

138 ■ *Petições e Prática Cível*

Juizados Especiais Cíveis (art. 3º, par. 2º, Lei nº 9.099/1995), de modo que a presente ação deve ser ajuizada na Justiça Comum.

2) Foi ampliada a **jurisdição internacional concorrente brasileira** para incluir a possibilidade de ajuizamento de ação de alimentos quando o credor (alimentando) tiver domicílio ou residência no Brasil, ainda que o devedor (alimentante) seja residente no exterior (art. 22, I, "a", CPC), em consonância com o foro do alimentando (art. 53, II, CPC), o que ratifica o caráter *portable* da obrigação alimentar, de ser prestada no domicílio do credor, conforme precedentes jurisprudenciais (STJ – CC 20.175/SP, 2ª Seção, DJ 14/10/1998). Também se outorgou tal possibilidade se o devedor (alimentante) mantiver bens ou ativos no Brasil (art. 22, I, "b", CPC).

3) A **obrigação alimentícia** é recíproca entre cônjuges e companheiros (art. 1.694, CC); pais e filhos, e, numa relação de subsidiariedade, aos demais ascendentes (art. 1.696, CC), ou mesmo irmãos (art. 1.697, CC). Quanto aos ascendentes e descendentes, o grau mais próximo exclui o mais remoto (art. 1.696, *in fine*, CC); quanto aos irmãos, primeiro os bilaterais (germanos, de mesmo pai e mãe), depois os unilaterais (art. 1.697, *in fine*, CC). Segundo a interpretação literal da legislação, ficam de fora os parentes colaterais, como tios, tios-avós, sobrinhos e primos; como também os parentes afins, como o sogro e sogra, genro e nora (STJ – AgRg no REsp 1.305.614/DF, 3ª Turma, DJ 17/09/2013).

4) De forma a evitar que a demanda alimentícia tenha seguimento somente contra um dos alimentantes, ainda que mais abastado, por livre escolha do alimentando – afinal não há solidariedade na obrigação alimentar –, o direito material se imiscuiu no processual, para admitir uma espécie de **chamamento ao processo dos outros parentes** (art. 1.698, CC). Entende-se que a *"necessidade alimentar não deve ser pautada por quem paga, mas sim por quem recebe, representando para o alimentado maior provisionamento tantos quantos coobrigados houver no polo passivo da demanda"* (STJ – REsp 658.139/RS, 4ª Turma, DJ 11/10/2005). Em precedente posterior, entendeu-se que se o alimentando é capaz, terá o mesmo o direito de demandar contra quem deseja, cabendo apenas a si a provocação de intervenção de coobrigado alimentar; porém, se o alimentando é incapaz, caberia não só a este, mas também ao réu e ao Ministério Público provocar a intervenção de coobrigado (STJ – REsp 1.715.438/RS, 3ª Turma, DJ 13/11/2018).

5) Em se tratando de **alimentando idoso**, com mais de 60 anos (art. 1º, Lei nº 10.741/2003), haverá verdadeira obrigação alimentar solidária (art. 12, Lei nº 10.741/2003), podendo aquele exigir de forma integral a prestação de qualquer daqueles obrigados pela prestação alimentícia (STJ – REsp 775.565/SP, 3ª Turma, DJ 13/06/2006).

6) A lei dita que são devidos alimentos ao nascituro e à mulher gestante (alimentandos), no que se intitulou de "**alimentos gravídicos**" (alimentos durante a gravidez), nova espécie de alimentos legais, algo aproximado de um "auxílio maternidade" (art. 2º, Lei nº 11.804/2008), guardadas as devidas proporções. É importante destacar que, nessa hipótese específica, basta a existência de indícios de paternidade, não se exigindo a prova da necessidade da gestante: *"Havendo indícios de paternidade, impende o deferimento dos provisórios gravídicos. Exegese do caput do art. 6º da Lei nº 11.804/2008. III – Dúvida quanto à paternidade atribuída deve ser dirimida* *após a ultimação da dilação probatória, não sendo razoável que até lá o nascituro fique desprovido de uma assistência mínima de seu possível genitor"* (TJ-RJ – 0054607-07.2013.8.19.0000, 4ª Câmara Cível, *DJ* 04/10/2013). Há entendimento permitindo a aplicação da prisão civil no caso de não pagamento desta modalidade de alimentos (CJF, nº 521 – V Jornada de Direito Civil). Com o nascimento, passa o réu a dever alimentos ao filho, sendo automática tal conversão (STJ – REsp 1.629.423/SP, 3ª Turma, *DJ* 06/06/2017).

7) Duas observações que merecem destaque quanto ao pleito de alimentos, em regime de excepcionalidade: (i) será admissível a fixação de alimentos em **valores ou em percentuais diferentes entre os filhos**, por exemplo, quando um deles seja portador de uma doença congênita poderá receber um valor ou percentual diferenciado em relação ao outro nascido saudável, pois possui uma necessidade específica que objetivamente justifica a distinção, não havendo ofensa ao princípio constitucional da igualdade (STJ – REsp 1.624.050/MG, 3ª Turma, *DJ* 19/06/2018); (ii) É cabível o **ajuizamento de ação de alimentos ainda que exista acordo extrajudicial válido** com o mesmo objeto, quando o valor da pensão alimentícia não atende aos interesses da criança (STJ – REsp 1.609.701/MG, 3ª Turma, *DJ* 18/05/2021).

8) Sobre a **competência para execução de alimentos**, incidem possíveis situações de exceção à perpetuação da competência. O foro especial em benefício do alimentando deve prevalecer sobre a competência funcional executiva (art. 516, II, CPC), o que significa dizer que a obrigação alimentar poderá ser satisfeita no domicílio do credor, após declínio de competência (art. 528, par. 9º, CPC). Por sua vez, também poderá a execução de alimentos se desenvolver no juízo do atual domicílio onde está o executado ou onde se encontrem seus bens (art. 516, par. único, CPC).

9) A execução alimentar comporta poderosos **meios executivos** *sub-rogatórios* – *v.g.*, desconto em folha de pagamento (art. 529 e art. 912, CPC), permissão de penhora *on-line* de verbas salariais do alimentante, em exceção à impenhorabilidade geral do salário (art. 833, IV, e par. 2º, CPC), permissão de penhora do único imóvel do alimentante, em exceção à impenhorabilidade do bem de residência (art. 3º, III, Lei nº 8.009/1990) –; e *coercitivos* – *v.g.*, prisão civil (art. 5º, LXVII, CRFB c/c art. 528, pars. 3º a 7º, CPC).

10) Quanto ao **pleito de gratuidade de justiça** em ação judicial que versa sobre alimentos ajuizada por menor, embora seja comum se considerar a condição financeira do respectivo representante legal, tem-se precedente jurisdicional em sentido contrário, em que se decidiu que *"o direito ao benefício da gratuidade de justiça possui natureza individual e personalíssima, não podendo ser automaticamente estendido a quem não preencha os pressupostos legais para a sua concessão e, por idêntica razão, não se pode exigir que os pressupostos legais que autorizam a concessão do benefício sejam preenchidos por pessoa distinta da parte, como o seu representante legal", "com efeito, o fato de a representante legal das partes possuir atividade remunerada e o elevado valor da obrigação alimentar que é objeto da execução não podem, por si só, servir de empeço à concessão da gratuidade de justiça aos menores credores dos alimentos"* (STJ – REsp 1.807.216/SP, 3ª Turma, j. 04/02/2020).

140 ■ Petições e Prática Cível

Verbete(s): **Súmula nº 1, STJ:** "*O foro do domicílio ou da residência do alimentando é o competente para a ação de investigação de paternidade, quando cumulada com alimentos*"; **Súmula nº 309, STJ:** "*O débito alimentar que autoriza a prisão civil do alimentante é o que compreende as três prestações anteriores ao ajuizamento da execução e as que se vencerem no curso do processo*"; **Súmula nº 358, STJ:** "*O cancelamento de pensão alimentícia de filho que atingiu a maioridade está sujeito à decisão judicial, mediante contraditório, ainda que nos próprios autos*"; **Súmula nº 383, STJ:** "*A competência para processar e julgar as ações conexas de interesse do menor é, em princípio, do foro do domicílio do detentor de sua guarda*"; **Súmula nº 594, STJ**: "*O Ministério Público tem legitimidade ativa para ajuizar ação de alimentos em proveito de crianças e adolescentes independentemente do exercício do poder familiar dos pais ou do fato de o menor se encontrar nas situações de risco descritas no art. 98 do ECA ou de quaisquer outros questionamentos acerca da existência ou eficiência da Defensoria Pública na comarca*"; **Súmula nº 596, STJ**: "*A obrigação alimentar dos avós tem natureza complementar e subsidiária, somente se configurando no caso da impossibilidade total ou parcial de seu cumprimento pelos pais*"; **Súmula nº 621, STJ**: "*Os efeitos da sentença que reduz, majora ou exonera o alimentante do pagamento retroagem à data da citação, vedadas a compensação e a repetibilidade*".

Modelo

A competência para a propositura de demanda alimentar é do domicílio ou residência do alimentando (art. 53, inc. I, CPC), o que vale, inclusive, para a ação de investigação de paternidade cumulada com alimentos (Verbete Sumular nº 1º, STJ). Cabe, ainda, verificar na Lei estadual de Organização Judiciária a existência de Juízo Especializado de Família (para ações de alimentos fundadas no Direito de Família), pois, do contrário, o feito será julgado por Vara Cível ou Vara Única, conforme o caso.

É de se destacar que o incapaz será representado ou assistido por seus pais, por tutor ou por curador, na forma da lei (art. 71, CPC).

O pleito alimentar pode ser cumulado com outras pretensões prejudiciais (questões prévias), como a investigação de paternidade ou o reconhecimento de união estável (art. 13, Lei nº 5.478/68).

COLENDO JUÍZO DA _ VARA DE FAMÍLIA DA COMARCA DO RIO DE JANEIRO – RJ

PROC. Nº____

MÁRCIO COIMBRA JÚNIOR, brasileiro, menor impúbere, neste ato representado por sua mãe MARCELA COIMBRA, brasileira, divorciada, balconista, ambos domiciliados e residentes à Rua Marechal Laver, nº 50, Centro, Cep: 33.122-101, na cidade do Rio de Janeiro – RJ, portadora da identidade nº 655.577.44-8, emitida pelo Detran/RJ, regularmente inscrita no CPF sob o nº 862.187.009-89, com endereço eletrônico marcela.coimbra@internet.com.br, vem, por meio de seu advogado regularmente constituído que esta subscreve, conforme instrumento de procuração anexo (art. 287, CPC), respeitosamente, propor a presente:

AÇÃO DE ALIMENTOS COM REQUERIMENTO PARA A FIXAÇÃO DE ALIMENTOS PROVISÓRIOS

Em face de MÁRCIO COIMBRA, brasileiro, divorciado, vendedor, domiciliado e residente na Rua Vernon, nº 158, apartamento nº 5, Centro,

Cep: 23.547-123, na cidade do Rio de Janeiro – RJ, portador da identidade nº 68945623-2, emitida pelo Detran/RJ, regularmente inscrito no CPF sob o nº 223.456.78-23, com endereço eletrônico marcio.coimbra@internet.com.br, pelos fatos e fundamentos seguintes.

I. Fatos e fundamentos jurídicos.

Os alimentos configuram valores destinados a suprir as carências de quem não se pode prover. Fundados nos princípios da dignidade da pessoa humana (art. 1º, inc. III, CRFB) e na solidariedade familiar (art. 229, CRFB), a prestação alimentícia deve compreender as necessidades vitais (noção de patrimônio mínimo).

Conforme certidão de nascimento anexa, o autor, de apenas 3 (três) anos de idade, é filho reconhecido do réu. Decorre não apenas da moralidade, mas, também, do arcabouço legal, o dever de prestar alimentos pelo genitor em favor do descendente menor de idade (art. 22, Lei nº 8.069/90 e art. 1.694, CC).

Os alimentos constituem verba de urgência necessária à digna sobrevivência do alimentando, inclusive referente à educação (art. 1.694, in fine, CC). Tal situação de direito material, por si só, importa numa singular disposição das regras processuais, já que o alimentando não pode ficar ao sabor do desenrolar processual, e sua inerente demora, com vistas ao implemento da referida obrigação.

Devem ser levados em consideração não só as necessidades do autor, que vive situação financeira de dificuldade, morando com a sua genitora, única a lhe prestar sustento, apesar de angariar salário modesto (documento anexo), mas, também, o fato de o réu encontrar-se devidamente empregado na sociedade empresária JUJUBAS CASTRO LTDA., situada na Rua Agridoce, nº 10, Centro, Cep: 12.554-102, nesta mesma cidade, sem ter outros filhos conhecidos.

Tal conjuntura, com espeque na solidariedade familiar, impõe que seja garantida a integridade essencial ao alimentando, impondo ao réu genitor o dever de contribuir com o sustento e educação de seu filho. Torna-se imperiosa, pois, a concessão de alimentos provisórios, que devem ser fixados liminarmente pelo juiz no patamar que entender mais adequado (art. 4º, Lei nº 5.478/68), o que se requer.

II. Pedido(s).

Ante o exposto, requer:

a) concessão liminar de alimentos provisórios favoráveis ao autor (art. 4º, Lei nº 5.478/68);

b) expedição do mandado de citação, realizando-se a comunicação processual inicial através dos correios, mediante aviso de recebimento

---

Somente se os genitores não tiverem condições de prestar alimentos é que será verificada a capacidade financeira dos avós, paternos e maternos, cuja responsabilidade é sucessiva e complementar à dos pais (art. 1.696, CC), como já assinalou a jurisprudência (Verbete Sumular nº 596, STJ).

"Na apuração da possibilidade do alimentante, observar-se-ão os sinais exteriores de riqueza" (CJF, nº 573 – VI Jornada de Direito Civil, 2013). A ocorrência de postagens em redes sociais pelo alimentante que indiquem ostentação e viagens ao exterior são sinais de riqueza que devem ser explorados pelo advogado do alimentando. É possível requerer a expedição de ofícios à Receita Federal e às instituições financeiras para exame das possibilidades do alimentante (Verbete Sumular nº 186, TJ-RJ).

Tendo em vista a existência de prova pré-constituída do parentesco, a lei específica faz exigência apenas da indicação, pelo autor, de *"suas necessidades"* (art. 2º, *caput*, Lei nº 5.478/68).

142 ■ *Petições e Prática Cível*

> Neste ponto, é mitigada a regra geral que prega a impossibilidade da citação pelos correios nas ações de estado (art. 247, inc. I, CPC).

> É do alimentante o dever de comprovar seus ganhos, inclusive porque dificultosa tal prova pelo alimentado. O ideal é vincular os alimentos a percentual sobre os rendimentos do alimentante, quando ficarão garantidos os reajustes. Frise-se que o pedido inicial de alimentos tem caráter meramente estimativo, não havendo óbice para que o juiz condene o alimentante em prestação superior àquilo que foi pleiteado, em atenção à proporção das necessidades do reclamante e dos recursos da pessoa obrigada (STJ – REsp 595.746/SP, 4ª Turma, DJ 02/12/2010). Finalmente, há tese oriunda de recurso repetitivo no sentido da incidência da pensão alimentícia sobre o 13º salário e o terço constitucional de férias do alimentante (STJ – REsp 1.106.654/RJ, 2ª Seção, DJ 25/11/2009).

assinado pessoalmente pelo demandado (art. 5º, § 2º, Lei nº 5.478/68), para comparecer à audiência preliminar previamente designada;

c)   condenação do réu ao pagamento de pensão alimentícia mensal destinada ao autor, no importe de 30% (trinta por cento) dos vencimentos de seu salário líquido (salário bruto subtraídos os descontos obrigatórios), cujo quantitativo ainda será objeto de comprovação nos autos, extensivo ao décimo terceiro salário e demais verbas trabalhistas, a ser descontado de sua folha de pagamento (art. 529, CPC), mediante expedição de ofício à empresa JUJUBAS CASTRO LTDA., cujo endereço já foi declinado nesta exordial, a ser remetido à conta-corrente nº 1.010, agência nº 6262, do Banco Nasser, em nome da genitora;

d)   condenação do requerido nas despesas processuais antecipadas (art. 82, § 2º, CPC) e em honorários advocatícios (art. 85, CPC).

Em se tratando de ação que versa sobre o interesse de incapaz, deve o Ministério Público ser intimado pessoalmente para intervir como fiscal da ordem jurídica (art. 178, inc. II, CPC), inclusive para participar da audiência (art. 9º, Lei nº 5.478/68), o que se requer.

As eventuais intimações do patrono do demandante deverão ser realizadas em nome da sociedade de advogados que integra, que é a Sampaio & Lacombe Advogados Associados, com endereço à Rua do Rosário, nº 88, Centro, Cep: 33.142-176, na cidade do Rio de Janeiro – RJ (art. 106 c/c art. 272, § 1º, CPC). Aliás, desde logo se requer que eventual verba honorária sucumbencial também seja a ela destinada (art. 85, § 11, CPC).

Dá-se a causa o valor de R$ 10.560,00 (dez mil, quinhentos e sessenta reais), conforme disciplina legal (art. 292, III, CPC), tratando-se de cálculo sobre o montante de 1 (um) salário-mínimo (R$ 880,00), por estimativa e para fins de alçada.

Termos em que

Pede e espera deferimento.

Local e data.

Nome e assinatura do advogado(a)

3.11.5. Ação Revisional de Alimentos

Peça vinculada ao caso concreto: Não.

Finalidade: Obter a revisão dos alimentos fixados em decisão judicial transitada em julgado, em razão da quebra superveniente do equilíbrio da obrigação alimentar oriunda de nova circunstância fática.

Petições Cíveis: Procedimentos Especiais de Jurisdição Contenciosa e Voluntária ■ **143**

Dispositivo(s): art. 1.699, CC c/c art. 505, I, CPC c/c arts. 13 e 15, Lei nº 5.478/1968 c/c arts. 28/29, Lei nº 6.515/1977.

Importante:

1) As ações que versem sobre alimentos (incluindo a "ação revisional de alimentos" e a "ação de exoneração de alimentos") devem seguir as disposições específicas da lei de regência, somente se aplicando o capítulo das "ações de família", naquilo que for compatível (art. 693, par. único, CPC). Aliás, diga-se que à causa de natureza alimentar **não se aplica o rito dos Juizados Especiais Cíveis** (art. 3º, par. 2º, Lei nº 9.099/1995), de modo que a presente ação deve ser ajuizada na Justiça Comum.

2) A legislação civilista enumera as situações de **extinção ou alteração da obrigação alimentar**: (i) morte do alimentando a gerar a extinção da obrigação, afinal esta tem caráter personalíssimo; (ii) desaparecimento do binômio alimentar, com o ganho ou perda da fonte de renda do alimentante (art. 1.695, CC), o que vale tanto para a exoneração quanto para a redução da obrigação alimentar (modelo de petição abaixo); (iii) Maioridade do alimentando e prova de que este possui plenas condições de se sustentar por meio do seu trabalho, ou mesmo em decorrência de rendimentos auferidos de seu patrimônio, afinal os alimentos não podem ter natureza de aposentadoria ou fundamento para o ócio prazeroso. Em outros termos: a maioridade do alimentando não gera a exoneração automática do dever de prestar alimentos, devendo ele ser instado a se manifestar e comprovar a impossibilidade de prover a própria subsistência (Verbete Sumular nº 85, STJ); (iv) casamento, concubinato ou união estável do alimentando faz cessar o dever de prestar alimentos pelo alimentante, havendo assistência material do novo cônjuge ou companheiro (arts. 1.708, CC c/c art. 29, Lei nº 6.515/1977); (v) Comportamento indigno do devedor em relação ao credor (arts. 1.708, par. único, e 1.814, I e II, CC).

3) As **relações jurídicas continuativas**, de trato sucessivo ou prestação continuada, são aquelas que se protraem no tempo, como na ação de alimentos. A sentença que as julgar repercutirá em situações futuramente vivenciadas, projetando-se no tempo. Por isso, ocorrida posteriormente a modificação do estado de fato ou de direito, poderá a parte *pedir a revisão daquilo que transitou em julgado*, tendo o juiz a função de adaptar o julgado anterior ao novo estado fático ou de direito (art. 505, I, CPC). Nesse caso, faz-se referência a prolação das chamadas *sentenças determinativas*, naturalmente instáveis, pelo que possuem implícita a cláusula *rebus sic stantibus*, com autorização para futura revisão, conforme o caso (STJ – AgRg no REsp 1.193.456/RJ, 2ª Turma, *DJ* 07/10/2010).

4) O **recurso de apelação** contra a sentença que determine a revisão de alimentos será desprovido de efeito suspensivo produz efeitos imediatamente, uma vez que destinados à subsistência de quem os postula (interpretação do art. 1.012, par. 1º, II, CPC). Nesse sentido, *"deve ser recebido apenas no efeito devolutivo o recurso de apelação interposto contra sentença que decida pedido de revisão de alimentos, seja para majorar ou diminuir o encargo,*

144 ■ *Petições e Prática Cível*

haja vista que o alimentando não sofre prejuízo, porque eventual reforma da sentença é para ele garantia do recebimento das diferenças que lhe forem devidas. Se for mantida a sentença, contudo, não subjaz daí prejuízo porque suficiente e adequadamente avaliadas as circunstâncias fáticas do processo para diminuição do encargo, com especial atenção ao binômio necessidade/ possibilidade a nortear a controvérsia acerca de alimentos" (STJ – REsp 401.307/SP, 3ª Turma, *DJ* 20/03/2007; Verbete Sumular nº 249, TJ-RJ).

Verbete(s): Súmula nº 358, STJ: *"O cancelamento de pensão alimentícia de filho que atingiu a maioridade está sujeito à decisão judicial, mediante contraditório, ainda que nos próprios autos";* **Súmula nº 621, STJ:** *"Os efeitos da sentença que reduz, majora ou exonera o alimentante do pagamento retroagem à data da citação, vedadas a compensação e a repetibilidade";* **Súmula nº 249, TJ-RJ:** *"O recurso interposto contra sentença que modifica alimentos é recebido, em regra, sem efeito suspensivo".*

Modelo

O feito é encaminhado à livre distribuição, pois não há conexão com causa finda (no caso, em relação à pretérita ação de alimentos, TJ-RJ – 0049950-27.2010.8.19.0000, 10ª Câmara Cível, *DJ* 16/03/2011). Ademais, aplica-se a regra de competência territorial favorável ao alimentando para a ação revisional de alimentos (STJ – AgRg no AREsp 240.127/SP, 4ª Turma, *DJ* 03/10/2013).

COLENDO JUÍZO DA _ VARA DE FAMÍLIA DA COMARCA DO RIO DE JANEIRO – RJ

PROC. Nº____

MÁRCIO COIMBRA, brasileiro, divorciado, vendedor, domiciliado e residente na Rua Vernon, nº 158, apartamento nº 5, Centro, Cep: 23.547-123, na cidade do Rio de Janeiro – RJ, portador da identidade nº 68.945.623-2, emitida pelo Detran/RJ, regularmente inscrito no CPF sob o nº 223.456.78-23, com endereço eletrônico marcio.coimbra@internet. com.br, vem, por meio de seu advogado regularmente constituído que esta subscreve, conforme instrumento de procuração anexo (art. 287, CPC), respeitosamente, propor a presente:

AÇÃO REVISIONAL DE ALIMENTOS

Em face de MÁRCIO COIMBRA JÚNIOR, brasileiro, menor impúbere, neste feito representado por sua mãe MARCELA COIMBRA, brasileira, divorciada, balconista, ambos domiciliados e residentes à Rua Marechal Laver, nº 50, Centro, Cep: 33.122-101, na cidade do Rio de Janeiro – RJ, portadora da identidade nº 655.577.44-8, emitida pelo Detran/RJ, regularmente

Petições Cíveis: Procedimentos Especiais de Jurisdição Contenciosa e Voluntária ■ **145**

inscrita no CPF sob o nº 862.187.009-89, com endereço eletrônico marcela. coimbra@internet.com.br, pelos fatos e fundamentos seguintes.

I. Fatos e fundamentos jurídicos.

Fato recente, o demandante perdeu seu emprego formal (doc. anexo), encontrando-se desempregado e em grave situação de crise financeira, o que vem comprometendo sua própria subsistência.

Desse modo, o alimentante não tem como cumprir as obrigações determinadas na sentença judicial que o condenou ao pagamento de verba alimentar nos termos ali indicados (doc. anexo) – nem mesmo com a obrigação subsidiária determinada pela referida decisão no sentido de que, havendo desemprego, o devedor de alimentos arcaria com a quantia equivalente a 2 (dois) salários mínimos.

Cabe frisar que o demandante não objetiva deixar de cumprir a obrigação de prestar auxílio material ao seu filho, mas apenas de adequar os alimentos à sua renda quase inexistente atualmente. Aliás, procurada a representante legal do menor, esta não se sensibilizou quanto ao infortúnio acometido ao autor, rejeitando a revisão amigável do valor a ser pago.

Segundo a legislação, se após a fixação de alimentos sobrevier mudança na situação financeira de quem os supre, ou na de quem os recebe, poderá o interessado reclamar ao juiz, conforme as circunstâncias, a redução do encargo (art. 1.699, CC c/c art. 15, *in fine*, Lei nº 5.478/1968)

Recorde-se, ainda, que os alimentos devem ser fixados na proporção das necessidades do reclamante e "dos recursos da pessoa obrigada" (art. 1.694, par. 1º, CC), estando estes severamente prejudicados em razão da precariedade de sua situação financeira, até que consiga restabelecer seu vínculo empregatício.

II. Pedido(s).

Ante o exposto, requer a:

a) concessão do benefício da gratuidade de justiça ao autor, em razão da insuficiência de recursos para pagar as custas e despesas processuais (art. 99, CPC), a qual se presume para a pessoa natural (art. 99, par. 3º, CPC);

b) concessão de tutela provisória, em revisão dos alimentos, para fixá-los na quantia de um salário mínimo mensal; sendo, ao final, prolatada sentença de procedência do pleito, confirmando tal patamar, no caso de desemprego do alimentante;

Noutro giro, o *aumento da prole do alimentante,* embora não represente condição absoluta para redução da pensão alimentícia paga ao filho anterior, é circunstância importante para a reavaliação da obrigação, que poderá ser reduzida se, conjugada com a real necessidade do alimentando, restar evidenciada a impossibilidade financeira do alimentante para manter a pensão no patamar anteriormente estipulado.

A jurisprudência tende naturalmente a proteger o infante: "*Sabe-se que a dificuldade financeira do pai não pode se sobrepor à necessidade dos filhos e que deve ser sempre observado o princípio da paternidade responsável. Se alguém deve se sacrificar, decerto não serão os filhos, partes vulneráveis da relação*" (TJ-RJ – 0381833-37.2015.8.19.0001, 7ª Câmara Cível, *DJ* 25/04/2018).

É conveniente juntar documentos que demonstrem a situação de necessidade, até porque o juiz pode exigir tal comprovação (art. 99, par. 2º, CPC). A assistência do requerente por advogado particular não impede a concessão de gratuidade de justiça (art. 99, par. 4º, CPC).

Registre-se a irrepetibilidade dos alimentos pagos sob o patamar maior: "*Os efeitos da sentença proferida em ação de revisão de alimentos – seja em caso de redução, majoração ou exoneração – retroagem à data da citação (Lei nº 5.478/68, art. 13, par. 2ª), ressalvada a irrepetibilidade dos valores adimplidos e a impossibilidade de compensação do excesso pago com prestações vincendas*" (STJ – EREsp 1.181.119/RJ, 2ª Seção, DJ 27/11/2013).

146 ■ *Petições e Prática Cível*

c) expedição do mandado de citação, na pessoa de sua representante legal, para comparecer à audiência previamente designada (art. 5º, par. 6º, Lei nº 5.478/1968 c/c art. 693, par. único, CPC);

d) intimação do Ministério Público para intervir como fiscal da ordem jurídica (art. 178, II, CPC), inclusive para participar da audiência (art. 9º, Lei nº 5.478/1968 c/c art. 698, CPC);

e) condenação do requerido nas despesas processuais antecipadas (art. 82, par. 2º, CPC) e em honorários advocatícios (art. 85, CPC).

As eventuais intimações do patrono do demandante deverão ser realizadas em nome da sociedade de advogados que integra, que é a Sampaio & Lacombe Advogados Associados, com endereço à Rua do Rosário, nº 88, Centro, Cep: 33.142-176, na cidade do Rio de Janeiro – RJ (art. 106 c/c art. 272, par. 1º, CPC). Aliás, desde logo se requer que eventual verba honorária sucumbencial também seja a ela destinada.

Dá-se à causa o valor de R$ 10.560,00 (dez mil, quinhentos e sessenta reais), conforme disciplina legal (art. 292, III, CPC), tratando-se de cálculo sobre o montante de 1 (um) salário-mínimo (R$ 880,00).

Termos em que

Pede e espera deferimento.

Local e data.

Nome e assinatura do advogado(a)

3.11.6. Ação de Regulamentação de Guarda e de Regime de Visitação

Peça vinculada ao caso concreto: Não.

Finalidade: O objetivo desta demanda judicial é a regulamentação judicial da guarda de criança ou adolescente. Segundo a lei, considera-se criança a pessoa até 12 anos de idade incompletos; e adolescente aquele entre 12 e 18 anos (art. 2º, Lei nº 8.069/1990).

Dispositivo(s): arts. 1.583/1.590, CC c/c arts. 227 e 229, CRFB.

Importante:

1) Sobre o **formato**, o pleito de guarda pode vir mediante *ação autônoma*, inclusive com pedido de tutela provisória; ou como *um dos pleitos formulados em ação de divórcio ou ação de reconhecimento de dissolução de união estável* (art. 1.584, I, CC). Aplicam-se as regras do procedimento especial, unificado, das ações de família (arts. 693/699; ou 731/19732, CPC).

2) À causa que verse sobre o estado e capacidade das pessoas, ainda que de cunho patrimonial, **não se aplica o rito dos Juizados Especiais Cíveis** (art. 3º, par. 2º, Lei nº 9.099/1995), de

Petições Cíveis: Procedimentos Especiais de Jurisdição Contenciosa e Voluntária ■ **147**

modo que a presente ação deve ser ajuizada na Justiça Comum, sendo aplicado o rito especial das ações de família (art. 693, CPC).

3) São **espécies de guarda**: (i) guarda unilateral (ou exclusiva), em que a atribuição cabe a um dos genitores ou alguém que o substitua (art. 1.583, § 1º, primeira parte, CC). Tal guarda, embora não exclua o dever de supervisionar (art. 1.583, § 5º, CC), na prática, diminui sensivelmente a afetividade entre a criança e o genitor que não detém a guarda; (ii) guarda compartilhada (ou conjunta), verdadeiro modelo de gerenciamento da vida do filho menor, em que se tem a *"responsabilização conjunta e o exercício de direitos e deveres do pai e da mãe que não vivam sob o mesmo teto, concernentes ao poder familiar dos filhos comuns"* (art. 1.583, § 1º, *in fine*, CC). Preconiza-se a **guarda compartilhada como regra**, e não como opção, a ser descartada somente excepcionalmente, exemplificando "quando um dos genitores declarar ao magistrado que não deseja a guarda do menor" (art. 1.584, § 2º, CC): *"A nova redação do art. 1.584 do Código Civil irradia, com força vinculante, a peremptoriedade da guarda compartilhada. O termo 'será' não deixa margem a debates periféricos, fixando a presunção – jure tantum – de que se houver interesse na guarda compartilhada por um dos ascendentes, será esse o sistema eleito, salvo se um dos genitores [ascendentes] declarar ao magistrado que não deseja a guarda do menor (art. 1.584, § 2º, in fine, do CC)"* (STJ – REsp 1.626.495/SP, 3ª, Turma, *DJ* 15/09/2016). No mesmo sentido: CJF, nº 335 (IV Jornada de Direito Civil): *"Art. 1.636: A guarda compartilhada deve ser estimulada, utilizando-se, sempre que possível, da mediação e da orientação de equipe interdisciplinar".* Muito embora não se possa obrigar o(a) genitor(a) a querer ficar com o filho, tem o juiz agora mais um instrumento para pressionar pais ausentes a participar da educação e criação de seus filhos. Finalmente, *"o fato de os genitores possuírem domicílio em cidades distintas não representa óbice à fixação da guarda compartilhada"* (STJ – REsp 1.878.041/SP, 3ª Turma, *DJ* 25/05/2021).

4) Sobre a **definição da guarda**, analisa-se o **melhor interesse da criança** (art. 1.612, CC), cabendo destacar o Enunciado nº 102, CJF: *"A expressão 'melhores condições' no exercício da guarda, na hipótese do art. 1.584, significa atender ao melhor interesse da criança".* Assim é que não necessariamente os filhos menores ficarão em poder da mãe (como prescreve o art. 10, § 1º, Lei nº 6.515/1977 e o art. 16, Decreto-Lei nº 3.200/1941), tendo em vista que os direitos e deveres referentes à sociedade conjugal são exercidos igualmente pelo homem e pela mulher (art. 226, § 5º, CRFB). Também é possível cogitar da atribuição da guarda a *terceira pessoa* que revele compatibilidade com a natureza da medida, considerados, de preferência, o grau de parentesco e as relações de afinidade e afetividade (art. 1.584, § 5º, CC): *"Pedido de guarda formulado pela avó. Consentimento dos pais. Melhor interesse da criança. (...) A avó busca resguardar situação fática já existente, por exercer a posse de fato da criança desde o nascimento, com o consentimento dos próprios pais, no intuito de preservar o bem-estar da criança, o que se coaduna com o disposto no art. 33, § 1º, do ECA. Dar-se preferência a alguém pertencente ao grupo familiar – na hipótese a avó – para que seja preservada a identidade da criança bem como seu vínculo com os pais biológicos, significa resguardar ainda mais o interesse do menor, que poderá ser acompanhado de perto pelos genitores e ter a continuidade do afeto e a proximidade da avó materna, sua guardiã desde tenra idade, que sempre lhe destinou todos os cuidados, atenção, carinhos e provê sua assistência moral, educacional*

148 ■ *Petições e Prática Cível*

e material. O deferimento da guarda não é definitivo, tampouco faz cessar o poder familiar, o que permite aos pais, futuramente, quando alcançarem estabilidade financeira, reverter a situação se assim entenderem, na conformidade do art. 35 do ECA" (STJ – REsp 993.458/MA, 3ª Turma, *DJ* 07/10/2008). No confronto entre genitor(a) e terceiros, a tendência é favoravelmente ao(à) primeiro(a): *"Disputa entre avós paternos e mãe. (...) A mãe possui naturalmente preferência na guarda do filho, em relação aos avós. Qualificação suficiente da genitora para prover à criação e educação da criança. Apenas em hipóteses excepcionais, aqui não ocorrentes, é que se deve afastá-la da companhia da menor"* (STJ – REsp 439.376/RJ, 4ª Turma, *DJ* 27/05/2003). Finalmente, a concessão de guarda do menor a terceiro não implica automática destituição do poder-dever familiar dos pais para representá-lo em juízo. Decidiu-se que *"o fato de ter sido concedida a guarda permanente a terceiro que não compõe o núcleo familiar não implica em automática destituição – ou em injustificada restrição – do exercício do poder familiar pelos genitores, sobretudo porque medida dessa espécie não prescinde de cognição exauriente em ação a ser proposta especificamente para essa finalidade"* (STJ – REsp 1.761.274/DF, 3ª Turma, *DJ* 04/02/2020).

5) Quanto à **guarda compartilhada**, sobre a **distribuição do tempo de convívio**, destaquem-se os Enunciados nº 603, CJF – VII Jornada de Direito Civil: *"A distribuição do tempo de convívio na guarda compartilhada deve atender precipuamente ao melhor interesse dos filhos, não devendo a divisão de forma equilibrada, a que alude o par. 2º do art. 1.583 do Código Civil, representar convivência livre ou, ao contrário, repartição de tempo matematicamente igualitária entre os pais"*; e nº 606, CJF – VII Jornada de Direito Civil: *"O tempo de convívio com os filhos 'de forma equilibrada com a mãe e com o pai' deve ser entendido como divisão proporcional de tempo, da forma que cada genitor possa se ocupar dos cuidados pertinentes ao filho, em razão das peculiaridades da vida privada de cada um"*.

6) A **guarda compartilhada** não exclui **dever de prestação alimentar**. A guarda compartilhada refere-se às diretrizes de criação e educação do menor de forma geral, ao passo que a pensão alimentícia decorre da necessidade do reclamante e da possibilidade da pessoa obrigada (art. 1.694, par. 1º, CC). Segundo o Enunciado nº 607, CJF – VII Jornada de Direito Civil: *"A guarda compartilhada não implica ausência de pagamento de pensão alimentícia"*.

7) Processualmente, a ação de guarda é tratada como uma **ação dúplice**, não sendo preciso à(ao) demandada(o) formular reconvenção, ou mesmo pedido contraposto, para que obtenha ao final, na improcedência do pleito do autor, a guarda da criança: *"1. As ações dúplices são regidas por normas de direito material, e não por regras de direito processual. 2. Em ação de guarda de filho menor, tanto o pai como a mãe podem perfeitamente exercer de maneira simultânea o direito de ação, sendo que a improcedência do pedido do autor conduz à procedência do pedido de guarda à mãe, restando evidenciada, assim, a natureza dúplice da ação. Por conseguinte, em demandas dessa natureza, é lícito ao réu formular pedido contraposto, independentemente de reconvenção"* (STJ – REsp 1.085.664/DF, 4ª Turma, *DJ* 03/08/2010).

8) Fica resguardado o **direito de visitação**, o que se estende a qualquer dos avós (art. 1.589, *caput* e par. único, CC). Em verdade, a situação melhor se enquadra como o "direito a ser visitado", em análise de quem realmente a legislação visa a proteger. A jurisprudência já chancelou a aplicação de *astreintes* (art. 537, CPC) no descumprimento do regime de visitas: "2. *O direito de visitação tem por finalidade manter o relacionamento da filha com o genitor não guardião, que também compõe o seu núcleo familiar, interrompido pela separação judicial ou por outro motivo, tratando-se de uma manifestação do direito fundamental de convivência familiar garantido pela CF. (...) 4. O direito de visitação deve ser entendido como uma obrigação de fazer da guardiã de facilitar, assegurar e garantir, a convivência da filha com o não guardião, de modo que ele possa se encontrar com ela, manter e fortalecer os laços afetivos, e, assim, atender suas necessidades imateriais, dando cumprimento ao preceito constitucional. (...) 6. A aplicação das* astreintes *em hipótese de descumprimento do regime de visitas por parte do genitor, detentor da guarda da criança, se mostra um instrumento eficiente, e, também, menos drástico para o bom desenvolvimento da personalidade da criança, que merece proteção integral e sem limitações*" (STJ – REsp 1.481.531/SP, 3ª Turma, *DJ* 07/03/2017).

9) Sobre a ocorrência de **alienação parental** (art. 2º, Lei nº 12.318/2010), trazida na presente petição, segue interessante relato da importância do estudo social do caso concreto, com o exame de especialista (art. 699, CPC): "*'(...) X demonstrou intenso vínculo de afeto, ausência de constrangimento físico ou psicológico em tocar ou ser tocada pelo pai, senta no colo do pai, beija o pai, abraça o pai, deita no colo, teve dia em que deitou em posição fetal no colo do pai, que estava agachado no chão montando peças de brinquedos, negando-se a ir embora, pedindo para a psicóloga subscritora 'ficar mais um tempo com o pai' (...) Sobre a notícia do abuso sexual, o método adotado pelo Núcleo de Psicologia é o método aberto, onde o assunto não é abordado diretamente, mas sim, solicita-se à criança que fale sobre o seu cotidiano. Espontaneamente, X declarou que 'sente muita saudade do pai, que gosta de brincar com o pai, que a mamãe ficou falando que o papai fez maldade, que a mamãe não deixa ela (X) ir na casa da avó (avó paterna) mas que ela está com muita vontade de ver a avó (avó paterna). Sobre isso, a criança chorou, ao fazer declarações para a psicóloga, denotando intenso sofrimento. (...) O comportamento da criança é indicativo de que ela está sob pressão. X é capaz de verbalizar que o pai colocou a mão aqui ou ali, porque ela está ameaçada. A ameaça de X vem da mãe, e não do pai. X demonstra medo de contrariar a mãe, antes de agir ou de reagir a um gesto do pai, olha para a genitora e dirige-se à porta, para ver se a genitora está olhando atrás da porta, tamanho é o medo da menina de sofrer represália por parte da genitora. (...) A genitora demonstrou pouca preocupação com o bem-estar da menina, indicando que os gestos do genitor são para atingir ela (genitora), demonstrando que a crença é de que o genitor quer 'prejudicar' a imagem da genitora. (...) A criança demonstra total ausência de medo do pai, e ao contrário, demonstra autoritarismo em face do pai, dá ordens ao pai, fala alto com ele, faz exigências de presentes, gestos incompatíveis com sentimento de vitimização de abuso. A criança vítima de abuso não se dirige assim ao agressor, demonstra pânico do agressor, dificilmente consegue encarar o agressor, demonstra ausência de espontaneidade no contato e expressão física tensa. Ao contrário, o contato de X com o pai é de querer estar mais tempo com o pai, demonstra que sente muito bem ao lado do pai*" (trecho disponibilizado ao público da ementa do seguinte julgado: TJ-RJ – 0220254-51.2013.8.19.0001, 3ª Câmara Cível, *DJ* 08/11/2017).

Verbete(s): Súmula nº 185, TJ-RJ: "*Na regulamentação de visita de criança, ainda em fase de amamentação, deve ser evitado o pernoite*".

150 ■ *Petições e Prática Cível*

Modelo

A regra de competência territorial aplicável é do foro daquele que possui a guarda de fato (art. 147, I, Lei nº 8.069/1990 c/c Verbete Sumular nº 383, STJ). Nesse sentido: STJ – CC 149.886/ RN, 2ª Seção, DJ 25/04/2018.

São critérios gerais para atribuição da guarda: afetividade; tempo de convivência (v.g., guarda de fato, simbolizando situação fática já estabelecida); vontade do menor (v.g., art. 16, II, Lei nº 8.069/1990, art. 12, Convenção sobre os Direitos da Criança, analogia das regras sobre adoção, cf. art. 28, pars. 10 e 12, Lei nº 12.010/ 2009); ambiente saudável para desenvolvimento; melhores condições, inclusive moradia (v.g., art. 1.583, par. 3º, CC); dentre outros, sempre no melhor interesse da criança. Evitar a separação entre irmãos constitui fator comum levado em consideração na fixação da guarda (v.g. TJ-RJ – 0000828-36.2012.8.19.0045, 16ª Câmara Cível, DJ 26/04/2016). A vontade dos genitores, naturalmente, também é levada em consideração (v.g., art. 1.584, par. 2º, in fine, CC), embora não exclua o dever de cuidar e zelar pelos filhos (v.g., art. 1.583, par. 5º, CC).

O divórcio não modifica os direitos e deveres dos pais em relação aos filhos (art. 27, Lei nº 6.515/1977 c/c arts. 1.579 e 1.632, CC). Também não influi a questão da "culpa" pelo fim da relação entre os genitores: "I. O cônjuge responsável pela separação pode ficar com a guarda do filho menor, em se tratando de solução que melhor atenda ao interesse da criança" (STJ – REsp 37.051/SP, 3ª Turma, DJ 17/04/2001).

COLENDO JUÍZO DA _ VARA DE FAMÍLIA DA COMARCA DO RIO DE JANEIRO – RJ

PROC. Nº___

RODRIGO TRAVESSO, brasileiro, divorciado, jornalista, domiciliado e residente na Rua Chadornnay, nº 120, apartamento nº 301, Tijuca, Cep: 21.010-050, na cidade do Rio de Janeiro – RJ, portador da identidade nº 124.348-2, emitida pelo Detran/RJ, regularmente inscrito no CPF sob o nº 001.002.457-07, com endereço eletrônico rodrigo.1982@ internet.com.br, vem, por meio de seu advogado regularmente constituído que esta subscreve, conforme instrumento de procuração anexo (art. 287, CPC), respeitosamente, propor a presente:

AÇÃO DE REGULAMENTAÇÃO DE GUARDA
E REGIME DE VISITAÇÃO
c/ pedido de reconhecimento de alienação parental

do menor impúbere RODRIGO TRAVESSO JR., brasileiro, nascido em 20/04/2012, regularmente inscrito no CPF sob o nº 771.001.427-07;

em face de BERENICE THALES, brasileira, divorciada, enfermeira, portadora da identidade nº 655.577.44-8, emitida pelo Detran/RJ, regularmente inscrita no CPF sob o nº 452.587.007-10, com endereço eletrônico bere.nice@internet.com.br, ambos domiciliados e residentes à Rua Conselheira Fabíola Martins, nº 102, Centro, Cep: 33.122-101, na cidade do Rio de Janeiro – RJ, pelos fatos e fundamentos seguintes.

I. Fatos e fundamentos jurídicos.

O autor e a ré tiveram um relacionamento ocasional do qual nasceu, em 20/04/2012, seu filho em comum, RODRIGO TRAVESSO JR., brasileiro, menor impúbere, cuja filiação encontra-se registrada na certidão de nascimento nº 55555, expedida pelo 1º Cartório de Registro Civil do Rio de Janeiro (doc. anexo).

Os genitores nunca tiveram um relacionamento firme e não se socorreram da tutela estatal para requerimento de alimentos ou regulamentação de guarda ou visitação, vivendo até o presente momento a criança sob o regime da guarda da mãe, tendo o pai sempre prestado todo o auxílio moral e material, inclusive mediante visitações semanais, o que atualmente tem sido dificultado pela genitora.

Destaque-se que o autor exerce profissão regular, com salário adequado, demonstrando os comprovantes de pagamento integral do colégio do filho, além de transferência bancária do valor de alimentos pactuado verbalmente com a mãe, inclusive conforme mensagens de telefone e e-mail (docs. anexos).

No entanto, a ré começou um relacionamento com outro homem, que assumiu a relação de padrasto do filho do autor, tendo este reputação de se tratar de uma pessoa violenta, conforme notícia veiculada na mídia informando a sua participação em briga de boate que resultou a morte de um terceiro (doc. anexo), como também a existência de histórico judicial negativo na esfera criminal (doc. anexo).

Diga-se que o menor, filho do autor, em uma das oportunidades em que os dois se encontravam a sós, fez graves revelações das atitudes violentas do padrasto junto à sua mãe, como também contra si.

É sabido que o fato de o detentor da guarda constituir nova família não repercute no direito de terem em companhia os filhos de relacionamento anterior, mas desde que não haja comprometimento à sua saúde e desenvolvimento, o que vem acontecendo de forma incontestável.

Todos da nova família, não só o guardião, devem valer-se de tratamento conveniente quanto à criança ou adolescente (art. 1.588, CC), inclusive sob pena de extinção da guarda. Com efeito, o Enunciado nº 338, do Conselho da Justiça Federal (IV Jornada de Direito Civil) dispõe: *"Art. 1.588: A cláusula de não tratamento conveniente para a perda da guarda dirige-se a todos os que integram, de modo direto ou reflexo, as novas relações familiares".*

> CJF, nº 337, CJF (IV Jornada de Direito Civil): *"Art. 1.588: O fato de o pai ou a mãe constituírem nova união não repercute no direito de terem os filhos do leito anterior em sua companhia, salvo quando houver comprometimento da sadia formação e do integral desenvolvimento da personalidade destes".*

Assim, uma vez comprovado que o guardião ou pessoas de sua convivência familiar não tratam convenientemente a criança ou o adolescente, quanto mais em se tratando de uma guarda de fato, dever-se-á defini-la em favor do ora autor.

Além disso, há flagrante ocorrência de *alienação parental* (art. 2º, Lei nº 12.318/2010), isto é, de interferência na formação psicológica da criança ou do adolescente promovida ou induzida pela mãe da criança, no sentido de desqualificação da conduta do autor no exercício da paternidade; como também de dificultar o contato deste com seu filho, o que poderá ser

A alienação parental pode ser reconhecida em ação autônoma ou através de pedido incidental (art. 4º, Lei nº 12.318/2010). Nesses casos, aduz-se a possibilidade de o juiz se valer das seguintes medidas, conforme o caso vivenciado: advertir o alienador; ampliar o regime de convivência familiar, em favor do genitor alienado; estipular multa ao alienador; determinar acompanhamento psicológico e/ou biopsicossocial; determinar a alteração da guarda para compartilhada ou a sua inversão; declarar a suspensão da autoridade parental (art. 6º, Lei nº 12.318/2010).

O direito de visita estende-se a qualquer dos avós, a critério do juiz, observados os interesses da criança ou do adolescente (art. 1.589, par. único, CC).

A prova testemunhal pode ser arrolada posteriormente (art. 357, par. 4º, CPC), mas convém mensurá-la desde já nesta tipologia de ação, inclusive com eventual menção ao parentesco ou relação de proximidade com as partes e/ou com o menor envolvido na demanda judicial. Havendo risco provável de uma das testemunhas não comparecer à audiência, caberá ao advogado realizar ele mesmo a intimação dela para comparecimento (art. 455, *caput* e par. 1º, CPC), porque, na sua ausência, não se perde a prova testemunhal, procedendo-se à intimação dela por via judicial (art. 455, par. 4º, I, CPC).

atestado por especialista (art. 699, CPC) durante o processo, bem como pela prova testemunhal ao final arrolada.

Diga-se que o decurso do tempo pode ser fatal e criar um abismo entre a criança e o genitor alienado.

II. Pedido(s).

Ante o exposto, requer a:

a) tramitação prioritária do processo, em razão dos indícios de alienação parental (art. 4º, Lei nº 12.318/2010);

b) concessão de tutela provisória, sendo expedido, em caráter de urgência, mandado de busca e apreensão do menor, como forma de preservação de sua integridade psicológica; além do deferimento da guarda unilateral provisória do menor ao genitor, ora requerente, sendo, ao final, confirmada através da prolação de sentença de procedência do pleito;

c) fixação de cláusula de visitação da genitora, nos termos legais (art. 1.589, CC).

d) expedição do mandado de citação da ré, comunicando-lhe para comparecer à audiência de mediação previamente designada (arts. 693 a 695, CPC);

e) intimação do Ministério Público para intervir como fiscal da ordem jurídica (art. 178, II, CPC), inclusive para participar da audiência (art. 9º, Lei nº 5.478/1968 c/c art. 698, CPC);

e) condenação do requerido nas despesas processuais antecipadas (art. 82, par. 2º, CPC) e em honorários advocatícios (art. 85, CPC).

Protesta o autor pela produção de todas as provas legais, como moralmente legítimas, para provar a verdade dos fatos articulados (art. 319, VI, CPC), notadamente pela produção antecipada de prova, ata notarial, documentos físicos e eletrônicos, confissão, testemunhas, perícia, prova técnica simplificada, dentre outros.

Ad cautelam, já vem indicar o rol preliminar de testemunhas, que comparecerão à audiência designada independentemente de intimação (art. 455, par. 2º, CPC): *1. Jair Barros (CPF: 001.289.047-00); Rua Flamingo, nº 35, Apto. 407, Copacabana, Rio de Janeiro/RJ; 2. Alessandra Fonseca (CPF: 444.001.047-31), Praça do Aviador, nº 38, Apto. 102, Catete, Rio de Janeiro/RJ; 3. Isabella Gutierres da Silva (CPF: 021.236.610-07); Rua Douglas Costa, nº 10, Califórnia, Nova Iguaçu/RJ.*

As eventuais intimações do patrono do demandante deverão ser realizadas em nome da sociedade de advogados que integra, que é a

Sampaio & Lacombe Advogados Associados, com endereço à Rua do Rosário, nº 88, Centro, Cep: 33.142-176, na cidade do Rio de Janeiro – RJ (art. 106 c/c art. 272, par. 1º, CPC). Aliás, desde logo se requer que eventual verba honorária sucumbencial também seja a ela destinada.

Dá-se à causa o valor de R$ 1.000,00 (hum mil reais), como valor de alçada, conforme disciplina legal (art. 291, CPC).

Termos em que

Pede e espera deferimento.

Local e data.

Nome e assinatura do advogado(a)

3.11.7. Ação de Investigação de Paternidade

Peça vinculada ao caso concreto: Não.

Finalidade: Investigar a paternidade e obter o reconhecimento da filiação, o que tem relevância não só pelos aspectos psicológicos, mas também pelas implicações na saúde do filho, permitindo-lhe respostas sobre índole e comportamento social, resistência a doenças, dentre outros. Constitui direito personalíssimo, indisponível e imprescritível (art. 27, Lei nº 8.069/1990), em apreço à dignidade da pessoa humana (art. 1º, III, CRFB).

Dispositivo(s): Lei nº 8.560/1992 c/c arts. 26/29, Lei nº 8.069/1990 c/c art. 1.606, CC.

Importante:

1) À causa que verse sobre o estado e capacidade das pessoas, ainda que de cunho patrimonial, **não se aplica o rito dos Juizados Especiais Cíveis** (art. 3º, par. 2º, Lei nº 9.099/1995), de modo que a presente ação deve ser ajuizada na Justiça Comum, sendo aplicado o rito especial das ações de família (art. 693, *in fine*, CPC).

2) Uma variante é a "**ação de reconhecimento de filiação**"(art. 1.607, CC), utilizada quando o genitor pretenda reconhecer a paternidade ou maternidade, agindo separadamente ou em conjunto com o outro genitor. É possível que tal demanda seja destinada a reconhecer a filiação de mais de um filho, em verdadeira cumulação de pedidos simples. O filho maior não pode ser reconhecido sem o seu consentimento (art. 1.614, CC c/c art. 4º, Lei nº 8.560/1992).

3) Outra variante é a "**ação negatória de paternidade**" (art. 1.601, CC), sendo esta última conhecida também como "ação de impugnação de paternidade" ou "ação de contestação de paternidade". A *legitimidade ativa* é do pai registral, e não dos avós ou herdeiros (STJ – AgRg no REsp 1.221.269/MT, 3ª Turma, *DJ* 07/08/2014); e a *legitimidade passiva* pertence ao(à) filho(a) cuja paternidade se contesta, afinal tal demanda tem natureza personalíssima dos direitos ali envolvidos. A referida ação negatória de paternidade, a exemplo da investigatória (art. 27, Lei nº 8.069/1990), é tida como *imprescritível* (art. 1.601, *in fine*, CC), podendo ser proposta a qualquer tempo: *"O tempo não determina a extinção do direito de o marido propor a ação negatória da paternidade. Precedente"* (STJ – REsp 278.845/MG, 4ª Turma, DJ 20/02/2001). Vale a menção de que o pai registral não pode vindicar estado contrário ao que resulta do registro de nascimento, salvo provando-se em erro ou falsidade de registro (art. 1.604, CC). Embora a confiabilidade que beira a certeza quanto ao exame de DNA, o resultado negativo deste não é suficiente para alterar o registro de nascimento, diante da chamada *"paternidade socioafetiva".* Quer se dizer que o êxito em ação negatória de paternidade depende da demonstração, a um só tempo, de que inexiste origem biológica e, também, de que não tenha sido constituído o estado de filiação fortemente marcado pelas relações socioafetivas e edificado na convivência familiar. Além disso, entende-se que a recusa do filho em realizar o exame de DNA não traz qualquer presunção sobre a não existência de paternidade na hipótese. Segue importante e esclarecedor julgado sobre o tema: *"nas situações em que o suposto filho que possui a paternidade fixada recuse a realização do exame de DNA, a complexidade é exacerbada, de modo que, a depender do caso, dever-se-á reconhecer, sem ônus, o direito à recusa do filho, especialmente nas hipóteses nas quais se verifique a existência de paternidade socioafetiva, uma vez que a manutenção da família é direito de todos e deve receber respaldo do Judiciário. Na hipótese em apreço, a recusa do filho não pode gerar presunção de que ele não seria filho biológico do pai constante no seu registro de nascimento. Inicialmente, porque a manifestação espontânea do desejo de colocar o seu nome, na condição de pai, no registro do filho é ato de vontade perfeito e acabado, gerando um estado de filiação acobertado pela irrevogabilidade, incondicionalidade e indivisibilidade (arts. 1.610 e 1.613 do CC). Nesse sentido, não se pode esquecer que 'o reconhecimento espontâneo da paternidade somente pode ser desfeito quando demonstrado vício de consentimento, isto é, para que haja possibilidade de anulação do registro de nascimento de menor cuja paternidade foi reconhecida, é necessária prova robusta no sentido de que o 'pai registral' foi de fato, por exemplo, induzido a erro, ou ainda, que tenha sido coagido a tanto' (REsp 1.022.763-RS, Terceira Turma, DJe 03/02/2009). (...) o STJ sedimentou o entendimento de que, em conformidade com os princípios do CC e da CRFB de 1988, o êxito em ação negatória de paternidade depende da demonstração, a um só tempo, de que inexiste origem biológica e também de que não tenha sido constituído o estado de filiação fortemente marcado pelas relações socioafetivas e edificado na convivência familiar. Vale dizer que a pretensão voltada à impugnação da paternidade não pode prosperar quando fundada apenas na origem genética, mas em aberto conflito com a paternidade socioafetiva"* (STJ – REsp 1.115.428/SP, 4ª Turma, DJ 27/08/2013).

4) Sobre a **falsa imputação de paternidade** praticada pela genitora – provocando que aquele que não seja pai assuma, por equívoco, tal posto familiar –, vem se admitindo a imputação de **responsabilidade civil** por dano moral: *"4. O cônjuge que deliberadamente omite a verdadeira paternidade biológica do filho gerado na constância do casamento viola o dever de boa-fé, ferindo a dignidade do companheiro (honra subjetiva) induzido a erro acerca de relevantíssimo aspecto da vida que é o exercício da paternidade, verdadeiro projeto de vida. 5. A família é o centro de preservação da pessoa e base mestra da sociedade (art. 226, CRFB/88) devendo-se preservar no seu âmago a intimidade, a reputação e a autoestima dos seus membros"* (STJ – REsp 922.462/SP, 3ª Turma, DJ 04/04/2013). Apesar disso, os alimentos pagos não serão devolvidos, diante da

Petições Cíveis: Procedimentos Especiais de Jurisdição Contenciosa e Voluntária ■ **155**

irrepetibilidade destes: "*a mulher não está obrigada a restituir ao marido os alimentos por ele pagos em favor da criança que, depois se soube, era filha de outro homem*" (STJ – REsp 412.684/SP, 4ª Turma, *DJ* 20/08/2002).

Verbete(s): Súmula nº 1, STJ: "*O foro do domicílio ou da residência do alimentando é o competente para a ação de investigação de paternidade, quando cumulada com alimentos*"; **Súmula nº 277, STJ**: "*Julgada procedente a investigação de paternidade, os alimentos são devidos a partir da citação*"; **Súmula nº 301, STJ**: "*Em ação investigatória, a recusa do suposto pai a submeter-se ao exame de DNA induz presunção juris tantum de paternidade*"; **Súmula nº 275, TJ-RJ**: "*É cabível a relativização da coisa julgada em ação de investigação de paternidade, anteriormente proposta quando ainda não era tecnicamente possível o exame de DNA, desde que a improcedência do pedido tenha se dado por ausência de provas*".

Modelo

COLENDO JUÍZO DA _ VARA DE FAMÍLIA DA COMARCA DO RIO DE JANEIRO – RJ

> Aplica-se o foro do domicílio do investigante alimentando (art. 53, II, CPC c/c Verbete Sumular nº 1º, STJ). Definido o foro, deve-se analisar a existência de juízo especializado de família, conforme as regras estaduais de organização judiciária.

PROC. Nº____

ATÍLIO MAROTTI, brasileiro, menor impúbere, inscrito no CPF sob o nº 862.187.009-89, neste feito representado por sua mãe LEOPOLDINA MAROTTI, brasileira, solteira, médica, ambos domiciliados e residentes à Rua Domingos Vieira, nº 12, Centro, Cep: 21.122-000, na cidade do Rio de Janeiro – RJ, sendo esta portadora da identidade nº 655.577.44-8, emitida pelo Detran/RJ, e regularmente inscrita no CPF sob o nº 862.187.009-89, com endereço eletrônico dra.leopoldina@internet.com. br, vem, por meio de seu advogado regularmente constituído que esta subscreve, conforme instrumento de procuração anexo (art. 287, CPC), respeitosamente, propor a presente:

> O autor, suposto filho, é denominado *investigante*; e o réu, suposto pai, *investigado* (art. 2º, par. 6º, Lei nº 8.560/1992). Também tem o Ministério Público legitimidade para propor a ação de investigação de paternidade (art. 1º, pars. 4º e 5º, Lei nº 8.560/1992).

AÇÃO DE INVESTIGAÇÃO DE PATERNIDADE
c/ pedido de condenação em alimentos

em face de RODRIGO TRAVESSO, brasileiro, casado, jornalista, domiciliado e residente na Rua Chadornnay, nº 120, apartamento nº 301, Tijuca, Cep: 21.010-050, na cidade do Rio de Janeiro – RJ, portador da identidade nº 124348-2, emitida pelo Detran/RJ, regularmente inscrito no

156 ■ Petições e Prática Cível

Constando pai registral, o ajuizamento de investigação de paternidade contra outro homem faz exigir a inclusão do primeiro na referida demanda: *"O cancelamento da paternidade constante do registro civil é decorrência lógica e jurídica da eventual procedência do pedido de reconhecimento da nova paternidade, o que torna dispensável o prévio ajuizamento de ação com tal finalidade. Não se pode prescindir da citação daquele que figura como pai na certidão de nascimento do investigante para integrar a relação processual na condição de litisconsórcio passivo necessário"* (STJ – REsp 693.230/MG, 3ª Turma, *DJ* 11/04/2006).

Quando não haja um relacionamento duradouro entre os genitores, de modo a preservar a honra dos envolvidos, tem-se o costumeiro relato de que houve um "relacionamento ocasional", em expressão amena da situação de inexistência sequer de namoro entre o investigado e a mãe do investigante. De toda sorte, o advogado deve descrever enfaticamente a relação havida entre os genitores (embora seja evidente que um único encontro seja apto a gerar a gravidez), fazendo a descrição temporal compatível com o nascimento do(a) investigante.

O exame de DNA constitui prova pericial, com probabilidade de acerto que beira a certeza. A gratuidade de justiça engloba tais despesas (art. 98, par. 1º, V, CPC).

Verificada a conduta procrastinatória do alimentante executado, o juiz deverá, se for o caso, dar ciência ao Ministério Público dos indícios da prática do crime de abandono material (art. 532, CPC).

CPF sob o nº 001.002.457-07, com endereço eletrônico rodrigo.1982@internet.com.br, pelos fatos e fundamentos seguintes.

I. Fatos e fundamentos jurídicos.

A mãe do investigante autor e o investigado réu tiveram um breve e público namoro entre novembro de 2014 e fevereiro de 2015, na época em que cursaram juntos um curso de inglês (doc. anexo), tendo o autor nascido no dia 27 de setembro de 2015, conforme certidão de nascimento nº 34555, expedida pelo 1º Cartório de Registro Civil do Rio de Janeiro (doc. anexo).

O investigado, uma vez informado da gravidez, simplesmente desapareceu, e não mais respondeu aos contatos da genitora do autor. Nunca buscou notícias da criança e tampouco prestou qualquer tipo de assistência afetiva ou financeira.

O investigante tem direito ao reconhecimento do vínculo de paternidade, mesmo se tratando de filho havido fora do casamento do réu (arts. 1.606/1.607, CC). Cuida-se de expressão do direito de personalidade (art. 227, par. 6º, CRFB), de natureza personalíssima, indisponível e imprescritível (arts. 26/27, Lei nº 8.069/1990).

A prova da paternidade poderá se dar por qualquer meio de prova admissível em direito (art. 2º-A, Lei nº 8.650/1992 c/c art. 1.605, CC), sendo desde já requerida a realização de exame de DNA (ácido desoxirribonucleico), com a comunicação do réu para fornecer algum fluido corporal que permita o referido mapeamento do código genético, sob pena de, no caso de recusa, ter-se a presunção de paternidade, conforme o conjunto probatório (art. 2º-A, par. único, Lei nº 8.650/1992 c/c arts. 231/232, CC c/c Verbete Sumular nº 301, STJ).

O investigante necessita do auxílio paterno para ajudar no custeio de alimentação, educação, saúde, vestuário e lazer, dentre outros, sob pena de irreparável prejuízo. É sabido, destaque-se, que a obrigação de sustento é bilateral (art. 229, CRFB c/c art. 22, Lei nº 8.069/1990). Aliás, pratica crime de abandono material aquele que deixa, sem justa causa, de prover a subsistência de filho menor de 18 anos (art. 224, CP).

Na fixação do patamar de alimentos, devem ser levados em consideração não só as necessidades do autor, que vive situação financeira de dificuldade, morando com a sua genitora, única a lhe prestar sustento, apesar de angariar salário modesto (doc. anexo), mas, também, o fato de o réu encontrar-se devidamente empregado na sociedade empresária

JUJUBAS CASTRO LTDA., situada na Rua Agridoce, nº 10, Centro, Cep: 12.554-102, nesta mesma cidade, sem ter outros filhos conhecidos.

II. Pedido(s).

O autor declara ser hipossuficiente financeiramente, situação que também acomete sua genitora e representante legal, pelo que vem pugnar pela concessão de gratuidade de justiça, o que, decerto, deve englobar a realização do exame de DNA (art. 98, par. 1º, V, CPC).

Neste ensejo e ante o exposto, requer seja determinada a citação do réu, integrando-o ao feito, com sua intimação para comparecer à audiência previamente designada (art. 695, CPC), observado o interregno mínimo legal (art. 695, par. 2º, CPC).

Ao final, requer seja prolatada sentença de procedência do pedido para declarar que o réu é pai do autor; com a determinação de averbação, à margem do registro de nascimento do autor, do nome do pai e dos avós paternos (art. 102, par. 4º, Lei nº 6.015/1973), acrescentando o sobrenome paterno ao nome do autor (art. 29, par. 1º, Lei nº 6.015/1973).

Além disso, em cumulação sucessiva de pedidos, requer a fixação de alimentos em decorrência do parentesco, de forma favorável ao filho, ora autor, que devem retroagir à data da citação (Verbete Sumular nº 277, STJ), no patamar de 30% (trinta por cento) dos vencimentos de seu salário líquido, cujo quantitativo ainda será objeto de comprovação nos autos, extensivo ao décimo terceiro salário e demais verbas trabalhistas, a serem descontados de sua folha de pagamento, mediante expedição de ofício à sociedade empregadora acima descrita (art. 529, CPC), a ser remetido à conta-corrente nº 1.010, agência 6262, do Banco Nasser, em nome da genitora.

Requer, também, a condenação do requerido nas despesas processuais antecipadas (art. 82, par. 2º, CPC) e em honorários advocatícios (art. 85, CPC).

Cuida-se de hipótese acobertada pelo segredo de justiça, nos termos da lei (art. 189, II, CPC), o que se pede determinar.

Requer-se, finalmente, a intimação do Ministério Público para intervir como fiscal da ordem jurídica (art. 178, II, CPC), inclusive para participar da audiência (art. 9º, Lei nº 5.478/1968 c/c art. 698, CPC).

Protesta o autor pela produção de todas as provas legais, como moralmente legítimas, para provar a verdade dos fatos articulados (art. 319, VI, CPC), notadamente pela produção antecipada de prova, ata notarial, documentos físicos e eletrônicos, confissão, testemunhas, perícia, inclusive exame de DNA, prova técnica simplificada, dentre outros.

"Na apuração da possibilidade do alimentante, observar-se-ão os sinais exteriores de riqueza" (CJF, nº 573 – VI Jornada de Direito Civil). A ocorrência de postagens em redes sociais pelo alimentante que indiquem ostentação e viagens ao exterior são sinais de riqueza que devem ser explorados pelo advogado do alimentando. Ainda, é possível requerer a expedição de ofícios à Receita Federal e às instituições financeiras para exame das possibilidades do alimentante (Verbete Sumular nº 186, TJ-RJ).

Sendo o caso, pode-se pedir a concessão de gratuidade de justiça apenas quanto ao referido exame (art. 98 par. 5º, CPC); ou o pagamento parcelado da perícia (art. 98 par. 6º, CPC).

Na procedência do pleito, tem o juiz o dever de fixar alimentos, ainda que não requeridos (art. 7º, Lei nº 8.560/1992), evidenciando um julgamento *extra petita* chancelado pelo sistema: "*Investigação de paternidade. Alimentos. Cumulação de ações. A sentença de procedência da ação de investigação de paternidade pode condenar o réu em alimentos provisionais ou definitivos, independentemente de pedido expresso na inicial. Art. 7ª da Lei 8.560/92*" (STJ – REsp 257.885/SP, 4ª Turma, *DJ* 29/09/2000).

O *Parquet* poderá recorrer ainda que contra a sentença de procedência na investigação de paternidade, diante de sua independência funcional (STJ – REsp 172.968/MG, 4ª Turma, *DJ* 29/06/2004). A sua legitimidade recursal é mantida ainda que o suposto filho obtenha a maioridade no curso do feito, permanecendo o interesse público de sua intervenção (STJ – REsp 1.516.986/GO, 3ª Turma, *DJ* 09/05/2017).

158 ■ *Petições e Prática Cível*

As eventuais intimações do patrono do demandante deverão ser realizadas em nome da sociedade de advogados que integra, que é a Sampaio & Lacombe Advogados Associados, com endereço à Rua do Rosário, nº 88, Centro, Cep: 33.142-176, na cidade do Rio de Janeiro – RJ (art. 106 c/c art. 272, par. 1º, CPC). Aliás, desde logo se requer que eventual verba honorária sucumbencial também seja a ela destinada.

Dá-se à causa o valor de R$ 10.560,00 (dez mil, quinhentos e sessenta reais), conforme disciplina legal (art. 292, III, CPC), tratando-se de cálculo sobre o montante de 1 (um) salário-mínimo (R$ 880,00), por estimativa e para fins de alçada.

> Se constar apenas pedido de investigação de paternidade, ainda assim deverá ser indicado o valor da causa, no caso para fins de alçada (art. 291, CPC).

Termos em que

Pede e espera deferimento.

Local e data.

Nome e assinatura do advogado(a)

3.12. Ações Locatícias

A "Lei do Inquilinato" tratou especificamente das seguintes ações: (i) ação de despejo; (ii) ação de consignação em pagamento; (iii) ação revisional de aluguel; e (iv) ação renovatória de locação. Nesse tópico, são trazidas as demandas mais frequentes envolvendo locador e locatário, com exclusão da ação de consignação em pagamento, cuja disciplina pode ser encontrada no modelo geral de petição trazido neste livro.

Foi destacado um capítulo inicial de "disposições gerais" de cunho processual, com aplicação a todas as ações locatícias (art. 58, *caput*, Lei nº 8.245/1991), abaixo descritas.

Tais demandas têm *processamento* durante as férias forenses e não se suspendem pela superveniência delas (arts. 58, I, Lei nº 8.245/1991 c/c art. 215, III, CPC).

A *competência* é do *"foro do lugar da situação do imóvel, salvo se outro tiver sido eleito no contrato"* (art. 58, II, Lei nº 8.245/1991). Estamos no terreno das ações pessoais, cuja competência territorial é relativa (inaplicável o art. 47, par. 1º, CPC), tornando possível a eleição de foro.

O *valor da causa* corresponde a 12 vezes o valor do aluguel em vigor na data do ajuizamento (art. 58, III, Lei nº 8.245/1991), o que está de acordo com a jurisprudência (Verbete Sumular nº 449, STF: *"O valor da causa na consignatória de aluguel corresponde a uma anuidade"*), em encontro da regra geral para cobrança de prestações de trato sucessivo (art. 292, par. 2º, CPC).

As *comunicações processuais* se darão mediante correspondência, com aviso de recebimento (art. 248, § 1º, CPC), porém desde que autorizadas pelo contrato de locação (art. 58, IV, Lei nº 8.245/91). Em verdade, tal disposição contraria a norma geral que prega a comunicação processual pelos correios como medida preferencial (art. 246, I, CPC), sendo corrente o entendimento de que prevalece esta última regra. Tanto é assim que se vê espaço legítimo para aplicação da citação do locatário através da entrega do mandado a funcionário da portaria responsável pelo recebimento da correspondência, nos condomínios edilícios ou loteamentos com controle de acesso (art. 248, § 4º, CPC): "*Ação de Despejo. (...) Na espécie, restou incontroverso que o mandado de citação foi recebido pelo porteiro do edifício deste. Ausência de nulidade do ato citatório, eis que é válida a citação com a entrega da carta a funcionário da portaria responsável pelo recebimento da correspondência, quando o endereço do citando se localizar em condomínio edilício. Inteligência que se extrai do § 4.º do artigo 248 do CPC. Alegação de ausência da residência, durante o período de 30 dias, que não restou comprovada nos autos*" (TJ-RJ – 0319924-23.2017.8.19.0001, 12ª Câmara Cível, DJ 11/12/2018).

Ademais, os *recursos interpostos contra as sentenças não terão efeito suspensivo* (art. 58, V, Lei nº 8.245/1991), em exceção à regra geral da legislação processual codificada quanto à apelação (art. 1.012, CPC). O sentido é evitar recursos protelatórios do locatário que impeçam a execução (provisória) do despejo, algo que, aliás, pode exigir caução pelo locador (art. 64, Lei nº 8.245/1991).

Cabe finalizar esse tópico de cunho genérico com a informação de que o Código de Defesa do Consumidor não é aplicável aos contratos locatícios regidos pela Lei nº 8.245/1991 (STJ – REsp 1.535.727/RS, 4ª Turma, DJ 10/05/2016; STJ – AgRg no AREsp 272.955/RS, 3ª Turma, DJ 12/03/2013; dentre outros).

3.12.1. Ação de Despejo (por Falta de Pagamento)

Peça vinculada ao caso concreto: Não.

Finalidade: Seja qual for o fundamento do término da locação, a ação do locador para reaver o imóvel é a de despejo (art. 5º, Lei nº 8.245/1991). A ação de despejo serve para retomada do imóvel pelo locador, rompendo a relação *ex locato*. A extinção do vínculo locatício constituirá consequência da sentença que acolhe o pleito. Diante da injustiça da posse (precariedade), enquadra-se como ação reipersecutória, pois se visa à entrega/restituição de coisa certa que está em poder de terceiro. Exerce o locatário temporariamente a posse direta por força de obrigação ou direito, tratando-se de ato de mera tolerância (art. 1.208, CC), o que torna tal posse excluída da possibilidade de usucapião pelo locatário. Este último tem o dever de restituir a posse tão logo cesse a relação locatícia (art. 23, III, Lei nº 8.245/1991), sob pena de o locador se valer da ação de despejo/desalijo para reavê-la. Um dos motivos mais comuns para a ação de despejo é a falta de pagamento de aluguel e acessórios da locação, sendo este justamente o presente modelo de petição.

Dispositivo(s): art. 9º, III; e art. 62, Lei nº 8.245/1991.

Importante:

1) Sobre a **normatividade,** há previsão explícita na lei especial de aplicação subsidiária do Código de Processo Civil às ações locatícias (art. 79, Lei nº 8.245/1991), bem como de que a ação de despejo seguirá o "rito ordinário" (art. 59, Lei nº 8.245/1991), o que deve ser lido, doravante, como "rito comum" (art. 1.046, par. 4º, CPC).

160 ■ Petições e Prática Cível

2) Via de regra, não é necessário ao demandante fazer **prova da propriedade**, nem de qualquer outro direito real, bastando demonstrar a transmissão da posse a título contratual, além do direito de recuperá-la, afinal se trata de *discussão de natureza pessoal: "1. A legitimidade dos locadores em cobrar os aluguéis independe do registro imobiliário, o qual faz presunção relativa. Ademais, na demanda locatícia não se discute propriedade, o que permite a diferença entre os locadores e os proprietários constante no registro do bem imóvel"* (STJ – AgInt no AREsp 1.116.753/SC, 4ª Turma, DJ 13/03/2018). A prova da propriedade somente é exigida em casos específicos (art. 60, Lei nº 8.245/91).

3) Legitimado passivo será o locatário, inclusive se cedeu o uso do imóvel ao sublocatário, o que não exclui a posse do primeiro (art. 1.197, CC). Aliás, sobre a **sublocação**, uma vez rescindida ou finda a locação, resolve-se aquela (art. 15, Lei nº 8.245/1991), a legislação exige que os sublocatários sejam intimados a intervir no processo como assistentes (art. 59, par. 2º, Lei nº 8.245/1991).

4) Nem toda ação de despejo se pautará no inadimplemento dos aluguéis, podendo-se cogitar várias hipóteses, inclusive o fim do lapso temporal contratado. A legislação traz regramentos quanto ao *despejo por denúncia vazia*, que reflete a faculdade de rescindir a locação sem a obrigação de demonstrar a razão ou a necessidade da retomada do imóvel (art. 46, Lei nº 8.245/91); bem como quanto ao *despejo por denúncia cheia/motivada*, no qual se inclui a situação de falta de pagamento de aluguéis e encargos locatícios (arts. 9º, III; e 47, I, Lei nº 8.245/91). Nesse último caso, admite-se **cumulação de pedidos** (*v.g.*, despejo e cobrança de aluguel, conforme art. 62, I, Lei nº 8.245/91). Aliás, aplica-se o **prazo prescricional** de 3 anos (art. 206, § 3º, I, CC) quanto ao pedido de cobrança de aluguéis (STJ – EDcl no AREsp 784.521/MG, 4ª Turma, DJ 01/12/2015). Entende-se que a ação de despejo por falta de pagamento **independe de notificação extrajudicial** do locatário (art. 397, CC): *"4. Para o ajuizamento de ação de despejo por falta de pagamento de aluguéis e acessórios, é despicienda a prévia notificação do locatário"* (STJ – REsp 834.482/RN, 5ª Turma, DJ 06/09/2007). Finalmente, uma vez ajuizada a respectiva ação judicial, vê-se admissível o julgamento antecipado parcial do mérito (art. 356, CPC), conforme o caso: FPPC, nº 513: *"(Art. 356; Lei no 8.245/91) Postulado o despejo em cumulação com outro(s) pedido(s), e estando presentes os requisitos exigidos pelo art. 356, o juiz deve julgar parcialmente o mérito de forma antecipada, para determinar a desocupação do imóvel locado".*

5) Cabe mensurar que diante da falta de pagamento do aluguel e acessórios, abrem-se **duas vias judiciais** ao locador: (i) *ação de despejo por falta de pagamento cumulada com cobrança*, quando será requerida a restituição da posse direta da coisa locada, naturalmente se isto for interesse do locador a desocupação; (ii) *ação de execução por título extrajudicial*, caso pretenda apenas buscar sua satisfação pelo débito havido (art. 784, VIII, CPC), em cuja seara, porém, não se tem o decreto de desalijo. A jurisprudência já pontuou que *"1. O anterior ajuizamento de ação de despejo c.c cobrança de aluguéis atrasados contra o locatário não impede a posterior propositura de ação de execução com base no título extrajudicial. Precedente"* (STJ – AgRg no Ag 1.099.601/SP, 5ª Turma, DJ 23/06/2009).

6) Entendida como um pedido implícito (arts. 322, par. 1º; e 323, CPC), permite-se a condenação do réu a pagar o valor das **prestações vincendas**, ou seja, que se vencerem no curso do processo, independente de pedido expresso do demandante (STJ – AgRg no AREsp

800.058/PR, 4ª Turma, *DJ* 15/12/2015). A execução contemplará as parcelas vencidas no ajuizamento, como também as parcelas que se vencerem no curso do processo, até a efetiva desocupação do imóvel (FPPC, nº 505: "*(Art. 323; Lei nº 8.245/1991) Na ação de despejo cumulada com cobrança, julgados procedentes ambos os pedidos, são passíveis de execução, além das parcelas vencidas indicadas na petição inicial, as que se tornaram exigíveis entre a data de propositura da ação e a efetiva desocupação do imóvel locado*"). Na jurisprudência: "*Agravo de instrumento. Ação de despejo cumulada com cobrança de aluguéis. Cumprimento de sentença. Decisão de rejeição da exceção de pré-executividade. Alegação de nulidade da execução, por contemplar valores posteriores a prolação da sentença. Cálculos elaborados pelo contador judicial adotando como termo final da dívida a data da efetiva desocupação do imóvel realizada por ordem de despejo. Pagamento de aluguel. Obrigação de trato sucessivo. Possibilidade de cobrança das parcelas vincendas no curso da lide enquanto não desocupado o imóvel. Inteligência do art. 323 do CPC/2015 (art. 290 do CPC/1973)*" (TJ-RJ – 0036833-22.2017.8.19.0000, 2ª Câmara Cível, *DJ* 30/08/2017).

7) O recurso interposto contra a sentença é desprovido de efeito suspensivo (art. 58, V, Lei nº 8.245/91), em exceção à regra geral quanto à apelação (art. 1.012, CPC). Não se exige caução do locador para permitir a **execução provisória** da sentença (art. 64, Lei nº 8.245/1991, alterado pela Lei nº 12.112/2009, que passa a ser mais genérico, incluindo também o inc. III do art. 9º, Lei nº 8.245/1991, sobre fim da locação fundada na falta de pagamento de aluguel, como exceção de dispensa de caução). Nesse sentido: "*III. A execução provisória da sentença que decreta o despejo por falta de pagamento de aluguel dispensa a prestação de caução, conforme leitura sistemático-teleológica do art. 64 da Lei nº 8.245/91, com redação anterior à Lei nº 12.112/2009. IV. A caução é dispensada quando estão presentes os requisitos do art. 64 da Lei nº 8.245/91*" (STJ – REsp 1.207.793/MG, 3ª Turma, *DJ* 14/04/2011); Verbete Sumular nº 376, TJ-RJ, *DJ* 24/04/2017: "*Desnecessária a caução para a execução provisória de sentença de despejo por falta de pagamento dos alugueres*".

8) Admite-se a **penhora do bem do fiador em contrato de locação**, ainda que único, em exceção à regra da impenhorabilidade do bem de família (art. 3º, VII, Lei nº 8.009/1990), conforme reconhece a jurisprudência (Verbetes Sumulares nº 549, STJ c/c nº 63 TJ-RJ, tratando-se, também, do posicionamento apurado na Tese de repercussão geral nº 295, STF: "*É constitucional a penhora de bem de família pertencente a fiador de contrato de locação, em virtude da compatibilidade da exceção prevista no art. 3º, VII, da Lei nº 8.009/1990 com o direito à moradia consagrado no art. 6º da CRFB, com redação da EC nº 26/2000*". Argumenta-se favoravelmente à possibilidade de penhora, já que o direito social à moradia (art. 6º, CRFB) refere-se a uma incumbência, em última análise, do Estado perante os particulares, e não norma oponível também aos credores locatícios. Diga-se que a Corte Suprema vinha decidindo, entretanto, pela impenhorabilidade do bem de residência do fiador em locação comercial, com o argumento de que a livre-iniciativa não poderia se erguer em detrimento do direito de moradia (*v.g.*, STF – RE 605.709/ SP, 1ª Turma, *DJ* 12/06/2018; STF – RE 1.265.881 AgR/ RJ, 2ª Turma, *DJ* 10/10/2020). No entanto, prevaleceu o entendimento sobre a possibilidade de penhora de bem de família pertencente a fiador de contrato de locação, seja residencial, seja comercial, pois a lei específica em comento não fez tal distinção (Tese de repercussão geral nº 1.127, STF, ref. RE 1.307.334/SP, Tribunal Pleno, j. 08/03/2022).

162 ■ *Petições e Prática Cível*

Verbete(s): Súmula nº 214, STJ: *"O fiador na locação não responde por obrigações resultantes de aditamento ao qual não anuiu"*; **Súmula nº 268, STJ**: *"O fiador que não integrou a relação processual na ação de despejo não responde pela execução do julgado"*; **Súmula nº 335, STJ**: *"Nos contratos de locação, é válida a cláusula de renúncia à indenização das benfeitorias e ao direito de retenção"*; **Súmula nº 549, STJ**: *"É válida a penhora de bem de família pertencente a fiador de contrato de locação"*; **Súmula nº 62, TJ-RJ**: *"Cabível, em face do locatário e do fiador, a cumulação do pedido de despejo por falta de pagamento com a cobrança dos aluguéis e encargos, na forma especial prevista na lei de locações, atendendo ao princípio da economia processual"*; **Súmula nº 63, TJ-RJ**: *"Cabe a incidência de penhora sobre imóvel único do fiador de contrato de locação, Lei nº 8.009/1990 (art. 3º, VII) e Lei nº 8245/91"*; **Súmula nº 134, TJ-RJ**: *"Nos contratos de locação responde o fiador pelas obrigações futuras após a prorrogação do contrato por prazo indeterminado se assim o anuiu expressamente e não se exonerou na forma da lei"*; **Súmula nº 365, TJ-RJ**: *"A validade da locação prescinde da propriedade do bem pelo locador, bastando que ele garanta o exercício da posse direta, desembaraçada, pelo locatário, salvo com relação à comprovação para legitimidade da propositura da ação de despejo, quando deverão ser observadas as exceções legais"*; **Súmula nº 376, TJ-RJ**: *"Desnecessária a caução para a execução provisória de sentença de despejo por falta de pagamento dos alugueres".*

Modelo

> A competência é do *"foro do lugar da situação do imóvel, salvo se outro tiver sido eleito no contrato"* (art. 58, II, Lei nº 8.245/1991).

COLENDO JUÍZO DA _ VARA CÍVEL DA COMARCA DO RIO DE JANEIRO – RJ

PROC. Nº___

> Mesmo na existência de multiplicidade de locadores, a ação de despejo não exige a formação de litisconsórcio ativo necessário (STJ – REsp 1.737.476/SP, 3ª Turma, DJ 04/02/2020).

MARCO AURÉLIO MINAS, brasileiro, solteiro, engenheiro, domiciliado e residente na Rua Vagner Eustáquio, nº 100, casa, Savassi, Cep: 30.112-010, na cidade de Belo Horizonte – MG, portador da identidade no 10.652.788-2, emitida pelo Detran, regularmente inscrito no CPF sob o nº 601.025.017-46, com endereço eletrônico paodequeijo@internet.com.br, vem, por meio de seu advogado regularmente constituído que esta subscreve, conforme instrumento de procuração anexo (art. 287, CPC), respeitosamente, propor a presente:

AÇÃO DE DESPEJO POR FALTA DE PAGAMENTO
c/ cobrança de aluguel e acessórios locatícios

Em face de DANILO FORMATO, brasileiro, solteiro, estudante, domiciliado e residente na Rua Felizardo Sobrinho, nº 387, apto. nº 2,

Méier, Cep: 22.000-190, na cidade do Rio de Janeiro – RJ, portador da identidade nº 45.687.911-6, emitida pelo Detran/RJ, regularmente inscrito no CPF sob o nº 450.525.937-65, com endereço eletrônico danilo. formato@internet.com.br; bem como em face de seu fiador, JARBAS VOADOR, brasileiro, viúvo, engenheiro, domiciliado e residente na Rua Ana Nery, nº 432, Méier, Cep: 22.045-001, na cidade do Rio de Janeiro – RJ, portador da identidade nº 10.550.155-9, emitida pelo Detran/RJ, regularmente inscrito no CPF sob o nº 123.257.057-65, com endereço eletrônico jarbas.voador@internet.com.br, pelos fatos e fundamentos seguintes.

> Para cogitar da legitimidade executiva passiva do fiador, deverá este ter participado da fase de conhecimento geradora do título executivo judicial (arts. 506; e 513, par. 5º, CPC c/c Verbete Sumular nº 268, STJ). Além disso, o ajuizamento da ação contra o fiador ganha importância quanto à questão da interrupção da prescrição (art. 240, par. 1º, CPC): "1. Nos termos da jurisprudência desta Corte, se o fiador não participou da ação de despejo, a interrupção da prescrição não o atinge" (STJ – AgRg no REsp 1.431.068/RJ, 3ª Turma, DJ 04/09/2014).

I. Fatos e fundamentos jurídicos do pedido.

O autor, vulgo locador, é proprietário do bem imóvel sito na Rua Felizardo Sobrinho, nº 387, apto. nº 2, Méier, Cep: 22.000-190, na cidade do Rio de Janeiro – RJ, que foi objeto de contrato de locação firmado entre as partes, em 20/04/2017, para uso residencial, com vigência de 30 (trinta) meses e aluguel ajustado em R$ 3.000,00 (três mil reais), conforme documento anexo.

> Utilizam-se os termos locador (senhorio) e locatário (inquilino), sendo importante a descrição do bem e seu endereço para fixação da regra de competência.

O locatário, primeiro réu, cumpriu integralmente as obrigações que lhe cabiam até dezembro de 2017, inadimplindo o aluguel e as taxas ordinatórias do condomínio, além das despesas de consumo de luz e água, bem como os valores relativos ao IPTU, a partir de janeiro de 2018 em diante, o que, no acumulado vencido, incluída a multa contratual (cláusula oitava do contrato de locação), chega a 5 (cinco) meses, ou exatos R$ 17.800,00 (dezessete mil, oitocentos reais), conforme memória de cálculo anexa.

Diante da inadimplência do inquilino quanto à inescusável obrigação de "pagar pontualmente", o que traduz violação dos deveres locatícios (art. 23, I, VIII e XII, Lei nº 8.245/1991), e não sendo possível a resolução amigável da controvérsia, como já tentou por diversas vezes o locador, chancela-se a via judicial com o objetivo da decretação do desalijo, para que este possa reaver a posse do imóvel de sua propriedade, como também receber os valores que lhe são devidos (art. 5º; e art. 9º, III, Lei nº 8.245/1991).

> Não exige a lei que o locador aguarde 3 meses de atraso para exercer o direito de ajuizar a ação de despejo, de modo que tal ajuizamento pode se dar no dia seguinte ao vencimento. Aguardar qualquer prazo para tanto constitui mera tolerância do locador.

Frise-se que a responsabilidade do fiador, que garantiu satisfazer a obrigação assumida pelo locatário, compreende todos os acessórios da dívida principal, inexistindo qualquer ressalva contratual em sentido contrário (art. 818 e art. 822, CC).

II. Pedido(s).

Ante o exposto, e em atenção ao firme conjunto probatório trazido aos autos, vem perante V.Ex.a, respeitosamente, requerer a citação do locatário, pelos correios (art. 58, IV, Lei nº 8.245/1991), para responder

164 ■ *Petições e Prática Cível*

No caso de inadimplência de aluguel, se o contrato de locação estiver desprovido de garantia, será admissível pleitear a liminar de despejo *inaudita altera partes*, desde que prestada caução de 3 meses pelo locador (art. 59, § 1º, Lei nº 8.245/1991). Se o contrato possuir garantia, ainda restará a possibilidade de pleito de tutela provisória, porém preenchendo os respectivos requisitos genéricos (*vide* art. 300, CPC), hipótese em que não se vê obrigatória a caução do locador (STJ – REsp 1.207.161/AL, 4ª Turma, DJ 08/02/2011).

ao pedido de rescisão, e do locatário e dos fiadores para responderem ao pedido de cobrança (art. 61, I, Lei nº 8.245/1991).

Requer, também, a concessão de tutela provisória de natureza antecipada, com a decretação da ordem para imediata desocupação do imóvel dentro do prazo de 15 (quinze) dias, tendo em vista a notícia de que o bem se encontra vazio e desocupado, sem que o locatário tenha formalizado a entrega das respectivas chaves, fato que apenas vem a agravar a situação de todos os envolvidos; bem como porque não é taxativo o rol do art. 59, § 1º, Lei nº 8.245/1991, nos termos da melhor jurisprudência (STJ – REsp 595.172/SP, 6ª Turma, DJ 21/10/2004), sendo inexigida a prestação de caução pela locadora na hipótese.

No caso de os demandados postularem a purga da mora, no prazo de 15 (quinze) dias contados da citação, requer o autor sejam incluídos na conta os aluguéis e acessórios vincendos, além dos demais consectários da dívida (art. 62, II, Lei nº 8.245/1991), ressalvando a possibilidade de o locador alegar, justificadamente, a não integralidade do depósito (art. 62, III, Lei nº 8.245/1991).

Requer, ao final, o julgamento pela procedência do pedido para que o contrato seja declarado rescindido, com a expedição de mandado para desocupação do bem no prazo de 15 (quinze) dias (art. 63, e par. 1º, "b", Lei nº 8.245/1991), inclusive com emprego de força, até arrombamento (art. 65, Lei nº 8.245/1991); bem como a condenação dos demandados a pagar os aluguéis vencidos e vincendos no curso da presente demanda.

Ainda, vem requerer a condenação dos réus nas despesas processuais antecipadas (art. 82, par. 2º, CPC) e em honorários advocatícios (art. 85, CPC), para as duas fases procedimentais.

As eventuais intimações do patrono do demandante deverão ser realizadas em nome da sociedade de advogados que integra, que é a Sampaio & Lacombe Advogados Associados, com endereço à Rua do Rosário, nº 88, Centro, Cep: 33.142-176, na cidade do Rio de Janeiro – RJ (art. 106 c/c art. 272, par. 1º, CPC). Aliás, desde logo se requer que eventual verba honorária sucumbencial também seja a ela destinada.

O valor da causa corresponde a 12 vezes o valor do aluguel em vigor na data do ajuizamento, em regramento especial para cobrança de prestações de trato sucessivo (*v.g.*, art. 292, par. 2º, CPC). No âmbito fluminense, exige-se que o valor da causa corresponda ao benefício patrimonial em cobrança, acrescido de uma anuidade de aluguéis (*v.g.*, TJ-RJ – 0055450-52.2013.8.19.0038, 8ª Câmara Cível, *DJ* 10/03/2016).

Protesta o autor pela produção de todas as provas legais, como moralmente legítimas, para provar a verdade dos fatos articulados (art. 319, VI, CPC).

Dá-se à causa o valor de alçada de R$ 53.800,00 (cinquenta e três mil e oitocentos reais), nos moldes legais (art. 58, III, Lei nº 8.245/1991).

Termos em que

Pede e espera deferimento.

Local e data.

Nome e assinatura do advogado(a)

Petições Cíveis: Procedimentos Especiais de Jurisdição Contenciosa e Voluntária ■ **165**

3.12.2. Ação Revisional de Aluguel

Peça vinculada ao caso concreto: Não.

Finalidade: Obter a revisão do preço defasado do aluguel, a fim de ajustá-lo ao preço de mercado, cuja legitimidade é tanto do locatário quanto do locador, decorrido o prazo de 3 (três) anos da vigência do contrato ou do acordo anteriormente realizado (art. 19, Lei nº 8.245/1991). Cuida-se de espécie de *ação dúplice*, onde cada um dos interessados assume qualquer das posições processuais, independendo de formulação de pedido pelo demandado. Por sua natureza, a ação revisional de aluguel possui campo de cognição restrito, reclamando provas eminentemente técnicas, visto que não abre espaço para discussão de natureza tática. Basicamente, investiga-se durante a sua instrução a possibilidade de ajuizamento (observância do prazo trienal) e a existência de oscilação do mercado capaz de justificar a pretendida readequação do valor livre e anteriormente pactuado (STJ – REsp 1.566.231/PE, 3ª Turma, *DJ* 1º/03/2016).

Dispositivo(s): art. 19 e arts. 68/70, Lei nº 8.245/1991.

Importante:

1) Em **noções gerais**, o aluguel deve ser fixado em moeda nacional, sendo livre a convenção sobre seu quantitativo, muito embora vedada sua vinculação à variação cambial ou ao salário mínimo (art. 17, Lei nº 8.245/1991). É livre a fixação das cláusulas de reajuste (art. 18, Lei nº 8.245/1991). O locador não poderá exigir o pagamento antecipado do aluguel, exceto na locação por temporada, ou se a locação não estiver garantida por qualquer das modalidades (arts. 20 e 42, Lei nº 8.245/1991). O aluguel de sublocação não pode exceder o da locação (art. 21, Lei nº 8.245/1991).

2) Sobre o **procedimento** aplicável, há previsão explícita na lei especial de aplicação subsidiária do Código de Processo Civil às ações locatícias (art. 79, Lei nº 8.245/1991); bem como de que a ação revisional de aluguel seguirá o "rito sumário" (art. 68, *caput*, Lei nº 8.245/1991), o que deve ser lido como "rito comum", "*com as modificações previstas na lei especial, se houver*" (art. 1.049, par. único, CPC).

3) Descaberá ação revisional na pendência de prazo para desocupação do imóvel; ou quando tenha sido este estipulado amigável ou judicialmente (arts. 68, par. 1º; 46, par. 2°; e 57, Lei nº 8.245/1991). Qualquer tipo de acordo firmado entre as partes sobre aluguel, durante o triênio legal (3 anos), independentemente de que atinjam o chamado "valor de mercado", impede a propositura da ação revisional, porquanto o prazo foi interrompido, devendo recomeçar sua contagem (art. 19, Lei nº 8.245/1991).

4) Em se tratando de *locação não residencial*, poderá ser convencionada a **renúncia** ao direito de revisão do valor dos aluguéis durante o prazo de vigência do contrato de locação (art. 54-A, par. 1º, Lei nº 8.245/1991, incluído pela Lei nº 12.744/2012).

5) As **benfeitorias e/ou acessões realizadas pelo locatário** (obras novas ou o aumento da área edificada) não devem compor o cálculo do novo aluguel objeto da ação revisional, ou seja, não devem ser consideradas em ação revisional quanto ao mesmo contrato, permanecendo hígidas

166 ■ *Petições e Prática Cível*

suas cláusulas: "*4. A ação revisional não se confunde com a renovatória de locação. Na revisional, as acessões realizadas pelo locatário não devem ser consideradas no cálculo do novo valor do aluguel, para um mesmo contrato. Tais acessões, porém, poderão ser levadas em conta na fixação do aluguel por ocasião da renovatória, no novo contrato*" (STJ – REsp 1.411.420/DF, 4ª Turma, *DJ* 19/05/2015). No mesmo sentido: STJ – AgInt no EDcl no REsp 1.727.589/SP, 3ª Turma, *DJ* 07/08/2018.

6) O eventual **recurso** interposto contra a sentença é desprovido de efeito suspensivo (art. 58, V, Lei nº 8.245/1991), em exceção à regra geral quanto à apelação (art. 1.012, *caput*, CPC). De outro lado, resta estabelecido que as diferenças devidas durante a ação de revisão somente serão pagas a partir do trânsito em julgado da decisão que fixou o novo valor (art. 69, Lei nº 8.245/1991): "*1. O recurso de apelação interposto contra sentença proferida em ação revisional de aluguel deve ser recebido apenas no efeito devolutivo, conforme previsão expressa do art. 58 da Lei nº 8.245/1991. 2. O art. 69 da Lei nº 8.245/1991, que possibilita a cobrança das diferenças do valor do aluguel somente a partir do trânsito em julgado da decisão que fixou o novo valor, não pode ser invocado para atribuir efeito suspensivo ao recurso de apelação*" (STJ – AgRg no AREsp 171.147/SP, 4ª Turma, *DJ* 18/10/2012).

7) As **relações jurídicas continuativas**, de trato sucessivo ou prestação continuada, são aquelas que se protraem no tempo, como na ação de revisão de aluguel. A sentença que as julgar repercutirá em situações futuramente vivenciadas, projetando-se no tempo. Por isso, ocorrida posteriormente a modificação do estado de fato ou de direito, poderá a parte *pedir a revisão daquilo que transitou em julgado*, tendo o juiz a função de adaptar o julgado anterior ao novo estado fático ou de direito (art. 505, I, CPC). Nesse caso, faz-se referência a prolação das chamadas *sentenças determinativas*, naturalmente instáveis, pelo que possuem implícita a cláusula *rebus sic stantibus*, com autorização para futura revisão, conforme o caso (STJ – AgRg no REsp 1.193.456/RJ, 2ª Turma, *DJ* 07/10/2010).

Modelo

A competência territorial é do foro do lugar da situação do imóvel, salvo se outro tiver sido eleito no contrato (art. 58, II, Lei nº 8.245/1991).

COLENDO JUÍZO DA _ VARA CÍVEL DA COMARCA DO RIO DE JANEIRO – RJ

PROC. Nº___

MÁRCIO COIMBRA, brasileiro, divorciado, vendedor, domiciliado e residente na Rua Vernon, nº 158, apartamento nº 5, Centro, Cep: 23.547-123, na cidade do Rio de Janeiro – RJ, portador da identidade nº 68.945.623-2, emitida pelo Detran/RJ, regularmente inscrito no CPF sob o nº 223.456.78-23, com endereço eletrônico marcio.coimbra@internet. com.br, vem, por meio de seu advogado regularmente constituído que esta subscreve, conforme instrumento de procuração anexo (art. 287, CPC), respeitosamente, propor a presente:

AÇÃO REVISIONAL DE ALUGUEL

Em face de JARBAS SIMÕES, brasileiro, casado, empresário, domiciliado e residente à Rua Marechal Laver, n.º 50, Centro, Cep: 33.122-101, na cidade do Rio de Janeiro – RJ, portador da identidade n.º 655.577.44-8, emitida pelo Detran/RJ, regularmente inscrito no CPF sob o n.º 862.187.009-89, com endereço eletrônico js1972@internet.com.br, pelos fatos e fundamentos seguintes.

I. Fatos e fundamentos jurídicos.

Na data de 15/04/2015, as partes firmaram um contrato de locação de imóvel residencial, situado na Rua Vernon, n.º 158, apartamento n.º 5, Centro, Cep: 23.547-123, na cidade do Rio de Janeiro – RJ, com a previsão de pagamento de aluguel mensal de R$ 10.000,00 (dez mil reais).

Ocorre que se vivencia posterior e relevante alteração superveniente da conjuntura econômica ou de mercado vigentes à época da realização do negócio, diante da notória crise do mercado imobiliário, desvinculando o patamar de aluguel e o próprio contrato de locação do objetivo central avençado entre as partes, em flagrante prejuízo ao autor-locatário.

Com efeito, são trazidas ao processo 3 (três) avaliações feitas por empresas idôneas que demonstram o real valor da locação do imóvel em questão (doc. anexo). Além disso, será produzida prova testemunhal, ora requerida, para demonstração de que moradores da redondeza pagam aluguel bem inferior em condições idênticas ao autor.

Assim, utiliza-se o demandante-locatário deste instrumento jurídico como forma de manutenção do equilíbrio econômico do contrato, afetada por eventos imprevisíveis (teoria da imprevisão) ou de evento imprevisível e extraordinário (teoria da onerosidade excessiva), para pleitear a revisão judicial do aluguel, levando em consideração já ter decorrido o prazo de 3 (três) anos da vigência do contrato, inexistindo possibilidade de solução amigável (art. 19, Lei n.º 8.245/1991).

Em atenção ao termos legais (art. 68, I, Lei n.º 8.245/1991), declara o autor a pretensão de que seja fixado como *aluguel definitivo*, ao final, o quantitativo de R$ 5.000,00 (cinco mil reais), conforme real valor de locação do imóvel.

Na pendência desta ação, para fixação do *aluguel provisório*, deve-se respeitar o patamar legal de 80% (oitenta por cento) do aluguel vigente, em demanda proposta pelo locatário (art. 68, II, "b", Lei n.º 8.245/1991) o que alcança o montante de R$ 8.000,00 (oito mil reais). Tal aluguel provisório, como fixado, deve ser reajustado na periodicidade pactuada ou na fixada em lei (art. 68, par. 2.º, Lei n.º 8.245/1991).

Muitas das vezes a prova pericial é realizada para apurar o justo valor do aluguel por meio de coleta de dados e das características do imóvel e do local em que situado, adotando, sobretudo, o método comparativo a partir de valores de mercado.

O ajuizamento *"antes de transcorrido o lapso temporal importa em carência de ação, por falta de interesse, ainda que se alegue encontrar-se o aluguel abaixo do valor de mercado. Precedentes"* (STJ – REsp 189.915/SP, 6ª Turma, DJ 29/03/2000). Já se aceitou a ação revisional em que o prazo trienal se completou no curso do feito (STJ – REsp 1.533.766/MG, 3ª Turma, DJ 08/09/2015).

Incide atenuação do princípio da congruência: *"A quantia requerida pelo autor, a título de revisão de aluguel, e meramente estimativa, a depender de laudo pericial e da fixação pelo juiz, não configurando julgamento 'ultra petita' estabelecer valor superior ao postulado pelo locador com remissão ao chamado 'preço de mercado'"* (STJ – REsp 168.553/DF, 5ª Turma, DJ 16/06/1998).

168 ■ Petições e Prática Cível

É conveniente juntar documentos que demonstrem a situação de necessidade, até porque o juiz pode exigir tal comprovação (art. 99, par. 2º, CPC). A assistência do requerente por advogado particular não impede a concessão de gratuidade de justiça (art. 99, par. 4º, CPC).

Sobre o assunto: *"IV – Não há qualquer vinculação do magistrado à resposta do réu para fixação dos alugueres provisórios, devendo, pautar-se, no entanto, nos elementos probatórios fornecidos pelo autor, sem prejuízo de outros que entender útil. Ressalta-se, ainda, que não se trata de uma faculdade dada ao magistrado, pois decorre de previsão legal contida no art. 68, inc. II da Lei nº 8.245/1991"* (STJ – REsp 873.151/RS, 5ª Turma, *DJ* 13/02/2007). Diga-se que o réu poderá pedir depois a revisão do aluguel provisório fixado (art. 68, III, Lei nº 8.245/1991).

O aluguel fixado na sentença retroage à citação, e as diferenças devidas durante a ação de revisão, descontados os alugueres provisórios satisfeitos, serão pagas corrigidas, sendo exigíveis a partir do trânsito em julgado da decisão que fixar o novo aluguel (art. 69, Lei nº 8.245/1991). Em outros termos: as diferenças devem ser repostas com correção monetária e juros de mora.

Resta mantido, portanto, o arrolamento das testemunhas na petição inicial, sob pena de preclusão (art. 68, I, Lei nº 8.245/1991, na remissão ao art. 276, CPC/1973).

II. Pedido(s).

Ante o exposto, requer a:

a) concessão do benefício da gratuidade de justiça ao autor, em razão da insuficiência de recursos para pagar as custas e despesas processuais (art. 99, CPC), a qual se presume para a pessoa natural (art. 99, par. 3º, CPC);

b) fixação de aluguel provisório, no valor de R$ 8.000,00 (oito mil reais), em atenção ao patamar legal, independente de realização de prévia perícia, antes mesmo da designação de audiência, cujo patamar será devido desde a citação do demandado (art. 68, II, Lei nº 8.245/1991);

c) expedição do mandado de citação do réu, integrando-o ao feito, para comparecer à audiência previamente designada, na qual poderá, querendo, apresentar contestação e contraproposta (art. 68, II e IV, Lei nº 8.245/1991);

d) procedência do pedido, com a fixação definitiva do aluguel acima indicado; com a condenação do requerido nas despesas processuais antecipadas (art. 82, par. 2º, CPC) e em honorários advocatícios (art. 85, CPC).

Protesta o autor pela produção de todas as provas legais, como moralmente legítimas, para provar a verdade dos fatos articulados (art. 319, VI, CPC), notadamente pela produção antecipada de prova, ata notarial, documentos físicos e eletrônicos, confissão, testemunhas, perícia, prova técnica simplificada, dentre outros.

Ad cautelam, já vem indicar o rol preliminar de testemunhas, que comparecerão à audiência de instrução e julgamento designada independentemente de intimação (art. 455, par. 2º, CPC): *1. Jair Barros (CPF: 001.289.047-00); Rua Vernon, nº 158, apartamento nº 2, Centro, Cep: 23.547-123, Rio de Janeiro – RJ; 2. Alessandra Fonseca (CPF: 444.001.047-31), Praça do Aviador, nº 38, Apto. 102, Centro, Rio de Janeiro/RJ.*

As eventuais intimações do patrono do demandante deverão ser realizadas em nome da sociedade de advogados que integra, que é a Sampaio & Lacombe Advogados Associados, com endereço à Rua do Rosário, nº 88, Centro, Cep: 33.142-176, na cidade do Rio de Janeiro – RJ (art. 106 c/c art. 272, par. 1º, CPC). Aliás, desde logo se requer que eventual verba honorária sucumbencial também seja a ela destinada.

Dá-se à causa o valor de R$ 60.000,00 (sessenta mil reais), conforme disciplina legal (art. 58, III, Lei nº 8.245/1991).

Termos em que

Pede e espera deferimento.

Local e data.

Nome e assinatura do advogado(a)

3.12.3. Ação Renovatória de Locação

Peça vinculada ao caso concreto: Não.

Finalidade: Obter a renovação da locação de imóvel destinado ao comércio, mesmo contra a vontade do locador, em garantia ao inquilino de um prazo mínimo de locação, servindo à proteção do "ponto comercial" (fundo empresarial) e, assim, em preservação da função social da empresa. A legitimidade ativa é do *locatário ou sublocatário* e passiva do *locador ou sublocador*, conforme o caso (arts. 71, parágrafo único; e 51, § 1º, Lei nº 8.245/91). Na verdade, o direito à renovação somente pode ser exercido por aquele que ocupa o imóvel: "*A cessão de posição contratual por parte do locatário de bem imóvel implica reconhecer sua perda superveniente de interesse de agir quanto à 'ação renovatória' em curso, nos termos do art. 51, § 1º, da Lei de Locações*" (TJ-RJ – 0011035-69.2016.8.19.0202, 2ª Câmara Cível, Rel. Des. Alexandre Câmara, DJ 19/09/2018).

Importante:

1) A renovação compulsória (sem a concordância do locador) exige o preenchimento de **requisitos**, sendo os principais (arts. 51 e 71, Lei nº 8.245/91: (i) o locatário seja *empresário*; (ii) a *contratação por escrito e por prazo determinado*; (iii) *locação ininterrupta por 5 anos*, ou seja, o prazo mínimo do contrato a renovar ou a soma dos prazos ininterruptos dos contratos escritos seja de 5 anos; (iv) *exploração pelo locatário da mesma atividade comercial, no mesmo ramo, pelo prazo mínimo e ininterrupto de 3 anos*; (v) prova do exato cumprimento do contrato em curso (sobre o assunto, *vide* STJ – AREsp 378.586/PR, Rel. Min. Marco Buzzi, DJ 10/09/2015, reconhecendo que a purga da mora em ação de despejo não configura tal "exato cumprimento contratual"); (vi) indicação do fiador quando houver no contrato a renovar e, quando não for o mesmo, com sua descrição completa, comprovando, desde logo, "*mesmo que não haja alteração do fiador, a atual idoneidade financeira*" (sobre o assunto, *vide* STJ – REsp 1.582.214/SP, 3ª Turma, DJ 23/04/2019); (vii) *deve ser proposta a ação no interregno de um ano, no máximo, até seis meses, no mínimo, anteriores à data da finalização do prazo do contrato em vigor*, sob pena de decair o direito de renovação (art. 51, § 5º, Lei nº 8.245/91). Falhando tais requisitos, o pedido renovatório será rejeitado; se preenchidos tais requisitos, será imposta ao senhorio a renovação.

2) Em específico, se o locador não quiser a renovação em virtude de **proposta mais vantajosa de terceiro**, terá aquele que comprovar que este (próximo locatário) não irá explorar o mesmo ramo de atividades do atual locatário (art. 72, III, par. 2º, Lei nº 8.245/1991). Aliás, se ficar provado que a renovação não ocorreu em razão de proposta em melhores condições de terceiro, o locatário terá *direito à indenização* para ressarcimento dos prejuízos e dos lucros cessantes que tiver que arcar com a perda do lugar e desvalorização do fundo de comércio (art. 52, par. 3º, Lei nº 8.245/1991), cuja responsabilidade recairá sobre o locador e o proponente, sendo fixada pela própria sentença que julgar a presente demanda (art. 75, Lei nº 8.245/1991).

3) Importante *garantia do locatário* para que o contrato em curso seja cumprido pelo terceiro adquirente, no caso de o proprietário intentar realizar a **venda do imóvel objeto da locação**, exige que conste registro do respectivo ato contratual na matrícula do imóvel locado da cláusula de vigência em caso de alienação (art. 8º, *in fine*, Lei nº 8.245/1991).

170 ■ Petições e Prática Cível

4) Se *improcedente o pleito* (caso não seja renovada a locação), o juiz determinará a expedição de **mandado de despejo** do locatário autor, que conterá o prazo de *"30 dias"* para a desocupação voluntária, se houver pedido na contestação (art. 74, Lei nº 8.245/91). Nesse caso, será viável a execução provisória, na lógica geral da lei de regência (art. 58, V, Lei nº 8.245/91), não sendo necessário aguardar o trânsito em julgado da sentença (STJ – AgInt no AgRg no AREsp 796.307/RS, 4ª Turma, *DJ* 17/08/2017). Na hipótese, exige-se a intimação pessoal do locatário para fluência do referido prazo de 30 dias: *"1. De acordo com a jurisprudência do STJ, é indispensável a notificação pessoal da locatária por meio de mandado de despejo, no qual conste o prazo de 30 dias disposto no art. 74 da Lei nº 8.245/91, para que proceda à desocupação do imóvel em execução provisória de sentença que julgou improcedente ação renovatória. Precedente"* (STJ – AgRg nos EDcl no AREsp 389.671/SP, 4ª Turma, *DJ* 27/05/2014). Finalmente, sobre os valores de aluguel devidos, caso reconhecidos no processo: *"5. A improcedência da pretensão renovatória fundada no desatendimento dos requisitos legais implica na expedição de mandado de despejo, além da possibilidade de cobrança dos aluguéis não quitados"* (STJ – REsp 1.707.365/MG, 3ª Turma, DJ 27/11/2018).

5) Se *procedente o pleito* e renovada a locação, a **diferença dos aluguéis** vencidos será executada nos próprios autos (art. 73, Lei nº 8.245/1991). De forma explicativa sobre a diferença dos aluguéis vencidos (favoráveis ao locador ou locatário), efeitos *ex tunc* do novo aluguel fixado, formato procedimental de execução nos mesmos autos, além do termo inicial da cobrança de juros de mora incidentes: *"Ação renovatória de locação. Diferença dos aluguéis vencidos (..) 3- A sentença de procedência do pedido renovatória produz efeitos* ex tunc, *isto é, o novo aluguel é devido desde o primeiro dia imediatamente posterior ao fim do contrato primitivo. Fixado o novo valor do aluguel, pode remanescer saldo relativo às diferenças de aluguéis vencidos em favor do locador ou do locatário, a depender de o novo valor ser, respectivamente, maior ou menor do que o original. As diferenças, se existentes, a teor do art. 73 da Lei nº 8.245/1991, serão executadas nos próprios autos da ação renovatória. 4- O termo inicial dos juros de mora relativos às diferenças dos aluguéis vencidos será (a) ou a data para pagamento fixada na própria sentença transitada em julgado (mora* ex re*) (b) ou a data da intimação do devedor – prevista no art. 523 do CPC/2015 – para pagamento no âmbito da fase de cumprimento de sentença (mora ex persona)"* (STJ – REsp 1.929.806/SP, 3ª Turma, DJ 07/12/2021).

Verbete(s): **Súmula nº 214, STJ**: *"O fiador no contrato de locação não responde por obrigações resultantes de aditamento ao qual não anuiu"*; **Súmula nº 134, TJ-RJ**: *"Nos contratos de locação responde o fiador pelas obrigações futuras após a prorrogação do contrato por prazo indeterminado se assim o anuiu expressamente e não se exonerou na forma da lei".*

Modelo

A competência territorial é do foro do lugar da situação do imóvel, salvo se outro tiver sido eleito no contrato (art. 58, II, Lei nº 8.245/1991).

COLENDO JUÍZO DA _ VARA CÍVEL DA COMARCA DO RIO DE JANEIRO – RJ

PROC. Nº____

SAPATOS E CIA. LTDA., pessoa jurídica de direito privado, com sede na Rua Carlos Chaves, nº 215, Centro, na cidade do Rio de Janeiro – RJ, Cep: 23.547-123, inscrita no CNPJ sob o nº 12.123.765/0001-65, com endereço eletrônico marcio.coimbra@internet.com.br, vem, por meio de seu advogado regularmente constituído que esta subscreve, conforme instrumento de procuração anexo (art. 287, CPC), respeitosamente, propor a presente:

AÇÃO RENOVATÓRIA DE LOCAÇÃO

Em face de JARBAS SIMÕES, brasileiro, casado, empresário, domiciliado e residente à Rua Marechal Laver, nº 50, Centro, Cep: 33.122-101, na cidade do Rio de Janeiro – RJ, portador da identidade nº 655.577.44-8, emitida pelo Detran/RJ, regularmente inscrito no CPF sob o nº 862.187.009-89, com endereço eletrônico js1972@internet.com.br, pelos fatos e fundamentos seguintes.

I. Fatos e fundamentos jurídicos.

Na data de 15/10/2013, as partes firmaram um contrato de locação de imóvel não residencial, situado na Rua Carlos Chaves, nº 215, Centro, na cidade do Rio de Janeiro – RJ, Cep: 23.547-123, pelo valor mensal de R$ 10.000,00 (dez mil reais), por escrito e com prazo determinado de 5 (cinco) anos, para que o locatário, ora autor, exercesse sua atividade empresarial relacionada à comercialização de calçados em geral, cujo ramo de atividade é lá exercido desde então, ou seja, por mais de 3 (três) anos e forma ininterrupta (art. 51, I, II e III, Lei nº 8.245/1991).

Frise-se que o locatário vem cumprindo regularmente com as cláusulas contratuais (art. 71, II, Lei nº 8.245/1991), conforme recibos de pagamento ora acostados aos autos (doc. anexo). Também se demonstra a prova de quitação de impostos e taxas, enfim todos os encargos, que incidiram sobre o imóvel, no que cabe ao locatário (art. 71, III, Lei nº 8.245/1991), cuja comprovação segue junto (doc. anexo).

> Já se admitiu a possibilidade de ajuizamento de ação renovatória de locação empresarial com a demonstração na petição inicial do parcelamento de débitos fiscais pelo locatário, diante da ausência de prejuízo ao locador (STJ – REsp 1.698.814/SP, 3ª Turma, DJ 26/06/2018).

Consultado sobre a renovação amigável do contrato, o locador réu simplesmente se negou a conversar, sem apresentar fundamentação plausível para a negativa. Desse modo, vem o locatário autor pleitear a renovação judicial da locação.

É tempestivo tal pedido porquanto o contrato somente findará em 15/10/2018, admitindo-se o ajuizamento de tal ação entre 15/10/2017 e 15/04/2018 (art. 51, par. 5º, Lei nº 8.245/1991), o que se demonstra devidamente cumprido, conforme protocolo da presente petição inicial.

172 ■ Petições e Prática Cível

Em atenção ao termos legais (art. 71, IV e V, Lei nº 8.245/1991), vem o autor indicar de forma clara e precisa as condições oferecidas para a renovação da locação, isto é: *prazo de vigência* de 5 (cinco) anos; *valor do aluguel mensal* em R$ 11.000,00 (onze mil reais), conforme laudo de avaliação fornecido por profissional habilitado (doc. anexo), ou valor menor fixado por perícia judicial; *manutenção das demais cláusulas contratuais*, inclusive do vencimento no dia 10 de cada mês, de periodicidade de reajuste do aluguel, da cláusula de vigência em caso de alienação e direito de preferência, bem como do fiador do contrato originário, que, inclusive, reitera sua aceitação dos encargos da fiança, estando preenchidos os requisitos legais.

II. Pedido(s).

Ante o exposto, requer a:

a)   expedição do mandado de citação do réu, integrando-o ao feito, para, querendo, apresentar contestação;

b)   procedência do pedido, com a determinação de renovação da locação pleiteada, nas condições ora propostas pelo autor;

c)   condenação do réu nas despesas processuais antecipadas (art. 82, par. 2º, CPC) e em honorários advocatícios (art. 85, CPC).

Protesta o autor pela produção de todas as provas legais, como moralmente legítimas, para provar a verdade dos fatos articulados (art. 319, VI, CPC), notadamente pela produção antecipada de prova, ata notarial, documentos físicos e eletrônicos, depoimento pessoal do réu, testemunhas, perícia, prova técnica simplificada, dentre outros.

As eventuais intimações do patrono do demandante deverão ser realizadas em nome da sociedade de advogados que integra, que é a Sampaio & Lacombe Advogados Associados, com endereço à Rua do Rosário, nº 88, Centro, Cep: 33.142-176, na cidade do Rio de Janeiro – RJ (art. 106 c/c art. 272, par. 1º, CPC). Aliás, desde logo se requer que eventual verba honorária sucumbencial também seja a ela destinada.

Dá-se à causa o valor de R$ 132.000,00 (cento e trinta e dois mil reais), conforme disciplina legal (art. 58, III, Lei nº 8.245/1991).

Termos em que

Pede e espera deferimento.

Local e data.

Nome e assinatura do advogado(a)

Notas laterais:

Se o contrato a renovar tiver fiador, deverá também fazê-lo constar na renovação de locação, ainda que seja outra pessoa, desde que tenha idoneidade financeira, aceitando os encargos da fiança, e com autorização de seu cônjuge se casado for (art. 71, V e VI, Lei nº 8.245/1991).

A defesa do réu é restrita (art. 72, Lei nº 8.245/1991), podendo este pedir a fixação de aluguel provisório, para vigorar a partir do 1º mês do prazo do contrato a ser renovado, não excedente a 80% do pedido, desde que apresentados elementos hábeis para aferição do seu justo valor (art. 72, par. 4º, Lei nº 8.245/1991). É modalidade de tutela provisória requerida pelo réu em sua resposta.

Em havendo o reconhecimento do pedido inicial, inconcebível a existência de lide de mero acertamento, de modo que as custas e honorários advocatícios serão devidos pelo réu, pois foi quem deu causa à instauração do processo" (STJ – AgRg no Ag 878.460/DF, 6ª Turma, DJ 14/09/2010).

Muitas das vezes a prova pericial é realizada para apurar o justo valor do aluguel por meio de coleta de dados e das características do imóvel e do local em que situado, adotando, sobretudo, o método comparativo a partir de valores de mercado.

3.13. Juizados Especiais Cíveis

Nesse tópico, abordam-se as principais petições utilizadas no rito dos Juizados Especiais Cíveis, sobretudo no âmbito estadual (Lei nº 9.099/1995), cuidando o livro de fazer algumas ressalvas quanto ao processamento específico no âmbito federal (Lei nº 10.259/2001) e fazendário (Lei nº 12.153/2009).

Uma vez que a legislação, por vezes, não apresenta uma resposta satisfatória para os problemas apurados na prática dos Juizados Especiais, cabe se socorrer de enunciados orientadores, tanto na esfera nacional (FONAJE), quanto na esfera local (sendo ora utilizada a Consolidação de Enunciados dos Juizados Especiais do Estado do Rio de Janeiro, Aviso nº 23/2008; bem como Aviso Conjunto TJ-RJ/COJES nº 15/2016, doravante denominados de JEC-RJ).

A ideia-matriz dos Juizados Especiais consiste na facilitação do acesso à Justiça, criando-se um verdadeiro microssistema processual que supera as dificuldades do processo tradicional, sobretudo o formalismo, alto custo e a demora. Cuida-se de uma nova filosofia e estratégia no tratamento de conflitos de menor complexidade, com a abreviação e simplificação do rito procedimental.

Tal procedimento *"oral e sumaríssimo"* está escorado no texto constitucional (arts. 98, I, e 24, X, CRFB). A Lei nº 9.099/1995 constitui a normatividade geral para os Juizados Especiais. Aplica-se o Estatuto Processual vigente subsidiariamente (art. 318, par. único, CPC), com menção expressa da legislação correlata (arts. 30, 51, 52 e 53, Lei nº 9.099/1995).

Há grande questionamento sobre a aplicabilidade de algumas disposições do CPC/2015 aos Juizados Especiais (*v.g.*, possibilidade de tutela provisória antecipada antecedente; necessidade de amplo contraditório e fundamentação). Em orientação geral: FONAJE, nº 161: *"Considerado o princípio da especialidade, o CPC/2015 somente terá aplicação ao Sistema dos Juizados Especiais nos casos de expressa e específica remissão ou na hipótese de compatibilidade com os critérios previstos no art. 2º da Lei nº 9.099/1995";* JEC-RJ, nº 1.1:, alterado pelo Aviso Conjunto TJ-RJ/COJES nº 15/2016: *"Considerando o princípio da especialidade, o CPC/2015 somente terá aplicação ao Sistema dos Juizados Especiais nos casos de expressa e específica remissão ou na hipótese de compatibilidade com os critérios previstos no art. 2º da Lei nº 9.099/1995".*

3.13.1. Ação de Indenização nos Juizados Especiais Cíveis

Peça vinculada ao caso concreto: Não.

Finalidade: Propor uma ação judicial no microssistema dos Juizados Especiais Cíveis, dentro das hipóteses taxativas de competência.

Dispositivo(s): art. 14, Lei nº 9.099/1995.

174 ■ Petições e Prática Cível

Importante:

1) A aptidão para dirigir petições ao Estado-juiz é privativa dos advogados (Lei nº 8.906/1994). Ocorre que uma característica peculiar dos Juizados Especiais Cíveis é que *se o valor da causa não for superior a 20 salários mínimos*, há **dispensa de advogado** para a defesa dos seus direitos (art. 9º, Lei nº 9.099/1995). A Corte Suprema já se manifestou pela constitucionalidade de dispositivo de lei ordinária que faculte às partes dispensar a assistência de profissional de advocacia em processos de natureza cível (STF – AI 461.490 ED/GO, 2ª Turma, *DJ* 23/06/2009). Observe-se que, para interposição de recurso, as partes serão obrigatoriamente representadas por advogado (art. 41, par. 2º, Lei nº 9.099/1995), independentemente do valor da causa. Finalmente, há entendimento pela aplicação da regra no âmbito dos Juizados Fazendários (FONAJE da Fazenda Pública, nº 14: *"A obrigação de assistência por advogado, nas causas de valor superior a vinte salários mínimos, nos termos do art. 9º, caput, da Lei 9.099/1995, aplica-se ao Juizado Especial da Fazenda Pública"*).

2) Inexige-se recolhimento de **custas judiciais** para o ajuizamento da causa, em 1º grau de jurisdição no âmbito dos Juizados Especiais Cíveis (art. 54, Lei nº 9.099/1995). Contudo, se o autor, vencido, pretender recorrer da sentença, deverá proceder ao recolhimento das custas anteriormente dispensadas, exceto se tiver sido beneficiado pela gratuidade de justiça, sob pena de não ter o seu recurso conhecido (art. 54, par. único; e 42, pars. 1º e 2º, Lei nº 9.099/1995).

3) Como regra, não haverá condenação do vencido em **ônus sucumbenciais** (custas e honorários de advogado) nos Juizados Especiais Cíveis (art. 55, Lei nº 9.099/1995), diversamente do que ocorre no rito comum (arts. 82, par. 2º; e 85, CPC). *Excepcionalmente*, haverá imposição de ônus sucumbenciais nos seguintes casos: (i) não comparecimento do autor em qualquer das audiências do processo (interpretação *a contrario sensu* do art. 51, par. 2º, Lei nº 9.099/1995); (ii) a parte for condenada como litigante de má-fé (art. 55, Lei nº 9.099/1995), quando responderá pela sucumbência mais a multa pelo atuar malevolente (FONAJE, nº 136: *"O reconhecimento da litigância de má-fé poderá implicar em condenação ao pagamento de custas, honorários de advogado, multa e indenização nos termos dos arts. 55, caput, Lei nº 9.099/1995 e 18 do CPC"*). Note-se que a concessão de gratuidade de justiça deferida não livrará o beneficiário desta condenação (FONAJE, nº 114: *"A gratuidade de justiça não abrange o valor devido em condenação por litigância de má-fé"*); (iii) se o recorrente for vencido no julgamento pela turma recursal (art. 55, *in fine*, Lei nº 9.099/1995), o que significa que ele perdeu duas vezes, tanto no primeiro grau de jurisdição, quanto no segundo (critério da dupla sucumbência). Isto vale, inclusive, quando seu recurso não for conhecido (JEC-RJ, nº 12.5: *"O não conhecimento do recurso enseja pagamento da sucumbência pelo recorrente"* c/c FONAJE, nº 122). O objetivo da norma é privilegiar a decisão de 1º grau, desestimulando a interposição de recurso inominado tanto pelo autor quanto pelo réu, que restaram perdedores na fase de conhecimento.

4) Há previsão de **competência relacionada ao valor da causa**, restrito ao teto de 40 (quarenta) salários mínimos (art. 3º, I, Lei nº 9.099/1995 c/c FONAJE nº 50: *"Para efeito de alçada, em sede de Juizados Especiais, tomar-se-á como base o salário mínimo nacional"*). Dentro dos limites de competência traçados pela legislação, foi criada uma **opção** ao autor de acesso à justiça, nas causas cíveis (art. 3º, par. 3º, Lei nº 9.099/1995), a quem compete escolher se ajuíza sua demanda nos Juizados Especiais Cíveis, ou na Justiça Comum perante Vara Cível (FONAJE, nº 1: *"O exercício do direito de ação no Juizado Especial Cível é facultativo para o autor"* c/c JEC-RJ, nº 2.1 – *"A competência em sede de Juizados Especiais Cíveis é opção do autor"*). Na jurisprudência: *"Nada importa que a causa esteja na alçada do Juizado Especial Estadual Cível; o autor pode propô-la no Juízo Comum porque a competência é concorrente"* (STJ – CC 90.218/MG, 2ª Seção, *DJ* 14/11/2007). A possibilidade de escolha se justifica porque estamos a tratar de um microssistema com estrutura e garantias reduzidas. Com efeito, se o autor optar pela Justiça Comum, embora sejam exigíveis custas judiciais e risco de condenação em sucumbência, haverá a possibilidade de uma larga produção de provas e interposição de recursos. Diferentemente, no âmbito dos *Juizados Especiais Federais* e dos *Juizados Especiais Fazendários*, cujo teto valorativo alcança 60 (sessenta) salários mínimos, tem-se regramento de competência absoluta, portanto indisponível, impossibilitando tal escolha pelo litigante (art. 3º, par. 3º, Lei nº 10.259/2001 c/c art. 2º, par. 4º, Lei nº 12.153/2009).

5) O legislador fez previsão de **causas de grande complexidade**, mesmo se envolverem pouco valor (quando seriam "pequenas causas de grande complexidade"), excluídas do âmbito dos Juizados Especiais Cíveis, quais sejam aquelas de natureza alimentar, falimentar, fiscal e de interesse da Fazenda Pública, referentes a acidentes de trabalho, resíduos (causas fundadas em disposições testamentárias), além daquelas relativas ao estado e capacidade das pessoas, ainda que de cunho patrimonial (art. 3º, par. 2º, Lei nº 9.099/1995). Ademais, vedam-se ações coletivas nos JEC diante da grande complexidade da matéria; como também as demandas em que haja previsão de procedimento especial, excetuando-se apenas os casos elencados no art. 3º, III e IV, Lei nº 9.099/1995 (JEC-RJ, nº 2.6: *"Não são admissíveis as ações coletivas nos Juizados Especiais Cíveis"*; 2.7: *"Não são admissíveis as ações monitórias no Juizado Especial, em razão da natureza especial do procedimento"*; 2.12: *"As ações cíveis sujeitas aos procedimentos especiais não são admissíveis nos Juizados Especiais"* c/c FONAJE, nº 8).

6) A competência dos Juizados Especiais Cíveis para as causas de menor complexidade indica a **impossibilidade de ampla dilação probatória** nesta seara, sendo vedada a produção de prova pericial tradicional. Vale dizer que o espírito legislativo foi, primeiramente, de conferir celeridade ritual; e, segundo, de afirmar tal vedação não como uma regra de conveniência das partes – leia-se defesa –, mas de ratificar que o processo deve ser extinto sem o julgamento do mérito pela necessidade de prova pericial quando houver necessidade e essencialidade (único meio de prova) para o deslinde da causa. Embora vedada a produção de perícia tradicional, permite-se que as partes apresentem parecer técnico, bem como que o juiz possa inquirir técnicos de sua confiança (art. 35, Lei nº 9.099/1995 c/c JEC-RJ, nº 9.3: *"Não é cabível perícia judicial tradicional em sede de Juizado Especial. A avaliação técnica a que se refere o art. 35, da Lei nº 9.099/1995, é feita por profissional da livre escolha do Juiz, facultado às partes inquiri-lo em audiência ou no caso de concordância das partes"* c/c o Enunciado FONAJE, nº 12: *"A perícia informal é admissível na hipótese do art. 35, Lei nº 9.099/1995"*). A nova lei processual expressa a possibilidade de prova técnica simplificada, nestes moldes (art. 464, pars. 2º/4º, CPC).

7) A elaboração da petição inicial se dá com preenchimento de seus requisitos de forma simples e em linguagem acessível (art. 14, par. 1º, Lei nº 9.099/1995), de modo a inexistir decisão judicial pela inépcia da inicial de pronto. De fato, qualquer vício da exordial poderá ser corrigido no momento da realização da audiência. É o que ocorre na falta de indicação das provas a serem produzidas (art. 319, VI, CPC), que poderão ser apresentadas por ocasião da audiência, sem nenhum ônus ou preclusão (art. 33, Lei nº 9.099/1995): JEC-RJ, nº 3.1.1, alterado pelo Aviso Conjunto TJ/COJES nº 15/2016: *"A petição inicial deve atender, somente, aos requisitos do art. 14 da Lei nº 9.099/1995, ressalvando-se, em atenção aos princípios do art. 2º do mesmo diploma, a **possibilidade de emenda oral**, cujos fundamentos serão consignados de forma simples e resumida na ata da própria audiência, vedado o recebimento por meio físico de peça processual ou documentos, devendo a parte atentar para o disposto no Enunciado nº 03.2016 e o Juiz interpretar o pedido da forma mais ampla, respeitado o contraditório e o princípio da boa-fé*

176 ■ Petições e Prática Cível

processual"; JEC-RJ, n° 3.2: *"Em face dos princípios constitucionais vigentes e dos que constam da Lei n° 9.099/1995, o Juiz do Juizado Especial poderá dar uma real e mais ampla abrangência ao pedido inicial que contenha expressões imprecisas, como por exemplo, perdas e danos, indenização, se a narração dos fatos na vestibular assim o permitir"*; FONAJE, n° 157: *"Nos Juizados Especiais Cíveis, o autor poderá aditar o pedido até o momento da audiência de instrução e julgamento, ou até a fase instrutória, resguardado ao réu o respectivo direito de defesa".*

8) Quanto ao **pleito de dano moral**, tão comum em sede de Juizados Especiais Cíveis, deve o *advogado do postulante* bem desenvolver a prova das circunstâncias fáticas e dos dissabores vivenciados, como também, a gravidade do fato em si e suas consequências para a vítima; a intensidade do dolo ou grau de culpa do agente (estampa-se a função punitiva da indenização por dano moral); as condições econômicas do ofensor (funções preventiva e punitiva); e as condições pessoais da vítima. Se possível, devem ser trazidos grupos de precedentes jurisprudenciais que apreciaram casos semelhantes. Mencione-se a exegese do Enunciado FONAJE n° 170: *"No Sistema dos Juizados Especiais, não se aplica o disposto no inc. V do art. 292 do CPC/2015 especificamente quanto ao pedido de dano moral; caso o autor opte por atribuir um valor específico, este deverá ser computado conjuntamente com o valor da pretensão do dano material para efeito de alçada e pagamento de custas".*

Modelo

Há concorrência de foros, admitindo-se o ajuizamento no (i) foro do domicílio do réu; (ii) no lugar do cumprimento da obrigação; ou (iii) no foro do domicílio do demandante, na ação para reparação de dano de qualquer natureza (art. 4°, Lei n° 9.099/1995). Apesar disso, não é aleatória a escolha do foro (*vg.*, JEC-RJ, n° 2.2.5, alterado pelo Aviso Conjunto TJ/COJES n° 15/2016): *"Nas causas que envolvam relação de consumo, será competente o foro: (a) do domicílio do autor, (b) da sede do réu, (c) do local de celebração/cumprimento do contrato, (d) do local do ato ou fato objeto da demanda, podendo o Juiz reconhecer, de ofício, a incompetência").*

Vale a ressalva do Enunciado n° 02/2016, Aviso conjunto TJ/COJES n° 15/2016: *"A petição inicial deverá ser instruída com comprovante de residência e procuração, ambos com data inferior a três meses".*

COLENDO JUÍZO DO III JUIZADO ESPECIAL CÍVEL DA COMARCA DO RIO DE JANEIRO – RJ

PROC. N°____

JOSÉ DE FREITAS, brasileiro, casado, inscrito no CPF sob o n° 862.187.009-89, portador da identidade n° 655.577.44-8, emitida pelo Detran/RJ, domiciliado e residente à Rua Domingos Vieira, n°12, Centro, Cep: 21.122-000, na cidade do Rio de Janeiro – RJ, com endereço eletrônico jfreitas@internet.com.br, vem, por meio de seu advogado regularmente constituído que esta subscreve, conforme instrumento de procuração anexo (art. 287, CPC), respeitosamente, propor a presente:

AÇÃO DE INDENIZAÇÃO POR DANOS MORAIS

em face de FONE S/A, com endereço na Avenida Washington Luís, n° 1215, Jardim Paulista, São Paulo/SP, CEP: 07.015-006, inscrita no CNPJ sob o n° 01.012.819/0001-18, pelos fatos e fundamentos que a seguir expõe:

I. Fato(s) e Fundamento(s) Jurídico(s).

Inicialmente, cabe frisar que se trata de relação de consumo, em que o autor figura como destinatário do serviço de telefonia, portanto vulnerável, sendo aplicável à espécie os ditames do Código de Defesa do Consumidor (Lei nº 8.078/1990).

O autor trabalha na firma Telles Norte Indústria e Comércio Ltda. (CNPJ: 01.200.345/0001-13), exercendo a função de Engenheiro Supervisor de Produção, conforme se verifica em sua carteira de trabalho (doc. anexo). Na verdade, cuida-se de ofício em que a utilização de celular é imprescindível, já que a produção dos bens comercializados pela empregadora é ininterrupta, havendo necessidade de constante supervisão dos engenheiros responsáveis, mesmo quando fora do ambiente de trabalho.

Deve ser destacado que, o autor é cliente da ré (nº 419295557/cfop: 5307) desde dezembro de 2003, tendo sempre realizado os pagamentos em dia (docs. anexos), cumprindo com todas as obrigações decorrentes da utilização do serviço. Na época, foi acordado o plano chamado "Claro em dobro 50 reais", recebendo o autor o celular de nº (21) 91111-1111.

Ocorre que, na data de 15/03/2018, o autor teve sua linha cortada imotivadamente pela ré, o que lhe prejudicou sobremaneira em face de sua profissão. Destarte, verifica-se que na hipótese ocorreu o desligamento da linha sem prévio aviso, o que desrespeita direito básico do consumidor a obter informações amplas a respeito de todos os detalhes do fornecimento do serviço, inclusive com o fito de evitar problemas maiores.

O autor por diversas vezes entrou em contato com a ré, por meio de seu serviço de atendimento ao cliente, como se pode verificar nos protocolos de reclamação 8587431, 5454581, 6545841 e 201291767, atendentes Alexandra do Rosário e Carmem Macedo, para tentar obter qualquer explicação sobre o que vinha ocorrendo, tendo sido sempre informado que sua linha estaria sendo reativada dentro de poucas horas, o que não aconteceu.

Como se extrai da narrativa fática, o autor vivenciou e vivencia verdadeira *via crucis*, o que se traduz num aborrecimento que extrapola a razoabilidade, diante da necessidade de *perda do tempo livre* para resolver o problema, o que gera transtornos práticos ainda existentes para fazer cumprir límpida e evidente obrigação contratual.

Não se sabe se o dano verificado na presente demanda se deu por má-fé, incompetência ou displicência da ofensora-ré, que goza de grande capacidade econômica. O que efetivamente se percebe, é que esses transtornos foram produzidos injustamente, trazendo sérios transtornos ao autor, sem que este

---

Aviso conjunto TJ/CO-JES nº 15/2016, JEC-RJ, nº 3: "*No caso de Processo Judicial Eletrônico as partes somente poderão apresentar documentos pelo sistema eletrônico. No caso de se destinarem a audiências, devem ser protocolados, eletronicamente, até o horário designado para o ato, vedado o recebimento em meio físico*".

O CDC não dispensa o autor consumidor de produzir prova em juízo, não bastando que este alegue a ocorrência de um fato inverossímil, sem nenhuma probabilidade de ser verdadeiro, e mesmo assim tenha o ônus da prova invertido em seu favor por ser hipossuficiente. Mesmo na inversão *ope legis* (*v.g.*, arts. 12, par. 3º; 14, par. 3º; 38, CDC), o que se tem invertido é a prova quanto ao defeito do produto ou do serviço, mas não a prova da própria ocorrência do acidente de consumo, ônus esse do consumidor, por exemplo.

Atente-se que "*a demora na busca da reparação do dano moral é fator influente na fixação do quantum indenizatório, a fazer obrigatória a consideração do tempo decorrido entre o fato danoso e a propositura da ação*" (STJ – EREsp 526.299/PR, Corte Especial, Rel. Min. Hamilton Carvalhido, *DJ* 03/12/2008).

tivesse dado causa a eles. E, como injusto, o dano deve ser reparado (funções preventiva e punitiva da indenização por dano moral).

É cediço que o dano moral está ínsito na própria ofensa, decorrendo da gravidade do delito em si. Se a ofensa é grave e de repercussão, por si só justifica a concessão de uma satisfação de ordem pecuniária ao lesado.

Com efeito, requer a aplicação da teoria do "Desvio Produtivo do Consumidor", no sentido de que todo tempo desperdiçado pelo consumidor para a solução de problemas gerados por maus fornecedores constitui dano indenizável, o que encontra grande acolhida jurisprudencial (v.g., TJ-RJ – 0262686-51.2014.8.19.0001, 24ª Câmara Cível, DJ 03/10/2018; TJ-RJ – 0275413-42.2014.8.19.0001, 21ª Câmara Cível, DJ 02/10/2018; TJ-RJ – 0009892-84.2017.8.19.0210, 26ª Câmara Cível, DJ 20/09/2018; dentre inúmeros outros).

> Quanto à possibilidade de inversão do ônus da prova, confira-se JEC-RJ, nº 9.1.2: "A inversão do ônus da prova nas relações de consumo é direito do consumidor (art. 6º, caput, CDC), não sendo necessário que o Juiz advirta o fornecedor de tal inversão, devendo este comparecer à audiência munido, desde logo, de todas as provas com que pretenda demonstrar a exclusão de sua responsabilidade objetiva"; FONAJE, nº 53: "Deverá constar da citação a advertência, em termos claros, da possibilidade de inversão do ônus da prova".

O desvio produtivo do consumidor se dá *"quando o consumidor, diante de uma situação de mau atendimento em sentido amplo precisa desperdiçar o seu tempo e desviar as suas competências de uma atividade necessária ou por ele preferida para tentar resolver um problema criado pelo fornecedor, a um custo de oportunidade indesejado, de natureza irrecuperável. Em outra perspectiva, o desvio produtivo evidencia-se quando o fornecedor, ao descumprir sua missão e praticar ato ilícito, independentemente de culpa, impõe ao consumidor um relevante ônus produtivo indesejado por este"* (STJ – REsp 1.763.052/RJ, 3ª Turma, Rel. Min. Moura Ribeiro, DJ 27/09/2018).

Finalmente, quanto à comprovação dos fatos afirmados, apresenta requerimento de que seja invertido o ônus da prova (art. 6º, VIII, CDC), ou dinamizado (art. 373, par. 1º, CPC), para atribuir o encargo de produção probatória à sociedade-ré, diante dificuldade de que este seja cumprido pelo autor.

> Sendo o caso, é possível a parte requerer o benefício de gratuidade de justiça logo no ajuizamento da causa (art. 99, CPC), precavendo-se para um futuro recurso, sem contar possivelmente se tratar de uma estratégia para incentivar o magistrado a abonar o patamar indenizatório em prol daquele autor que é carente de recursos financeiros.

II. Pedido(s).

Em face do exposto e com fundamento nos dispositivos legais pertinentes, respeitosamente, vem requerer se digne V.Ex.a. de:

Petições Cíveis: Procedimentos Especiais de Jurisdição Contenciosa e Voluntária ■ **179**

a) conceder a tutela provisória *inaudita altera partes* para que a sociedade-ré religue imediatamente o serviço de telefonia relacionado ao celular do autor, sob pena de imposição de multa coercitiva, a ser fixada pelo magistrado (art. 537, CPC);

b) mandar CITAR a sociedade-ré, na pessoa de seu representante legal, por correspondência, com aviso de recebimento, conforme previsto no art. 18, inc. I e seguintes da Lei nº 9.099/1995, para comparecimento à audiência a ser designada;

c) julgar PROCEDENTE o pedido para condenar o réu ao pagamento dos danos morais no importe de R$ 10.000,00 (dez mil reais) ao autor, levando em consideração o caráter punitivo e pedagógico da condenação, para desestimular a reincidência de condutas que agridam o violem direitos do cidadão, bem como a compensação da vítima.

Ad cautelam, protesta pela produção de prova documental suplementar, caso necessário; além dos demais meios de prova permitidos neste rito, que possam influenciar a decisão jurisdicional.

Dá-se à causa o valor de R$ 10.000,00 (dez mil reais), nos termos legais (art. 292, V, CPC).

Termos em que

Pede e espera deferimento.

Local e data.

Nome e assinatura do advogado(a)

> A multa para compelir o devedor a cumprir a obrigação não se limita pelo teto legal (40 salários mínimos), podendo atingir eventualmente montante superior (FONAJE, nº 144: "*A multa cominatória não fica limitada ao valor de 40 salários mínimos, embora deva ser razoavelmente fixada pelo Juiz, obedecendo ao valor da obrigação principal, mais perdas e danos, atendidas as condições econômicas do devedor*"; STJ – Rcl 7.861/SP, 2ª Seção, *DJ* 11/09/2013).

> Entende-se pela desnecessidade do recebimento do AR em mão própria, privilegiando a idoneidade dos Correios e a informalidade deste procedimento (*v.g.*, JEC-RJ, nº 5.1.2: "*A citação postal de pessoa física considera-se perfeita com a entrega de A.R. às pessoas que residam em companhia do réu ou seus empregados domésticos*"; FONAJE, nº 5: "*A correspondência ou contrafé recebida no endereço da parte é eficaz para efeito de citação, desde que identificado o seu recebedor*").

> É cabível a cumulação de pedidos, desde que haja conexão entre eles, mas veda-se que tal cúmulo ultrapasse o teto estipulado (art. 15, Lei nº 9.099/1995).

> Se for o caso de requerer prova testemunhal, o rol de testemunhas já deve constar neste peticionamento, limitado ao número de 3 (três) testemunhas (art. 34, Lei nº 9.099/1995).

3.13.2. Contestação nos Juizados Especiais Cíveis

Peça vinculada ao caso concreto: Não.

Finalidade: Apresentar defesa numa ação judicial que lhe é movida no âmbito dos Juizados Especiais Cíveis.

180 ■ *Petições e Prática Cível*

Dispositivo(s): art. 30, Lei nº 9.099/1995.

Prazo: A contestação pode ser apresentada de forma oral ou escrita (art. 30, Lei nº 9.099/1995). Em se tratando de *processo físico*, deve ser apresentada no momento da audiência de instrução e julgamento (AIJ). Por sua vez, no *processo eletrônico*, exige-se seu protocolamento no sistema, inclusive de documentos, antes da realização da AIJ, conforme JEC-RJ, Enunciado nº 03/2016, Aviso conjunto TJ/COJES nº 15/2016: "*No caso de Processo Judicial Eletrônico as partes somente poderão apresentar documentos pelo sistema eletrônico. No caso de se destinarem a audiências, devem ser protocolados, eletronicamente, até o horário designado para o ato, vedado o recebimento em meio físico*". No entanto, caso isso não seja feito, nada impede a contestação oral em audiência, sendo consignado em ata, de forma resumida, a respectiva defesa, conforme JEC-RJ, Enunciado nº 05/2016, Aviso conjunto TJ/COJES nº 15/2016: "*Em atenção aos princípios da oralidade, concentração dos atos processuais e contraditório, é possível a apresentação de contestação oral, ou aditamento da contestação escrita na hipótese de ocorrência do disposto no Enunciado 3.1.1, em audiência, que serão consignados, de forma simples e resumida, na ata da própria audiência, vedado o recebimento, por meio físico, de qualquer documento, inclusive procuração, substabelecimento e atos constitutivos, devendo a parte atentar para o Enunciado nº 03/2016, ressalvada a hipótese de mandato oral prevista no art. 9º, par. 3º da Lei 9.099/1995, que deverá constar em ata*". Em termos gerais, *vide* FONAJE, nº 10: "*A contestação poderá ser apresentada até a audiência de instrução e julgamento*".

Importante:

1) Um dos pontos mais relevantes da contestação é o respeito à regra da **eventualidade** (art. 336, CPC), ou "concentração de defesas", cujo sentido é tornar realizável um atuar diligente das partes, o que contribui para evitar retrocessos. Toda matéria de defesa, seja processual ou de mérito, deve ser alegada por meio de contestação, sob pena de ocorrência de preclusão consumativa. Desse modo, ainda que o réu esteja certo do sucesso de sua defesa processual, deverá alegar neste momento, também, matéria defensiva de mérito, pela mera hipótese que a primeira possa vir a ser rejeitada pelo magistrado. Em princípio, a cumulação deve ocorrer ainda que haja contradição entre as defesas, exatamente no sentido de que sejam feitas alegações subsidiárias de defesa (STJ – AgRg no Ag 671.524/SC, 3ª Turma, *DJ* 23/11/2005). No entanto, como decorrência do dever de lealdade e boa-fé (art. 5º, CPC), deverá a defesa guardar coerência como um todo. É certo que as defesas processuais são perfeitamente compatíveis com as defesas de mérito. O problema, em verdade, verifica-se na chamada "defesa de mérito indireta" (em que o réu assume o fato constitutivo alegado pelo autor, porém alega outro fato extintivo, modificativo ou impeditivo do direito do autor) cumulada com a "defesa de mérito direta" (em que o réu simplesmente nega o fato constitutivo alegado pelo autor), já que, nessa hipótese, haverá reconhecimento implícito do fato autoral negado (*v.g.*, incoerência do réu que diz que não recebeu as mercadorias contratadas, e depois menciona que foram recebidas com defeito). Entretanto, se o réu apenas hipoteticamente assumiu o fato, torna-se perfeitamente cabível a cumulação destas defesas (*v.g.*, "ainda que existisse" o fato constitutivo do direito do autor, consubstanciado no contrato, estaria a obrigação prescrita).

Petições Cíveis: Procedimentos Especiais de Jurisdição Contenciosa e Voluntária ■ **181**

2) Apenas a alegação de **impedimento ou suspeição** do magistrado deve constar em petição apartada à contestação (art. 30, Lei nº 9.099/1995 c/c art. 146, CPC).

3) Descabe reconvenção (art. 343, CPC) em sede de Juizados Especiais Cíveis, justamente pela negativa de que o réu introduza um novo fato a ser analisado na causa, o que implicaria na quebra da celeridade do microssistema. Porém, resta **admissível a formulação de pedido contraposto** pelo réu, que é mais estreito, só podendo versar sobre os mesmos fatos narrados pelo autor na petição inicial (art. 31, *in fine*, Lei nº 9.099/1995). Observe-se que, mesmo que o pedido inicial seja de 20 salários mínimos, será admitido o pedido contraposto de valor superior ao inicial, desde que seja respeitado o limite/teto legal (FONAJE, nº 27: "*Na hipótese de pedido de valor até 20 salários mínimos, é admitido pedido contraposto de valor superior ao da inicial, até o limite de 40 salários mínimos, sendo obrigatória à assistência de advogado às partes*"). Nesse caso, o autor poderá responder ao pedido contraposto na própria audiência ou requerer designação de nova data (art. 31, par. único, Lei nº 9.099/1995).

4) Quanto à **defesa do pleito de dano moral**, situação comum em sede de Juizados Especiais Cíveis, deve o *advogado do postulado* buscar tratar o fato como decorrência de mero aborrecimento ou dissabor comum à vida em sociedade, procurando relativizar sua gravidade em si e suas consequências para a vítima; inclusive para pugnar pela redução da indenização em razão de culpa concorrente da vítima (*v.g.*, STJ – AgRg no AREsp 181.235/SP, 4ª Turma, *DJ* 19/05/2016). Além disso, pode ser relevante abordar as condições econômicas do ofensor e as condições pessoais do ofendido; bem como o decurso de tempo para que o demandante promovesse a respectiva ação judicial (STJ – EREsp 526.299/PR, Corte Especial, *DJ* 03/12/2008), tratando-se de pontos que merecem consideração na fixação do *quantum*. Ainda, se possível, devem ser trazidos grupos de precedentes jurisprudenciais que apreciaram casos semelhantes.

Modelo

COLENDO JUÍZO DO III JUIZADO ESPECIAL CÍVEL DA COMARCA DO RIO DE JANEIRO – RJ

PROC. Nº 0003406-68.2018.8.19.0055

BITTEN COMÉRCIO E MANUTENÇÃO DE AUTOMÓVEIS LTDA., sociedade empresária, inscrita no CNPJ sob o nº 12.444.702/0001-00, com sede à Rua Clara Silva, nº 87, Centro, Cep: 21.122-000, na cidade do Rio de Janeiro – RJ, com endereço eletrônico bitten@internet.com.br, nos autos da Ação Indenizatória que lhe move FLÁVIA RIBEIRO, já

182 ■ Petições e Prática Cível

Na contestação não é necessário requalificar as partes, porém pode o réu aproveitar tal momento para atualizar seu endereço residencial ou profissional, para fins de intimação futura (v.g., 77, V, CPC).

qualificada nos autos em epígrafe, vem, por meio de sua advogada regularmente constituída que esta subscreve, conforme instrumento de procuração anexo (art. 287, CPC), respeitosamente, apresentar a presente

CONTESTAÇÃO

nos seguintes termos:

I – Síntese dos fatos.

Narra a parte autora na inicial que, em 16/04/2018, adquiriu junto à empresa ré um automóvel marca Taurus, 4 portas, 1.6, ano 2014 (quatro anos de uso) no valor de R$ 33.500,00 (trinta e três mil e quinhentos reais).

O objetivo da aquisição do automóvel seria o fato de seu filho estar desempregado e precisar trabalhar como motorista de aplicativo. Informa que poucos dias após a aquisição o veículo, este apresentou defeitos, sendo que alguns foram solucionados pela ré e outros vieram a surgir, o que teria inviabilizado a sua utilização para os fins profissionais.

Nos Juizados Especiais Federais, diversamente, é possível cogitar de prova pericial: "Diferentemente do que ocorre no âmbito dos Juizados Especiais Estaduais, admite-se, em sede de Juizado Especial Federal, a produção de prova pericial, fato que demonstra a viabilidade de que questões de maior complexidade sejam discutidas nos feitos de que trata a Lei 10.259/2001" (STJ – AgRg no CC 95.890/SC, 1ª Seção, DJ 10/09/2008).

Assim, pleiteou a restituição do valor pago pelo automóvel, bem como a condenação da ré no pagamento de indenização por danos morais no valor de 40 salários mínimos, teto dos Juizados Especiais Cíveis.

II – Preliminar: Incompetência por Complexidade da Causa.

É sabido que os Juizados Especiais Cíveis não são destinados para causas de maior complexidade, sendo descabido cogitar da produção de prova complexa, como a pericial, pois isto afastaria o referido microssistema da celeridade ritual almejada, sem contar a situação de afronta à concentração dos atos processuais.

No caso concreto, vê-se indispensável a realização da perícia tradicional no respectivo veículo para comprovação dos fatos narrados pelo autor, sobretudo para verificação do alegado (e somente alegado) defeito.

É corriqueira e esperada a manifestação defensiva do demandado neste sentido, tenha caráter legítimo ou protelatório. Sobre o assunto, vide FONAJE, nº 54: "A menor complexidade da causa para a fixação da competência é aferida pelo objeto da prova e não em face do direito material".

Como não se pode impedir a ré de produzir as provas necessárias para esclarecimento dos fatos, sob pena de cerceamento de defesa (art. 5º, LV, CRFB), outra solução não poderá ser dada senão o acolhimento desta preliminar e o julgamento pela extinção do feito (art. 51, II e III, Lei nº 9.099/1995).

III – Mérito.

Os vícios apontados no veículo são ora negados pela ré, até porque inexiste qualquer comprovação de sua existência. A mera juntada de documentos produzidos unilateralmente pela autora não serve ao anseio de comprovação fática de eventual falha na prestação dos serviços. Além disso, nem mesmo foi requerida prova testemunhal pela autora.

Ainda que supostamente exista algum defeito no veículo – o que somente poderá ser objeto de comprovação mediante prova pericial –, fato é que o referido bem foi utilizado para serviço de transporte em aplicativo, o que certamente conduz para a ocorrência de um desgaste natural pelo uso excessivo.

> O réu deve ter muita atenção quanto ao cumprimento do ônus da impugnação especificada (art. 341, CPC), pois, o fato alegado pelo autor que não for expressamente impugnado na contestação poderá ser presumido como verdadeiro, gerando a desnecessidade de produção de prova quanto a ele, de modo favorável ao demandante.

Quanto ao pleito de dano moral, demonstra-se este totalmente descabido, uma vez que a situação descrita, de toda forma, não traz maiores repercussões na esfera íntima da parte autora, devendo ser considerada, no máximo, como mero aborrecimento, no contexto de um acontecimento comum oriundo da vida em sociedade. Não se olvide que o mero descumprimento contratual não implica na condenação em danos morais.

De toda forma, apenas por amor ao debate, se entendido pela ocorrência de dano moral, cabe considerar que o decurso temporal é fato a ser considerado na fixação do *quantum*, como entende a melhor jurisprudência, tendo em vista a grande demora na propositura da ação, o que demorou mais de 2 (dois) anos da ocorrência do respectivo fato.

> *"Embargos de divergência em recurso especial. Responsabilidade civil. Danos morais, demora na propositura da ação. Reflexo na fixação do quantum indenizatório. Precedentes. 1. A demora na busca da reparação do dano moral é fator influente na fixação do quantum indenizatório, a fazer obrigatória a consideração do tempo decorrido entre o fato danoso e a propositura da ação. 2. Embargos de divergência acolhidos"* (STJ – EREsp 526.299/PR, Corte Especial, Rel. Min. Hamilton Carvalhido, DJ 03/12/2008).

Ad argumentandum, outro fator relevante é que a autora é litigante contumaz, possuindo amplo histórico judicial como demandante (Procs.: 0001201-14.2018.8.19.0055; 0000510.01.2017.8.19.0055; 0004645.95.2017.8.19.0055; 0000966.54.2017.8.19.0055; dentre outros), o que demonstra fator a ser considerado na fixação de eventual condenação em danos morais.

> Embora a litigância contumaz do demandante não enseje necessariamente a improcedência da postulação, o que só se dará, por exemplo, caso não caracterizada a falha/dano no produto ou na prestação de serviços, apura-se um movimento jurisprudencial que considera tal fator para diminuir o *quantum* indenizatório (*v.g.* TJ-RJ – 0012018-79.2018.8.19.0014, 4ª Turma Recursal dos Juizados Especiais Cíveis, DJ 20/09/2018; TJ-RJ – 0081848-79.2015.8.19.0001, 25ª Câmara Cível, DJ 07/06/2017).

184 ■ *Petições e Prática Cível*

> Não se pede abertura de prazo ao autor para réplica, porque esta deve ser apresentada oralmente na própria AIJ.

> O réu, inclusive pessoa jurídica, poderá pleitear gratuidade de justiça na ocasião da contestação (arts. 98/99, CPC), o que tem especial importância para o caso de derrota na causa, para evitar a necessidade de recolhimento de preparo de eventual recurso inominado no caso de derrota na causa (art. 42 e pars. Lei nº 9.099/1995).

> Sendo o caso, devem ser arroladas as testemunhas na própria contestação, que serão levadas a juízo *"pela parte que as tenha arrolado, independentemente de intimação, ou mediante esta, se assim for requerido"* (art. 34, Lei nº 9.099/1995).

IV – Requerimento(s).

Pelo exposto, requer:

a) seja acolhida a preliminar suscitada, para extinguir o feito;

b) caso superada a preliminar suscitada, seja julgado improcedente o pedido de indenização em danos morais, ou, em último caso, sua improcedência parcial em valor inferior ao postulado pelo autor.

Protesta pela produção de todos os meios de prova legais e moralmente legítimos (art. 369, CPC), que serão produzidas na audiência de instrução e julgamento, ainda que não requeridas previamente (art. 33, Lei nº 9.099/1995).

Termos em que

Pede e espera deferimento.

Local e data.

Nome e assinatura do advogado(a)

3.13.3. Recurso Inominado nos Juizados Especiais Cíveis

Peça vinculada ao caso concreto: Não.

Finalidade: Impugnar a sentença prolatada no âmbito dos Juizados Especiais Cíveis.

Dispositivo(s): art. 41, Lei nº 9.099/1995.

Prazo: 10 (dez) dias (art. 41, Lei nº 9.099/1995), que não foi modicado pela entrada em vigor do CPC/2015 (art. 1.046, § 2º, CPC). O prazo é contado da "ciência da sentença" (art. 42, Lei nº 9.099/1995 c/c JEC-RJ, nº 11.9.2: *"Conta-se o prazo recursal a partir da data designada para a leitura da sentença, se esta vier tempestivamente aos autos, o que será obrigatoriamente certificado pelo Escrivão; computar-se-ão os prazos, excluindo o dia do começo e incluindo o do vencimento"*). Anote-se que foi editada lei prevendo o cômputo apenas de dias úteis para contagem de prazo de qualquer ato processual, inclusive para a interposição de recursos, no âmbito do referido microssistema (art. 12-A, Lei nº 9.099/1995, introduzido pela Lei nº 13.728/2018).

Importante:

1) Em estudo genérico sobre o cabimento recursal, vê-se uma **limitação de recursos** em sede de Juizados Especiais Cíveis, que decorre dos princípios norteadores do microssistema. Em tal sistema recursal somente são cabíveis o *recurso inominado* e os *embargos de declaração* (arts. 41 a 50, Lei nº 9.099/1995); além do *recurso extraordinário* (Verbete Sumular nº 640, STF). Descabe cogitar de *recurso especial* contra decisão de Turma Recursal, tendo em vista que esta não se trata de Tribunal (art. 105, III, CRFB c/c Verbete Sumular nº 203, STJ). Por outro lado, quanto às decisões interlocutórias prolatadas pelo juiz de primeiro grau em Juizados Especiais Estaduais, inexiste recurso imediato previsto na lei, pelo que se entende pelo descabimento de *agravo de instrumento*, ainda que envolvida uma situação de deferimento/indeferimento de tutela provisória de urgência (JEC-RJ, nº 11.5: *"No sistema de Juizados Especiais Cíveis, é inadmissível a interposição de agravo contra decisão interlocutória, anterior, ou posterior à sentença"*). Tais decisões poderão ser impugnadas ao final, no momento da interposição do recurso inominado, diante da ausência de preclusão, sendo firmada a Turma Recursal como órgão *ad quem*. Diferentemente, no âmbito dos Juizados Especiais Federais bem como nos Fazendários, as respectivas legislações ditam o cabimento de recurso contra decisões interlocutórias de urgência, possibilitando o reexame imediato da decisão pela Turma Recursal (arts. 5º, Lei nº 10.259/2001 c/c art. 4º, Lei nº 12.153/2009 c/c FONAJE da Fazenda Pública, nº 5: *"É de 10 dias o prazo de recurso contra decisão que deferir tutela antecipada em face da Fazenda Pública"*).

2) Para interposição de recurso, as partes serão obrigatoriamente representadas por **advogado** (art. 41, par. 2º, Lei nº 9.099/1995), independentemente do valor da causa.

3) Inexige-se recolhimento de **custas judiciais** para o ajuizamento da causa, em 1º grau de jurisdição no âmbito dos Juizados Especiais Cíveis (art. 54, Lei nº 9.099/1995). Contudo, se o autor, vencido, pretender recorrer da sentença, deverá proceder ao recolhimento das custas anteriormente dispensadas, exceto se tiver sido beneficiado pela gratuidade de justiça, sob pena de não ter o seu recurso conhecido (art. 54, par. único; e 42, pars. 1º e 2º, Lei nº 9.099/1995). É possível fazer o requerimento deste benefício quando da interposição do recurso, sem risco de imediata inadmissibilidade recursal por deserção, caso o pleito seja negado (art. 99, par. 7º, CPC c/c JEC-RJ, nº 11.8.2: *"O requerimento de gratuidade de justiça, que também poderá ser formulado quando da interposição do recurso, abrange, caso deferido, as despesas correspondentes aos atos processuais a eles anteriores, sempre sendo decidido pelo juízo monocrático"* c/c FONAJE, nº 115: *"Indeferida a concessão do benefício da gratuidade de justiça requerido em sede de recurso, conceder-se-á o prazo de 48 horas para o preparo"*).

4) Segundo a lei, o recurso inominado tem apenas **efeito** devolutivo, não possuindo efeito suspensivo. Isso significa ser possível o cumprimento provisório da condenação pelo vencedor mesmo na pendência do julgamento do recurso (arts. 520/522, CPC) em sede de Juizados Especiais Cíveis (JEC-RJ, nº 13.10.2: *"Aplica-se nos Juizados Especiais Cíveis o art. 520 do CPC/2015, sem prejuízo do previsto no art. 919, § 5º, do CPC/2015"* c/c 13.10.3: *"O art. 523, § 1º, do CPC/2015 não se aplica à execução provisória"*). No entanto, o juiz poderá dar efeito suspensivo ao recurso para evitar lesão irreparável a qualquer das partes (art. 43, Lei nº 9.099/1995). Diferentemente, na Justiça Comum, note-se que o recurso de apelação contra sentença possui efeito suspensivo como regra (art. 1.012, *caput*, CPC).

186 ■ Petições e Prática Cível

5) Cabe destacar que se o recorrente for *vencido* no julgamento pela Turma Recursal, significando que perdeu duas vezes, tanto no primeiro grau de jurisdição, quanto no segundo, haverá **condenação na sucumbência** (art. 55, *in fine*, Lei nº 9.099/1995). Isto vale, inclusive, quando seu recurso inominado não for conhecido (FONAJE, nº 122: "*É cabível a condenação em custas e honorários advocatícios na hipótese de não conhecimento do recurso inominado*" c/c JEC-RJ, nº 12.5: "*O não conhecimento do recurso enseja pagamento da sucumbência pelo recorrente*"). O objetivo da norma é privilegiar a decisão de 1º grau, desestimulando a interposição de recurso inominado tanto pelo autor quanto pelo réu, que restaram perdedores na fase de conhecimento. Por sua vez, não haverá imposição de ônus sucumbenciais para o recorrido se o recorrente for vencedor, obtendo a reforma da decisão (JEC-RJ, nº 12.4: "*Provido o recurso da parte vencida, o recorrido não responde pelos ônus sucumbenciais*"). O mesmo vale se o recurso for provido para anular a sentença prolatada (JEC-RJ, nº 12.3: "*Não há imposição de ônus sucumbenciais na hipótese de anulação de sentença nas Turmas Recursais*"). Finalmente, há polêmica sobre a possibilidade de condenação em verba honorário do recorrente vencido no caso de o recorrido não ter apresentado contrarrazões (em sentido positivo, *vide* FONAJE, nº 96: "*A condenação do recorrente vencido, em honorários advocatícios, independe da apresentação de contrarrazões*"; diversamente, em sentido negativo, *vide* TJ-RJ – 0015513-72.2020.8.19.0011, 5ª Turma Recursal dos Juizados Especiais Cíveis, *DJ* 22/10/2020, dentre inúmeros outros precedentes).

Verbete(s): **Súmula nº 640, STF**: "*É cabível recurso extraordinário contra decisão proferida por juiz de primeiro grau nas causas de alçada, ou por turma recursal de juizado especial cível ou criminal*"; **Súmula nº 203, STJ**: "*Não cabe recurso especial contra decisão proferida por órgão de segundo grau dos Juizados Especiais*"); **Súmula nº 376, STJ**: "*Compete à Turma Recursal processar e julgar o mandado de segurança contra ato de Juizado Especial*"; **Súmula nº 428, STJ**: "*Compete ao TRF decidir os conflitos de competência entre Juizado Especial Federal e juízo federal da mesma seção judiciária*"; **Súmula nº 291, TJ-RJ**: "*As Câmaras Cíveis do Tribunal de Justiça não têm competência para o julgamento de mandados de segurança impetrados contra decisões das turmas recursais*".

Modelo

O recolhimento insatisfatório de preparo no microssistema implica em deserção do recurso, sem possibilidade de complementação posterior (JEC-RJ, nº 11.3: "*Não se aplica o par. 2º do art. 1.007 do CPC/2015 ao sistema dos Juizados Especiais*" c/c FONAJE, nº 80: "*O recurso inominado será julgado deserto quando não houver o recolhimento integral do preparo e sua respectiva comprovação pela parte, no prazo de 48 horas, não admitida a complementação intempestiva (art. 42, par. 1º, da Lei 9.099/1995)*").

COLENDO JUÍZO DO III JUIZADO ESPECIAL CÍVEL DA COMARCA DO RIO DE JANEIRO – RJ

PROC. Nº 0312633-68.2017.8.19.0001

JOAQUIM SANTOS, já qualificado nos autos em epígrafe, do processo que promoveu em face da empresa aérea VIAJANDO LTDA., também já qualificada, vem, por meio de sua advogada regularmente constituída que esta subscreve, constando nos autos procuração outorgando-lhe poderes (fl. 8), bem como sendo demonstrado o recolhimento das custas judiciais correlatas ao atinente ato processual, interpor o presente

RECURSO INOMINADO

em face da r. sentença prolatada, nos termos legais (art. 41, Lei nº 9.099/1995), em razão dos argumentos aduzidos nas razões abaixo descritas.

I – Breve Síntese dos Fatos.

Versa o caso concreto sobre o pleito de devolução do valor excessivo cobrado como multa pelo cancelamento de passagem aérea efetuado pelo autor, além de indenização por dano moral.

Importa destacar que o cancelamento foi feito com 4 (quatro) dias de antecedência, conforme documento comprobatório juntado aos autos (fls. 14). Ademais, do inicial preço das passagens (R$ 1.977,00), após o cancelamento, o autor, na prática, somente teve ressarcido cerca de 50% do valor então pago (R$ 1.019,64), o que também consta nos autos (fls. 17).

Com a devida vênia, a r. sentença julgou improcedente o pleito autoral, adotando fundamentação jurídica escorada em má percepção dos fatos ocorridos, conforme a seguir será demonstrado.

II – Do Direito.

O principal, senão o único, argumento da sentença contrária ao autor é a existência de tarifa promocional legitimando o patamar da multa pelo cancelamento (fl. 165). Todavia, ele não resiste ao fato de que a alegada tarifa promocional é aplicada no ano inteiro pela companhia aérea demandada, inclusive comprando com grande ou pequena antecedência. Em outras palavras: o preço normal da passagem é justamente aquele cobrado ao autor na hipótese presente.

Incontroverso, o autor pagou R$ 1.977,00 por 2 (duas) passagens ida e volta, Rio de Janeiro – Porto Alegre, com o voo para o mesmo dia (terça-feira, 23/06/2017), o que traduz que cada trecho custou em média R$ 490,00, valor final já acrescido das taxas aéreas (fls. 21-30).

No entanto, conforme pesquisa feita pelo autor (docs. anexos), resta apurado que o preço da passagem, sem taxa aérea, para voo similar da mesma companhia aérea numa terça-feira, exemplificativamente no mês corrente de fevereiro ou no mês de junho, possui o valor médio de R$ 400,00 a R$ 500,00. Assim, não é razoável supor a existência de uma promoção "permanente" (verdadeira ilusão), quanto mais nesse patamar, o que certamente só atua como meio de ludibriar os consumidores.

É indubitável que se trata de relação de consumo, sendo reconhecida legalmente a vulnerabilidade do consumidor (art. 4º, I, CDC). Além disso,

---

A sentença também poderia ter sido atacada mediante embargos de declaração, no prazo de 5 dias (arts. 48/49, Lei nº 9.099/1995), que serviriam para "interromper" o prazo de 10 dias do recurso inominado (art. 50, Lei nº 9.099/1995, alterado pelo art. 1.065, CPC), ou seja, uma vez julgados os embargos de declaração, volta a contar "do zero" o prazo do recurso inominado.

Pode ser interessante fazer um resumo/síntese do decorrido no feito, visando a aproximar o julgador/leitor mais rapidamente ao problema vivenciado, o que tem extrema valia num rito célere como o dos Juizados Especiais.

É sempre conveniente que o recorrente liste as fls. dos autos em que podem ser encontradas as peças, documentos e decisões essenciais à compreensão da controvérsia, facilitando a atividade do órgão recursal.

estamos a tratar de um contrato de adesão, formado unilateralmente, em que o consumidor não tem outra escolha a não ser aderir a ele, sob pena de não lhe ser permitido firmar o contrato de transporte aéreo.

Trata-se de cláusula abusiva aquela que determina a retenção de valores que chegam, na prática, ao patamar de 50% do valor originalmente contratado, no caso de cancelamento. À hipótese, deve ser aplicado o regramento insculpido no art. 740, e seus parágrafos, do Código Civil, que prevê a multa no patamar de 5%, em se tratando de contratos de transporte de passageiros, como reconhece a melhor jurisprudência (TJ-RJ – 0085134-36.2013.8.19.0001, 27ª Câmara Cível, Rel. Des. Marcos Alcino Torres, julg. em 09/09/2014, em anexo), restituindo-se ao demandante o valor retido acima deste patamar.

Ainda, deve incidir a condenação em danos morais, pela rotina agredida, ultrapassando o mero aborrecimento, com reflexo no seu psicológico diante da perda do tempo livre, em aplicação da teoria do "Desvio Produtivo do Consumidor" (STJ – AREsp 1.241.259/SP, 4ª Turma, DJ 27/03/2018; STJ – AREsp 1.260.458/SP, 3ª Turma, DJ 25/04/2018), sobretudo porque o autor se viu forçado a recorrer ao Judiciário, para obter o ressarcimento de valor que lhe foi verdadeiramente "surrupiado" pelas demandadas.

No caso presente, não há sentido em requerer a concessão de efeito suspensivo da sentença. Se for o caso, deve o advogado fazer constar tal pedido expressamente (art. 43, Lei nº 9.099/1995), o que servirá para impedir a execução provisória do julgado.

O juízo de admissibilidade do recurso inominado (análise dos pressupostos recursais) se dá em primeiro grau de jurisdição (FONAJE, nº 166: *"Nos Juizados Especiais Cíveis, o juízo prévio de admissibilidade do recurso será feito em primeiro grau"*; JEC-RJ, nº 11, Aviso conjunto TJ/COJES nº 15/2016: *"O juízo de admissibilidade dos Recursos Inominados em sede de Juizados Especiais Cíveis é feito em primeiro grau (tempestividade, correto recolhimento das custas, regularidade de representação processual e eventuais pedidos de gratuidade de Justiça e de atribuição de efeito suspensivo ao recurso")*.

III – Requerimento(s).

Pelo exposto, requer o recorrente seja determinada a intimação da recorrida para apresentar contrarrazões e, posteriormente, que V.Ex.as. conheçam do presente recurso inominado, para, no mérito, dar-lhe provimento, com o julgamento de procedência do pleito deduzido na petição inicial:

para fins de reduzir o patamar da multa, elegendo preferencialmente 5% (cinco por cento), nos moldes da legislação civilista, o que consubstancia a quantia de R$ 93,94 (noventa e três reais e noventa e quatro centavos), para que as demandadas sejam condenadas a reembolsar o demandante no saldo de R$ 925,70 (novecentos e vinte e cinco reais e setenta centavos);

para condenar a demandada ao pagamento dos danos morais causados ao demandante no importe de R$ 5.000,00 (cinco mil reais), levando em consideração o caráter punitivo e pedagógico da condenação, para desestimular a reincidência de condutas que agridam o violem direitos do cidadão, bem como a compensação da vítima, ora autor.

Termos em que

Pede e espera deferimento.

Local e data.

3.14. Ação de Interdição

Peça vinculada ao caso concreto: Não.

Finalidade: Medida extrema que visa a suprir a incapacidade de uma pessoa para exercer os atos da vida civil, quando não restarem dúvida acerca da falta de discernimento desta. Nesse sentido: *"A ação de interdição é o meio através do qual é declarada a incapacidade civil de uma pessoa e nomeado curador, desde que fique demonstrada a incapacidade para praticar os atos da vida civil do interditando"* (STJ – REsp 1.686.161/SP, 3ª Turma, *DJ* 12/09/2017). Para resguardar as pessoas que, mesmo sendo maiores, não possuem capacidade jurídica plena, fez previsão o legislador de uma *proteção jurídica* através do instituto da curatela. A lei processual substitui o termo anterior *"curatela dos interditos"*, embora esteja a se cogitar aqui, justamente, de uma modalidade especial de curatela, na imposição de um encargo a um indivíduo denominado "curador", que assume o compromisso de cuidar do curatelado. Em suma: a "interdição" configura o ato do Poder Público pelo qual se declara ou se retira/desconstitui a capacidade negocial de alguém, enquanto a "curatela" seria o cargo conferido por lei a alguém para reger a pessoa e os bens, ou somente os bens das pessoas com limitações em sua capacidade.

Dispositivo(s): arts. 747/758, CPC c/c arts. 1.767/1.783-A, CC c/c Leis nº 13.146/2015 (Estatuto da Pessoa com Deficiência) e nº 7.853/1989.

Importante:

1) Há certo **conflito normativo** pelo fato de o CPC/2015 (Lei nº 13.105, de 16/03/2015, com prazo de vacância de 1 ano) ter revogado os arts. 1.768/1.773, CC (art. 1.072, II, CPC), muito embora, no prazo de *vacatio legis* daquele, o Estatuto da Pessoa com Deficiência tenha promovido alterações justamente nos respectivos dispositivos (art. 114, Lei nº 13.146, de 06/07/2015, com prazo de *vacatio legis* de 180 dias). Com efeito, normativamente, temos a revogação destes dispositivos civilistas pelo legislador processual.

2) O **Estatuto da Pessoa com Deficiência** (Lei nº 13.146/2015) promoveu significativa **alteração do regime das incapacidades**. Temos a exclusão das pessoas com deficiência do rol de pessoas absolutamente incapazes (vide art. 3º, CC). Não existe absolutamente incapaz maior de 16 anos (*v.g.*, nem mesmo quem não tenha nenhum discernimento, como uma pessoa em coma). Entende-se inadmissível a declaração de incapacidade absoluta às pessoas com enfermidade ou deficiência mental: *"Família. Curatela. Idoso. Incapacidade total e permanente para exercer pessoalmente os atos da vida civil. Perícia judicial conclusiva. Decretada a incapacidade absoluta. Impossibilidade. (...) 1. A questão discutida no presente feito consiste em definir se, à luz das alterações promovidas pela Lei nº 13.146/2015, quanto ao regime das incapacidades reguladas pelos arts. 3º e 4º do CC, é possível declarar como absolutamente incapaz adulto que, em razão de enfermidade permanente, encontra-se inapto para gerir sua pessoa e administrar seus bens de modo voluntário e consciente. 2. A Lei nº 13.146/2015, que instituiu o Estatuto da Pessoa com Deficiência,*

190 ■ Petições e Prática Cível

tem por objetivo assegurar e promover a inclusão social das pessoas com deficiência física ou psíquica e garantir o exercício de sua capacidade em igualdade de condições com as demais pessoas. 3. A partir da entrada em vigor da referida lei, a incapacidade absoluta para exercer pessoalmente os atos da vida civil se restringe aos menores de 16 anos, ou seja, o critério passou a ser apenas etário, tendo sido eliminadas as hipóteses de deficiência mental ou intelectual anteriormente previstas no CC. 4. Sob essa perspectiva, o art. 84, § 3º, da Lei nº 13.146/2015 estabelece que o instituto da curatela pode ser excepcionalmente aplicado às pessoas portadoras de deficiência, ainda que agora sejam consideradas relativamente capazes, devendo, contudo, ser proporcional às necessidades e às circunstâncias de cada caso concreto" (STJ – REsp 1.927.423/SP, 3ª Turma, DJ 27/04/2021). Nesse sentido, o instituto da curatela da pessoa com deficiência constitui *medida protetiva extraordinária* (art. 84, § 3º, Lei nº 13.146/2015). Além disso, a curatela afetará tão somente os atos relacionados aos direitos de natureza patrimonial e negocial, não abrangendo todos os atos da vida civil (art. 85, § 1º, Lei nº 13.146/2015).

3) O objetivo do Estatuto da Pessoa com Deficiência é a **maximização da autonomia da pessoa com deficiência**, de modo que o juiz deve na decisão fixar de forma motivada os limites da curatela, segundo o estado e o desenvolvimento mental do interdito (art. 755, CPC). Quanto aos atos existenciais – atos que digam respeito diretamente ao desenvolvimento da dignidade humana, distanciando-se dos atos patrimoniais – , busca-se uma exegese de amplitude da capacidade da pessoa com deficiência. Dentre os direitos da pessoa com deficiência: (i) pode conservar sua fertilidade (art. 6º, IV, Lei nº 13.146/2015); (ii) pode casar, expressando sua vontade diretamente ou por meio de seu responsável ou curador (art. 1.550, § 2º, CC c/c art. 6º, I, Lei nº 13.146/2015); (iii) pode testemunhar, sendo-lhe assegurados todos os recursos de tecnologia assistida (art. 228, § 2º, CC); (iv) pode votar, pois a curatela não alcança o direito ao voto (art. 85, § 1º, Lei nº 13.146/2015) – com a ressalva da impossibilidade do exercício de tal direito na conformidade do grau de comprometimento do interditado, o que não gera sanção no âmbito da Justiça Eleitoral (*vide* art. 15, Resolução nº 23.659/2021, TSE).

4) A **legitimidade ativa** pertence ao cônjuge ou companheiro; aos parentes ou tutores; ao representante da entidade em que se encontra abrigado o interditando; além do Ministério Público (art. 747, CPC). O Estatuto da Pessoa com Deficiência fez previsão da legitimidade ativa da própria pessoa com deficiência (art. 1.768, IV, CC, porém revogado pelo art. 1.072, II, CPC). O sentido é de que ninguém velará mais por si mesmo do que o próprio interessado. Nesse sentido: FPPC, nº 679: "*(art. 747; art. 1.768, IV, do Código Civil): Admite-se pedido de autointerdição e de levantamento da própria interdição a partir da vigência do Estatuto da Pessoa com Deficiência*".

5) O **Ministério Público** possui apenas *legitimidade ativa subsidiária*, se os demais legitimados não existirem ou não promoverem a interdição, ou, se existindo, forem incapazes; e ainda assim só para caso de "*doença mental grave*" (art. 748, CPC, que substitui o termo "anomalia psíquica" prevista no art. 1.178, CPC/1973). Destaque-se a ausência de subsidiariedade quanto à legitimidade ativa do *Parquet* no Estatuto do Idoso, permitindo-lhe a deflagração da ação de interdição em relação a idosos, sem que haja qualquer ressalva ao tipo de transtorno mental ou espécie de deficiência (art. 74, II, Lei nº 10.741/2003). Além disso, a lei especial que trata das pessoas com deficiência outorga legitimidade ampla ao Ministério Público para ajuizar qualquer ação que tenha como finalidade a proteção de direitos individuais indisponíveis (art. 3º, Lei nº 7.853/1989). Finalmente, diga-se que o Ministério Público atua como *fiscal da ordem jurídica*, caso não seja autor (art. 752, § 1º, CPC).

6) A legislação sinaliza sobre a possibilidade de **interdição parcial** (art. 1.772, CC, incluído pela Lei nº 13.146/2015, porém revogado pelo art. 1.072, II, CPC). Tanto é assim que outra passagem legislativa dita que a interdição poderá ser *levantada parcialmente* quando demonstrada a capacidade do interdito para praticar alguns atos da vida civil (art. 756, § 4º, CPC).

7) Admite-se a **curatela compartilhada** a mais de uma pessoa no caso de pessoa com deficiência (art. 1.775-A, CC, incluído pela Lei nº 13.146/2015): "*13- A curatela compartilhada é instituto desenvolvido pela jurisprudência que visa facilitar o desempenho da curatela ao atribuir o munus a mais de um curador simultaneamente. (...) 15- Ao contrário do que ocorre com a guarda compartilhada, o dispositivo legal que consagra, no âmbito do direito positivo, o instituto da curatela compartilhada não impõe, obrigatória e expressamente, a sua adoção. A redação do novel art. 1.775-A do CC/2002 é hialina ao estatuir que, na nomeação de curador, o juiz 'poderá' estabelecer curatela compartilhada, não havendo, portanto, peremptoriedade, mas sim facultatividade. 16- Não há obrigatoriedade na fixação da curatela compartilhada, o que só deve ocorrer quando (a) ambos os genitores apresentarem interesse no exercício da curatela, (b) revelarem-se aptos ao exercício do munus e (c) o juiz, a partir das circunstâncias fáticas da demanda, considerar que a medida é a que melhor resguarda os interesses do curatelado. 17- Em virtude do caráter rebus sic stantibus da decisão relativa à curatela, não há óbice a que se pleiteie, nas vias ordinárias, a fixação da curatela compartilhada ou que, futuramente, comprovada a inaptidão superveniente da curadora para o exercício do munus, o decisum proferido neste feito venha a ser modificado*" (STJ – REsp 1.795.395/MT, 3ª Turma, *DJ* 04/05/2021).

8) O provimento que decreta a interdição fica sujeita ao **recurso de apelação sem efeito suspensivo** (art. 1.012, § 1º, VI, CPC), o que significa que a decisão prolatada já produz efeitos mesmo na pendência do julgamento recursal.

Modelo

COLENDO JUÍZO DA 2ª VARA DE FAMÍLIA DA COMARCA DO RIO DE JANEIRO – RJ

Aplica-se a regra territorial do foro do domicílio do interditando, devendo "*levar em conta, prioritariamente, a necessidade de facilitação da defesa do próprio interditando e a proteção de seus interesses*" (STJ – AgRg no CC 100.739/BA, 2ª Seção, *DJ* 26/08/2009). Definido o foro, deve-se analisar a existência de juízo especializado, conforme as regras estaduais de organização judiciária.

PROC. Nº

HENRI CASTELO, brasileiro, solteiro, empresário, inscrito no CPF sob o nº 171.243.069-45, com domicílio na Rua Paraisópolis, nº 150, Centro, Cep: 22.260-002, na cidade do Rio de Janeiro – RJ, e endereço eletrônico gabo@internet.com.br, vem, por meio de seu advogado regularmente constituído que esta subscreve, conforme instrumento de procuração anexo (art. 287, CPC), respeitosamente, propor a presente AÇÃO DE INTERDIÇÃO c/ pedido de curatela provisória em antecipação de tutela de NICETTE PEDRO, brasileira, viúva, empresária, inscrita no CPF sob o nº 002.897.321-01, com domicílio na Rua Paraisópolis, nº 150, Centro, Cep: 22.260-002, na cidade do Rio de Janeiro – RJ, sem endereço eletrônico, pelos fatos e fundamentos seguintes.

> Estamos a tratar de um procedimento especial de jurisdição voluntária, pois inexiste lide em abstrato, sendo tal processo instituído para fins de tutela do interesse único do incapaz. No entanto, no plano concreto, a realidade demonstra, com frequência, a existência de conflito de interesses.

Inicialmente, requer seja concedida a prioridade de tramitação processual, tendo em vista que a interditanda é pessoa maior de 60 (sessenta) anos, nos termos legais (art. 1.048, I, CPC c/c art. 71, Lei nº 10.741/2003).

I. Fatos e fundamentos jurídicos.

O requerente é um dos filhos da interditanda, conforme certidão de nascimento (doc. anexo), possuindo legitimidade ativa para promover a presente ação judicial (art. 747, II, CPC).

> A legitimidade deve ser comprovada por documentação que acompanhe a inicial (art. 747, par. único, CPC).

Os demais descendentes demonstram plena concordância com tal requerimento (docs. anexos), sendo dispensada, assim, sua citação como interessados (art. 721, CPC).

A interditanda possui 88 (oitenta e oito) anos e apresenta quadro de demasiada confusão mental, com total dependência do requerente para a prática de atos cotidianos dos mais simples. A mesma já não tem gerência sobre sua própria vida, inclusive quanto à alimentação e controle dos remédios ministrados por seus médicos.

> Já se decidiu que "o laudo médico a ser apresentado com a petição inicial da ação de interdição não substitui a prova pericial a ser produzida em juízo, mas, ao revés, tem a finalidade de fornecer elementos indiciários, de modo a tornar juridicamente plausível a tese de que estariam presentes os requisitos necessários para a interdição e, assim, viabilizar o prosseguimento da respectiva ação, não deve o julgador ser demasiadamente rigoroso diante da alegação de impossibilidade de apresentá-lo, de modo a frustrar o acesso à justiça" (STJ – REsp 1.933.597/RO, 3ª Turma, DJ 26/10/2021).

Atualmente, o requerente vem cuidando da interditanda e administrando sua vida para que nada lhe falte, inclusive no que concerne à indireta condução e controle de seus recursos financeiros e bens, notadamente seus proventos de aposentadoria, valores depositados em conta corrente e aplicação financeira, 3 (três) imóveis e 1 (um) veículo descritos no relatório que segue junto (doc. anexo).

O requerente traz laudo médico atestando os fatos narrados, inclusive que a interditanda possui grau elevado de demência gerado pela doença de Alzheimer (doc. anexo), algo que constitui prova pré-constituída da incapacidade relatada (art. 750, CPC).

É sabido que a idade avançada, bem mesmo a deficiência demonstrada, por si só, não a tornam incapaz, e sim a falta de discernimento para exprimir sua própria vontade (art. 4º, III, CC), justamente o que se vivencia na hipótese presente.

Desse modo, o requerente vem promover a presente demanda judicial, visando a concessão de *medida de proteção* da interditanda, requerendo seja nomeado como seu curador, tendo em vista que é quem melhor atende os interesses da curatelada (art. 755, § 2º, CPC), até porque já reside junto à interditanda.

Expressa o requerente a compreensão da natureza assistencial e do viés de inclusão da pessoa curatelada, para garantir-lhe certa autonomia e liberdade (art. 758, CPC), como também a manutenção do seu direito à convivência familiar e comunitária, sem jamais deixá-la às margens da sociedade.

II. Pedido(s).

Faz-se requerimento de concessão da tutela provisória de urgência (art. 300, CPC), com a nomeação do requerente como curador provisório da interditanda, tendo em vista os elementos apresentados e a necessidade de gestão imediata dos recursos fundamentais à sua manutenção.

O feito deve tramitar regularmente, com a determinação de citação da interditanda para que, em data designada, seja efetuado o seu interrogatório/entrevista (art. 751, CPC), podendo apresentar impugnação, querendo, no prazo legal (art. 752, CPC); além da intimação do Ministério Público para intervir (arts. 178, II; e 752, § 1º, CPC).

Ao final, requer seja julgado procedente o presente pleito, por sentença, confirmando a antecipação de tutela concedida relativa à nomeação do requerente como curador da interditanda, que deverá representá-la e assisti-la em todos os atos de sua vida civil, em conformidade com os limites da curatela determinados na sentença a ser prolatada (art. 755, CPC).

A sentença de interdição deverá ser inscrita no registro civil das pessoas naturais, dentre outras providências, das quais já se faz requerimento (art. 755, § 3º, CPC).

Protesta o requerente pela produção de todas as provas legais, como moralmente legítimas, para provar a verdade dos fatos articulados (art. 319, VI, CPC), sobretudo prova pericial (art. 753, CPC), caso necessário.

O curador prestará o compromisso por termo nos autos (art. 759, § 1º, CPC), quando assumirá a administração dos bens da interditada (art. 759, § 2º, CPC). Tem o dever de prestar contas anualmente (art. 763, § 2º, CPC c/c art. 84, § 4º, Lei nº 13.146/2015) – diferentemente do prazo de 2 anos previsto na legislação civil codificada (arts. 1.757; e 1.781, CC).

O laudo pericial indicará especificamente, se for o caso, os atos para os quais haverá necessidade de curatela (art. 753, § 2º, CPC). Entende-se pela prudência e obrigatoriedade de realização do exame pericial, no qual deverão ser examinadas todas as circunstâncias relacionadas à existência da patologia do interditando, bem como a sua extensão e limites, de modo a impedir sua substituição por laudo médico (STJ – REsp 1.685.826/BA, 3ª Turma, *DJ* 19/09/2017).

Dá-se à causa o valor de R$ 1.000,00 (um mil reais), conforme disciplina legal (art. 291, CPC), para fins de alçada.

Termos em que

Pede e espera deferimento.

Local e data.

Nome e assinatura do advogado(a)

3.15. Fluxogramas

AÇÃO DE CONSIGNAÇÃO EM PAGAMENTO

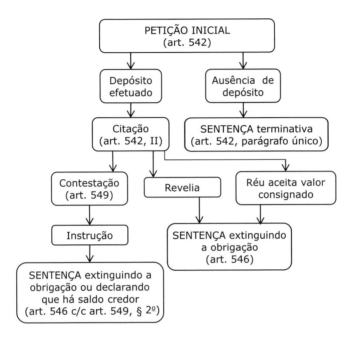

AÇÃO DE EXIGIR CONTAS

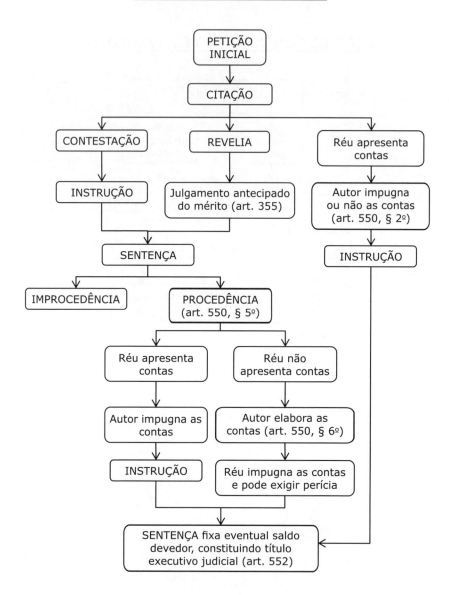

Petições Cíveis: Procedimentos Especiais de Jurisdição Contenciosa e Voluntária ■ 197

AÇÕES POSSESSÓRIAS (FORÇA NOVA)

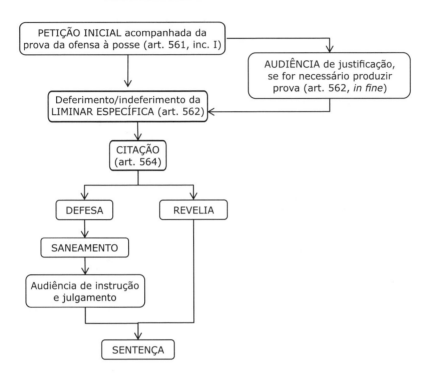

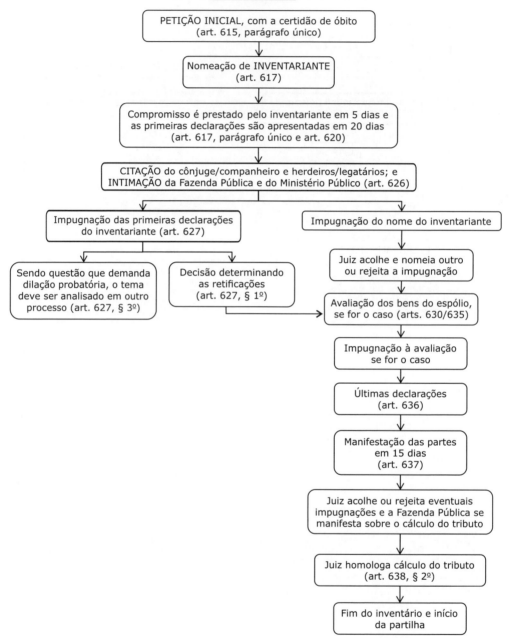

PARTILHA

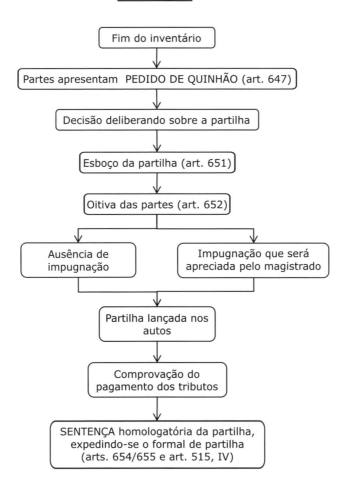

EMBARGOS DE TERCEIROS

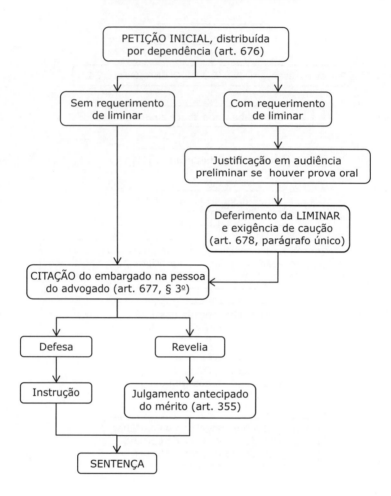

OPOSIÇÃO

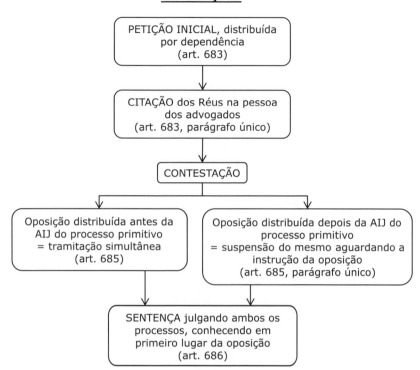

AÇÕES DE FAMÍLIA

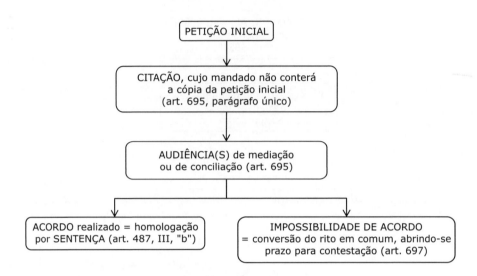

AÇÃO MONITÓRIA

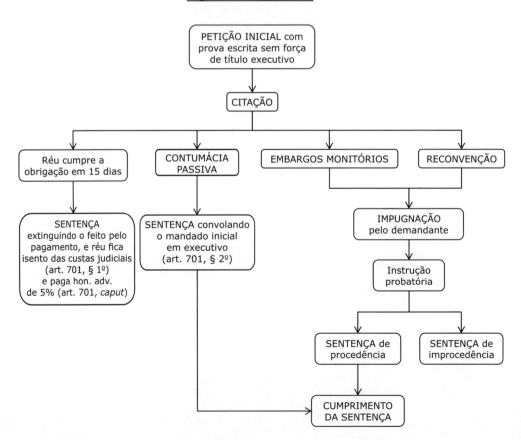

AÇÃO DE DESPEJO

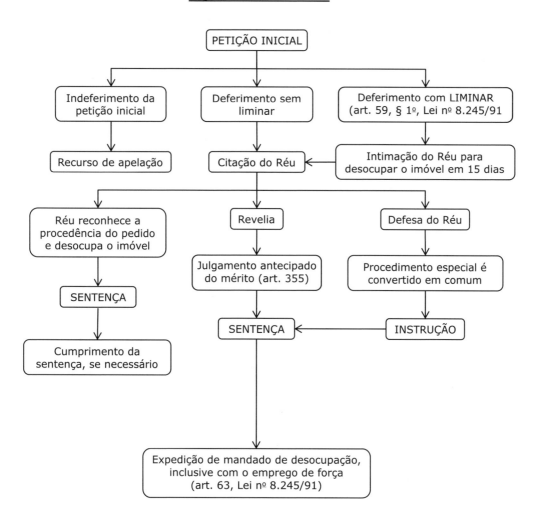

PETIÇÃO INICIAL COM REQUERIMENTO DE ALVARÁ JUDICIAL

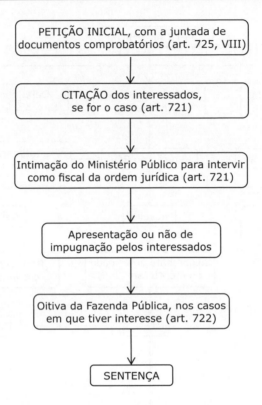

Capítulo 4
Petições Cíveis: Liquidação e Cumprimento de Sentença

4.1. Liquidação

A liquidação é uma etapa intermediária entre a fase de conhecimento e a de execução, razão pela qual, no formato comum, não tem a forma de petição inicial e nem mesmo exige nova citação, já que o demandado já se encontra na relação jurídica processual

4.1.1. Requerimento para Início da Etapa de Liquidação

Peça vinculada ao caso concreto: Não.

Finalidade: Quantificar o direito reconhecido na sentença, ou seja, delimitar/revelar o conteúdo da prestação (*quantum debeatur*), quando prolatada sentença ilíquida. Ainda que formulado pedido genérico (ilíquido), espera-se do juiz a prolação de sentença líquida, salvo quando não for possível determinar, de modo definitivo, o montante devido; ou a apuração do valor devido depender da produção de prova de realização demorada ou excessivamente dispendiosa, assim reconhecida na sentença (art. 491).

Dispositivo(s): art. 509 – art. 512, CPC.

Importante:

1) Sobre as **modalidades**, a liquidação pode ser a) por "arbitramento", quando depender da nomeação de um perito, valendo-se este de elementos já constantes dos autos (algo como uma "perícia depois da sentença"); ou b) "pelo procedimento comum", quando for(em) apresentado(s) novo(s) fato(s), ou seja, fato(s) externo(s), que não foram objeto de cognição pelo juiz na sentença ilíquida (art. 509, CPC).

2) Não há necessidade de se requerer o início de etapa de liquidação quando, para apuração do valor, o credor necessitar apenas efetuar **meros cálculos aritméticos** (art. 509, par. 2º, CPC), caso em que deverá consultar programa de atualização financeira desenvolvido pelo CNJ ou por qualquer Tribunal (art. 509, par. 3º, CPC).

3) Na liquidação, há **vedação de nova discussão da lide** ou de modificação da sentença que a julgou (art. 509, par. 4º, CPC).

206 ■ *Petições e Prática Cível*

4) Admite-se **liquidação provisória**, ou seja, pode se buscar a liquidação da sentença mesmo quando tal provimento for impugnado via recurso de apelação (art. 512, CPC).

5) Qualquer decisão interlocutória proferida em sede de liquidação de sentença, bem como a decisão que a julgar, comporta **agravo de instrumento** (art. 1.015, par. único, CPC).

6) Há procedimentos especiais que não permitem etapa de liquidação, caso em que a sentença proferida deve ser obrigatoriamente líquida, como nos **Juizados Especiais** Cíveis (art. 38, Lei nº 9.099/1995).

7) Apenas eventualmente ocorrerá o **requerimento de liquidação na petição inicial**, como naquelas hipóteses em que o título executivo judicial for ilíquido e não puder ser executado perante o mesmo órgão jurisdicional ou administrativo que o constituiu (art. 515, par. 1º, CPC), como nas hipóteses de decisão estrangeira ilíquida homologada pelo STJ, sentença ilíquida arbitral, ou sentença penal com efeitos cíveis. Também é assim na liquidação e execução individual de sentença genérica coletiva (arts. 95 e 97, CDC).

8) Admite-se alcançar um **resultado zero na liquidação** (inexistência de valoração econômica), afinal a sentença condenatória não se pronunciou sobre a dimensão do dano sofrido pelo liquidante. Nesse caso, o juiz rejeitará o incidente da liquidação, extinguindo o feito, sem qualquer ultraje à coisa julgada. Sobre o assunto: STJ – REsp 1.347.136/DF, 1ª Seção, *DJ* 11/12/2013.

Verbete(s): Súmula nº 254, STF: *"Incluem-se os juros moratórios na liquidação, embora omisso o pedido inicial ou a condenação"*; **Súmula nº 344, STJ:***"A liquidação por forma diversa da estabelecida na sentença não ofende a coisa julgada".*

Modelo

COLENDO JUÍZO DA 15ª VARA CÍVEL DA COMARCA DO RIO DE JANEIRO – RJ.

PROC. Nº 2016.001.654123951-11.

A liquidação por arbitramento observa, no que couber, o procedimento da prova pericial (art. 510, *in fine*, CPC), inclusive a possibilidade de nomeação de perito de comum acordo pelas partes (art. 471, CPC), o que pode ser interessante para redução dos custos envolvidos.

CARLOS MAGNO, já qualificado nos autos em epígrafe, da ação de cobrança em procedimento comum que promove em face de TARCÍSIO SILVA, tendo em vista que foi proferida sentença ilíquida reconhecendo o seu direito, vem, por intermédio do seu procurador regularmente constituído, requerer:

LIQUIDAÇÃO NA MODALIDADE POR ARBITRAMENTO

por assim ter sido determinado na sentença, além de ser exigência própria pela natureza do objeto da liquidação (art. 509, inc. I, CPC). Nesse sentido, pugna pela observância das normas processuais regentes

Petições Cíveis: Liquidação e Cumprimento de Sentença ■ **207**

deste incidente processual, com a nomeação de perito (art. 510, CPC), até ulterior decisão final.

> Diversamente, se for requerida a liquidação em procedimento comum, a parte deve mencionar que haverá a necessidade de se alegar e provar fato novo, bem como deverá substituir os dispositivos indicados por outros (art. 509, inc. II e art. 511, CPC).

Termos em que

Pede e espera deferimento.

Local e data.

Nome e assinatura do advogado(a)

4.2. Cumprimento de Sentença / Obrigação de Pagar

Trata-se da petição adequada para dar início à nova etapa do processo, quando já foi prolatada decisão reconhecendo uma obrigação pecuniária (título executivo judicial).

4.2.1. Cumprimento Provisório da Obrigação de Pagar

Peça vinculada ao caso concreto: Sim.

Finalidade: Dar início ao cumprimento provisório da decisão que reconheceu obrigação de pagar. A "execução provisória" é lastreada em título executivo interino, assim mesmo provisório. O exequente não se vê numa posição jurídica sólida/segura, muito embora já tenha uma decisão a seu favor, o que lhe permite adiantar ou antecipar a eficácia executiva, porém de forma limitada. Além de ganhar tempo, outra vantagem prática ao credor é conseguir realizar rapidamente a penhora, o que lhe dá direito de preferência em relação aos demais credores (art. 797, CPC).

Dispositivo(s): art. 520 – art. 522, CPC.

Importante:

1) Tal requerimento constitui **faculdade do credor**, quando a decisão judicial que condenar o devedor tiver sido impugnada por recurso desprovido de efeito suspensivo (art. 520, CPC), como ocorre, em alguns casos, na apelação (art. 1.012, par. 1º, CPC), hipótese em que é permitido ao apelado promover o pedido de cumprimento provisório logo depois de publicada a sentença (art. 1.012, par. 2º, CPC). Noutro exemplo, isso também valerá para a situação de interposição de recurso especial ou recurso extraordinário pelo derrotado, já que tais recursos não possuem efeito suspensivo (art. 995, *caput*, CPC), podendo o vencedor executar provisoriamente a decisão.

2) No cumprimento provisório de obrigação de pagar, caso o devedor não cumpra voluntariamente a condenação de pagar, devidamente intimado para tanto, será aplicável **multa** de 10%, além de mais 10% de **honorários advocatícios** relativos a esta fase processual (art. 520, par. 2º, CPC).

208 ■ *Petições e Prática Cível*

3) Embora tenham procedimento semelhante (art. 527, CPC), a principal diferença entre o cumprimento provisório e o definitivo da decisão que condena à obrigação de pagar é a de que, no primeiro caso, haverá a necessidade de o exequente prestar **caução** (somente) quando for praticar algum ato que implique em levantamento de soma em dinheiro ou expropriação de bens em nome do executado (art. 520, IV, CPC). Tal caução, contudo, pode ser dispensada em várias circunstâncias (art. 521, CPC). Além disso, entende-se que não se deve exigir caução quanto aos valores tidos como incontroversos: "*1. A jurisprudência desta Corte já assentou que não é necessária caução para levantamento de valores incontroversos, mesmo em sede de execução provisória. Precedentes*" (STJ – AgInt no AREsp 1.245.609/SP, 4ª Turma, *DJ* 16/08/2018).

4) A **efetivação de tutela provisória** observará as normas referentes ao cumprimento provisório da sentença, no que couber (art. 297, par. único, CPC). Assim é que, caso uma decisão interlocutória imponha multa coercitiva (*astreintes*) para compelir o devedor a cumprir a obrigação, esta será devida desde o dia em que se configurar o descumprimento da decisão e incidirá enquanto não for cumprida a decisão que a tiver cominado (art. 537, par. 3º, CPC); sendo passível de cumprimento provisório, deve ser depositada em juízo pelo devedor, permitido o levantamento do valor após o trânsito em julgado da sentença favorável à parte (art. 537, par. 3º, CPC).

Modelo

Sobre a competência, há possibilidade de o credor escolher a base territorial em que pretende realizar o cumprimento da sentença diversa de onde obtida a sentença, por exemplo, no juízo do local do atual domicílio do devedor (art. 516, parágrafo único, CPC).

COLENDO JUÍZO DA 10ª VARA CÍVEL DA COMARCA DO RIO DE JANEIRO – RJ.

PROC. Nº 0000123-30.2015.8.19.0001

CAIO CARVALHO, já qualificado nos autos em epígrafe, da AÇÃO DE COBRANÇA que promove em face de TÍCIO TAVARES, tendo em vista a informação de que foram interpostos recursos extraordinário e especial pelo demandado, e levando em consideração que os mesmos são desprovidos de efeito suspensivo (art. 995, CPC), vem, por meio do seu advogado subscritor, respeitosamente, requerer o início do CUMPRIMENTO PROVISÓRIO do *decisum* que condenou o demandado a pagar a quantia de R$ 15.000,00 (quinze mil reais), cuja quantia já está atualizada, acrescida dos consectários indicados pela decisão exequenda, conforme demonstrativo de cálculo em anexo, confeccionado por meio de programa oficial disponibilizado no sítio do CNJ (art. 509, § 3º, CPC), contendo todos os elementos exigidos por lei (art. 524, incs. II – VI, CPC).

Tal requisito não é exigido no processo eletrônico. No processo físico, as cópias não exigem autenticação, bastando a certificação pelo advogado.

Petições Cíveis: Liquidação e Cumprimento de Sentença ■ **209**

Acrescenta-se, outrossim, que por se tratar de processo físico, este requerimento vem devidamente instruído com as devidas cópias reprográficas exigidas por lei (art. 522, parágrafo único, CPC).

Desta maneira, requer a intimação do executado, na pessoa de seu advogado constituído nos autos, mediante intimação pelo Diário de Justiça (art. 513, § 2º, inc. I, CPC), para cumprir a sentença no prazo de 15 (quinze) dias, findos os quais já será iniciado idêntico prazo para o oferecimento da impugnação (art. 520, § 1º, CPC), bem como será aplicada a multa de 10% (dez por cento), além de novos honorários advocatícios em idêntico patamar (art. 523, § 1º, CPC c/c art. 520, § 2º, CPC).

Aproveitando o ensejo, e atento ao que dispõe a legislação (art. 524, inc. VII, CPC), desde logo requer a realização da penhora *on-line* de ativos financeiros do executado porventura existentes, medida prioritária reconhecida pela lei (art. 835, inc. I, § 1º; e art. 854, CPC).

> O cálculo da dívida deverá demonstrar de forma clara a evolução da pendência, em atuação colaborativa do exequente (art. 6º, CPC).
>
> Se o executado depositar o valor, tempestivamente (no prazo do cumprimento voluntário), expressando a finalidade de isentar-se da multa, o ato não será havido como incompatível com o recurso por ele interposto (art. 520, § 3º, CPC), ou seja, inexistirá ocorrência de preclusão lógica na hipótese.
>
> Se o credor tiver ciência, o mesmo já poderá fazer indicação dos bens/ativos do devedor que se pretende penhorar (art. 524, VII, CPC). Aliás, se for o caso, já poderá constar nesta peça o requerimento para desconsideração da personalidade jurídica para incluir terceiro na demanda judicial (art. 134, CPC).

Termos em que

Pede e espera deferimento.

Local e data.

Nome e assinatura do advogado(a)

4.2.2. Cumprimento Definitivo da Obrigação de Pagar

Peça vinculada ao caso concreto: Sim.

Finalidade: Dar início ao cumprimento definitivo da decisão que reconheceu obrigação de pagar. Aquele que viu reconhecido, perante o Poder Judiciário (sobretudo), seu direito em face de outrem, pode tomar certas providências para ver seu direito realizado concretamente. Nesse contexto, as expressões "execução" e "cumprimento de sentença" podem ser tidas como sinônimas, não sendo mais utilizado o termo "execução por quantia certa contra devedor solvente fundada em título judicial".

Dispositivo(s): art. 523 – art. 526, CPC.

Importante:

1) O cumprimento da sentença de pagar soma em dinheiro fundado em título judicial submete-se a um modelo executivo rígido, tipificado; com indicação expressa de **aplicação subsidiária** das disposições da execução por título extrajudicial (art. 771, CPC).

2) Quanto ao **procedimento**, exige-se o requerimento do exequente (art. 513, § 1º, CPC), que deve vir acompanhado da memória de cálculo (planilha) do crédito exequendo (art. 524,

CPC). Caso o executado, devidamente intimado no formato legal (art. 513, § 2º, CPC), permaneça inerte em cumprir voluntariamente o julgado no prazo do art. 523, CPC (fase denominada "cumprimento voluntário da condenação"), seguirá o procedimento relativo à execução forçada, com a invasão estatal no patrimônio do devedor (fase denominada "cumprimento da sentença"), incidindo a multa de 10% e nova verba honorária de 10% da execução (art. 523, § 1º, CPC). Havendo pagamento parcial, a multa e os honorários incidirão sobre o remanescente (art. 523, § 2º, CPC). Mesmo se formulados pelo executado dentro do prazo legal, a nomeação de bem à penhora ou um pedido de parcelamento da dívida não o livram da incidência de tais consectários, o que somente se dá no caso de pagamento voluntário (*vide* STJ – REsp 1.260.443/RS, 1ª Turma, *DJ* 26/06/2012). Há precedente no sentido da impossibilidade de relativização dos percentuais envolvidos: "*O acréscimo de 10% de honorários advocatícios, previsto pelo art. 523, § 1o, do CPC/2015, quando não ocorrer o pagamento voluntário no cumprimento de sentença, não admite relativização*" (STJ – REsp 1.701.824/RJ, 3ª Turma, *DJ* 09/06/2020).

3) A **fluência do prazo** para cumprimento voluntário da condenação dependerá do formato de intimação aplicável à hipótese, tendo o legislador pormenorizado as atinentes situações (art. 513, § 2º, CPC). Entende-se pela contagem do prazo em dias úteis (art. 219, CPC): "*O prazo previsto no art. 523, caput, do CPC, para o cumprimento voluntário da obrigação, possui natureza processual, devendo ser contado em dias úteis*" (STJ – REsp 1.708.348/RJ, 3ª Turma, DJ 25/06/2019). No mesmo sentido: CJF, nº 89 (I Jornada de Direito Processual Civil): "*Conta-se em dias úteis o prazo do caput do art. 523 do CPC*".

4) No âmbito da execução de título judicial, admite-se a aplicação analógica do dispositivo que permite a **averbação da admissão do feito executivo** no registro de imóveis, de veículos ou de outros bens sujeitos à penhora (art. 828, CPC), afinal previsto nas "Disposições Gerais" aplicadas à execução (art. 771, CPC). Nesse sentido, FPPC, nº 529: "*(Art. 523; art. 133; art. 134; art. 828; art. 799) As averbações previstas nos arts. 799, IX, e 828 são aplicáveis ao cumprimento de sentença*".

5) No âmbito do cumprimento de sentença, temos a **vedação legal de imposição do parcelamento/moratória legal como um benefício ao executado** e contra a vontade do exequente (art. 916, § 7º, CPC), já que, ultrapassada a fase de conhecimento, o devedor é intimado para pagar integralmente a dívida, e não para parcelar. Por óbvio, se o credor concordar, o parcelamento poderá ser firmado nestas condições mesmo no cumprimento de sentença.

Verbete(s): Súmula nº 150, STF:"*Prescreve a execução no mesmo prazo da prescrição da ação*"; **Súmula nº 517, STJ:** "*São devidos honorários advocatícios no cumprimento de sentença, haja ou não impugnação, depois de escoado o prazo para pagamento voluntário, que se inicia após a intimação do advogado da parte executada*"; **Súmula nº 154, TJ-RJ:** "*Incide verba honorária no cumprimento da sentença a partir do decurso do prazo previsto no art. 475-J, do CPC*".

Modelo

COLENDO JUÍZO DA 10ª VARA CÍVEL DA COMARCA DO RIO DE JANEIRO – RJ.

PROC. Nº 0000123-30.2015.8.19.0001

CAIO CARVALHO, já qualificado nos autos em epígrafe, da AÇÃO DE COBRANÇA que promoveu em face de TÍCIO TAVARES, por meio do seu advogado subscritor, uma vez certificado o trânsito em julgado, vem, respeitosamente, requerer o início do CUMPRIMENTO DE SENTENÇA, que condenou o demandado a pagar a quantia de R$ 15.000,00 (quinze mil reais), cuja quantia já está atualizada, acrescida dos consectários indicados pela decisão exequenda, conforme demonstrativo de cálculo em anexo, confeccionado por meio de programa disponibilizado no sítio do CNJ (art. 509, § 3º, CPC), contendo todos os elementos exigidos por Lei (art. 524, incs. II – VI, CPC).

Desta maneira, requer a intimação do executado, na pessoa de seu advogado constituído nos autos, mediante intimação pelo Diário de Justiça (art. 513, § 2º, inc. I, CPC), para cumprir a sentença no prazo de 15 (quinze) dias, findos os quais já será iniciado idêntico prazo para o oferecimento da impugnação, bem como será aplicada a multa de 10% (dez por cento), além de novos honorários advocatícios em idêntico patamar (art. 523, § 1º, CPC).

Não tendo advogado constituído nos autos (art. 513, § 2º, II, CPC), certo é que deverá ser considerada realizada a intimação do executado, ainda que a carta com aviso de recebimento retorne com resultado negativo, diante da falta de comunicação ao juízo sobre a eventual mudança de endereço havida, ônus que compete à parte (art. 513, § 3º; e art. 274, parágrafo único, CPC).

Aproveitando o ensejo, e atento ao que dispõe a legislação (art. 524, inc. VII, CPC), desde logo requer a realização da penhora *on-line* de ativos financeiros do executado porventura existentes, medida prioritária reconhecida pela lei (art. 835, I, § 1º; e art. 854, CPC).

Termos em que

Pede e espera deferimento.

Local e data.

Nome e assinatura do advogado(a)

Sobre a competência, há possibilidade de o credor escolher a base territorial em que pretende realizar o cumprimento da sentença diversa de onde obtida a sentença, por exemplo, no juízo do local do atual domicílio do devedor (art. 516, parágrafo único, CPC) – o que pode se dar no curso da execução, isto é, não necessariamente no seu início (STJ – REsp 1.776.382/MT, 3ª Turma, *DJ* 03/12/2019).

O cálculo da dívida deverá demonstrar de forma clara a evolução da pendência, em atuação colaborativa do exequente (art. 6º, CPC).

Há precedente, em interpretação da lei (art. 229, CPC), no sentido de que o prazo de 15 dias "úteis" para o pagamento voluntário deve ser contado "em dobro havendo litisconsortes com advogados distintos" (STJ – REsp 1.693.784/DF, 4ª Turma, *DJ* 28/11/2017).

Tal parágrafo é utilizado apenas para a hipótese em que o executado não tenha advogado constituído nos autos, diante da exigência de expedição de carta com aviso de recebimento com fim intimatório, considerando-se válida a comunicação processual destinada ao endereço da citação, independente do seu resultado positivo ou negativo, se o demandado deixou de informar mudança de endereço.

Se o credor tiver ciência, já poderá fazer indicação dos bens/ativos do devedor que se pretende penhorar (art. 524, VII, CPC). Aliás, se for o caso, nesta peça já poderá constar o requerimento para desconsideração da personalidade jurídica para incluir terceiro na demanda judicial (art. 134, CPC).

4.2.3. Cumprimento de Decisão que Reconheça Obrigação de Pagar Alimentos

Peça vinculada ao caso concreto: Não.

Finalidade: Dar início à fase executiva, objetivando o cumprimento da obrigação de pagar alimentos, constante no título executivo judicial.

Dispositivo(s): art. 528 – art. 533, CPC; Lei nº 5.478/68 (parcialmente revogada pelo art. 1.072, inc. V, CPC).

Importante:

1) Adotam-se poderosos **meios executivos** sub-rogatórios (execução direta) e coercitivos (execução indireta) na execução alimentar, principalmente: (i) *desconto em folha de pagamento* (art. 529, CPC), onde ganha relevo se tratar de uma exceção à impenhorabilidade do salário (art. 833, IV, e § 2º, CPC). Cabe ao credor indicar a fonte pagadora à que se destina o desconto em folha, sendo possível a expedição de ofícios pelo juízo com vistas a tal identificação (art. 20, Lei nº 5.478/68). Se o empregador ou funcionário público deixar de prestar ao juízo as informações necessárias, haverá cometimento de ilícito penal (art. 529, § 1º, CPC c/c art. 22, Lei nº 5.478/68). Já se decidiu que a medida executiva de desconto em folha de pagamento pode se dar *concomitantemente* ao pedido de penhora de bens do executado alimentante (STJ – REsp 1.733.697/RS, 3ª Turma, DJ 13/12/2018); (ii) *expropriação de bens*, com destaque para a possibilidade de penhora do bem de residência do devedor, ainda que único, não se cogitando de impenhorabilidade (art. 3º, III, Lei nº 8.009/90); (iii) *prisão civil* (art. 5º, LXVII, CRFB c/c art. 528, §§ 3º a 7º, CPC), medida de índole coercitiva, visando a pressionar psicologicamente o executado para que cumpra, por ato voluntário, a obrigação. A restrição da liberdade, nessa hipótese, não constitui uma sanção ou uma pena a ser cumprida, tanto é que se o devedor pagar, imediatamente será solto (art. 528, § 6º, CPC), bem como, se ficar preso pelo prazo limite, permanecerá devedor da quantia executada (art. 528, § 5º, CPC).

2) Sobre a **prisão civil**, entende-se pelo necessário *requerimento* daquele que pede alimentos, afinal a prisão do alimentante pode ser inconveniente à vontade do alimentando. Na jurisprudência, já se entendeu que a prisão civil exige a *ponderação* entre a máxima efetividade da tutela satisfativa e a menor onerosidade da execução, de modo que não seja tratada como uma medida de "deferimento obrigatório e irrefletido", negando-a, por exemplo, quando o alimentante esteja desempregado e o alimentado seja maior de idade e esteja empregado (STJ – HC 422.699/SP, 3ª Turma, *DJ* 26/06/2018). Além disso, esclareça-se que não há distinção da qualidade do alimentante e do alimentando para o decreto prisional: "5. *A lei não faz distinção, para fins de prisão, entre a qualidade da pessoa que necessita de alimentos - maior, menor, capaz, incapaz, cônjuge, filho, neto -, mas, tão somente, se o débito é atual ou pretérito, até porque o que se mostra decisivo é a real necessidade do alimentado, mesmo que se trate de ex-consorte*" (STJ – HC 413.344/SP, 4ª Turma, *DJ* 19/04/2018). Ainda, como pressuposto, a prisão civil por dívida alimentícia exige a *atualidade do débito* (art. 528, § 7º, CPC c/c Verbete Sumular nº 309, STJ); ficando livre o executado que pagar a quantia referente aos 3 (três) meses anteriores ao ajuizamento da demanda, desde que estejam quites as prestações vencidas no decorrer do feito (STJ – HC 146.402/SP, 3ª Turma, *DJ* 23/03/2010). O referido pagamento deve ser integral para reprimir o decreto prisional, não se aplicando a teoria do adimplemento substancial como defesa do alimentante *"O pagamento parcial da obrigação alimentar não afasta a possibilidade da prisão civil. Precedentes"* (STJ – HC 439.973/MG, 4ª Turma, *DJ* 16/08/2018). Finalmente, é possível postular a prisão logo no inadimplemento da primeira prestação, conforme CJF, nº 147 (II Jornada de Direito Processual Civil): *"Basta o inadimplemento de uma parcela, no todo ou em parte, para decretação da prisão civil prevista no art. 528, § 7º, do CPC".*

3) Ainda sobre a **prisão civil**, adota-se o *regime fechado* (art. 528, § 4º, CPC). A jurisprudência tradicional era refratária à conversão em prisão domiciliar, admitindo-a tão somente em situações excepcionalíssimas (STJ – HC 403.272/RO, 3ª Turma, *DJ* 21/09/2017). No contexto da pandemia da Covid-19, entende-se pela possibilidade de prisão domiciliar ou do diferimento da prisão civil: *"5. Não estando o decreto prisional compreendido entre 12/06/2020 e 30/10/2020, período de vigência da norma do art. 15 da Lei nº 14.010/2020, caberá ao credor a escolha do procedimento a ser adotado, indicando se opta pelo regime domiciliar ou pela suspensão do decreto prisional, a fim de que, após o encerramento da pandemia da Covid-19, o devedor cumpra em regime fechado a prisão"* (STJ – RHC 152.111/SP, 3ª Turma, *DJ* 26/10/2021). Sobre o *prazo máximo da prisão*, vê-se dualidade de dispositivos legais, em até 60 dias (art. 19, Lei nº 5.478/68) ou até 3 (três) meses (art. 528, § 3o, CPC), sendo que o melhor entendimento, aparentemente, reverencia o prazo menor, diante da prevalência da lei especial. Frise-se que não se impede um *novo decreto de prisão*, verificada a situação concreta, mormente sobre a potencialidade coercitiva – na mesma lógica das *astreintes*, que podem ser adaptáveis à realidade, evitando desproporcionalidades –, até porque a legislação não veda tal possibilidade. Por fim, a *impugnação do decreto prisional* pelo alimentante pode se dar mediante recurso de agravo de instrumento (art. 1.015, par. único, CPC) ou por ação de *habeas corpus*, cabendo destacar a via estreita desta última forma de impugnação: *"3. A teor da jurisprudência desta eg. Corte Superior, a real capacidade financeira do paciente não pode ser verificada em* habeas corpus *que, por possuir cognição sumária, não comporta dilação probatória e não admite a análise aprofundada de provas e fatos controvertidos. Precedentes. 4. O STJ já consolidou o entendimento de que a ocorrência de desemprego do alimentante não é motivo suficiente, por si, para justificar o inadimplemento da obrigação alimentar, devendo tal circunstância ser examinada em ação revisional ou exoneratória de alimentos"* (STJ – HC 465.321/SP, 3ª Turma, *DJ* 09/10/2018).

4) Há **dualidade de procedimentos** para execução de alimentos, seja para aplicação da prisão civil (art. 528, §§ 3º a 7º, CPC) ou pelo cumprimento de sentença comum de obrigação de pagar (art. 523, § 8º, CPC), sendo certo que em ambos não há exigência de distribuição de nova petição inicial, no caso executiva. Muito embora o procedimento possa ser objeto de escolha pelo credor (art. 528, § 8º, CPC), é certo que o que permite a prisão civil somente pode abranger o "débito alimentar atual" (art. 528, § 7º, CPC).

214 ■ *Petições e Prática Cível*

Verbete(s): Súmula nº 309, STJ: "*O débito alimentar que autoriza a prisão civil do alimentante é o que compreende as três prestações anteriores ao ajuizamento da execução e as que se vencerem no curso do processo*"; **Súmula nº 111, TJ-RJ**: "*Competência para a execução de alimentos. A regra é a da competência do juízo da ação salvo quando este não for mais o foro do domicílio do alimentando*"; **Súmula nº 187, TJ-RJ**: "*É cabível a retenção da parcela do FGTS devido ao alimentante, no percentual correspondente ao pensionamento, para garantia da execução da prestação alimentícia*"; **Súmula nº 371, TJ-RJ**: "*Em execução de alimentos, podem ser objeto de penhora os valores referentes ao FGTS do alimentante*".

Modelo

Sobre a competência, há possibilidade de o alimentando/exequente escolher a base territorial em que pretende realizar o cumprimento da sentença diversa de onde obtida a sentença, seja no seu atual domicílio (art. 528, § 9º, CPC); ou mesmo, por exemplo, no juízo do local do atual domicílio do executado (art. 516, parágrafo único, CPC).

Caso se tratasse de execução de alimentos provisórios (que é muito mais corriqueira), bem como de alimentos fixados em sentença ainda não transitada em julgado, tal pleito se processaria em autos apartados (art. 531, § 1º, CPC).

O requerimento poderá ser apresentado tanto na hipótese de alimentos provisórios quanto na de definitivos (art. 531, CPC). Há entendimento de que tal prazo é contado em dias úteis, conforme CJF, nº 146 (II Jornada de Direito Processual Civil): "*O prazo de 3 (três) dias previsto pelo art. 528 do CPC conta-se em dias úteis e na forma dos incisos do art. 231 do CPC, não se aplicando seu parágrafo 3º*". A prisão civil será cumprida em regime fechado, devendo o preso ficar separado dos presos comuns (art. 528, par. 4º, CPC). Contudo, somente pode ser decretada para os alimentos "novos" (art. 528, par. 7º, CPC).

COLENDO JUÍZO DA 5ª VARA DE FAMÍLIA DA COMARCA DO RIO DE JANEIRO – RJ.

PROC. Nº 0001212-42.2016.8.19.0001

MÁRCIO COIMBRA JÚNIOR, já qualificado nos autos em epígrafe, da demanda que promove em face de MÁRCIO COIMBRA, uma vez certificado o trânsito em julgado da r. sentença que julgou procedente a presente AÇÃO DE ALIMENTOS, vem, por meio do seu advogado subscritor, respeitosamente, requerer o início do CUMPRIMENTO DE SENTENÇA.

O referido *decisum* condenou o demandado a pagar o valor indicado no demonstrativo em anexo (art. 524, CPC), devidamente atualizado, acrescido também dos consectários indicados pela decisão exequenda.

Assim, respeitosamente vem requerer a V.Ex.a que seja determinada a intimação do executado para que, em 3 (três) dias, cumpra a obrigação de pagar os alimentos mencionados no Verbete nº 309 da Súmula do STJ (art. 528, § 7º, CPC) ou justifique a impossibilidade de fazê-lo, sob pena de ser decretada a sua prisão civil (art. 5º, inc. LXVII, CRFB), a ser cumprida em regime fechado, pelo prazo máximo de 3 (três) meses (art. 528, § 3º, CPC), o que ora já se requer.

Na eventualidade de o executado justificar a impossibilidade de pagamento integral do débito, requer, então, que seja oficiado o seu empregador já informado anteriormente nos autos da ação de alimentos, para que seja realizado o desconto em folha de pagamento (art. 529, CPC). Requer, inclusive, que, se esta medida for deferida, seja o patamar dos descontos fixados em 50% (cinquenta por cento), para que sejam recebidos tanto os alimentos vincendos como para abater parte dos já vencidos.

Requer, outrossim, que seja determinado por V.Ex.a o protesto do pronunciamento judicial que reconheceu a obrigação alimentar (art. 528, § 1º, CPC), bem como que seja dada ciência ao Ministério Público de indícios da prática de crime de abandono material, acaso seja verificada conduta procrastinatória por parte do executado (art. 532, CPC).

Finalmente, leve-se em consideração que *"em execução de alimentos não incide o princípio da menor onerosidade do devedor, que cede espaço à regra da máxima efetividade que deve tutelar o interesse do credor em situações como tais"* (STJ – REsp 1.301.467/MS, 4ª Turma, *DJ* 19/04/2016).

Termos em que

Pede e espera deferimento.

Local e data.

Nome e assinatura do advogado(a)

> Já se decidiu que na execução de alimentos pelo rito que permite a prisão civil, o executado pode comprovar a impossibilidade de pagamento por meio de prova testemunhal, desde que a oitiva ocorra no prazo de 3 dias previsto para a justificação (STJ – REsp 1.601.338/SP, 3ª Turma, *DJ* 13/12/2016).
>
> Outra medida possível é requerer a inscrição do nome do devedor de alimentos nos cadastros de proteção ao crédito (STJ – REsp 1.655.259/MT, 3ª Turma, *DJ* 04/04/2017), nos moldes da lei (art. 782, par. 3º, CPC).

4.2.4. Cumprimento de Sentença de Obrigação de Pagar Devida pela Fazenda Pública

Peça vinculada ao caso concreto: Não.

Finalidade: Dar início à fase executiva, objetivando o cumprimento da obrigação de pagar, devida pela Fazenda Pública, que é executada na hipótese. Culmina tal procedimento no pagamento da obrigação pecuniária através de precatório ou de requisição de pequeno valor – RPV (art. 100, CFRB), cujo regime diferenciado é justificado pela: a) impenhorabilidade dos bens públicos, já que inalienáveis (art. 100, CC c/c arts. 832 e 833, inc. I, CPC); b) prioridade e continuidade dos serviços públicos; c) universalidade do orçamento; d) isonomia de tratamento aos credores da Fazenda Pública, em tradução da moralidade administrativa.

Dispositivo(s): art. 534 – art. 535, CPC.

Importante:

1) Tem-se aplicável o **regime do cumprimento da sentença** também para a execução de título judicial contra a Fazenda Pública, hipótese em que será intimada (e não mais citada) para apresentar impugnação à execução (e não mais embargos à execução), no prazo especial de 30 dias (arts. 534/535, CPC).

2) Neste procedimento **não há a incidência da multa** de 10%, em caso de ausência de pagamento no prazo de 30 dias (art. 534, par. 2º, CPC).

3) Há vedação normativa para o **cumprimento provisório da sentença** contrária à Fazenda Pública *"que tenha por objeto a liberação de recurso, inclusão em folha de pagamento, reclassificação, equiparação, concessão de aumento ou extensão de vantagens a servidores da União, dos Estados, do Distrito Federal e dos Municípios, inclusive de suas autarquias e fundações"* (art. 2º-B, Lei nº

9.494/1997), inclusive mediante interpretação do texto constitucional ao exigir o trânsito em julgado da condenação (sentido do art. 100, §§ 3º e 5º, CRFB). Sobre o assunto, *vide* FPPC, no 532: "(Art. 535, par. 3º; art. 100, par. 5º, Constituição Federal. A expedição do precatório ou da RPV depende do trânsito em julgado da decisão que rejeita as arguições da Fazenda Pública executada". A Corte Especial tem visão restritiva da vedação, no sentido de que tal cumprimento provisório da condenação somente seria vedado nas hipóteses previstas no art. 2º-B, Lei nº 9.494/1997, de modo que, por exemplo, *"não se aplicando nos casos de restabelecimento de parcela remuneratória ilegalmente suprimida, como na espécie"* (STJ – AgInt no AREsp 894.495/SP, 1ª Turma, *DJ* 21/03/2017), como também de que *"é cabível a execução provisória de sentença que garante a nomeação e posse de candidato a cargo público efetivo antes do trânsito em julgado, porquanto, nesse caso, não há pagamentos pretéritos, mas apenas a retribuição pelo efetivo serviço prestado"* (STJ – AgInt no AREsp 1.365.485/DF, 1ª Turma, *DJ* 31/08/2020). Finalmente, destaque-se que a inadmissão de execução provisória na hipótese não vale para a situação de execução de obrigação de fazer ou não fazer contra a Fazenda Pública, na qual não se aplica o regime dos precatórios, por exemplo, *"a sentença que determina o cumprimento de obrigação de fazer – implemento de benefício previdenciário de aposentadoria especial de policial civil – pode ser executada antes de seu trânsito em julgado"* (STJ – AgInt no AREsp 1.382.861/SP, 2ª Turma, *DJ* 22/04/2020). Nesse sentido: Tese de repercussão geral nº 45, STF, *DJ* 24/05/2017: *"A execução provisória de obrigação de fazer em face da Fazenda Pública não atrai o regime constitucional dos precatórios".*

4) Em síntese, o **precatório** reflete a requisição judicial dirigida à Fazenda Pública para que pague determinada quantia em dinheiro ao exequente. As entidades de direito público deverão obrigatoriamente incluir em seu orçamento a verba necessária ao pagamento dos débitos oriundos de precatórios judiciais, repassando-a ao Poder Judiciário, que, por sua vez, determina o pagamento das dívidas, segundo as possibilidades do depósito, na ordem de apresentação dos precatórios, devendo ser observados os créditos preferenciais e superpreferenciais (art. 100, §§ 1º e 2º, CRFB). Não se aplica o regime dos precatórios, quando estiver envolvida obrigação de pequeno valor, hipótese em que o pagamento se dará mediante **requisição de pequeno valor – RPV,** cujo patamar de enquadramento depende do ente público devedor (art. 100, §§ 3º e 4º, CRFB c/c art. 87, ADCT c/c art. 17, § 1º, Lei nº 10.259/2001 c/c art. 13, § 3º, Lei nº 12.153/2009). A renúncia ao crédito excedente é permitida, de modo que todo o pagamento se dê através de RPV (art. 87, parágrafo único, ADCT c/c art. 17, § 4º, Lei nº 10.259/2001); porém, vigora vedação de fracionamento do valor da execução para burlar o regime dos precatórios (art. 100, § 8º, CRFB c/c art. 17, § 3º, Lei nº 10.259/2001), no sentido proibir que a dívida seja recebida em parte pela sistemática dos créditos de pequeno valor, e o remanescente pela via do precatório. Ainda, devem ser destacados os entendimentos firmados pela Corte Superior em sede de recurso especial repetitivo de que, no caso de litisconsórcio ativo, a aferição do valor deve levar em conta o crédito individual de cada exequente; bem como no sentido de que a verba honorária sucumbencial favorável ao advogado, quando não exceder ao valor limite, possa ser executada mediante RPV, ainda que o crédito dito "principal" observe o regime dos precatórios (STJ – REsp 1.347.736/RS, 1ª Seção, *DJ* 09/10/2013), isto é, o advogado receberia na frente do seu cliente dentro da lógica do caráter alimentar desta verba (*vide* Súmula Vinculante nº 47, STF: "*Os honorários advocatícios incluídos na condenação ou destacados do montante principal devido ao credor consubstanciam verba de natureza alimentar cuja satisfação ocorrerá com a expedição de precatório ou requisição de pequeno valor, observada ordem especial restrita aos créditos dessa natureza*" c/c súmula nº 135, TJ-RJ: "*Os honorários advocatícios de sucumbência constituem verba autônoma, de natureza alimentar, podendo ser objeto de requisição específica e independente de requisitório correspondente à condenação da parte*"). Tal último entendimento não vale para a verba honorária contratual: "*O STF já assentou a inviabilidade de expedição de RPV ou de precatório para pagamento de honorários contratuais dissociados do principal a ser requisitado, à luz do art. 100, § 8º, da CRFB. Precedentes*" (STF – ARE 1.190.888 AgR-segundo/DF, 2ª Turma, DJ 28/09/2020).

5) A defesa da Fazenda Pública na hipótese se dá através de impugnação (art. 535, *in fine*, CPC). No caso de **impugnação parcial**, será objeto de cumprimento desde logo a **parte incontroversa** (não questionada), expedindo-se o precatório ou RPV (art. 535, par. 4º, CPC), a despeito do efeito suspensivo quanto à parcela controvertida. Do contrário, estaria a se atentar contra a efetividade e a celeridade processual. Não haverá violação à vedação de fracionamento do valor em execução (art. 100, par. 8º, CRFB), se não houver alteração do regime de pagamento (se não misturados os dois regimes de pagamento, precatório e RPV): "*2. Execução contra a Fazenda Pública: fracionamento do valor da execução em parcelas controversa e incontroversa, sem que isso implique em alteração de regime de pagamento, que é definido pelo valor global da obrigação: ausência, no caso, de violação do art. 100, pars. 1º e 4º, da CRFB*" (STF – RE 484.770/RS, 1ª Turma, DJ 06/06/2006).

6) Deve-se atentar sobre a previsão normativa de **diverso rito** específico de execução contra a Fazenda Pública, no caso de obrigação de pagar fundada em **título extrajudicial** (art. 910, CPC), o que também é retratado neste livro, cabendo ao leitor comparar as suas particularidades.

Verbete(s): Súmula nº 655, STF: "*A exceção prevista no art. 100, caput, da Constituição, em favor dos créditos de natureza alimentícia, não dispensa a expedição de precatório, limitando-se a isentá-los da observância da ordem cronológica dos precatórios decorrentes de condenações de outra natureza*"; **Súmula nº 733, STF:** "*Não cabe recurso extraordinário contra decisão proferida no processamento de precatórios*"; **Súmula nº 144, STJ:** "*Os créditos de natureza alimentícia gozam de preferência, desvinculados os precatórios da ordem cronológica dos créditos de natureza diversa*"; **Súmula nº 279, STJ:** "*É cabível execução por título extrajudicial contra a Fazenda Pública*"; **Súmula nº 311, STJ:** "*Os atos do presidente do tribunal que disponham sobre processamento e pagamento de precatório não têm caráter jurisdicional*"; **Súmula nº 345, STJ:** "*São devidos honorários advocatícios pela Fazenda Pública nas execuções individuais de sentença proferida em ações coletivas, ainda que não embargadas*"; **Súmula nº 135, TJ-RJ:** "*Os honorários advocatícios de sucumbência constituem verba autônoma de natureza alimentar, podendo ser objeto de requisição específica e independente de requisitório correspondente à condenação devida a parte*"; **Súmula nº 136, TJ-RJ:** "*Nas hipóteses de litisconsórcio ativo facultativo, o crédito devido a cada litisconsorte, para fins de aplicação do parágrafo 3º do artigo 100 da Constituição Federal, deverá ser individualmente considerado*"; **Súmula nº139, TJ-RJ:** "*A regra do artigo 100 da CF não se aplica às empresas públicas e às sociedades de economia mista*".

218 ■ *Petições e Prática Cível*

Modelo

COLENDO JUÍZO DA 7ª VARA DE FAZENDA PÚBLICA DA COMARCA DO RIO DE JANEIRO – RJ.

PROC. Nº 0002525-26.2016.8.19.0001

FLORIANO FLORES, já qualificado nos autos em epígrafe, da demanda que promove em face do ESTADO DO RIO DE JANEIRO, vem, por meio de seu advogado subscritor, requerer o início do cumprimento da sentença que condenou a Fazenda Pública a pagar a quantia de R$ 180.000,00 (cento e oitenta mil reais), devidamente acrescida dos juros e honorários advocatícios, conforme indica a planilha em anexo, que foi confeccionada por meio de programa disponibilizado no sítio do CNJ (art. 509, § 3º, CPC) e que contém todos os elementos exigidos por lei (art. 534, incs. II – VI, CPC).

> O cálculo da dívida deverá demonstrar de forma clara a evolução da pendência, em atuação colaborativa do exequente (art. 6º, CPC).

> Note-se que a Fazenda Pública não é intimada para cumprir a condenação, mas sim para apresentar sua defesa, se for o caso.

Desta maneira, requer a intimação da executada para, querendo, oferecer impugnação no prazo de 30 (trinta) dias, e, sendo esta rejeitada, sejam fixados novos honorários advocatícios em sede de cumprimento de sentença (art. 85, § 7º, CPC c/c art. 1º-D, Lei nº 9.494/1997), respeitados os percentuais adequados.

Não sendo tal defesa apresentada ou se for rejeitada no momento próprio, desde logo já se requer a requisição do precatório (art. 535, § 3º, I, CPC), em conformidade com a ordem cronológica de apresentação.

> Se for o caso de crédito no patamar de recebimento via RPV, deve-se requerer sua expedição nos moldes legais (art. 535, § 3º, II, CPC). Não é possível fracionar o montante e receber parte por RPV e parte por precatório (art. 100, § 8º, CRFB).

De todo modo, também requer a V.Ex.a extrema atenção quanto ao mandamento legal (art. 85, § 7º, CPC), pois, eventualmente, também deverão ser fixados novos honorários advocatícios em sede de cumprimento de sentença, respeitados os percentuais adequados (art. 85, § 3º, CPC).

> Destaca a lei que não há incidência de verba honorária no cumprimento de sentença em face da Fazenda Pública que enseje expedição de precatório, *"que não tenha sido impugnada"* (art. 85, par. 7º, CPC c/c art. 1º-D, Lei nº 9.494/1997).

Termos em que

Pede e espera deferimento.

Local e data.

Nome e assinatura do advogado(a)

Petições Cíveis: Liquidação e Cumprimento de Sentença ■ **219**

4.2.5. Cumprimento da Decisão Estrangeira Homologada pelo STJ

Peça vinculada ao caso concreto: Não.

Finalidade: Dar início ao cumprimento definitivo da decisão estrangeira homologada pelo STJ (art. 105, I, "i", CRFB), após transcorrido o seu devido processamento de "internalização" (art. 960 – art. 965, CPC).

Dispositivo(s): art. 515, VIII (título executivo judicial), art. 515, par. 1º, e art. 523 e seguintes (procedimento); art. 965, CPC (disposições gerais).

Importante:

1) Na hipótese de decisão definitiva estrangeira devidamente homologada pelo STJ, excepcionalmente, ter-se-á **execução autônoma**, a despeito da existência de um título executivo judicial (*vide* art. 515, par. 1º, CPC).

2) A matéria sobre homologação de decisão estrangeira também encontra **disciplina normativa** no Regimento Interno do STJ, que sofreu a Emenda Regimental nº 18/2014, incluindo os arts. 216-A/216-N, sendo revogada, na ocasião, a Resolução nº 9/2005, do respectivo Tribunal Superior. O Regimento Interno dessa Corte deverá ser aplicado em caráter supletivo e naquilo que for compatível com a disciplina contida na legislação federal (CPC/2015).

Modelo

COLENDO JUÍZO DA _ VARA FEDERAL DA SEÇÃO JUDICIÁRIA DO RIO DE JANEIRO – RJ.

PROC. Nº ____

    VIN VOORHEES, americano, solteiro, profissional liberal, com documento de passaporte nº CE 555554, domiciliado e residente na Park Avenue, nº 3.012, New York – NY, 10022, Estados Unidos da América, e endereço eletrônico vin.voorhees@internet.com, vem, por intermédio do seu procurador regularmente constituído, conforme instrumento de procuração em anexo (art. 287, CPC), apresentar o presente requerimento de:

> A competência funcional para execução de decisão estrangeira devidamente homologada pelo STJ é do órgão jurisdicional integrante da Justiça Federal de primeira instância (art. 109, inc. X, CRFB), no juízo cível, cabendo certa escolha territorial pelo credor (art. 516, CPC).

CUMPRIMENTO DA DECISÃO ESTRANGEIRA
HOMOLOGADA PELO STJ

em face de PHILLIP PATTERSEN II, americano, solteiro, profissional liberal, com documento de passaporte nº CE 550001 e regularmente inscrito no CPF sob o nº 222.298.118-42, atualmente domiciliado e residente na Rua Barão

Gonçalves Vaz, nº 5.505, Flamengo, Cep: 11.122-888, na cidade do Rio de Janeiro – RJ, com endereço eletrônico phillip.pattersenii@internet.com.br, nos moldes seguintes.

Conforme documentação que segue acostada à presente – sendo certo que todos os documento estrangeiros se encontram devidamente traduzidos para o idioma nacional (art. 192, parágrafo único, CPC) –, o autor promoveu homologação de decisão estrangeira perante o STJ, processo que tramitou sob o nº 456.456, onde restou reconhecido ao requerente um crédito a seu favor no importe de R$ 72.000,00 (setenta e dois mil reais), devidos pelo requerido, conforme cópia autenticada da decisão homologatória (art. 965, parágrafo único, CPC).

> O cálculo da dívida deverá demonstrar de forma clara a evolução da pendência, em atuação colaborativa do exequente (art. 6º, CPC).

Tratando-se de obrigação de pagar reconhecida em título executivo judicial (art. 515, inc. VIII, CPC), o seu cumprimento deve se dar mediante observância do procedimento especificado em lei (art. 523 e seguintes, CPC), tal como imposto pela legislação regente (art. 515, § 1º, CPC).

Pelo exposto, requer a citação do executado acima nominado para que efetue o pagamento da quantia acima nominada no prazo de 15 (quinze) dias, devidamente acrescida dos juros e honorários advocatícios conforme indica a planilha em anexo, que foi confeccionada por meio de programa disponibilizado no sítio do CNJ (art. 509, § 3º, CPC) e que contém todos os elementos exigidos por lei (art. 524, incs. II – VI, CPC).

Não sendo realizado o pagamento no prazo sobredito, espera a aplicação da multa de 10% (dez por cento), além de novos honorários advocatícios em idêntico patamar (art. 523, § 1º, CPC).

> Se o credor tiver ciência, o mesmo já poderá fazer indicação dos bens/ativos do devedor que se pretende penhorar (art. 524, inc. VII, CPC).

Aproveitando o ensejo, e atento ao que dispõe a legislação (art. 524, inc. VII, CPC), desde logo requer a realização da penhora *on-line* de ativos financeiros do executado porventura existentes, medida prioritária reconhecida pela lei (art. 835, inc. I, § 1º; e art. 854, CPC).

> Trata-se de faculdade do patrono, que poderá realizar um planejamento tributário quanto aos valores que irá receber, bem como melhor se organizar para efeito de intimações.

As eventuais intimações do patrono do demandante deverão ser realizadas em nome da sociedade de advogados que integra, que é a Sampaio & Lacombe Advogados Associados, com endereço à Rua do Rosário, nº 88, Centro, Cep: 33.142-176, na cidade do Rio de Janeiro – RJ (art. 106 c/c art. 272, § 1º, CPC). Aliás, desde logo se requer que eventual verba honorária sucumbencial também seja a ela destinada (art. 85, § 11, CPC).

Dá à causa o valor de R$ 72.000,00 (setenta e dois mil reais), que correspondem ao conteúdo econômico da decisão estrangeira após a conversão para a moeda nacional.

Termos em que

Pede e espera deferimento.

Local e data.

Nome e assinatura do advogado(a)

4.2.6. Requerimento para que a Decisão Judicial Seja Levada a Protesto

Peça vinculada ao caso concreto: Sim.

Finalidade: Dar publicidade à mora do devedor, vislumbrando-se tal medida como um fator coercitivo extra para que o devedor cumpra a obrigação, diante de eventual restrição de crédito que o mesmo possa encontrar a partir desta "negativação" (inclusão no cadastro de "maus pagadores"), o que ganha relevo na época atual de informatização de dados.

Dispositivo(s): art. 517, CPC; Lei nº 9.492/97.

Importante:

1) Trata-se de petição sem maiores formalidades, sendo aplicável à situação de existência de **decisão transitada em julgado.** Não se aplica tal dispositivo (art. 517, CPC) à execução de título extrajudicial (*v.g.*, TJ-SP – AI 2242688-03.2016.8.26.0000, 32ª Câmara de Direito Privado, *DJ* 02/02/2017).

2) Também é possível o protesto de decisão que imponha ao executado o dever de prestar **obrigação alimentar** (art. 528, par. 1º, CPC), seja ela de qualquer natureza.

3) O executado que tiver proposto **ação rescisória** para impugnar a decisão exequenda pode requerer, a suas expensas e sob sua responsabilidade, a anotação da propositura da ação à margem do título protestado (art. 517, par. 3º, CPC).

4) A requerimento do executado, o juiz determinará o **cancelamento do protesto**, mediante ofício a ser expedido ao cartório, no prazo de 3 dias, contado da data do protocolo do requerimento, desde que comprovada a satisfação integral da obrigação (art. 517, par. 4º, CPC). Já se entendeu que a mera garantia do juízo apresentada pelo executado não serve para o cancelamento do protesto, sendo inaplicável por analogia o art. 782, par. 4º, CPC (*v.g.*, TJ-DF –20160020340670, 4ª Turma Cível, *DJ* 07/06/2017).

5) Paralelamente a este mecanismo, o juiz poderá determinar, a requerimento da parte, a inscrição do nome do executado nos **cadastros de inadimplentes** (art. 782, § 3º, CPC), o que a jurisprudência já chancelou possível, também, quanto ao devedor de alimentos (STJ – REsp 1.655.259/MT, 3ª Turma, *DJ* 04/04/2017). Tal medida aplica-se tanto à execução de título extrajudicial quanto ao cumprimento definitivo de sentença (art. 782, § 5º, CPC) e só pode ser determinada se houver prévio requerimento do exequente, cabendo ao juiz examinar as circunstâncias do caso concreto (STJ – REsp 1.827.340/RS, 2ª Turma, *DJ* 11/10/2019). Ademais, a medida não depende da comprovação de prévia recusa administrativa das entidades mantenedoras do respectivo cadastro (STJ – REsp 1.835.778/PR, 3ª Turma, *DJ* 04/02/2020). Finalmente, o fato de haver garantia parcial do débito não impede a inscrição do nome do executado em cadastros de inadimplentes (STJ – REsp 1.961.480/SP, 3ª Turma, *DJ* 07/12/2021).

Pode ser utilizada na execução por título extrajudicial? Não.

222 ▪ *Petições e Prática Cível*

Modelo

COLENDO JUÍZO DA 10ª VARA CÍVEL DA COMARCA DO RIO DE JANEIRO – RJ.

PROC. Nº 0000123-30.2015.8.19.0001

CAIO CARVALHO, já qualificado nos autos em epígrafe, do cumprimento de sentença que promove em face de TÍCIO TAVARES, vem, por intermédio do seu procurador regularmente constituído, manifestar interesse em que seja levado a protesto o pronunciamento judicial já transitado em julgado que condenou o executado a pagar obrigação pecuniária (art. 517, CPC), tendo em vista que já transcorreu o prazo de 15 (quinze) dias, que seria para o pagamento voluntário.

> Exige-se que a obrigação seja líquida, já tendo transcorrido o prazo para pagamento voluntário da obrigação, em sede de cumprimento de sentença transitada em julgado (art. 523, CPC).

Para tanto, requer que a secretaria forneça certidão de teor da decisão, que deve conter o nome e a qualificação das partes, o número do processo e, também, o valor da dívida e a data de decurso do prazo para pagamento.

Termos em que

Pede e espera deferimento.

Local e data.

Nome e assinatura do advogado(a)

4.2.7. Impugnação ao Cumprimento de Sentença

Peça vinculada ao caso concreto: Sim.

Finalidade: Instrumento utilizado pelo demandado para apresentar sua defesa na execução de título judicial, no cumprimento provisório ou definitivo de sentença.

Dispositivo(s): art. 525, CPC.

Prazo: 15 (quinze) dias (art. 525, CPC), podendo chegar a 30 (trinta) dias, se for execução em que há litisconsortes passivos com diferentes procuradores ou quando o executado for a Fazenda Pública (art. 525, § 3º e art. 535, CPC).

Importante:

1) A impugnação pode ser oferecida como **defesa no cumprimento de sentença**, seja de caráter provisório (art. 520, par. 1º, CPC) ou definitivo (art. 525, CPC), seja para obrigação pecuniária (art. 525, CPC) ou mesmo para obrigação de fazer, não fazer e para entrega de coisa (art. 536, par. 4º c/c art. 538, par. 3º, CPC), inclusive podendo ser oferecida pela Fazenda Pública quando executada (art. 535, CPC).

2) As **teses defensivas** da impugnação (causas de pedir) se encontram previstas na legislação (art. 525, incs. I-VII, CPC c/c art. 33, par. 3º, Lei nº 9.307/1996). Todavia, o impedimento e a suspeição do magistrado não devem ser apresentados na impugnação e sim por petição autônoma (art. 525, par. 2º, CPC).

Petições Cíveis: Liquidação e Cumprimento de Sentença ■ **223**

3) Em regra, a impugnação não possui **efeito** suspensivo, mas o cumprimento de sentença poderá ser suspenso por decisão judicial, havendo requerimento do impugnante, se o juízo já estiver garantido, além de serem relevantes os seus argumentos e caso o prosseguimento da execução for manifestamente suscetível de causar ao executado grave dano de difícil ou incerta reparação (art. 525, par. 6º, CPC).

4) A decisão da impugnação será objeto de **recurso** de agravo de instrumento (art. 1.015, par. único, CPC), se tiver sido rejeitada ou mesmo se acolhida quando não importe na extinção da execução (*v.g.*, quando é acolhida a tese de que há vício na penhora, pois a execução não será extinta e deverá continuar a tramitar até que haja a integral satisfação do crédito exequendo, retificando-se a constrição judicial). Caso o acolhimento da impugnação gere a extinção da execução, será prolatada sentença (art. 203, par. 1º, *in fine*, CPC) atacável por recurso de apelação – nestes casos, deverão ser cancelados os honorários provisórios em execução (art. 523, par. 1º, CPC) e fixados novos em favor do patrono da parte vencedora. Nesse sentido, CJF, nº 93 (I Jornada de Direito Processual Civil): *"Da decisão que julga a impugnação ao cumprimento de sentença cabe apelação, se extinguir o processo, ou agravo de instrumento, se não o fizer".*

Verbete(s): Súmula nº 519, STJ: *"Na hipótese de rejeição da impugnação ao cumprimento de sentença, não são cabíveis honorários advocatícios".*

Modelo

COLENDO JUÍZO DA 10ª VARA CÍVEL DA COMARCA DO RIO DE JANEIRO – RJ.

PROC. Nº 0000123-30.2015.8.19.0001

TÍCIO TAVARES, já qualificado nos autos em epígrafe, do cumprimento de sentença por obrigação de pagar que lhe promove CAIO CARVALHO, vem, por intermédio de seu procurador regularmente constituído, apresentar sua:

IMPUGNAÇÃO AO CUMPRIMENTO DE SENTENÇA

Nos termos seguintes:

I – Impugnação.

A impugnação é o meio previsto na legislação para que o executado possa oferecer sua defesa ao cumprimento de sentença, sendo certo que a

224 ■ *Petições e Prática Cível*

Serão apresentados modelos para cada uma das matérias que estão enumeradas na legislação (art. 525, § 1º, CPC), cabendo ao leitor adaptá-la ou excluí-la, conforme sua necessidade ou conveniência. Vale dizer que algumas delas não guardam pertinência com a "situação concreta" apresentada no Capítulo 1.

mesma poderá ser analisada independentemente da realização de prévia penhora (art. 525, *caput*, CPC). No caso vertente, diversas são as linhas defensivas a serem apresentadas:

I.I. – Inexistência ou nulidade de citação (art. 525, inc. I, CPC).

Conforme se observa na certidão exarada aos autos pelo Oficial de Justiça, a citação na etapa de conhecimento foi realizada em momento em que o demandado frequentava culto religioso, o que torna este ato inquinado de vício processual extremamente grave (art. 243, inc. I, CPC). Vale dizer que a legislação pontua que são nulas as citações realizadas sem observância das prescrições legais (art. 280, CPC). Portanto, requer a V. Ex.a se digne de pronunciar a nulidade do ato de citação, mormente por ter ocorrido regularmente os efeitos da revelia.

Tal defesa é nitidamente contrária àquilo ocorrente no caso concreto, onde o réu apresentou contestação, só constando aqui para visualização formal.

I.II. – Ausência de legitimidade passiva (art. 525, inc. II, CPC).

Trata-se de processo em que o demandado é parte manifestamente ilegítima. Com efeito, observa-se nos autos que, após o trânsito em julgado da sentença, foi realizada assunção de dívida entre as partes, ocasião em que este débito passou a ser de responsabilidade de VIVALDINO VIEIRA, conforme aceitação manifestada pelo próprio credor (art. 779, inc. III, CPC). Assim, não há motivo plausível ou jurídico para a permanência da presença do executado nestes autos.

I.III. – Inexequibilidade do título ou inexigibilidade da obrigação (art. 525, inc. III, CPC).

Tal defesa cita julgado hipotético que torna inexequível o título, aqui constando apenas para demonstração formal desta preliminar.

O STF pronunciou a inconstitucionalidade do ato normativo em que se baseou a decisão executada, em controle concentrado de constitucionalidade (ADI nº 153.215.789/RJ, Rel. Min. Luiz Fux, DJ 17/04/2015), em data anterior ao trânsito em julgado da decisão exequenda (art. 525, §§ 13 e 14, CPC). Vale dizer que o aludido acórdão proferido pelo Pretório Excelso teve seus efeitos modulados retroativamente (art. 525, § 13, CPC), gerando efeitos ao presente caso concreto. Desta maneira, fica claro que o presente título executivo é inexigível, razão pela qual tal circunstância deve ser de pronto reconhecida.

I.IV. – Penhora incorreta ou avaliação errônea (art. 525, inc. IV, CPC).

Conforme se observa nos autos, foi penhorado o imóvel situado no endereço à Rua Uruguaiana, nº 11, apartamento nº 616, Centro, Cep:

33.159-161, na cidade do Rio de Janeiro – RJ, que é justamente onde o executado mantém a sua residência. Acrescenta-se que este bem é impenhorável à luz da legislação específica (Lei nº 8.009/90), também devendo ser destacado que a circunstância de o executado ali residir sozinho não se constitui em empecilho para esta proteção normativa que é intimamente ligado à sua dignidade (art. 1º, inc. III, CRFB c/c art. 8º, CPC). Assim, inclusive, resta expresso no Verbete nº 364, da Súmula do STJ: *"O conceito de impenhorabilidade do bem de família abrange também o imóvel pertencente a pessoas solteiras, separadas e viúvas".* Portanto, requer que V.Ex.a decida neste exato sentido, liberando a indevida constrição judicial que recai sobre o aludido bem.

> Tal defesa aqui consta apenas para demonstração formal desta preliminar, já que o próprio texto inicial da impugnação alerta sobre a inexistência de garantia de juízo. Em geral, a impugnação será apresentada antes mesmo da realização da penhora, e, caso tal constrição judicial se dê posteriormente, será o caso de o executado alegar eventual vício por meio de simples petição (art. 525, § 11, CPC).

I.V. – Excesso de execução ou cumulação indevida de execuções (art. 525, inc. V, CPC).

Conforme se observa nos autos, o credor está promovendo cumulação indevida de execuções (art. 780, CPC), posto que se encontra executando um título judicial que reconhece obrigação de pagar e, ao mesmo tempo e nos próprios autos, outro em que já é reconhecida uma obrigação de fazer. Ocorre que o procedimento para o cumprimento de sentença em tais casos é distinto, bastando uma leitura da legislação (art. 523 – art. 527, CPC c/c art. 536 – art. 537, CPC). Desta maneira, tratando-se de títulos executivos que comportam execução de formas distintas, não é possível a cumulação de ambos nos mesmos autos, o que requer a V.Ex.a se digne de pronunciar.

> Quando o executado alegar excesso de execução, caberá ao mesmo indicar o montante excessivo, sob pena de rejeição liminar deste argumento (art. 525, §§ 4º e 5º, CPC). Aliás, se esta for a única matéria defensiva, o cumprimento de sentença deve prosseguir regularmente em relação à quantia incontroversa (art. 921, inc. II, CPC).

I.VI. – Incompetência absoluta ou relativa do juízo da execução (art. 525, inc. VI, CPC).

A legislação processual (art. 516, parágrafo único, CPC) pontua que o cumprimento de sentença deve ser promovido, de acordo com escolha do credor, nas seguintes bases territoriais: a) na mesma em que o título executivo judicial tiver sido constituído; b) naquela em que o executado tiver domicílio atual; c) naquela em que o executado tiver bens passíveis de penhora. Ocorre que o presente cumprimento de sentença está sendo promovido em foro distinto destas opções trazidas pelo legislador, o que caracteriza hipótese de incompetência relativa. Por este motivo, requer a V.Ex.a reconheça esta matéria, para que o exequente promova a execução perante uma das bases territoriais possíveis.

226 ■ Petições e Prática Cível

I.VII. – Qualquer causa modificativa ou extintiva da obrigação, como pagamento, novação, compensação, transação ou prescrição, desde que supervenientes à sentença (art. 525, inc. VII, CPC).

A impugnação somente abarca situações modificativas ou extintivas da obrigação que sejam supervenientes à sentença, restringindo as matérias defensivas da impugnação, em reverência à coisa julgada e sua eficácia preclusiva (art. 508, CPC). Difere, assim, da amplitude defensiva verificada nos embargos à execução (*v.g.*, art. 917, VI, CPC).

Observa-se nos autos que, após o trânsito em julgado da sentença, foi realizado pagamento pelo executado diretamente na conta bancária do exequente, conforme se pode aquilatar no comprovante em anexo. Assim, muito embora não tenha sido dado pelo credor um "recibo" atestando esta circunstância, é certo que a prova documental ora produzida é cristalina no sentido de que ocorreu a causa extintiva da obrigação em comento, razão pela qual desde logo se requer a V.Ex.a que se digne de pronunciá-la para efeitos de extinção da execução (art. 924, inc. II, CPC).

II – Requerimento(s).

Pelo exposto, requer que seja(m) acolhida(s) a(s) tese(s) defensiva(s) apresentada(s) na presente impugnação, para que a execução seja extinta ou, até mesmo, para que eventualmente possa ter seu prosseguimento, se for(em) sanado(s) o(s) vício(s) apontado(s).

Havendo a rejeição da execução, requer a condenação do exequente na verba honorária, em reversão lógica favorável ao executado (STJ – REsp 1.134.186/RS, Corte Especial, DJ 1º/08/2011); por sua vez, caso V.Ex.a entenda pela rejeição da presente impugnação, vê-se descabida a condenação do impugnante em verba honorária, conforme entendimento jurisprudencial consolidado (Verbete Sumular nº 519, STJ).

Ainda, requer seja a presente impugnação recebida com efeito suspensivo, diante do preenchimento dos requisitos legais para tanto, não só pela garantia de juízo ora apresentada, mas, também, pela relevância dos argumentos trazidos, além do risco patente de a continuidade do feito executivo causar ao executado grave dano de difícil ou incerta reparação (art. 525, § 6º, CPC).

Termos em que

Pede e espera deferimento.

Local e data.

Nome e assinatura do advogado(a)

4.2.8. Requerimento para Início da Execução Invertida

Peça vinculada ao caso concreto: Não.

Finalidade: Instrumento utilizado pelo demandado para oferecer em pagamento o valor que entender devido, antecipando-se ao credor, com o objetivo de resolver a pendência e evitar a imposição de multa ou nova verba honorária (art. 526, § 2º, CPC).

Dispositivo(s): art. 526, CPC.

Prazo: Tem que ser apresentado antes que o devedor seja intimado para o cumprimento de sentença (art. 526, CPC).

Importante:

1) No **plano histórico e conceitual**, registre-se que este instituto já existia no modelo anterior (art. 570, CPC/1973, antes de ser revogado pela Lei nº 11.232/2005), sendo conhecido pela nomenclatura de "execução invertida". Tratamos, basicamente, da hipótese em que o executado dá início ao cumprimento da decisão. Diga-se que o assunto pode ser estudado na vertente de imposição judicial à parte executada de apresentação das contas, ao invés da parte exequente, em contrariedade ao regramento geral (arts. 523-524, CPC) – o que foi tido como constitucional pela Corte Suprema no que concerne aos entes públicos como executados em sede de Juizados Especiais Federais e de Juizados Especiais Fazendários, em razão de prevalecer o interesse primário da sociedade, e não o secundário/econômico da Fazenda Pública (STF – ADPF 219/DF, Tribunal Pleno, *DJ* 20/05/2021).

2) Somente pode ser utilizado quando a obrigação de pagar conste em **título executivo judicial**, pois, nos demais casos, a via própria seria promover uma consignação em pagamento (art. 539 – art. 549, CPC).

3) Mesmo havendo impugnação do credor, que deve ser intimado desta petição, poderá ocorrer o **levantamento do depósito** da quantia incontroversa (art. 526, par. 1º, *in fine*, CPC).

Pode ser utilizada na execução por título extrajudicial? Não.

Modelo

COLENDO JUÍZO DA 10ª VARA CÍVEL DA COMARCA DO RIO DE JANEIRO – RJ.

PROC. Nº 0000123-30.2015.8.19.0001

TÍCIO TAVARES, já qualificado nos autos em epígrafe, da demanda que lhe promove CAIO CARVALHO, vem, por intermédio do seu procurador regularmente constituído, respeitosamente, requerer o início da

EXECUÇÃO INVERTIDA

nos termos seguintes.

Conforme se observa nos autos, o demandado foi condenado a pagar ao demandante a quantia de R$ 15.000,00 (quinze mil reais), além da correção monetária, juros de mora e verbas relativas à sucumbência.

Contudo, como não há interesse algum em criar resistência à execução do julgado, o próprio devedor se antecipa oferecendo o valor que entende

228 ■ *Petições e Prática Cível*

como devido, exatamente nos moldes da memória de cálculo que segue acostada junto a esta (art. 526, CPC).

> O depósito parcial, apenas da parcela incontroversa, também é permitido e estimulado, caso em que a multa e a nova verba honorária somente incidirão sobre o saldo controvertido (art. 516, § 2º, CPC).

Destarte, requer se digne V.Ex.a de intimar o autor para que tome ciência quanto aos termos da presente petição, para que aceite o valor ofertado ou, então, impugne o valor indicado no prazo de 5 (cinco) dias (art. 526, § 1º, CPC).

Termos em que

Pede e espera deferimento.

Local e data.

Nome e assinatura do advogado(a)

4.3. Cumprimento de Sentença / Obrigação de Fazer, não Fazer ou para Entrega de Coisa

Trata-se da petição adequada a dar início a segunda etapa do processo, quando já foi prolatada decisão (título executivo judicial), reconhecendo uma obrigação de fazer, não fazer ou para entrega de coisa.

4.3.1. Cumprimento de Sentença de Obrigação de Fazer, não Fazer ou para Entrega de Coisa

Peça vinculada ao caso concreto: Não.

Finalidade(s): Dar início à fase executiva, objetivando o cumprimento da obrigação de fazer, não fazer ou de entrega de coisa. A legislação processual optou por um sistema de determinação das espécies de execução baseado no direito material, nesse caso relativo à natureza da obrigação.

Dispositivo(s): art. 139, inc. IV (poder-dever judicial), art. 497 – art. 501 e art. 536 – art. 538, CPC.

Importante:

1) Embora o cumprimento de sentença em tais casos já possa ser iniciado de ofício, no que se intitula de "**sentença autoexecutável**" (art. 536, CPC), nada impede que o patrono da parte vencedora peticione com esta finalidade.

2) A *astreinte*, também conhecida como multa cominatória, constitui um meio executivo de coerção, com a finalidade de coagir/estimular o demandado ao cumprimento de obrigação, o que tem especial relevo nas obrigações de fazer ou não fazer, ou de entrega de coisa (art. 537, CPC) – embora também seja possível, em tese, nas obrigações de pagar (art. 139, IV, *in fine*, CPC), algo que deve ser visto em formato subsidiário.

3) O formato de execução de obrigação de fazer, não fazer ou de entrega de coisa é utilizado mesmo quando se tratar da **Fazenda Pública** executada (*v.g.*, execução para entrega de

Petições Cíveis: Liquidação e Cumprimento de Sentença ■ **229**

medicamentos; execução para garantir internação ao paciente em hospital público), pois somente existe prerrogativa processual daquela quanto ao procedimento executivo no que concerne à obrigação de pagar (arts. 534-535, CPC). Inclusive, vê-se possível a incidência de *astreinte* em face da Fazenda Pública (STJ – AgRG no REsp 1.176.638/RS, 6ª Turma, *DJ* 17/08/2010).

4) Considere-se a exegese de que a **conversão em perdas e danos**, no caso de impossibilidade de cumprimento da obrigação originária (de fazer, não fazer ou de entrega de coisa), é tida como um pedido implícito, não se configurando hipótese de julgamento *extra petita* (diferente do que foi pedido): "*6. O STJ tem entendimento assente no sentido de que a conversão da obrigação de fazer em indenização não configura julgamento* extra petita*. (…) 7. Assim, pode ser aplicada a conversão da obrigação de fazer em perdas em danos, solução encontrada nos arts. 497, 499 e 536 do CPC/2015, independentemente de haver o titular do direito subjetivo requerido expressamente (...) 8. Entendimento diverso resultaria no desprestígio do Poder Judiciário, com o esvaziamento dos efeitos da tutela jurisdicional transitada em julgado, por não assegurar ao cidadão posição jurídica equivalente ao que foi postulado inicialmente e assegurado em juízo*" (STJ – AgInt no REsp 1.779.534/RJ, 2ª Turma, DJ 23/05/2019).

Verbete(s): Súmula no 372, STJ: "*Na ação de exibição de documentos, não cabe a aplicação de multa cominatória*" (**em sentido contrário**, ressalve-se a disposição do art. 400, parágrafo único, CPC, cujo texto foi ratificado pela tese de recurso especial repetitivo nº 1.000, STJ, *DJ* 26/05/2021: "*Desde que prováveis a existência da relação jurídica entre as partes e de documento ou coisa que se pretende seja exibido, apurada em contraditório prévio, poderá o juiz, após tentativa de busca e apreensão ou outra medida coercitiva, determinar sua exibição sob pena de multa com base no art. 400, parágrafo único, do CPC/2015*", valendo a menção, também, ao FPPC, enunciado nº 4: "*Fica superado o Enunciado 372 da súmula do STJ após a entrada em vigor do CPC, pela expressa possibilidade de fixação de multa de natureza coercitiva na ação de exibição de documento*"); **Súmula nº 410, STJ:** "*A prévia intimação pessoal do devedor constitui condição necessária para a cobrança de multa pelo descumprimento de obrigação de fazer ou não fazer*".

Modelo

COLENDO JUÍZO DA 2ª VARA CÍVEL DA COMARCA DO RIO DE JANEIRO – RJ

PROC. Nº 2016.001.487956231-89

LEANDRO LEMES, já qualificado nos autos em epígrafe, da demanda que promove em face de OSCAR OLIVEIRA, vem, por meio do seu advogado subscritor, requerer o início do cumprimento da sentença que condenou o demandado à obrigação de fazer, consistente em providenciar a instalação de serviços de internet em seu endereço residencial, no prazo que V.Ex.a estipular, sob pena de o mesmo ser fixado em 5 (cinco) dias (art. 218, § 3º, CPC).

> O prazo de cumprimento da obrigação de fazer possui natureza processual, devendo ser contado em dias úteis (STJ – REsp 1.778.885/DF, 2ª Turma, *DJ* 15/06/2021).

230 ■ Petições e Prática Cível

Convém sugerir o (melhor, mais efetivo) meio executivo a ser adotado pelo magistrado na hipótese, deixando em aberto a possibilidade de o juiz fixar outro. O produto das *astreintes* reverte para o exequente (art. 537, § 2º, CPC), e não ao aparelho estatal, sendo desnecessário expressar tal informação. Conforme a exegese prevalente no STJ, as *astreintes* só incidem com a intimação pessoal do executado (Súmula nº 410, STJ), sendo relevante fazer tal requerimento.

Requer, outrossim, que seja determinada por V. Ex.a a fixação de *astreintes* no patamar e na periodicidade que considerar como mais adequados para o cumprimento da obrigação *in natura* (art. 537, CPC), com a determinação de intimação pessoal do executado; ou, então, o meio executivo que entender mais condizente para o caso concreto (art. 139, IV c/c art. 497 c/c art. 499, CPC).

E, por fim, se restar caracterizado a impossibilidade da obtenção da tutela específica, o exequente já deixa expresso o seu requerimento e interesse na conversão da obrigação de fazer em obrigação de indenizar os prejuízos a serem apurados em perdas e danos (art. 499, CPC), além das multas que já tiverem sido apuradas.

Termos em que

Pede e espera deferimento.

Local e data.

Nome e assinatura do advogado(a)

4.3.2. Requerimento para Cumprimento Provisório/Definitivo das *Astreintes*

Peça vinculada ao caso concreto: Não.
Finalidade(s): Dar início à execução da decisão que fixou as multas pecuniárias/*astreintes*.
Dispositivo(s): art. 537, § 3º, CPC.

Importante:

1) Esta petição segue, em essência, o mesmo **conteúdo** daquelas que pleiteiam o início do cumprimento de sentença provisório ou definitivo que imponha obrigação de pagar. Nesta obra, optou-se por sua inclusão próxima ao modelo de início de execução de título judicial de obrigação de fazer, não fazer ou de entrega de coisa, posto que é em tais casos que as *astreintes* são comumente fixadas.

2) A *astreinte*, também conhecida como multa cominatória, constitui um meio executivo de coerção, com a finalidade de coagir/estimular o demandado ao cumprimento de obrigação, o que tem especial relevo nas obrigações de fazer ou não fazer, ou de entrega de coisa (art. 537, CPC) – embora também seja possível, em tese, nas obrigações de pagar (art. 139, IV, *in fine*, CPC), algo que deve ser visto em formato subsidiário.

3) A *astreinte* pode ser fixada *ex officio* pelo juiz (art. 537, *caput*, CPC), sem qualquer violação ao princípio da inércia. O juiz também poderá revisar o valor ou a periodicidade da referida multa de ofício, ou a requerimento da parte, quando esta se torna insuficiente ou excessiva, ou obrigado demonstrar o cumprimento parcial superveniente da obrigação ou justa causa para o descumprimento (art. 537, § 1º, CPC). Atuará o julgador, basicamente, para aumentar o seu valor, de modo a trazer efetividade à decisão ("potencialização da coerção"); ou para reduzir o valor da multa a patamares razoáveis, compatíveis com a obrigação ("limitação na razoabilidade"), em princípio, inclusive com caráter retroativo (*ex tunc*), algo que decorre justamente da ausência de limite valorativo predeterminado para a *astreinte*. Entretanto, segundo a literalidade da nova lei processual, o juiz somente poderá alterar o valor ou a periodicidade da "*multa vincenda*" (art. 537, § 1º, CPC), o que traz a exegese de vedação da modificação do crédito já configurado ao demandante. Apesar disso, prevalece a orientação no sentido da possibilidade de redução da multa vencida, mesmo de ofício pelo julgador, levando em consideração a razoabilidade e a vedação de enriquecimento sem causa, conforme as circunstâncias do caso concreto: "*2. O valor das astreintes, previstas nos (...) arts. 497, caput, 499, 500, 536, caput e § 1º, e 537, § 1º, do CPC/2015, pode ser revisto a qualquer tempo (... CPC/2015, art. 537, § 1º), pois é estabelecido sob a cláusula rebus sic stantibus, e não enseja preclusão ou formação de coisa julgada. 3. Assim, sempre que o valor acumulado da multa devida à parte destinatária tornar-se irrisório ou exorbitante ou desnecessário, poderá o órgão julgador modificá-lo, até mesmo de ofício, adequando-o a patamar condizente com a finalidade da medida no caso concreto, ainda que sobre a quantia estabelecida já tenha havido explícita manifestação, mesmo que o feito esteja em fase de execução ou cumprimento de sentença*" (STJ – EAREsp 650.536/RJ, Corte Especial, DJ 07/04/2021).

4) A problemática da redução da *astreinte* pelo julgador pode ter remédio na aplicação do chamado *duty to mitigate the loss*, em decorrência da **boa-fé objetiva** (art. 187 e art. 422, CC). Faz-se referência ao dever (anexo) imposto ao credor de evitar o agravamento do próprio dano, segundo o qual a parte que invoca violações a um dever legal ou contratual deve proceder as medidas possíveis e razoáveis para limitar seu prejuízo. Quer se dizer que o credor da multa deve demonstrar ao juízo, a todo tempo, que pretende o cumprimento da obrigação *in natura* (*v.g.*, mediante requerimentos para intimar a parte contrária a cumprir a obrigação; para aumentar o valor ou diminuir a periodicidade de incidência da multa coercitiva; ou, até mesmo, demonstrar reclamações extrajudiciais/administrativas, ou protocolos, formalizados perante o fornecedor nesse sentido), e não tratar a multa com um "prêmio de loteria". Nesse sentido: "*4. É dever do magistrado utilizar o meio menos gravoso e mais eficiente para se alcançar a tutela almejada, notadamente verificando medidas de apoio que tragam menor onerosidade aos litigantes. Após a imposição da multa (ou sua majoração), constatando-se que o apenamento não logrou êxito em compelir o devedor para realização da prestação devida, ou, ainda, sabendo que se tornou jurídica ou materialmente inviável a conduta, deverá suspender a exigibilidade da medida e buscar outros meios para alcançar o resultado específico equivalente. 5. No tocante ao credor, em razão da boa-fé objetiva (NCPC, arts. 5º e 6º) e do corolário da vedação ao abuso do direito, deve ele tentar mitigar a sua própria perda, não podendo se manter simplesmente inerte em razão do descaso do devedor, tendo dever de cooperação com o juízo e com a outra parte, seja indicando outros meios de adimplemento, seja não dificultando a prestação do devedor, impedindo o crescimento exorbitante da multa, sob pena de perder sua posição de vantagem em decorrência da supressio. Nesse sentido, Enunciado nº 169 das Jornadas de Direito Civil do CJF*" (STJ – AgInt nos EDcl no AREsp 1.549.592/MA, 4ª Turma, DJ 11/02/2020).

232 ■ Petições e Prática Cível

5) Ainda sobre a *astreinte*, o respectivo procedimento (e a multa) é aplicável nas **obrigações de fazer de natureza obrigacional ou não** (art. 536, par. 5º, CPC). Assim, abrange situação diversa à relação de patrimonialidade, com repercussão na esfera da existencialidade, como nas relações familiares, por exemplo, em que é válida sua incidência quando o genitor detentor da guarda da criança descumpre acordo homologado judicialmente sobre o regime de visitas (STJ – REsp 1.481.531/SP, 3ª Turma, *DJ* 07/03/2017).

6) Sobre a incidência de *astreinte*, discute-se a necessidade de **prévia intimação pessoal do executado**, prevalecendo a concepção de que a "parte obrigada", justamente quem se sujeita ao cumprimento da decisão, deve ser comunicada pessoalmente (sentido do Verbete Sumular nº 410, STJ): "*1. É necessária a prévia intimação pessoal do devedor para a cobrança de multa pelo descumprimento de obrigação de fazer ou não fazer antes e após a edição das Leis nos 11.232/2005 e 11.382/2006, nos termos da Súmula nº 410 do STJ, cujo teor permanece hígido também após a entrada em vigor do novo CPC*" (STJ – EREsp 1.360.577/MG, Corte Especial, DJ 19/12/2018). Há precedentes jurisdicionais em sentido contrário.

Verbete(s): Súmula nº 410, STJ: "*A prévia intimação pessoal do devedor constitui condição necessária para a cobrança de multa pelo descumprimento de obrigação de fazer ou não fazer*".

Modelo

COLENDO JUÍZO DA 2ª VARA CÍVEL DA COMARCA DO RIO DE JANEIRO – RJ

> É sabido que a *astreinte* fixada na etapa executiva, como meio de coerção para o cumprimento da ordem judicial, possui exigibilidade imediata, afinal já há um título executivo representativo da obrigação. Porém, mesmo a multa fixada por decisão interlocutória no curso da etapa cognitiva (fase de conhecimento) poderá ser imediatamente executada – mediante o modelo desta petição –, embora somente seja permitido o levantamento do seu valor após o trânsito em julgado da sentença favorável à parte (art. 297, par. único; e 537, par. 3º, CPC).

PROC. Nº 2016.001.487956231-89

LEANDRO LEMES, já qualificado nos autos em epígrafe, da demanda que promove em face de OSCAR OLIVEIRA, tendo em vista que o executado descumpriu o prazo fixado para o cumprimento da obrigação determinado por V.Ex.a e, desta maneira, incorreu nas multas pecuniárias (*astreintes*) decorrentes deste atraso, vem, por seu advogado subscritor, requerer o cumprimento da decisão que as fixou.

Conforme se observa nos autos, foi determinado que o executado cumprisse a obrigação de fazer em 10 (dez) dias, sob pena de incidir no pagamento de multas diárias, fixadas em R$ 2.000,00 (dois mil reais) ao dia, limitadas ao teto de R$ 20.000,00 (vinte mil reais).

Ocorre que, malgrado o executado tenha sido pessoalmente intimado para o cumprimento desta obrigação (Verbete Sumular nº 410, STJ: "*A prévia intimação pessoal do devedor constitui condição necessária para a cobrança de multa pelo descumprimento de obrigação de fazer ou não fazer"*), o prazo transcorreu *in albis* sem que nenhuma providência concreta tenha sido tomada neste sentido.

Portanto, já tendo sido atingido o limite máximo de R$ 20.000,00 (vinte mil reais), fixado por V.Ex.a, alternativa outra não resta ao exequente do que requerer o início desta execução, que deverá observar procedimento próprio (art. 523 – art. 527, CPC), devendo ser autuada em apenso, já que seu rito é diferente, o que impede a cumulação de execuções nos mesmos autos (art. 780, CPC).

Desta maneira, requer a intimação do executado, na pessoa de seu advogado constituído nos autos, mediante intimação pelo Diário de Justiça (art. 513, § 2º, I, CPC), para cumprir o *decisum* no prazo de 15 (quinze) dias, findos os quais já será iniciado idêntico prazo para o oferecimento da impugnação (art. 520, § 1º, CPC), bem como será aplicada a multa de 10% (dez por cento), além de novos honorários advocatícios em idêntico patamar (art. 523, § 1º, CPC c/c art. 520, § 2º, CPC).

Aproveitando o ensejo, e atento ao que dispõe a legislação (art. 524, inc. VII, CPC), desde logo requer a realização da penhora *on-line* de ativos financeiros do executado porventura existentes, medida prioritária reconhecida pela lei (art. 835, inc. I, § 1º; e art. 854, CPC).

> Se o credor tiver ciência, o mesmo já poderá fazer indicação dos bens/ativos do devedor que se pretende penhorar (art. 524, inc. VII, CPC).

Termos em que

Pede e espera deferimento.

Local e data.

Nome e assinatura do advogado(a)

4.4. Fluxogramas

CUMPRIMENTO DE SENTENÇA DE OBRIGAÇÃO DE PAGAR

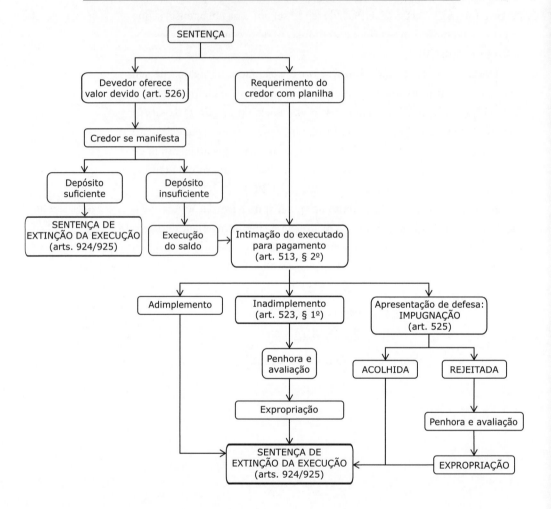

CUMPRIMENTO DE DECISÃO QUE RECONHEÇA OBRIGAÇÃO DE PAGAR ALIMENTOS

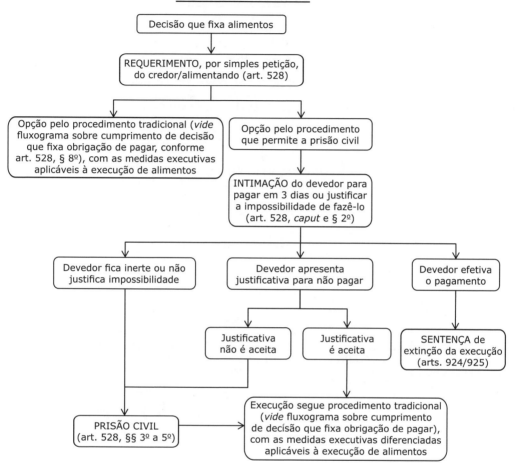

CUMPRIMENTO DE SENTENÇA DE OBRIGAÇÃO DE PAGAR PELA FAZENDA PÚBLICA

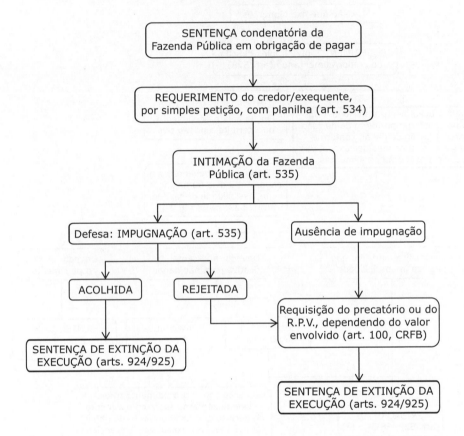

CUMPRIMENTO DE SENTENÇA DE OBRIGAÇÃO DE FAZER, NÃO FAZER OU PARA ENTREGA DE COISA

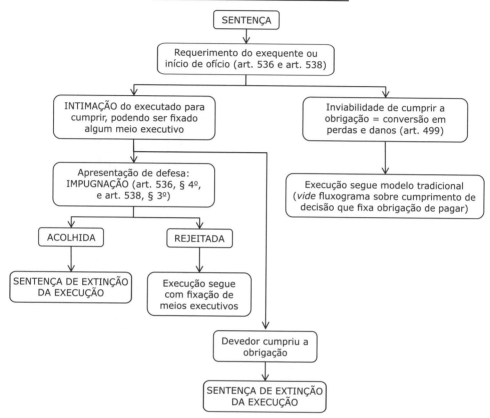

Capítulo 5
Petições Cíveis: Execução Autônoma por Título Extrajudicial

5.1. Execução por Quantia Certa Fundada em Título Extrajudicial

Trata-se da petição inicial própria para dar início ao processo autônomo de execução, nos casos em que o título executivo extrajudicial (art. 784, CPC) contenha uma obrigação de pagar certa, líquida e exigível.

5.1.1. Execução por Quantia Certa Fundada em Título Extrajudicial

Peça vinculada ao caso concreto: Não.

Finalidade: Petição utilizada pelo credor/demandante para provocar o Estado-Juiz, mediante exercício do direito de ação, visando à satisfação da obrigação de pagar contida em título executivo extrajudicial.

Dispositivo(s): art. 798, art. 783 – art. 788 (requisitos), art. 784 (rol dos títulos executivos extrajudiciais), art.778 – art. 779 (legitimidade), art. 781 – art. 782 (competência), art. 824 – art. 903, CPC (procedimento).

Importante:

1) Cuida-se de procedimento executivo com disposições próprias, devendo ser compatibilizada a exigência de preenchimento dos **requisitos da petição inicial** do rito comum do processo de conhecimento (art. 319, CPC, aplicado subsidiariamente ao art. 798, CPC). Por exemplo, não é caso de o demandante optar pela designação de prévia audiência de conciliação ou de mediação (inaplicável *in casu* o art. 319, VII, CPC). Aliás, também não é caso de requerer a produção de provas em sede de execução (inaplicável o art. 319, VI, CPC), diante da existência de título executivo extrajudicial que embase a pretensão satisfativa, muito embora isso até seja possível desde que a parte já vislumbre a necessidade de instaurar algum incidente cognitivo (*v.g.*, incidente de desconsideração da personalidade jurídica).

2) Ainda sobre os **requisitos da petição inicial**, a lei processual exige a instrução da petição inicial com o título executivo extrajudicial; a planilha de cálculo; a prova de que se verificou a condição ou ocorreu o termo, se for o caso; e a prova de que foi adimplida a contraprestação que lhe corresponde ou que lhe assegura o cumprimento, se o executado não for obrigado a satisfazer a sua prestação senão mediante a contraprestação do exequente (art. 798, I,

240 ■ Petições e Prática Cível

CPC). Outras incumbências específicas são relacionadas ao exercício do contraditório (*v.g.*, requerimento de intimação do credor hipotecário), que devem constar, conforme o caso, na petição inicial (art. 799, CPC).

3) No viés do **processo eletrônico**, junta-se ao processo o título digitalizado, tendo este a mesma força probante do original, ressalvada a alegação motivada e fundamentada de adulteração (art. 11, par. 1º, Lei nº 11.419/2006). Há orientação específica para os Juizados Especiais Cíveis (FONAJE, nº 126: *"Em execução eletrônica de título extrajudicial, o título de crédito será digitalizado e o original apresentado até a sessão de conciliação ou prazo assinado, a fim de ser carimbado ou retido pela secretaria"*).

4) Se o executado possuir bem sujeito a registro (*v.g.*, imóvel, veículo), uma vez admitida a execução, poderá o exequente requerer a **expedição de certidão** que ateste o deferimento da petição inicial executiva, sujeitando-a à averbação no registro do respectivo bem (*v.g.*, RGI, Detran), para que a eventual alienação ou oneração realizada posteriormente seja tida, presumidamente, como fraude de execução (art. 828, *caput* e par. 4º, CPC).

5) Havendo dúvida sobre a natureza de título executivo extrajudicial, abre-se ao credor a **opção pela instauração do processo de conhecimento** (*v.g.*, ação monitória), a fim de obter título executivo judicial (art. 785, CPC). Apesar de, em um primeiro momento, sugerir se tratar de um "passo atrás", constitui uma medida que pode ser adequada quando já se espere fundada defesa do futuro executado questionando a certeza, liquidez ou exigibilidade da obrigação.

Verbete(s):Súmula nº 196, STJ: *"Ao executado que, citado por edital ou por hora certa, permanecer revel, será nomeado curador especial, com legitimidade para apresentação de embargos"*; **Súmula nº 279, STJ:** *"É cabível execução por título extrajudicial contra a Fazenda Pública"*; **Súmula nº 300, STJ:** *"O instrumento de confissão de dívida, ainda que originário de contrato de abertura de crédito constitui título executivo extrajudicial"*; **Súmula nº 317, STJ:** *"É definitiva a execução de título extrajudicial, ainda que pendente apelação contra sentença que julgue improcedente os embargos"*.

Modelo

COLENDO JUÍZO DA _ VARA CÍVEL DA COMARCA DO RIO DE JANEIRO – RJ

PROC. Nº___

APARÍCIO ANDRADE, brasileiro, solteiro, desempregado, domiciliado e residente na Rua Cristovão Abrantes, nº 371, Centro, Cep: 33.122-101, na cidade do Rio de Janeiro – RJ, portador da identidade nº 402.577.44-8, emitida pelo Detran/RJ, regularmente inscrito no CPF sob o nº 089.187.009-89, com endereço eletrônico aparicio.andrade@ internet.com.br, vem, por meio de seu advogado regularmente constituído que esta subscreve, conforme instrumento de procuração anexo (art. 287, CPC), respeitosamente, propor a presente:

AÇÃO DE EXECUÇÃO POR QUANTIA CERTA

Em face de JARBAS JARDIM, brasileiro, solteiro, profissional liberal, domiciliado e residente na Rua Vernon, nº 11, apartamento nº 895, Centro, Cep: 23.547-123, na cidade do Rio de Janeiro – RJ, portador da identidade nº 78925644-2, emitida pelo Detran/RJ, regularmente inscrito no CPF sob o nº 778159006-23, com endereço eletrônico jarbas.jardim@internet.com.br, pelos fatos e fundamentos seguintes.

> Exige-se a qualificação ampla do exequente e executado (art. 798, II, "b" CPC), embora a falta dessa informação não impeça o deferimento da inicial (art. 319, §§ 1º-3º, CPC).

O exequente é credor do executado pela importância de R$ 50.000,00 (cinquenta mil reais), representada pelo valor de face do anexo instrumento particular firmado entre as partes, perante duas testemunhas (art. 784, inc. III, CPC), cujas obrigações pactuadas restaram inadimplidas pelo ora demandado (art. 798, I, "c", CPC).

> A prévia tentativa de acordo não constitui requisito para a execução, porém demonstra a atuação zelosa e producente do credor na tentativa de ver satisfeita a obrigação sem necessidade de provocação da jurisdição.

Foram esgotados os meios suasórios para recebimento da citada importância, resultando infrutíferas as tentativas para solução amigável, razão pela qual o credor vem utilizar do presente remédio jurídico da execução forçada para salvaguarda de seus direitos.

Declara o exequente que o crédito atualizado até a presente data, conforme demonstrativo de cálculo anexo (art. 798, inc. I, "b" e parágrafo único, CPC), soma R$ 55.000,00 (cinquenta e cinco mil reais).

> O cálculo da dívida deve ser pormenorizado, em viés colaborativo (art. 6º, CPC). A necessidade de simples operações aritméticas para apurar o crédito exequendo não retira a liquidez da obrigação constante no título (art. 786, parágrafo único, CPC).

Ante o exposto, vem requerer a V.Ex.a se digne, respeitosamente, de, após fixar a verba honorária de 10% (art. 827, CPC), mandar citar o executado, no endereço acima declinado, mediante a expedição de mandado a ser cumprido pela via postal, para, no prazo de 3 (três) dias contados da citação (art. 829, CPC), efetuar o pagamento da dívida, no importe atualizado de R$ 55.000,00 (cinquenta e cinco mil reais).

Sobrevindo a inércia do executado, devidamente citado, requer, desde já, a realização da penhora *on-line* de seus ativos financeiros porventura existentes de titularidade do executado, meio executivo "prioritário" (art. 835, inc. I, e § 1º, CPC).

> Foi excluída a negativa de citação pelos correios no processo de execução (não reprodução do art. 222, "d", CPC/1973, conforme art. 247, CPC), tornando-a cabível, conforme o Enunciado CJF nº 85 (I Jornada de Direito Processual Civil): "*Na execução de título extrajudicial ou judicial (art. 515, par. 1º, do CPC) é cabível a citação postal*".

Ainda, vem requerer a condenação do réu nas despesas processuais antecipadas (art. 82, § 2º, CPC), bem como em honorários advocatícios, havendo ou não resistência do executado (art. 85, § 1º, CPC), com sua majoração, levando-se em conta o trabalho final realizado pelo advogado

> É faculdade do credor a indicação dos bens do devedor que serão objeto da penhora (art. 798, inc. II, "c" e art. 829, § 2º, CPC). A penhora *on-line* é medida prioritária, pois mais eficiente e menos custosa (art. 854, CPC).

242 ■ *Petições e Prática Cível*

Além de todos estes requerimentos, o exequente também poderá pleitear, se for o caso, medida de urgência (art. 799, inc. VIII, CPC), como, por exemplo, providência processual acautelatória de arresto (art. 301, CPC).

Trata-se de faculdade do patrono da parte, que poderá realizar um planejamento tributário quanto aos valores que eventualmente irá receber, bem como melhor se organizar para efeito de intimações.

do exequente, ou a rejeição dos embargos à execução, caso interpostos (art. 827, § 2º, CPC).

As eventuais intimações do patrono do demandante deverão ser realizadas em nome da sociedade de advogados que integra, que é a Sampaio & Lacombe Advogados Associados, com endereço à Rua do Rosário, nº 88, Centro, Cep: 33.142-176, na cidade do Rio de Janeiro – RJ (art. 106 c/c art. 272, § 1º, CPC). Aliás, desde logo se requer que eventual verba honorária sucumbencial também seja a ela destinada (art. 85, § 11, CPC).

Dá à presente causa, para os devidos e legais efeitos, o valor de R$ 55.000,00 (cinquenta e cinco mil reais).

Termos em que

Pede e espera deferimento.

Local e data.

Nome e assinatura do advogado(a)

5.1.2. Execução de Alimentos Fundada em Título Extrajudicial

Peça vinculada ao caso concreto: Não.

Finalidade: Petição utilizada pelo credor/demandante para provocar o Estado-Juiz, mediante exercício do direito de ação, visando à satisfação da obrigação de pagar alimentos contida em título executivo extrajudicial.

Dispositivo(s): art. 798, art. 783 – art. 788 (requisitos), art. 784 (rol dos títulos executivos extrajudiciais), art. 778 – art. 779 (legitimidade), art. 781 – art. 782 (competência), art. 911 – art. 913, CPC (procedimento).

Importante:

1) Cuida-se de procedimento executivo específico (art. 911 – art. 913, CPC), devendo ser compatibilizada a exigência de preenchimento dos **requisitos da petição inicial** do rito comum do processo de conhecimento (art. 319, CPC, aplicado subsidiariamente ao art. 798, CPC). Por exemplo, não é caso de o demandante optar pela designação de prévia audiência de conciliação ou de mediação (inaplicável *in casu* o art. 319, VII, CPC). Aliás, também não é caso de requerer a produção de provas em sede de execução (inaplicável o art. 319, VI, CPC), diante da existência de título executivo extrajudicial que embase a pretensão satisfativa, muito embora isso até seja possível desde que a parte já vislumbre a necessidade de instaurar algum incidente cognitivo (*v.g.*, ter que reconhecer transferência de bem em fraude a execução).

2) Se o executado possuir bem sujeito a registro (*v.g.*, imóvel, veículo), uma vez admitida a execução, poderá o exequente requerer a **expedição de certidão** que ateste o deferimento da petição inicial executiva, sujeitando-a à averbação no registro do respectivo bem (*v.g.*,

RGI, Detran), para que a eventual alienação ou oneração realizada posteriormente seja tida, presumidamente, como fraude de execução (art. 828, *caput* e par. 4º, CPC).

3) Adotam-se poderosos **meios executivos** sub-rogatórios (execução direta) e coercitivos (execução indireta) na execução alimentar, principalmente: (i) *desconto em folha de pagamento* (art. 912, CPC), onde ganha relevo se tratar de uma exceção à impenhorabilidade do salário (art. 833, IV, e § 2º, CPC). Cabe ao credor indicar a fonte pagadora à que se destina o desconto em folha, sendo possível a expedição de ofícios pelo juízo com vistas a tal identificação (art. 20, Lei nº 5.478/68). Se o empregador ou funcionário público deixar de prestar ao juízo as informações necessárias, haverá cometimento de ilícito penal (art. 529, § 1o, CPC c/c art. 22, Lei nº 5.478/68). Já se decidiu que a medida executiva de desconto em folha de pagamento pode se dar *concomitantemente* ao pedido de penhora de bens do executado alimentante (STJ – REsp 1.733.697/RS, 3ª, Turma, *DJ* 13/12/2018); (ii) *expropriação de bens*, com destaque para a possibilidade de penhora do bem de residência do devedor, ainda que único, não se cogitando de impenhorabilidade (art. 3º, III, Lei nº 8.009/90); (iii) *prisão civil* (art. 5º, LXVII, CRFB c/c arts. 528, §§ 3º a 7º; e 911, par. único, CPC), medida de índole coercitiva, visando a pressionar psicologicamente o executado para que cumpra, por ato voluntário, a obrigação. A restrição da liberdade, nessa hipótese, não constitui uma sanção ou uma pena a ser cumprida, tanto é que se o devedor pagar, imediatamente será solto (art. 528, § 6º, CPC), bem como, se ficar preso pelo prazo limite, será solto, mas permanecerá devedor da quantia executada (art. 528, § 5º, CPC).

4) Sobre a **prisão civil**, entende-se pelo necessário *requerimento* daquele que pede alimentos, afinal a prisão do alimentante pode ser inconveniente à vontade do alimentando. O credor de alimentos pode entender que este meio executivo coercitivo (prisão civil), não é o mais adequado ao caso, hipótese em que poderá executar os valores devidos pelo regime padrão (arts. 824/903, CPC). Na jurisprudência, já se entendeu que a prisão civil exige a *ponderação* entre a máxima efetividade da tutela satisfativa e a menor onerosidade da execução, de modo que não seja tratada como uma medida de "deferimento obrigatório e irrefletido", negando-a, por exemplo, quando o alimentante esteja desempregado e o alimentado seja maior de idade e esteja empregado (STJ – HC 422.699/SP, 3ª Turma, *DJ* 26/06/2018). Além disso, esclareça-se que não há distinção da qualidade do alimentante e do alimentando para o decreto prisional: "*5. A lei não faz distinção, para fins de prisão, entre a qualidade da pessoa que necessita de alimentos - maior, menor, capaz, incapaz, cônjuge, filho, neto -, mas, tão somente, se o débito é atual ou pretérito, até porque o que se mostra decisivo é a real necessidade do alimentado, mesmo que se trate de ex-consorte*" (STJ – HC 413.344/SP, 4ª Turma, *DJ* 19/04/2018). Ainda, como pressuposto, a prisão civil por dívida alimentícia exige a *atualidade do débito* (art. 528, § 7º, CPC c/c Verbete Sumular nº 309, STJ); ficando livre o executado que pagar a quantia referente aos 3 (três) meses anteriores ao ajuizamento da demanda, desde que estejam quites as prestações vencidas no decorrer do feito (STJ – HC 146.402/SP, 3ª Turma, *DJ* 23/03/2010). O referido pagamento deve ser integral para reprimir o decreto prisional, não se aplicando a teoria do adimplemento substancial como defesa do alimentante "*O pagamento parcial da obrigação alimentar não afasta* *a possibilidade da prisão civil. Precedentes"* (STJ – HC 439.973/MG, 4ª Turma, *DJ* 16/08/2018). Finalmente, é possível postular a prisão logo no inadimplemento da primeira prestação, conforme CJF, nº 147 (II Jornada de Direito Processual Civil): *"Basta o inadimplemento de uma parcela, no todo ou em parte, para decretação da prisão civil prevista no art. 528, § 7º, do CPC".*

5) Ainda sobre a **prisão civil**, adota-se o *regime fechado* (arts. 528, § 4º; 911, par. único, CPC). A jurisprudência tradicional era refratária à conversão em prisão domiciliar, admitindo-a tão somente em situações excepcionalíssimas (STJ – HC 403.272/RO, 3ª Turma, *DJ* 21/09/2017). No contexto da pandemia da Covid-19, entende-se pela possibilidade de prisão domiciliar ou do diferimento da prisão civil: *"5. Não estando o decreto prisional compreendido entre 12/06/2020 e 30/10/2020, período de vigência da norma do art. 15 da Lei nº 14.010/2020, caberá ao credor a escolha do procedimento a ser adotado, indicando se opta pelo regime domiciliar ou pela suspensão do decreto prisional, a fim de que, após o encerramento da pandemia da Covid-19, o devedor cumpra em regime fechado a prisão"* (STJ – RHC 152.111/SP, 3ª Turma, *DJ* 26/10/2021). Sobre o *prazo máximo da prisão*, vê-se dualidade de dispositivos legais, em até 60 dias (art. 19, Lei no 5.478/68) ou até 3 (três) meses (arts. 528, § 3º; 911, par. único, CPC), sendo que o melhor entendimento, aparentemente, reverencia o prazo menor, diante da prevalência da lei especial. Frise-se que não se impede um *novo decreto de prisão*, verificada a situação concreta, mormente sobre a potencialidade coercitiva – na mesma lógica das *astreintes*, que podem ser adaptáveis à realidade, evitando desproporcionalidades –, até porque a legislação não veda tal possibilidade. Por fim, a *impugnação do decreto prisional* pelo alimentante pode se dar mediante recurso de agravo de instrumento (art. 1.015, par. único, CPC) ou por ação de *habeas corpus*, cabendo destacar a via estreita desta última forma de impugnação: *"3. A teor da jurisprudência desta eg. Corte Superior, a real capacidade financeira do paciente não pode ser verificada em habeas corpus que, por possuir cognição sumária, não comporta dilação probatória e não admite a análise aprofundada de provas e fatos controvertidos. Precedentes. 4. O STJ já consolidou o entendimento de que a ocorrência de desemprego do alimentante não é motivo suficiente, por si, para justificar o inadimplemento da obrigação alimentar, devendo tal circunstância ser examinada em ação revisional ou exoneratória de alimentos"* (STJ – HC 465.321/SP, 3ª Turma, *DJ* 09/10/2018).

6) Na execução de obrigação alimentar fundada em título extrajudicial, recaindo a penhora em dinheiro, a concessão do **efeito suspensivo aos embargos à execução** não obsta a que o exequente levante mensalmente a importância da prestação (art. 913, *in fine*, CPC).

Verbete(s): Súmula nº 309, STJ: *"O débito alimentar que autoriza a prisão civil do alimentante é o que compreende as três prestações anteriores ao ajuizamento da execução e as que se vencerem no curso do processo";* **Súmula nº 187, TJ-RJ:** *"É cabível a retenção da parcela do FGTS devido ao alimentante, no percentual correspondente ao pensionamento, para garantia da execução da prestação alimentícia";* **Súmula nº 371, TJ-RJ:** *"Em execução de alimentos, podem ser objeto de penhora os valores referentes ao FGTS do alimentante".*

Modelo

COLENDO JUÍZO DA _ VARA DE FAMÍLIA DA COMARCA DO RIO DE JANEIRO – RJ.

Esta demanda deve ser proposta perante o foro do domicílio do alimentando (art. 53, inc. II, CPC).

PROC. Nº___

JOSENILDO JOSTMAN JÚNIOR, brasileiro, menor impúbere, neste ato representado por sua mãe CARLA CASTRO, brasileira, divorciada, balconista, ambos domiciliados e residentes à Rua Cristovão Abrantes, nº 150, Centro, Cep: 33.122-101, na cidade do Rio de Janeiro – RJ, portadora da identidade nº 555.577.44-8, emitida pelo Detran/RJ, regularmente inscrita no CPF sob o nº 662.187.009-89, com endereço eletrônico carla.castro@internet.com.br, vem, por meio do seu advogado regularmente constituído que esta subscreve, conforme instrumento de procuração anexo (art. 287, CPC), respeitosamente, propor a presente:

É de se destacar que o incapaz deve ser representado ou assistido por seus pais, por tutor ou por curador, na forma da lei (art. 71, CPC).

EXECUÇÃO DE ALIMENTOS FUNDADA EM TÍTULO EXTRAJUDICIAL

Em face de JOSENILDO JOSTMAN, brasileiro, divorciado, técnico judiciário vinculado ao TRF-2 (Tribunal Regional Federal da 2ª Região), domiciliado e residente na Rua Vernon, nº 78, apartamento nº 2, Centro, Cep: 23.547-123, na cidade do Rio de Janeiro – RJ, portador da identidade nº 78945623-2, emitida pelo Detran/RJ, regularmente inscrito no CPF sob o nº 123.456.78-23, com endereço eletrônico josenildo.jostman@internet.com.br, pelos fatos e fundamentos seguintes.

Exige-se a qualificação ampla do exequente e do executado (art. 798, inc. II, "b" CPC), embora a falta dessa informação não impeça o deferimento da inicial (art. 319, §§ 1º-3º, CPC).

É induvidoso que o exequente/alimentando é filho do executado/alimentante, conforme anexa certidão de nascimento. Ademais, o executado assumiu a obrigação de lhe pagar alimentos no valor de R$ 1.500,00 (um mil e quinhentos reais) a cada mês, conforme documento também junto, subscrito por 2 (duas) testemunhas (art. 784, inc. III, CPC).

Contudo, nos últimos 2 (dois) meses nenhum valor foi pago, ao argumento de que o mesmo estaria tendo despesas extraordinárias, sem qualquer comprovação, não restando outra alternativa ao credor senão se valer desta via jurisdicional. Até o momento, a pendência chega ao valor de R$ 3.000,00 (três mil reais), malgrado este montante possa ser ampliado se nenhuma outra prestação for liquidada no decorrer da demanda.

Ante o exposto, vem requerer a V.Ex.a se digne, respeitosamente, de, após fixar a verba honorária de 10% (analogia ao art. 827, CPC), mandar citar o executado, no endereço acima declinado, mediante a expedição de mandado

246 ■ *Petições e Prática Cível*

> Já se decidiu que na execução de alimentos pelo rito que permite a prisão civil, o executado pode comprovar a impossibilidade de pagamento por meio de prova testemunhal, desde que a oitiva ocorra no prazo de 3 dias previsto para a justificação (STJ – REsp 1.601.338/SP, 3ª Turma, *DJ* 13/12/2016).
>
> Incide, na hipótese, exceção à impenhorabilidade do salário (art. 833, par. 2º, CPC). Já se afirmou que *"em execução de alimentos não incide o princípio da menor onerosidade do devedor, que cede espaço à regra da máxima efetividade que deve tutelar o interesse do credor em situações como tais"* (STJ – REsp 1.301.467/MS, 4ª Turma, *DJ* 19/04/2016).
>
> O exequente também poderá pleitear, se for o caso, medida de urgência (art. 799, VIII, CPC), como, *v.g.,* providência processual acautelatória de arresto (art. 301, CPC); ou a inscrição do nome do devedor de alimentos nos cadastros de proteção ao crédito (STJ – REsp 1.655.259/MT, 3ª Turma, *DJ* 04/04/2017), nos moldes da lei (art. 782, par. 3º, CPC).
>
> Trata-se de faculdade do patrono da parte, que poderá realizar um planejamento tributário quanto aos valores que eventualmente irá receber, bem como melhor se organizar para efeito de intimações.

de citação, para, no prazo de 3 (três) dias (art. 911, CPC), efetuar o pagamento da dívida pendente e mais as prestações que forem vencendo no curso do processo, comprovando-as, ou, para provar a impossibilidade de fazê-lo, sob pena de ser decretada a sua prisão civil pelo prazo máximo de 3 (três) meses (art. 528, § 3º c/c art. 911, parágrafo único, CPC), o que ora já se requer.

Na eventualidade de o executado justificar a impossibilidade de pagamento integral do débito, requer, então, que seja oficiado o seu empregador (dados no documento em anexo), para que seja realizado o desconto em folha de pagamento (art. 912, CPC). Requer, inclusive, que, se esta medida for deferida, seja o patamar dos descontos fixados no patamar de 50% (cinquenta por cento), para que sejam recebidos tanto os alimentos vincendos como para abater parte dos já vencidos.

Vem requerer, ainda, a condenação do réu nas despesas processuais antecipadas (art. 82, § 2º, CPC), bem como em honorários advocatícios, havendo ou não resistência do executado (art. 85, § 1º, CPC), com sua majoração, levando-se em conta o trabalho final realizado pelo advogado do exequente, ou a rejeição dos embargos à execução, caso interpostos (analogia com o art. 827, § 2º, CPC).

As eventuais intimações do patrono do demandante deverão ser realizadas em nome da sociedade de advogados que integra, que é a Sampaio & Lacombe Advogados Associados, com endereço à Rua do Rosário, nº 88, Centro, Cep: 33.142-176, na cidade do Rio de Janeiro – RJ (art. 106 c/c art. 272, § 1º, CPC). Aliás, desde logo se requer que eventual verba honorária sucumbencial também seja a ela destinada (art. 85, § 11, CPC).

Dá à presente causa, para os devidos e legais efeitos, o valor de R$ 21.000,00 (vinte e um mil reais), considerando o somatório das prestações vencidas e mais as vincendas durante o período de 1 (um) ano (art. 292, inc. VI, § 1º, CPC).

Termos em que

Pede e espera deferimento.

Local e data.

Nome e assinatura do advogado(a)

5.1.3. Execução em Face da Fazenda Pública Fundada em Título Extrajudicial

Peça vinculada ao caso concreto: Não.

Finalidade: Petição utilizada pelo credor/demandante para provocar o Estado-Juiz, mediante exercício do direito de ação, visando à satisfação da obrigação de pagar devida pela Fazenda Pública fundada em título executivo extrajudicial.

Dispositivo(s): art. 798, art. 783 – art. 788 (requisitos), art. 784 (rol dos títulos executivos extrajudiciais), art. 778 – art. 779 (legitimidade), art. 781 – art. 782 (competência), art. 910, CPC (procedimento).

Importante:

1) Cuida-se de procedimento específico de execução de pagar em face da Fazenda Pública (art. 910, CPC), devendo ser compatibilizada a exigência de preenchimento dos **requisitos da petição inicial** do rito comum do processo de conhecimento (art. 319, CPC, aplicado subsidiariamente ao art. 798, CPC). Por exemplo, não é caso de o demandante optar pela designação de prévia audiência de conciliação ou de mediação (inaplicável *in casu* o art. 319, VII, CPC). Aliás, também não é caso de requerer a produção de provas em sede de execução (inaplicável o art. 319, VI, CPC), diante da existência de título executivo extrajudicial que embase a pretensão satisfativa.

2) Tal rito (art. 910, CPC) somente é observado quando a Fazenda Pública for devedora de obrigação pecuniária, por ser aplicável a execução por dotação orçamentária – precatório ou requisição de pequeno valor – RPV (art. 100, CRFB) –, e não a execução por expropriação. Em síntese, o **precatório** reflete a requisição judicial dirigida à Fazenda Pública para que pague determinada quantia em dinheiro ao exequente. As entidades de direito público deverão obrigatoriamente incluir em seu orçamento a verba necessária ao pagamento dos débitos oriundos de precatórios judiciais, repassando-a ao Poder Judiciário, que, por sua vez, determina o pagamento das dívidas, segundo as possibilidades do depósito, na ordem de apresentação dos precatórios, devendo ser observados os créditos preferenciais e superpreferenciais (art. 100, §§ 1º e 2º, CRFB). Não se aplica o regime dos precatórios, quando estiver envolvida obrigação de pequeno valor, hipótese em que o pagamento se dará mediante **requisição de pequeno valor – RPV**, cujo patamar de enquadramento depende do ente público devedor (art. 100, §§ 3º e 4º, CRFB c/c art. 87, ADCT c/c art. 17, § 1º, Lei nº 10.259/2001 c/c art. 13, § 3º, Lei nº 12.153/2009). A renúncia ao crédito excedente é permitida, de modo que todo o pagamento se dê através de RPV (art. 87, parágrafo único, ADCT c/c art. 17, § 4º, Lei nº 10.259/2001); porém, vigora vedação de fracionamento do valor da execução para burlar o regime dos precatórios (art. 100, § 8º, CRFB c/c art. 17, § 3º, Lei nº 10.259/2001), no sentido de proibir que a dívida seja recebida em parte pela sistemática dos créditos de pequeno valor, e o remanescente pela via do precatório. Ainda, devem ser destacados os entendimentos firmados pela Corte Superior em sede de recurso especial repetitivo de que, no caso de litisconsórcio ativo, a aferição do valor deve levar em conta o crédito individual de cada exequente; bem como no sentido de que a verba honorária sucumbencial favorável ao advogado, quando não exceder ao valor limite, possa ser executada mediante RPV, ainda que o crédito dito "principal" observe o regime dos precatórios (STJ – REsp 1.347.736/RS, 1ª Seção, *DJ* 09/10/2013), isto é, o advogado receberia na frente do seu cliente dentro da lógica do caráter alimentar desta verba (*vide* Súmula Vinculante nº 47, STF: "Os honorários advocatícios incluídos na condenação ou destacados do montante principal devido ao credor consubstanciam verba de natureza alimentar cuja satisfação ocorrerá com a expedição de precatório ou requisição

248 ■ *Petições e Prática Cível*

de pequeno valor, observada ordem especial restrita aos créditos dessa natureza" c/c Súmula nº 135, TJ-RJ: "Os honorários advocatícios de sucumbência constituem verba autônoma, de natureza alimentar, podendo ser objeto de requisição específica e independente de requisitório correspondente à condenação da parte"). Tal último entendimento não vale para a verba honorária contratual: "O STF já assentou a inviabilidade de expedição de RPV ou de precatório para pagamento de honorários contratuais dissociados do principal a ser requisitado, à luz do art. 100, § 8º, da CRFB. Precedentes" (STF – ARE 1.190.888 AgR-segundo/DF, 2ª Turma, *DJ* 28/09/2020).

3) Deve-se atentar sobre a previsão normativa de **rito específico diverso** para execução de obrigação de pagar fundada em **título judicial** em face da Fazenda Pública (arts. 534-535, CPC), o que também é retratado neste livro, onde o leitor poderá retirar outros subsídios, guardadas as particularidades.

4) A defesa da Fazenda Pública se dá através de embargos à execução (art. 910, *in fine*, CPC). Cabe destacar que no caso de **embargos à execução parciais**, uma vez questionada apenas parte do crédito exequendo, será possível ao juiz determinar a **imediata expedição de precatório ou requisição de pequeno valor** quanto à **parcela incontroversa** (art. 919, par. 3º c/c art. 535, par. 4º, CPC), a despeito do efeito suspensivo quanto à parcela controvertida. Do contrário, estaria a se atentar contra a efetividade e a celeridade processual. Não haverá violação à vedação de fracionamento do valor em execução (art. 100, par. 8º, CRFB), se não houver alteração do regime de pagamento (se não misturados os dois regimes de pagamento, precatório e RPV): "*2. Execução contra a Fazenda Pública: fracionamento do valor da execução em parcelas controversa e incontroversa, sem que isso implique em alteração de regime de pagamento, que é definido pelo valor global da obrigação: ausência, no caso, de violação do art. 100, pars. 1º e 4º, da CRFB*" (STF – RE 484.770/RS, 1ª Turma, *DJ* 06/06/2006).

Verbete(s): Súmula nº 655, STF: "*A exceção prevista no art. 100, caput, da Constituição, em favor dos créditos de natureza alimentícia, não dispensa a expedição de precatório, limitando-se a isentá-los da observância da ordem cronológica dos precatórios decorrentes de condenações de outra natureza*"; **Súmula nº 733, STF:** "*Não cabe recurso extraordinário contra decisão proferida no processamento de precatórios*"; **Súmula nº 144, STJ:** "*Os créditos de natureza alimentícia gozam de preferência, desvinculados os precatórios da ordem cronológica dos créditos de natureza diversa*"; **Súmula nº 279, STJ:** "*É cabível execução por título extrajudicial contra a Fazenda Pública*"; **Súmula nº 311, STJ:** "*Os atos do presidente do tribunal que disponham sobre processamento e pagamento de precatório não têm caráter jurisdicional*"; **Súmula nº 345, STJ:** "*São devidos honorários advocatícios pela Fazenda Pública nas execuções individuais de sentença proferida em ações coletivas, ainda que não embargadas*".

Modelo

COLENDO JUÍZO DA _ VARA FEDERAL DA SEÇÃO JUDICIÁRIA DO RIO DE JANEIRO – RJ.

PROC. Nº___

LORETE LOURES, brasileira, solteira, profissional liberal, domiciliada e residente à Rua Duarte Nunes, nº 110, Centro, Cep: 78.122-445, na cidade do Rio de Janeiro – RJ, portadora da identidade nº 998.47.46-2, emitida pelo Detran/RJ, regularmente inscrita no CPF sob o nº 663.487.709-99, com endereço eletrônico lorete.loures@internet. com.br, vem, por meio de seu advogado regularmente constituído que esta subscreve, conforme instrumento de procuração anexo (art. 287, CPC), respeitosamente, propor a presente:

EXECUÇÃO POR TÍTULO EXTRAJUDICIAL

Em face da UNIÃO FEDERAL, sediada nesta Capital, na Av. Carlos Afonso, 5.500, 2º andar, Centro, na pessoa de seu representante legal, pelos fatos e fundamentos seguintes.

O exequente é credor do executado da importância de R$ 90.000,00 (noventa mil Reais), representada pelo valor de face do anexo instrumento público firmado entre as partes respeitando todas as imposições normativas (art. 784, inc. II, CPC), cujas obrigações pactuadas restaram inadimplidas pelo ora demandado (art. 798, inc. I, "c", CPC).

Inexistindo alternativa para solução amigável da pendência, vem o credor se utilizar do presente remédio jurídico da execução forçada para salvaguarda de seus direitos. Para tanto, declara o exequente que o crédito atualizado até a presente data, conforme demonstrativo de cálculo anexo (art. 798, inc. I, "b" e parágrafo único, CPC), soma R$ 95.000,00 (noventa e cinco mil reais).

Ante o exposto, vem requerer a V.Ex.a se digne, respeitosamente, de, após fixar a verba honorária no patamar que entender devido (art. 85, § 3º, CPC), mandar citar a executada, no endereço acima declinado, para que, querendo, ofereça ou não embargos a execução no prazo de 30 (trinta)

Esta demanda promovida em face da União deve ser proposta perante um dos foros indicados na Carta Magna ou pela lei (art. 109, § 2º, CRFB e art. 51, parágrafo único, CPC), muito embora exista regra semelhante nos casos envolvendo Estado e Distrito Federal (art. 52, parágrafo único, CPC). Atentar, também, quanto ao conteúdo econômico envolvido, pois pode ser situação em que a competência será do Juizado Especial Federal ou do Juizado Especial Fazendário Estadual, conforme o caso (*vide* comentários ao valor dado à causa nesta petição).

Embora a lei seja omissa, não há necessidade de indicar endereço eletrônico de "grandes litigantes" do Poder Judiciário, até porque muitos deles já tiveram que cumprir obrigação de realizar, por conta própria, o cadastro de seu endereço eletrônico (art. 246, § 1º; art. 1.050 e art. 1.051, CPC).

Há exigência legal de transparência na demonstração do cálculo exequendo, em formato que guarda nítido viés colaborativo (art. 6º, CPC). A necessidade de simples operações aritméticas para apurar o crédito exequendo não retira a liquidez da obrigação constante no título (art. 786, par. único, CPC).

Petições e Prática Cível

> Para valores menores, o adequado é a RPV – Requisição de pequeno valor, que varia de acordo com a Fazenda Pública envolvida (art. 100, §§ 3º e 4º, CRFB c/c art. 87, ADCT).
>
> Deverá ser aplicada a sistemática de faixas de percentuais de verba honorária (noção do art. 85, par. 1º, CPC). Nesse sentido, FPPC, nº 240: *"(Arts. 85, par. 3º, e 910) São devidos honorários nas execuções fundadas em título executivo extrajudicial contra a Fazenda Pública, a serem arbitrados na forma do par. 3º do art. 85".*
>
> Trata-se de faculdade do patrono da parte, que poderá realizar um planejamento tributário quanto aos valores que eventualmente irá receber, bem como melhor se organizar para efeito de intimações.
>
> Atentar que, para as obrigações pecuniárias devidas pela Fazenda Pública até 60 (sessenta) salários-mínimos, a competência para o processamento será do Juizado Especial Federal (Lei nº 10.259/2001) ou do Juizado Especial Fazendário Estadual (Lei nº 12.153/2009), conforme o caso, pois os mesmos, quando instalados na localidade, possuem competência absoluta.

dias (art. 910, CPC). Contudo, se esta defesa não for apresentada ou se a mesma for rejeitada no momento próprio, desde logo já se requer a requisição do precatório (art. 910, § 1º, CPC).

Vem requerer, ainda, a condenação da ré nas despesas processuais antecipadas (art. 82, § 2º, CPC), bem como em honorários advocatícios, havendo ou não resistência da executada (art. 85, § 1º, CPC), com sua majoração, levando-se em conta o trabalho final realizado pelo advogado do exequente, ou a rejeição dos embargos à execução, caso interpostos (analogia ao art. 827, § 2º, CPC).

As eventuais intimações do patrono do demandante deverão ser realizadas em nome da sociedade de advogados que integra, que é a Sampaio & Lacombe Advogados Associados, com endereço à Rua do Rosário, nº 88, Centro, Cep: 33.142-176, na cidade do Rio de Janeiro – RJ (art. 106 c/c art. 272, § 1º, CPC). Aliás, desde logo se requer que eventual verba honorária sucumbencial também seja a ela destinada (art. 85, § 11, CPC).

Dá à presente causa, para os devidos e legais efeitos, o valor de R$ 95.000,00 (noventa e cinco mil reais).

Termos em que

Pede e espera deferimento.

Local e data.

Nome e assinatura do advogado(a)

5.1.4. Execução por Quantia Certa em Face de Devedor Insolvente Fundada em Título Extrajudicial ou Judicial

Peça vinculada ao caso concreto: Sim.

Finalidade: Também chamada de insolvência civil, traduz a execução concursal de todo o patrimônio do devedor civil, satisfazendo suas obrigações, ao qual concorrem todos os credores quirografários (art. 762, CPC/1973). Constitui uma via paralela ao regime falimentar (insolvência empresarial), cujo maior sentido é observar uma divisão paritária dos bens do devedor em relação aos credores quirografários: nenhum deles absorverá

Petições Cíveis: Execução Autônoma por Título Extrajudicial ■ **251**

a integralidade dos bens do devedor, e este último terá a possibilidade de adimplir, ainda que parcialmente, a universalidade de seus credores (princípio de justiça distributiva, ou de comunhão de perdas). Outra razão favorável para tal postulação é retirar o devedor da administração do patrimônio que eventualmente ainda reste e que possa ser penhorado (art. 752, CPC/1973).

Dispositivo(s): art. 1052, CPC e art. 748 – art. 786-A, CPC/1973.

Importante:

1) Em norma de **direito transitório**, estende-se a vigência das normas do Livro II, Título IV, do CPC/1973 (art. 748 – art. 786-A, CPC/1973), tanto para as ações novas de insolvência civil quanto para as que venham a ser propostas, até a edição de lei específica (art. 1.052, CPC).

2) Há **duas fases rituais** distintas previstas para o processo de insolvência: a) uma fase cognitiva, tendo possível desfecho na prolação da sentença de insolvência; b) no caso de acolhimento deste pleito, uma fase executiva (execução universal), onde se irá buscar a realização dos créditos de que o executado é devedor, na arrecadação, habilitação, verificação e classificação creditória, para ao final, liquidar a massa e proceder ao pagamento aos credores.

3) Em **diferenciação** entre os modelos: na execução por quantia certa contra devedor solvente (execução singular) o exequente adquire, pela penhora, o direito de preferência sobre o produto dos bens apreendidos (art. 797, CPC), o que difere da insolvência civil (execução concursal), onde os credores de mesma classe participam da relação processual em igualdade de condições (*par conditio creditorum*), o que significa dizer que seus créditos serão realizados proporcionalmente, sem que haja entre eles preferência, em conformidade com o produto da expropriação dos bens do executado (art. 957, CC). Ainda, na execução singular, se não forem encontrados bens do executado, o processo será suspenso (art. 921, III, CPC), enquanto na insolvência civil o feito prossegue para decretação de insolvência através de sentença (art. 751, CPC/1973).

4) A ausência de bens penhoráveis do devedor, ainda que apurada e comprovada em prévia execução singular (art. 921, III, CPC), não impede o ajuizamento da insolvência civil por uma suposta falta de **interesse de agir** na postulação, uma vez que o seu propósito fica mantido quanto à obtenção das demais consequências materiais e processuais advindas da declaração de insolvência (STJ – REsp 957.639/RS, 3ª Turma, *DJ* 07/12/2010).

5) Não tem total acolhida na jurisprudência o pleito de **conversão procedimental** da ação de execução singular em insolvência civil, *ex officio* ou mediante requerimento, porquanto esta última exige uma verdadeira fase inicial de conhecimento; além do que a ausência de bens na execução contra devedor solvente tem a suspensão do feito como consequência expressa (STJ – REsp 1.138.109/MG, 4ª Turma, *DJ* 18/05/2010). Cabe registrar, em sentido diverso, que já se admitiu tal pleito, caso a execução singular tenha um resultado frustrado, com respaldo na instrumentalidade e efetividade do processo (STJ – REsp 616.163/MG, 3ª Turma, *DJ* 03/04/2007). Certo é que descabe a concomitância, de execução singular e coletiva, com base no mesmo título e contra o mesmo devedor.

252 ■ Petições e Prática Cível

6) A **autoinsolvência** se dá quando o próprio devedor requer a declaração de sua insolvência (art. 753, II, e art. 759, CPC/1973), cujo possível interesse pode estar na provocação da reunião dos feitos (juízo universal), no sentido de que as dívidas sejam pagas de forma paritária, ainda que parcialmente (impedir o prejuízo de um em detrimento de outros), assim como na unificação dos prazos prescricionais que correm contra o devedor insolvente, em 5 anos, pouco importando se antes da instauração do concurso universal o prazo era inferior ou superior (art. 778, CPC/1973). Recorde-se que a ausência de bens na insolvência civil não gera a suspensão do feito (art. 921, III, CPC). Tais fatos eventualmente podem favorecer a reabilitação do então insolvente, possibilitando-o a reconstruir seu patrimônio sem percalços.

7) Em **diferenciação**, tem-se que o requerimento de falência é cabível em face de empresário ou sociedade empresária (art. 966, CC c/c 1º, art. Lei nº 11.101/2005), contra quem não se permite a execução por quantia certa contra devedor insolvente. Outra distinção é que a insolvência comporta uma etapa de conhecimento para apuração da insolvência do devedor, enquanto na falência basta a impontualidade para a sua decretação (art. 94, I, Lei nº 11.101/2005).

Verbete(s): Súmula nº 244, TFR: *"A intervenção da União, suas Autarquias e Empresas Públicas em concurso de credores ou de preferência não desloca a competência para a Justiça Federal".*

Modelo

A competência territorial é do juízo do domicílio do devedor (art. 46, CPC), seja em demanda proposta pelo próprio ou por algum credor (art. 760, CPC/1973). Competirá à Justiça Estadual analisar o pedido de insolvência civil, adotado o critério residual (fora do art. 109, *caput*, CRFB, por analogia do termo *"falência"*), conforme tese de repercussão geral nº 859, STF, *DJ* 22/09/2020, além da previsão na lei processual (art. 45, I, CPC), com adoção do juízo especializado, havendo este.

COLENDO JUÍZO DA _ VARA EMPRESARIAL DA COMARCA DO RIO DE JANEIRO – RJ

PROC. Nº____

CAIO CARVALHO, brasileiro, solteiro, agente público, domiciliado e residente na Rua Barão do Rio Branco, nº 1.505, Centro, Cep: 33.122-101, na cidade do Rio de Janeiro – RJ, regularmente inscrito no CPF sob o nº 183.298.118-59, com endereço eletrônico caio.carvalho@internet.com.br, vem, por meio de seu advogado regularmente constituído que esta subscreve, escorado na disciplina transitória do art. 1.052, CPC, respeitosamente, propor a presente demanda declaratória de:

INSOLVÊNCIA CIVIL

Em face de TÍCIO TAVARES, brasileiro, solteiro, profissional liberal, domiciliado e residente na Rua Uruguaiana, nº 11, apartamento nº 616, Centro, Cep: 33.159-161, na cidade do Rio de Janeiro – RJ, regularmente inscrito no CPF sob o n⁰ 444.598.874-17, com endereço eletrônico ticio. tavares@internet.com.br, pelos fatos e fundamentos seguintes.

I – Fatos e fundamentos jurídicos do pedido.

O devedor, Tício Tavares, ostenta a condição de devedor não empresário, perfazendo o requisito pessoal para a decretação da insolvência civil. O presente pedido é instruído pelo título executivo judicial oriundo do proc. n⁰ 0000123-30.2015.8.19.0001, que tramitou originariamente perante o juízo da 10ª Vara Cível da Comarca do Rio de Janeiro/RJ (art. 754, CPC/1973), constituindo crédito quirografário favorável ao ora demandante (art. 753, I, CPC/1973).

O credor privilegiado/preferencial não tem interesse na declaração de insolvência, afinal seu crédito não se sujeita ao rateio junto aos credores sem preferência. Deve, assim, renunciar previamente à sua qualidade ou à garantia real, caso pretenda promover a insolvência civil do devedor.

A respectiva decisão jurisdicional favorável ao credor, consubstanciada na condenação do devedor, ora demandado, ao pagamento de R$ 15.000,00 (quinze mil reais), além dos demais consectários, foi devidamente executada naquele juízo, sendo amplamente constatada a insolvência do devedor, conforme documentos anexos que comprovam a inexistência de bens e ativos de sua propriedade defronte à dívida (art. 750, inc. I, CPC/1973). Está, pois, preenchido o requisito econômico para a decretação da insolvência civil, pois é patente a demonstração do desequilíbrio patrimonial do devedor, notadamente o passivo maior do que o ativo (art. 748, CPC/1973 c/c art. 955, CC).

Nessa ótica, cabe expressar que o ônus da prova quanto à situação de insolvência recai sobre o devedor, tanto é que a legislação chancela sua defesa, mediante embargos, para provar que seu ativo é superior ao ativo (art. 756, II, CPC/1973).

Tal requisito é demonstrado na primeira fase da execução por quantia certa contra devedor insolvente, por isso enquadrada como "cognitiva", com eventual produção de prova e designação de AIJ, doravante o credor já ostenta título executivo judicial ou extrajudicial (art. 758, CPC/1973).

Declara o exequente que o crédito atualizado até a presente data, conforme demonstrativo de cálculo anexo (art. 798, inc. I, "b" e parágrafo único, CPC), soma R$ 28.500,00 (vinte e oito mil e quinhentos reais).

Exige-se transparência na demonstração do cálculo do valor exequendo, em formato que guarda nítido viés colaborativo (art. 6⁰, CPC).

III – Pedidos.

Pelo exposto, o demandante requer a citação do devedor para, no prazo de 10 (dez) dias, pagar a importância do crédito (art. 757, CPC/1973), ou, querendo, opor embargos (art. 755, CPC/1973), de forma a provar sua solvabilidade (art. 756, inc. II, CPC/1973), como também sustentar quaisquer matérias usuais da execução (art. 756, I, CPC/1973).

Requer, ao final, que seja decretada a insolvência do devedor e instaurada a execução coletiva contra o mesmo, por meio de sentença, nomeando, dentre os maiores credores, um administrador da massa, bem como para mandar expedir edital, convocando os credores para que apresentem, no prazo de 20 (vinte) dias a declaração de crédito, acompanhado do respectivo

254 ■ *Petições e Prática Cível*

Com a declaração judicial da insolvência, todas as eventuais penhoras sobre seus bens (no caso, os privilégios de quem as fez preferencialmente), perdem a eficácia. Fica neutralizada apenas aquela execução onde já se tenha designado data para realização de leilão judicial, em que se dará a arrematação, muito embora o produto arrecadado seja entregue à massa de bens (art. 762, § 2º, CPC/1973), o que já constou na jurisprudência (STJ – REsp 794.364/SP, 3ª Turma, DJ 21/11/2006). Mas há exceções, como na execução fiscal (art. 29, Lei nº 6.830/80).

Trata-se de faculdade do patrono da parte, que poderá realizar um planejamento tributário quanto aos valores que eventualmente irá receber, bem como melhor se organizar para efeito de intimações.

título (art. 761, CPC/1973). A sentença de procedência deverá determinar a imediata perda do direito de administrar os bens e deles dispor, até a liquidação total da massa (art. 752, CPC/1973), além de seus demais efeitos (art. 751, CPC/1973), o que também se requer.

Protesta o autor pela produção de todas as provas legais, como moralmente legítimas, para provar a verdade dos fatos articulados (art. 319, inc. VI, CPC).

As eventuais intimações do patrono do demandante deverão ser realizadas em nome da sociedade de advogados que integra, que é a Sampaio & Lacombe Advogados Associados, cujo endereço é à Rua do Rosário, nº 88, Centro, Cep: 33.142-176, na cidade do Rio de Janeiro – RJ (art. 106 c/c art. 272, par. 1º, CPC). Aliás, desde logo já se querer que eventual verba honorária sucumbencial também seja a ela destinada (art. 85, par. 11º, CPC).

Dá-se a causa o valor de R$ 28.500,00 (vinte e oito mil e quinhentos reais), em atenção ao formato legal (art. 292, inc. I, CPC).

Termos em que

Pede e espera deferimento.

Local e data.

Nome e assinatura do advogado(a)

5.1.5. Embargos à Execução

Peça vinculada ao caso concreto: Não.

Finalidade: Petição defensiva na execução por título extrajudicial, veiculada pelo embargante/executado em face do embargado/exequente. Trata-se de ação de conhecimento, verdadeira "ação-defesa", veiculada incidentemente, ou seja, pressupõe a existência do processo de execução. São distribuídos por dependência e apensados aos autos do processo principal (art. 914, § 1º, CPC). Nesse ponto, embora demonstre um erro prático do advogado, faça contar que "*a protocolização dos embargos à execução nos autos da própria ação executiva constitui vício sanável*" (STJ – REsp 1.807.228/RO, 3ª Turma, DJ 03/09/2019).

Dispositivo(s): art. 915 (prazo), art. 914 (desnecessidade de garantia do juízo), art. 917 (causas de pedir), art. 919 (efeito), CPC.

Importante:

1) Os embargos à execução exigem indicação do **valor da causa**, sendo usual ser idêntico ao valor da execução, mas não necessariamente: "*1. O entendimento do STJ é de que, buscando o embargante questionar a totalidade do crédito que se pretende executar, o valor da causa nos* *embargos à execução deve guardar paridade com aquele atribuído à execução*" (STJ – AgRg no Ag 1.051.745/MG, 4ª Turma, *DJ* 17/03/2009); "*Na hipótese de embargos à execução em que impugnado o excesso da cobrança, o valor atribuído ao feito deve ter como parâmetro a diferença entre o que é exigido e o que já foi reconhecido pelo devedor, e não à totalidade do título*" (STJ – REsp 1.001.725/SP, 4ª Turma, *DJ* 11/03/2008).

2) Os embargos à execução exigem o **recolhimento de custas judiciais ou requerimento de gratuidade de justiça** (art. 99, CPC), conforme o caso. Nesse ponto, anote-se que "*é inadmissível o indeferimento automático do pedido de gratuidade da justiça apenas por figurar a parte no polo passivo em processo de execução*" (STJ – REsp 1.837.398/RS, 3ª Turma, *DJ* 25/05/2021).

3) Os embargos à execução **não exigem garantia do juízo** (penhora, depósito ou caução) para sua apresentação (art. 914, CPC), embora isto seja necessário para obtenção do efeito suspensivo à execução (art. 919, § 1º, CPC). Diferentemente, em se tratando de "execução fiscal", a prévia realização da penhora permanece como condição para o recebimento dos embargos (art. 16, § 1º, Lei nº 6.830/80) – embora haja jurisprudência relativizando tal exigência, caso o executado se demonstre inequivocadamente necessitado (STJ – REsp 1.487.772/SE, 1ª Turma, *DJ* 28/05/2019).

4) O pleito de **cancelamento de penhora *on-line*** passa a ter formato e prazo próprios (art. 854, § 3º, CPC), independentemente da apresentação de embargos à execução.

5) A arguição de **impedimento ou suspeição do juiz** deve ser feita em petição em apartado, e não no corpo dos embargos à execução (arts. 917, § 7º; e 146, CPC).

6) Já se admitiu que o executado se valha dos embargos à execução para pedir a **repetição em dobro do valor indevidamente cobrado** por aquele que se diz exequente (art. 940, CC): "*Embargos à execução. Repetição em dobro de indébito. Possibilidade de requerimento em sede de embargos. 1. A condenação ao pagamento em dobro do valor indevidamente cobrado (art. 1.531 do CC/1916) prescinde de reconvenção ou propositura de ação própria, podendo ser formulado em qualquer via processual, sendo imprescindível a demonstração de má-fé do credor. Precedentes*" (STJ – REsp 1.005.939/SC, 4ª Turma, *DJ* 09/10/2012).

Verbete(s): **Súmula nº 46, STJ:** "*Na execução por carta os embargos do devedor serão decididos no juízo deprecante, salvo se versarem unicamente vícios ou defeitos da penhora, avaliação ou alienação dos bens*"; **Súmula nº 196, STJ:** "*Ao executado que, citado por edital ou por hora certa, permanecer revel, será nomeado curador especial, com legitimidade para apresentação de embargos*"; **Súmula nº 317, STJ:** "*É definitiva a execução de título extrajudicial, ainda que pendente apelação contra sentença que julgue improcedente os embargos*"; **Súmula nº 364, STJ:** "*O conceito de impenhorabilidade de bem de família abrange também o imóvel pertencente a pessoas solteiras, separadas e viúvas*".

Modelo

Os embargos à execução são distribuídos por dependência e apensados aos autos do processo principal (art. 914, § 1º, CPC).

COLENDO JUÍZO DA 1ª VARA CÍVEL DA COMARCA DO RIO DE JANEIRO – RJ

Não é necessária a requalificação do embargante/executado, exceto para incluir ou corrigir algum dado, como o e-mail ou o endereço. A correção do endereço pode ser desejável para o recebimento de futuras intimações (art. 274, parágrafo único; e 771, parágrafo único, CPC).

PROC. Nº 2016.001.745896214-33.

ORESTES OLYMPIO, já qualificado nos autos em epígrafe, da ação de execução que lhe move GERSON GUIMARÃES, por meio de seu advogado regularmente constituído que esta subscreve, conforme instrumento de procuração anexo (art. 287, CPC), vem, respeitosamente, nos termos legais, distribuir:

EMBARGOS À EXECUÇÃO

Conforme fatos e fundamentos jurídicos que passa a expor.

I – Tempestividade da ação-defesa.

O dies a quo do prazo dos embargos à execução varia conforme a modalidade de citação envolvida (art. 231, CPC); tendo, ainda, formato específico na citação mediante carta precatória (art. 915, § 2º, CPC); e contagem isolada para cada executado citado, no caso de litisconsórcio passivo, salvo no caso de cônjuges ou companheiros (art. 915, § 1º, CPC).

Os presentes embargos à execução são apresentados tempestivamente, dentro do prazo de 15 (quinze) dias úteis contados da juntada do mandado citatório, o que se deu em 17/04/2016 (art. 915 e art. 231, II, CPC).

II – Alegações defensivas.

II. I. – Incompetência absoluta ou relativa do juízo da execução (art. 917, inc. V, CPC).

A arguição de incompetência, seja absoluta ou relativa, passa a ser alegada dentro do corpo da petição defensiva de embargos à execução, e não em peça isolada ("exceção"), como no sistema ultrapassado (art. 742, CPC/1973).

Ao ajuizar a presente demanda judicial no foro da Comarca do Rio de janeiro/RJ, o exequente desrespeitou o foro de eleição previsto no contrato firmado entre as partes, em que restou pactuada a escolha pelo foro da Comarca de Petrópolis/RJ para qualquer desavença oriunda de direitos e obrigações (cláusula nº 18). Com efeito, incorre no presente feito o vício de incompetência territorial, o que se pede acolher, determinando o declínio do feito ao juízo competente (art. 64, § 3º, CPC).

II. II. – Penhora incorreta e avaliação errônea (art. 917, inc. II, CPC).

A constrição judicial recaiu sobre bem impenhorável de propriedade do executado, que, no presente caso, é o veículo que lhe serve de objeto de trabalho, já que taxista (art. 833, inc. V, CPC), conforme documentação anexa. De toda sorte, a avaliação do bem constante no respectivo auto de penhora é errônea por não considerar o seu real valor de mercado, o perfeito estado de conservação e a pouca quilometragem rodada do veículo, inexistindo laudo anexado que comprove a cotação que serviu de embasamento para o arbitramento (violação aos arts. 871, inc. IV, e 872, CPC).

II. III. Excesso de execução
(art. 917, inc. III, CPC).

O exequente/embargado apresentou planilha demonstrativa do débito que aponta valor sobremaneira excessivo, em se tratando de quantia superior ao do título (art. 917, § 2º, inc. I, CPC), sem desmerecer a inexistência de indicação transparente do cálculo efetuado, em desrespeito à lei (art. 798, parágrafo único, CPC).

Conforme memória de cálculo ora apresentado pelo embargante se constata que a dívida correta, conforme critérios de correção monetária, juros de mora e demais consectários previstos em lei, totaliza R$ 7.000,00 (sete mil reais), quantia bem inferior àquela indicada na petição inicial executiva. Com efeito, o indicativo exequendo de R$ 9.000,00 (nove mil reais) é arbitrário, merecendo adequação.

II. IV. Qualquer matéria defensiva lícita no processo de conhecimento
(art. 917, inc. VI, CPC).

A pretensão do exequente deve ser rechaçada sob o fundamento de que os produtos contratados foram entregues com defeito ao executado/embargante, que prontamente as recusou (art. 441, CC). O vício é tal que impossibilita a normal utilização dos bens, algo percebido logo quando recebidos pelo embargante, não tendo sequer funcionado no teste inicial a que foram submetidos.

II. V. Concessão do efeito suspensivo à execução (art. 919, § 1º, CPC).

O embargante expõe a necessidade de concessão de efeito suspensivo à execução, uma vez presentes os requisitos para o deferimento da tutela provisória, existindo elementos que evidenciam a probabilidade do direito e o perigo de dano ou o risco ao resultado útil do processo (art. 300, CPC). Para tanto, em garantia do juízo, indica 10 (dez) títulos e valores mobiliários com cotação em mercado (art. 835, inc. III, CPC), que, somados, ultrapassam o valor exequendo, conforme documentos anexos comprobatórios, pedindo, desde já, a substituição da penhora havida.

A incorreção da penhora ou da avaliação realizada posteriormente à apresentação dos embargos à execução poderá ser impugnada por simples petição, no prazo de 15 (quinze) dias contados da ciência do ato (art. 917, § 1º, CPC), seja dentro dos embargos à execução já interpostos oportunamente (em aditamento); ou mediante mera petição posterior, em formato aproximado ao da exceção de pré-executividade.

Nessa alegação, não pode descuidar o embargante de indicar o valor que entende correto (art. 6º, CPC), apresentando demonstrativo discriminado e atualizado de seu cálculo, sob pena de rejeição liminar de tal alegação (art. 917, §§ 3º e 4º, CPC).

A chancela de alegação de qualquer matéria que seria lícito deduzir como defesa no processo de conhecimento demonstra a amplitude da cognição dos embargos à execução, o que encontra embasamento na ausência de prévio processo de conhecimento *in casu*. Não há obstáculo para a cumulação de teses defensivas, pelo contrário, tal formato atende a regra de eventualidade da defesa (art. 336, CPC).

A rigor, não há a necessidade de o embargante indicar bens à penhora, pois a regra é de que tal tarefa deve ser desempenhada pelo credor. No entanto, caso queira se antecipar, isso já poderá ser efetuado na própria petição dos embargos, desta forma sugerida.

Petições e Prática Cível

Os embargos à execução são decididos por sentença, da qual cabe apelação sem efeito suspensivo (art. 1.012, par. 1º, III, CPC), embora seja possível o requerimento para sua concessão (art. 1.012, par. 3º, CPC).

A verba sucumbencial arbitrada numa eventual derrota do embargante poderá ser cobrada em conjunto com o valor do débito principal executado, em unificação procedimental (art. 85, par. 13, CPC). Outras informações sobre a imposição de verba honorária em embargos à execução são trazidas no capítulo sobre "Verba Honorária Sucumbencial na Ação de Execução", no item nº 8.5.6. desta obra.

Diferentemente do processo de execução, os embargos do devedor possuem natureza jurídica de processo de conhecimento, motivo pelo qual já se faz pertinente a formulação de requerimento para a produção de provas, se este for o intento do demandante.

Trata-se de faculdade do patrono, que poderá realizar um planejamento tributário quanto aos valores que irá receber, bem como melhor se organizar para efeito de intimações.

III. Requerimento(s).

Diante do exposto, vem o embargante requerer o recebimento dos presentes embargos à execução, com o deferimento do efeito suspensivo da execução, diante das razões expostas (art. 919, § 1º, CPC), dando-se a intimação do embargado para apresentar impugnação no prazo de 15 dias (art. 920, inc. I, CPC), para acolher a preliminar de incompetência e remeter o feito executivo ao juízo competente; e, no momento adequado, julgar a pretensão procedente, acolhendo os argumentos ora esposados, impondo sucumbência ao embargado (art. 82, § 2º e art. 85, CPC), o que importará na extinção da execução.

Ainda, vem requerer a condenação do réu nas despesas processuais antecipadas (art. 82, § 2º, CPC) e em honorários advocatícios (art. 85, CPC).

Protesta o embargante pela produção de todas as provas legais, como moralmente legítimas, para provar a verdade dos fatos articulados (art. 319, inc. VI e art. 771, parágrafo único, CPC).

Por fim, requer que as eventuais intimações do patrono do demandado sejam realizadas em nome da sociedade de advogados que integra, Tevez & Torres Advogados Associados, com endereço na Rua da Macaxeira, nº 2, Centro, Cep: 33.145-886, na cidade do Rio de Janeiro – RJ (art. 106 c/c art. 272, § 1º, CPC). Aliás, desde logo vem requerer que eventual verba honorária sucumbencial também seja a ela destinada (art. 85, § 11, CPC).

Dá-se à causa o valor de R$ 9.000, 00 (nove mil reais), exatamente o mesmo quantitativo indicado na ação de execução.

Termos em que

Pede e espera deferimento.

Local e data.

Nome e assinatura do advogado(a)

5.2. Execução por Obrigação de Fazer, Não Fazer ou para Entrega de Coisa Fundada em Título Extrajudicial

Trata-se da petição inicial própria para dar início ao processo autônomo de execução, nos casos em que o título executivo extrajudicial (art. 784, CPC) contenha uma obrigação de fazer, não fazer ou para entrega de coisa certa, líquida e exigível.

5.2.1. Execução por Obrigação de Fazer, Não Fazer ou para Entrega de Coisa Fundada em Título Extrajudicial

Peça vinculada ao caso concreto: Não.

Finalidade: Petição utilizada pelo credor/demandante para provocar o Estado-Juiz, mediante exercício do direito de ação, visando à satisfação da obrigação de fazer, não fazer ou para entrega de coisa, fundada em título executivo extrajudicial.

Dispositivo(s): art. 798, art. 783 – art. 788 (requisitos), art. 784 (rol dos títulos executivos extrajudiciais), art. 778 – art. 779 (legitimidade), art. 781 – art. 782 (competência), art. 806 – art. 823, CPC (procedimento).

Importante:

1) Cuida-se de procedimento executivo específico, devendo ser compatibilizada a exigência de preenchimento dos **requisitos da petição inicial** do rito comum do processo de conhecimento (art. 319, CPC, aplicado subsidiariamente ao art. 798, CPC). Por exemplo, não é caso de o demandante optar pela designação de prévia audiência de conciliação ou de mediação (inaplicável *in casu* o art. 319, VII, CPC). Aliás, também não é caso de requerer a produção de provas em sede de execução (inaplicável o art. 319, VI, CPC), diante da existência de título executivo extrajudicial que embase a pretensão satisfativa.

2) Importa, na hipótese, analisar se é caso de **obrigação de fazer fungível ou infungível**, afinando-se ao direito material (arts. 247/251, CC). No primeiro caso, não tendo o demandado cumprido voluntariamente a prestação, após a citação, será lícito ao exequente requerer que um terceiro cumpra a obrigação a expensas do executado (art. 817, CPC), embora o adiantamento do valor caiba ao exequente (art. 817, par. único, CPC). Entretanto, no segundo caso (obrigação infungível), verificada a impossibilidade de cumprimento por outrem ou a obtenção de resultado prático equivalente, será o caso de conversão da obrigação em perdas e danos (art. 821, par. único, CPC), o que se fará através de liquidação incidente (art. 816, par. único, CPC), seguindo para o procedimento da execução por quantia certa.

3) Havendo dúvida sobre a natureza de título executivo extrajudicial, poderá o credor se valer da **opção pela ação de conhecimento** (*v.g.*, ação monitória, que passa a permitir o pleito de adimplemento de obrigação de fazer, conforme art. 700, III, CPC), a fim de obter título executivo judicial (art. 785, CPC). Apesar de num primeiro momento sugerir se tratar de um "passo atrás", pode constituir medida adequada quando já se espera fundada defesa do futuro executado questionando a certeza, liquidez ou exigibilidade da obrigação.

4) O formato de execução desta tipologia obrigacional é utilizado mesmo quando se trate da **Fazenda Pública** devedora, já que só dispõe de rito específico na execução de obrigações de pagar.

5) Aplica-se neste procedimento, corriqueiramente, a imposição de *astreintes*, denominada multa cominatória, de caráter coercitivo, como forma de compelir o executado para que cumpra a respectiva obrigação. Nesse ponto, remetemos o leitor às informações narradas na

260 ■ *Petições e Prática Cível*

petição de "Requerimento para Cumprimento Provisório/Definitivo das *Astreintes*", naquilo que guardar compatibilidade com a hipótese vivenciada.

Verbete(s):Súmula nº 279, STJ: *"É cabível execução por título extrajudicial contra a Fazenda Pública"*; **Súmula nº 300, STJ:** *"O instrumento de confissão de dívida, ainda que originário de contrato de abertura de crédito constitui título executivo extrajudicial"*; **Súmula nº 317, STJ:** *"É definitiva a execução de título extrajudicial, ainda que pendente apelação contra sentença que julgue improcedente os embargos".*

Modelo

COLENDO JUÍZO DA _ VARA CÍVEL DA COMARCA DO RIO DE JANEIRO – RJ

PROC. Nº____

FABRÍCIO FERNANDO, brasileiro, solteiro, músico, domiciliado e residente na Rua das Bicicletas, nº 550, Flamengo, Cep: 22.188-101, na cidade do Rio de Janeiro – RJ, portador da identidade nº 589.458.78-8, emitida pelo Detran/RJ, regularmente inscrito no CPF sob o nº 896.187.555-79, com endereço eletrônico fabricio.fernando@internet. com.br, vem, por meio de seu advogado regularmente constituído que esta subscreve, conforme instrumento de procuração anexo (art. 287, CPC), respeitosamente, propor a presente:

AÇÃO DE EXECUÇÃO POR OBRIGAÇÃO DE FAZER

> Em se tratando de peça inaugural da demanda, exige-se a qualificação ampla do exequente e do executado (art. 798, inc. II, "b" CPC), embora a falta dessa informação não impeça o deferimento da inicial (art. 319, §§ 1º ao 3º, CPC).

Em face de GERALDO GARCIA, brasileiro, solteiro, profissional liberal, domiciliado e residente na Rua da Passagem, nº 161, apartamento nº 48, Centro, Cep: 11.547-569, na cidade do Rio de Janeiro – RJ, portador da identidade nº 12925644-2, emitida pelo Detran/RJ, regularmente inscrito no CPF sob o nº 778159456-23, com endereço eletrônico geraldo.garcia@ internet.com.br, pelos fatos e fundamentos seguintes.

O exequente e o executado firmaram contrato, subscrito por 2 (duas) testemunhas (art. 784, inc. III, CPC), em que o primeiro ficou obrigado a pagar ao segundo o valor de R$ 3.000,00 (três mil reais), referente à prestação de serviço residencial consistente em instalar equipamento de som em sua sala de estar. Contudo, malgrado este valor tenha sido integralmente pago antecipadamente, até o momento o serviço não foi prestado, em que pese inúmeros contatos realizados pelo autor e, até mesmo, em razão de notificação realizada por Tabelião.

Foram esgotados, portanto, todos os meios suasórios para que a referida obrigação fosse cumprida, resultando infrutíferas as tentativas para solução amigável, razão pela qual o exequente vem utilizar do presente remédio jurídico da execução forçada para salvaguarda de seus direitos.

> A prévia tentativa de acordo não constitui requisito para a execução, porém demonstra a atuação zelosa e producente do exequente na tentativa de ver satisfeita a obrigação sem necessidade de provocação da jurisdição.

Ante o exposto, vem requerer a V.Ex.a se digne, respeitosamente, de, após fixar a verba honorária de 10% (analogia ao art. 827, CPC), mandar citar o executado, no endereço acima declinado, para que cumpra a aludida obrigação no prazo a ser fixado por V.Ex.a (art. 815, CPC), sob pena de ser requerida a satisfação da obrigação à custa do executado ou mesmo a sua conversão em perdas e danos (art. 816, CPC).

> Retirou-se a negativa de citação pelos correios no processo de execução (não reprodução do art. 222, "d", CPC/1973, no art. 247, CPC/2015). De outro modo, preenchidos os requisitos legais, vê-se positivada a possibilidade de citação por hora certa (art. 830, § 1º, CPC c/c Verbete Sumular nº 196, STJ).

Requer, outrossim, que seja determinado por V.Ex.a a fixação de *astreintes* no patamar e na periodicidade que considerar como mais adequados para o cumprimento da obrigação *in natura* (art. 537, CPC), ou, então, o meio executivo que entender mais condizente para o caso concreto (art. 139, inc. IV c/c art. 497 c/c art. 499, CPC).

> A grande estratégia na presente petição já é sugerir o meio executivo a ser adotado pelo magistrado. Neste caso, observa-se que o credor sugeriu a adoção das *astreintes*, embora tenha deixado em aberto a possibilidade de o juiz fixar outro.

Ainda, vem requerer a condenação do réu nas despesas processuais antecipadas (art. 82, § 2º, CPC), bem como em honorários advocatícios, havendo ou não resistência do executado (art. 85, § 1º, CPC), com sua majoração, levando-se em conta o trabalho final realizado pelo advogado do exequente, ou a rejeição dos embargos à execução, caso interpostos (novamente, analogia ao art. 827, § 2º, CPC).

As eventuais intimações do patrono do demandante deverão ser realizadas em nome da sociedade de advogados que integra, que é a Sampaio & Lacombe Advogados Associados, com endereço à Rua do Rosário, nº 88, Centro, Cep: 33.142-176, na cidade do Rio de Janeiro – RJ (art. 106 c/c art. 272, § 1º, CPC). Aliás, desde logo se requer que eventual verba honorária sucumbencial também seja a ela destinada (art. 85, § 11, CPC).

> Trata-se de faculdade do patrono da parte, que poderá realizar um planejamento tributário quanto aos valores que eventualmente irá receber, bem como melhor se organizar para efeito de intimações.

Dá a presente causa, para os devidos e legais efeitos (art. 292, inc. II, CPC), o valor de R$ 3.000,00 (três mil reais).

Termos em que

Pede e espera deferimento.

Local e data.

Nome e assinatura do advogado(a)

262 ■ *Petições e Prática Cível*

5.3. Outras Petições na Execução de Título Extrajudicial

Esta obra situou, neste tópico, algumas outras petições que são extremamente corriqueiras no dia a dia, incluindo-as no capítulo próprio em que as mesmas costumam ser apresentadas. Algumas delas, contudo, podem ser utilizadas nos mais variados processos, procedimentos ou etapas. Para exemplificar, embora tenha sido incluída no processo de conhecimento (Capítulo 2), a "arguição de impedimento ou suspeição" também poderá ser apresentada em cumprimento de sentença (Capítulo 4) ou na execução por título extrajudicial (Capítulo 5). Da mesma forma, também o "requerimento para realização da penhora *on-line*" foi apresentado topograficamente nesta parte relativa à execução por título extrajudicial (Capítulo 5), embora possa ser apresentado em outro, na execução envolvendo título judicial, com poucos ajustes (Capítulo 4).

Portanto, a sugestão que fica ao leitor é a de que, se estiver tendo qualquer dificuldade em localizar algum modelo de petição em específico, seja realizada uma verificação junto ao tópico nominado "Outras petições", inclusive no capítulo sobre processo de conhecimento (item nº 2.4.).

Uma última observação: embora não seja obrigatório que a parte subscritora nomine a petição apresentada (v.g., denominando-a como "arguição de impedimento"), tal indicação é relevante para otimizar a identificação de seu objetivo, ficando ao talante do patrono, que até mesmo pode invocar em seu favor o princípio da liberdade de forma dos atos processuais (art. 188, CPC).

5.3.1. Requerimento de Arresto Executivo

Peça vinculada ao caso concreto: Não.

Finalidade: Instrumento utilizado pelo exequente para fins de arresto executivo, o que somente pode ocorrer em execução por título extrajudicial nos casos de frustração da tentativa de citação do executado. Cuida-se de um ato de apreensão provisória de bens, em garantia do credor, realizados antes da citação; afinal depois do ato citatório será o caso de penhora.

Dispositivo(s): art. 830, CPC.

Importante:

1) Em **diferenciação**, o "arresto executivo" (art. 830, CPC) não se confunde com a tutela cautelar de arresto (art. 301, CPC), pois esta última exige os requisitos para a concessão de medidas cautelares, mormente o *periculum in mora* (art. 300, CPC).

2) A **importância** do arresto executivo se dá por permitir a constrição de bens do executado antes mesmo da concretização de sua citação, o que se traduz em **efetividade**, diminuindo a importância prática imediata da publicação dos editais de citação (e a antecipação de seu

Petições Cíveis: Execução Autônoma por Título Extrajudicial ■ **263**

custeio), até porque a eventual constrição de bens do devedor pode fazê-lo comparecer espontaneamente a juízo (art. 239, par. 1º, CPC). Registre-se que a prescrição já se encontra interrompida pelo despacho que ordena a citação (art. 802, CPC).

3) O direito de preferência do credor que fizer primeiramente a penhora (art. 797, CPC) também vale para aquele que realizar o primeiro arresto (STJ – REsp 759.700/SP, 4ª Turma, *DJ* 18/08/2005).

Pode ser utilizada no cumprimento de sentença? Em princípio não, pois como o devedor foi citado na etapa de conhecimento, como também em decorrência do regime comum de intimação do executado no cumprimento de sentença (*vide* art. 513, § 2º, I, CPC), já será o caso de realização posterior e direta de penhora.

Verbete(s): Súmula nº 196, STJ: *"Ao executado que, citado por edital ou por hora certa, permanecer revel, será nomeado curador especial, com legitimidade para apresentação de embargos".*

Modelo

COLENDO JUÍZO DA 2ª VARA CÍVEL DA COMARCA DO RIO DE JANEIRO – RJ.

PROC. Nº 2016.001.456123879-44.

FABIANO FAGUNDES, já qualificado nos autos em epígrafe, da execução por título executivo extrajudicial que envolve obrigação de pagar, promovida em face de GUSTAVO GUERRA, vem, por intermédio do seu procurador regularmente constituído, se manifestar nos termos seguintes.

Conforme se observa nos autos, o executado não foi citado no endereço indicado na petição inicial (fls.), tratando-se do próprio endereço declinado no contrato firmado entre as partes.

Contudo, é da ciência do exequente que o devedor dispõe de diversos bens que podem ser usados para o pagamento da presente dívida, notadamente uma sala comercial bem localizada no Centro da Capital, de acordo com a certidão do RGI que ora requer seja juntada nos autos (doc. anexo).

Desta forma, requer o exequente, respeitosamente, o arresto do aludido imóvel, devendo ser observadas as demais providências legais (art. 830, CPC), para que, após a sua efetivação, seja então providenciada a citação do executado, por edital ou por hora certa conforme o caso.

Requer, outrossim, que, após a citação do executado, seja o arresto convertido em penhora independentemente de termo (art. 830, § 3º, CPC), bem como seja nomeado curador especial ao executado se o mesmo não comparecer pessoalmente aos autos (Verbete Sumular nº 196, STJ),

> Convém ressaltar que o endereço onde se deu frustrada a tentativa de citação é oficial (v.g., constante nos registros da Secretaria da Receita Federal) ou consta no próprio título executivo que embasa a demanda judicial, o que reforça o cabimento da medida constritiva de patrimônio em caráter prévio à citação.
>
> A jurisprudência reconhece a possibilidade de ser realizado o arresto na modalidade *on-line* (analogia do art. 835, I, CPC), sem exigir o exaurimento prévio das tentativas de localização do demandado (STJ – REsp 1.822.034/SC, 3ª Turma, *DJ* 15/06/2021), o que tem grande valia por surpreender o devedor desavisado com um bloqueio em sua conta-corrente antes da eventual retirada (saque) de valor. Nesse caso, o modelo de petição deve juntar planilha da dívida atualizada.

264 ■ *Petições e Prática Cível*

encargo este que deverá ser assumido pela Defensoria Pública (art. 72, parágrafo único, CPC), o que desde logo se pleiteia para evitar possíveis alegações futuras de nulidades.

Termos em que

Pede e espera deferimento.

Local e data.

Nome e assinatura do advogado(a)

5.3.2. Requerimento de Penhora *On-Line*

Peça vinculada ao caso concreto: Sim.

Finalidade: Objetiva o deferimento judicial para a realização da penhora *on-line* de ativos financeiros porventura existentes do devedor. É a chamada "penhora de dinheiro". Indubitavelmente, trata-se da medida que confere maior celeridade e efetividade ao procedimento, até porque o ato não depende da cooperação do devedor, nem exige comprovação de urgência pelo credor. Pode-se, inclusive, argumentar que o uso deste sistema torna o procedimento executivo menos oneroso tanto para o Estado, se considerada a desburocratização dos atos processuais, como também para o devedor, hipótese em que não terá maiores gastos com o custo de registro da penhora, publicação de editais, pagamento de comissão de leiloeiro, dentre outros.

Dispositivo(s): art. 835, I, e art. 854, CPC.

Importante:

1) Este **requerimento** já pode constar na própria petição de início do cumprimento de sentença ou na inicial da execução por título extrajudicial, pois é uma faculdade do credor já indicar os bens que devem ser penhorados (art. 524, VII, e art. 798, II, "c", CPC). Entretanto, recorde-se que a fase de constrição judicial de bens, mediante penhora, somente se dá após a regular citação do executado na ação de execução por título extrajudicial (*vide* art. 829, CPC); ou após a intimação do executado para cumprir voluntariamente a condenação (*vide* art. 523, CPC). Nesse último caso, quanto à confecção do cálculo da dívida, há entendimento de que a multa de 10% referente ao cumprimento de sentença, não integra a base de cálculo dos honorários advocatícios do cumprimento de sentença: "*3. A base de cálculo sobre a qual incidem os honorários advocatícios devidos em cumprimento de sentença é o valor da dívida (quantia fixada em sentença ou na liquidação), acrescido das custas processuais, se houver, sem a inclusão da multa de 10% (dez porcento) pelo descumprimento da obrigação dentro do prazo legal (art. 523, § 1º, do CPC/2015)*" (STJ - REsp 1.757.033/DF, 3ª Turma, DJ 09/10/2018).

2) A medida de penhora *on line* é deferida pelo magistrado sem que seja oportunizado **contraditório** prévio ao executado quanto a este requerimento, justamente para assegurar o êxito da medida (art. 854, CPC, em exceção ao art. 9º, CPC). O contraditório é, portanto, postergado para momento posterior ao bloqueio (art. 854, § 2º, CPC).

3) Sobre o **processamento**, a ordem judicial de indisponibilidade não pressupõe prévio pedido de informações, nem expedição de ofício, ao Banco Central. Tudo se dá a partir do **Sistema de Busca de Ativos do Poder Judiciário – SISBAJUD**, vigorante deste meados de

2020, em substituição ao antigo sistema BACEN-JUD, por razões de eficiência e renovação tecnológica. Tem-se a interligação do Poder Judiciário ao Banco Central e às instituições financeiras, para agilizar a solicitação de informações e o envio de ordens judiciais ao Sistema Financeiro Nacional, via internet. Além do envio eletrônico de ordens de bloqueio e requisições de informações básicas de cadastro e saldo, o que já era permitido, o novo sistema permitirá a emissão de ordens judiciais solicitando das instituições financeiras variadas informações dos devedores, tais como a cópia dos contratos de abertura de conta corrente e de conta de investimento, fatura do cartão de crédito, contratos de câmbio, cópias de cheques, além de extratos do PIS e do FGTS. Podem ser bloqueados tanto valores em conta corrente, como ativos mobiliários como títulos de renda fixa e ações. Além disso, passa a ser possível a reiteração automática de ordens de bloqueio (conhecida como "teimosinha"), de modo que, a partir da emissão da ordem de penhora *on-line* de valores, o magistrado poderá registrar a quantidade de vezes que a mesma ordem terá que ser reiterada no SISBAJUD até o bloqueio do valor necessário para o seu total cumprimento. Tal novo procedimento eliminará a emissão sucessiva de novas ordens da penhora eletrônica relativa a uma mesma decisão, como era feito anteriormente. Sobre o assunto em geral, *vide* também a Recomendação nº 51/2015, CNJ.

4) Em casos de deferimento e ausência de valores em conta do executado, nada impede a **reiteração deste requerimento** em momento posterior (renovação do pedido), mas desde que com a devida justificativa para que haja a expectativa de outro resultado desta vez (STJ – REsp 1.284.587/SP, 3ª Turma, *DJ* 16/02/2012).

5) Frise-se que passa a ser permitida a penhora/bloqueio de **salário de alta monta**, isto é, a impenhorabilidade do salário não se aplica às importâncias excedentes a 50 salários-mínimos (art. 833, § 2º, CPC). Sobre o assunto, na jurisprudência já se ditou o seguinte entendimento: "*1. A Segunda Seção pacificou o entendimento de que a remuneração protegida pela regra da impenhorabilidade é a última percebida – a do último mês vencido – e, mesmo assim, sem poder ultrapassar o teto constitucional referente à remuneração de Ministro do STF*" (STJ – EREsp 1.330.567/RS, 2ª Seção, DJ 10/12/2014). Consta evolução jurisprudencial, inclusive, para *admitir a flexibilização da regra da impenhorabilidade* também no caso de **dívida não alimentar**, desde que esteja comprovado nos autos que o bloqueio de parte da remuneração não prejudica a subsistência ou dignidade do devedor (STJ – REsp 1.514.931/DF, 3ª Turma, DJ 06/12/2016). Em igual sentido: "*2. Caso em que o executado aufere renda mensal no valor de R$ 33.153,04, havendo sido deferida a penhora de 30% da quantia. (...) 5. Só se revela necessária, adequada, proporcional e justificada a impenhorabilidade daquela parte do patrimônio do devedor que seja efetivamente necessária à manutenção de sua dignidade e da de seus dependentes. 6. A regra geral da impenhorabilidade de salários, vencimentos, proventos etc. (art. 649, IV, do CPC/73; art. 833, IV, do CPC/2015), pode ser excepcionada quando for preservado percentual de tais verbas capaz de dar guarida à dignidade do devedor e de sua família*" (STJ – EREsp 1.582.475/MG, Corte Especial, DJ 03/10/2018).

6) Já se decidiu pela possibilidade de penhora de valores depositados em **conta-corrente conjunta**, pois se os correntistas podem usufruir livremente dos depósitos, sem a necessidade de autorização do outro, estarão a assumir o risco, também, diante dos débitos: "*Execução fiscal. Penhora on-line. (...) 2. Se o valor supostamente pertence somente a um dos correntistas estranho à execução fiscal – não deveria estar nesse tipo de conta, pois nela a importância perde o caráter de exclusividade. 3. O terceiro que mantém dinheiro em conta-corrente conjunta, admite tacitamente*

266 ■ Petições e Prática Cível

que tal importância responda pela execução fiscal. A solidariedade, nesse caso, se estabelece pela própria vontade das partes no instante em que optam por essa modalidade de depósito bancário. (...) inexistindo óbice para a penhora de conta-corrente conjunta" (STJ – REsp 1.229.329/SP, 2ª Turma, DJ 17/03/2011).

7) Nos casos de execução por título extrajudicial em que frustrada a tentativa de citação do executado, abre-se a oportunidade de se requerer, analogicamente, o **arresto** *on-line* (art. 830 c/c art. 854, CPC), o que tem a chancela da jurisprudência (STJ – REsp 1.240.270/RS, 2ª Turma, DJ 07/04/2011).

8) Como ferramenta de apoio para apurar a existência de patrimônio do devedor, admite-se o requerimento de consulta ao Cadastro de Clientes do Sistema Financeiro Nacional (**CCS-Bacen**). Cuida-se de um sistema de informações de natureza meramente cadastral, que tem por objeto os relacionamentos mantidos pelas instituições participantes com os seus correntistas ou clientes (identificação do cliente e de seus representantes legais e procuradores; instituições financeiras em que o cliente mantém seus ativos ou investimentos; e datas de início e, se houver, de fim de relacionamento), mas não congrega dados relativos a valor, movimentação financeira ou saldos de contas e aplicações. Nesse sentido: "*6- O CCS-Bacen, portanto, ostenta natureza meramente cadastral. Não implica constrição, mas sim subsídio à eventual constrição, e funciona como meio para o atingimento de um fim, que poderá ser a penhora de ativos financeiros por meio do BacenJud. 7- Em outras palavras, o acesso às informações do CCS serve como medida que poderá subsidiar futura constrição, alargando a margem de pesquisa por ativos*" (STJ – REsp 1.938.665/SP, 3ª Turma, DJ 26/10/2021).

Pode ser utilizada no cumprimento de sentença? Sim (art. 771, CPC).

Verbete(s): Súmula nº 117, TJ-RJ: "*A penhora on-line, de regra, não ofende o princípio da execução menos gravosa para o devedor*".

Modelo

COLENDO JUÍZO DA 10ª VARA CÍVEL DA COMARCA DO RIO DE JANEIRO – RJ.

PROC. Nº 0000123-30.2015.8.19.0001

CAIO CARVALHO, já qualificado nos autos em epígrafe, da execução por título extrajudicial que promove em face de TÍCIO TAVARES, vem, por meio do seu advogado subscritor, expor para ao final requerer o seguinte.

O executado, regularmente citado, não efetuou o pagamento e nem mesmo indicou bens a serem penhorados. Desta forma, havendo previsão legal de medida executiva efetiva e "prioritária" para a satisfação do crédito exequendo (art. 835, inc. I e § 1º, CPC), a exequente requer seja realizada a tentativa de penhora *on-line* de ativos financeiros porventura existentes

Petições Cíveis: Execução Autônoma por Título Extrajudicial ■ **267**

de titularidade do executado, até o valor atualizado da dívida exequenda, que hoje soma R$ 55.000,00 (cinquenta e cinco mil reais), conforme planilha anexa (art. 798, parágrafo único, CPC), sem dar ciência prévia ao executado (art. 854, CPC). Para tanto, informa o exequente o recolhimento de custas, conforme n° de guia eletrônico acima exposto.

Após a regular intimação do executado, na pessoa de seu advogado (art. 854, § 2º, CPC), e uma vez rejeitada ou não apresentada qualquer manifestação defensiva, será o caso de conversão da indisponibilidade em penhora, sem necessidade de lavratura de termo, dando-se a determinação judicial para que a instituição depositária transfira o montante indisponível para conta vinculada ao juízo da execução (art. 854, § 5º, CPC), o que também se requer.

> A realização da tentativa de bloqueio sem dar ciência prévia do ato ao executado constitui exceção ao contraditório prévio (art. 9º, CPC). O pleito do exequente de penhora *on-line* deve sempre vir acompanhado de planilha atualizada da dívida, bem como do adiantamento das custas judiciais, se assim exigir o respectivo Tribunal, visando a otimizar o processamento desta medida executiva preferencial.

> Há regime diferenciado, inclusive quanto ao prazo, para que o executado apresente insurgência quanto ao bloqueio excessivo ou que recaia sobre quantia impenhorável (art. 854, § 3º, CPC).

Termos em que

Pede e espera deferimento.

Local e data.

Nome e assinatura do advogado(a)

5.3.3. Requerimento de Cancelamento da Penhora *On-Line*

Peça vinculada ao caso concreto: Não.

Finalidade: Objetiva o desfazimento/cancelamento da ordem judicial de bloqueio *on-line* sobre ativos financeiros, tida como irregular ou excessiva.

Dispositivo(s): art. 854, § 3º, CPC.

Prazo: 5 (cinco) dias, contados da intimação sobre a indisponibilidade dos ativos financeiros (art. 854, § 3º, CPC).

Importante:

1) O prazo para tal pleito do executado tem fluência da **intimação** sobre a indisponibilidade dos ativos financeiros, o que pode se dar na pessoa do advogado constituído nos autos, ou, na ausência deste, pessoalmente (art. 854, par. 2º, CPC).

2) Essa **petição defensiva** pode ser apresentada pelo executado independentemente da apresentação de impugnação ao cumprimento da sentença ou de embargos à execução, conforme o caso, mas, frise-se, que se trata de um prazo preclusivo para questionamento da penhora *on-line*, conforme especificação legislativa.

3) Aborde-se a impenhorabilidade da **quantia depositada em caderneta de poupança até o limite de 40 salários mínimos** (art. 833, X, CPC). Significa dizer que será ilegal a penhora que recaia sobre valor depositado em caderneta de poupança inferior a este teto. O limite é calculado por titular, e não por conta poupança. A regra é altamente criticável, pois chancela a absurda situação em que o devedor/executado mantenha uma reserva de valor para seus propósitos pessoais, em detrimento do credor/exequente, que eventualmente passa momento de penúria, e nada recebeu. A jurisprudência já destacou a possibilidade de relativização, conforme o caso vivenciado: *"1. O objetivo do novo sistema de impenhorabilidade de depósito em caderneta de poupança é, claramente, o de garantir um mínimo existencial ao devedor, como corolário do princípio da dignidade da pessoa humana. Se o legislador estabeleceu um valor determinado como expressão desse mínimo existencial, a proteção da impenhorabilidade deve atingir todo esse valor, independentemente do número de contas-poupança mantidas pelo devedor. 2. Não se desconhecem as críticas, 'de lege ferenda', à postura tomada pelo legislador, de proteger um devedor que, em lugar de pagar suas dívidas, acumula capital em uma reserva financeira. Também não se desconsidera o fato de que tal norma possivelmente incentivaria os devedores a, em lugar de pagar o que devem, depositar o respectivo valor em caderneta de poupança para burlar o pagamento. Todavia, situações específicas, em que reste demonstrada postura de má-fé, podem comportar soluções também específicas, para coibição desse comportamento. Ausente a demonstração de má-fé, a impenhorabilidade deve ser determinada"* (STJ – REsp 1.231.123/SP, 3ª Turma, DJ 02/08/2012). Assim, caso haja má-fé do executado, o caminho é seguir pela permissão da penhora, tornando ineficaz a destinação do quantitativo à caderneta de poupança: *"1. É possível ao devedor, para viabilizar seu sustento digno e de sua família, poupar valores sob a regra da impenhorabilidade no patamar de até quarenta salários mínimos, **não apenas aqueles depositados em cadernetas de poupança, mas também em conta-corrente ou em fundos de investimento, ou guardados em papel-moeda.'** (REsp 1340120/SP, Rel. Min. Luis Felipe Salomão, Quarta Turma, julg. em 18/11/2014, DJe 19/12/2014). 2. 'Reveste-se, todavia, de impenhorabilidade a quantia de até 40 salários mínimos poupada, seja ela mantida em papel-moeda, conta-corrente ou aplicada em caderneta de poupança propriamente dita, CDB, RDB ou em fundo de investimentos, **desde que a única reserva monetária em nome do recorrente, e ressalvado eventual abuso, má-fé ou fraude, a ser verificado caso a caso, de acordo com as circunstâncias do caso concreto** (inciso X)'* (REsp 1.230.060/PR, Rel.ª Min.ª Maria Isabel Gallotti, Segunda Seção, julg. em 13/08/2014, DJe 29/08/2014). 3. A ressalva para aplicação do entendimento mencionado somente ocorre quando comprovado no caso concreto o abuso, a má-fé ou a fraude da cobrança, hipótese sequer examinada nos autos pelo Colegiado a quo, visto que não aventada pela parte" (STJ – AgRg no AREsp 760.181/DF, 4ª Turma, DJ 27/10/2015).

Pode ser utilizada no cumprimento de sentença? Sim (art. 771, CPC).

Modelo

COLENDO JUÍZO DA 10ª VARA CÍVEL DA COMARCA DO RIO DE JANEIRO – RJ.

PROC. Nº 0000123-30.2015.8.19.0001

CAIO CARVALHO, já qualificado nos autos em epígrafe, da execução por título extrajudicial que lhe promove TÍCIO TAVARES, vem, por meio do seu advogado subscritor, expor para ao final requerer o seguinte.

Foi deferida, por este juízo, a penhora *on-line* dos valores constantes em conta bancária do executado. Contudo, a quantia tornada indisponível pelo bloqueio é considerada impenhorável, notadamente por atingir o salário do executado, conforme documentos comprobatórios anexos (art. 835, inc. IV, CPC).

Por este motivo, respeitosamente requer o seu imediato cancelamento, com a determinação de que a instituição financeira remova a indisponibilidade irregular e/ou excessiva, no prazo de 24 (vinte e quatro) horas (art. 854, § 2º, CPC), inclusive sob pena de responsabilização pelos prejuízos causados ao executado (art. 854, § 8º, CPC).

Termos em que

Pede e espera deferimento.

Local e data.

Nome e assinatura do advogado(a)

> Sobre a impenhorabilidade do salário, destaque-se que a remuneração não consumida torna-se reserva de capital, sendo perfeitamente penhorável. Desse modo, se o devedor não retirar mensalmente o valor recebido em sua conta-salário, este montante perderá a natureza alimentar (de servir à subsistência do próprio devedor), estando sujeito à penhora (STJ – REsp 1.059.781/DF, 3ª Turma, DJ 01/10/2009).
>
> O ônus probatório quanto ao motivo de cancelamento do bloqueio *on-line* é do executado (art. 854, par. 3º, CPC). Nesse sentido: "*1. Sendo direito do exequente a penhora preferencialmente em dinheiro (art. 655, I, CPC/1973), a impenhorabilidade dos depósitos em conta-corrente, ao argumento de tratar-se de verba salarial, consubstancia fato impeditivo do direito do autor (art. 333, II, CPC/1973), recaindo sobre o réu o ônus de prová-lo*" (STJ – REsp 619.148/MG, 4ª Turma, DJ 20/05/2010).

5.3.4. Requerimento de Consulta Eletrônica ao INFOJUD

Peça vinculada ao caso concreto: Sim.

Finalidade: Objetiva a utilização pelo magistrado, mediante senha pessoal (certificação digital), do Sistema de Informações ao Judiciário (INFOJUD) – ferramenta *on-line* de parceria entre o Conselho Nacional de Justiça (CNJ) e a Receita Federal –, a permitir a identificação de endereços, bens e ativos de parte envolvida no processo, em tempo real e em todo o território nacional. Este sistema substitui o procedimento anterior de fornecimento de informações cadastrais e de cópias de declarações pela Receita Federal, mediante o recebimento prévio de ofícios.

Dispositivo(s): art. 438, CPC e Recomendação nº 51, de 23/05/2015, CNJ.

Importante:

1) Cuida-se de medida subsidiária relevante – segura, rápida e econômica – para **apuração de patrimônio** do executado, e nele incluir gravames. Convém destacar o entendimento de que a quebra do sigilo bancário e fiscal é possível na execução, ainda que para tanto o juiz determine

Petições e Prática Cível

o segredo de justiça (art. 189, III, CPC), conforme FPPC, nº 536: "*(Art. 772, III; art. 773, par. único) O juiz poderá, na execução civil, determinar a quebra de sigilo bancário e fiscal*".

2) Em se tratando de juízos que não disponham de acesso à internet, o caminho será requerer a **expedição de ofícios** mediante requisição judicial ao respectivo órgão público (art. 1º, par. único, Recomendação nº 51, de 23/05/2015, CNJ).

3) Dentre os caminhos paralelos para encontrar bens do devedor, cabe realizar a pesquisa junto aos **cartórios de registro de imóveis** competentes. No ponto, destaque-se a existência do Sistema de Registro Eletrônico de Imóveis (**SREI**), instituído por meio do Provimento nº 47/2015, CNJ (*vide*, também, art. 76, Lei nº 13.465/2017), tendo como objetivo facilitar o intercâmbio de informações entre os ofícios de registro de imóveis, o Poder Judiciário, a administração pública e o público em geral. O SREI oferece diversos serviços *on-line* como pedido de certidões, visualização eletrônica da matrícula do imóvel, pesquisa de bens que permite a busca por CPF ou CNPJ para detectar bens imóveis registrados, entre outros. Tal medida pode ser requerida diretamente pela parte no plano extrajudicial, de modo que a consulta ao sistema vem encontrando resistência para que seja deferida no plano judicial (*v.g.*, TJ-SP 2195729-95.2021.8.26.0000, 21ª Câmara de Direito Privado, *DJ* 1º/10/2021; TJ-RJ 0055933-21.2021.8.19.0000, 24ª Câmara Cível, *DJ* 17/11/2021).

4) Além disso, merece inspeção a existência de eventual **histórico judicial positivo ou negativo** quanto à parte adversa (existência de demandas judiciais pregressas que o envolvam e seu respectivo andamento ou resultado), o que pode chancelar ocasional fruto/proveito processual (*v.g.*, descoberta de endereços para fins de facilitação da citação; descoberta de ativos bloqueados ou bens penhorados em processo em que o seu adversário é credor, a possibilitar o pleito de "penhora no rosto dos autos", conforme art. 860, CPC).

Pode ser utilizada no cumprimento de sentença? Sim (art. 771, CPC).

Verbete(s): Súmula nº 47, TJ-RJ: "*Esgotadas todas as diligências cabíveis, é direito do credor requerer a expedição de ofícios a órgãos públicos e particulares, sem ofensa ao sigilo bancário e fiscal, para localizar o devedor e/ou bens penhoráveis, evitando cerceamento na instrução*".

Modelo

COLENDO JUÍZO DA 10ª VARA CÍVEL DA COMARCA DO RIO DE JANEIRO – RJ.

PROC. Nº 0000123-30.2015.8.19.0001

CAIO CARVALHO, já qualificado nos autos em epígrafe, do cumprimento de sentença que promove em face de TÍCIO TAVARES,

Petições Cíveis: Execução Autônoma por Título Extrajudicial ■ 271

vem, por intermédio do seu procurador regularmente constituído, se manifestar nos termos seguintes.

Diante do resultado infrutífero da tentativa de penhora por outros meios, vem, respeitosamente, requerer que seja realizada a consulta eletrônica da base de dados da Secretaria da Receita Federal, através do Sistema de Informações ao Judiciário (INFOJUD), com referência ao executado, para obter as informações econômico-fiscais, sobretudo sobre seus possíveis bens e ativos.

> No caso concreto, o pedido de consulta visa a apurar patrimônio, mas nada impede a utilização deste sistema para descobrir o paradeiro do demandado e seus possíveis endereços (art. 256, § 3º, CPC).

O pleito é legítimo por atender ao ideal de efetividade processual e da razoável duração do processo (art. 5º, inc. LXXVIII, CRFB c/c art. 4º, CPC), além de se fazer sentir no sequenciamento da execução ao oportunizar elementos para as medidas de constrição patrimonial, valendo destacar que a medida de requisição judicial de informações tem amparo legal (art. 438, CPC) e atende recomendação do Conselho Nacional de Justiça (Recomendação nº 51, de 23/05/2015).

Não é outro o posicionamento sedimentado na jurisprudência do STJ: "(...) 3. Contudo, esclareça-se que esta 'Corte, em precedentes submetidos ao rito do art. 543-C, firmou entendimento segundo o qual é desnecessário o esgotamento das diligências na busca de bens a serem penhorados a fim de autorizar-se a penhora on-line (sistemas BACEN-JUD, RENAJUD ou INFOJUD), em execução civil ou execução fiscal' (AgInt no REsp 1.184.039/ MG, Rel.ª Min.ª Regina Helena Costa, 1ª Turma, DJe 4/4/2017) (grifo acrescentado). 4. Ademais, o STJ posiciona-se no sentido de que o entendimento adotado para o BACENJUD deve ser aplicado ao RENAJUD e ao INFOJUD, haja vista que são meios colocados à disposição dos credores para simplificar e agilizar a busca de bens aptos a satisfazer os créditos executados. (...)" (STJ – REsp 1.679.562/RJ, 2ª Turma, DJ 22/08/2017).

Acresça-se o fato de que nem mesmo pelas vias extrajudiciais é possível a obtenção de informações sobre alguns bens preferenciais (*v.g.*, títulos da dívida pública e valores mobiliários). Também para fins de localização de imóveis é importante a utilização do INFOJUD, uma vez que é virtualmente impossível a expedição de certidões de todos os Cartórios de Distribuidores ou de Registro de Imóveis do País.

Termos em que

Pede e espera deferimento.

Local e data.

Nome e assinatura do advogado(a)

5.3.5. Requerimento de Consulta Eletrônica ao RENAJUD

Peça vinculada ao caso concreto: Sim.

Finalidade: Objetiva a utilização pelo magistrado, mediante senha pessoal (certificação digital), do sistema RENAJUD – ferramenta *on-line* de restrição judicial de veículos criado pelo Conselho Nacional de Justiça (CNJ), que interliga o Judiciário ao Departamento Nacional de Trânsito (Denatran) –, a permitir a identificação da propriedade de veículo(s), além da inclusão de gravame judicial, seja de transferência, licenciamento, circulação e/ou penhora, sobre o bem, em tempo real e em todo o território nacional. Este sistema substitui o procedimento anterior de fornecimento de informações cadastrais mediante o recebimento prévio de ofícios.

Dispositivo(s): art. 438, CPC e Recomendação nº 51, de 23/05/2015, CNJ.

Importante:

1) Cuida-se de medida subsidiária relevante – segura, rápida e econômica – para **apuração de patrimônio** do executado, e nele incluir gravames.

2) Em se tratando de juízos que não disponham de acesso à internet, o caminho será requerer a **expedição de ofícios** mediante requisição judicial ao respectivo órgão público (art. 1º, par. único, Recomendação nº 51, de 23/05/2015, CNJ).

3) Concernente às medidas para **apuração de patrimônio do devedor**, *vide* tópicos descritos no modelo de petição "Requerimento de consulta eletrônica ao INFOJUD" neste livro.

Pode ser utilizada no cumprimento de sentença? Sim (art. 771, CPC).

Verbete(s): Súmula nº 47, TJ-RJ: *"Esgotadas todas as diligências cabíveis, é direito do credor requerer a expedição de ofícios a órgãos públicos e particulares, sem ofensa ao sigilo bancário e fiscal, para localizar o devedor e/ou bens penhoráveis, evitando cerceamento na instrução".*

Modelo

COLENDO JUÍZO DA 10ª VARA CÍVEL DA COMARCA DO RIO DE JANEIRO – RJ.

PROC. Nº 0000123-30.2015.8.19.0001

CAIO CARVALHO, já qualificado nos autos em epígrafe, do cumprimento de sentença que promove em face de TÍCIO TAVARES, vem, por intermédio do seu procurador regularmente constituído, se manifestar nos termos seguintes.

Diante do resultado infrutífero da tentativa de penhora por outros meios, vem, respeitosamente, requerer que seja realizada a consulta eletrônica da base de dados constantes no Renavam (Registro Nacional de Veículos Automotores), através do sistema RENAJUD, para localização de

Petições Cíveis: Execução Autônoma por Título Extrajudicial ■ **273**

eventuais bens móveis de titularidade do executado, incluindo as medidas consectárias de inserção de restrição judicial de transferência, licenciamento, circulação e penhora de veículos.

O pleito é legítimo por atender ao ideal de efetividade processual e da razoável duração do processo (art. 5º, inc. LXXVIII, CRFB c/c art. 4º, CPC), além de se fazer sentir no sequenciamento da execução ao oportunizar elementos para as medidas de constrição patrimonial, valendo destacar que a medida de requisição judicial de informações tem amparo legal (art. 438, CPC) e atende recomendação do Conselho Nacional de Justiça (Recomendação nº 51, de 23/05/2015).

> O veículo alienado fiduciariamente não é penhorável, afinal ainda não pertencente ao patrimônio do devedor fiduciante (e sim do credor fiduciário). Admite-se, entretanto, a penhora dos eventuais direitos do devedor fiduciante (ainda que futuros), que somente serão adquiridos após a extinção da dívida (art. 835, XII, CPC).

Não é outro o posicionamento sedimentado na jurisprudência do STJ: *"(...) 3. Contudo, esclareça-se que esta 'Corte, em precedentes submetidos ao rito do art. 543-C, firmou entendimento segundo o qual é desnecessário o esgotamento das diligências na busca de bens a serem penhorados a fim de autorizar-se a penhora on-line (sistemas BACEN-JUD, RENAJUD ou INFOJUD), em execução civil ou execução fiscal' (AgInt no REsp 1.184.039/MG, Rel.ª Min.ª Regina Helena Costa, 1ª Turma, DJe 04/04/2017) (grifo acrescentado). 4. Ademais, o STJ posiciona-se no sentido de que o entendimento adotado para o BACENJUD deve ser aplicado ao RENAJUD e ao INFOJUD, haja vista que são meios colocados à disposição dos credores para simplificar e agilizar a busca de bens aptos a satisfazer os créditos executados. (...)"* (STJ – REsp 1.679.562/RJ, 2ª Turma, DJ 22/08/2017).

Termos em que

Pede e espera deferimento.

Local e data.

Nome e assinatura do advogado(a)

5.3.6. Requerimento de Penhora de Percentual do Faturamento de Empresa

Peça vinculada ao caso concreto: Não.

Finalidade: Objetiva o deferimento judicial para a realização de penhora de percentual do faturamento da empresa devedora.

Dispositivo(s): art. 866, CPC.

Importante:

1) A penhora do faturamento se dá quanto ao numerário futuro e incerto, em percentual adequado para não abalar irremediavelmente o funcionamento da sociedade executada, seus empregados e fornecedores diretos e indiretos, se o executado não tiver outros bens penhoráveis

274 ■ *Petições e Prática Cível*

ou, tendo-os, esses forem de difícil alienação ou insuficientes para saldar o crédito executado (art. 866, *caput* e par. único, CPC). Cuida-se de medida de **caráter excepcional** (STJ – REsp 1.718.487/SP, 2ª Turma, *DJ* 27/02/2018), tendo o legislador a posicionado apenas na décima posição da ordem legal de penhora (art. 835, X, CPC).

2) Não se cogita propriamente de penhora do faturamento de **pessoa física**, justamente pela impenhorabilidade do salário (art. 833, IV, CPC), ressalvadas as exceções legais (art. 833, par. 2º, CPC).

3) Em analogia, já se admitiu a penhora sobre **arrecadação mensal de condomínio**. Tendo aptidão para adquirir e exercer direitos, bem como para contrair obrigações, o condomínio está sujeito a ter a sua arrecadação mensal penhorada, desde que respeitada a ordem legal (art. 835, CPC) e que o percentual fixado não inviabilize o próprio funcionamento deste (STJ – REsp 829.583/RJ, 3ª Turma, *DJ* 03/09/2009).

Pode ser utilizada no cumprimento de sentença? Sim (art. 771, CPC).

Verbete(s): Súmula nº 100, TJ-RJ: *"A penhora de receita auferida por estabelecimento comercial, industrial ou agrícola, desde que fixada em percentual que não comprometa a respectiva atividade empresarial, não ofende o princípio da execução menos gravosa, nada impedindo que a nomeação do depositário recaia sobre o representante legal do devedor"*; **Súmula nº 119, TJ-RJ:** *"A garantia do juízo da execução, deferida penhora de receita, efetiva-se com a lavratura do termo e a intimação do depositário, fluindo o prazo para a impugnação do devedor, independente da arrecadação".*

Modelo

COLENDO JUÍZO DA 11ª VARA CÍVEL DA COMARCA DO RIO DE JANEIRO – RJ.

PROC. Nº 2016.001.114466789-21.

SEVERO SANCHES, já qualificado nos autos em epígrafe, da execução por título executivo extrajudicial que envolve obrigação de pagar, promovida em face de CASAS SILVA LOJA DE DEPARTAMENTOS LTDA., vem, por intermédio de seu procurador regularmente constituído, se manifestar nos termos seguintes.

Tendo em vista que a recente tentativa de penhora *on-line* restou infrutífera, muito embora a sociedade executada tenha sido regularmente citada no endereço do faturamento, em indicativo da continuidade de atividades empresariais, vem a exequente, conforme os princípios da

Petições Cíveis: Execução Autônoma por Título Extrajudicial ▪ **275**

realização da execução no interesse do credor (art. 797, CPC) e da disponibilidade da execução, requerer a penhora do faturamento mensal da sociedade executada (arts. 835, inc. X, e 866, CPC), cuja diligência deve ser realizada no seu endereço indicado na petição inicial, em respeito ao saldo atualizado exequendo, no valor de R$ 38.494,81(trinta e oito mil, quatrocentos e noventa e quatro reais e oitenta e um centavos), conforme cálculo anexo, em percentual que não comprometa suas atividades, servindo como indicativo 15% (quinze por cento), a serem depositados em conta específica, a disposição deste Juízo, até o limite da execução.

Deverá, ainda, o mandado de penhora consignar e identificar o representante legal e/ou gerente da empresa devedora, que deverá ser intimado, com o compromisso de bem e fielmente cumprir esta determinação judicial, cabendo-lhe realizar a prestação de contas mensal, apresentando guia em Cartório, sob pena de incidência das cominações legais previstas (art. 866, § 2º, CPC).

> Não sendo cumprida a incumbência pelo administrador, poder-se-á cogitar, alternativamente, de: requerimento de imposição de multa por ato atentatório à dignidade da justiça, pela resistência injustificada às ordens judiciais (art. 774, IV, CPC); exposição da pessoa jurídica à arrecadação compulsória por meio de Oficial de Justiça; investigação contábil de seus livros fiscais, com ciência da Receita Federal; bem como da desconsideração da personalidade jurídica da sociedade executada, pelo abuso na personalidade jurídica (art. 50, CC). A prisão civil não é permitida na hipótese (STJ – RHC 24.268/SP, 4ª Turma, DJ 02/10/2008).

Termos em que

Pede e espera deferimento.

Local e data.

Nome e assinatura do advogado(a)

5.3.7. Arguição de Preferência em Penhora

Peça vinculada ao caso concreto: Sim.

Finalidade: Instrumento utilizado por um terceiro (alheio ao processo), que promove execução em face do mesmo devedor (situação de pluralidade de credores/exequentes), buscando exercer seu direito de preferência sobre o bem penhorado.

Dispositivo(s): art. 908 – art. 909, CPC.

Importante:

1) No caso de **preterição do direito de preferência**, poderá o preterido peticionar neste formato interventivo, ou mesmo requerer expedição de ofício no juízo em que tramita o seu próprio processo, justamente para pedir providências para que tal direito seja respeitado.

2) Gera preferência de direito processual a **realização da penhora**, pouco importando a data do ajuizamento das respectivas demandas judiciais; ou mesmo o registro da penhora no respectivo Cartório, pois tal ocorrência não constitui requisito integrativo do ato constritivo do patrimônio (STJ – REsp 829.980/SP, 3ª Turma, DJ 1º/06/2010).

3) Frise-se que a preferência de direito processual, oriunda da penhora, não tem a força para sobrepor-se à **preferência de direito material** (art. 908, par. 2º, CPC), por exemplo, um crédito trabalhista (STJ – REsp 1.180.192/SC, 2ª Turma, DJ 16/03/2010).

276 ■ Petições e Prática Cível

Pode ser utilizada no cumprimento de sentença? Sim (art. 771, CPC).

Verbete(s): Súmula nº 270, STJ: *"O protesto pela preferência de crédito, apresentado por ente federal em execução que tramita na Justiça Estadual, não desloca a competência para a Justiça Federal".*

Modelo

COLENDO JUÍZO DA 10ª VARA CÍVEL DA COMARCA DO RIO DE JANEIRO – RJ.

PROC. Nº 0000123-30.2015.8.19.0001

DANILO DANTAS, brasileiro, solteiro, piloto de aeronaves, domiciliado e residente na Rua Martins Abrantes, nº 5.705, Flamengo, Cep: 35.100-158, na cidade do Rio de Janeiro – RJ, regularmente inscrito no CPF sob o nº 888.298.118-88, com endereço eletrônico daniel.dantas@internet.com.br, vem, por meio do seu advogado regularmente constituído que esta subscreve, nos autos da demanda que promove CAIO CARVALHO em face de TÍCIO TAVARES, respeitosamente, apresentar:

ARGUIÇÃO DE PREFERÊNCIA

Nos termos seguintes.

O requerente também está promovendo execução de título extrajudicial em face de TÍCIO TAVARES, em processo que tramita perante a 1ª Vara Cível desta Comarca, sob o nº 0000610-25.8.19.0001, tendo realizado anteriormente a penhora sobre os mesmos bens que foram penhorados nestes autos, de acordo com a documentação que segue acostada junto a esta.

> O direito de preferência pode ser obtido, também, por meio da constituição de hipoteca judiciária (art. 495, § 4º, CPC). Vale o mesmo para a medida constritiva de arresto (STJ – REsp 759.700/SP, 4ª Turma, DJ 18/08/2005).

Percebe-se, portanto, que o ora requerente possui direito de preferência, em razão da anterioridade de sua penhora (art. 797, CPC).

Assim, após ouvidas as partes deste processo, respeitosamente requer que V.Ex.a decida, reconhecendo o direito de preferência do ora requerente, resguardando seus direitos, para que o mesmo tenha prioridade no recebimento de quaisquer valores obtidos por meio da expropriação dos bens constritos no presente processo (arts. 908/909, CPC).

Termos em que

Pede e espera deferimento.

Local e data.

Nome e assinatura do advogado(a)

5.3.8. Requerimento de Substituição de Bem Penhorado

Peça vinculada ao caso concreto: Sim.

Finalidade: Instrumento utilizado por qualquer das partes com o objetivo de ser substituído o bem anteriormente penhorado.

Dispositivo(s): art. 847 – art. 853, CPC.

Prazo: Há caso específico em que o executado somente poderá requerer a substituição do bem penhorado em 10 (dez) dias (art. 847, CPC). Contudo, em regra, qualquer das partes poderá requerer a substituição do bem penhorado desde que ainda não tenha sido assinada a carta de adjudicação ou arrematação, conforme o caso, mas correndo às suas expensas eventuais despesas que surgirem.

Importante:

1) No plano dos **requisitos**, o executado pode, no prazo de 10 dias contado da intimação da penhora, requerer a substituição do bem penhorado, desde que comprove que lhe será menos onerosa e não trará prejuízo ao exequente (art. 847 c/c art. 805, par. único, CPC).

2) Qualquer das partes poderá requerer a substituição da penhora, de forma embasada nas seguintes **hipóteses**: caso não haja obediência à ordem legal; se não incidir sobre os bens designados em lei, contrato ou ato judicial para o pagamento; havendo bens no foro da execução, outros tiverem sido penhorados; havendo bens livres, ela tiver recaído sobre bens já penhorados ou objeto de gravame; se incidir sobre bens de baixa liquidez; fracassar a tentativa de alienação judicial do bem; ou o executado não indicar o valor dos bens ou omitir qualquer das indicações previstas em lei (art. 848, CPC).

3) Ao executado que pretenda substituir a penhora indicando **bem imóvel**, será necessária expressa **anuência do cônjuge**, salvo se o regime for da separação absoluta de bens (art. 847, par. 3º, CPC); se isso não restar demonstrado, de toda forma, será exigida a posterior intimação deste (art. 842, CPC).

4) Permite-se a substituição da penhora por **fiança bancária e o seguro garantia judicial**, desde que em valor não inferior ao do débito constante na inicial, acrescido de 30% (art. 835, par. 2º, CPC) – sem necessidade de anuência do exequente (nesse sentido: STJ – AgRg no AREsp 12.394/RS, 1ª Turma, *DJ* 04/10/2012).

5) Sempre que ocorrer a substituição dos bens inicialmente penhorados, será lavrado **novo termo** (art. 849, CPC).

Pode ser utilizada no cumprimento de sentença? Sim (art. 771, CPC).

Verbete(s): Súmula nº 205, STJ: *"A Lei nº 8.009/90 aplica-se à penhora realizada antes de sua vigência"*; **Súmula nº 364, STJ:** *"O conceito de impenhorabilidade do bem de família abrange também o imóvel pertencente a pessoas solteiras, separadas e viúvas"*; **Súmula nº 63, TJ-RJ:** *"Cabe a incidência da penhora sobre imóvel único do fiador de contrato de locação, Lei nº 8.009/90 (art. 3º, VII) e Lei nº 8.245/91"*; **Súmula nº 117, TJ-RJ:** *"A penhora on-line, de regra, não ofende o princípio da execução menos gravosa para o devedor"*.

278 ■ *Petições e Prática Cível*

Modelo

COLENDO JUÍZO DA 10ª VARA CÍVEL DA COMARCA DO RIO DE JANEIRO – RJ

PROC. Nº 0000123-30.2015.8.19.0001

TÍCIO TAVARES, já qualificado nos autos em epígrafe, do cumprimento de sentença que promove em face de CAIO CARVALHO, vem, por intermédio do seu procurador regularmente constituído, se manifestar nos termos seguintes.

Após o trânsito em julgado da sentença que lhe reconheceu um crédito de R$ 15.000,00 (quinze mil reais), o credor iniciou cumprimento de sentença em desfavor do executado, momento em que requereu a realização da penhora *on-line* (art. 854, CPC). Contudo, diante do insucesso desta medida, foi então indicada a penhora de semovente, mais precisamente uma fêmea canina da raça *bulldog* inglês, bem como a sua recente ninhada, que vive na residência do executado.

> Recomenda-se que o executado, ao pleitear a substituição do bem, já informe qual o outro que será oferecido em substituição (art. 829, § 2º, CPC). Para o argumento ter mais peso, também se pode citar o princípio do menor sacrifício ao executado, que doravante impõe o dever de indicar como a execução pode ser realizada de maneira menos gravosa (art. 805, parágrafo único, CPC).

Contudo, embora não se trate de uma ordem absoluta, a previsão para penhora de semoventes (art. 835, inc. VII, CPC), somente deve ser realizada quanto não identificados outros bens listados em preferência pela lei (art. 835, CPC). E, no caso em específico, o executado possui antigo título de dívida pública de Fordlândia/PA (art. 835, inc. II, CPC), que pode ser usado para pagamento da dívida em questão.

> Quando uma das partes requerer alguma das medidas previstas nesta Subseção, o juiz ouvirá sempre a outra, no prazo de 3 (três) dias, antes de decidir (art. 853, CPC).

Assim, presente a hipótese de substituição do bem penhorado (art. 848, inc. I, CPC), além da indicação dos títulos de dívida pública, o executado respeitosamente requer a intimação da outra parte para que se manifeste no prazo de 3 (três) dias e, na sequência, seja deferida por V. Ex.a esta substituição nos termos postulados.

Termos em que

Pede e espera deferimento.

Local e data.

Nome e assinatura do advogado(a)

5.3.9. Requerimento de Reconhecimento de Fraude a Execução

Peça vinculada ao caso concreto: Sim.

Finalidade: Instrumento utilizado pelo exequente para que seja reconhecida a transferência fraudulenta de bem (alienação, oneração ou doação) que integra patrimônio do executado para um terceiro.

Dispositivo(s): art. 792, art. 828 e art. 844, CPC.

Importante:

1) Quanto à **configuração processual**, tem-se o reconhecimento da fraude a execução sendo comumente requerido nos próprios autos do cumprimento de sentença ou da execução por título extrajudicial, nas hipóteses previstas em lei (art. 792, CPC), porém até mesmo se admite a sua caracterização quando a fraude se der num processo de conhecimento em curso (STJ – REsp 243.707/SP, 5ª Turma, *DJ* 16/03/2000). Importa dizer que a ocorrência de fraude a execução exige a prática do ato fraudulento havendo um **processo pendente**, o que a faz reconhecível, daí, incidentalmente.

2) Nos casos de **fraude contra credores**, diferentemente, a via própria para o seu reconhecimento é a promoção da "ação pauliana" ou "ação revocatória", demanda autônoma de caráter cognitivo, em que se aplica o rito comum do processo de conhecimento, justamente para comprovação dos atinentes requisitos, visando ao restabelecimento da garantia dos credores (art. 161, CC): "*1. A ocorrência de fraude contra credores demanda a anterioridade do crédito, a comprovação de prejuízo ao credor (eventus damni), que o ato jurídico praticado tenha levado o devedor à insolvência e o conhecimento, pelo terceiro adquirente, do estado de insolvência do devedor* (scientia fraudis)" (STJ – AgInt no REsp 1.294.462/GO, 4ª Turma, DJ 20/03/2018); "*O reconhecimento da fraude contra credores demanda a adoção de instrumento próprio, qual seja a ação pauliana. Assim, no curso do cumprimento de sentença, é inviável o reconhecimento incidental de fraude contra credores, sem que tenha sido utilizada a referida ação pauliana, bem como propiciado às partes contraditório prévio sobre o possível vício na transação comercial. Precedente*" (STJ – AgInt no REsp 1.551.305/PR, 2ª Turma, DJ 10/04/2018).

3) Segundo entendimento do STJ em recurso repetitivo, somente haverá fraude a execução depois que o demandado já foi integrado ao feito pela **citação** ou se for demonstrado de maneira cabal que ele já tinha conhecimento da existência da referida demanda judicial contra si (STJ – REsp 956.943-PR, Corte Especial, *DJ* 20/08/2014).

4) Aborde-se a previsão específica de que na **desconsideração da personalidade jurídica**, a fraude a execução verifica-se a partir da citação da parte cuja personalidade se pretende desconsiderar (art. 792, par. 3º, CPC), ou seja, tendo como marco a citação da sociedade, e não do sócio.

5) Para a **caracterização** da fraude a execução é necessário que o executado tenha se tornado insolvente, ou seja, que não mais disponha de patrimônio suficiente para liquidar todos os seus débitos (elemento objetivo), bem como que o terceiro adquirente não tenha agido de boa-fé (elemento subjetivo).

Pode ser utilizada no cumprimento de sentença? Sim (art. 771, CPC).

Verbete(s): Súmula nº 375, STJ: "*O reconhecimento da fraude de execução depende do registro da penhora do bem alienado ou da prova de má-fé do terceiro adquirente*".

Modelo

COLENDO JUÍZO DA 10ª VARA CÍVEL DA COMARCA DO RIO DE JANEIRO – RJ.

PROC. Nº 0000123-30.2015.8.19.0001

CAIO CARVALHO, já qualificado nos autos em epígrafe, do cumprimento de sentença que promove em face de TÍCIO TAVARES, vem, por intermédio do seu procurador regularmente constituído, se manifestar nos termos seguintes.

> A vantagem dessa providência inicial tomada pelo credor é evitar qualquer discussão futura sobre a boa-fé do terceiro adquirente, caso o bem seja alienado fraudulentamente, já que, com o registro da "admissão da distribuição do feito executivo", haverá presunção de conhecimento de terceiros sobre tal situação (art. 828, par. 4º, CPC). No mesmo sentido de gérar presunção absoluta de conhecimento por terceiros, poderá o exequente providenciar a averbação do "arresto" ou da "penhora" no registro competente (art. 844, CPC).

Após o trânsito em julgado da sentença que lhe reconheceu um crédito de R$ 15.000,00 (quinze mil reais), o credor requereu certidão que lhe atestasse que a execução foi admitida em relação ao executado, para fins de averbação da mesma em registros de imóveis, de veículos, ou de outros bens sujeitos à penhora, arresto ou indisponibilidade (art. 828, CPC), o que foi realizado (doc. anexo).

Ocorre que, mesmo após a adoção desta providência, foi observado que o executado alienou um imóvel de sua propriedade em favor de terceiro, conforme documentação em anexo. E, desde logo se deve destacar, o credor não logrou êxito em localizar qualquer outro bem que integrasse o patrimônio do executado.

Assim, presentes o elemento "objetivo" (insolvência do devedor), bem como o "subjetivo" (terceiro que adquiriu o bem tendo ciência da existência de uma execução em curso), fatalmente está caracterizada a alienação deste bem como fraude a execução (art. 792, inc. II, CPC).

Pelo exposto, requer seja intimado o executado para se manifestar quanto aos termos da presente, bem como também seja intimado o terceiro adquirente, MÉVIO MARANHÃO, brasileiro, solteiro, empresário, domiciliado e residente na Rua Assis Portugal, nº 288, Ipanema, Cep: 52.880-150, na cidade do Rio de Janeiro – RJ, regularmente inscrito no CPF sob o nº 636.298.118-11, com endereço eletrônico mevio. magalhaes@internet.com.br, para que, se quiser, ofereça embargos de terceiros, no prazo de 15 (quinze) dias (art. 792, § 4º, CPC).

Ao final, seja reconhecida a ineficácia da transferência do aludido bem em fraude a execução, para que o mesmo seja logo na sequência penhorado e expropriado, para fins de satisfação do crédito exequendo.

Termos em que

Pede e espera deferimento.

Local e data.

Nome e assinatura do advogado(a)

5.3.10. Requerimento de Suspensão da Execução em Decorrência da Ausência de Bens Penhoráveis

Peça vinculada ao caso concreto: Sim.

Finalidade: Objetiva suspender/sobrestar o andamento da execução quando *não forem localizados bens do devedor passíveis de penhora*, para evitar que esta seja extinta por abandono. Tal petição também pode ser utilizada visando a suspensão da execução na hipótese em que *não for possível localizar o executado para fins de citação* (art. 921, III, CPC, na redação dada pela Lei nº 14.195/2021) – em regime similar ao que já se tinha execução fiscal (*vide* art. 40, Lei nº 6.830/1980).

Dispositivo(s): Art. 921, inc. III e parágrafos, CPC.

Importante:

1) A ausência de localização do executado ou de bens penhoráveis pode importar, depois de ultrapassado certo lapso temporal, ao reconhecimento da chamada **prescrição intercorrente**, levando à extinção da execução por sentença (art. 924, V, CPC) – o que vale também para o cumprimento de sentença (art. 921, § 7º, CPC, incluído pela Lei nº 14.195/2021). Prescrição intercorrente é a prescrição no curso da execução, sendo relevante compreender que, *in casu*, ocorre a impossibilidade de prosseguimento da execução e não tecnicamente uma inércia do exequente, pois este, caso soubesse da existência da localização do executado ou de seus bens, certamente diligenciaria para obter sua satisfação. Frise-se que o prazo da prescrição intercorrente observará o mesmo lapso temporal de prescrição da pretensão (art. 206-A, CC, com redação dada pela Medida Provisória nº 1.040/2021, *vide* Lei nº 14.195/2021 c/c Verbete Sumular nº 150, STF). Conforme alteração legislativa, o termo inicial da prescrição intercorrente será a "*ciência da primeira tentativa infrutífera de localização do devedor ou de bens penhoráveis*"; além do que somente haverá a suspensão da prescrição "*por uma única vez*" (art. 921, § 4º, CPC, com redação dada pela Lei nº 14.195/2021). Com efeito, temos uma redução drástica do lapso temporal do processo de execução, em desfavor do credor. Pela sistemática anterior, o prazo da prescrição intercorrente só se iniciava após o término da suspensão de um ano (*vide* art. 921, § 1º, CPC), e tal suspensão só ocorria após o encerramento das tentativas de localização do executado e/ou de seus bens. Pela nova sistemática, caso já ocorrida uma tentativa frustrada de citação do executado ou de bens penhoráveis, já se terá início o prazo da prescrição intercorrente. Além disso, somente a "*efetiva citação, intimação do devedor ou constrição de bens penhoráveis interrompe o prazo de prescrição*" (art. 921, § 4º-A, CPC, incluído pela Lei nº 14.195/2021). A crítica é de que tal formato pode ser benéfico ao devedor que adote estratégias para dificultar a localização de si próprio e de seus bens.

2) Há regra de **direito intertemporal** quanto à prescrição para os processos que já se encontravam suspensos quando o CPC/2015 entrou em vigor (art. 1.056, CPC). Sobre o assunto, firmaram-se os seguintes entendimentos: "*Incidente de assunção de competência. (..) 1. As teses a serem firmadas, para efeito do art. 947 do CPC/2015 são as seguintes: 1.1 Incide a prescrição intercorrente, nas causas regidas pelo CPC/73, quando o exequente permanece inerte* *por prazo superior ao de prescrição do direito material vindicado, conforme interpretação extraída do art. 202, parágrafo único, do CC/2002. 1.2 O termo inicial do prazo prescricional, na vigência do CPC/1973, conta-se do fim do prazo judicial de suspensão do processo ou, inexistindo prazo fixado, do transcurso de um ano (aplicação analógica do art. 40, § 2º, da Lei 6.830/1980). 1.3 O termo inicial do art. 1.056 do CPC/2015 tem incidência apenas nas hipóteses em que o processo se encontrava suspenso na data da entrada em vigor da novel lei processual, uma vez que não se pode extrair interpretação que viabilize o reinício ou a reabertura de prazo prescricional ocorridos na vigência do revogado CPC/1973 (aplicação irretroativa da norma processual). 1.4. O contraditório é princípio que deve ser respeitado em todas as manifestações do Poder Judiciário, que deve zelar pela sua observância, inclusive nas hipóteses de declaração de ofício da prescrição intercorrente, devendo o credor ser previamente intimado para opor algum fato impeditivo à incidência da prescrição. 2. No caso concreto, a despeito de transcorrido mais de uma década após o arquivamento administrativo do processo, não houve a intimação da recorrente a assegurar o exercício oportuno do contraditório."* (STJ – REsp 1.604.412/SC, 2ª Seção, DJ 27/06/2018).

3) Nos **Juizados Especiais**, há previsão de que a ausência de bens penhoráveis conduz à extinção do processo (art. 53, par. 4º, Lei nº 9.099/1995), tornando inócuo tal requerimento naquele microssistema.

4) Pode o exequente **desistir** do feito, levando-o à extinção (art. 775, CPC). Nesse caso, o credor poderá renovar o pleito em diversa demanda, afinal não renunciou ao crédito. A desistência pode se dar em relação a um ato executivo, quando não se cogitará de extinção do feito. Em se tratando de desistência de toda a execução, se esta ocorrer antes do oferecimento dos embargos, desnecessária será a anuência do executado (STJ – REsp 263.718/MA, 3ª Turma, DJ 16/04/2002). Por sua vez, havendo apresentação de defesa pelo executado (embargos à execução ou impugnação ao cumprimento da sentença, conforme o caso), que (i) versem unicamente sobre *matéria processual* (*v.g.*, incompetência do juízo), o acolhimento da desistência não exigirá consentimento, importando, outrossim, na extinção dos embargos ou impugnação (art. 775, parágrafo único, I, CPC). Mas se a defesa executiva (ii) tratar de *matéria de mérito* (*v.g.*, prescrição), será exigida expressa anuência do embargante ou impugnante (art. 775, parágrafo único, II, CPC). Interessa destacar que o entendimento de que *"na vigência do novo CPC, a desistência da execução por falta de bens penhoráveis não enseja a condenação do exequente em honorários advocatícios"* (STJ – REsp 1.675.741/PR, 4ª Turma, DJ 11/06/2019), até porque não foi o credor que deu causa ao insucesso na recuperação financeira, e sim a ausência de bens do devedor. Na mesma linha, já se decidiu que: *"A prescrição intercorrente decorre de fato objetivo, o mero decurso do tempo sem a localização de bens penhoráveis. Com efeito, o fato de o exequente não localizar bens do devedor não pode significar mais uma penalidade em desfavor daquele que, embora tenha decisão meritória favorável, não vem a obter êxito prático com o processo. Do contrário, o devedor que não apresentou bens suficientes ao cumprimento da obrigação ainda sairia vitorioso na lide, fazendo jus à verba honorária em prol de sua defesa, o que se revelaria teratológico, absurdo, aberrante"* (STJ – REsp 1.769.201/SP, 4ª Turma, DJ 12/03/2019).

Pode ser utilizada no cumprimento de sentença? Sim (art. 771, CPC).

Modelo

COLENDO JUÍZO DA 10ª VARA CÍVEL DA COMARCA DO RIO DE JANEIRO – RJ.

PROC. Nº 0000123-30.2015.8.19.0001

CAIO CARVALHO, já qualificado nos autos em epígrafe, da demanda que promove em face de TÍCIO TAVARES, vem, por meio de seu advogado subscritor, expor para ao final requerer o seguinte.

Apesar de terem sido realizadas todas as diligências possíveis e imagináveis, o exequente não logrou êxito em localizar qualquer bem passível de penhora em nome do executado. Desta maneira, alternativa outra não resta ao credor do que requerer, neste processo, a sua suspensão, conforme chancela legal (art. 921, inc. III, CPC).

> O credor poderá avaliar a possibilidade de se instaurar insolvência civil em face do devedor (art. 748 – art. 786-A, CPC/1973 c/c art. 1.052, CPC). Se fosse o caso de devedor empresário ou sociedade empresária, poderia ser o caso de se requerer falência com base na execução frustrada (art. 94, inc. II, Lei nº 11.101/2005).

Termos em que

Pede e espera deferimento.

Local e data.

Nome e assinatura do advogado(a)

5.3.11. Requerimento de Pronúncia da Prescrição Intercorrente

Peça vinculada ao caso concreto: Sim.

Finalidade: Instrumento utilizado por qualquer das partes (embora usualmente seja pelo executado), com o objetivo de ser pronunciada a prescrição intercorrente e extinta a execução. Prescrição intercorrente é a prescrição no curso da execução, sendo relevante compreender que a presente extinção processual desejada pela legislação não se sustenta absolutamente na inércia do credor (que pode ter sido muito diligente nas tentativas de localização do devedor e seu patrimônio), mas sim em evitar a eternização de litígios e a massificação de processos em aberto no Judiciário.

Dispositivo(s): art. 921, §§ 1º a 7º (com redação dada pela Lei nº 14.195/2021), art. 924, V, e art. 1.056, CPC.

Importante:

1) A ausência de localização do executado ou de bens penhoráveis importa na suspensão da execução (art. 921, III, CPC, com redação dada pela Lei nº 14.195/2021) – o que vale também para o cumprimento de sentença (art. 921, § 7º, CPC, incluído pela Lei nº 14.195/2021). Ultrapassado certo lapso temporal, a legislação permite ao juiz, mesmo de ofício, mas não antes de ouvir as partes, reconhecer a prescrição intercorrente e extinguir a execução, sem ônus para as partes (art. 921, § 5º, CPC, com redação dada pela Lei nº 14.195/2021). Frise-se que o prazo da prescrição intercorrente observará o mesmo lapso temporal de prescrição da pretensão (art. 206-A, CC, com redação dada pela Medida Provisória nº 1.040/2021, *vide* Lei nº 14.195/2021 c/c Verbete Sumular nº 150, STF). Conforme alteração legislativa, o termo inicial da prescrição intercorrente será a "*ciência da primeira tentativa infrutífera de localização do devedor ou de bens penhoráveis*"; além do que somente haverá a suspensão da prescrição "*por uma única vez*" (art. 921, § 4º, CPC, com redação dada pela Lei nº 14.195/2021). Com efeito, temos uma redução drástica do lapso temporal do processo de execução, em desfavor do credor. Pela *sistemática anterior*, o prazo da prescrição intercorrente só se iniciava após o término da suspensão de um ano (*vide* art. 921, § 1º, CPC), e tal suspensão só ocorria após o encerramento das tentativas de localização do executado e/ou de seus bens. Pela *nova sistemática*, caso já ocorrida uma tentativa frustrada de citação do executado ou de bens penhoráveis, já se terá início o prazo da prescrição intercorrente. Além disso, somente a "*efetiva citação, intimação do devedor ou constrição de bens penhoráveis interrompe o prazo de prescrição*" (art. 921, § 4º-A, CPC, incluído pela Lei nº 14.195/2021). A crítica é de que tal formato pode ser benéfico ao devedor que adote estratégias para dificultar a localização de si próprio e de seus bens.

2) Para os processos que já estavam arquivados por ocasião da entrada em vigor do CPC, o **termo inicial** da prescrição intercorrente será, justamente, a data de vigência desta lei (art. 1.056, CPC).

3) Esta providência também pode ser requerida em sede de **execução fiscal**, muito embora seja regulada por meio de outra norma jurídica (art. 40, Lei nº 6.830/1980).

Pode ser utilizada no cumprimento de sentença? Sim (art. 771, CPC).

Verbete(s): Súmula nº 150, STF: "*Prescreve a execução no mesmo prazo de prescrição da ação*"; **Súmula nº 106, STJ:** "*Proposta a ação no prazo fixado para o seu exercício, a demora na citação, por motivos inerentes ao mecanismo da Justiça, não justifica o acolhimento da arguição de prescrição ou decadência*".

Modelo

COLENDO JUÍZO DA 10ª VARA CÍVEL DA COMARCA DO RIO DE JANEIRO – RJ.

PROC. Nº 2006.001.153486426-78.

TÍCIO TAVARES, já qualificado nos autos em epígrafe, do cumprimento de sentença que promove em face de CAIO CARVALHO, vem, por intermédio de seu procurador regularmente constituído, se manifestar nos termos seguintes.

Conforme se observa, a presente execução foi suspensa em razão da ausência de bens penhoráveis (art. 921, inc. III, CPC). Contudo, passado o prazo de 1 (um) ano sem qualquer manifestação do exequente, foi então o processo arquivado, caso em que começou a transcorrer o prazo da prescrição intercorrente (art. 921, § 4º, CPC).

No caso concreto, o prazo prescricional seria de 3 (três) anos, tendo em vista que este é exatamente o mesmo prazo para a prescrição da pretensão cognitiva, consoante inteligência do Verbete nº 150, da Súmula do STF: *"Prescreve a execução no mesmo prazo de prescrição da ação".*

Portanto, diante da consumação da prescrição intercorrente, respeitosamente requer a V.Ex.a se digne de desarquivar os autos e, na sequência, de determinar a intimação do exequente para que se manifeste no prazo de 15 (quinze) dias (art. 921, par. 5º, CPC) e, na sequência, seja então proferida sentença extinguindo a presente obrigação (art. 924, inc. V, CPC).

> O reconhecimento da prescrição intercorrente gera a extinção da execução *"sem ônus para as partes"* (art. 921, § 5º, CPC, com redação dada pela Lei nº 14.195/2021), de modo que não se deve cogitar da imposição de condenação em verba sucumbencial na hipótese.

Termos em que

Pede e espera deferimento.

Local e data.

Nome e assinatura do advogado(a)

5.3.12. Exceção de Pré-Executividade

Peça vinculada ao caso concreto: Não.

Finalidade: A exceção de pré-executividade, embora não tenha previsão clara na legislação processual (pelo menos a nomenclatura não consta), constitui um mecanismo de defesa aceito pela jurisprudência e doutrina há muito tempo, que possibilita ao executado apresentar, por meio de uma mera petição, qualquer matéria que o magistrado possa pronunciar de ofício. A nova lei processual traz hipóteses que aproximam a exegese pela positivação da exceção de pré-executividade (v.g., art. 518; art. 525, § 11º; art. 803, parágrafo único, CPC).

Dispositivo(s): art. 803, parágrafo único, CPC (dispositivo mais específico por tratar de execução, sem prejuízo de muitos outros que enumeram matérias que podem ser pronunciadas de ofício, como o art. 487, inc. II, CPC).

Importante:

1) Sobre as **matérias defensivas**, esta petição é utilizada apenas para que sejam veiculadas **matérias de ordem pública** (*v.g.*, ausência de título executivo ou dos atributos da obrigação contida no título, *vide* art. 803, CPC; prescrição, *vide* art. 487, II, CPC). No entanto, a Corte Superior vem alargando esta visão ao possibilitar que, nesta peça, também sejam ventiladas **defesas de mérito indiretas extintivas**, como o pagamento, desde que **não haja necessidade de dilação probatória** (STJ – AgRg no Ag 977.769/RJ, Corte Especial, *DJ* 03/02/2010). Com efeito, é imprescindível que a questão suscitada seja de direito ou diga respeito a fato documentalmente provado. Assim, as provas capazes de influenciar no convencimento do julgador devem acompanhar a petição de exceção de pré-executividade (também chamada de "objeção de não executividade"). No entanto, a intimação do executado para juntar aos autos prova pré-constituída mencionada nas razões ou complementar os documentos já apresentados

286 ■ Petições e Prática Cível

não configura dilação probatória, de modo que não excede os limites desta modalidade de defesa: *"Em sede de exceção de pré-executividade, o juiz pode determinar a complementação das provas, desde que elas sejam preexistentes à objeção"* (STJ – REsp 1.912.277/AC, 3ª Turma, *DJ* 18/05/2021).

2) A exceção de pré-executividade **não tem formalidade própria**, sendo instrumentalizada através de uma simples petição, destinada ao feito executivo.

3) A legislação não impõe que o oferecimento da exceção de pré-executividade tenha necessariamente o condão de suspender a marcha processual. Com efeito, devem ser tidas como excepcionais as regras de **suspensão do processo** (*v.g.*, art. 921, CPC), e, por esta razão, devem ser interpretadas restritivamente. Assim é que exceção de pré-executividade só deve gerar a suspensão da execução se garantido o juízo (interpretação sistemática dos arts. 525, par. 6º; e 919, par. 1º, CPC), como se decidiu em STJ – AgRg no AREsp 578.168/SP, 4ª Turma, *DJ* 23/02/2016.

4) A "exceção de pré-executividade" – e as matérias de ordem pública que lhe servem como causa de pedir –, pode ser alegada a **qualquer momento processual**, enquanto não transitada em julgado a sentença dos embargos à execução. Assim, ainda que já apresentados os embargos sem que tenha sido suscitada esta questão, nada impediria uma posterior "exceção de pré-executividade" com tal alegação: *"2. A alegação de impenhorabilidade com base na Lei nº 8.009/90 pode ser alegada a qualquer tempo, não sofrendo os efeitos da preclusão por não ter sido invocada nos embargos do devedor, podendo ser analisada em exceção de pré-executividade"* (STJ – EDcl no AgInt no AREsp 1.159.127/PR, 4ª Turma, DJ 18/09/2018). Por outro lado, se a matéria de ordem pública foi *arguida pelo embargante e rejeitada por decisão judicial*, naturalmente não se poderá permitir a renovação de análise via exceção de pré-executividade.

5) Sobre o **pronunciamento judicial e o recurso cabível**: a exceção de pré-executividade é resolvida por decisão interlocutória, estando sujeita ao recurso de agravo de instrumento (art. 1.015, par. único, CPC), salvo se implicar na extinção da execução, quando se tratará de sentença atacável via recurso de apelação (arts. 203, par. 1º; e 1.009, CPC).

Pode ser utilizada no cumprimento de sentença? Sim (art. 771, CPC).

Verbete(s): Súmula nº 393, STJ: *"A exceção de pré-executividade é admissível na execução fiscal relativamente às matérias conhecíveis de ofício que não demandem dilação probatória".*

Modelo

COLENDO JUÍZO DA 1ª VARA FEDERAL DE EXECUÇÃO FISCAL DA SEÇÃO JUDICIÁRIA DO RIO DE JANEIRO – RJ.

PROC. Nº 2001.001.454467889-12.

SEVERO SANCHES, já qualificado nos autos em epígrafe, da execução fiscal que lhe promove a UNIÃO FEDERAL, vem, por intermédio do seu procurador regularmente constituído, apresentar:

EXCEÇÃO DE PRÉ-EXECUTIVIDADE

Nos termos seguintes.

O executado foi citado em data recente para que passasse a integrar a relação jurídica processual, ocasião em que pode ter acesso aos autos e verificar que o crédito tributário ora pleiteado encontra-se prescrito. Com efeito, o lançamento fiscal ocorreu em 12/12/1999 ao passo em que o deferimento de início da execução fiscal foi realizado em 05/03/2001, momento este em que foi interrompida a prescrição.

Contudo, já se passaram mais de 15 (quinze) anos sem que tivesse sido realizada a citação do executado, por única e exclusiva responsabilidade da exequente, que reteve os autos fisicamente em seu poder por todo este período. Com efeito, somente no início do ano de 2016 os mesmos foram devolvidos, após determinação deste juízo, caso em que finalmente a citação pode ser realizada regularmente.

Observa-se, outrossim, que o lapso prescricional para o presente crédito tributário é de 5 (cinco) anos, o que já se operou em data de 05/03/2006.

Portanto, à luz de todo o arrazoado, respeitosamente requer que seja intimada a parte adversária para que se manifeste quanto à presente exceção de pré-executividade (art. 9º e art. 10, CPC), para que, na sequência, seja deferido o presente requerimento, com a consequente pronúncia da prescrição, caso em que a presente execução fiscal será extinta com resolução de mérito.

Termos em que

Pede e espera deferimento.

Local e data.

Nome e assinatura do advogado(a)

> Embora nesta petição tenha sido veiculado apenas o tema "prescrição", a exceção de pré--executividade pode ser utilizada para outras matérias de ordem pública (v.g., art. 803, art. 485, § 3º, art. 337, § 5º, CPC).

> Em geral: no caso de rejeição, em princípio, não se impõe condenação do excipiente/executado em honorários advocatícios (STJ – EREsp 1.048.043/SP, Corte Especial, DJ 17/06/2009). Porém, dando-se o contraditório neste incidente, tendo o advogado do exequente exercido atividade laboral, será permitida a sua condenação na verba honorária, ainda que improcedente o incidente (STJ – REsp 1.087.266/SP, 3ª Turma, DJ 03/03/2009). No caso de acolhimento da exceção de pré-executividade, uma vez instaurado o contraditório, já se permitiu imposição de sucumbência ao exequente (STJ – AgRg no REsp 1.121.150/SC, 2ª Turma, DJ 27/10/2009).

5.3.13. Requerimento de Parcelamento/ Moratória Legal

Peça vinculada ao caso concreto: Sim.

Finalidade: Objetiva o deferimento de parcelamento/moratória legal, refletindo benesse ao executado. Diversamente de um parcelamento comum, este independe da anuência do credor (v.g., pode ser beneficiado um devedor muitíssimo rico), muito embora o mesmo tenha que

288 ■ Petições e Prática Cível

ser intimado para informar quanto ao preenchimento dos requisitos legais. Para qualquer parcelamento com bases distintas, o credor necessariamente terá que ser ouvido e anuir a respeito ("quando um não quer, dois não conciliam").

Dispositivo(s): art. 916, CPC.

Prazo: 15 (quinze) dias, ou seja, no prazo para embargos à execução (art. 915 e art. 916, CPC).

Importante:

1) São rígidas as **bases** do parcelamento/moratória legal: deve ser realizado mediante pagamento de 30% à vista do valor em execução, acrescido de custas judiciais e de honorários de advogado, e o restante em seis parcelas, acrescidas de correção monetária e juros de 1% ao mês. Fora disso, somente se o exequente aceitar.

2) Diga-se que o executado não poderá embargar e requerer tal parcelamento concomitantemente (*v.g.*, TJ-SP – 1005884-07.2016.8.26.0010, 19ª Câmara de Direito Privado, *DJ* 21/08/2017); bem como que ao requerer tal parcelamento estará renunciando ao direito de embargar (art. 916, par. 6º, CPC) – diante da ocorrência de **preclusão lógica** (vedação de comportamento contraditório processual), afinal reconheceu a existência da dívida. Se ainda assim embargar, poderá ocorrer a rejeição de plano em razão da manifesta protelação (em possível aplicação do art. 918, III, par. único, CPC). Naturalmente, não se negará a arguição de vícios posteriores (*v.g.*, art. 917, par. 1º, CPC) mesmo por aquele que frustrou o parcelamento requerido.

3) Já se entendeu aplicável tal parcelamento/moratória legal (anterior e correlato art. 745-A, CPC/1973) na **execução de alimentos**, como mais uma forma de dar efetividade à satisfação do credor, porém com o raciocínio da indispensabilidade de manifestação do credor, que poderá apresentar recusa, porém devidamente justificada: "*3. Aplicam-se as disposições do art. 745-A do CPC/1973 às obrigações alimentares decorrentes de títulos judiciais e extrajudiciais, já que não há justificativas para o afastamento de meios mais céleres, tal como o previsto no referido artigo, para a percepção de créditos alimentares. 4. É indispensável a manifestação do credor, mormente na hipótese de crédito alimentar, em atenção ao disposto nos arts. 313 e 314 do CC. A mera impugnação não é motivo de rejeição do parcelamento, sob pena de esvaziamento do sentido da norma*" (STJ – REsp 1.194.020/SP, 3ª Turma, *DJ* 07/08/2014). Ressalve-se que tal julgamento deve ser pensado com base no atual art. 916, par. 7º, CPC).

4) Há regramento permissivo de tal parcelamento/moratória legal na **ação monitória** (art. 701, par. 5º, CPC), tratando-se esta de ação de conhecimento com rito especial.

Pode ser utilizada no cumprimento de sentença? A legislação expressamente vedou este parcelamento em sede de cumprimento de sentença (art. 916, § 7º, CPC), o que não necessariamente estava de acordo com a jurisprudência de outrora (v.g., STJ – REsp 1.264.272/RJ, 4ª Turma, DJ 15/05/2012).

Modelo

COLENDO JUÍZO DA 10ª VARA CÍVEL DA COMARCA DO RIO DE JANEIRO – RJ.

PROC. Nº 0000123-30.2015.8.19.0001

TÍCIO TAVARES, já qualificado nos autos em epígrafe, da demanda que promove em face de CAIO CARVALHO, vem, por meio de seu advogado subscritor, expor para ao final requerer o seguinte.

O devedor, regularmente intimado para cumprimento voluntário da obrigação pecuniária, esclarece que não dispõe de recursos financeiros para o cumprimento à vista da pendência, muito embora possa realizá-lo de maneira parcelada. Com efeito, valendo-se da benesse legislativa (art. 916, CPC), requer o deferimento de parcelamento/moratória legal, algo que independe de anuência do credor, de modo que a liquidação da dívida se dê através do pagamento imediato de 30% (trinta por cento) do valor em execução, acrescido de custas judiciais e de honorários de advogado, e o restante em 6 (seis) parcelas, acrescidas de correção monetária e juros de 1% (um por cento) ao mês.

Em que pese ocorrer proibição legal (art. 916, § 7º, CPC), para que o mesmo seja deferido em sede de cumprimento de sentença, é certo que esta restrição é inócua e contrária à própria base principiológica do nova lei processual codificada, mormente em suas normas fundamentais, que apregoam que o texto normativo deve ser interpretado no sentido de prestigiar a razoabilidade e a eficiência (art. 8º, CPC).

Desta maneira, requer seja deferido o parcelamento/moratória legal, previsto na legislação (art. 916, CPC), oportunidade em que, em atenção à lealdade processual (art. 5º, CPC), já informa que irá realizar todos os depósitos regularmente, mesmo que ainda não tenha sido apreciado este pleito (art. 916, § 2º, CPC), suspendendo-se os atos executivos (art. 916, § 3º; e 921, inc. V, CPC).

> Para os requerimentos de parcelamento/moratória legal nas execuções por título extrajudicial, este pará grafo é desnecessário. *In casu*, formula-se pleito *contra legem* (que será indeferido no caso concreto, base do livro), mas fundamentado na própria efetividade da execução (afinal, o processamento da execução costuma demorar mais de 7 meses), o que pode se demonstrar como uma tática útil ao executado, embora tal postulação – destaque-se – não sirva para impedir a multa e a nova verba honorária relativa ao cumprimento de sentença (art. 523, § 1º, CPC).

Termos em que

Pede e espera deferimento.

Local e data.

Nome e assinatura do advogado(a)

5.4. Fluxogramas

EXECUÇÃO POR QUANTIA CERTA FUNDADA EM TÍTULO EXTRAJUDICIAL

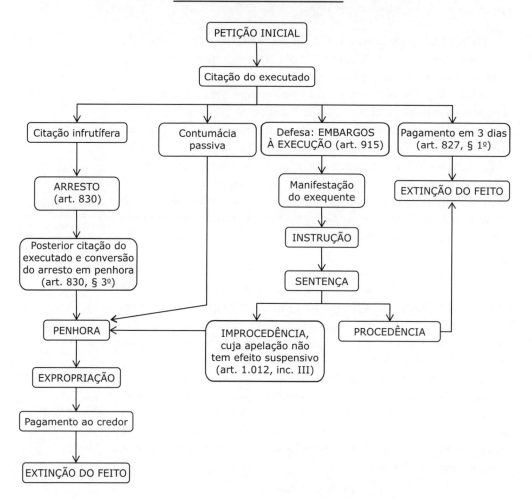

EXECUÇÃO DE ALIMENTOS FUNDADA EM TÍTULO EXTRAJUDICIAL

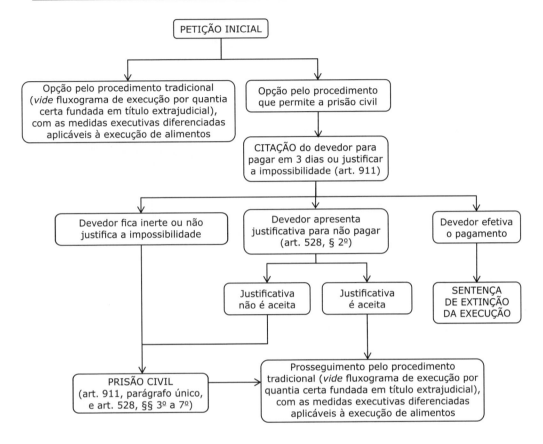

EXECUÇÃO POR TÍTULO EXTRAJUDICIAL CONTRA A FAZENDA PÚBLICA

INSOLVÊNCIA CIVIL REQUERIDA PELO CREDOR

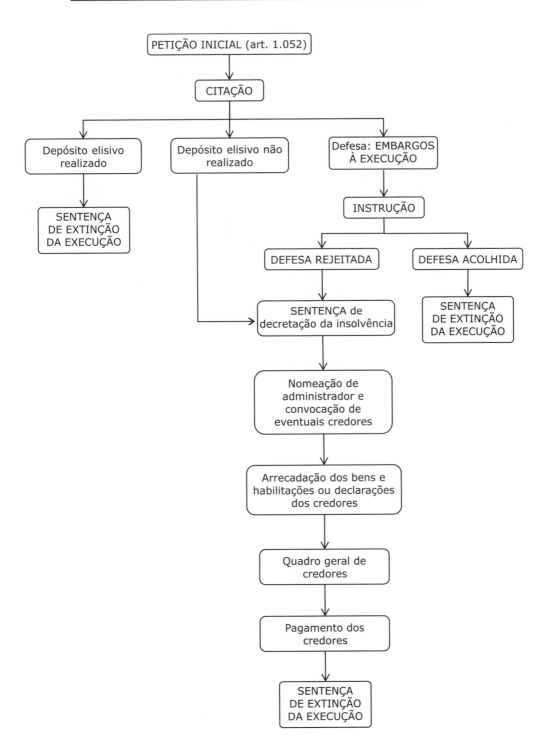

EMBARGOS À EXECUÇÃO

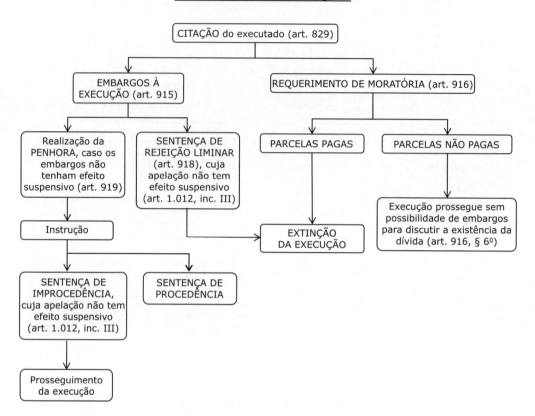

EXECUÇÃO POR OBRIGAÇÃO DE FAZER, NÃO FAZER OU PARA ENTREGA DE COISA FUNDADA EM TÍTULO EXTRAJUDICIAL

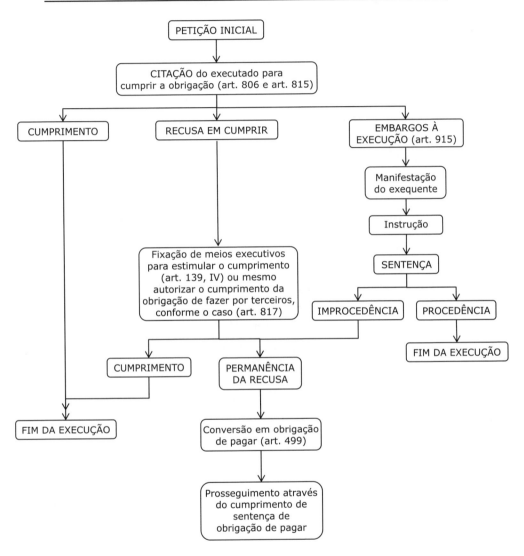

EXECUÇÃO POR OBRIGAÇÃO DE ENTREGA DE COISA INCERTA FUNDADA EM TÍTULO EXTRAJUDICIAL

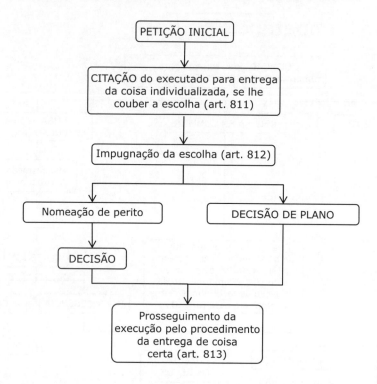

Capítulo 6
Petições Cíveis: Ações Autônomas e Incidentes de Competência Originária de Tribunal

6.1. Ação Rescisória

Peça vinculada ao caso concreto: Sim.

Finalidade: Meio processual idôneo para rescindir decisão de mérito transitada em julgado (coisa julgada material), em razão de vício processual de magnitude (vício de rescindibilidade), com eventual rejulgamento da demanda primitiva.

Dispositivo(s): art. 966 – art. 975, CPC.

Prazo: O prazo para a propositura da ação rescisória é de 2 (dois) anos, contados do trânsito em julgado da decisão (art. 975, CPC). Trata-se de prazo contato em dias corridos, tanto é que se cair o dia final em final de semana, feriado ou férias forenses, será o prazo prorrogado para o primeiro dia útil seguinte (art. 975, § 1º, CPC). Registre-se que a *legislação traz hipóteses excepcionais em que o termo inicial do prazo bienal não será o* trânsito em julgado da decisão que se pretenda rescindir (v.g., art. 975, § 2º, 3º; art. 525, § 15; e art. 535, § 8º, CPC).

Importante:

1) A **competência** da ação rescisória é sempre de Tribunal, e nunca da primeira instância. Cuida-se de competência originária dos Tribunais para rescindir seus próprios julgados, o que traduz, vulgarmente, a expressão "roupa suja se lava em casa". Assim é que os Tribunais inferiores processam e julgam ação rescisória dos seus próprios julgados de mérito, como também das sentenças desta qualidade proferidas por magistrados a eles vinculados. Por seu turno, os Tribunais Superiores somente apreciam ação rescisória que impugna suas próprias decisões de mérito (*v.g.*, art. 102, I, "j"; art. 105, I "e"; art. 108, I "b", CRFB).

2) Não é cabível ação rescisória no âmbito dos **Juizados Especiais Cíveis** (art. 59, Lei nº 9.099/1995), ou seja, a "Turma Recursal" não é uma "Turma Rescisória".

3) São **provimentos rescindíveis**. Segundo a legislação, pode ser rescindida qualquer "decisão de mérito" (art. 966, *caput*, CPC), o que abrange acórdãos, decisões monocráticas, sentenças e, eventualmente, até mesmo decisão interlocutória de mérito (*v.g.*, art. 356, CPC). Além disso, a ação rescisória também pode ser utilizada para decisões que não sejam de mérito, mas desde que impeçam a propositura de nova demanda (*v.g.*, decisão com fundamento no art. 485, V, CPC) ou que neguem a admissibilidade do recurso correspondente (art. 966, par. 2º, CPC).

298 ■ *Petições e Prática Cível*

4) A ação rescisória é **via processual inidônea para mera alegação de injustiça da decisão**, somente podendo ser empregada diante da situação de vícios de extrema gravidade, justamente aqueles elencados em lei (incisos do art. 966, CPC).

5) Quanto à **postulação**, tenha-se atenção para indicar corretamente a decisão que se pretende rescindir, com exame da incidência do efeito substitutivo dos recursos, tendo havido interposição destes. Entretanto, já se entendeu que eventual equívoco se trata de mera irregularidade, inclusive, com base no princípio da primazia da solução de mérito (art. 968, §§ 5º e 6º, CPC): *"O pedido de rescisão da sentença, em vez do acórdão que a substituiu, não conduz à impossibilidade jurídica do pedido, constituindo mera irregularidade formal"* (STJ – REsp 1.569.948/AM, 3ª Turma, DJ 11/12/2018). Esclareça-se que a petição inicial da ação rescisória comumente traz **cumulação de pedidos** (art. 968, I, CPC), de rescindir a decisão de mérito transitada em julgado ("juízo rescindente"), e, na eventualidade de este ser acolhido, de novo julgamento da demanda primitiva novamente ("juízo rescisório"). Contudo, existem hipóteses em que não se fará o segundo pedido, pois impossibilitado (*v.g.*, art. 966, IV, CPC).

Verbete(s): Súmula nº 252, STF: *"Na ação rescisória não estão impedidos juízes que participaram do julgamento rescindendo";* **Súmula nº 264, STF:** *"Verifica-se a prescrição intercorrente pela paralisação da ação rescisória por mais de cinco anos";* **Súmula nº 343, STF:** *"Não cabe ação rescisória por ofensa a literal disposição de lei, quando a decisão rescindenda se tiver baseado em texto legal de interpretação controvertida nos tribunais";* **Súmula nº 514, STF:** *"Admite-se ação rescisória contra sentença transitada em julgado, ainda que contra ela não se tenha esgotado todos os recursos";* **Súmula nº 175, STJ:** *"Descabe o depósito prévio nas ações rescisórias propostas pelo INSS";* **Súmula nº 401, STJ:** *"O prazo decadencial da ação rescisória só se inicia quanto não for cabível qualquer recurso do último pronunciamento judicial";* **Súmula nº 100, II, TST:** *"Havendo recurso parcial no processo principal, o trânsito dá-se em momentos e em tribunais diferentes, contando-se o prazo decadencial para a ação rescisória do trânsito em julgado de cada decisão, salvo se o recurso tratar de preliminar ou prejudicial que possa tornar insubsistente a decisão recorrida, hipótese em que flui a decadência a partir do trânsito em julgado da decisão que julgar o recurso parcial";* **Súmula nº 122, TST:** *"Na hipótese de colusão das partes, o prazo decadencial da ação rescisória somente começa a fluir para o Ministério Público, que não interveio no processo principal, a partir do momento em que tem ciência da fraude"* (N.A.: este verbete foi cancelado em 11/08/2003, muito embora o seu conteúdo tenha sido adotado pelo CPC – art. 975, § 3º).

Modelo

É fundamental analisar o regimento de cada Tribunal para perquirir o órgão interno adequado para ajuizar a ação rescisória. A distribuição errônea passa a ser vista como vício sanável, cabendo ao Relator intimar a parte para realizar os reparos necessários antes de declinar em prol do Tribunal competente (art. 968, §§ 5º e 6º, CPC).

COLENDO JUÍZO DA _ CÂMARA CÍVEL DO TRIBUNAL DE JUSTIÇA DO RIO DE JANEIRO.

PROC. ORIGINÁRIO Nº 0000123-30.2015.8.19.0001

Petições Cíveis: Ações Autônomas e Incidentes de Competência Originária de Tribunal ■ 299

TÍCIO TAVARES, brasileiro, solteiro, profissional liberal, domiciliado e residente na Rua Uruguaiana, nº 11, apartamento nº 616, Centro, Cep: 33.159-161, na cidade do Rio de Janeiro – RJ, regularmente inscrito no CPF sob o nº 444.598.874-17, com endereço eletrônico ticio.tavares@internet.com.br, vem, por intermédio de seu procurador regularmente constituído, ajuizar a presente:

AÇÃO RESCISÓRIA

em face de CAIO CARVALHO, brasileiro, solteiro, agente público, domiciliado e residente na Rua Barão do Rio Branco, nº 1.505, Centro, Cep: 33.122-101, na cidade do Rio de Janeiro – RJ, regularmente inscrito no CPF sob o nº 183.298.118-59, com endereço eletrônico caio.carvalho@internet.com.br, pelos fatos e fundamentos seguintes:

O autor é demandado no processo originário (Proc. nº 0000123-30.2015.8.19.0001), ora em fase de cumprimento de sentença, perante a 10ª Vara Cível da Comarca desta Capital. Acrescenta-se que, neste processo, foi proferida sentença que condenou o ora demandante a pagar R$ 15.000,00 (quinze mil reais) a outra parte (fls.), já constando a devida certificação do trânsito em julgado (fls.).

Ocorre que o processo primitivo padece de vício extremamente grave ("rescindibilidade"), enquadrado na legislação (art. 966 e incisos, CPC), que autoriza a rescisão do julgado anteriormente prolatado, para que este Tribunal possa, à luz dos elementos ora trazidos, proferir nova decisão meritória no processo primitivo.

O(s) fundamento(s) da presente ação rescisória é(são) o(s) seguinte(s):

I.1. – Decisão proferida por força de prevaricação, concussão ou corrupção do magistrado (art. 966, inc. I, CPC).

Em dado momento do processo primitivo, o ora demandante colocou em xeque a parcialidade do magistrado atuante, muito embora sua arguição de suspeição não tenha sido acolhida por este Egrégio Tribunal. Contudo, observa-se que, de acordo com cópia do inquérito policial que acompanha esta peça, foi iniciada investigação criminal, também amplamente noticiada na imprensa, justamente para apurar ilícitos penais e irregularidades cometidas por este mesmo magistrado em diversos processos que atua. Diga-se que um dos fatos investigados guarda direta ligação com o processo primitivo, pois é investigada a prática de corrupção por parte deste agente político, que teria recebido valores indevidamente da parte autoral. Deste modo, está perfeitamente delineada esta "rescinbilidade" ("juiz peitado"), apta a ensejar não apenas a rescisão da decisão de mérito proferida, mas, também, de todos os demais atos processuais que este juiz tenha praticado no processo em que atuou, prolatando-se outra decisão em substituição.

Será(ão) legitimado(s) passivo(s) todo(s) aquele(s) que figure(m) como parte(s) na demanda original e não figure(m) no polo ativo desta nova relação processual. Não é preciso incluir o(a) advogado(a) da parte adversa que recebeu honorários advocatícios oriundos da decisão favorável rescindenda, uma vez que este(a) ostenta interesse apenas reflexo na manutenção daquela decisão (STJ – AgInt no AgInt no AREsp 1.835.936/RS, 4ª Turma, *DJ* 29/11/2021).

Serão apresentados modelos para cada um dos vícios de rescindibilidade (art. 966, CPC), cabendo ao leitor adaptá-los ou excluí-los, conforme sua necessidade ou conveniência. Admite-se cumulação de causas de pedir na hipótese. Vale dizer que algumas matérias não guardam pertinência com a "situação concreta" apresentada no Capítulo 1.

A prática de tais condutas pode ser demonstrada e comprovada nos próprios autos da rescisória. Não se exige prévia condenação na esfera criminal, nem mesmo a existência de ação penal em curso, até porque aguardar o fim desta instrução poderá culminar com a perda do prazo para ação rescisória. Dependendo do resultado da esfera penal, estará o juízo cível vinculado (*v.g.*, art. 935, CC). Já se decidiu que a absolvição criminal fundada na falta de provas do fato infracional por parte do réu não repercute na condenação cível transitada em julgado (STJ – REsp 593.902/MG, 3ª Turma, *DJ* 14/06/2005).

I.2. Decisão proferida por magistrado impedido ou por juízo incompetente (art. 966, inc. II, CPC).

O magistrado atuante no processo primitivo encontra-se impedido de nele atuar. Com efeito, de acordo com a documentação ora carreada aos autos, observa-se que o ora demandado figura como cliente de escritório de advocacia em que atua o irmão do magistrado, o que é proibido pela legislação (art. 144, inc. VIII, CPC). Destaca-se, ainda, que se trata de vício que não se convalida mesmo que o ora demandante não tenha apresentado arguição neste sentido em primeira instância, já que o impedimento constitui nulidade absoluta, não se sujeitando à preclusão. Portanto, está perfeitamente delineado o vício de "rescinbilidade", apto a ensejar não apenas a rescisão da decisão de mérito proferida, mas, também, de todos os demais atos processuais que este juiz tenha praticado no processo em que atuou, prolatando-se outra decisão em substituição.

> Note-se que a suspeição (art. 145, CPC) é vício menos grave que o impedimento e, por isso, não se sujeita à ação rescisória.

> Nesta hipótese, não será caso de o autor da ação rescisória postular a prolação de nova decisão (inaplicável a cumulação de pedidos prevista no art. 968, I, CPC). Noutro giro, frise-se que a incompetência relativa não se sujeita à ação rescisória, justamente porque a ausência de sua alegação no momento processual oportuno torna preclusa a matéria, dando-se a prorrogação de competência (art. 65, CPC).

Ademais, apura-se situação flagrante de incompetência absoluta quanto à matéria, já que o feito foi ajuizado em juízo diverso daquele previsto na legislação estadual de organização judiciária, não tendo sido respeitado o juízo especializado ali previsto (art. XX, Lei estadual de Organização Judiciária). Desta feita, tal vício de rescindibilidade enseja a desconstituição da decisão de mérito proferida, com a determinação de declínio dos autos ao juízo competente (art. 64, § 3º, CPC).

I.3. Decisão proferida em processo que resulta de dolo ou coação da parte vencedora, ou, ainda, de simulação ou colusão entre as partes (art. 966, inc. III, CPC).

> O vício de citação, em verdade, encontra acolhida como defesa apresentada pelo executado no cumprimento de sentença, através de impugnação (art. 525, § 1º, inc. I, CPC), em formato muito menos dispendioso.

No processo originário, observa-se que o ora demandado (autor da ação originária) agiu com "dolo", pois informou na petição inicial endereço residencial que não era o do ora demandante (réu da ação originária). Assim, diante da certidão negativa de citação, foi pleiteada a citação por edital do ora demandante, que não teve ciência do processo primitivo, tendo sido condenado à revelia (fls.). Observa-se que o ora demandante sempre residiu no mesmo endereço, conforme farta documentação em anexo, inclusive cópias de declarações de imposto de renda anteriores. Assim, não tendo sido informado corretamente o endereço, que era de prévia ciência do ora demandado, fatalmente se observa que o mesmo laborou com dolo no processo primitivo (art. 258, CPC), induzindo em erro o magistrado que autorizou uma citação ficta sem que fossem esgotados os meios de localização pessoal do ora autor, frustrando-lhe seu direito ao contraditório e à ampla defesa (art. 5º, inc. LV, CRFB). Portanto, está perfeitamente delineada esta "rescinbilidade", apta a ensejar não apenas a rescisão da decisão de mérito proferida, mas, também, de todos os demais atos processuais, prolatando-se outra decisão em substituição.

Petições Cíveis: Ações Autônomas e Incidentes de Competência Originária de Tribunal — 301

I.4. Decisão que ofende coisa julgada (art. 966, inc. IV, CPC).

De acordo com a documentação em anexo, o ora demandado já havia processado o ora demandante, em processo que também tramitou perante o mesmo órgão jurisdicional de primeira instância, tendo sido o mesmo autuado sob o nº 0000987-17.2014.8.19.0001. Conforme se observa, diante da identidade de partes, pedido e causa de pedir (art. 337,

§ 2º, CPC), trata-se exatamente da mesma ação judicial em que foi proferida sentença de total improcedência, com resolução de mérito (art. 487, inc. I, CPC). De maneira absolutamente temerária, o ora demandado "repetiu" a mesma ação anterior, dando ensejo a um novo processo, agora o de nº 0000123-30.2015.8.19.0001, em que foi realizada a citação do ora demandante por edital e que cujo pedido foi julgado inteiramente procedente pelo novo magistrado que ali se encontra lotado. Assim, conforme se observa, a sentença de mérito proferida no segundo processo (Proc. nº 0000123-30.2015.8.19.0001), ofende a autoridade da coisa julgada material formada no primeiro (Proc. nº 0000987-17.2014.8.19.0001), o que caracteriza exatamente a presença desta rescindibilidade. Portanto, deve ser o pleito autoral acolhido para que a decisão de mérito proferida no processo mais recente seja rescindida, assim como a coisa julgada nela formada, de modo a prevalecer o que restou decido anteriormente (art. 5º, inc. XXXVI, CRFB).

> Nesta hipótese, não será caso de o autor da ação rescisória postular a prolação de nova decisão (inaplicável a cumulação de pedidos prevista no art. 968, I, CPC).

I.5. Decisão que violar manifestamente norma jurídica (art. 966, inc. V, CPC).

No caso vertente, foi proferida sentença observando acórdão proferido em julgamento de casos repetitivos (fls.), muito embora o ora demandante tenha suscitado, em diversas ocasiões (fls.), que a questão em comento não era exatamente a mesma que foi discutida no padrão decisório que lhe deu fundamento (art. 966, § 5º, CPC). Com efeito, a tese jurídica, fixada nos precedentes vinculantes, teve por base, tão somente, a escorreita interpretação de textos normativos que regulam os contratos de propriedade fiduciária (Lei nº 9.514/1997). Contudo, como bem exposto nos autos, o presente processo versa sobre contrato de mútuo, que, além de ser regulado por outros dispositivos (art. 586 e seguintes, CC), também tem dinâmica totalmente distinta do modelo em que o padrão decisório se estabeleceu. Portanto, tendo em vista que o ora demandante logrou êxito em demonstrar, fundamentadamente, situação particularizada por hipótese fática distinta a impor outra solução jurídica (art. 966, § 6º, CPC), alternativa outra não resta do que a acolhida do pleito autoral, para que a decisão de mérito proferida no processo primitivo seja rescindida, de modo que outra seja dada por este Tribunal, já que não há mais a necessidade de se produzir qualquer outra prova.

> Se o texto legal é de interpretação controvertida, não cabe ação rescisória (Verbete Sumular nº 343, STF). Ocorre que em matéria constitucional, entende-se pela *inaplicabilidade* do referido entendimento sumulado, isto é, quando violada norma de índole constitucional, ainda que haja interpretação controvertida dessa matéria, será cabível a ação rescisória (STF – RE 529.675 AgR-segundo/CE, 1ª Turma, *DJ* 21/09/2018).
>
> A indicação do dispositivo de lei violado é ônus do requerente, haja vista constituir a causa de pedir da ação rescisória, vinculando, assim, o exercício da jurisdição pelo órgão competente para sua apreciação (STJ – REsp 1.663.326/RN, 3ª Turma, *DJ* 11/02/2020).

302 ■ *Petições e Prática Cível*

> A prova falsa deve ter sido decisiva para o resultado que se pretende rescindir. Pode esta ser reconhecida em outro processo, civil ou criminal, se a parte a ser prejudicada dele participou, em respeito ao contraditório, quando constituirá prova emprestada; ou mesmo na própria ação rescisória.

I.6. Decisão que for fundada em prova cuja falsidade tenha sido apurada em processo criminal ou venha a ser demonstrada na própria ação rescisória (art. 966, inc. VI, CPC).

De acordo com a sentença proferida pelo magistrado (fls.), observa-se que a prova preponderante para o seu veredicto foi a de natureza pericial, pois se tratava de questão fática que demandava esclarecimentos técnicos maiores para a sua melhor compreensão. Contudo, por meio da documentação em anexo, se observa que o perito foi coagido e ameaçado a produzir o referido laudo com aquele conteúdo. Trata-se, portanto, de prova ilícita, o que é proibido pela Carta Magna (art. 5º, inc. LVI, CRFB), e que contaminou a sentença que tanto a considerou (art. 281, CPC). Portanto, alternativa outra não resta do que a acolhida do pleito autoral, para que a decisão de mérito proferida no processo primitivo seja rescindida, de modo que outra seja dada por este Tribunal, admitida a produção de nova prova pericial antes do seu julgamento (art. 938, § 3º, c/c art. 972, CPC), o que se requer.

I.7. Juntada de prova nova, cuja existência o ora demandante ignorava ou da qual não podia fazer uso na ocasião em que a decisão foi proferida (art. 966, inc. VII, CPC).

> A "novidade" da prova significa que ela seja inédita nos autos, sendo exigido que o autor não a conhecesse ou ignorasse a sua existência. Já se admitiu a produção de prova nova testemunhal nesse escopo" (STJ – REsp 1.770.123/SP, 3ª Turma, DJ 26/03/2019). No entanto, se a parte não foi diligente ao produzir a prova no curso do processo que transitou em julgado, não se terá êxito na ação rescisória (STJ – REsp 705.796/ RS, 5º Turma, DJ 06/12/2007).

O demandado apresenta neste momento, prova documental, incisiva no sentido de que o ora demandado dava plena, geral e irrevogável quitação quanto ao débito narrado na petição inicial do processo originário. Acrescenta, outrossim, que não foi possível apresentá-la oportunamente naquele processo, em virtude de a mesma ter sido subtraída de seu poder, por meio do crime de furto, o que até mesmo foi comunicado à Autoridade Policial, que instaurou inquérito policial para apuração destes eventos (docs. Anexos). Contudo, somente com o avançar das investigações, é que se pôde localizar o referido documento em um dos muitos escritórios do ora demandado – situação que implica, inclusive, em especial forma de contagem do prazo da ação rescisória (art. 975, § 2º, CPC).

Assim, restando demonstrado de maneira satisfatória que o referido documento preenche todos os requisitos constantes em lei para ser considerado como "prova nova" (art. 966, inc. VII, CPC), alternativa outra não resta do que a acolhida do pleito autoral, para que a decisão de mérito proferida no processo primitivo seja rescindida, de modo que outra seja dada por este Tribunal.

Nessa hipótese de rescindibilidade, a "prova nova" retrata um elemento indispensável à propositura da ação rescisória (art. 320, CPC), que deve ser bem especificado na exordial, não sendo possível a parte aproveitar para produzir genericamente novas provas (*v.g.*, TJ-RJ – 0024248-69.2016.8.19.0000, Seção Cível Comum, *DJ* 02/06/2016) – ao contrário de outras hipóteses da rescisória em que se permite dilação probatória (*v.g.*, art. 972, CPC).

I.8. Decisão fundada em erro de fato (art. 966, inc. VIII, CPC).

No caso vertente, ocorreu erro de fato, pois o magistrado atuante em primeira instância admitiu como existente um fato que, naturalisticamente, jamais ocorreu. Com efeito, em sua linha defensiva no processo originário o ora demandante esclareceu que já manteve intensas relações comerciais com o ora demandado, muito embora não tenha encontrado registros da existência do empréstimo discutido. Contudo, também aduziu, em momento próprio, que identificou diversos pagamentos efetuados na conta bancária do ora demandado, o que poderia guardar relação com o mencionado contrato de mútuo narrado na petição inicial do processo nº 0000987-17.2014.8.19.0001. Portanto, duas eram as linhas defensivas: a) inexistência da relação jurídica; b) se, eventualmente, ela realmente tiver existido, então a obrigação já foi extinta pelo pagamento. Só que, conforme se observa nos autos (fls.), o magistrado ao fundamentar o ato decisório somente enfrentou a tese defensiva referente ao pagamento, o que "implicitamente" admite a existência da relação jurídica. Assim, é nítida a ocorrência de erro de fato, pois implicitamente foi considerado como existente fato jurídico que não ocorreu (art. 966, § 1º, CPC). Logo, alternativa outra não resta do que a acolhida do pleito autoral, para que a decisão de mérito proferida no processo primitivo seja rescindida, de modo que outra seja dada por este Tribunal.

II – Requerimentos:

Pelo exposto, requer:

a) que, se for detectado erro no encaminhamento da presente ação rescisória, que sejam observadas as normas processuais próprias que permitem ao demandante ajustá-la, antes do declínio de competência ao Tribunal competente (art. 968, §§ 5º e 6º, CPC);

b) que, liminarmente, seja concedida tutela provisória para suspender o cumprimento de sentença nos autos do processo nº 0000987-17.2014.8.19.0001, tendo em vista o preenchimento dos requisitos legais para tanto, notadamente a probabilidade do direito pelo

304 ■ *Petições e Prática Cível*

> A ação rescisória gera a necessidade de o autor prestar caução de 5% (cinco por cento) sobre o valor da causa, que será revertida a outra parte, caso esta demanda seja, por unanimidade, considerada inadmissível ou seu pedido seja julgado improcedente (art. 968, inc. II c/c art. 974, parágrafo único, CPC). Atente-se que agora esta caução fica limitada a 1.000 (mil) salários-mínimos (art. 968, § 2º, CPC), bem como que ela é dispensada em certas circunstâncias (art. 968, § 1º, CPC).

> O juízo rescindente (desconstituição da coisa julgada) estará sempre presente, em todas as hipóteses de procedência da ação rescisória. Já o juízo rescisório (prolação de nova decisão) é dependente do prévio acolhimento do juízo rescindente, cuja vitória não significa, todavia, vitória no juízo rescisório

> Cuida-se de técnica de julgamento obrigatória, que, na medida das coisas, substitui o antigo recurso voluntário de embargos infringentes.

> Trata-se de faculdade do patrono, que poderá realizar um planejamento tributário quanto aos valores que irá receber, bem como melhor se organizar para efeito de intimações.

> O valor da causa, em regra, será idêntico ao valor da causa em que proferida a decisão que se pretende rescindir. Mas se o benefício econômico perseguido com a procedência da rescisão for diverso da causa primitiva, o valor da causa merecerá adequação (STJ – REsp 718.473/SC, 1ª Turma, DJ 20/10/2005).

que acima foi narrado, bem como diante da existência de dano ao ora demandante caso a execução prossiga e o mesmo tenha os seus bens constritos e expropriados de maneira prematura (art. 969, CPC);

c) que, seja citado o demandado para apresentar a sua defesa, em prazo a ser fixado entre 15 (quinze) a 30 (trinta) dias (art. 970, CPC), bem como requer seja acostada aos autos a guia indicativa de que a caução foi regularmente realizada pelo demandante (art. 988, II, CPC);

d) que, se V.Ex.a entender pela necessidade de dilação probatória, seja então determinada a produção das provas necessárias por meio da expedição de carta de ordem ao juízo inferior (art. 972, CPC);

e) que, no dia da sessão, seja reconhecido o direito à sustentação oral do autor (art. 937, inc. VI, CPC), e, na sequência, sejam realizados tanto o juízo rescidente quanto o juízo rescisório pelo órgão colegiado competente, de modo que seja rescindida a decisão de mérito proferida e desconstituída a coisa julgada material formada, para que outra decisão de mérito seja imediatamente proferida, preferencialmente favorável aos intentos do ora demandante;

f) que, sendo o pedido julgado procedente por maioria, seja então observada a técnica processual que impõe o prosseguimento do julgamento, com a convocação de tabelares (art. 942, § 3º, inc. I, CPC);

g) que, por fim, seja o vencido condenado a arcar com a sucumbência, ou seja, com as custas processuais e os honorários advocatícios, determinando-se a devolução da caução realizada previamente em favor do vencedor, ora demandante (art. 974, *in fine*, CPC).

Protesta provar o alegado por todos os meios de prova admitidos por lei, notadamente pela produção antecipada de prova, ata notarial, documentos físicos e eletrônicos, confissão, testemunhas, perícia, prova técnica simplificada.

As eventuais intimações do patrono do demandante deverão ser realizadas em nome da sociedade de advogados que integra, que é a Sampaio & Lacombe Advogados Associados, com endereço à Rua do Rosário, nº 88, Centro, Cep: 33.142-176, na cidade do Rio de Janeiro – RJ (art. 106 c/c art. 272, § 1º, CPC). Aliás, desde logo se requer que eventual verba honorária sucumbencial também seja a ela destinada (art. 85, § 11, CPC).

Dá à causa o valor de R$ 15.000,00 (quinze mil reais), pois este é o conteúdo econômico favorável ao ora demandado no processo em que foi proferida a decisão que ora se pretende rescindir.

Termos em que

Pede e espera deferimento.

Local e data.

Nome e assinatura do advogado(a)

Petições Cíveis: Ações Autônomas e Incidentes de Competência Originária de Tribunal ■ **305**

6.2. Reclamação

Peça vinculada ao caso concreto: Sim.

Finalidade: A reclamação possui desiderato taxativo, tocando respeito à moldura normativa: a) preservar a competência de tribunal, em resguardo do problema da usurpação/invasão de competência (art. 988, I, CPC); b) garantir a autoridade/cumprimento de decisões proferidas por tribunal, o que inclui a situação de respeito a precedentes judiciais, de forma a remediar o problema da desobediência (art. 988, II, III e IV, CPC); e, especificamente, c) eliminar divergência entre as decisões do STJ e das Turmas Recursais dos Juizados Especiais Cíveis Estaduais (sobre o tema, *vide* STF – RE 571.572 ED/BA, Tribunal Pleno, *DJ* 26/08/2009; Resolução nº 12/2009, STJ, ora revogada pela Emenda Regimental nº 22, STJ (art. 4º); bem como Resolução nº 3/2016, STJ/GP). Em síntese: a reclamação tem clara natureza jurisdicional, sendo retratada como uma ação autônoma de conhecimento de competência originária de tribunal, com a finalidade de eliminação da insegurança jurídica. Grosso modo, a normatividade viabiliza um remédio procedimental direto aos referidos órgãos de destinação, em situações específicas, de forma mais adequada do que o aparato recursal, pois, para a reclamação, é inexigível a atenção aos específicos requisitos de admissibilidade dos recursos excepcionais.

Dispositivo(s): art. 988 (alterado pela Lei nº 13.256/2016) – art. 993, CPC; art. 102, I, "l"; art. 103-A, par. 3º; art. 105, I, "f"; art. 111-A, par. 3º, CRFB.

Prazo: A lei não estabelece, mas veda que seja ajuizada após a decisão, que é objeto da reclamação, já haver transitado em julgado (art. 988, § 5º, inc. I, CPC). Isso significa que a reclamação não atua propriamente como sucedânea/substituta da ação rescisória. É perceptível que tal vedação inexistirá quando se busque fazer valer a autoridade/cumprimento do julgado imutável, afinal neste caso a reclamação servirá não para modificar a decisão, mas para fazê-la cumprir.

Importante:

1) É deflagrada através de **petição inicial**, cabendo observar os requisitos legais que guardem compatibilidade (em referência ao art. 319, CPC). Deve ser indicada a hipótese de cabimento da reclamação, sob pena de inépcia. Também deve ser comprovado o esgotamento da instância administrativa no caso de inobservância de súmula vinculante (art. 7º, par. 1º, Lei nº 11.417/2006).

2) A normatividade procedimental da reclamação faz um **paralelo com o procedimento do mandado de segurança**. A sumariedade ritual e a cognição parcial ajustadas para a reclamação têm suporte na exigência de instrução da petição inicial mediante prova documental pré-constituída (*v.g.*, cópia do julgado do tribunal que se alega desobedecido), mitigando a possibilidade de dilação probatória (art. 988, par. 2º, CPC).

3) No caso de decisão que viole **precedente firmado em recurso especial ou recurso extraordinário repetitivos (art. 927, III, CPC)**, deverá a parte "esgotar a instância ordinária" antes de ajuizar a reclamação (art. 988, § 5º, II, CPC, incluído pela Lei nº 13.256/2016).

306 ■ Petições e Prática Cível

O sentido é evitar que o desrespeito a tais precedentes, por qualquer juiz de primeira instância, permita, desde já, o ajuizamento de reclamação perante o STF ou STJ, conforme o caso, o que aumentaria a carga de trabalho dos tribunais superiores. Segundo a jurisprudência, o esgotamento da instância ordinária somente se dá após a interposição e julgamento do agravo interno (art. 1.030, § 2º, CPC) perante o tribunal local, não sendo permitida a interposição da reclamação de forma prematura: *"É cabível reclamação para garantir a observância de precedente formado em julgamento de recurso especial repetitivo, desde que esgotadas as instâncias ordinárias. Inteligência do art. 988, § 5º, do CPC. 2. Exaurida a instância recursal ordinária com o julgamento do agravo interno a que se refere o art. 1.030, § 2º, do CPC, esse é o julgado cuja validade será o objeto de análise desta reclamação e de eventual juízo de cassação tendente a dar a correta destinação do recurso especial obstado na origem"* (STJ – Rcl 37.081/SP, 1ª Seção, DJ 10/04/2019); *"2. A reclamante interpôs agravo interno contra a decisão que inadmitiu o recurso especial, havendo sua apreciação pela Corte de origem, o que caracteriza o esgotamento de instância. Na linha desse entendimento já decidiu a Corte Suprema: 'O esgotamento da instância ordinária ocorre apenas em sede de agravo interno contra o juízo a quo de admissibilidade de recurso da competência do STF, sob a perspectiva objetiva de adequação entre o teor do provimento concedido pelo órgão de origem e a tese de repercussão geral firmada pela Suprema Corte' (Rcl 24.407/DF, decisão monocrática do Rel. Min. Dias Toffoli, DJe 1º/8/2016). Nesse mesmo sentido, as seguintes decisões do STF (...)"* (STJ – Rcl 34.014/SP, 1ª Seção, Rel. Min. Og Fernandes, DJ 28/06/2017). Detalhadamente: somente cabe reclamação *após o julgamento do agravo interno* interposto contra a decisão do presidente ou vice-presidente do tribunal de origem (art. 1.030, § 2º, CPC), quando encerrado o *iter* relativo ao processamento do recurso excepcional nesta referida Corte inferior. Com efeito, a reclamação constitui a *última via* para fazer valer o precedente repetitivo do tribunal superior, quando haja inobservância pelo tribunal inferior, após o julgamento do agravo interno.

4) Admite-se **sustentação oral** do advogado na reclamação (art. 937, VI, CPC).

5) Em princípio, a jurisprudência era refratária à condenação do vencido em **honorários advocatícios** na reclamação (STJ – Rcl 2.017/RS, 3ª Seção, DJ 08/10/2008), à semelhança do que acontece com o mandado de segurança, analogicamente (art. 25, Lei nº 12.016/2009). Porém, melhor entendimento poderá ser buscado sob a óptica da natureza de "ação" da reclamação: *"2. O CPC/2015 promoveu modificação essencial no procedimento da reclamação, ao instituir o contraditório prévio à decisão final (art. 989, III). Neste novo cenário, a observância do princípio da causalidade viabiliza a condenação da sucumbente na reclamação ao pagamento dos respectivos honorários, devendo o respectivo cumprimento da condenação ser realizado nos autos do processo de origem, quando se tratar de impugnação de decisão judicial"* (STF – Rcl 24.417/ SP, 1ª Turma, Rel. Min. Luís Roberto Barroso, DJ 07/03/2017). No mesmo sentido, FPPC, nº 661: *"É cabível a fixação de honorários advocatícios na reclamação, atendidos os critérios legais".*

Verbete(s): Súmula nº 734, STF: *"Não cabe reclamação quando já houver transitado em julgado o ato judicial que se alega tenha desrespeitado decisão do Supremo Tribunal Federal".*

Modelo

COLENDO JUÍZO DA _ TURMA DO SUPERIOR TRIBUNAL DE JUSTIÇA.

A reclamação deve ser ajuizada perante qualquer Tribunal (não só Tribunal Superior) e seu julgamento compete ao órgão jurisdicional cuja competência se busca preservar ou cuja autoridade se pretenda garantir (art. 988, § 1º, CPC).

PROC. ORIGINÁRIO Nº 0000123-30.2015.8.19.0001

TÍCIO TAVARES, brasileiro, solteiro, profissional liberal, domiciliado e residente na Rua Uruguaiana, nº 11, apartamento nº 616, Centro, Cep: 33.159-161, na cidade do Rio de Janeiro – RJ, regularmente inscrito no CPF sob o nº 444.598.874-17, com endereço eletrônico ticio.tavares@internet.com.br, vem, por intermédio de seu procurador regularmente constituído, ajuizar:

RECLAMAÇÃO COM REQUERIMENTO DE LIMINAR.

Em que aponta como Autoridade o MM. Magistrado atuante na 10ª Vara Cível da Comarca do Rio de Janeiro – RJ, em razão de o mesmo ter proferido sentença nos autos do processo nº 0000123-30.2015.8.19.0001 – que está sendo objeto de recurso para evitar o trânsito em julgado (art. 988, § 5º, inc. I, CPC) –, que beneficiou CAIO CARVALHO, brasileiro, solteiro, agente público, domiciliado e residente na Rua Barão do Rio Branco, nº 1.505, Centro, Cep: 33.122-101, na cidade do Rio de Janeiro – RJ, regularmente inscrito no CPF sob o nº 183.298.118-59, com endereço eletrônico caio.carvalho@internet.com.br, pelos fatos e fundamentos seguintes.

Quanto à legitimidade passiva, expõe a lei que o beneficiário da decisão impugnada será citado (art. 989, III, CPC), sendo este o réu da reclamação, notadamente porque a procedência desta ação importará em seu prejuízo. A autoridade que usurpa a competência ou que age contrariamente à autoridade das decisões do tribunal atua no processo apenas para prestar informações (art. 989, I, CPC), trazendo elementos de prova para a prolação do decisum.

A reclamação é demanda de competência originária de Tribunal, com diversas finalidades, sendo que, neste caso vertente, a mesma está sendo empregada para garantir a autoridade das decisões desse Egrégio Tribunal Superior (art. 988, CPC).

Com efeito, conforme se observa nos autos, o pedido deduzido pelo autor (beneficiário da decisão reclamada), foi julgado inteiramente procedente, com a condenação do reclamante a lhe pagar a quantia de R$ 15.000,00 (quinze mil reais), mais juros e correção monetária, além da sucumbência (fls.).

Ocorre que, malgrado o reconhecido saber jurídico do magistrado apontado, o que se observa é que não foram analisadas todas as teses defensivas apontadas pelo reclamante em sua contestação no processo primitivo. Com efeito, soa nítido que a prestação jurisdicional não foi a mais adequada, pois o enfrentamento com o devido aprofundamento iria permitir que o resultado do processo fosse outro. E, por este motivo, houve

O argumento aqui exposto é meramente ilustrativo, por ser inconsistente, eis que a norma em comento (art. 927, CPC), não estabelece claramente que qualquer jurisprudência do STJ irá vincular as demais instâncias. Inclusive, isto será rebatido na peça de contestação a este pleito (item 6.3.).

violação a norma infraconstitucional (art. 489, § 1º, CPC), que impõe um exaustivo dever de motivação das decisões judiciais.

A jurisprudência desse Tribunal Superior sobre o tema sempre foi muito clara, no sentido de que as decisões judiciais devem ser devidamente motivadas, sob pena de nulidade, ainda que tais arestos usualmente sejam dados com mais frequência em processos penais, muito embora os argumentos sejam exatamente os mesmos:

"1. Não se desconhece a existência de inúmeros julgados, tanto desta Corte Superior, quanto do STF, que afastam a alegação de nulidade pela suposta ofensa ao artigo 93, inciso X, da CF, quando a autoridade judiciária, ao fundamentar sua decisão, reporta-se à sentença ou ao parecer ministerial.

2. Contudo, conquanto se admita que o magistrado reenvie a fundamentação de seu decisum a outra peça constante do processo, e ainda que se permita que a motivação dos julgados seja sucinta, deve-se garantir, tanto às partes do processo, quanto à sociedade em geral, a possibilidade de ter acesso e de compreender as razões pelas quais determinada decisão foi tomada.

3. Na hipótese dos autos, o julgado colegiado não atende ao comando constitucional, porquanto não apresenta de forma mínima os fundamentos que ensejaram o afastamento das preliminares suscitadas pela defesa e a manutenção da condenação do acusado, de modo que o reconhecimento de sua nulidade é medida que se impõe" (STJ – HC nº 277.765/SP, Rel. Min. Jorge Mussi, DJ 17/11/2015).

Desta maneira, descumprindo este preceito infraconstitucional (art. 489, § 1º, CPC), bem como a jurisprudência do STJ, que, pela legislação, deve ser respeitada pelos magistrados (art. 927, CPC), fatalmente se conclui que restou violada a autoridade das decisões proferidas por esse Tribunal Superior, o que caracteriza hipótese a justificar o emprego da presente reclamação, para fins de que a sentença prolatada em primeira instância seja cassada, que é o que se espera.

Pelo exposto, requer respeitosamente:

a) que V.Ex.a se digne de ordenar a suspensão do processo nº 0000123-30.2015.8.19.0001, em vista dos argumentos acima apresentados, até porque o seu prosseguimento pode gerar dano irreparável ao reclamante caso venha a ser requerido o cumprimento provisório da sentença (art. 989, inc. II, CPC);

b) que sejam requisitadas informações da autoridade mencionada, bem como seja citado o beneficiário da decisão impugnada para que possa apresentar sua contestação, devendo em ambos os casos ser respeitados os prazos legais (art. 989, incs. I e III, CPC);

Nota lateral:

Pode ser o caso de requerer, também, a concessão de tutela provisória pelo relator, conforme CJF, nº 64 (I Jornada de Direito Processual Civil): *"Ao despachar a reclamação, deferida a suspensão do ato impugnado, o relator pode conceder tutela provisória satisfativa correspondente à decisão originária cuja autoridade foi violada".*

Nesta via, a autoridade se manifesta no prazo de 10 (dez) dias (art. 989, inc. I, CPC), muito embora o beneficiário da decisão reclamada possa contestar em prazo de 15 (quinze) dias (art. 989, inc. III, CPC).

Petições Cíveis: Ações Autônomas e Incidentes de Competência Originária de Tribunal ■ **309**

c) que, após as respectivas manifestações, aí incluída, se for o caso, a do Membro do Ministério Público que atuar como fiscal da ordem jurídica (art. 991, CPC), seja, então, a liminar confirmada e o pedido julgado procedente, para que esse Tribunal casse a sentença proferida pelo juízo da 10ª Vara Cível da Comarca do Rio de Janeiro – RJ (art. 992, CPC), devendo ser, ainda, determinado o imediato cumprimento desta decisão (art. 993, CPC).

> A decisão é capaz de gerar coisa julgada material. Se descumprida a decisão em reclamação, caberá o emprego das medidas coativas, e não novo ajuizamento de reclamação, algo que serviria para eternizar a demanda, quebrando a estrutura hierárquica do sistema judiciário.

d) e, por fim, a condenação do reclamado nas despesas processuais e nos honorários advocatícios.

As eventuais intimações do patrono do demandante deverão ser realizadas em nome da sociedade de advogados que integra, que é a Sampaio & Lacombe Advogados Associados, com endereço à Rua do Rosário, nº 88, Centro, Cep: 33.142-176, na cidade do Rio de Janeiro – RJ (art. 106 c/c art. 272, § 1º, CPC).

Dá à causa o valor de R$ 1.000,00 (mil reais), pois se trata de demanda em que não há conteúdo economicamente apreciável, não podendo se enquadrar em nenhuma das hipóteses previstas na legislação processual (art. 292, CPC).

> O valor da causa costuma gerar polêmica na reclamação, pois, se de um lado há jurisprudência sinalizando que devem ser adotados os mesmos parâmetros da legislação processual (art. 292, CPC), de outro há posição de que nem sempre esta via busca obter proveito econômico, e sim fazer cessar um ato ilegal.

Termos em que

Pede e espera deferimento.

Local e data.

Nome e assinatura do advogado(a)

6.3. Contestação a Reclamação

Peça vinculada ao caso concreto: Sim.
Finalidade: Meio processual defensivo na contestação, em exercício do contraditório e ampla defesa.
Dispositivo(s): art. 989, inc. III, CPC.
Prazo: 15 (quinze) dias (art. 989, inc. III, CPC).

Importante:

1) Trata-se de petição sem maiores formalidades, cabendo respeitar, no que couber, as regras da contestação, sobretudo a regra da **eventualidade** (art. 336, CPC).

2) A lei relata a possibilidade, também, de que qualquer interessado (**terceiro**) impugne o pedido do reclamante (art. 990, CPC).

3) Admite-se **sustentação oral** do advogado na reclamação (art. 937, VI, CPC).

310 ■ Petições e Prática Cível

Modelo

Há regime de vinculação, em verdade, das decisões do STF em controle de constitucionalidade (art. 102, § 2º, CRFB); dos enunciados de súmula vinculante (art. 103-A, CRFB); dos acórdãos proferidos em IRDR (art. 985, § 1º, CPC) ou em incidente de assunção de competência (art. 947, § 3º, CPC), hipóteses em que se chancela, havendo o desrespeito, aí sim, ao cabimento de reclamação (art. 988, CPC).

COLENDO JUÍZO DA 3ª TURMA DO SUPERIOR TRIBUNAL DE JUSTIÇA

RECLAMAÇÃO Nº 0000555-10.2016.8.19.0001

PROC. ORIGINÁRIO Nº 0000123-30.2015.8.19.0001

CAIO CARVALHO, já qualificado nos autos em epígrafe, da reclamação instaurada originariamente perante este Egrégio Tribunal Superior por TÍCIO TAVARES, na qualidade de beneficiário da decisão ora impugnada, vem, por intermédio do seu procurador regularmente constituído, apresentar a sua:

CONTESTAÇÃO A RECLAMAÇÃO

Em princípio, a jurisprudência era refratária à condenação do vencido em honorários advocatícios na reclamação (STJ – Rcl 2.017/RS, 3ª Seção, DJ 08/10/2008), à semelhança do que acontece com o mandado de segurança, analogicamente (art. 25, Lei nº 12.016/2009). Porém, melhor entendimento poderá ser buscado sob a óptica da natureza de "ação" da reclamação: "2. O CPC/2015 promoveu modificação essencial no procedimento da reclamação, ao instituir o contraditório prévio à decisão final (art. 989, III). Neste novo cenário, a observância do princípio da causalidade viabiliza a condenação da sucumbente na reclamação ao pagamento dos respectivos honorários, devendo o respectivo cumprimento da condenação ser realizado nos autos do processo de origem, quando se tratar de impugnação de decisão judicial" (STF – Rcl 24.417/SP, 1ª Turma, Rel. Min. Luís Roberto Barroso, DJ 07/03/2017). No mesmo sentido, FPPC, nº 661: "É cabível a fixação de honorários advocatícios na reclamação, atendidos os critérios legais".

Pelos fundamentos que se seguem.

A presente reclamação não merece prosperar, por vários e sólidos argumentos. O primeiro deles é o de que o próprio reclamante narra que, além de estar se valendo da presente via processual, também estará interpondo embargos de declaração e até mesmo recurso de apelação (fls.). Desta maneira, o que se observa é que não foram exauridos todos os recursos, o que encontra óbice normativo para o uso da reclamação (art. 988, § 5º, inc. II, CPC), dispositivo este que também deve ser aplicado ao presente caso em razão de se tratar de hipótese análoga.

De toda sorte, a reclamação também é totalmente descabida, pois o descumprimento de jurisprudência meramente persuasiva do STJ não é hipótese que motiva o uso da reclamação (inexistente tal hipótese no art. 988, CPC). Aliás, nem mesmo o dispositivo de observância da jurisprudência (art. 927, CPC), narrado pelo reclamante como base de sua petição inicial, faz tal menção, de que o magistrado ficaria vinculado e obrigado a decidir de acordo com o "padrão decisório" indicado como paradigma na hipótese. Em outras palavras: não se faz menção ao respeito à "jurisprudência de Tribunal Superior", sob pena de reclamação.

Pelo exposto, requer respeitosamente que seja julgado improcedente o pedido deduzido na presente reclamação, de modo que mantenha incólume a sentença proferida nos autos do processo nº 0000123-30.2015.8.19.0001, que se encontra devidamente motivada em atenção à norma constitucional (art. 93, inc. IX, CRFB) e infraconstitucional (art. 489, § 1º, CPC), bem como que seja o reclamante condenado a arcar com as custas processuais.

Por fim, requer que as eventuais intimações do seu patrono sejam realizadas em nome da sociedade de advogados que integra, Tevez & Torres Advogados Associados, com endereço na Rua da Macaxeira, nº 2,

Petições Cíveis: Ações Autônomas e Incidentes de Competência Originária de Tribunal ■ **311**

Centro, Cep: 33.145-886, na cidade do Rio de Janeiro – RJ (art. 106 c/c art. 272, § 1º, CPC).

Termos em que

Pede e espera deferimento.

Local e data.

Nome e assinatura do advogado(a)

6.4. Mandado de Segurança

Peça vinculada ao caso concreto: Sim.

Finalidade: Serve para garantir "direito líquido e certo" do impetrante/autor, que foi lesado (ou ameaçado) por ato imputável à Autoridade. O mandado de segurança (*writ* ou *mandamus*) pode ser utilizado como ação autônoma de impugnação para atacar ato coator de natureza administrativa, legislativa (em hipóteses específicas, como para atacar lei de efeito concreto) ou mesmo jurisdicional. Portanto, cuida-se de ação que visa ao controle estatal. No presente exemplo de petição, retrata-se o ajuizamento de mandado de segurança contra decisão jurisdicional, o que somente é cabível quando a lei processual não prever recurso ou expressamente o proibir (art. 5º, II, Lei nº 12.016/2009 c/c Verbete Sumular nº 267, STF). Ressalte-se o descabimento de mandado de segurança contra decisão transitada em julgado (art. 5º, III, Lei nº 12.016/2009 c/c Verbete Sumular nº 268, STF); no entanto, se antes impetrado o *writ*, este terá seu mérito apreciado ainda que ocorra superveniente trânsito em julgado da decisão questionada pelo *mandamus* (STJ – EDcl no MS 22.157/DF, Corte Especial, DJ 14/03/2019).

Dispositivo(s): art. 1º – art. 29, Lei nº 12.016/2009; art. 5º, inc. LXIX, CRFB.

Prazo: 120 (cento e vinte dias). Cuida-se de prazo decadencial, contado da ciência pelo interessado do ato impugnado (art. 23, Lei nº 12.016/2009), em reflexo do princípio da *actio nata*. Assim, o termo *a quo* é o conhecimento oficial do ato praticado pela autoridade (v.g., STJ – AgRg no REsp 1.184.707/MS, 6ª Turma, DJ 22/11/2011). A decadência se refere à perda/caducidade do direito potestativo de escolha do procedimento especial (direito à impetração), e não do direito objeto do litígio (direito objeto da impetração); isso significa que após o transcurso do prazo de 120 dias apenas se perde a opção pelo procedimento magnânimo do mandado de segurança, afinal é possível buscar socorro, ainda, nas vias ordinárias (art. 19, Lei nº 12.016/2009 c/c Verbete Sumular nº 304, STF).

Importante:

1) Trata-se de uma petição inicial, devendo ser observados, na medida do possível, os seus **requisitos** gerais. Por exemplo, não se faz protesto genérico por produção probatória em mandado de segurança (STJ – RMS 33.824/MS, 2ª Turma, *DJ* 24/05/2011).

2) O mandado de segurança tem **procedimento** próprio que é extremamente simplificado, tendo como característica a vedação de ampla dilação probatória, bem como a prioridade de tramitação (art. 20, Lei nº 12.016/2009). Deve ser seguido o rito especial de jurisdição contenciosa previsto na legislação de regência, com aplicação subsidiária do estatuto processual codificado (art. 318, par. único, CPC c/c art. 24, Lei nº 12.016/2009), que não foi revogado pela lei processual de 2015 (art. 1.046, par. 2º, CPC).

3) O cabimento do mandado de segurança é atrelado ao "**direito líquido e certo**" do impetrante. Tal requisito é assimilável ao interesse de agir, condição para o legítimo exercício do direito de ação, tratando-se de requisito de ordem processual. Em verdade, significa dizer que a afirmação do fato pelo autor deve estar perfeitamente delineada e comprovada logo na inicial, de plano, ou seja, pressupõe a incidência da regra jurídica sobre fatos incontroversos. O impetrante já deve apresentar "prova pré-constituída" logo no momento da impetração (cuida-se de procedimento "documental"), exceto se ela estiver em poder da autoridade coatora ou de terceiros, quando deverá constar requerimento para que o juiz a requisite (art. 6º, par. 1º, Lei nº 12.016/2009). Não havendo tal comprovação de plano, ainda que o direito do impetrante possa eventualmente existir, não merecerá essa especialíssima forma protetiva, sendo prolatada sentença terminativa, sem julgamento do mérito (arts. 6º, par. 5º, e 19, Lei nº 12.016/2009). Nessa linha de raciocínio, destaque-se que "direito líquido e certo" não se trata de um direito ao abrigo de toda e qualquer controvérsia. Admite-se o *writ* mesmo que o "direito" (mérito) seja controvertido, ou de alta indagação (Verbete Sumular nº 625, STF).

4) Há **opção** do autor de utilizar a via mandamental ou o procedimento comum (STJ – CC 99.545/DF, 3ª Seção, *DJ* 13/05/2009), cuja escolha pode ser relevante, não só por questões de celeridade, mas também em razão da necessidade de produção de determinada prova pericial ou testemunhal (vedadas no mandado de segurança), ou para permitir a condenação na verba honorária (vedada no mandado de segurança).

5) O mandado de segurança pode ser **repressivo ou preventivo**. Será repressivo, se verificada lesão a direito líquido e certo, quando o impetrante busca uma ordem corretiva (por exemplo, no indeferimento de inscrição num concurso público, pela exigência em tal momento de diploma ou habilitação legal para o exercício do cargo, e não na posse, havendo aprovação, conforme Verbete Sumular nº 266, STJ). Por sua vez, será preventivo no caso de ameaça, na hipótese em que o impetrante busca uma ordem impeditiva/inibitória da ocorrência da lesão (por exemplo: "*A consulta tributária permite ao contribuinte conhecer, com antecedência, a interpretação oficial e autorizada sobre a incidência da norma tributária e, assim, planejar a vida fiscal, prevenir conflitos e evitar a aplicação de penalidades. (...) É possível a impetração preventiva contra a resposta dada pela Administração a uma consulta fiscal, pois esta se reveste de força vinculante e imperatividade que caracterizam o 'fundado receio' de dano a justificar o mandado de segurança*", conforme STJ – REsp 786.473/MG, 2ª Turma, *DJ* 19/10/2006).

6) Deve-se ter extrema cautela na fixação da regra de **competência**, bem como quanto à interposição de recurso em face da decisão final, pois depende da instância em que atuar o magistrado, além da natureza do ato prolatado. Assim é que da decisão denegatória proferida por Tribunal de Justiça em mandado de segurança originário será cabível recurso ordinário constitucional, enquanto a decisão concessiva da segurança poderá ser impugnada por recurso especial e/ou recurso extraordinário, conforme o caso (art. 18, Lei nº 12.016/2009). É o que a doutrina denomina recurso *secundum eventum litis* (segundo o resultado do litígio).

7) Há um regime legal restritivo da concessão de **tutela provisória** em mandado de segurança, em certas matérias, quais sejam *"compensação de créditos tributários, a entrega de mercadorias e bens provenientes do exterior, a reclassificação ou equiparação de servidores públicos e a concessão de aumento ou a extensão de vantagens ou pagamento de qualquer natureza"* (art. 7º, § 2º, Lei nº 12.016/2009). É importante destacar que se permite o manejo do *writ* nestas hipóteses, sendo descabida, na lei, apenas a concessão de liminar. De toda sorte, o STF entendeu pela inconstitucionalidade do art. 7º, § 2º, Lei nº 12.016/2009, por ferir o poder geral de cautela do magistrado, o que torna permissível a concessão de tutela provisória mesmo nas matérias elencadas no rol legal: "*4. A cautelaridade do mandado de segurança é ínsita à proteção constitucional ao direito líquido e certo e encontra assento na própria CRFB. Em vista disso, não será possível a edição de lei ou ato normativo que vede a concessão de medida liminar na via mandamental, sob pena de violação à garantia de pleno acesso à jurisdição e à própria defesa do direito líquido e certo protegida pela CRFB. Proibições legais que representam óbices absolutos ao poder geral de cautela*" (STF – ADI 4.296/DF, Tribunal Pleno, *DJ* 09/06/2021).

8) Admite-se **sustentação oral** em mandado de segurança, quando se tenha julgamento no âmbito de tribunal (art. 937, VI, CPC). Admite-se, inclusive, a realização de sustentação oral do advogado quanto ao pedido liminar (art. 16, Lei nº 12.016/2009, alterado pela Lei nº 13.676/2018), sendo relevante realizar tal requerimento de forma expressa na própria petição inicial.

Verbete(s): Súmula nº 266, STF: "*Não cabe mandado de segurança contra lei em tese*"; **Súmula nº 267, STF:** "*Não cabe mandado de segurança contra ato judicial passível de recurso ou correição*"; **Súmula nº 268, STF:** "*Não cabe mandado de segurança contra decisão judicial transitada em julgado*"; **Súmula nº 271, STF:** "*Concessão de mandado de segurança não produz efeitos patrimoniais em relação a período pretérito, os quais devem ser reclamados administrativamente ou pela via judicial própria*"; **Súmula nº 272, STF:** "*Não se admite como ordinário recurso extraordinário de decisão denegatória de mandado de segurança*"; **Súmula nº 392, STF:** "*O prazo para recorrer de acórdão concessivo de segurança conta-se da publicação oficial de suas conclusões, e não da anterior ciência à autoridade para cumprimento da decisão*"; **Súmula nº 405, STF:** "*Denegado o mandado de segurança pela sentença, ou no julgamento do agravo, dela interposto, fica sem efeito a liminar concedida, retroagindo os efeitos da decisão contrária*"; **Súmula nº 429, STF:** "*A existência de recurso administrativo com efeito suspensivo não impede o uso do mandado de segurança contra omissão da autoridade*"; **Súmula nº 430, STF:** "*Pedido de reconsideração na via administrativa não interrompe o prazo para o mandado de segurança*"); **Súmula no 474, STF:** "*Não há direito líquido e certo, amparado pelo mandado de segurança, quando se escuda*

314 ■ *Petições e Prática Cível*

em lei cujos efeitos foram anulados por outra, declarada inconstitucional pelo STF"; **Súmula nº 510, STF:** *"Praticado o ato por autoridade, no exercício de competência delegada, contra ela cabe mandado de segurança ou a medida judicial"*; **Súmula nº 512, STF:** *"Não cabe condenação em honorários de advogado na ação de mandado de segurança"*; **Súmula nº 624, STF:** *"Não compete ao STF conhecer originariamente de mandado de segurança contra atos de outros tribunais"*; **Súmula nº 625, STF:** *"Controvérsia sobre matéria de direito não impede concessão de mandado de segurança"*; **Súmula nº 631, STF:** *"Extingue-se o processo de mandado de segurança se o impetrante não promove, no prazo assinado, a citação do litisconsorte passivo necessário")*; **Súmula nº 632, STF:** *"É constitucional lei que fixa o prazo de decadência para a impetração de mandado de segurança"*; **Súmula nº 41, STJ:** *"O STJ não tem competência para processar e julgar, originariamente, mandado de segurança contra ato de outros tribunais ou dos respectivos órgãos"*; **Súmula nº 105, STJ:** *"Na ação de mandado de segurança não se admite condenação em honorários advocatícios"*; **Súmula nº 202, STJ:** *"A impetração de mandado de segurança por terceiro, contra ato judicial, não se condiciona à interposição de recurso"*; **Súmula nº 333, STJ:** *"Cabe mandado de segurança contra ato praticado em licitação promovida por sociedade de economia mista ou empresa pública"*; **Súmula nº 376, STJ:** *"Compete à Turma Recursal processar e julgar o mandado de segurança contra ato de Juizado Especial"*; **Súmula nº 628, STJ:** *"A teoria da encampação é aplicada no mandado de segurança quando presentes, cumulativamente, os seguintes requisitos: a) existência de vínculo hierárquico entre a autoridade que prestou informações e a que ordenou a prática do ato impugnado; b) manifestação a respeito do mérito nas informações prestadas; e c) ausência de modificação de competência estabelecida na Constituição Federal"*; **Súmula nº 15, TFR:** *"Compete à Justiça Federal julgar mandado de segurança contra ato que diga respeito ao ensino superior, praticado por dirigente de estabelecimento particular")*; **Súmula nº 114, TJ-RJ:** *"Legitimado passivo do mandado de segurança é o ente público a que está vinculada a autoridade coatora"*; **Súmula nº 291, TJ-RJ:** *"As Câmaras Cíveis do Tribunal de Justiça não têm competência para o julgamento de mandados de segurança impetrados contra decisões das turmas recursais"*.

Modelo

A competência do mandado de segurança depende da autoridade coatora, podendo o *writ* ser impetrado perante a primeira instância, ou mesmo, originariamente, perante os Tribunais de segunda instância ou Tribunais Superiores (v.g., art. 102, inc. I, "d" c/c art. 105, inc. I, "b" c/c art. 108, inc. I, "c", todos da CRFB).

COLENDO JUÍZO DA _ CÂMARA CÍVEL DO TRIBUNAL DE JUSTIÇA DO RIO DE JANEIRO.

PROC. ORIGINÁRIO Nº 0000123-30.2015.8.19.0001

TÍCIO TAVARES, brasileiro, solteiro, profissional liberal, domiciliado e residente na Rua Uruguaiana, nº 11, apartamento nº 616, Centro, Cep: 33.159-161, na cidade do Rio de Janeiro – RJ, regularmente inscrito no CPF sob o nº

444.598.874-17, com endereço eletrônico ticio.tavares@internet.com.br, vem, por intermédio de seu procurador regularmente constituído, impetrar:

MANDADO DE SEGURANÇA COM REQUERIMENTO DE LIMINAR.

Em que aponta como Autoridade Coatora o MM. Magistrado atuante na 10ª Vara Cível da Comarca do Rio de Janeiro – RJ, em razão de o mesmo ter proferido decisão interlocutória irrecorrível nos autos do processo nº 0000123-30.2015.8.19.0001, que beneficiou CAIO CARVALHO, brasileiro, solteiro, agente público, domiciliado e residente na Rua Barão do Rio Branco, nº 1.505, Centro, Cep: 33.122-101, na cidade do Rio de Janeiro – RJ, regularmente inscrito no CPF sob o nº 183.298.118-59, com endereço eletrônico caio.carvalho@internet.com.br, pelos fatos e fundamentos seguintes.

> Inexiste previsão na lei específica de que o beneficiário da decisão impugnada deve participar do mandado de segurança, mas esta medida é recomendável, pois a decisão neste novo processo irá lhe afetar diretamente, cabendo, também, fazer analogia com o procedimento da reclamação (art. 989, inc. III, CPC).

Inicialmente, destaque-se que o ajuizamento do presente *mandamus* se deu dentro do prazo de 120 (cento e vinte dias) contados da ciência do ato impugnado pelo impetrante (art. 23, Lei nº 12.016/2009), conforme documento comprobatório em anexo.

O mandado de segurança é ação de índole constitucional (art. 5º, inc. LXIX, CRFB), que deve ser empregado sempre que se estiver diante de um ato lesivo a direito líquido e certo do impetrante.

O impetrante é demandado no processo originário (nº 0000123-30.2015.8.19.0001), que tramita perante a 10ª Vara Cível da Comarca desta Capital, tendo postulado em juízo a produção de prova pericial, o que foi indeferido por decisão interlocutória, no sentido de que a mesma seria desnecessária (fls.). Porém, a referida decisão não está no rol daquelas que permitem o uso do agravo de instrumento (art. 1.015, CPC), motivo pelo qual a mesma deve ser considerada irrecorrível de forma imediata, sendo impassível de ataque enquanto não for proferida sentença (art. 1.009, § 1º, CPC). Vale dizer que, neste ínterim, pode ocorrer de o objeto a ser periciado não ser mais localizado, impossibilitando tal colheita de prova, o que prejudicará sensivelmente o direito do envolvido, abalando o exercício do contraditório e da ampla defesa (art. 5º, inc. LV, CRFB).

> O simples fato de a legislação trazer uma espécie recursal com aptidão para suspender os efeitos da decisão já torna o *mandamus* incabível. No entanto, ainda que se trate de hipótese em que o recurso não tenha efeito suspensivo, havendo meio para obtê-lo pela própria via recursal, se demonstrará inviável, em princípio, o *writ* (STJ – RMS 33.455/SP, 2ª Turma, DJ 17/04/2012). No caso concreto, aduz-se a impossibilidade de recorribilidade imediata do ato, o que, em princípio, poderia realmente justificar o *mandamus*.

Expressa a legislação que a segurança somente será negada quando se tratar de decisão judicial contra a qual existe a previsão de recurso com efeito suspensivo(art. 5º, inc. II, Lei nº 12.016/2009). Contudo, deve-se repisar que no momento em que a aludida decisão interlocutória foi proferida ainda não era possível o emprego do recurso de apelação (art. 1.009, § 1º, CPC), sendo imprevisível o momento processual em que será prolatada a sentença, o que muito pode tardar a ocorrer.

Tal circunstância reflete que a parte interessada não dispunha, naquele momento, de qualquer recurso que pudesse ser utilizado imediatamente,

Petições e Prática Cível

Poderá o juiz exigir caução do impetrante como condicionante para o deferimento da liminar, objetivando assegurar o ressarcimento da parte adversa (art. 7º, III, *in fine*, Lei nº 12.016/2009). Há hipóteses em que a lei veda a concessão de tutela provisória (art. 7º, § 2º, Lei nº 12.016/2009), mas a Corte Suprema entendeu pela inconstitucionalidade do dispositivo (STF – ADI 4.296/DF, Tribunal Pleno, *DJ* 09/06/2021).

A autoridade coatora tem dever pessoal de prestar as informações, inclusive para evitar eventual responsabilidade futura, no sucesso do *writ* – aliás, justamente por isso lhe foi outorgada legitimidade recursal (art. 14, § 2º, Lei nº 12.016/2009).

Não se deve requerer que o vencido seja condenado a arcar com os honorários advocatícios, pois indevidos na espécie (art. 25, Lei nº 12.016/2009; e Verbetes Sumulares nº 512, STF e nº 105, STJ). Aliás, por isso mesmo nem os honorários sucumbenciais recursais serão cabíveis neste procedimento (STJ – RMS 51.721/ES, 2ª Turma, *DJ* 06/10/2016). Porém, admite-se condenação nas custas judiciais (STJ – EDcl no REsp 1.010.980/DF, 1ª Turma, *DJ* 05/03/2009).

Gera polêmica a indicação do valor da causa na espécie, pois, se de um lado há posição de que devem ser adotados os parâmetros da legislação processual (art. 292, CPC), de outro há entendimento de que nem sempre o *mandamus* busca obter proveito econômico, mas sim fazer cessar um ato ilegal (contencioso de legalidade), quando teria um valor simbólico, para fins de alçada.

razão pela qual impetra o presente mandado de segurança, observando boa técnica processual, além de estar municiada de relevante fundamento, que é o do comprometimento do seu direito ao contraditório e à ampla defesa (art. 5º, inc. LV, CRFB).

Pelo exposto, requer:

a) a concessão de liminar *inaudita altera parte* (art. 7º, inc, III, Lei nº 12.016/2009), de modo que seja imediatamente permitida a produção da aludida prova pericial, já que presentes os seus requisitos legais, em especial o fundamento relevante e a possibilidade de ineficácia da medida pleiteada;

b) que seja notificada a Autoridade Coatora e citado o beneficiário da decisão proferida no processo de nº 0000123-30.2015.8.19.0001, para que possam se manifestar no prazo legal de 10 (dez) dias (art. 7º, inc. II, Lei nº 12.016/2009);

c) que, após as respectivas manifestações, aí incluída, se for o caso, a do membro do Ministério Público que atuar como fiscal da ordem jurídica (art. 12, Lei nº 12.016/2009), seja então a liminar confirmada e a segurança definitivamente concedida, para se cassar a mencionada decisão impugnada nos autos nº 0000123-30.2015.8.19.0001, sendo permitida a imediata produção da prova pericial naquele feito;

d) e, por fim, a condenação do impetrado a arcar com as despesas processuais.

As eventuais intimações do patrono do demandante deverão ser realizadas em nome da sociedade de advogados que integra, que é a Sampaio & Lacombe Advogados Associados, com endereço à Rua do Rosário, nº 88, Centro, Cep: 33.142-176, na cidade do Rio de Janeiro – RJ (art. 106 c/c art. 272, § 1º, CPC).

Dá à causa o valor de R$ 1.000,00 (mil reais), pois se trata de demanda em que não há conteúdo economicamente apreciável, não podendo se enquadrar em nenhuma das hipóteses previstas na legislação processual (art. 292, CPC).

Termos em que

Pede e espera deferimento.

Local e data.

Nome e assinatura do advogado(a)

6.5. Resposta ao Mandado de Segurança

Peça vinculada ao caso concreto: Sim.

Finalidade: Cuida-se de petição em resposta ao mandado de segurança interposto, em exercício do contraditório e da ampla defesa. Pode ser apresentada pelo ente público ao qual pertença a autoridade coatora (art. 7º, inc. II, Lei nº 12.016/2009). Nos casos de mandado de segurança empregado para impugnar decisão judicial, há recomendação de que o beneficiário da aludida decisão integre esta nova relação jurídica processual, para que possa apresentar argumentos a favor da manutenção do ato decisório.

Dispositivo(s): art. 7º, inc. II, Lei nº 12.016/209; art. 989, inc. III, CPC (analogia).

Prazo: Não há, devendo ser realizada uma analogia com norma da lei específica (art. 7º, inc. II, Lei nº 12.016/2009), que prevê 10 (dez) dias de prazo para a Autoridade Coatora apresentar suas informações, prazo este que também deve ser observado pelo órgão de representação da pessoa jurídica interessada, ou, conforme exemplo do caso concreto, pelo beneficiário da decisão impugnada, para que apresente sua resposta, querendo.

Importante:

1) Trata-se de petição sem maiores formalidades, cabendo respeitar, no que couber, as regras da contestação, sobretudo a regra da **eventualidade** (art. 336, CPC).

2) A simples ausência de informação (como também de contestação da pessoa jurídica-ré) não gera o efeito material da **revelia**, não servindo para quebrar a presunção de legitimidade do ato questionado (STJ – RMS 26.170/RO, 1ª Turma, *DJ* 04/12/2008).

3) Admite-se **sustentação oral** em mandado de segurança, quando se tenha julgamento no âmbito de tribunal (art. 937, VI, CPC). Admite-se, inclusive, a realização de sustentação oral do advogado quanto ao pedido liminar (art. 16, Lei nº 12.016/2009, alterado pela Lei nº 13.676/2018), sendo relevante realizar tal requerimento de forma expressa na própria petição inicial.

Modelo

COLENDO JUÍZO DA 5ª CÂMARA CÍVEL DO TRIBUNAL DE JUSTIÇA DO RIO DE JANEIRO.

MANDADO DE SEGURANÇA ORIGINÁRIO Nº 0063991-00.2015.8.19.0000.

PROC. ORIGINÁRIO Nº 0000123-30.2015.8.19.0001

CAIO CARVALHO, já qualificado nos autos em epígrafe, do mandado de segurança impetrado originariamente perante este Egrégio Tribunal por TÍCIO TAVARES, na qualidade de beneficiário da decisão ora impugnada, vem, por intermédio do seu procurador regularmente constituído, apresentar a sua:

RESPOSTA AO MANDADO DE SEGURANÇA

Pelos fundamentos que se seguem.

Não merece reparo a decisão judicial que está sendo impugnada por meio do presente *mandamus*, eis que não há razão alguma ao impetrante. A decisão judicial proferida pela apontada autoridade coatora foi precisa e bem soube aplicar o Direito ao caso concreto (fls.). Não se vislumbra, em absoluto, qualquer mácula na atividade do magistrado, razão pela qual a sua decisão deve ser mantida em todos os seus termos.

> Outra defesa comum neste âmbito é a alegação de que a hipótese vivenciada exige dilação probatória para demonstração dos fatos narrados, o que importará na extinção do referido procedimento, mas não fará caducar o direito do impetrante, que poderá ajuizar futura ação pelo rito comum (art. 6º, § 5º, e art. 19, Lei nº 12.016/2009).

Com efeito, queira ou não aceitar o impetrante, é certo que existe recurso próprio em lei para a discussão das decisões interlocutórias proferidas na etapa de conhecimento do processo primitivo, mesmo para aquelas que não se sujeitam ao agravo de instrumento (art. 1.009, § 1º, CPC c/c art. 5º, inc. II, Lei nº 12.016/2009).

Assim, havendo recurso próprio a ser utilizado no momento adequado, há óbice normativo para que seja concedida a segurança (art. 5º, Lei nº 12.016/2009), o que encontra eco na jurisprudência (Verbete Sumular nº 267, STF).

Pelo exposto, requer respeitosamente que a segurança seja denegada, de modo que seja mantida incólume a decisão proferida nos autos do processo nº 0000123-30.2015.8.19.0001, que bem indeferiu a produção da prova pericial pretendida pelo impetrante, bem como que seja condenado a arcar com as custas processuais

> Não se deve requerer que o vencido seja condenado a arcar com os honorários advocatícios, pois indevidos na espécie (art. 25, Lei nº 12.016/2009; e Verbetes Sumulares nº 512, STF e nº 105, STJ). Aliás, por isso mesmo nem os honorários sucumbenciais recursais serão cabíveis neste procedimento (STJ – RMS 51.721/ES, 2ª Turma, *DJ* 06/10/2016). Porém, admite-se condenação nas custas judiciais (STJ – EDcl no REsp 1.010.980/ DF, 1ª Turma, *DJ* 05/03/2009).

Por fim, requer que as eventuais intimações do seu patrono sejam realizadas em nome da sociedade de advogados que integra, Tevez & Torres Advogados Associados, com endereço na Rua da Macaxeira, nº 2, Centro, Cep: 33.145-886, na cidade do Rio de Janeiro – RJ (art. 106 c/c art. 272, § 1º, CPC).

Termos em que

Pede e espera deferimento.

Local e data.

Nome e assinatura do advogado(a)

6.6. Homologação de Decisão Estrangeira

Peça vinculada ao caso concreto: Não.

Finalidade: Meio processual idôneo a homologar decisão judicial estrangeira para que a mesma possa gerar efeitos e ser executada no Brasil. Cuida-se de ato de cooperação judiciária internacional, destinado a outorgar autoridade a atos de império, definitivos, provenientes de Estados estrangeiros soberanos, como se aqui tivessem sido proferidos.

Dispositivo(s): art. 960 – art. 965, CPC; art. 15 – art. 17, LINDB; arts. 216-A/216-N, RISTJ (cf. Emenda Regimental nº 18/2014, que revogou a Resolução nº 9/2005, STJ).

Importante:

1) Sobre a **normatividade**, a homologação da decisão estrangeira obedecerá ao que dispuserem os tratados em vigor no Brasil e o Regimento Interno do Superior Tribunal de Justiça (art. 960, par. 2º, CPC).

2) Sobre **requisitos**, não será homologada a decisão estrangeira na hipótese de competência exclusiva da autoridade judiciária brasileira (art. 964 e art. 23, CPC), caso em que a jurisdição brasileira considera inexistente o *decisum* estrangeiro.

3) Ainda, constituem **requisitos** indispensáveis à homologação da decisão: ser proferida por autoridade competente; ser precedida de citação regular, ainda que verificada a revelia; ser eficaz no país em que foi proferida; não ofender a coisa julgada brasileira; estar acompanhada de tradução oficial, salvo disposição que a dispense prevista em tratado; não conter manifesta ofensa à ordem pública (art. 963, CPC).

4) Sobre a verificação do trânsito em julgado no país de origem (Verbete Sumular nº 420, STF), cabe destacar que passou a se admitir a **execução de decisão estrangeira de medida de urgência**, através de carta rogatória (art. 962, par. 1º, CPC). O juízo sobre a urgência compete exclusivamente à autoridade jurisdicional prolatora da decisão estrangeira (art. 962, par. 3º, CPC). Já sob a égide do CPC/2015, decidiu-se que: *"Uma alteração está prevista em seu art. 963, III, que não mais exige que a decisão judicial que se pretende homologar tenha transitado em julgado, mas, ao revés, que somente seja ela eficaz em seu país de origem, tendo sido tacitamente revogado o art. 216-D, III, do RISTJ. Nestes termos, considera-se eficaz a decisão que nele possa ser executada, ainda que provisoriamente, de modo que havendo pronunciamento judicial suspendendo a produção de efeitos da sentença que se pretende homologar no Brasil, mesmo que em caráter liminar, a homologação não pode ser realizada"* (STJ – SEC 14.812/EX, Corte Especial, *DJ* 16/05/2018).

5) A sentença estrangeira de **divórcio** consensual produz efeitos no Brasil, independentemente de homologação pelo STJ (art. 961, par. 5º, CPC). No entanto, no caso de divórcio consensual que trate também de partilha de bens (chamado de "divórcio

320 ■ *Petições e Prática Cível*

qualificado"), será o caso de homologação pelo STJ – sem prejuízo à restrição do art. 23, III, CPC, já que não se está a cogitar propriamente de decisão estrangeira sobre bens aqui situados, mas da própria vontade das partes quanto à partilha, podendo assim ser homologada (nesse sentido: STJ – SEC 14.525/EX, Corte Especial, *DJ* 07/06/2017 e Provimento nº 53, de 16/05/2016, CNJ).

6) A **decisão arbitral estrangeira** está sujeita à homologação perante o STJ para ser reconhecida ou executada no Brasil (art. 960, par. 3º, CPC c/c art. 35, Lei nº 9.307/1996), nos mesmos moldes procedimentais, e com as limitações comuns à arbitragem (arts. 38/39, Lei nº 9.307/1996)

Verbete(s): Súmula nº 420, STF: *"Não se homologa sentença estrangeira proferida no estrangeiro sem prova do trânsito em julgado".*

Modelo

Cuida-se de competência funcional absoluta do STJ (art. 105, I, "i", CRFB), devendo ser analisado seu Regimento Interno. É atribuição do respectivo Presidente homologar decisões estrangeiras (art. 216-A, RISTJ), de cuja decisão caberá agravo regimental (art. 216-M, RISTJ), garantindo o princípio da colegialidade. Entretanto, havendo contestação, o julgamento caberá à Corte Especial (art. 216-K, RISTJ), quando será incabível o agravo regimental.

EXMO. MIN. PRESIDENTE DO SUPERIOR TRIBUNAL DE JUSTIÇA

PROC. Nº

VIN VOORHEES, americano, solteiro, profissional liberal, domiciliado e residente na Park Avenue, nº 3.012, New York – NY, 10022, Estados Unidos da América, com endereço eletrônico vin.voorhees@internet.com, vem, por intermédio do seu procurador regularmente constituído, ajuizar a presente

HOMOLOGAÇÃO DE DECISÃO ESTRANGEIRA

em face de PHILLIP PATTERSEN II, americano, solteiro, profissional liberal, atualmente domiciliado e residente na Rua Barão Gonçalves Vaz, nº 5.505, Flamengo, Cep: 11.122-888, na cidade do Rio de Janeiro – RJ, regularmente inscrito no CPF sob o nº 222.298.118-42, com endereço eletrônico phillip.pattersenii@internet.com.br, pelos fatos e fundamentos seguintes.

O demandante e o demandado eram sócios da empresa LEX CORPORATION, que funcionou durante 2 (dois) anos nos Estados Unidos da América, dedicando-se ao ramo de tecnologia de informação. Ocorre que, diante do insucesso comercial da empreitada, a mesma foi dissolvida para a regular apuração dos haveres, ocasião em que o demandado se apropriou indevidamente dos valores que pertenceriam ao autor.

Petições Cíveis: Ações Autônomas e Incidentes de Competência Originária de Tribunal ■ **321**

Em razão desta circunstância, foi proposta demanda judicial perante o Poder Judiciário estrangeiro, em que foi proferida sentença nos autos nº 4857214588452-2013-45, reconhecendo ao ora demandante um valor no importe de US$ 35.800,00 (trinta e cinco mil dólares), decisão esta que já transitou em julgado (fls.).

Ocorre que, posteriormente, o demandado mudou seu endereço residencial para o Brasil, bem como adquiriu patrimônio neste País (art. 21, inc. I, CPC). Por este motivo, alternativa outra não resta ao demandante do que requerer, neste País, a homologação da decisão estrangeira que lhe reconheceu um crédito de US$ 35.800,00 (trinta e cinco mil dólares), para que, posteriormente, possa ser dado início à execução, visando à sua satisfação.

De acordo com a prova documental em anexo, que se encontra devidamente traduzida para o idioma pátrio (art. 192, parágrafo único, CPC), observa-se o cumprimento integral de todos os requisitos para a homologação da decisão judicial estrangeira (art. 963, CPC).

Pelo exposto, requer a citação do demandado para apresentar a defesa que tiver em 15 (quinze) dias, e, após eventual instrução (acaso necessário), bem como cumprimento de todas as formalidades legais e regimentais, inclusive a intimação do Ministério Público Federal (art. 216-L, RISTJ), seja proferida decisão homologando a decisão judicial estrangeira acima mencionada, através de juízo de delibação.

Configurado o título executivo judicial favorável ao autor (art. 515, inc. VIII, CPC), apta estará a execução perante órgão jurisdicional integrante da Justiça Federal de primeira instância (art. 109, inc. X, CRFB).

As eventuais intimações do patrono do demandante deverão ser realizadas em nome da sociedade de advogados que integra, que é a Sampaio & Lacombe Advogados Associados, com endereço à Rua do Rosário, nº 88, Centro, Cep: 33.142-176, na cidade do Rio de Janeiro – RJ (art. 106 c/c art. 272, par. 1º, CPC). Aliás, desde logo se requer que eventual verba honorária sucumbencial também seja a ela destinada (art. 85, § 11, CPC).

Dá a causa o valor de R$ 72.000,00 (setenta e dois mil reais), que correspondem ao conteúdo econômico da decisão estrangeira após a conversão para a moeda nacional.

Termos em que

Pede e espera deferimento.

Local e data.

Nome e assinatura do advogado(a)

Notas laterais:

É passível de homologação a decisão judicial definitiva, bem como a decisão não judicial que, pela lei brasileira, teria natureza jurisdicional (art. 961, § 1º, CPC). A decisão estrangeira poderá ser homologada parcialmente (art. 961, § 2º, CPC).

Realiza-se, *in casu*, um juízo superficial sobre a legalidade do ato, sem, contudo, adentrar no exame do mérito. Não há novo julgamento da causa, cabendo ao órgão jurisdicional brasileiro apenas analisar se os requisitos para a homologação e execução da sentença estrangeira foram preenchidos (STJ – SEC 1.702/EX, Corte Especial, DJ 19/12/2007).

O cumprimento de decisão estrangeira far-se-á perante o juízo federal competente, a requerimento da parte, conforme as normas estabelecidas para o cumprimento de decisão nacional (art. 965, CPC). Frise-se que tal execução se dará em regime especial, através de petição inicial e citação do executado (art. 515, § 1º, CPC).

Trata-se de faculdade do patrono, que poderá realizar um planejamento tributário quanto aos valores que irá receber, bem como melhor se organizar para efeito de intimações.

322 ■ *Petições e Prática Cível*

6.7. Conflito de Competência

Peça vinculada ao caso concreto: Sim.

Finalidade: O conflito de competência retrata a polêmica entre diversos órgãos jurisdicionais sobre a aplicação das regras de competência, seja absoluta ou relativa, visando a definir a única autoridade judiciária competente para a causa. O objeto do incidente processual analisado, capaz de alterar o andamento normal do processo, é decidir, através da atuação de um órgão jurisdicional hierarquicamente superior, qual dos juízos conflitantes será competente para julgar a causa – e não para que o órgão julgador do conflito de competência conheça do próprio mérito da causa: *"Em conflito de competência, o Tribunal não pode decidir, quanto à procedência do pedido, nem às condições de ação. Cabe-lhe, simplesmente, dizer a quem compete conhecer do pedido"* (STJ – CC 34.536/CE, 1ª Seção, *DJ* 08/05/2002). Desta feita, tal petição tem o intuito de suscitar o conflito de competência entre órgãos jurisdicionais, que pode ser: a) positivo, quando dois ou mais juízes se declaram competentes para julgar a demanda; b) negativo, quando for rejeitada tal condição por mais de um juiz, atribuindo um ao outro a competência; ou, ainda, pode decorrer de; c) controvérsia sobre a reunião ou separação de processos (art. 66, CPC).

Importante:

1) Tal conflito é usualmente suscitado por um dos magistrados atuantes nos juízos em que esta dúvida se apresentar, embora também tenham **legitimidade** as partes e o Ministério Público (art. 951, CPC).

2) Sobre a **instauração** deste incidente processual: se o juiz não acolher a competência declinada deverá suscitar o conflito, salvo se a atribuir a outro juízo (art. 66, par. único, CPC), em arquétipo que aspira atenuar o imbróglio sobre a definição do regramento de competência. Uma hipótese próxima, porém em que o juiz não suscitará o conflito, ocorre quando o juízo federal restitua os autos ao juízo estadual, caso o ente de envergadura federal cuja presença ensejou a remessa for excluído do processo (art. 45, par. 3º, CPC).

3) No regime anterior (CPC/1973), era indubitável a possibilidade de a parte se valer do **agravo de instrumento** para questionar a decisão proferida sobre a competência. Todavia, o novo modelo não incluiu tal matéria como uma daquelas que permitem o emprego do agravo de instrumento quando o processo se encontrar na etapa cognitiva (fora do art. 1.015, CPC, cujo rol vem sendo tratado como taxativo), razão pela qual a parte terá que buscar diversa alternativa para que a referida decisão judicial seja revista, donde se ergue, em princípio, a via processual de se suscitar o conflito de competência, o que somente merecerá processamento caso não se trate da hipótese ressalvada pela lei (art. 952, CPC).

Verbete(s) e enunciado(s): Súmula nº 3, STJ: *"Compete ao TRF dirimir conflito de competência verificado, na respectiva Região, entre juiz federal e juiz estadual investido de jurisdição federal"*;

Petições Cíveis: Ações Autônomas e Incidentes de Competência Originária de Tribunal ■ **323**

Súmula nº 59, STJ: "*Não há conflito de competência se já existe sentença com trânsito em julgado, proferida por um dos juízes conflitantes*"; **Súmula nº 59, STJ**: "*Não há conflito de competência se já existe sentença com trânsito em julgado, proferida por um dos juízes conflitantes*"; **Súmula nº 224, STJ**: "*Excluído do feito o ente federal, cuja presença levara o Juiz Estadual a declinar da competência, deve o Juiz Federal restituir os autos e não suscitar conflito*"; **Súmula nº 428, STJ**: "*Compete ao Tribunal Regional Federal decidir os conflitos de competência entre Juizado Especial Federal e juízo federal da mesma seção judiciária*"; **FONAJE, nº 91**: "*O conflito de competência entre juízes de Juizados Especiais vinculados à mesma Turma Recursal será decidido por esta. Inexistindo tal vinculação, será decidido pela Turma Recursal para a qual for distribuído*".

Preparo: Não há.

Modelo

COLENDO JUÍZO DA 5ª CÂMARA CÍVEL DO TRIBUNAL DE JUSTIÇA DO RIO DE JANEIRO

CONFLITO DE COMPETÊNCIA Nº

PROC. ORIGINÁRIO Nº 0000123-30.2015.8.19.0001

TÍCIO TAVARES, brasileiro, solteiro, profissional liberal, domiciliado e residente na Rua Uruguaiana, nº 11, apartamento nº 616, Centro, Cep: 33.159-161, na cidade do Rio de Janeiro – RJ, regularmente inscrito no CPF sob o nº 444.598.874-17, nos autos da ação de cobrança em procedimento comum que lhe promove CAIO CARVALHO, brasileiro, solteiro, agente público, domiciliado e residente na Rua Barão do Rio Branco, nº 1.505, Centro, Cep: 33.122-101, na cidade do Rio de Janeiro – RJ, regularmente inscrito no CPF sob o nº 183.298.118-59, com endereço eletrônico caio.carvalho@internet.com.br, vem, por meio de seu advogado regularmente constituído que esta subscreve, respeitosamente, suscitar:

CONFLITO DE COMPETÊNCIA

com os fundamentos que passa a aduzir.

O conflito de competência pode ser instaurado tanto pelas partes, pelo membro do Ministério Público ou até mesmo de ofício (art. 951, CPC), devendo estar devidamente acompanhado de todas as peças reprográficas para a solução do impasse (art. 953, parágrafo único, CPC), ônus que foi cumprido pelo ora suscitante conforme documentação que segue em

> Tal peça já foi direcionada a este específico órgão jurisdicional, pois o mesmo encontra-se prevento, em razão do agravo de instrumento anteriormente interposto sobre outro assunto (art. 930, parágrafo único, CPC), em atenção ao caso concreto paradigma. De qualquer forma, tal incidente processual é sempre de competência de Tribunal, o que, aliás, justifica sua inclusão na topografia dos "*Processos nos Tribunais*" (Livro III, da Parte Especial).

> Tendo a parte ré arguido previamente a incompetência relativa, não poderá suscitar o conflito de competência sobre o mesmo assunto (art. 952, CPC). A norma visa a coibir a utilização de expedientes protelatórios pelo réu (v.g., arguir a incompetência indicando determinado foro entendido como competente e, depois, desejar questioná-lo). *In casu*, ventila-se hipótese ilustrativa, sem muita preocupação com o conteúdo, até porque o pleito é rejeitado no próprio caso concreto paradigma.

324 ■ *Petições e Prática Cível*

anexo à presente, notadamente a cópia da(s) decisão(ões) prolatada(s) e da jurisprudência no sentido contrário àquilo que foi decidido.

Conforme foi exposto em preliminar de sua contestação (fls.), trata-se de demanda em que o autor objetiva receber a quantia de R$ 30.000,00 (trinta mil reais), valor este que é inferior a 40 (quarenta) salários-mínimos. Por este motivo, este processo não deveria ter sido instaurado perante juízo cível, mas sim perante o único Juizado Especial da Capital, nos termos da legislação específica (art. 3º, Lei nº 9.099/95). Soa nítida, desta forma, a incompetência do juízo da 10ª Vara Cível da Comarca do Rio de Janeiro para julgar a demanda, pois a mesma deverá ser processada e julgada, como visto, pelo único Juizado Especial desta Comarca.

> Reafirma-se que tal argumento é inconsistente, eis que a competência do Juizado Especial é tida, de forma consolidada, como opcional ao demandante (art. 3º, § 3º, Lei nº 9.099/95).

Portanto, à luz do acima arrazoado, requer que:

> Neste incidente processual, não haverá contraditório quanto à parte adversa, sendo bastante a oitiva dos juízes em conflito.

a) seja determinada a intimação dos magistrados lotados nos juízos em questão para que prestem as suas informações no prazo a ser fixado pelo juiz (art. 954, parágrafo único, CPC);

> Há novel regra que permite o aproveitamento, inclusive, de atos decisórios praticados pelo juízo tido como incompetente (art. 64, § 4º, CPC), o que pode ser explorado pelo suscitante deste incidente processual (v.g., aproveitamento de tutela provisória deferida anteriormente).

b) seja designado um dos magistrados lotado em um desses juízos para resolver, em caráter provisório, as medidas urgentes (art. 955, CPC), mediante carta de ordem;

c) seja o conflito decidido no sentido de ser competente o único Juizado Especial desta Comarca, ocasião em que deverá haver pronúncia sobre a validade dos atos praticados até então pelo juízo incompetente (art. 957, CPC);

> Em princípio, não se tem a condenação em sucumbência aqui (por se tratar de um "contencioso de legalidade"), embora nada impeça que o suscitante, quando parte, possa buscar a inclusão de eventuais despesas para efeitos de ressarcimento, caso vitorioso ao final (exegese do art. 82, § 2º, CPC).

d) por fim, sejam então os autos encaminhados ao juízo competente (art. 957, parágrafo único, CPC).

Termos em que

Pede e espera deferimento.

Local e data.

Nome e assinatura do advogado(a)

6.8. Assunção de competência (IAC)

Peça vinculada ao caso concreto: Sim.

Finalidade: Petição com o intuito de suscitar o incidente de assunção de competência perante o Tribunal local, quando o julgamento de recurso, da remessa necessária ou do processo de competência originária, a ele sujeitos, envolver relevante questão de direito com grande

Petições Cíveis: Ações Autônomas e Incidentes de Competência Originária de Tribunal ■ **325**

repercussão social, sem repetição de múltiplos processos (art. 947, *caput*, CPC). O intuito é a prevenção ou a composição da divergência entre Câmaras ou Turmas do respectivo Tribunal (art. 947, § 4º, CPC), deslocando-se a causa ao órgão colegiado que o Regimento indicar, no mais das vezes o próprio Órgão Especial.

Dispositivo(s): art. 947, CPC.

Importante:

1) Tal **formato** já existia na égide da lei processual anterior (art. 555, par. 1º, CPC/1973), embora não fosse muito utilizado. A novel legislação amplia seu cabimento, e exclui o incidente de uniformização de jurisprudência (arts. 476/479, CPC/1973). Uma das diferenças entre os mecanismos (anterior e atual) é que a atual assunção de competência tem o deslinde mais célere da causa, com seu julgamento por completo pelo próprio órgão para o qual é deslocada a competência, sem a necessidade de retorno dos autos ao órgão fracionário (art. 947, par. 2º, CPC), diferente do que antes ocorria.

2) Sobre a **legitimidade**, tal incidente processual pode ser deflagrado pelas partes, pelo Ministério Público, pela Defensoria Pública ou até mesmo pode ser iniciado de ofício pelo julgador (art. 947, par. 1º, CPC).

3) Tal incidente somente é possível na situação em que envolvida relevante questão de direito, seja de direito material ou processual (analogia do art. 928, par. único, CPC). Reflete um **vetor de formação de precedentes judiciais**, que passa a ter caráter vinculante para os demais juízes a ele subordinados (art. 927, III, e art. 947, par. 3º, CPC), cuja falta de observância num decisório permite à parte interessada se valer do recurso próprio, ou mesmo da via da reclamação (art. 988, IV, CPC).

4) Em **diferenciação** do incidente de assunção de competência do IRDR, outro instrumento formador de precedentes jurisdicionais, tem-se que este último exige a repetição da controvérsia em múltiplos processos (art. 976, I, CPC), estabelecendo seu caráter eminentemente repressivo. Diversamente, o incidente de assunção de competência tem cabimento sem que se tenha a repetição em múltiplos processos (não se trata de "julgamento de casos repetitivos", conforme art. 928, CPC). Então, no formato inibitório da multiplicação de controvérsias no plano judicial, será o caso deste último incidente processual, e não do IRDR. Em verdade, a assunção de competência pode prevenir, inclusive, a instauração do IRDR. Além disso, a assunção de competência é causa de deslocamento da causa, não gerando, por isso mesmo, a suspensão do processo (inaplicável o art. 313, IV, CPC). De toda forma, defende-se a fungibilidade entre IAC e IRDR, conforme CJF, nº 141 (II Jornada de Direito Processual Civil): "*É possível a conversão de Incidente de Assunção de Competência em Incidente de Resolução de Demandas Repetitivas, se demonstrada a efetiva repetição de processos em que se discute a mesma questão de direito*".

5) Ocupou-se o legislador de chancelar hipóteses de **aplicação da tese firmada na assunção de competência** pelos órgãos jurisdicionais inferiores, em processos ulteriores: julgamento de improcedência liminar do pedido (art. 332, III, CPC); julgamento monocrático pelo relator em recurso, pelo desprovimento ou provimento (art. 932, IV, "c", e V, "c", CPC);

326 ■ *Petições e Prática Cível*

julgamento monocrático pelo relator em conflito de competência (art. 955, par. único, II, CPC); descabimento de reexame necessário se a decisão contrária à Fazenda Pública aplicou a respectiva tese (art. 496, par. 4º, III, CPC).

Preparo: Não há.

Modelo

Conforme a narrativa do caso concreto paradigma, tem-se o direcionamento desta peça processual a esse órgão jurisdicional, pois o mesmo se encontrava prevento, em razão do agravo de instrumento anteriormente interposto sobre outro assunto (art. 930, parágrafo único, CPC).

COLENDO JUÍZO DA 5ª CÂMARA CÍVEL DO TRIBUNAL DE JUSTIÇA DO RIO DE JANEIRO.

ASSUNÇÃO DE COMPETÊNCIA Nº

RECURSO DE APELAÇÃO Nº 2016.002.888856327-14

PROC. ORIGINÁRIO Nº 0000123-30.2015.8.19.0001

TÍCIO TAVARES, já qualificado nos autos em epígrafe, da ação de cobrança em procedimento comum que lhe promove CAIO CARVALHO, vem, por meio de seu advogado regularmente constituído que esta subscreve, respeitosamente, suscitar incidente de:

ASSUNÇÃO DE COMPETÊNCIA

Com os fundamentos que passa a aduzir.

A instauração da assunção de competência pode se dar quando se tenha um recurso, remessa necessária ou processo de competência originária tramitando no Tribunal de segunda instância (art. 947, CPC).

Embora o requerimento da parte deva minudenciar a presença do "interesse público" na assunção de competência, a legislação deixa a critério do órgão julgador o reconhecimento deste requisito (art. 947, § 2º, CPC), não sendo, portanto, obrigatória a elevação de competência (v.g., STJ – REsp 723.890/ MG, 1ª Turma, DJ 15/08/2006).

Essa Egrégia Corte e, mais precisamente esse órgão fracionário, encontra-se com os presentes autos para processar e julgar o recurso de apelação que foi interposto pelo demandado (fls.).

Fundamenta o presente recurso a escorreita interpretação de normas jurídicas, precisamente aquelas que norteiam a fundamentação dos atos decisórios (art. 93, inc. IX, CRFB c/c art. 11 e art. 489, § 1º, CPC).

A toda evidência, trata-se de relevante questão de direito, com grande repercussão social, que, por ora, não vem sendo debatida em múltiplos processos, mas, apenas, em caráter circunstancial (art. 947, CPC). Desta maneira, vê-se salutar que este Tribunal crie um precedente jurisdicional a ser observado por todos os demais órgãos que lhe sejam vinculados, o que geraria maior segurança jurídica ao jurisdicionado em tema de tal relevância.

Petições Cíveis: Ações Autônomas e Incidentes de Competência Originária de Tribunal ■ **327**

Desta maneira, respeitosamente requer que este órgão fracionário delibere quanto à viabilidade do presente incidente de assunção de competência, remetendo os autos ao órgão colegiado competente nos termos do Regimento Interno do respectivo Tribunal (art. 947, § 1º, CPC).

> Não se requer a suspensão do processo na assunção de competência, afinal se trata de causa de deslocamento/elevação de competência.

Desta feita, vem requerer seja fixada a mais adequada tese jurídica, e, na sequência, também seja julgado o recurso de apelação já interposto, preferencialmente de acordo com o que sustenta o demandado (art. 947, § 2º, CPC).

Por fim, requer que as eventuais intimações do seu patrono sejam realizadas em nome da sociedade de advogados que integra, Tevez & Torres Advogados Associados, com endereço na Rua da Macaxeira, nº 2, Centro, Cep: 33.145-886, na cidade do Rio de Janeiro – RJ (art. 106 c/c art. 272, § 1º, CPC).

> Da decisão final (acórdão), ainda que o julgamento seja não unânime, não se aplicará a técnica de designação de nova sessão, substitutiva dos embargos infringentes (art. 942, § 4º, inc. I, CPC). A tese jurídica fixada vinculará todos os juízes e órgãos fracionários do respectivo Tribunal (art. 927, III; e art. 947, § 3º, CPC).

Termos em que

Pede e espera deferimento.

Local e data.

Nome e assinatura do advogado(a)

6.9. Incidente de Resolução de Demandas Repetitivas (IRDR)

Peça vinculada ao caso concreto: Sim.

Finalidade: Petição com o intuito de suscitar o incidente de resolução de demandas repetitivas (IRDR) perante o Tribunal local, quando houver, simultaneamente, efetiva repetição de processos que contenham controvérsia sobre a mesma questão unicamente de direito, bem como risco de ofensa à isonomia e a segurança jurídica (art. 976, CPC). O intuito deste incidente processual é evitar a dispersão em larga escala da jurisprudência em situações homogêneas, através da eleição de "caso-piloto", possibilitando o "julgamento em bloco".

Dispositivo(s): art. 976 – art. 987, CPC.

Importante:

1) Em maximização da tutela jurisdicional coletiva (em referência aos direitos individuais homogêneos), coexistindo ao formato via ajuizamento de ações deste naipe, fez-se previsão na nova legislação processual de um **incidente processual de caráter coletivo** para a resolução de demandas repetitivas. A tutela coletiva ganha contornos relevantes ao se reconhecer que vivemos numa época de conflitos massificados, sobretudo em razão da atuação recalcitrante lesiva dos grandes litigantes brasileiros (*repeat players*, como o Poder Público, instituições financeiras, telefônicas, dentre outros).

2) Sobre a **legitimidade**, tal incidente processual pode ser deflagrado pelo juiz ou relator, *ex officio*; pelas partes, por petição; pelo Ministério Público ou pela Defensoria Pública (art. 977, CPC).

328 ■ *Petições e Prática Cível*

3) O IRDR somente é possível na situação em que envolvida relevante questão de direito, seja de direito material ou processual (art. 928, parágrafo único, CPC). Reflete um **vetor de formação de precedentes judiciais**, a ser criado pelo respectivo tribunal (em princípio, tribunal de segunda instância, seja TJ ou TRF), que passa a ter caráter vinculante para os demais juízes a ele subordinados, inclusive para os Juizados Especiais Cíveis (art. 927, IIII, e art. 985, I, CPC), cuja falta de observância num decisório permite à parte interessada se valer do recurso próprio, ou mesmo da via da reclamação (art. 988, IV, CPC). O regime de vinculação abarca tanto os casos presentes quanto os casos futuros que versarem idêntica questão de direito e que venham a tramitar no território de competência do tribunal (art. 985, II, CPC). Discute-se o cabimento do IRDR no âmbito da Corte Superior, havendo precedente no sentido positivo, quando o incidente seja instaurado em causas originárias do STJ (art. 105, I, CRFB); ou em recurso ordinário ao STJ (art. 105, II, CRFB), justamente porque já existente a ferramenta do recurso especial repetitivo (STJ – AgInt na Pet 11.838/MS, Corte Especial, DJ 07/08/2019). Por sua vez, já se decidiu no sentido de que o IRDR é um incidente a ser suscitado perante os tribunais de segundo grau, em exame, inclusive, das discussões travadas no processo legislativo (STF – Pet 8.245/AM, Rel. Min. Dias Toffoli, DJ 10/10/2019).

4) Se inadmitido o IRDR por ausência de seus pressupostos, não se impede uma **nova tentativa** de instauração posteriormente, satisfeito o obstáculo (art. 976, par. 3º, CPC).

5) A **desistência ou abandono do processo** não impedirá o exame do mérito do incidente (art. 976, par. 1º, CPC). A exegese é mais correta do que simplesmente entender pela inviabilidade de medida dispositiva válida, como ditava a jurisprudência do regime que se supera (STJ – QO no REsp 1.063.343/RS, Corte Especial, *DJ* 17/12/2008).

6) Ocupou-se o legislador de chancelar hipóteses de **aplicação da tese firmada no IRDR** pelos órgãos jurisdicionais inferiores, em processos ulteriores: julgamento de improcedência liminar do pedido (art. 332, III, CPC); julgamento monocrático pelo relator em recurso, pelo desprovimento ou provimento (art. 932, IV, "c", e V, "c", CPC); julgamento monocrático pelo relator em conflito de competência (art. 955, par. único, II, CPC); descabimento de reexame necessário se a decisão contrária à Fazenda Pública aplicou a respectiva tese (art. 496, par. 4º, III, CPC).

7) A **revisão da tese jurídica** (*overruling*) firmada no IRDR é feita pelo mesmo tribunal, de ofício ou mediante requerimento dos legitimados originários (art. 986, CPC, que remete equivocamente apenas ao inc. III do art. 977, CPC, devendo ser incluído o inc. II, diante do erro de remissão oriundo do processo legislativo, frente às várias versões do projeto). Frise-se que a legitimidade para pleito de revisão da tese pode ser interpretada de forma ampliativa, em visão sistemática, a incluir, por exemplo, a OAB, tendo em vista sua legitimidade para propor revisão e cancelamento de súmula vinculante (art. 103-A, par. 3º, CRFB). A superação da exegese firmada garante a impossibilidade de engessamento do sistema de precedentes jurisdicionais.

Preparo: Não há (art. 976, § 5º, CPC).

Petições Cíveis: Ações Autônomas e Incidentes de Competência Originária de Tribunal

Modelo

EXMO. DES. PRESIDENTE DO TRIBUNAL DE JUSTIÇA DO RIO DE JANEIRO

INCIDENTE DE RESOLUÇÃO DE DEMANDAS REPETITIVAS Nº

PROC. ORIGINÁRIO Nº 0000123-30.2015.8.19.0001

TÍCIO TAVARES, já qualificado nos autos em epígrafe, da ação de cobrança em procedimento comum que lhe promove CAIO CARVALHO, vem, por meio de seu advogado regularmente constituído que esta subscreve, respeitosamente, requerer a instauração do presente:

INCIDENTE DE RESOLUÇÃO DE DEMANDA
REPETITIVAS – IRDR

respaldado pela faculdade que lhe é outorgada pela legislação (art. 977, inc. II, CPC) e com base nos fundamentos que passa a aduzir.

Este Tribunal tem pendente para julgamento o recurso de agravo interno (fls.) interposto para impugnar a decisão monocrática que não conheceu o recurso de apelação interposto pelo demandado (fls.), em demanda que lhe promove o autor (processo originário nº 0000123-30.2015.8.19.0001).

Ocorre que, neste recurso, como em diversos outros processos já instaurados, se discute a real abrangência da necessidade ou não de o magistrado ter o dever de fundamentar exaustivamente as suas decisões judiciais, na esteira do que estabelece a Constituição (art. 93, inc. IX, CRFB) e a legislação (art. 489, § 1º, CPC).

Trata-se, portanto, de controvérsia unicamente de direito, que vem sendo objeto de repetidos processos, gerando risco de ofensa à isonomia e à segurança jurídica. Portanto, estão presentes os requisitos que ensejam a instauração do presente incidente (art. 976, incs. I e II, CPC), bem como a prova documental em anexo (tabela impressa) é indicativa da inexistência de qualquer recurso extraordinário ou especial que estão sendo processados como repetitivos (art. 976, § 4º, CPC).

Desta maneira, requer, respeitosamente:

O IRDR se dá no âmbito dos tribunais de segunda instância (art. 978, CPC), tratando-se de vetor de "fabricação local" de precedentes jurisdicionais. Tem menor peso/abrangência do que os recursos especial e extraordinário repetitivos, o que é constatável, pois a) se já constar processo afetado perante os tribunais superiores para definição de tese sobre questão de direito, não será admitido o IRDR (art. 976, § 4º, CPC); b) do julgamento do mérito do IRDR, cabe recurso extraordinário – com repercussão geral presumida (art. 987, § 1º, CPC) – ou recurso especial, conforme o caso (art. 987, CPC).

O IRDR exige a repetição da controvérsia em múltiplos processos (art. 976, I, CPC), o que afasta o seu cabimento de forma preventiva, no sentido da não propagação potencial da dissonância jurisprudencial. Note-se que não há previsão de quantitativo de processos necessários à instauração do IRDR. Com efeito, vê-se como factível a negativa prévia de requerimento de instauração de assunção de competência, por ausente grande repetição de processos sobre o tema, e isto ocorrer posteriormente, chancelando o cabimento do IRDR, justamente como foi requerido no caso concreto paradigma.

330 ■ *Petições e Prática Cível*

O IRDR gera a suspensão de todas as demais demandas pendentes naquele Estado ou Região que versam sobre a mesma questão jurídica (art. 982, inc. I, CPC), devendo ser julgado em 1 (um) ano, sob pena de todos esses processos retomarem o seu curso normal (art. 980, parágrafo único, CPC). Durante o período de suspensão, eventuais requerimentos de tutelas de urgência devem ser apresentados perante o mesmo juízo em que se encontra o processo suspenso (art. 982, § 2º, CPC).

O IRDR permite a participação de terceiros, inclusive do *amicus curiae*, que, neste caso em específico, possui legitimidade recursal (art. 138, § 3º, CPC).

Não se aplica, *in casu*, a técnica de designação de nova sessão, substitutiva dos embargos infringentes (art. 942, § 4º, I, CPC).

a) que seja este incidente encaminhado ao órgão indicado no regimento interno deste Egrégio Tribunal, observada a preferência de tramitação (art. 980, CPC), com a designação de Relator (art. 978, CPC);

b) que o Relator profira decisão admitindo-o, bem como determine a suspensão de todos os processos pendentes, individuais ou coletivos, que tramitam neste Estado (art. 313, inc. IV; e art. 982, inc. I, CPC), expedindo-se a devida comunicação (art. 982, § 1º, CPC);

c) que, sendo o caso, sejam requisitadas informações a órgãos em cujo juízo tramita processo no qual se discute o objeto do incidente (art. 982, inc. II, CPC);

d) que seja intimado o membro do Ministério Público para, querendo, manifestar-se no prazo de 15 (quinze) dias, como fiscal da ordem jurídica (art. 982, inc. III, CPC);

e) que seja dada publicidade ao presente incidente nos termos da legislação (art. 979, CPC), franqueando, por consequência, a participação da outra parte e demais interessados (art. 983, CPC), inclusive com a designação de audiência pública para a discussão do tema (art. 983, § 1º, CPC);

f) que, após o regular processamento, e, mais precisamente ao final da sessão, seja então fixada a mais adequada tese jurídica, como também julgado o recurso já interposto, preferencialmente de acordo com o que sustenta o demandado (art. 978, parágrafo único, CPC).

Termos em que

Pede e espera deferimento.

Local e data.

Nome e assinatura do advogado(a)

6.10. Incidente de Arguição de Inconstitucionalidade

Peça vinculada ao caso concreto: Não.

Finalidade: Petição com o intuito de suscitar a arguição de inconstitucionalidade, tratando-se de incidente processual de competência dos Tribunais inferiores, cuja previsão normativa atende ao regramento da "reserva de plenário" (art. 97, CRFB). O instituto processual em análise faz referência ao "*controle difuso*" (ou desconcentrado) de constitucionalidade, realizado incidentalmente, como premissa para o julgamento do objeto da causa. Desse modo, deixe-se

Petições Cíveis: Ações Autônomas e Incidentes de Competência Originária de Tribunal ■ **331**

claro sua inaplicabilidade às ações de inconstitucionalidade (art. 102, inc, I "a", CRFB) ou às representações de inconstitucionalidade (art. 125, § 2º, CRFB).

Dispositivo(s): art. 948 – art. 950, CPC.

Importante:

1) Sobre a **legitimidade**, tal incidente pode ser deflagrado pelas partes, pelo Ministério Público, ou até mesmo pode ser iniciado de ofício, num feito que tramite perante os Tribunais de segunda instância, seja num recurso, em suas respectivas contrarrazões, na remessa necessária, ou em petição autônoma (como apresentado nesta obra).

2) Sobre o processamento, a arguição neste incidente será debatida inicialmente entre os membros do órgão em que tramita o feito pendente no âmbito da segunda instância, que deliberarão sobre sua instauração. Sendo acolhida a arguição, ocorrerá a **cisão funcional vertical da competência**, de modo que o tema seja enfrentado pelo Órgão Pleno ou Especial do Tribunal, onde houver (art. 52, X, CRFB c/c art. 949, II, CPC), o que dá azo ao respeito à regra constitucional da reserva de plenário (art. 97, CRFB).

3) A **reserva de plenário** reflete que "a matéria é reservada ao Pleno", traduzindo-se na regra da *full bench* ("composição plenária"), *full court* ("tribunal pleno") ou julgamento *en banc* ("pela bancada"). A "colegialidade" constitui o juiz natural da hipótese tratada (art. 5º, LIII, CRFB), o que reflete uma regra de competência funcional de caráter absoluto. Somente, no mínimo, pelo voto da maioria absoluta (metade mais um de todos os componentes) dos membros do Órgão Pleno ou Especial do Tribunal poderá ser declarada a inconstitucionalidade de lei ou ato normativo do Poder Público – um quórum qualificado em prestígio da constitucionalidade das leis e dos atos do Poder Público. Frise-se que não se exige igual quórum para reconhecimento da "constitucionalidade", que, ademais, é presumida (*v.g.*, não padece de qualquer vício a decisão, ainda que monocrática, que rejeita a argumentação de inconstitucionalidade de dispositivo legal, sem instaurar tal incidente processual). De outro modo, uma vez instaurado o incidente processual, se atingido apenas o quórum de maioria simples pela inconstitucionalidade, o ato será considerado, assim, constitucional; pode-se julgar tal incidente, portanto, com qualquer número de juízes presentes, mas não pela inconstitucionalidade. Finalmente, tal incidente processual não é necessário nas arguições de inconstitucionalidade perante a Turma Recursal dos Juizados Especiais.

4) A solução da arguição de inconstitucionalidade cria um precedente jurisdicional apto a servir de **dispensa da instauração deste incidente processual em casos futuros**. O mesmo vale se já houver pronunciamento do plenário do STF sobre a questão (art. 949, par. único, CPC).

5) Note-se que a sistemática da nova lei processual de que a **questão prejudicial** aduzida no feito torna-se automaticamente imutável não se aplica à hipótese, notadamente porquanto o órgão judicial em referência não tem competência para resolver a celeuma da constitucionalidade como questão principal (art. 503, par. 1º, III, CPC c/c art. 102 par. 1º, "a", CRFB).

332 ■ *Petições e Prática Cível*

Verbete(s): Súmula nº 513, STF: *"A decisão que enseja a interposição de recurso ordinário ou extraordinário não é a do plenário, que resolve o incidente de inconstitucionalidade, mas a do órgão (câmaras, grupos ou turmas) que completa o julgamento do feito".*

Preparo: Não há.

Modelo

COLENDO JUÍZO DA 5ª CÂMARA CÍVEL DO TRIBUNAL DE JUSTIÇA DO RIO DE JANEIRO

RECURSO DE APELAÇÃO Nº 2016.002.888856327-14

PROC. ORIGINÁRIO Nº 0000123-30.2015.8.19.0001

TÍCIO TAVARES, já qualificado nos autos em epígrafe, da ação de cobrança em procedimento comum que lhe promove CAIO CARVALHO, vem, por meio de seu advogado regularmente constituído que esta subscreve, respeitosamente, suscitar incidente de:

ARGUIÇÃO DE INCONSTITUCIONALIDADE

com os fundamentos que passa a aduzir.

Este órgão fracionário encontra-se com os presentes autos para processar e julgar o recurso de apelação que foi interposto pelo demandado (fls.). Contudo, vê-se imperioso, na espécie, a arguição de inconstitucionalidade, na forma da lei (art. 948 – art. 950, CPC).

A legislação estabelece que, por ocasião da sessão do julgamento do recurso de apelação, as partes disporão de 15 (quinze) minutos para realizarem sustentação oral (art. 937, CPC). Ocorre que a questão apresentada nestes autos é extremamente complexa, não sendo razoável um prazo tão diminuto, mormente quando os integrantes deste órgão colegiado sequer tiveram contato pessoal durante a produção das provas.

> Traz-se exemplo de possível violação hipotética do texto constitucional, embora o argumento seja sobremaneira forçado.

Assim, este dispositivo (art. 937, CPC) é flagrantemente inconstitucional, pois viola a norma constitucional que assegura o contraditório e a ampla defesa em seu sentido mais amplo e efetivo (art. 5º, inc. LV, CRFB).

Desta maneira, respeitosamente requer que:

a) após ser dada vista ao membro do Ministério Público, este órgão fracionário delibere quanto à viabilidade do presente incidente de arguição de

Petições Cíveis: Ações Autônomas e Incidentes de Competência Originária de Tribunal ■ **333**

inconstitucionalidade (art. 948, CPC), e, tendo-a vislumbrado, que sejam os autos remetidos ao órgão colegiado competente nos termos do Regimento Interno do Tribunal (art. 949, inc. II, CPC).

> O sentido desta cisão de competência é atender à regra constitucional da reserva de plenário (art. 97, CRFB).

b) caso pertinente, seja oportunizada a manifestação das pessoas jurídicas de direito público responsáveis pela edição do ato questionado, bem como dos legitimados para a propositura de ações que objetivam o controle concentrado de constitucionalidade ou mesmo a participação de outros órgãos ou entidades, isto é, do *amicus curiae* (art. 950, §§ 1º a 3º, CPC).

c) o órgão indicado no respectivo Regimento Interno fixe a adequada tese jurídica aplicável ao caso, preferencialmente de acordo com o que sustenta o ora suscitante, e, na sequência, redirecione o recurso de apelação ao órgão fracionário, para seu escorreito julgamento, a qual estará vinculado ao referido precedente jurisdicional.

> É irrecorrível a decisão do Pleno ou Órgão Especial, exceto embargos de declaração. Somente é possível recorrer da decisão do órgão fracionário que aplicar o entendimento fixado no precedente criado por esta via, completando o julgamento do feito (Verbete Sumular nº 513, STF).

Termos em que

Pede e espera deferimento.

Local e data.

Nome e assinatura do advogado(a)

6.11. Suspensão de Liminar / de Tutela Antecipada / da Segurança

Peça vinculada ao caso concreto: Não.

Finalidade: Trata-se de petição dirigida à Presidência do Tribunal, com o intuito de que seja suspensa a eficácia de decisão em desfavor da Fazenda Pública, o que denota seu caráter de prerrogativa processual, operacionalizando o princípio da supremacia do interesse público sobre o privado (algo que será objeto de juízo de proporcionalidade na hipótese). Apesar da terminologia famosa ("suspensão da segurança"), o pedido de suspensão não é restrito ao "mandado de segurança", englobando, em verdade, todas as hipóteses em que é concedida uma tutela provisória, ou se o provimento definitivo (sentença/acórdão) contém efeitos imediatos, sempre quando contrários à Fazenda Pública.

Dispositivo(s): Há vários diplomas normativos sobre o tema, sendo encontrado um regime jurídico geral do instituto na legislação que trata da concessão de medidas cautelares contra atos do Poder Público (art. 4º, Lei nº 8.437/92), com aplicação à antecipação dos efeitos da tutela, no mesmo sentido (art. 1º, Lei nº 9.494/97); como também sua disciplina específica no processamento do mandado de segurança (art. 15, Lei nº 12.016/2009), da ação civil pública (art. 12, § 1º, Lei nº 7.347/85) e do *habeas data* (art. 16, Lei nº 9.507/97). Ademais, resta prevista a possibilidade de sua utilização perante o STJ e o STF (art. 25, Lei nº 8.038/90).

334 ■ *Petições e Prática Cível*

Importante:

1) O **requerimento** de suspensão de segurança é realizado pela própria Fazenda Pública, aí incluindo a União, Estados, Distrito Federal, Municípios, autarquias e fundações autárquicas, que possam ter interesse em sustar os efeitos da decisão judicial. Segundo a legislação, confere-se legitimidade, também, ao Ministério Público (art. 4º, Lei nº 8.437/1992). Explique-se que a inclusão desta peça processual neste livro tem o sentido de trazer esclarecimentos sobre importante mecanismo existente que possa obstar os efeitos de tutela jurisdicional obtida quando se litigue contra a Fazenda Pública.

2) Pode-se dizer que o julgamento do pedido de suspensão configura um "**ato político**", motivado por conveniência e oportunidade, não tendo natureza propriamente jurisdicional (não se julga o mérito da causa). Dessa noção é extraído o raciocínio pelo descabimento de recurso especial (art. 105, III, CRFB) contra tal decisão final do tribunal inferior – o que se dá, inclusive, pela verificação de que foi analisada situação de fato, cujo reexame é inviável nesta esfera (Verbete Sumular nº 7, STJ): *"1 A suspensão de liminar e de sentença limita-se a averiguar a possibilidade de grave lesão à ordem, à segurança, à saúde e às economias públicas. Não se examinam, no pedido de contracautela, os temas de mérito da demanda principal. 2. Em que pese a ressalva do entendimento deste Relator, é pacífica no STJ a tese de que o pedido de suspensão de segurança ou de liminar ostenta feição política, daí resultando não ser cabível o recurso especial. Até porque o apelo extremo visa a combater argumentos que digam respeito a exame de legalidade, não de análise de juízo político"* (STJ – AgRg no REsp 1.207.495/RJ, 2ª Turma, *DJ* 14/04/2011).

3) A suspensão deferida pelo Presidente do Tribunal vigorará até o trânsito em julgado da decisão de mérito na ação principal (art. 4º, par. 9º, Lei nº 8.437/1992), tendo em vista a cognição exauriente tornada definitiva nesta última. Cuida-se da regra de **ultratividade da decisão de suspensão**, com nítido caráter de preservação da hierarquia entre os órgãos jurisdicionais (*v.g.*, para que um juiz de primeira instância não revogue numa sentença a decisão do Presidente do Tribunal que suspendeu a liminar). Sobre o assunto, a Corte Suprema sintetizou a possibilidade de o Presidente do Tribunal, ao proferir a decisão de suspensão, efetuar restrições à duração de sua eficácia; além disso, o objeto da liminar deve coincidir, total ou parcialmente, com o da sentença (Verbete Sumular nº 626, STF: *"A suspensão da liminar em mandado de segurança, salvo determinação em contrário da decisão que a deferir, vigorará até o trânsito em julgado da decisão definitiva de concessão da segurança ou, havendo recurso, até a sua manutenção pelo STF, desde que o objeto da liminar deferida coincida, total ou parcialmente, com o da impetração"*).

Petições Cíveis: Ações Autônomas e Incidentes de Competência Originária de Tribunal ▪ **335**

Modelo

EXMO. DES. FED. PRESIDENTE DO TRIBUNAL REGIONAL FEDERAL DA 2ª REGIÃO.

PROC. DE ORIGEM Nº 2014.001.153486411-23.

ORIGEM: 1ª VARA FEDERAL DO RIO DE JANEIRO / SEÇÃO JUDICIÁRIA DO RJ.

DEMANDANTE ORIGINÁRIO: GUSTAVO VAZ DE CARVALHO FREITAS.

DEMANDANDO: ANATEL E OUTROS.

A AGÊNCIA NACIONAL DE TELECOMUNICAÇÕES – ANATEL, Autarquia Federal criada pela Lei nº 9.472/97, neste ato representada pela Procuradoria-Geral Federal, por meio de seu procurador abaixo assinado, vem, respeitosamente, à presença de V.Ex.a requerer a:

SUSPENSÃO DE LIMINAR

proferida nos autos em epígrafe (fls.), por terem sido desconsiderados de imediato determinados dispositivos de ato normativo editado pela própria ANATEL (art. 33 e art. 35, da Resolução nº 488/2012), pelas razões que passam a ser expostas a seguir.

Trata-se de demanda instaurada originariamente perante o juízo inferior, com o objetivo de que seja declarada a nulidade, nos contratos firmados entre o demandante e a companhia de telefonia, das cláusulas que preveem a perda dos créditos adquiridos após a expiração de certo lapso temporal, ou condicionem a continuidade do serviço à aquisição de novos créditos, que são embasadas, justamente, na aludida Resolução.

O magistrado concedeu a tutela provisória de urgência antecipada, ante o argumento de que tais imposições caracterizam violação ao princípio da isonomia e da não discriminação, na medida em que impõe tratamento diferenciado dentro do mesmo universo de consumidores (fls.). Acrescenta-se que esta decisão foi objeto de agravo de instrumento (fls.), ainda pendente de julgamento por uma das Turmas deste Egrégio Tribunal, sem que a ele tivesse sido conferido efeito suspensivo (documentos comprobatórios em anexo).

> Tal requerimento deve ser formulado diretamente ao Presidente do Tribunal a que o magistrado que proferiu a decisão estiver vinculado. Após a preclusão das vias que podem ser utilizadas para impugnar a decisão do Tribunal inferior (nele próprio), é possível que haja a repetição da suspensão da segurança, mas agora perante o STJ ou o STF (art. 25, Lei nº 8.038/90), embora seja necessário demonstrar que o fundamento tem natureza constitucional ou infraconstitucional, conforme o caso.

> Exige-se a existência de um processo na fase de conhecimento que esteja pendente, ou seja, cuja decisão ainda não transitou em julgado (art. 4º, § 1º, *in fine*, Lei nº 8.437/92).

336 ■ Petições e Prática Cível

> O interesse público de que trata o instituto processual estudado é o primário, ligado ao bem comum, da necessidade da coletividade; e não quanto ao interesse público secundário, que se reflete num interesse patrimonial do Estado. Deve ser demonstrado através da ameaça de *"grave lesão à ordem, à saúde, à segurança e à economia públicas"* (arts. 4º, *caput*, Lei nº 8.437/92), que constituem conceitos jurídicos indeterminados.

> O pedido de suspensão não serve para alegação de um *error in judicando* ou *error in procedendo* na decisão, mas, sim, para subtrair a eficácia (efeitos) desta, através de um juízo sobre qual interesse deve prevalecer, público ou privado: *"Na suspensão de segurança não se aprecia o mérito do processo principal, mas tão somente a ocorrência dos aspectos relacionados à potencialidade lesiva do ato decisório em face dos interesses públicos relevantes consagrados em lei, quais sejam, a ordem, a saúde, a segurança e a economia públicas"* (STF – SS 2.815 AgR/ SP, Tribunal Pleno, *DJ* 10/03/2008). Se deferida a suspensão, esta perdurará até o julgamento final da causa (art. 4º, par. 9º, Lei nº 8.437/1992).

A decisão, com todas as vênias possíveis, deve ter a sua eficácia suspensa pela presente via processual, mormente em virtude de o tema já contar com inúmeros precedentes no Poder Judiciário, conforme segue:

"É da exclusiva competência das agências reguladoras estabelecer as estruturas tarifárias que melhor se adequem aos serviços de telefonia oferecidos. Ao intervir na relação jurídica para alterar as regras fixadas pelos órgãos competentes, o Judiciário corre o risco de criar embaraços que podem não apenas comprometer a qualidade desses serviços mas, até mesmo, inviabilizar a sua prestação" (STJ – AgR-MC 10.915/RN, Segunda Turma, DJ 14/08/2006).

Com efeito, soa nítido que a permanência da eficácia da decisão concessiva da tutela provisória em primeira instância irá ocasionar diversos transtornos práticos, inclusive que possam comprometer a qualidade desses serviços. Aliás, até mesmo se pode objetar que esta decisão, ao negar vigência aos exatos termos das disposições constante de normas federais, sobejamente prejudica o interesse público e vem causando severo risco de lesão à ordem e à economia públicas na medida em que afeta o mercado de telefonia celular no país.

Portanto, feitos todos estes esclarecimentos, a ANATEL respeitosamente requer que sejam liminarmente suspensos os efeitos da decisão interlocutória concessiva da tutela provisória de urgência antecipada nos autos do processo nº 2014.001.153486411-23, que tramita perante a 1ª Vara Federal do Rio de Janeiro / Seção Judiciária do Rio de Janeiro.

Termos em que

Pede e espera deferimento.

Local e data.

Nome e assinatura do advogado(a)

6.12. Fluxogramas

AÇÃO RESCISÓRIA

PETIÇÃO INICIAL, com o preenchimento dos requisitos específicos (art. 968, incs. I e II)

- No caso de incompetência, determinação da remessa ao Tribunal correto (art. 968, § 5º)

- Deferimento da inicial e, se for o caso, determina a suspensão da execução em curso (art. 969)

- Determinação para emenda da inicial (art. 321)
  - cumpriu
  - NÃO cumpriu

- Julgamento monocrático por relator pelo indeferimento da inicial
  - Agravo interno (art. 1.021)
  - CONTRARRAZÕES ao agravo interno

CITAÇÃO do demandado (art. 970)

RESPOSTA do demandado

Instrução, se necessário, por meio de carta de ordem (art. 972)

ACÓRDÃO (DECISÃO COLEGIADA), cujo quórum tem importância quanto à destinação do depósito caução inicial (art. 974)

Dependendo do teor, magistrados tabelares são convocados para prosseguir no julgamento (art. 942)

INCIDENTE DE RESOLUÇÃO DE DEMANDAS REPETITIVAS (IRDR)

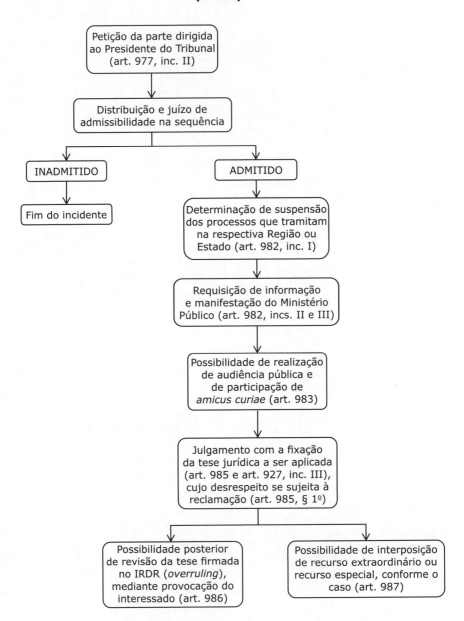

INCIDENTE DE INCONSTITUCIONALIDADE

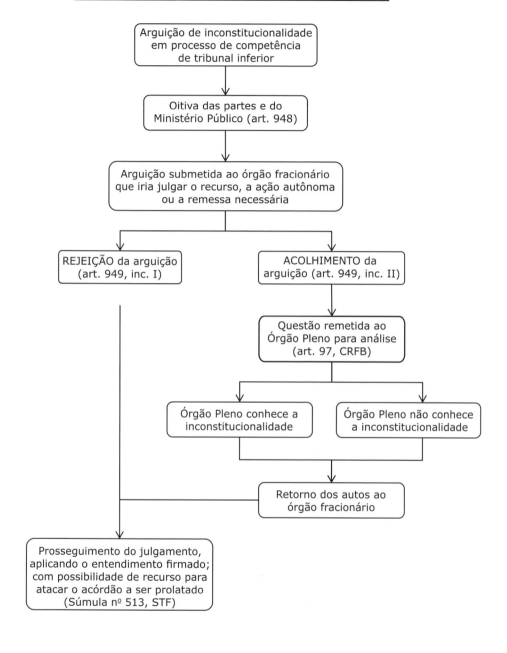

CAPÍTULO 7
Petições Cíveis: Recursos

7.1. Recurso de Apelação

Peça vinculada ao caso concreto: Sim.

Finalidade: Reformar ou invalidar uma sentença definitiva/material (art. 487, CPC) ou terminativa/processual (art. 485, CPC). Serve, também, para que se alegue tanto um *error in judicando* (erro de conteúdo), quanto um *error in procedendo* (erro na condução do procedimento), na sentença. Ademais, presta-se para impugnar sentenças proferidas em todos os tipos de processo, seja de conhecimento, cautelar ou execução (art. 925 e art. 203, § 1º, *in fine*, CPC), bem como nos procedimentos de jurisdição contenciosa e voluntária.

Dispositivo(s): art. 1.009 – art. 1.015, CPC.

Prazo: 15 (quinze) dias (art. 1.003, § 5º, CPC).

Necessidade de preparo: Sim.

Importante:

1) O **encaminhamento** e protocolo da petição deverão ser realizados perante o mesmo órgão prolator da decisão. É desnecessário manter a tradição de elaboração de uma petição de interposição do recurso e outra para as razões recursais, uma vez que não há forma legal preestabelecida neste sentido, aplicando-se o princípio da liberdade de formas (art. 188, CPC).

2) Nos casos de indeferimento da petição inicial, improcedência liminar ou mesmo em qualquer hipótese de sentença terminativa, na apelação deverá constar requerimento para que seja realizado **juízo de retratação pelo magistrado sentenciante**, o que, caso positivo, tornará prejudicada a subida do recurso ao tribunal (art. 331 c/c art. 332, par. 3º, c/c art. 487, par. 5º, CPC, respectivamente). Entende-se que apenas o recurso de apelação tempestivo permite tal retratação pelo juiz de piso: CJF, nº 68 (I Jornada de Direito Processual Civil): "*A intempestividade da apelação desautoriza o órgão* a quo *a proferir juízo positivo de retratação*".

3) Como qualquer outro recurso, a apelação está sujeita ao **efeito devolutivo**. Por força dele, na análise da extensão e da profundidade, são transferidas ao órgão *ad quem* as questões suscitadas pelas partes no processo, com o objetivo de serem reexaminadas. A extensão é fixada pelo recorrente, conforme o pedido recursal (art. 1.013, *caput*, CPC); já a profundidade, em se tratando da análise do acerto da decisão recorrida, decorre de previsão legal (art. 1.013, pars. 1º e 2º, CPC).

342 ■ *Petições e Prática Cível*

4) Embora recomendável, é desnecessário o requerimento do recorrente para aplicação, pelo tribunal, da **teoria da causa madura** (art. 1.013, par. 3º, CPC, que trocou o termo *"pode"* por *"deve"*, o que constitui argumento contundente nesse sentido). Não depende da iniciativa da parte, pois está inserida no denominado efeito devolutivo na profundidade (STJ – REsp 819.165/ES, 1ª Turma, *DJ* 19/06/2007). Não é a hipótese do caso concreto, por isso tal situação não foi ali mencionada, mas cabe o alerta de que a nova lei processual ampliou o cabimento desta ferramenta processual (*vide* também art. 1.013, par. 4º, CPC).

5) O recorrente na apelação, e o recorrido nas contrarrazões de apelação, poderão impugnar todas as **decisões interlocutórias** proferidas em primeira instância, exceto aquelas que desafiavam agravo de instrumento (art. 1.009, par. 1º, CPC). Cabe, assim, recorrer no momento da apelação sobre a decisão interlocutória pretérita que indeferiu determinada produção de prova durante o processo. Note-se que o dispositivo mencionado retrata o formato legislativo oriundo da revogação do agravo retido do CPC/1973.

6) Cogita-se da possibilidade de **apelação para impugnar exclusivamente decisão interlocutória**. Tem interesse a parte em apelar apenas de decisão interlocutória, mesmo quando não tenha sofrido derrota no objeto principal da causa na sentença, por exemplo, para impugnar apenas a decisão interlocutória pretérita que a condenou em litigância de má-fé. Nesse sentido: CJF, nº 67 (I Jornada de Direito Processual Civil): *"Há interesse recursal no pleito da parte para impugnar a multa do art. 334, par. 8º, do CPC por meio de apelação, embora tenha sido vitoriosa na demanda"*; FPPC, nº 662: *"(art. 1.009, par. 1º) É admissível impugnar, na apelação, exclusivamente a decisão interlocutória não agravável"*.

7) Sobre a arguição de **novas questões fáticas** na apelação, em princípio vigora a vedação quando não analisadas no juízo inferior (exclusão do *ius novorum*). Em virtude da estabilização do processo, o recorrente se vê impossibilitado de arguir, em sede de apelação, questão de fato, já conhecida quanto da impetração, não suscitada e não discutida no processo. Todavia, novas provas poderão ser eventualmente apresentadas em sede de apelação, demonstrando a parte o motivo de força maior que a fez deixar de fazê-lo anteriormente (art. 1.014; e 223, par. 1º, CPC). No que concerne às **questões de direito**: estas podem ser analisadas pelo órgão *ad quem* sem qualquer limitação, diante do princípio do *jura novit curiae*.

8) Sobre o **efeito suspensivo** da apelação (art. 1.012, CPC), cabe ao leitor analisar o detalhamento de informações constante na petição de "requerimento de efeito suspensivo ao recurso de apelação" (item 7.4).

Verbete(s): Súmula nº 641, STF: *"Não se conta em dobro o prazo para recorrer, quando só um dos litisconsortes haja sucumbido"*; **Súmula nº 99, STJ:** *"O Ministério Público tem legitimidade para recorrer no processo em que oficiou como fiscal da lei, ainda que não haja recurso da parte"*; **Súmula nº 483, STJ:** *"O INSS não está obrigado a efetuar depósito prévio do preparo por gozar das prerrogativas e privilégios da Fazenda Pública"*; **Súmula nº 484, STJ:** *"Admite-se que o preparo seja efetuado no primeiro dia útil subsequente, quando a interposição do recurso ocorrer após o encerramento do expediente bancário"*.

Modelo

COLENDO JUÍZO DA 10ª VARA CÍVEL DA COMARCA DO RIO DE JANEIRO – RJ.

PROC. Nº 0000123-30.2015.8.19.0001

TÍCIO TAVARES, já qualificado nos autos em epígrafe, da ação de cobrança em procedimento comum que lhe promove CAIO CARVALHO, irresignado com o teor da sentença proferida, vem, por intermédio do seu procurador regularmente constituído, respeitosamente, interpor:

RECURSO DE APELAÇÃO

Com os fundamentos que passa a aduzir, para requerer que, após ser determinada a intimação do demandante para fins de contra-arrazoar, sejam os autos remetidos ao órgão *ad quem* para realização do juízo de admissibilidade (art. 1.010, § 3º, CPC), e, ao final, seja o recurso provido com a reforma/anulação do aludido ato decisório.

> Em que pese o recurso de apelação ser interposto perante o mesmo órgão jurisdicional que prolatou a sentença (órgão *a quo*), o juízo de admissibilidade recursal será realizado pelo Tribunal (órgão *ad quem*). A medida é salutar, pois a palavra final quanto aos pressupostos recursais cabe, naturalmente, ao órgão *ad quem*. Coerentemente, foi excluída a possibilidade de interposição de agravo de instrumento contra decisão de inadmissão de apelação pelo órgão *a quo*.

I – Preliminarmente: análise das decisões interlocutórias não sujeitas a agravo de instrumento (art. 1.009, § 1º, CPC).

Conforme consta nos autos, o demandado suscitou, em sua contestação, questão preliminar que consistia na ocorrência de conexão deste processo com outro. Com efeito, de acordo com a documentação já apresentada aos autos, o presente processo é conexo (art. 55, CPC) com outro distribuído anteriormente perante juízo distinto, que, inclusive, é o prevento para processar ambas as causas (art. 59, CPC). Com efeito, foi salientado em momento próprio que o instituto jurídico da "conexão" se traduz em causa de modificação de competência do juízo de um dos processos, sempre que houver risco de decisões contraditórias. Contudo, o que se observa é que esta questão preliminar foi refutada pelo juízo *a quo*, por decisão cujos motivos não merecem subsistir, já que se negou a ocorrência de tal fenômeno (fls.). Assim, não sendo esta decisão interlocutória passível de ser objeto de agravo de instrumento (art. 1.015, CPC), fatalmente se constata que a mesma não se sujeita à preclusão, razão pela qual, preliminarmente, requer que também seja analisada por ocasião do julgamento do presente recurso.

> Trata-se de item facultativo, somente devendo constar quando o recorrente efetivamente pretender discutir o conteúdo de uma decisão interlocutória não sujeita ao recurso de agravo de instrumento. No modelo primitivo (CPC-73), para que isso fosse possível o interessado deveria ter se valido do "agravo retido" no momento próprio, sendo certo que este último recurso foi excluído pela nova legislação.

II – Razões recursais.

Conforme se observa nos autos, o pedido deduzido pelo autor foi julgado procedente, com a condenação do apelante a pagar ao apelado a quantia de R$ 15.000,00 (quinze mil reais), mais juros e correção monetária, além da sucumbência. Contudo, as razões adotadas na sentença, às fls., não devem subsistir.

Pode ser interessante fazer um resumo/síntese do decorrido no feito, visando a aproximar o julgador/leitor mais rapidamente ao problema vivenciado.

Com a devida vênia, não obrou o Juízo *a quo* com o costumeiro acerto. O fato é que a referida decisão é nula, pois não foram analisadas todas as teses defensivas apontadas pelo demandado, ora recorrente, em sua contestação. Com efeito, soa nítido que a prestação jurisdicional não foi a mais adequada, pois o enfrentamento com o devido aprofundamento iria permitir que o resultado do processo fosse outro. E, por este motivo, houve violação a norma constitucional (art. 93, IX, CRFB) e a infraconstitucional (art. 489, par. 1º, CPC), que impõem um exaustivo dever de motivação das decisões judiciais.

Ademais, ainda que se admita que a sentença seja válida, eis que minimamente fundamentada, é certo que a mesma de qualquer maneira merece ser reformada. Com efeito, o contrato de mútuo apresentado aos autos pelo autor em nenhum momento menciona o seu nome (fls.). Ademais, nenhuma outra prova produzida até o momento traz qualquer vinculação. Além disso, também se destaca que, ao tempo da celebração do aludido negócio jurídico narrado na petição inicial, o apelante era absolutamente incapaz em razão da sua idade, conforme pode ser atestado nos autos (fls.), em defesa de mérito indireta que desmantela a alegação autoral.

É sempre conveniente que o recorrente liste as fls. dos autos em que podem ser encontradas as peças, documentos e decisões essenciais à compreensão da controvérsia, facilitando a atividade do órgão recursal.

Portanto, seja pelo argumento da nulidade da sentença, da inexistência de dívida ou mesmo pela incapacidade do réu, conforme farto conjunto probatório demonstrado aos autos, espera o apelante que o recurso seja admitido e provido.

III – Requerimento(s).

Pelo exposto, requer:

a) que V.Ex.a se retrate da sentença proferida, cassando-a, e, na sequência, profira outra com resolução do mérito favorável ao demandado, ou mesmo determine o prosseguimento do processo, caso seja uma das hipóteses autorizadas em lei para o juízo de retratação, situação em que o recurso sequer será encaminhado ao Tribunal;

Tal pleito é inadequado à hipótese do caso concreto, pois inexistente situação permissiva de juízo de retratação pelo juízo sentenciante (v.g., art. 331, art. 332 e art. 485, § 7º, CPC), só aqui constando para demonstração formal do requerimento.

b) que, após a intimação do demandado para apresentar contrarrazões, no prazo de 15 (quinze) dias (art. 1.010, § 1º, CPC), seja o presente recurso encaminhado ao respectivo Tribunal (art. 1.010, § 3º, CPC) para que seja realizado o juízo de admissibilidade;

c) que, antes de eventual inadmissão do recurso de apelação, seja o recorrente previamente intimado para sanar eventuais irregularidades ou complementada a documentação exigida, no prazo de 5 (cinco) dias (art. 932, parágrafo único, CPC);

d) que o presente recurso seja admitido e, desta maneira, analisada a preliminar relativa à decisão interlocutória pretérita (art. 1.009, § 1º, CPC), que indeferiu o reconhecimento da conexão, para fins de se reconhecer a incompetência do órgão prolator da sentença, o que importará na anulação dos atos que não possam ser aproveitados, notadamente a sentença prolatada, remetendo-se os autos ao juízo natural;

e) que, não sendo o caso de acolhimento da questão preliminar deste recurso, seja então o mesmo provido para que a sentença proferida possa ser reformada, de modo que o pleito autoral seja julgado totalmente improcedente (art. 487, inc. I, CPC), seja pelo fundamento da inexistência do débito ou mesmo pela notória incapacidade do apelante no momento da celebração do acordo;

f) em caso de êxito recursal desta parte, requer seja aplicado o disposto na legislação processual (art. 85, § 11, CPC), para que haja a fixação dos honorários advocatícios.

Desde logo, manifesta o recorrente de forma expressa seu interesse em realizar sustentação oral (art. 937, I, CPC). Ademais, sendo o caso, seja providenciada a técnica de complementação de julgamento não unânime, inclusive na mesma sessão de julgamento, renovando-se o direito à sustentação oral (art. 942, CPC).

Esclarece, outrossim, que, acaso seja mantido o teor da decisão proferida, a nova deverá ser devidamente fundamentada, com o enfrentamento de todos os temas, sob pena de se estar vulnerando normas que têm tanto sede constitucional (art. 93, inc. IX, CRFB), quanto infraconstitucional (art. 489, § 1º, CPC), razão pela qual desde logo apresenta o prequestionamento das mesmas, para que sejam expressamente observadas e aplicadas por ocasião do ato decisório.

Termos em que

Pede e espera deferimento.

Local e data.

Nome e assinatura do advogado(a)

Convém fazer tal ressalva, embora se trate de imposição legal de conduta ao órgão jurisdicional que fará o juízo de admissibilidade recursal. Cuida-se de regra nova que visa atacar a denominada "jurisprudência defensiva", dando ao processo um caráter ainda mais instrumental.

Trata-se de item facultativo, para os casos em que o recorrente quiser se valer da impugnação de alguma decisão interlocutória não sujeita a agravo de instrumento.

São itens facultativos, no primeiro caso para a hipótese de o advogado do recorrente desejar se valer desta prerrogativa, embora também seja possível fazer tal requerimento no dia do julgamento (art. 936, CPC); e no segundo caso para a hipótese de o julgamento da apelação ter o resultado não unânime, cujo regramento, de certa maneira, substitui o "recurso de embargos infringentes", que não mais existe. Em verdade, esta última ferramenta processual não é voluntária, independendo de postulação do recorrente.

O prequestionamento é requisito de admissibilidade do recurso especial e do recurso extraordinário (enfrentamento da questão de direito pelo tribunal *a quo*, *v.g.* Verbete Sumular nº 282, STF), também podendo ser apresentado desta maneira, inclusive para viabilizar eventuais embargos de declaração, caso haja omissão de sua análise (art. 1.025, CPC).

7.2. Contrarrazões ao Recurso de Apelação

Peça vinculada ao caso concreto: Sim.
Finalidade: Meio de exercer o contraditório quando a outra parte tiver interposto recurso de apelação.
Dispositivo(s): Art. 1.009, parágrafos. 1º e 2º, CPC.
Prazo: 15 (quinze) dias (art. 1.003, § 5º; e 1.010, § 1º, CPC).
Necessidade de preparo: Em geral, não, tratando-se, apenas, de mera reposta ao recurso interposto. Contudo, se nesta mesma peça for suscitada a discussão de qualquer decisão interlocutória não sujeita a agravo de instrumento (art. 1.009, § 1º, CPC), há entendimento doutrinário de que, nestes casos, a petição de contrarrazões passa a ter natureza recursal, justificando o recolhimento de preparo. O tema é novo e ainda não há jurisprudência sedimentada, cabendo ao interessado se informar perante o Tribunal que estiver atuando sobre o entendimento a respeito.

Importante:

1) A **ausência de contrarrazões** não gera consequência imediata negativa ao recorrido (não gera o efeito material da revelia, qual seja, a presunção de veracidade do que alega o recorrente), embora se tenha perdido boa oportunidade para reforçar o acerto da decisão prolatada, ou mesmo apontar eventual falta de preenchimento de pressupostos recursais pelo recorrente.

2) Assim como no recurso de apelação, as contrarrazões apresentadas pelo recorrido podem impugnar eventual **decisão interlocutória** proferida ao longo do processo que o prejudique, como o indeferimento de produção de determinada prova, desde que não sejam aquelas sujeitas ao agravo de instrumento (art. 1.009, par. 1º, CPC). Nesse exemplo, a não produção da referida prova na primeira instância não impediu a sentença de procedência do pedido, mas, no julgamento da apelação interposta pela parte adversa, convém ao recorrido reforçar sua posição requerendo ao tribunal a produção da prova indeferida.

3) No caso do item anterior, o apelante será intimado para apresentar **contrarrazões das contrarrazões** (art. 1.009, par. 2º, CPC), garantindo o contraditório para qualquer impugnação recursal.

4) Em se tratando de hipótese de sucumbência recíproca na sentença (art. 86, CPC), além de apresentar contrarrazões ao recurso de apelação da parte adversa, poderá o então recorrido apresentar **recurso adesivo** (de apelação) ampliando o objeto de cognição do tribunal (art. 997, par. 2º, I, CPC), naturalmente se não tiver apelado antes de forma independente (STJ – REsp 1.173.908/PI, 2ª Turma, *DJ* 02/03/2010). Em verdade, as argumentações das contrarrazões e do recurso adesivo tendem a se repetir na prática, embora se tenha postulações diversas que conformem a devolução da matéria impugnada ao órgão *ad quem*. Porém, não há exigência de contrarrazões para que se apresente recurso adesivo (STJ – EDcl no REsp 171.545/RS, 2ª Turma, *DJ* 16/06/2000).

Modelo

COLENDO JUÍZO DA 10ª VARA CÍVEL DA COMARCA DO RIO DE JANEIRO – RJ.

PROC. Nº 0000123-30.2015.8.19.0001

CAIO CARVALHO, já qualificado nos autos em epígrafe, da ação de cobrança em procedimento comum que promove em face de TÍCIO TAVARES, por não concordar com o teor do recurso de apelação interposto pelo demandado, vem, por intermédio do seu procurador regularmente constituído, respeitosamente, apresentar as suas:

CONTRARRAZÕES AO RECURSO DE APELAÇÃO

Pelos fundamentos que se seguem para que, oportunamente, sejam os autos remetidos ao Tribunal inferior para realização do juízo de admissibilidade (art. 1.010, § 3º, CPC) e para que o recurso seja inadmitido ou mesmo desprovido, mantendo-se irretocável a sentença proferida pelo órgão jurisdicional de primeira instância.

I – Preliminarmente: análise das decisões interlocutórias não sujeitas a agravo de instrumento (art. 1.009, § 1º, CPC).

Conforme consta nos autos, o magistrado atuante no juízo de origem proferiu decisão interlocutória que não se sujeita a agravo de instrumento, escorada em norma infraconstitucional (art. 292, § 3º, CPC), reduzindo de ofício o valor da causa para R$ 15.000,00 (quinze mil reais), pois entendeu que este era o conteúdo econômico real que se pretendia obter no presente processo. Ocorre que, malgrado o apelado tenha sido o vencedor da demanda, com o seu pedido sendo integralmente acolhido na sentença, é certo que o mesmo dispõe de interesse recursal quanto a esta decisão interlocutória do início do processo que lhe é desfavorável, uma vez que a referida redução afetou diretamente a verba honorária do patrono que teve êxito, já que a mesma foi estabelecida no patamar de 10% (dez por cento) sobre o valor da causa (art. 85, § 2º, CPC).

Logo, não sendo tal decisão interlocutória atacável imediatamente por nenhum recurso, nem mesmo agravo de instrumento (art. 1.015, CPC), fatalmente se constata que a mesma não precluiu, razão pela qual preliminarmente requer que também seja analisada por ocasião do

---

Trata-se de item facultativo, somente devendo constar quando o recorrido efetivamente pretenda discutir o conteúdo de uma decisão interlocutória não sujeita ao recurso de agravo de instrumento (art. 1.009, § 1º, CPC). No modelo primitivo (CPC-73), para que isso fosse possível o interessado deveria ter se valido do "agravo retido" no momento próprio, sendo certo que este último recurso foi excluído da nova sistemática recursal. Na hipótese, as contrarrazões do apelado servirão para aumentar a devolução da matéria recorrida a órgão *ad quem*, sendo imperioso o prévio contraditório.

348 ■ *Petições e Prática Cível*

julgamento do presente recurso, após ter sido oportunizada a faculdade de o apelante apresentar suas contrarrazões a presente peça.

II – Contrarrazões recursais.

Conforme se observa nos autos, o pedido deduzido pelo autor foi julgado inteiramente procedente, com a condenação do apelante a pagar ao apelado a quantia de R$ 15.000,00 (quinze mil reais), mais juros e correção monetária, além da sucumbência (fls.).

A sentença não merece qualquer reparo, pois a mesma reflete, sem sombra de dúvidas, exatamente o que consta no acervo probatório carreado aos autos. Com efeito, constou nos autos prova da existência do contrato de mútuo entre as partes, bem como elementos que indicavam que o autor tentou viabilizar uma solução consensual por mais de uma vez.

E, vale dizer, o apelante em nenhum momento conseguiu comprovar as alegações que fez em suas peças de defesa, não se desincumbindo do ônus da prova que lhe competia (art. 373, II, CPC), razão pela qual as mesmas devem ser sumariamente desconsideradas, Portanto, fia e confia o apelado que a sentença proferida em primeira instância seja confirmada por este Tribunal.

III – Requerimento(s).

Pelo exposto, requer que:

a) após a intimação do apelante para apresentar contrarrazões ao requerimento ora exposto (item I), sejam os autos encaminhados ao Tribunal respectivo (art. 1.010, § 3º, CPC) para que seja realizado o juízo de admissibilidade negativo quanto à apelação interposta;

> Convém, sempre, identificar e abalizar o pressuposto recursal não preenchido pelo recorrente.

b) na eventualidade de o recurso de apelação ser conhecido, que sejam estas contrarrazões analisadas para fins de reforma da decisão interlocutória que reduziu o valor dado à causa, para fins de que o mesmo retorne ao patamar originário constante na petição inicial, o que trará reflexos no montante a ser recebido a título de honorários advocatícios;

c) não sendo o caso de acolhimento da questão preliminar destas contrarrazões, seja negado provimento ao recurso de apelação interposto pelo demandado, a fim de que seja mantido o inteiro teor da sentença proferida em primeira instância;

d) em caso de rejeição do recurso, seja condenado o recorrente em verba honorária recursal, majorando aquela já determinada nos autos, em razão do contraditório desenvolvido e da nova atividade laboral do advogado, conforme autoriza a legislação processual (art. 85, § 11º, CPC).

Também deixa expresso a V.Ex.a que, se a pretensão autoral for julgada improcedente (em razão do provimento ao recurso do réu), estará sendo vulnerada a norma constitucional que assegura acesso ao Poder Judiciário para a reparação de lesão a direito (art. 5º, inc. XXV, CRFB), bem como as normas infraconstitucionais que regulamentam o instituto do mútuo (art. 586 – art. 592, CC), razão pela qual desde logo já apresenta o prequestionamento de tais normas, para que as mesmas sejam expressamente enfrentadas por ocasião do ato decisório neste Tribunal.

> O prequestionamento é requisito de admissibilidade do recurso especial e do recurso extraordinário (enfrentamento da questão de direito pelo tribunal *a quo*, v.g., Verbete Sumular nº 282, STF), também podendo ser apresentado desta maneira, inclusive para viabilizar eventuais embargos de declaração, caso haja omissão de sua análise (art. 1.025, CPC).

Termos em que

Pede e espera deferimento.

Local e data.

Nome e assinatura do advogado(a)

7.3. Contrarrazões das Contrarrazões ao Recurso de Apelação

Peça vinculada ao caso concreto: Sim.

Finalidade: Meio de exercer o contraditório quando a outra parte tiver apresentado contrarrazões ao recurso de apelação, pleiteando, em preliminar, que o Tribunal analise decisão interlocutória preteritamente prolatada, quando esta não se sujeite, naquele momento, ao recurso de agravo de instrumento (art. 1.009, § 1º, CPC).

Dispositivo(s): art. 1.009, § 2º, CPC.

Prazo: 15 (quinze) dias (art. 1.003, § 5º, CPC).

Necessidade de preparo: Não.

Importante:

1) Trata-se de petição **sem exigência de maiores formalidades**.

2) Tal formato de "contrarrazões às contrarrazões" passa a existir diante da **exclusão do recurso de agravo retido**, em que havia o desenvolvimento do contraditório na primeira instância, logo após a interposição deste último recurso ora excluído (art. 523, par. 2º, CPC/1973).

Modelo

COLENDO JUÍZO DA 10ª VARA CÍVEL DA COMARCA DO RIO DE JANEIRO – RJ

PROC. Nº 0000123-30.2015.8.19.0001

TÍCIO TAVARES, já qualificado nos autos em epígrafe, da ação de cobrança em procedimento comum que lhe promove CAIO CARVALHO,

350 ■ *Petições e Prática Cível*

em razão das contrarrazões apresentadas ao seu recurso de apelação, vem, por intermédio do seu procurador regularmente constituído, apresentar:

> A ausência de apresentação de contrarrazões das contrarrazões não gera consequência imediata negativa ao apelante (não gera o efeito material da revelia, qual seja, a presunção de veracidade do que alega o recorrente), embora se tenha perdido boa oportunidade para reforçar o acerto da decisão interlocutória prolatada na primeira instância.

CONTRARRAZÕES ÀS CONTRARRAZÕES AO RECURSO DE APELAÇÃO

pelos fundamentos que se seguem para que, oportunamente, sejam os autos remetidos ao órgão *ad quem* para regular processamento (art. 1.010, § 3º, CPC).

Conforme se observa nos autos, o apelado se insurgiu contra a atuação do magistrado atuante no juízo de origem, que proferiu decisão interlocutória que não se sujeitava a agravo de instrumento, escorada em norma infraconstitucional (art. 292, § 3º, CPC), reduzindo de ofício o valor da causa para R$ 15.000,00 (quinze mil reais), pois entendeu que este era o conteúdo econômico real que se pretendia obter no presente processo.

Embora o apelante não concorde com o teor da sentença, tal como constou no seu respectivo recurso, é certo que, mesmo na eventualidade de esta ser mantida, de forma alguma pode subsistir o intento do apelado manifestado em sede de contrarrazões.

> Note-se que tal petição tem o formato de defesa do acerto da decisão interlocutória prolatada anteriormente no feito, já que esta última favorece o apelante (que perdeu na sentença).

Com efeito, o magistrado reduziu o valor da causa de R$ 30.000,00 (trinta mil reais) para R$ 15.000,00 (quinze mil reais), por entender que este era, de fato, o benefício econômico pretendido pelo autor. Agiu, portanto, em conformidade com a legislação federal (art. 292, inc. I, CPC).

Portanto, fia e confia o apelante que o requerimento formulado pelo apelado em sede de contrarrazões não seja acolhido.

Pelo exposto, requer que sejam os autos encaminhados ao Tribunal respectivo (art. 1.010, § 3º, CPC) para que seja admitido e provido o recurso de apelação interposto pelo apelante (ora peticionante) e que seja inadmitido ou negado provimento à pretensão recursal deduzida em sede de contrarrazões pelo apelado.

Termos em que

Pede e espera deferimento.

Local e data.

Nome e assinatura do advogado(a)

7.4. Requerimento de Efeito Suspensivo ao Recurso de Apelação

Peça vinculada ao caso concreto: Sim.

Finalidade: Meio de o recorrente/vencido obter efeito suspensivo ao recurso de apelação, para que o recorrido/vencedor fique impedido de promover o cumprimento provisório de decisão judicial (art. 520 – art. 522, CPC).

Dispositivo(s): art. 1.012, § 3º, CPC.

Prazo: A lei é omissa, sendo conveniente que o recorrente/vencido o faça logo após publicada a sentença, conforme o caso, quando já se permite ao recorrido/vencedor requerer o cumprimento provisório (art. 1.012, § 2º, CPC).

Necessidade de preparo: Não.

Importante:

1) Trata-se de petição **sem exigência de maiores formalidades**.

2) No ordenamento jurídico brasileiro, como regra, o recurso de apelação estará sujeito ao **efeito suspensivo**, o que serve para impedir a eficácia imediata da sentença (art. 1.012, *caput*, CPC). Nas hipóteses em que a apelação não se sujeita ao efeito suspensivo (art. 1.012, par. 1º, CPC), por exemplo na hipótese em que a sentença condena em prestação de alimentos, será permitido ao apelado promover o pedido de cumprimento provisório logo depois de publicada a sentença (art. 1.012, par. 2º, CPC), aplicando-se o respectivo regime legal executivo (arts. 520/522, CPC).

3) Tal requerimento de concessão de efeito suspensivo é decidido por meio de decisão monocrática, sendo impugnável mediante o recurso de **agravo interno** (art. 1.021, CPC).

Modelo

COLENDO JUÍZO DA 5ª CÂMARA CÍVEL DO TRIBUNAL DE JUSTIÇA DO RIO DE JANEIRO.

> De acordo com o caso concreto narrado no Capítulo I, esta peça já foi direcionada a este órgão jurisdicional, pois o mesmo se encontrava prevento, em razão do agravo de instrumento anteriormente interposto (art. 930, parágrafo único, CPC). Contudo, não existindo prevenção, este requerimento vai ser regularmente distribuído (art. 1.012, § 3º, CPC).

PROC. ORIGINÁRIO Nº 0000123-30.2015.8.19.0001

TÍCIO TAVARES, já qualificado nos autos em epígrafe, da demanda que promove em face de CAIO CARVALHO, tendo em vista a já interposição do seu recurso de apelação, vem, por intermédio de seu procurador regularmente constituído, respeitosamente, apresentar:

REQUERIMENTO PARA A OBTENÇÃO DE EFEITO SUSPENSIVO AO RECURSO DE APELAÇÃO

> Nominar a petição é um item opcional, mas recomenda-se para que desde logo o magistrado e a outra parte saibam qual o intento da referida peça.

pelos motivos que se passa a aduzir.

Inicialmente, esclarece que este requerimento foi direcionado diretamente a esse órgão em virtude de já haver apreciado o agravo de instrumento nº 2016.002.456987123-54, razão pela qual o mesmo já se encontra prevento não apenas para apreciar a presente petição mas, também, para o próprio processamento e julgamento do recurso de apelação (art. 930, parágrafo único, c/c art. 1.012, § 3º, CPC).

Conforme consta nos autos (cópias reprográficas em anexo), o recorrente foi condenado a pagar ao recorrido a quantia de R$ 15.000,00

352 ■ *Petições e Prática Cível*

> Este requerimento avulso deve vir acompanhado com cópias reprográficas das peças essenciais à compreensão da controvérsia e da necessidade de outorga de efeito suspensivo, para que o Relator possa ter melhores elementos para analisar a urgência na obtenção da medida. Em se tratando de processo eletrônico, será desnecessário carrear qualquer cópia, embora seja de bom tom fazer menção àquelas mais importantes nesta petição.

(quinze mil reais), mais os seus devidos acréscimos, muito embora já tenha apresentado recurso de apelação em impugnação do julgado, tendo o magistrado concedido na própria sentença a tutela provisória.

Contudo, como o recurso em questão não possui efeito suspensivo automático (art. 1.012, § 1º, inc. V, CPC), o recorrente encontra-se em situação aflitiva, tendo em vista a possibilidade de o recorrido já pleitear o início do cumprimento provisório de sentença (art. 520 – art. 522, CPC), caso em que o recorrente será intimado para pagar o referido valor no prazo de 15 (quinze) dias, sob pena de incidir em multa de 10% (dez por cento), além de novos honorários advocatícios também no mesmo patamar de 10% (dez por cento), muito embora a referida condenação ainda não tenha ultrapassado sequer o duplo grau de jurisdição.

Portanto, a vista dos argumentos apresentados, requer, respeitosamente, que V.Ex.a se digne de conceder efeito suspensivo ao recurso de apelação em questão, nos termos da legislação (art. 1.012, § 3º, CPC), o que se constituirá na medida mais adequada e justa para o caso concreto.

Termos em que

Pede e espera deferimento.

Local e data.

Nome e assinatura do advogado(a)

7.5. Agravo de Instrumento

Peça vinculada ao caso concreto: Sim.

Finalidade: Serve para impugnar as decisões interlocutórias que estejam mencionadas em lei (principalmente no art. 1.015, CPC). Fora dessas hipóteses, o interessado deverá aguardar a prolação da sentença, e, somente ao interpor a apelação (no caso do recorrente), ou suas contrarrazões a este recurso (no caso do recorrido), é que deverá suscitar em preliminar para conhecimento e julgamento da(s) decisão(ões) interlocutória(s) pretéritas (art. 1.009, § 1º, CC). Há casos de sentença que são impugnadas por agravo de instrumento (art. 100, Lei nº 11.101/2005).

Dispositivo(s): art. 1.015 – art. 1.020, CPC.

Prazo: 15 (quinze) dias (art. 1.003, § 5º c/c art. 1.070, CPC).

Necessidade de preparo: Sim.

Importante:

1) Se o agravo de instrumento não for interposto para as suas hipóteses de cabimento no prazo legal, decerto, haverá **preclusão temporal**, já que somente é possível cogitar da impugnação das decisões interlocutórias em apelação, ou em contrarrazões de apelação, quando incabível agravo de instrumento (art. 1.009, par. 1º, CPC).

2) Sobre as **hipóteses de cabimento** do agravo de instrumento, certo é que a vontade do legislador foi restringir o elenco de situações aptas a gerar o reexame imediato pelo tribunal de

Petições Cíveis: Recursos ■ **353**

decisões interlocutórias prolatadas na primeira instância. Em especulação consequencialista, é possível aduzir que, sendo exaustivo o referido rol, estar-se-á a potencializar a utilização do mandado de segurança (art. 5º, LXIX, CRFB) como sucedâneo recursal do agravo de instrumento, em praxe não recomendável para fins de economia processual. Entretanto, o ponto que se alcança é que o espaço da norma legal deve ser respeitado, no empenho de preservação da separação de poderes (art. 2º, CRFB), de modo que o julgador não subverta a ideia elaborada pelo legislador, atribuindo sentidos inexistentes ou extrapolando significativos, o que equivaleria, em última *ratio*, a conferir caráter exemplificativo ao referido rol, ainda que sob outro arranjo ou fundamento. Todavia, isto não implica assentir na impossibilidade de que tais situações comportem raciocínio extensivo ou analógico, em reflexão quanto ao alcance da norma processual, mas de forma atrelada às hipóteses positivadas. O STJ, em *julgamento de recurso especial afetado sob o regime repetitivo*, entendeu (em votação não unânime) pela **taxatividade mitigada** do rol de incisos do art. 1.015, CPC, no sentido do cabimento excepcional do agravo de instrumento mesmo para situações não listadas no respectivo dispositivo, quando verificada urgência decorrente da possível inutilidade caso o reexame da decisão fique diferido para o momento do julgamento de eventual recurso de apelação (STJ - REsp 1.696.396/MT; e REsp 1.704.520/MT, Corte Especial, 05/12/2018). Num sentido geral, são outros exemplos de interpretação extensiva da norma legal: FPPC, nº 154: "(*Art. 354, parágrafo único; art. 1.015, XIII) É cabível agravo de instrumento contra ato decisório que indefere parcialmente a petição inicial ou a reconvenção*"; FPPC, nº 612: "(*Arts. 1.015, V; 98, §§ 5º e 6º) Cabe agravo de instrumento contra decisão interlocutória que, apreciando pedido de concessão integral da gratuidade da Justiça, defere a redução percentual ou o parcelamento de despesas processuais*"; CJF, nº 72 (I Jornada de Direito Processual Civil): "*É admissível a interposição de agravo de instrumento tanto para a decisão interlocutória que rejeita a inversão do ônus da prova, como para a que a defere*".

3) Dissecando o assunto, já se pontuou pelo **cabimento do agravo de instrumento**: (i) ref. art. 1.015, I, CPC: "*3. O conceito de 'decisão interlocutória que versa sobre tutela provisória' abrange as decisões que examinam a presença ou não dos pressupostos que justificam o deferimento, indeferimento, revogação ou alteração da tutela provisória e, também, as decisões que dizem respeito ao prazo e ao modo de cumprimento da tutela, a adequação, suficiência, proporcionalidade ou razoabilidade da técnica de efetiva da tutela provisória e, ainda, a necessidade ou dispensa de garantias para a concessão, revogação ou alteração da tutela provisória*" (STJ – REsp 1.752.049/PR, 3ª Turma, DJ 12/03/2019) e "*A decisão interlocutória que majora a multa fixada para a hipótese de descumprimento de decisão antecipatória de tutela anteriormente proferida é recorrível por agravo de instrumento*" (STJ – REsp 1.827.553/RJ, 3ª Turma, DJ 27/08/2019); (ii) ref. art. 1.015, II, CPC: "*A decisão interlocutória que afasta a alegação de prescrição é recorrível, de imediato, por meio de agravo de instrumento*" (STJ – REsp 1.738.756/MG, 3ª Turma, DJ 19/02/2019); (iii) ref. art. 1.015, VI, CPC: "*4. A regra do art. 1.015, VI, do CPC/2015, tem por finalidade permitir que a parte a quem a lei ou o juiz atribuiu o ônus de provar possa dele se desincumbir integralmente, inclusive mediante a inclusão, no processo judicial, de documentos ou de coisas que sirvam de elementos de convicção sobre o referido fato probandi e que não possam ser voluntariamente por ela apresentados. 5. Partindo dessa premissa, a referida hipótese de cabimento abrange a decisão que resolve o incidente processual de exibição instaurado em face de*

354 ■ Petições e Prática Cível

parte, a decisão que resolve a ação incidental de exibição instaurada em face de terceiro e, ainda, a decisão interlocutória que versou sobre a exibição ou a posse de documento ou coisa, ainda que fora do modelo procedimental delineado pelos arts. 396 e 404 do CPC/2015, ou seja, deferindo ou indeferindo a exibição por simples requerimento de expedição de ofício feito pela parte no próprio processo, sem a instauração de incidente processual ou de ação incidental" (STJ – REsp 1.798.939/SP, 3ª Turma, DJ 12/11/2019); (iv) ref. art. 1.015, XI, CPC: *"6. O art. 373, § 1º, do CPC/2015, contempla duas regras jurídicas distintas, ambas criadas para excepcionar à regra geral, sendo que a primeira diz respeito à atribuição do ônus da prova, pelo juiz, em hipóteses previstas em lei, de que é exemplo a inversão do ônus da prova prevista no art. 6º, VIII, do CDC, e a segunda diz respeito à teoria da distribuição dinâmica do ônus da prova, incidente a partir de peculiaridades da causa que se relacionem com a impossibilidade ou com a excessiva dificuldade de se desvencilhar do ônus estaticamente distribuído ou, ainda, com a maior facilidade de obtenção da prova do fato contrário. 7. Embora ontologicamente distintas, a distribuição dinâmica e a inversão do ônus têm em comum o fato de excepcionarem a regra geral do art. 373, I e II, do CPC/2015, de terem sido criadas para superar dificuldades de natureza econômica ou técnica e para buscar a maior justiça possível na decisão de mérito e de se tratarem de regras de instrução que devem ser implementadas antes da sentença, a fim de que não haja surpresa à parte que recebe o ônus no curso do processo e também para que possa a parte se desincumbir do ônus recebido. 8- Nesse cenário, é cabível a impugnação imediata da decisão interlocutória que verse sobre quaisquer das exceções mencionadas no art. 373, § 1º, do CPC/2015, pois somente assim haverá a oportunidade de a parte que recebe o ônus da prova no curso do processo dele se desvencilhar, seja pela possibilidade de provar, seja ainda para demonstrar que não pode ou que não deve provar, como, por exemplo, nas hipóteses de prova diabólica reversa ou de prova duplamente diabólica"* (STJ – REsp 1.729.110/CE, 3ª Turma, DJ 02/04/2019); (v) ref. art. 1.015, parágrafo único, CPC: *"Cabe agravo de instrumento contra todas as decisões interlocutórias proferidas na liquidação e no cumprimento de sentença, no processo executivo e na ação de inventário"*, *"sendo irrelevante investigar, nessas hipóteses, se o conteúdo da decisão interlocutória se amolda ou não às hipóteses previstas no caput e nos incisos do art. 1.015, CPC/2015"* (STJ – REsp 1.803.925/SP, Corte Especial, DJ 1º/08/2019); (vi) *"4. A decisão interlocutória sobre competência desafia a interposição de Agravo de Instrumento. Precedentes: (...) 5. Diante da possibilidade de interposição do Agravo de Instrumento em face da decisão interlocutória sobre competência, a jurisprudência desta Corte Superior de Justiça é firme quanto à impossibilidade de ajuizamento de ação mandamental"* (STJ – AgInt no RMS 54.987/RS, 1ª Turma, DJ 03/12/2019).

4) Por sua vez, já se entendeu pelo **descabimento do agravo de instrumento**: (i) *"Decisão interlocutória que indefere pedido de suspensão do processo por prejudicialidade externa. Recorribilidade imediata por agravo de instrumento com base no art. 1.015, I, do CPC/2015. Impossibilidade. Institutos jurídicos ontologicamente distintos. Ausência de cautelaridade. Inexistência de risco ao resultado útil do processo"* (STJ – REsp 1.759.015/RS, 3ª Turma, DJ 17/09/2019); (ii) *"Não é cabível agravo de instrumento contra decisão que indefere pedido de julgamento antecipado do mérito por haver necessidade de dilação probatória"* (STJ – AgInt no AREsp 1.411.485/SP, 3ª Turma, DJ 1º/07/2019); (iii) *"3. Considerando que, nos termos do art. 115, I e II, do CPC/2015, a sentença de mérito proferida sem a presença de um litisconsorte necessário é, respectivamente, nula ou ineficaz, acarretando a sua invalidação e a necessidade de refazimento de atos processuais com a presença do* *litisconsorte excluído, admite-se a recorribilidade desde logo, por agravo de instrumento, da decisão interlocutória que excluir o litisconsorte, na forma do art. 1.015, VII, do CPC/2015, permitindo-se o reexame imediato da questão pelo Tribunal. 4. A decisão interlocutória que rejeita excluir o litisconsorte, mantendo no processo a parte alegadamente ilegítima, todavia, não é capaz de tornar nula ou ineficaz a sentença de mérito, podendo a questão ser reexaminada, sem grande prejuízo, por ocasião do julgamento do recurso de apelação"* (STJ – REsp 1.724.453/SP, 3ª Turma, DJ 19/03/2019).

5) No que concerne aos **procedimentos especiais**, vale o destaque da previsão de **cabimento** de forma ampla do agravo de instrumento como recurso contra decisões interlocutórias na *ação de improbidade administrativa* (art. 16, § 9º; e art. 17, §§ 9º-A; 17; e 21, VII, Lei nº 8.429/1992, com redação dada pela Lei nº 14.230/2021). Com efeito, positivou-se o entendimento jurisprudencial de que o rol restritivo do art. 1.015, CPC, *não se aplica* às ações coletivas, a exemplo da *ação popular*, nos termos do art. 19, § 1º, Lei nº 4.717/1965, ou mesmo da *ação civil pública*, em razão do microssistema de tutela coletiva (STJ – REsp 1.925.492/RJ, 2ª Turma, DJ 04/05/2021).

6) Noutro giro quanto ao **cabimento** do agravo de instrumento nos **procedimentos especiais**: as decisões interlocutórias prolatadas no *processo de falência e de recuperação judicial* se sujeitam à recorribilidade imediata nesta via (art. 189, II, Lei nº 11.101/2005, alterado pela Lei no 14.112/2020). Aliás, o STJ havia firmado tal posição em sede de recurso especial repetitivo (STJ – REsp 1.712.213/MT, 2a Seção, DJ 03/12/2020). No mesmo sentido: CJF, nº 69 (I Jornada de Direito Processual Civil): *"A hipótese do art. 1.015, parágrafo único, do CPC abrange os processos concursais, de falência e de recuperação".*

7) Sobre a **regularidade formal**, sendo *processo eletrônico* em todas as instâncias, ficam dispensadas as juntadas das peças obrigatórias e facultativas que instruem este recurso (art. 1.017, § 5º, CPC). Tais cópias, inclusive as obrigatórias, são dispensadas no processo eletrônico, *desde que os autos tramitem em meio digital, tanto no primeiro quanto no segundo grau de jurisdição* (STJ – REsp 1.643.956/PR, 3ª Turma, DJ 09/05/2017). Nesse julgado, entendeu-se que *"o dispositivo legal em apreço, no entanto, deve ser interpretado tendo em mente a realidade fática nacional, haja vista que, a despeito dos constantes esforços destinados à informatização da Justiça, ainda remanescem inúmeros processos físicos em tramitação e tribunais que até pouco tempo só recebiam recursos em papel. Nesses casos, aliás, a própria Lei nº 11.419/2006, que dispõe sobre a informatização do processo judicial, prevê, no § 2º do art. 12, que 'os autos de processos eletrônicos que tiverem de ser remetidos a outro juízo ou instância superior que não disponham de sistema compatível deverão ser impressos em papel'".*

8) Ainda sobre a **regularidade formal**, sendo *processo eletrônico* em todas as instâncias, fica dispensada a comunicação de sua interposição ao juízo de primeira instância (art. 1.018, *caput* e § 2º, CPC). De toda forma, sendo o processo físico, não será exigida a juntada aos autos do processo, na 1ª Instância, da cópia dos documentos que instruíram o recurso ("cópia da cópia", ou "cópia dos translados"), bastando ao recorrente relacioná-los na referida petição (STJ – REsp 944.040/RS, 3ª Turma, DJ 07/06/2010). Caso não seja cumprida a diligência, o posicionamento tradicional é pela ocorrência da preclusão temporal, porém, em sentido diverso, cabe observar o enunciado CJF, nº 73 (I Jornada de Direito Processual Civil): *"Para*

356 ■ Petições e Prática Cível

efeito de não conhecimento do agravo de instrumento por força da regra prevista no § 3º do art. 1.018 do CPC, deve o juiz, previamente, atender ao art. 932, parágrafo único, e art. 1.017, § 3º, do CPC, intimando o agravante para sanar o vício ou complementar a documentação exigível".

7) Admite-se **sustentação oral do advogado** apenas em hipótese específica de agravo de instrumento, qual seja, quando a decisão atacada versar sobre tutela provisória de urgência ou da evidência (art. 937, VIII, CPC). Faça-se a ressalva de outra situação relacionada ao agravo de instrumento contra a decisão que julgar antecipada e parcialmente o mérito: CJF, nº 61 (I Jornada de Direito Processual Civil): *"Deve ser franqueado às partes sustentar oralmente as suas razões, na forma e pelo prazo previsto no art. 937, caput, do CPC, no agravo de instrumento que impugne decisão de resolução parcial de mérito (art. 356, § 5º, do CPC)".*

8) Há hipótese de adoção da **técnica de complementação de julgamento não unânime** em agravo de instrumento, quando houver reforma da decisão que julgar parcialmente o mérito (art. 942, § 3º, II, CPC).

Verbete(s): Súmula nº 86, STJ: *"Cabe recurso especial contra acórdão proferido no julgamento de agravo de instrumento"*; **Súmula nº 223, STJ:** *"A certidão de intimação do acórdão recorrido constitui peça obrigatória do instrumento de agravo"*; **Súmula nº 104, TJ-RJ:** *"O agravo de instrumento, sob pena de não conhecimento, deve ser instruído, no ato de sua interposição, não só com os documentos obrigatórios, mas também com os necessários a compreensão da controvérsia, salvo justo impedimento".*

Modelo

O agravo de instrumento é direcionado diretamente ao tribunal competente (art. 1.016, CPC), justamente para permitir o reexame imediato da decisão atacada, sendo realizado o juízo de admissibilidade e de mérito pelo mesmo órgão jurisdicional tido como competente para o seu julgamento.

COLENDO JUÍZO DA 5ª CÂMARA CÍVEL DO TRIBUNAL DE JUSTIÇA DO RIO DE JANEIRO.

PROC. ORIGINÁRIO Nº 0000123-30.2015.8.19.0001

TÍCIO TAVARES, já qualificado nos autos em epígrafe (conforme se depreende das peças que acompanham o presente recurso), da ação de cobrança em procedimento comum que lhe promove CAIO CARVALHO, por não concordar com o teor de decisão interlocutória proferida, vem, por intermédio do seu procurador regularmente constituído, respeitosamente, interpor:

AGRAVO DE INSTRUMENTO

com os fundamentos que passa a aduzir, e para que sejam observadas as formalidades descritas em lei (art. 1.019 e art. 1.020, CPC).

Conforme se observa nos presentes autos, às fls., o demandado no projeto originário postulou que fosse deferida a realização de modalidade de intervenção de terceiros, denominada "chamamento ao processo" (art. 130 – art. 132, CPC).

Contudo, tal pleito foi indeferido pelo MM. Juízo *a quo*, às fls., que fundamentou a negativa nos termos da decisão agravada também em anexo, basicamente no sentido de que, pela narrativa do que constou na peça, não se tratava de nenhuma hipótese envolvendo obrigação solidária e nem mesmo prevista no CPC (art. 130, CPC). Daí a necessidade de se valer da presente via processual para tentar reverter esta decisão de inadmissão de intervenção de terceiros, que é, justamente, um dos casos que desafiam a interposição do agravo de instrumento, sob pena de preclusão da matéria (art. 1.015, inc. IX c/c art. 507, CPC).

Com a devida vênia, não obrou o Juízo *a quo* com o costumeiro acerto, pois há evidente obrigação solidária na hipótese. Com efeito, no processo originário o demandante narra a existência de um contrato de mútuo envolvendo o agravante. Contudo, se este Colegiado bem analisar a documentação ora trazida a sua presença, irá aquilatar a existência de uma obrigação solidária, envolvendo a pessoa de TARCÍSIO TAVARES. Com efeito, em que pese norma no Código Civil vedar a presunção de solidariedade (art. 265, CC), certo é que nestes autos há peculiar situação, posto que, de acordo com outro instrumento contratual, esta pessoa TARCÍSIO TAVARES firmou confissão de dívida quanto ao débito ora exigido, o que deixa muito clara a presença de 2 (dois) devedores solidários distintos.

Portanto, fia e confia o agravante que, após a oitiva do agravado, V.Ex. as acrescerão seus doutos adminículos às presentes razões recursais, para que este agravo de instrumento seja admitido e provido.

Pelo exposto, requer:

a) que seja o presente recurso recebido, ou, na eventualidade de restar ausente algum requisito de admissibilidade, ou na falta de eventual documentação, que seja então o agravante intimado a regularizar o vício, nos termos legais (art. 932, parágrafo único; e 1.017, § 3º, CPC);

b) que, presentes os requisitos de admissibilidade, seja então concedido o efeito ativo ao presente recurso de agravo, algo que corresponde a uma tutela provisória de urgência antecipada, comunicando-se o juízo *a quo* sobre a determinação, em caráter provisório, da realização do chamamento ao processo (art. 1.019, inc. I, CPC);

c) que o Desembargador Relator determine a intimação do agravado para apresentar as suas contrarrazões no prazo regular e que, após, seja dado provimento monocrático ao presente recurso (art. 932, inc. V, CPC), se for o caso;

d) que, não sendo o caso de provimento monocrático, sejam então observadas as demais formalidades previstas em lei (art. 1.019, incs. II – III, CPC), para, ao final, ser o presente recurso devidamente admitido e provido, para efeitos de reformar a decisão interlocutória

Tais normas desmantelam a chamada "jurisprudência defensiva" ou "jurisprudência burocrática", que pregava a inadmissão de todo recurso com vício formal, sem permitir a correção (STJ – AgRg no REsp 1.190.788/AC, 3ª Turma, DJ 25/09/2012, cuja exegese vê-se, assim, ultrapassada).

De acordo com a narrativa fática, o efeito "ativo" seria o mais adequado ao caso concreto. Ao revés, se fosse o caso de a decisão agravada ter um caráter "positivo", ou seja, impondo algum comportamento a qualquer das partes (v.g., realizar uma cirurgia), seria adequado ao agravante postular o efeito "suspensivo", justamente para retirar a eficácia da aludida decisão.

Em princípio, tal pleito somente deve ser formulado em sede de agravo de instrumento na hipótese em que a decisão recorrida tenha fixado condenação em verba honorária, até porque o dispositivo em referência se utiliza da expressão "*majorará*" (art. 85, par. 11, CPC). Nesse sentido, CJF, nº 8 (I Jornada de Direito Processual Civil): "*Não cabe majoração de honorários advocatícios em agravo de instrumento, salvo se interposto contra decisão interlocutória que tenha fixado honorários na origem, respeitados os limites estabelecidos no art. 85, pars. 2º, 3º e 8º, do CPC*"; STJ – EDcl no REsp 1.573.573/RJ, 3ª Turma, *DJ* 04/04/2017.

A juntada de cópia do recurso aos autos do processo originário, sob pena de o mesmo não ser conhecido, se assim alegar e provar o agravado, somente será necessária caso o processo seja físico. Inexiste tal exigência para os processos eletrônicos já não haverá esta exigência (art. 1.018, *caput* e § 2º, CPC), embora seja sempre conveniente listar as fls. dos autos em que podem ser encontradas as peças, documentos e decisões essenciais ao deslinde da controvérsia.

A autenticação das cópias não constitui condição de admissibilidade, sendo, pois, desnecessária (STJ – REsp 1.184.975/ES, 3ª Turma, DJ 02/12/2010).

Contudo, se porventura alguma destas não existir, caberá ao patrono declarar e fundamentar esta circunstância, sob pena de sua responsabilidade pessoal (art. 1.017, inc. II, CPC). E, não menos importante relembrar, não haverá necessidade de juntar quaisquer destas cópias caso o processo já seja eletrônico em todas as instâncias (art. 1.017, § 5º, CPC).

agravada, de modo a ser admitido o chamamento ao processo nos termos apresentados pelo agravante;

e) em caso de êxito recursal do agravante, requer seja aplicado o disposto na legislação processual (art. 85, § 11, CPC), para que haja a fixação de honorários advocatícios já neste momento.

Esclarece, outrossim, que, acaso seja mantido o teor da decisão proferida, a nova deverá ser devidamente fundamentada, com o enfrentamento de todos os temas, sob pena de se estar vulnerando normas que têm tanto sede constitucional (art. 93, inc. IX, CRFB), quanto infraconstitucional (art. 489, § 1º, CPC), razão pela qual desde logo apresenta o prequestionamento das mesmas, para que sejam expressamente observadas e aplicadas por ocasião do ato decisório.

Por fim, e de acordo com a boa-fé objetiva que foi erigida como norma fundamental do CPC (art. 5º, CPC), o agravante esclarece que comunicará ao juízo *a quo* a interposição do presente recurso no prazo de 3 (três) dias (art. 1.018, § 2º, CPC).

Termos em que

Pede e espera deferimento.

Local e data.

Nome e assinatura do advogado(a)

Lista das peças cujas cópias reprográficas foram extraídas e anexadas ao presente recurso (art. 1.017, I a III, CPC):

Peças: a) petição inicial; b) contestação; c) petição que deu ensejo à decisão agravada; d) a própria decisão agravada; e) a certidão da respectiva intimação; f) instrumentos de procuração; g) outras peças facultativas que foram reputadas úteis pelo agravante, tal como o já mencionado instrumento de confissão de dívida. Passam a ser exigidas outras cópias obrigatórias para a regularidade formal do agravo de instrumento.

7.6. Comunicação da Interposição do Agravo de Instrumento no Juízo de Primeira Instância

Peça vinculada ao caso concreto: Sim.

Finalidade: Peça comunicando ao juízo de primeira instância que foi interposto agravo de instrumento com o fito de invalidar ou reformar a decisão interlocutória por tal órgão prolatada, chancelando eventual retratação pelo mesmo.

Dispositivo(s): art. 1.018, CPC.

Prazo: 3 (três) dias (art. 1.018, § 2º, CPC).

Necessidade de preparo: Não.

Importante:

1) A comunicação na primeira instância da interposição do recurso de agravo de instrumento deve ser realizada obrigatoriamente somente quando se tratar de **processo físico** (art. 1.018, par. 2º, CPC), já que não se tem tal exigência para autos eletrônicos (art. 1.018, *caput*, CPC).

2) Realizada a comunicação, o magistrado atuante no juízo de primeira instância poderá realizar, se for o caso, **juízo de retratação**, hipótese em que, na sequência, irá comunicar ao Tribunal que o recurso de agravo está prejudicado (art. 1.018, par. 1º, CPC), levando-o a sua rejeição pelo Relator (art. 932, III, CPC).

3) Trata-se de providência a ser realizada no prazo de 3 (três) dias, pois, do contrário, caberá ao agravado o **ônus de alegar e provar**, em suas contrarrazões ao recurso, o descumprimento de tal norma, provocando a negativa de seguimento do agravo de instrumento pelo Relator (art. 1.018, par. 3º, CPC). A doutrina aduz que apesar de estarmos na seara de um pressuposto específico de admissibilidade recursal, não se trata de matéria cognoscível *ex officio* – pouco importando se o órgão *a quo* noticiar o fato da ausência deste peticionamento. Interessa destacar enunciado de orientação no sentido da possibilidade de correção posterior deste vício, conforme CJF, nº 73 (I Jornada de Direito Processual Civil): *"Para efeito de não conhecimento do agravo de instrumento por força da regra prevista no par. 3º do art. 1.018 do CPC, deve o juiz, previamente, atender ao art. 932, par. único, e art. 1.017, par. 3º, do CPC, intimando o agravante para sanar o vício ou complementar a documentação exigível".*

Modelo

COLENDO JUÍZO DA 10ª VARA CÍVEL DA COMARCA DO RIO DE JANEIRO – RJ

PROC. Nº 2006.001.153486426-78.

TÍCIO TAVARES, já qualificado nos autos em epígrafe, da demanda que lhe promove CAIO CARVALHO, vem, por intermédio de seu procurador regularmente constituído, se manifestar nos termos seguintes.

360 ■ *Petições e Prática Cível*

> Não é exigida a juntada aos autos do processo, na 1ª Instância, da cópia dos documentos que instruíram o recurso ("cópia da cópia", ou "cópia dos translados"), bastando ao recorrente relacioná-los na peça recursal (STJ – REsp 944.040/RS, 3ª Turma, DJ 07/06/2010).

O demandado, por discordar do conteúdo da decisão interlocutória que indeferiu modalidade de intervenção de terceiros, denominada "chamamento ao processo", interpôs recurso de agravo de instrumento perante o Tribunal de Justiça (art. 1.015, inc. IX, CPC), com o objetivo de obter a reforma da aludida decisão. Acrescenta-se que as razões de inconformismo encontram-se na cópia reprográfica do recurso que segue acostado a esta, juntamente com o comprovante de sua interposição, além da relação dos documentos que instruíram o recurso, notadamente aqueles constantes às fls. (art. 1.018, *caput*, CPC).

Assim, vem a sua presença, respeitosamente, comunicar cumprimento ao disposto na legislação (art. 1.018, § 2º, CPC), que prevê a necessidade da juntada deste recurso no juízo de primeira instância no prazo de 3 (três) dias, ocasião em que aproveita para requerer que seja realizada a retratação da aludida decisão interlocutória, pelos motivos que seguem no corpo da peça recursal, caso em que deverá ser comunicado ao Tribunal que o agravo de instrumento restará prejudicado (art. 1.018, § 1º, CPC).

Termos em que

Pede e espera deferimento.

Local e data.

Nome e assinatura do advogado(a)

7.7. Contrarrazões ao Agravo de Instrumento

Peça vinculada ao caso concreto: Sim.

Finalidade: Meio de exercer o contraditório quando a outra parte houver interposto recurso de agravo de instrumento.

Dispositivo(s): art. 1.019, inc. II, CPC.

Prazo: 15 (quinze) dias (art. 1.003, § 5º, CPC).

Necessidade de preparo: Não.

Importante:

1) O **protocolo** de interposição desta peça não necessariamente será diretamente perante o Tribunal que irá analisar o aludido recurso, pois existem várias outros formatos permitidos, o que se aplica tanto ao recorrente quanto ao recorrido, por exemplo, de protocolo realizado na própria comarca, seção ou subseção judiciária, cujo exemplo ganha relevância para a situação de processos não eletrônicos (art. 1.017, par. 2º, CPC).

2) A **ausência de contrarrazões** não gera consequência imediata negativa ao recorrido (não gera o efeito material da revelia, qual seja, a presunção de veracidade do que alega o recorrente), embora se tenha perdido boa oportunidade para reforçar o acerto da decisão prolatada, ou mesmo apontar eventual falta de preenchimento de pressupostos recursais pelo recorrente.

Modelo

COLENDO JUÍZO DA 5ª CÂMARA CÍVEL DO TRIBUNAL DE JUSTIÇA DO RIO DE JANEIRO

AGRAVO DE INSTRUMENTO Nº 2016.002.456987123-54

PROC. ORIGINÁRIO Nº 0000123-30.2015.8.19.0001

CAIO CARVALHO, já qualificado nos autos em epígrafe, da ação de cobrança em procedimento comum que promove em face de TÍCIO TAVARES, por não concordar com o teor do recurso de agravo de instrumento interposto pelo demandado, vem, por intermédio do seu procurador regularmente constituído, apresentar as suas:

CONTRARRAZÕES AO AGRAVO DE INSTRUMENTO

com os fundamentos que passa a aduzir.

I – Preliminarmente: ausência da juntada de cópia do recurso de agravo de instrumento nos 3 (três) primeiros dias após a sua interposição.

Conforme consta na certidão em anexo (fls.), lavrada por servidor lotado no órgão em que tramita o processo originário, não houve a juntada de qualquer recurso de agravo de instrumento até o presente momento. Tal circunstância trouxe prejuízo ao exercício do contraditório pelo agravado, posto que o mesmo não tem como se deslocar até a Capital, onde é a sede do Tribunal, para ter acesso ao inteiro teor da aludida peça recursal. Portanto, desde logo requer a V.Ex.a que inadmita o presente recurso, nos termos da legislação (art. 1.018, § 3º, CPC).

> Trata-se de item facultativo, sempre que o processo ainda for físico e o agravante descumprir este ônus estabelecido em Lei (art. 1.018, par. 2º, CPC), o que aqui se colocou apenas hipoteticamente.

II – Contrarrazões recursais.

Quanto ao mérito do recurso em si, melhor sorte não assiste ao recorrente. Com efeito, a circunstância narrada não é exatamente nova, já tendo sido enfrentada anteriormente pelos Tribunais, no sentido de que uma obrigação solidária não pode ser presumida (art. 265, CC), conforme atesta a ementa ora transcrita:

> Ementa: "COMPROMISSO DE COMPRA E VENDA – Ação de ressarcimento de danos ajuizada por adquirente de unidade

362 ■ Petições e Prática Cível

> O ideal é sempre fazer referência à precedentes jurisprudenciais de tribunais superiores, ou do respectivo tribunal, embora não seja reprovável a menção a julgados de diversos tribunais, quanto mais quando apontem especificamente para a solução almejada no caso concreto.

condominial contra construtora – Escritura de confissão de dívida firmada posteriormente com nova construtora, que assumiu a responsabilidade exclusiva na construção do empreendimento – Substituição dos sujeitos da relação jurídica a caracterizar novação – Ainda que se argumente tratar-se do fenômeno da assunção de dívida ou cessão de débito, com simples mudança do devedor sem alteração na substância da relação obrigacional, descabida a pretensão de carrear à apelada a obrigação de ressarcimento dos prejuízos, por impossibilidade de se presumir a solidariedade da obrigação – Inteligência do art. 265 do Código Civil – (...) – Recurso a que se nega provimento"(TJ-SP – Apelação nº 91872591020088260000, 5ª Câmara Cível,DJ 05/04/2014).

Assim, não sendo possível presumir a obrigação solidária, torna-se irretocável a decisão proferida pelo magistrado atuante em órgão de primeira instância, às fls., que, de maneira lúcida e coerente, houve por bem indeferir motivamente o chamamento ao processo efetuado pelo demandado.

> Convém, sempre, identificar e abalizar o pressuposto recursal não preenchido pelo recorrente.
>
> Em princípio, tal pleito é cabível num agravo de instrumento quando a decisão recorrida tenha fixado condenação em verba honorária, em respeito à expressão legal *"majorará"* (art. 85, par. 11, CPC). Nesse sentido, CJF, nº 8 (I Jornada de Direito Processual Civil): *"Não cabe majoração de honorários advocatícios em agravo de instrumento, salvo se interposto contra decisão interlocutória que tenha fixado honorários na origem, respeitados os limites estabelecidos no art. 85, pars. 2ª, 3ª e 8ª, do CPC";* STJ – EDcl no REsp 1.573.573/RJ, 3ª Turma, DJ 04/04/2017.

III – Requerimento(s).

Pelo exposto, requer que o presente recurso seja inadmitido acaso ausente algum requisito de admissibilidade, e que, na hipótese contrária, seja então negado provimento ao agravo de instrumento, mantendo-se a decisão agravada.

Em caso de rejeição do recurso, requer seja condenado o recorrente em verba honorária recursal, para que haja a fixação de honorários advocatícios já neste momento, em razão do contraditório desenvolvido e da nova atividade laboral do advogado, conforme autoriza a legislação processual (art. 85, § 11, CPC).

Termos em que

Pede e espera deferimento.

Local e data.

Nome e assinatura do advogado(a)

7.8. Agravo Interno

Peça vinculada ao caso concreto: Sim.

Finalidade: Recurso próprio para impugnar decisões monocráticas (art. 932, CPC) proferidas por membro de qualquer Tribunal ou Turma Recursal, visando ao seu reexame pelo órgão colegiado competente. O agravo interno passa a ser especificamente previsto no rol de recursos cabíveis (art. 994, inc. III, CPC). A nomenclatura advém do aspecto procedimental: em se tratando de agravo processado "dentro" dos mesmos autos em que foi proferida a decisão recorrida, sendo julgado (tanto sua admissibilidade quanto o mérito) no mesmo órgão jurisdicional, agora pelo órgão colegiado.

Dispositivo(s): art. 1.021, CPC.
Prazo: 15 (quinze) dias (art. 1.003, § 5º c/c art. 1.070, CPC).
Necessidade de preparo: Sim.

Importante:

1) O recorrente deve evitar fundamentar o seu recurso exatamente igual ao anterior que foi inadmitido monocraticamente, sob pena de não conhecimento em razão da falta de **impugnação específica**, exigida por lei a este recurso (art. 1.021, par. 1º, CPC).

2) O legislador de 2015 reverenciou a completude de motivação, vedando que o relator limite-se a reproduzir os **fundamentos** da decisão agravada para julgar improcedente o agravo interno (art. 1.021, par. 3º, CPC). Não pode o relator do agravo interno simplesmente "copiar e colar" a decisão agravada, ainda que com o *"fito de evitar tautologia"*, ou seja, a repetição desnecessária das mesmas palavras. Nesse sentido: STJ – REsp 1.622.386/MT, 3ª Turma, *DJ* 20/10/2016.

3) Quando se tratar de recurso manifestamente inadmissível será fixada **multa** punitiva (art. 1.021, par. 4º, CPC), ficando a interposição de qualquer outro recurso condicionada ao depósito prévio do respectivo valor, à exceção da Fazenda Pública e do beneficiário de gratuidade de justiça, que farão o pagamento ao final (art. 1.021, par. 5º, CPC). A imposição da penalidade não é aplicada em qualquer caso de rejeição do agravo interno, mas apenas *"em situações que se revelam qualificadas como de manifesta inviabilidade de conhecimento do agravo interno ou de impossibilidade de acolhimento das razões recursais porque inexoravelmente infundadas"* (STJ – AgInt nos EDcl no AREsp 975.889/SP, 2ª Turma, *DJ* 06/04/2017).

4) Foi vetada a disposição que permitia a **sustentação oral** do advogado *"no agravo interno originário de recurso de apelação, de recurso ordinário, de recurso especial ou de recurso extraordinário"* (inc. VII, art. 937, CPC). Com efeito, uma vantagem procedimental, para fins de celeridade, do julgamento monocrático destes recursos é justamente inibir a sustentação oral. Entretanto, há hipótese específica de permissão da sustentação oral em agravo interno, quando se trate de decisão de relator que extinga ação de competência originária de tribunal (art. 937, par. 3º, CPC).

5) Vem prevalecendo o entendimento pela inaplicação da norma que regula **honorários advocatícios recursais** (art. 85, par. 11, CPC), nos casos em que o recurso é interposto e tem o seu mérito analisado pelo mesmo órgão jurisdicional, ainda que completo (neste exemplo, optou-se por não mencionar este item na peça recursal). Há precedente jurisdicional da Corte Suprema chancelando, em sede de agravo interno, a imposição de verba honorária recursal (art. 85, par. 11, CPC), além da referida multa pela atuação protelatória (STF – ARE 916.685 AgR/MS, 1ª Turma, Rel. Min. Luiz Fux, *DJ* 16/09/2016). A ressalva é de que o relator já pode ter antecipado tal condenação no julgamento monocrático atacado pelo agravo interno, cabendo ao colegiado apenas confirmar ou não a decisão; por isso, prevalece o entendimento pelo descabimento: *"2. Não é cabível a majoração dos honorários recursais, por ocasião do julgamento do agravo interno, tendo em vista que a referida verba deve ser aplicada, apenas uma vez, em cada*

364 ■ *Petições e Prática Cível*

grau de jurisdição, e não a cada recurso interposto na mesma instância. Precedentes" (STJ – AgInt no REsp 1.661.786/PE, 1ª Turma, *DJ* 15/05/2018).

Modelo

COLENDO JUÍZO DA 5ª CÂMARA CÍVEL DO TRIBUNAL DE JUSTIÇA DO RIO DE JANEIRO

AGRAVO DE INSTRUMENTO Nº 2016.002.456987123-54

PROC. ORIGINÁRIO Nº 0000123-30.2015.8.19.0001

TÍCIO TAVARES, já qualificado nos autos em epígrafe, da ação de cobrança em procedimento comum que lhe promove CAIO CARVALHO, por não concordar com o teor de decisão monocrática proferida, vem, por intermédio de seu procurador regularmente constituído, respeitosamente, interpor:

AGRAVO INTERNO

com os fundamentos que passa a aduzir.

Primeiramente, esclarece que o recurso é tempestivo, eis que interposto no prazo de 15 (quinze) dias úteis (art. 1.003, § 5º c/c art. 219, CPC).

O agravo interno (art. 1.021, CPC) é o recurso apropriado para se reformar ou invalidar uma decisão monocrática que negou seguimento a um recurso anterior. Portanto, intrinsecamente não trata do mesmo conteúdo do anterior, devendo ter fundamentação nova e específica (art. 1.021, § 1º, CPC).

No caso vertente, o Relator negou admissibilidade ao recurso de apelação escorado no fundamento de que estava deserto, ou seja, sem o recolhimento das custas. Entretanto, o r. julgador não obrou com o costumeiro acerto, pois dispõe a legislação de regência que, em tais casos, primeiramente deverá ser intimada a parte, na pessoa de seu patrono, para que em 5 (cinco) dias realize o recolhimento dos emolumentos em dobro (art. 1.007, par. 4º, CPC).

Diante da verificação de que não foi realizada esta intimação, fatalmente se constata a ocorrência de *error in procedendo*, que deve ser corrigido por meio do acolhimento do presente recurso.

É inviável o agravo desta natureza que se limita a reiterar as razões do recurso julgado monocraticamente (v.g., STF – RE 394.997 AgR/CE, 1ª Turma, DJ 1º/04/2008; como também no Verbete Sumular nº 182, STJ, que deve ser compreendido em referência ao art. 1.021, CPC). Diga-se que o STF decidiu que o art. 932, parágrafo único, CPC só se aplica aos casos em que seja necessário sanar vícios formais (v.g., ausência de procuração ou de assinatura); e não à complementação da fundamentação (STF – ARE 953.221 AgR/SP, 1ª Turma, DJ 07/06/2016). Deve o advogado, portanto, destacar a impugnação especificada no corpo do recurso.

Petições Cíveis: Recursos ■ **365**

Pelo exposto, fia e confia que V.Ex.as acrescerão seus doutos adminículos a estas razões recursais para que, após a intimação do recorrido para contrarrazões em 15 dias (art. 1.021, par. 2º, CPC):

a) seja o presente recurso recebido ou que, na eventualidade de restar ausente algum requisito de admissibilidade, que seja então o agravante intimado a regularizar o vício, nos termos legais (art. 932, parágrafo único, CPC);

> Convém fazer tal ressalva, embora se trate de imposição legal de conduta ao órgão jurisdicional que fará o juízo de admissibilidade recursal. Cuida-se de regra nova que visa a atacar a denominada "jurisprudência defensiva", dando ao processo um caráter ainda mais instrumental.

b) quanto ao mérito, seja dado provimento ao agravo interno, para fins de reforma da decisão monocrática que negou seguimento ao anterior recurso de apelação, a fim de que o agravante seja intimado para proceder na forma da legislação (art. 1.007, § 4º, CPC).

Desde logo expressa que, acaso seja negado provimento a este agravo interno, a nova decisão judicial deverá ser devidamente fundamentada, com o enfrentamento de todos os temas, sob pena de se estar vulnerando norma que tem tanto sede constitucional (art. 93, inc. IX, CRFB), quanto infraconstitucional (art. 489, § 1º, CPC), razão pela qual desde logo apresenta o prequestionamento das mesmas, para que sejam expressamente observadas e aplicadas por ocasião do ato decisório.

> O prequestionamento é requisito de admissibilidade do recurso especial e do recurso extraordinário (enfrentamento da questão de direito pelo tribunal *a quo*, v.g., Verbete Sumular nº 282, STF), também podendo ser apresentado desta maneira, inclusive para viabilizar eventuais embargos de declaração, caso haja omissão de sua análise (art. 1.025, CPC).

Termos em que

Pede e espera deferimento.

Local e data.

Nome e assinatura do advogado(a)

7.9. Contrarrazões ao Agravo Interno

Peça vinculada ao caso concreto: Sim.

Finalidade: Meio de exercer o contraditório quando a outra parte houver interposto recurso de agravo interno.

Dispositivo(s): art. 1.021, § 2º, CPC.

Prazo: 15 (quinze) dias (art. 1.003, § 5º; e 1.021, § 2º, CPC).

Necessidade de preparo: Não.

Importante:

1) Trata-se de petição **sem exigência de maiores formalidades**.

2) A **ausência de contrarrazões** não gera consequência imediata negativa ao recorrido (não gera o efeito material da revelia, qual seja, a presunção de veracidade do que alega o recorrente),

366 ■ *Petições e Prática Cível*

embora se tenha perdido boa oportunidade para reforçar o acerto da decisão prolatada, ou mesmo apontar eventual falta de preenchimento de pressupostos recursais pelo recorrente.

3) Vem prevalecendo o entendimento pela inaplicação da norma que regula **honorários advocatícios recursais** (art. 85, par. 11, CPC), nos casos em que o recurso é interposto e tem o seu mérito analisado pelo mesmo órgão jurisdicional, ainda que completo (neste exemplo, optou-se por não mencionar este item na peça recursal). Há precedente jurisdicional da Corte Suprema chancelando, em sede de agravo interno, a imposição de verba honorária recursal (art. 85, par. 11, CPC), além da referida multa pela atuação protelatória (STF – ARE 916.685 AgR/MS, 1ª Turma, Rel. Min. Luiz Fux, *DJ* 16/09/2016). A ressalva é de que o relator já pode ter antecipado tal condenação no julgamento monocrático atacado pelo agravo interno, cabendo ao colegiado apenas confirmar ou não a decisão; por isso, prevalece o entendimento pelo descabimento: "*2. Não é cabível a majoração dos honorários recursais, por ocasião do julgamento do agravo interno, tendo em vista que a referida verba deve ser aplicada, apenas uma vez, em cada grau de jurisdição, e não a cada recurso interposto na mesma instância. Precedentes*" (STJ – AgInt no REsp 1.661.786/PE, 1ª Turma, *DJ* 15/05/2018).

Modelo

COLENDO JUÍZO DA 5ª CÂMARA CÍVEL DO TRIBUNAL DE JUSTIÇA DO RIO DE JANEIRO.

AGRAVO INTERNO Nº 2016.002.456987123-54b)

AGRAVO DE INSTRUMENTO Nº 2016.002.456987123-54

PROC. ORIGINÁRIO Nº 0000123-30.2015.8.19.0001

CAIO CARVALHO, já qualificado nos autos em epígrafe, da ação de cobrança em procedimento comum que promove em face de TÍCIO TAVARES, por não concordar com o teor do recurso de agravo interno interposto pelo demandado, vem, por intermédio do seu procurador regularmente constituído, respeitosamente, apresentar as suas:

CONTRARRAZÕES AO AGRAVO INTERNO

com os fundamentos que passa a aduzir.

Não merece reparo a decisão judicial que está sendo impugnada por meio do agravo interno, eis que não há razão alguma ao agravante.

A decisão judicial foi precisa e bem soube aplicar o Direito ao caso concreto. Não se vislumbra, em absoluto, qualquer mácula na atividade do magistrado, razão pela qual a sua decisão deve ser mantida em todos os seus termos. Ademais, embora a instrumentalidade seja um dos nortes da nova legislação, é certo que equívocos grosseiros devem ser repelidos, sob pena de se prestigiar o trabalho do profissional que não se atualiza ou se esmera, deixando de cumprir deveres e obrigações comezinhos, tal como uma simples atividade de realizar o preparo de um recurso.

Pelo exposto, requer que o presente recurso seja inadmitido acaso ausente algum requisito de admissibilidade, e que, na hipótese de todos estarem presentes, que lhe seja negado provimento.

Em se tratando de recurso manifestamente inadmissível ou improcedente em votação unânime, pugna pela fixação de multa punitiva (art. 1.021, § 4º, CPC), ficando a interposição de qualquer outro recurso condicionada ao depósito prévio do respectivo valor, à exceção da Fazenda Pública e do beneficiário de gratuidade de justiça, que farão o pagamento ao final (art. 1.021, § 5º, CPC).

> Utiliza-se da tática de convencimento de desmerecer a conduta da parte adversa, fragilizando o seu potencial.
>
> Convém, sempre, identificar e abalizar o pressuposto recursal não preenchido pelo recorrente.
>
> Não se aplica a penalidade para qualquer caso de rejeição do agravo interno, mas apenas *"em situações que se revelam qualificadas como de manifesta inviabilidade de conhecimento do agravo interno ou de impossibilidade de acolhimento das razões recursais porque inexoravelmente infundadas"* (STJ – AgInt nos EDcl no AREsp 975.889/SP, 2ª Turma, *DJ* 06/04/2017). A concessão de gratuidade de justiça não afasta o dever de pagar do beneficiário, ao final, as multas processuais que lhe sejam impostas (art. 98, par. 4º, CPC).

Termos em que

Pede e espera deferimento.

Local e data.

Nome e assinatura do advogado(a)

7.10. Embargos de Declaração

Peça vinculada ao caso concreto: Sim.

Finalidade: O desiderato dos embargos de declaração é aperfeiçoar a decisão judicial, tendo como objeto (mérito) aclarar ou integrar o provimento obscuro, contraditório ou omisso, bem como corrigir erro material. Assim, não servem, propriamente, para impugnar o julgado, buscando sua anulação ou reforma. Cuidam-se de recurso de fundamentação vinculada, pois somente podem ser utilizados mediante as causas de pedir ventiladas em lei (art. 1.022, CPC). Também chamados de "aclaratórios", podem ser interpostos contra *"qualquer decisão judicial"* (art. 1.022, CPC), sejam acórdãos, decisões monocráticas, sentenças ou até mesmo decisões interlocutórias.

Dispositivo(s): art. 1.022 – art. 1.027, CPC.

368 ■ *Petições e Prática Cível*

Prazo: 5 (cinco) dias (art. 1.023, CPC). Cuida-se do único recurso com prazo inferior previsto no Código de Processo Civil (art. 1.003, § 5º, CPC). É de se registrar que existem prazos diferenciados para este mesmo recurso em leis especiais (v.g., o art. 1.067, CPC alterou o art. 275 do Código Eleitoral, fazendo previsão específica do prazo de 3 (três) dias para tal recurso).

Necessidade de preparo: Não (art. 1.023, *in fine*, CPC).

Importante:

1) A **omissão**, como hipótese de cabimento, passa a aquilatar expressamente a decisão que deixe de se manifestar sobre tese firmada em julgamento de casos repetitivos ou em incidente de assunção de competência aplicável ao caso sob julgamento (art. 1.022, par. único, inc. I, CPC). Tal previsão implica no fortalecimento do sistema de precedentes, pois a ausência de aplicação do paradigma configurará omissão da decisão, sujeita ao recurso de embargos de declaração, sabidamente simples e sem exigência de preparo. Ainda, a omissão contempla a violação do dever de fundamentação pelo julgador (art. 489, par. 1º; e art. 1.022, par. único, inc. II, CPC). Vaticina-se que estas duas hipóteses aqui narradas serão muito exploradas pelos advogados.

2) A jurisprudência vê aptidão dos embargos de declaração para impugnar os chamados "**erros de fato**", que se dão quando a decisão equivocadamente (por desatenção do julgador) admite um fato inexistente ou, ao contrário, reputa inexistente fato efetivamente ocorrido (sentido do art. 966, par. 1º, CPC) – o que é diferente de o juiz interpretar o fato de forma não condizente com o que espera a parte. A utilização de premissa equivocada pelo julgador acaba por se constituir numa hipótese corrente de alargamento do cabimento dos embargos de declaração (STJ – REsp 883.119/RN, 3ª Turma, *DJ* 04/09/2008), o que deve ter a atenção do advogado.

3) A lei deixa clara a possibilidade de os embargos de declaração serem utilizados para fins de **prequestionamento dos recursos especial e extraordinário**, sendo adotada, também, a possibilidade do denominado "*prequestionamento ficto*", caso em que será considerado realizado ainda que o membro do Tribunal os tenha inadmitido ou negado provimento (art. 1.025, CPC), o que revela o entendimento do Verbete Sumular nº 356, STF: "*O ponto omisso da decisão, sobre o qual não foram opostos embargos declaratórios, não pode ser objeto de recurso extraordinário, por faltar o requisito do prequestionamento*". Na verdade, o sentido estabelecido pelo CPC/2015 é antagônico ao Verbete Sumular nº 211, STJ, de modo que a Corte Superior assim tem entendido: "*7. Nos termos da jurisprudência do STJ, 'a admissão de prequestionamento ficto (art. 1.025 do CPC/2015), em recurso especial, exige que no mesmo recurso seja indicada violação ao art. 1.022 do CPC/25015, para que se possibilite ao Órgão julgador verificar a existência do vício inquinado ao acórdão, que uma vez constatado, poderá dar ensejo à supressão de grau facultada pelo dispositivo de lei' (STJ, REsp 1.639.314/MG, Rel.ª Min.ª Nancy Andrighi, 3ª Turma, DJe 10/4/2017). No caso, porém, o ora agravante não indicou, no recurso especial, contrariedade aos arts. 1.022 e 1.025 do CPC/2015*" (STJ – AgInt no AREsp 1.290.293/MG, 2ª Turma, *DJ* 1º/09/2020).

Petições Cíveis: Recursos ■ **369**

4) Por não exigirem preparo, os embargos de declaração são utilizados, muitas vezes, em **formato protelatório**, o que levou o legislador a fixar **multa** para a hipótese, em patamar não excedente a 2 (dois) por cento sobre o valor atualizado da causa (art. 1.026, par. 2º, CPC), o que pode ser aumentado para 10 (dez) por cento sobre o mesmo patamar (art. 1.026, par. 3º, CPC). Nesse escopo, passam a ser inadmitidos novos embargos de declaração se os 2 (dois) anteriores houverem sido considerados protelatórios (art. 1.026, par. 4º, CPC).

5) O legislador de 2015 tratou da situação de **embargos de declaração com efeitos infringentes**, quando, provido o referido recurso e suprido o vício na decisão, é gerada a consequência lógico-necessária de modificação da anterior conclusão jurisdicional (v.g, de "improcedência" vira "procedência" do pedido), destacando a necessidade de prévio contraditório, isto é, de abertura de prazo ao recorrido para contrarrazões (art. 1.023, par. 2º, CPC). Como se vê, embargos de declaração com efeitos infringentes não se trata de uma diferente espécie recursal; sendo inconfundível com o excluído recurso de embargos infringentes.

6) Os embargos de declaração possuem **efeito interruptivo** para ambas as partes, notadamente pela possibilidade de seu julgamento modificar a decisão atacada (STJ – AgRg no REsp 1.166.530/BA, 3ª Turma, *DJ* 08/06/2010), caso em que aquele que já havia recorrido será intimado para complementar as suas razões quanto à parte modificada, se os embargos tiverem sido providos (art. 1.024, par. 4º c/c art. 1.026, *in fine*, CPC). Diga-se que o efeito interruptivo é gerado ainda que os embargos de declaração sejam rejeitados: "*Os embargos de declaração, tempestivamente apresentados, ainda que considerados protelatórios, interrompem o prazo para a interposição de outros recursos, porquanto a pena pela interposição do recurso protelatório é a pecuniária e não a sua desconsideração. Precedentes*" (STJ – AgRg no Ag 876.449/SP, 6ª Turma, *DJ* 02/06/2009). De qualquer forma, vê-se inaplicável o mencionado efeito interruptivo na situação de "*manifesta intempestividade*" dos embargos de declaração (STJ – AgRg no Ag 1.336.539/BA, 2ª Turma, *DJ* 19/10/2010. Finalmente, o efeito interruptivo também decorre da interposição de embargos de declaração nos **Juizados Especiais**, em razão de alteração promovida pelo Código de Processo Civil na legislação específica (art. 1.065, CPC).

7) Quando interpostos contra decisão monocrática de relator, vê-se prevista a possibilidade de este aplicar o princípio da **fungibilidade recursal**, transformando os embargos de declaração em agravo interno, desde que intime previamente o recorrente (art. 1.024, par. 3º, CPC).

8) Há divergência quanto à aplicação da norma que regula **honorários advocatícios recursais** (art. 85, par. 11, CPC), nos casos em que o recurso é interposto e tem o seu mérito analisado pelo mesmo órgão jurisdicional (neste exemplo, optou-se por não mencionar este item no recurso). Há precedente da Corte Suprema no sentido da possibilidade de condenação em verba honorária recursal em embargos de declaração, afirmando que a razão de ser da imposição da sucumbência recursal seria dissuadir manobras protelatórias (STF – RE 929.925 AgR-ED/RS, 1ª Turma, *DJ* 07/06/2016). Ao revés, destaque-se o entendimento pelo descabimento da verba honorária recursal em razão de os embargos de declaração serem interpostos e julgados no mesmo grau de jurisdição. Nesse último sentido, ENFAM, nº 16: "*Não é possível majorar os honorários na hipótese*

370 ■ *Petições e Prática Cível*

de interposição de recurso no mesmo grau de jurisdição (art. 85, par. 11, do CPC/2015)". Igualmente, a Corte Superior entende que: *"Os honorários recursais (art. 85, par. 11, do CPC/2015) incidem apenas quando esta Corte julga, pela vez primeira, o recurso, sujeito ao CPC/2015, que inaugure o grau recursal, revelando-se indevida a fixação em agravo interno e embargos de declaração"* (STJ – EDcl no AgInt no REsp 1.719.756/SP, 4ª Turma, *DJ* 07/08/2018).

Verbete(s): Súmula nº 356, STF: *"O ponto omisso da decisão, sobre o qual não foram opostos embargos declaratórios, não pode ser objeto de recurso extraordinário, por faltar o requisito do prequestionamento";* **Súmula nº 98, STJ:** *"Embargos de declaração manifestados com notório propósito de prequestionamento não têm caráter protelatório";* **Súmula nº 211, STJ:** *"Inadmissível recurso especial quanto à questão que, a despeito da oposição de embargos declaratórios, não foi apreciada no juízo a quo";* **Súmula nº 46, TJ-RJ:** *"Não se suspende, com o pedido de reconsideração, o prazo para interposição de qualquer recurso";* **Súmula nº 48, TJ-RJ:** *"Os embargos de declaração, quando intempestivos, não interrompem o prazo para a interposição de recursos";* **Súmula nº 52, TJ-RJ:** *"Inexiste omissão a sanar através de embargos declaratórios, quando o acórdão não enfrentou todas as questões arguidas pelas partes, desde que uma delas tenha sido suficiente para o julgamento do recurso";* **Súmula nº 171, TJ-RJ:** *"Os embargos de declaração podem ser interpostos contra decisões interlocutórias do juiz e monocráticas do relator".*

Modelo

Os embargos de declaração devem ser interpostos perante o mesmo órgão prolator da decisão (art. 1.023, CPC).

COLENDO JUÍZO DA 10ª VARA CÍVEL DA COMARCA DO RIO DE JANEIRO – RJ

Tanto o vencido quanto o vencedor pode interpor embargos de declaração, já que tal recurso não exige sucumbência (gravame) da parte que pretende recorrer. O "vencedor", aliás, deve ter muito cuidado na análise do dispositivo da sentença, sobretudo quanto ao acerto judicial sobre os consectários incidentes sobre determinada condenação (*v.g.,* verba honorária, percentual e data de fixação dos juros de mora).

PROC. Nº 0000123-30.2015.8.19.0001

TÍCIO TAVARES, já qualificado nos autos em epígrafe, da ação de cobrança em procedimento comum que lhe promove CAIO CARVALHO, vem, por intermédio de seu procurador regularmente constituído, respeitosamente, interpor:

EMBARGOS DE DECLARAÇÃO

em virtude dos motivos que passam a ser expostos.

Primeiramente, esclarece que o recurso é tempestivo, eis que interposto no prazo de 5 (cinco) dias úteis (art. 1.003, § 5º, c/c art. 219, CPC), bem como que o mesmo independe de preparo.

Os embargos de declaração são um recurso que tem como finalidade corrigir ato decisório que seja omisso, contraditório, obscuro ou mesmo contenha algum erro material (art. 1.022, I, II e III, CPC), podendo também ser utilizados para fins de prequestionamento (art. 1.025, CPC).

No caso concreto, o embargante impugna a sentença proferida, às fls., que, *data maxima venia*, incorreu em todas as hipóteses acima. Importa destacar que "*os embargos de declaração não consubstanciam crítica ao ofício judicante, mas lhe servem de aprimoramento, devendo o órgão apreciá-los com espírito de compreensão, por consubstanciarem verdadeira contribuição da parte em prol do devido processo legal*" (STF – AI 163.047 AgR-ED, 2ª Turma, Rel. Min. Marco Aurélio, *DJ* 18/12/1995).

Com efeito, é clara a ocorrência de "omissão" no referido ato decisório, já que o verbete sumular nele mencionado não indicou os seus fundamentos determinantes, não o particularizando ao caso concreto (art. 489, § 1º, inc. V c/c art. 1.022, parágrafo único, inc. II, CPC). Nesse aspecto, o recurso de embargos de declaração tem objetivo de prequestionamento, conforme chancela da jurisprudência (Verbete Sumular nº 98, STJ), o que também deve ser considerado pelo julgador.

Da mesma forma, há "contradição" na aludida sentença, posto que em dado momento foi expressamente reconhecido que o embargante padecia de enfermidade psíquica grave (fls.), sem que, porém, tivesse sido acolhida a defesa de mérito indireta impeditiva que foi apresentada, de que o demandado seria incapaz no momento em que o ato jurídico foi celebrado.

Igualmente, a "obscuridade" detectada no ato decorre da circunstância de V.Ex.a ter sido vago ao afirmar que "tem razão a parte", logo no início do segundo parágrafo da sua decisão, sem esclarecer se estava se referindo ao "demandante" ou ao "demandado".

Outrossim, há "erro material" na mencionada sentença, pois o nome do demandado constou com a grafia incorreta, devendo ser "TÍCIO TAVARES" e não "TÍCIO TAVAREZ", como constou (fls.). Acrescenta-se, inclusive, que mesmo que não fosse utilizada esta via processual, ainda assim o erro material poderia ser corrigido por V.Ex.a a qualquer tempo (art. 494, inc. I, CPC).

Pelo exposto, respeitosamente requer que os embargos de declaração sejam conhecidos e, diante da possibilidade dos seus efeitos modificativos ou infringentes, que seja dada oportunidade de contraditório ao embargado (art. 1.023, § 2º, CPC), para que, em seguida, sejam os mesmos admitidos e providos, para fins de esclarecimento e integração da decisão objeto do presente recurso nos mesmos moldes já apontados, inclusive de prequestionamento.

Termos em que

Pede e espera deferimento.

Local e data.

Nome e assinatura do advogado(a)

O recorrente deve indicar precisamente o vício ocorrente na hipótese, inclusive reproduzindo de forma textual o decisório, se for o caso (*v.g.*, no caso de contradição). Como o próprio julgador analisará tal recurso, convém utilizar linguagem amena ao criticar a decisão proferida.

Sempre que possível, vê-se interessante ressaltar o objetivo de prequestionamento nos embargos de declaração, como tática de "dar-lhe uma mínima função" ("verniz de cabimento"), o que atenua o risco de tal recurso ser tido como protelatório (art. 1.026, § 2º, CPC).

Mesmo quanto aos erros materiais flagrantes, sempre é conveniente o esclarecimento daquilo que foi decidido, evitando problemas futuros, por exemplo, na execução do julgado.

A lei dita que os embargos de declaração não possuem efeito suspensivo (art. 1.026, primeira parte, CPC), no sentido de paralisar a eficácia da decisão enquanto tal recurso é julgado. Todavia, é possível ao embargante (quando derrotado) obter a suspensão da eficácia da decisão se demonstrada a probabilidade de provimento do recurso, consubstanciando a tutela recursal de evidência; ou, sendo relevante a fundamentação, se houver risco de grave dano ou de difícil reparação, consubstanciando a tutela recursal de urgência (art. 1.026, § 1º, CPC). Deve o advogado atentar para tal pleito, conforme o caso.

372 ■ Petições e Prática Cível

7.11. Contrarrazões aos Embargos de Declaração

Peça vinculada ao caso concreto: Sim.

Finalidade: Meio de exercer o contraditório quando a outra parte tiver interposto recurso de embargos de declaração, mas que apenas ocorrerá quando o magistrado vislumbrar a possibilidade de conferir efeitos infringentes ou modificativos se o recurso for provido.

Dispositivo(s): art. 1.023, § 2º, CPC.

Prazo: 5 (cinco) dias (art. 1.023, § 2º, CPC).

Necessidade de preparo: Não.

Importante:

1) Trata-se de petição **sem exigência de maiores formalidades**.

2) A **ausência de contrarrazões** não gera consequência imediata negativa ao recorrido (não gera o efeito material da revelia, qual seja, a presunção de veracidade do que alega o recorrente), embora se tenha perdido boa oportunidade para reforçar o acerto da decisão prolatada, ou mesmo apontar eventual falta de preenchimento de pressupostos recursais pelo recorrente.

3) Há divergência quanto à aplicação da norma que regula **honorários advocatícios recursais** (art. 85, par. 11, CPC), nos casos em que o recurso é interposto e tem o seu mérito analisado pelo mesmo órgão jurisdicional (neste modelo de petição, optou-se por mencionar este item no recurso, em razão do exercício do contraditório, em demonstrativo da forma desta postulação). Diga-se que há precedente da Corte Suprema no sentido da possibilidade de condenação em verba honorária recursal em embargos de declaração, afirmando que a razão de ser da imposição da sucumbência recursal seria dissuadir manobras protelatórias (STF – RE 929.925 AgR-ED/RS, 1ª Turma, *DJ* 07/06/2016). Ao revés, destaque-se o entendimento pelo descabimento da verba honorária recursal em razão de os embargos de declaração serem interpostos e julgados no mesmo grau de jurisdição. Nesse último sentido, ENFAM, nº 16: *"Não é possível majorar os honorários na hipótese de interposição de recurso no mesmo grau de jurisdição (art. 85, par. 11, do CPC/2015)"*. Igualmente, a Corte Superior entende que *"Os honorários recursais (art. 85, par. 11, do CPC/2015) incidem apenas quando esta Corte julga, pela vez primeira, o recurso, sujeito ao CPC/2015, que inaugure o grau recursal, revelando-se indevida a fixação em agravo interno e embargos de declaração"* (STJ – EDcl no AgInt no REsp 1.719.756/SP, 4ª Turma, *DJ* 07/08/2018).

Modelo

COLENDO JUÍZO DA 10ª VARA CÍVEL DA COMARCA DO RIO DE JANEIRO – RJ

PROC. Nº 0000123-30.2015.8.19.0001

CAIO CARVALHO, já qualificado nos autos em epígrafe, da ação de cobrança em procedimento comum que promove em face de TÍCIO TAVARES, por não concordar com o teor do recurso de embargos de declaração interposto pelo demandado, vem, por intermédio do seu procurador regularmente constituído, respeitosamente, apresentar as suas:

CONTRARRAZÕES AOS EMBARGOS DE DECLARAÇÃO

com os fundamentos que passa a aduzir.

Não merece reparo a decisão judicial que está sendo "impugnada" por meio dos presentes embargos de declaração, porque, verdadeiramente, inexiste qualquer vício de omissão, obscuridade, contradição ou erro material no *decisum*. Temos, na hipótese, flagrante tentativa do embargante de tentar a reconsideração daquilo que foi julgado de forma unânime e bem fundamentada pelo eminente julgador.

É equivocado tentar o reexame do valor atribuído à prova através de embargos de declaração. Amplo, firme e robusto é o conjunto probatório que gerou o convencimento firmado na r. sentença.

In casu, o objetivo de prequestionamento demonstra-se como uma tentativa de maquiar/lograr um objetivo escuso ao presente recurso, sendo patente que o embargante visa, unicamente, a postergar o cumprimento da decisão. São protelatórios, pois, os presentes aclaratórios, pugnando o embargado para que conste expressamente no *decisum* que o único objetivo do embargante foi a tentativa de reconsideração do julgado.

Pelo exposto, requer que o presente recurso seja rejeitado, e condene o embargante na verba honorária sucumbencial recursal, em patamar a ser fixado pelo juízo (art. 85, § 11, CPC), diante do contraditório desenvolvido, sendo certo que tais honorários advocatícios são cumuláveis com a imposição de multa pela interposição protelatória dos embargos de declaração (art. 85, § 12, CPC), também requerida neste momento, no patamar de 2 (dois) por cento sobre o valor da condenação, que reflete o valor atualizado da causa (art. 1.026, § 2º, CPC).

> Tal requerimento é relevante porque isso poderá inibir recurso futuro da parte adversa. Explica-se: os embargos de declaração, ainda que rejeitados, interrompem o prazo recursal. Todavia, se, na verdade, tratar-se de verdadeiro pedido de reconsideração, mascarado sob o rótulo dos aclaratórios, não há que se cogitar da referida interrupção, o que poderá importar na preclusão do julgado (STJ – AgRg no AREsp 187.507/MG, 1ª Turma, DJ 13/11/2012).

> Os embargos de declaração não possuem efeito suspensivo (art. 1.026, primeira parte, CPC), no sentido de paralisar a eficácia da decisão enquanto tal recurso é julgado. Deve o advogado do embargado (quando vencedor) atentar para tal situação para, conforme o caso, promover a execução provisória do decidido.

Termos em que

Pede e espera deferimento.

Local e data.

Nome e assinatura do advogado(a)

374 ■ Petições e Prática Cível

7.12. Recurso Ordinário

Peça vinculada ao caso concreto: Sim.
Finalidade: Cuida-se de recurso para o STF e para o STJ, conforme o caso, em situações específicas, sobretudo de ações constitucionais, chancelando o exercício do duplo reexame da prova, em benefício do impetrante, tanto é que se exige decisão denegatória ao mesmo.
Dispositivo(s): art. 1.027 – art. 1.028, CPC; art. 102, inc. II c/c art. 105, inc. II, CRFB; art. 244 – art. 252, RISTJ(cf. Emenda Regimental nº 22/2016).
Prazo: 15 (quinze) dias (art. 1.003, par. 5º, CPC).
Necessidade de preparo: Sim.

Importante:

1) Sobre o **processamento**, a interposição deste recurso ou de suas contrarrazões se dá perante a presidência ou a vice-presidência do tribunal de origem, conforme o respectivo regimento interno dispuser (art. 1.028, § 2º, CPC). Quanto ao **julgamento**, tanto o juízo de admissibilidade (noção do art. 1.028, § 3º, CPC) quanto o juízo de mérito, serão realizados pelo Supremo Tribunal Federal ou ao Superior Tribunal de Justiça, conforme o caso, quando o recurso lá chegar. Como se percebe, o recurso ordinário terá como órgão *ad quem* sempre um tribunal superior. Registre-se que se o tribunal inferior realizar o juízo de admissibilidade, estará a usurpar a competência do tribunal superior: *"Em recurso ordinário em mandado de segurança, o exercício de juízo de admissibilidade por tribunais federais e estaduais caracteriza usurpação de competência do STJ, sendo cabível reclamação"* (STJ – Rcl 35.958/CE, 1ª Seção, DJ 10/04/2019).

2) Na sua **hipótese principal de cabimento** (art. 1.027, I e II, "a", CPC), relacionada ao exercício de *ação constitucional* (*v.g.*, mandado de segurança), em causa de *competência originária de tribunal*, verificado o resultado de *denegação da decisão*, com ou sem julgamento do mérito, ter-se-á cabível o recurso ordinário. Tal recurso está atrelado ao resultado do processo (dito recurso *secundum eventum litis*, ou "segundo o fundamento do pronunciamento"), no caso, somente quando desfavorável ao impetrante. Admite a jurisprudência o cabimento de recurso ordinário quando verificada denegação parcial do pleito, isto é, a segurança parcial concedida (STJ – RMS 17.979/PA, 5ª Turma, *DJ* 28/11/2006).

3) Passa a ser admitida expressamente a adoção da **teoria da causa madura** também neste recurso (art. 1.027, par. 2º, c/c art. 1.013, par. 3º, CPC), em atenção ao postulado da razoável duração do processo.

4) Via de regra, verifica-se a **ausência de efeito suspensivo** no recurso ordinário (art. 995, CPC), até porque não há nada a suspender diante de uma decisão denegatória (meramente declaratória), exceto quanto a um capítulo acessório (*v.g.*, condenação nas despesas processuais havidas). Entretanto, passa a ser prevista a possibilidade de requerimento de concessão de efeito suspensivo ao recurso ordinário, nos moldes do que ocorre nos recursos excepcionais (art. 1.027, par. 2º, e art. 1.029, par. 5º, CPC).

5) Há **hipótese específica de cabimento** de recurso ordinário, distante do que foi narrado no caso concreto e no modelo de petição abaixo, para as causas em que forem partes, de um lado, Estados estrangeiros ou organismo internacional e, do outro, Município ou pessoa residente ou domiciliada no País (art. 1.027, II, "b", CPC c/c art. 105, II, "c", CRFB). Nessa hipótese, não só o recurso ordinário contra a sentença prolatada pela Justiça Federal de primeira instância (art. 109, II, CRFB) será julgado pelo STJ, mas também, paralelamente, o agravo de instrumento para impugnar decisão interlocutória proferida por magistrado federal lotado em primeira instância (art. 1.027, par. 1º, CPC).

Verbete(s): Súmula nº 272, STF: *"Não se admite como ordinário recurso extraordinário de decisão denegatória de mandado de segurança".*

Modelo

EXMO. DES. PRESIDENTE DO TRIBUNAL DE JUSTIÇA DO RIO DE JANEIRO.

> O recurso ordinário deve ser interposto perante órgão integrante do Tribunal prolator da decisão, muito embora o juízo de admissibilidade seja realizado somente pelo Tribunal que tem competência para julgar o mérito do recurso (art. 1.028, § 3º, CPC).

MANDADO DE SEGURANÇA ORIGINÁRIO Nº 0063991-00.2015.8.19.0000.

TÍCIO TAVARES, já qualificado nos autos em epígrafe, do mandado de segurança de competência originária deste Tribunal que promove em face de CAIO CARVALHO, por não concordar com o teor do v. acórdão proferido por esta Egrégia Corte, vem, por intermédio do seu procurador regularmente constituído, respeitosamente, interpor:

RECURSO ORDINÁRIO

com os fundamentos que passa a aduzir, para requerer que, após ser determinada a intimação do demandado para fins de contrarrazões, sejam os autos remetidos ao Tribunal Superior para realização do juízo de admissibilidade (art. 1.028, § 3º, CPC), e, ao final, seja o recurso provido com a reforma/anulação do aludido ato decisório.

Primeiramente, esclarece que o recurso é tempestivo, eis que interposto no prazo de 15 (quinze) dias úteis (art. 1.003, § 5º c/c art. 219, CPC).

> Poderá ser o caso de o recorrente comprovar feriado local (art. 1.003, § 6º, CPC).

O recorrente, no processo originário (Proc. n.º 0000123-30.2015.8.19.0001), que tramita perante a 10ª Vara Cível da Comarca desta Capital, postulou ao juízo a produção de prova pericial, o que foi indeferido por decisão interlocutória, no sentido de que a mesma seria desnecessária. Contudo, a referida decisão não está no rol daquelas que permitem o uso do agravo de instrumento (art. 1.015, CPC), razão que levou o recorrente a impetrar mandado de segurança, que foi distribuído perante este Tribunal sob o n.º 0063991-00.2015.8.19.0000.

> O argumento aqui é hipotético e claramente equivocado, servindo apenas para enquadramento da hipótese ao caso concreto base.

Neste mandado de segurança, o Tribunal requisitou informações à autoridade judicial e, cumpridas as demais formalidades, proferiu acórdão negando a segurança pretendida, ante o argumento de que existe recurso próprio em lei para a discussão das decisões interlocutórias proferidas na etapa de conhecimento do processo primitivo (art. 1.009, § 1º, CPC c/c art. 5º, inc. II, Lei n.º 12.016/2009).

> Ressalve-se que, ainda que denegatória, descabe cogitar de recurso ordinário contra decisão monocrática de relator em mandado de segurança originário, quando será cabível agravo interno para o órgão fracionário do tribunal (STF – RMS 24.237 QO/AL, 2ª Turma, DJ 16/04/2002).

Portanto, amoldada a hipótese autorizadora do recurso ordinário (art. 1.027, inc. II, "a", CPC), passam a ser apresentadas as razões da impugnação recursal.

O mandado de segurança é um remédio de índole constitucional (art. 5º, LXIX, CRFB), que deve ser empregado sempre que se estiver diante de um ato lesivo a direito líquido e certo do impetrante. No caso concreto, consta na própria legislação (art. 5º, inc. II, Lei n.º 12.016/2009), que a segurança somente será negada quando se tratar de decisão judicial contra a qual existe a previsão de recurso com efeito suspensivo. Contudo, no momento em que a aludida decisão interlocutória que indeferiu a prova pericial foi proferida, ainda não era possível o emprego do recurso de apelação (art. 1.009, § 1º, CPC), pois sequer foi proferida sentença no processo que tramita em primeira instância.

Esta circunstância reflete que a parte interessada não dispunha, naquele momento, de qualquer recurso que pudesse ser utilizado imediatamente, razão pela qual impetrou o mandado de segurança, observando boa técnica processual (Verbete Sumular n.º 267, STF). Desta maneira, a decisão denegatória do *mandamus* não se sustenta juridicamente, sob pena de violação à garantia constitucional de acesso à justiça e ampla defesa, razão pela qual o presente recurso deve ser conhecido e provido, para fins de sua reforma.

Pelo exposto, requer:

a) que, após a intimação do demandado para apresentar contrarrazões, seja o presente recurso encaminhado ao Tribunal respectivo (art. 1.028, § 3º, CPC) para que seja realizado o juízo de admissibilidade e que, sendo necessário, seja o recorrente previamente intimado para sanar eventuais irregularidades no prazo de cinco dias (art. 932, parágrafo único, CPC);

b) que o presente recurso seja admitido e, desta maneira, provido para que haja a reforma do acórdão que manteve a decisão interlocutória indeferindo a produção da aludida prova;

c) que seja determinada a oitiva do Ministério Público (art. 250, RISTJ);

d) que, em caso de êxito recursal por esta parte, seja aplicado o disposto na legislação processual (art. 85, par. 11, CPC), para que haja a fixação dos honorários advocatícios, conforme o caso.

O recorrente também já manifesta o seu interesse em realizar sustentação oral (art. 937, inc. II, CPC).

Desde logo expressa que, acaso seja mantido o teor da decisão anteriormente proferida, esta deverá estar devidamente fundamentada, com o enfrentamento de todos os temas, sob pena de se estar vulnerando norma que tem tanto sede constitucional (art. 93, inc. IX, CRFB), quanto infraconstitucional (art. 489, § 1º, CPC), razão pela qual desde logo apresenta o prequestionamento das mesmas, para que sejam expressamente observadas e aplicadas por ocasião do ato decisório.

Termos em que

Pede e espera deferimento.

Local e data.

Nome e assinatura do advogado(a)

> Convém fazer tal ressalva, embora se trate de imposição legal de conduta ao órgão jurisdicional que fará o juízo de admissibilidade recursal. Cuida-se de regra nova que visa a atacar a denominada "jurisprudência defensiva", dando ao processo um caráter ainda mais instrumental.
>
> Segundo a jurisprudência, para cogitar de honorários advocatícios recursais, a verba honorária sucumbencial deve ser devida desde a origem no feito em que interposto o recurso (STJ – EDcl no REsp 1.573.573/RJ, 3ª Turma, *DJ* 04/04/2017). Desse modo, no específico caso do mandado de segurança, sendo vedada a imposição de verba honorária (art. 25, Lei nº 12.016/2009), ter-se-á incabível a "majoração" daquilo que não foi (e nem podia ser) concedido.
>
> Trata-se de item facultativo, para os casos em que o recorrente quiser se valer desta prerrogativa.
>
> O prequestionamento é requisito de admissibilidade do recurso extraordinário e do recurso especial e, muito embora possa ser realizado por meio de embargos de declaração – art. 1.025, CPC – também pode ser apresentado nesta maneira.

7.13. Contrarrazões ao Recurso Ordinário

Peça vinculada ao caso concreto: Sim.

Finalidade: Meio de exercer o contraditório quando a outra parte tiver interposto recurso ordinário.

Dispositivo(s): art. 1.028, § 2º, CPC.

Prazo: 15 (quinze) dias (art. 1.003, § 5º, CPC).

Necessidade de preparo: Não.

378 ■ *Petições e Prática Cível*

Importante:

1) Trata-se de petição **sem exigência de maiores formalidades**, sendo interposta perante o tribunal inferior, conforme o Regimento dispuser (art. 1.028, par. 2º, CPC).

2) A **ausência de contrarrazões** não gera consequência imediata negativa ao recorrido (não gera o efeito material da revelia, qual seja, a presunção de veracidade do que alega o recorrente), embora se tenha perdido boa oportunidade para reforçar o acerto da decisão prolatada, ou mesmo apontar eventual falta de preenchimento de pressupostos recursais pelo recorrente.

3) Passa a ser admitida expressamente a adoção da **teoria da causa madura** também neste recurso (art. 1.027, par. 2º, CPC), em atenção ao postulado da razoável duração do processo.

Modelo

EXMO. DES. PRESIDENTE DO TRIBUNAL DE JUSTIÇA DO RIO DE JANEIRO.

RECURSO ORDINÁRIO Nº 2016.002.884561-32.

MANDADO DE SEGURANÇA ORIGINÁRIO Nº 0063991-00.2015.8.19.0000.

PROC. ORIGINÁRIO Nº 0000123-30.2015.8.19.0001

CAIO CARVALHO, já qualificado nos autos em epígrafe, do mandado de segurança instaurado originariamente perante este Egrégio Tribunal por TÍCIO TAVARES, por não concordar com o teor do recurso ordinário interposto pelo outra parte vem, por intermédio do seu procurador regularmente constituído, respeitosamente, apresentar as suas:

CONTRARRAZÕES AO RECURSO ORDINÁRIO

pelos fundamentos que se seguem.

Não merece reparo a decisão judicial que está sendo impugnada por meio do recurso ordinário, eis que não há razão alguma ao recorrente. A decisão judicial foi precisa e bem soube aplicar o Direito ao caso concreto.

Com efeito, no mandado de segurança de competência originária, o Tribunal requisitou informações à autoridade judicial, e, cumpridas as demais formalidades, proferiu acórdão negando a segurança pretendida, ante o argumento de que existe recurso próprio em lei para a discussão das decisões interlocutórias proferidas na etapa de conhecimento do processo primitivo (art. 1.009, § 1º, CPC c/c art. 5º, inc. II, Lei nº 12.016/2009).

Petições Cíveis: Recursos ■ **379**

Nestes termos, há óbice normativo para que haja o acolhimento do presente recurso e, consequentemente, que seja concedido o *mandamus*.

Pelo exposto, requer:

a) que, o presente recurso seja inadmitido pelo Tribunal Superior se estiver ausente algum requisito de admissibilidade, ou, em caso contrário, que seja negado provimento ao mesmo, mantendo-se inteiramente o teor das decisões anteriormente proferidas;

b) que, em caso de êxito recursal do recorrido, seja aplicado o disposto na legislação processual (art. 85, par. 11, CPC), para condenar o recorrente na verba honorária, diante do contraditório desenvolvido e da nova atividade laboral do advogado que assina a presente.

Também deixa expresso a V.Ex.a que, se o tema for analisado de maneira desfavorável ao recorrido, estarão violando norma constitucional que assegura acesso ao Poder Judiciário para a reparação de lesão a direito (art. 5º, inc. XXV, CRFB), razão pela qual tal dispositivo já é imediatamente prequestionado, para fins de preenchimento de requisito ao recurso extraordinário.

> Convém, sempre, identificar e abalizar o pressuposto recursal não preenchido pelo recorrente.
>
> Segundo a jurisprudência, para cogitar de honorários advocatícios recursais, a verba honorária sucumbencial deve ser devida desde a origem no feito em que interposto o recurso (STJ – EDcl no REsp 1.573.573/RJ, 3ª Turma, *DJ* 04/04/2017). Desse modo, no específico caso do mandado de segurança, sendo vedada a imposição de verba honorária (art. 25, Lei nº 12.016/2009), ter-se-á incabível a "majoração" daquilo que não foi (e nem podia ser) concedido.
>
> Note-se que não se faz qualquer ressalva quanto a uma possível mácula à lei federal, afinal a decisão do STJ quanto ao recurso ordinário não desafia um novo recurso especial ao mesmo Tribunal superior.

Termos em que

Pede e espera deferimento.

Local e data.

Nome e assinatura do advogado(a)

7.14. Recurso Especial

Peça vinculada ao caso concreto: Sim.

Finalidade: Obter a reforma/invalidação de uma decisão judicial quanto à interpretação de lei federal, ou mesmo quando exista dissídio jurisprudencial entre tribunais distintos. O recurso especial é espécie do gênero "recursos excepcionais", já que não visa diretamente à tutela do direito da parte, afinal não se presta para o exercício de um novo juízo de mérito sobre qual das versões fáticas narradas pelas partes corresponde à realidade. Na verdade, o objetivo da previsão de tal recurso é *trazer unidade ao direito objetivo*, assegurando o regime federativo, de modo a evitar que o direito positivo federal se disperse em diversas interpretações regionais, o que faz presente a tarefa principal dos tribunais de superposição, como o STJ, que é realizar um trabalho de unificação de jurisprudência. Nitidamente, tal desiderato justifica as restrições ao processamento e julgamento dos recursos excepcionais, cuja "excepcionalidade" se revela pela exigência de preenchimento de pressupostos recursais específicos (esgotamento da instância ordinária; vedação de reexame de prova; e prequestionamento) – cabendo ao recorrente demonstrar, também, o preenchimento dos requisitos genéricos, comuns a qualquer tipo

380 ■ *Petições e Prática Cível*

de recurso, também exigíveis nesta seara (legitimidade; interesse; regularidade formal; tempestividade; preparo; dentre outros).

Dispositivo(s): art. 1.029 – art. 1.041, CPC; art. 1.072, IV, CPC (revogação dos arts. 26/29, Lei nº 8.038/1990); art. 105, inc. III, CRFB; art. 255 – art. 257-A, RISTJ (cf. Emenda Regimental nº 22/2016).

Prazo: 15 (quinze) dias (art. 1.003, § 5º, CPC).

Necessidade de preparo: Sim.

Importante:

1) Trata-se de **recurso de fundamentação vinculada**, que somente pode ser utilizado nas hipóteses previstas na Carta Magna (art. 105, III, CRFB), relacionando-se restritamente a *questões de direito*.

2) Em caso de recurso especial interposto em razão da existência de **dissídio jurisprudencial** na interpretação de lei federal entre tribunais distintos (art. 105, III, "c", CRFB), o recorrente deverá realizar a comprovação da existência dessa divergência, bem como mencionar as circunstâncias que identifiquem ou assemelhem os casos confrontados (art. 1.029, par. 1º, CPC). A simples citação das ementas é insuficiente para caracterizar o dissídio jurisprudencial (STJ – AgRg no Ag 979.374/RS, 4ª Turma, *DJ* 07/10/2008).

3) Para reapreciação da prova descaberá o recurso especial (Verbete Sumular nº 7, STJ), porém para **análise da aplicação do direito probatório**, tratando-se de uma questão de direito (adequação de utilização do meio probatório diante da norma legal), vê-se possível o controle via recurso excepcional. Nesse sentido, a jurisprudência vem a retratar a "impossibilidade de reexame/revaloração fática da prova" e a "possibilidade de reexame/revaloração jurídica da prova" (STJ – AgRg no AREsp 698.539/RS, 3ª Turma, *DJ* 06/08/2015).

4) Em atenuação da vedação de reexame de prova, a Corte Superior passou a admitir a **revisão de valor fixado em indenização por dano moral**, tão somente quando exorbitante ou insignificante a importância arbitrada, em flagrante violação aos princípios da razoabilidade e da proporcionalidade. A vedação de enriquecimento indevido (art. 884, CC) é a base justificadora (STJ – AgRg no REsp 1.350.908/SC, 3ª Turma, *DJ* 18/12/2012). O mesmo vale para **revisão de valor fixado em honorários advocatícios**, se considerado irrisório ou excessivo, na situação em que a decisão recorrida se afasta do juízo de equidade preconizado na lei (STJ – REsp 939.684/RS, 1ª Turma, *DJ* 03/11/2009).

5) Exige-se o **prequestionamento** da questão federal, objeto do recurso especial, para a sua admissibilidade. Somente serão objeto de reexame pelas Cortes Superiores, via recurso especial, as *"causas decididas"* em única ou última instância (art. 105, III, CRFB). O prequestionamento traduz a imposição de que a questão de direito tenha sido enfrentada na instância inferior, estando presente nos autos entendimento explícito do órgão julgador sobre o tema. É a noção de que não seria possível estabelecer violação à lei se o tema sequer foi apreciado pelas instâncias ordinárias. Por isso, para fins de "questionar previamente" a matéria, deve a parte escorar seu pedido ou defesa no respectivo fundamento legal (causa de

Petições Cíveis: Recursos ■ **381**

pedir) que lhe é supostamente favorável. O ideal é que isto se dê logo na petição inicial ou na contestação (como relatado por esse livro no respectivo modelo de peças), mas nada impede que seja realizado posteriormente, inclusive em alegações finais; ou mesmo ao recorrer ou contra-arrazoar recursos, o que decorre do efeito devolutivo na profundidade. Preenche-se o requisito do prequestionamento mesmo quando o enfrentamento da questão de direito se deu no voto vencido do acórdão (art. 941, § 3º, CPC). Sobre a possibilidade de **embargos de declaração com efeitos prequestionadores**, inexiste caráter protelatório quando utilizado tal recurso para suprir omissão no julgamento de questão aduzida (Verbete Sumular nº 98, STJ). É importante não utilizar os embargos de declaração como mero "pós-questionamento", hipótese em que não cumprirão o papel desejado: "2. *Embargos de declaração opostos após a formação do acórdão, com o escopo de prequestionar tema não veiculado anteriormente no processo, não caracteriza prequestionamento, mas pós-questionamento*" (STJ – AgRg no REsp 1.115.117/PR, 6ª Turma, *DJ* 04/05/2010). Finalmente, concernente à interpretação do art. 1.025, CPC, *vide* o capítulo sobre o recurso de embargos de declaração nessa obra.

6) Inexige-se a repercussão geral como requisito do recurso especial, já que tal pressuposto recursal específico é exclusivo do recurso extraordinário (art. 1.035, CPC).

7) Há possibilidade de recurso especial para impugnar **decisão proferida pelo tribunal de origem em sede de agravo de instrumento** (Verbete Sumular nº 86, STJ), desde que presentes as hipóteses previstas na Constituição (art. 105, III, CRFB), sendo que este recurso não mais ficará retido, tal como era no modelo primitivo (art. 542, par. 3º, CPC/1973, não reproduzido no CPC/2015).

8) A interposição do recurso especial pode ser simultânea à do recurso extraordinário, contra a mesma decisão (art. 1.031, CPC), o que se dará em petições distintas, e tem aplicabilidade para a hipótese de "**acórdão com duplo fundamento**", tornando indispensável a impugnação pela dupla via (Verbetes Sumulares nº 283, STF; e nº 126, STJ).

9) Em regra, o recurso especial é **desprovido de efeito suspensivo** (art. 995, CPC), podendo a parte obtê-lo por meio de simples petição dirigida ao órgão competente (art. 1.029, § 5º, CPC), não mais se cogitando de uma ação cautelar com tal objetivo. Destarte, (i) compete ao tribunal de origem apreciar o pleito de efeito suspensivo a recurso excepcional pendente do juízo de admissibilidade provisório (sentido dos Verbetes sumulares nº 634 e nº 635, STF). A exegese, além de não sobrecarregar os tribunais superiores, tem fundamento na lógica de evitar a usurpação da competência do tribunal inferior; afinal a concessão de efeito suspensivo deve pressupor o recebimento do recurso. Em visualização: "*II - O pedido de efeito suspensivo a recurso especial somente pode ser formulado perante esta Corte após a publicação da decisão de admissão do recurso. III - Do mesmo modo, pedido cautelar realizado em recurso especial pendente de admissibilidade pelo tribunal de origem deve ser apreciado perante aquela Corte, uma vez que a competência é do tribunal a quo, de acordo com as Súmulas nº 634 e nº 635 do STF, as quais se aplicam por analogia*" (STJ – AgInt na Pet 12.051/MG, 1ª Turma, DJ 21/06/2018). Por sua vez, (ii) compete ao tribunal superior respectivo, no interregno

382 ■ *Petições e Prática Cível*

entre a publicação da decisão de admissão do recurso (juízo de admissibilidade positivo pelo tribunal local) e sua distribuição (no tribunal superior), ficando o relator designado para seu exame prevento para julgá-lo (art. 1.029, § 5º, I, CPC, alterado pela Lei nº 13.256/2016). Em outras palavras: passado o crivo de admissibilidade no tribunal local, estará firmada a jurisdição de cunho provisório do tribunal superior, ainda que o recurso excepcional ainda não tenha sido lá distribuído. Entretanto, em casos teratológicos, já se entendeu diverso: *"1. Incompetência do STJ para apreciar pedido de tutela provisória referente a recurso especial pendente de admissibilidade, nos termos do art. 1.029, § 5º, I, do CPC de 2015. 2. Apenas em situações absolutamente excepcionais o STJ tem admitido a apreciação de pedido de tutela de urgência visando à concessão do efeito suspensivo a recurso especial ainda pendente de juízo de admissibilidade, condicionando sua procedência à demonstração da presença concomitante do fumus boni iuris e do periculum in mora, bem como da situação de manifesta teratologia do acórdão recorrido, o que não restou demonstrado no caso concreto"* (STJ – AgInt no TP 1.322/ SC, 3ª Turma, DJ 17/04/2018).

10) A situação de se tratar de **recurso especial em *casos não repetitivos* ou em *casos repetitivos*** importará na aplicação de processamento distinto, especialmente com (i) *atribuição de incumbências diversas ao presidente ou vice-presidente do tribunal recorrido* (vide art. 1.030, V, CPC, relacionado ao recurso especial não repetitivo; e arts. 1.030, I a IV, e 1.036/1.041, CPC, relacionados ao recurso especial repetitivo) e (ii) *cabimento diferenciado de recurso conforme a hipótese* (arts. 1.030, par. 1º, e 1.042, CPC, relacionados ao recurso especial não repetitivo; e arts. 1.030, par. 2º, e 1.021, CPC, relacionados ao recurso especial repetitivo).

Verbete(s): Súmula nº 5, STJ: *"A simples interpretação de cláusula contratual não enseja recurso especial"*; **Súmula nº 7, STJ:** *"A pretensão de simples reexame de prova não enseja recurso especial"*; **Súmula nº 13, STJ:** *"A divergência de julgados do mesmo Tribunal não enseja recurso especial"*; **Súmula nº 83, STJ:** *"Não se conhece do recurso especial pela divergência, quando a orientação do Tribunal se firmou no mesmo sentido da decisão recorrida"*; **Súmula nº 86, STJ:** *"Cabe recurso especial contra acórdão proferido no julgamento de agravo de instrumento"*; **Súmula nº 98, STJ:** *"Embargos de declaração manifestados com notório propósito de prequestionamento não têm caráter protelatório"*; **Súmula nº 115, STJ:** *"Na instância especial é inexistente recurso interposto por advogado sem procuração nos autos"*; **Súmula nº 126, STJ:** *"É inadmissível recurso especial, quando o acórdão recorrido assenta em fundamentos constitucional e infraconstitucional, qualquer deles suficientes, por si só, para mantê-lo e a parte vencida não manifesta o recurso extraordinário"*; **Súmula nº 203, STJ:** *"Não cabe recurso especial contra decisão proferida por órgão de segundo grau dos Juizados Especiais"*; **Súmula nº 207, STJ:** *"É inadmissível recurso especial quando cabíveis embargos infringentes contra o acórdão proferido no tribunal de origem"*; **Súmula nº 568, STJ:** *"O relator, monocraticamente e no Superior Tribunal de Justiça, poderá dar ou negar provimento ao recurso quando houver entendimento dominante acerca do tema"*; **Súmula nº 579, STJ:** *"Não é necessário ratificar o recurso especial interposto na pendência do julgamento dos embargos de declaração quando inalterado o julgamento anterior"* (cancelada Súmula nº 418, STJ).

Petições Cíveis: Recursos ■ **383**

Modelo

EXMO. DES. PRESIDENTE DO TRIBUNAL DE JUSTIÇA DO RIO DE JANEIRO.

RECURSO ESPECIAL Nº

PROC. ORIGINÁRIO Nº 0000123-30.2015.8.19.0001

TÍCIO TAVARES, já qualificado nos autos em epígrafe, da ação de cobrança em procedimento comum que lhe promove CAIO CARVALHO, por não concordar com o teor da decisão proferida, vem, por intermédio de seu procurador regularmente constituído, respeitosamente, interpor:

RECURSO ESPECIAL

com os fundamentos que passa a aduzir, para que, após ser determinada a intimação do demandado para fins de contra-arrazoar, sejam os autos admitidos por este órgão e, na sequência, haja a remessa dos mesmos para o Tribunal Superior (art. 1.030, inc. V, CPC), para que o recurso seja provido com a reforma/anulação do aludido ato decisório.

Por oportuno, esclarece o recorrente que o recurso é tempestivo, uma vez que foi interposto no prazo de 15 (quinze) dias úteis (art. 1.003, par. 5º, c/c art. 219, CPC), contados da intimação da decisão. Cabe anotar a ocorrência de feriado local (art. 1.003, par. 6º, CPC), a influir na contagem do prazo, devidamente comprovado pela documentação idônea anexa, em referência ao calendário de funcionamento do tribunal inferior.

I – Razões recursais.

Conforme se observa nos autos, o pedido deduzido pelo autor foi julgado inteiramente procedente, com a condenação do recorrente a pagar ao apelado a quantia de R$ 15.000,00 (quinze mil reais), mais juros e correção monetária, além da sucumbência. E, mesmo com a interposição de todos os anteriores recursos pelo demandado, a mesma conclusão foi ratificada no Tribunal de origem.

Ocorre que, malgrado o reconhecido saber jurídico de todos os magistrados que labutaram no processo, o que se observa é que não foram analisadas todas as teses defensivas apontadas pelo demandado, ora recorrente, em sua contestação. Com efeito, soa nítido que a prestação

---

Tal recurso é interposto perante a Presidência ou Vice-Presidência do Tribunal de origem (art. 1.029, CPC), razão pela qual se torna necessário conhecer seu respectivo regimento interno para que haja o escorreito direcionamento.

A análise do preenchimento dos pressupostos recursais é realizada inicialmente perante o Tribunal de origem (juízo de admissibilidade provisório), e, sendo ele recebido, o mesmo é posteriormente encaminhado ao superior para nova análise (juízo de admissibilidade definitivo). Aplica-se disposição que foi objeto de reforma legislativa no próprio interregno de *vacatio legis* da lei processual codificada (art. 1.030, CPC, alterado pela Lei nº 13.256/2016).

O feriado local deve ser comprovado na interposição do recurso, até porque vem se negando a correção deste vício posteriormente: *"A parte recorrente deve comprovar a existência do feriado ou o ato de suspensão por meio de documentação idônea, não servindo a essa finalidade mera menção, no corpo da petição, da existência de legislação ou ato normativo"* (STJ – AgInt no AREsp 1.090.574/SP, 1ª Turma, *DJ* 07/11/2017).

384 ■ *Petições e Prática Cível*

> O argumento foi formulado aqui de forma bem genérica, cabendo ao recorrente esmiuçá-lo, conforme as circunstâncias vivenciadas no feito.

jurisdicional não foi a mais adequada, pois o enfrentamento com o devido aprofundamento iria permitir que o resultado do processo fosse outro. E, por este motivo, houve violação à norma infraconstitucional (art. 489, § 1º, CPC), que impõe um exaustivo dever de motivação das decisões judiciais.

Desta maneira, descumprindo este preceito infraconstitucional, e já tendo sido exauridas todas as demais vias recursais (sentido do Verbete nº 207, STJ), alternativa outra não há ao recorrente do que interpor o presente recurso, considerando, ainda, que o mesmo encontra respaldo na Carta Magna (art. 105, inc. III, CRFB).

II – Requerimento(s).

Pelo exposto requer que:

> Convém fazer tal ressalva, embora o primeiro dispositivo retrate imposição legal de conduta ao órgão jurisdicional que fará o juízo de admissibilidade de recursal. São regras inovadoras que visam atacar a chamada "jurisprudência defensiva", franqueando o amplo acesso aos tribunais superiores mediante a atividade recursal.

a) após a intimação do recorrido para apresentar contrarrazões em 15 (quinze) dias (art. 1.030, CPC), seja admitido o presente recurso pelo Tribunal de origem, ocasião em que o mesmo será encaminhado ao STJ para um novo e definitivo juízo de admissibilidade;

b) na eventualidade de ausência de algum requisito de admissibilidade, ou de vício formal superável (exceto a intempestividade), seja o recorrente imediatamente intimado a supri-lo (art. 932, parágrafo único, CPC), pugnando o recorrente, também, pela sua desconsideração pelo órgão judicante, conforme o caso (art. 1.029, § 3º, CPC);

c) mesmo em casos em que o Tribunal de origem tiver se negado a realizar o enfrentamento da questão federal suscitada em prequestionamento, que tal requisito seja considerado feito de maneira ficta, conforme recomenda a legislação processual (art. 1.025, CPC), inclusive no que diz respeito ao voto vencido (art. 941, par. 3º, CPC);

> Tal menção pressupõe a interposição prévia de embargos de declaração com fins prequestionadores (com alegação de omissão quanto à questão federal aduzida no feito), tendo o tribunal inferior os rejeitado.

d) em casos em que este Tribunal Superior considere que o presente recurso versa sobre matéria constitucional, seja determinada a intimação do recorrente para adaptá-lo ao recurso extraordinário (art. 1.032, CPC);

> Cuida-se de mais um regramento inovador em desapego à forma e valorização do conteúdo do recurso, no caso chancelando a fungibilidade recursal.

e) após sua regular admissão e escorreito processamento – inclusive, se for o caso, pelo regime específico dos recursos repetitivos (art. 1.036 – art. 1.041, CPC) –, tenha o recurso especial o seu mérito provido, para fins de anulação da decisão impugnada, a fim de que outra seja proferida pelo órgão competente com a devida observação ao disposto na Carta Magna (art. 93, inc. IX, CRFB) e na legislação infraconstitucional (art. 489, § 1º, CPC), preferencialmente no sentido da total improcedência do pleito autoral.

O recorrente também já manifesta o seu interesse em realizar sustentação oral (art. 937, inc. IV, CPC).

Em caso de êxito recursal por esta parte, requer seja aplicado o disposto na legislação processual (art. 85, § 11, CPC), para que haja a fixação dos honorários advocatícios, o que é perfeitamente aplicável à hipótese.

> O item é facultativo, para o caso em que o recorrente queira se valer desta prerrogativa.

> Enunciado administrativo nº 7, STJ: *"Somente nos recursos interpostos contra decisão publicada a partir de 18 de março de 2016, será possível o arbitramento de honorários sucumbenciais recursais, na forma do art. 85, § 11, do novo CPC".*

Termos em que

Pede e espera deferimento.

Local e data.

Nome e assinatura do advogado(a)

7.15. Contrarrazões ao Recurso Especial

Peça vinculada ao caso concreto: Sim.
Finalidade: Meio de exercer o contraditório quando a outra parte tiver interposto recurso especial.
Dispositivo(s): art. 1.030, CPC.
Prazo: 15 (quinze) dias (art. 1.003, § 5º, CPC).
Necessidade de preparo: Não.

Importante:

1) Trata-se de petição **sem exigência de maiores formalidades**, sendo interposta perante o tribunal inferior (arts. 1.029/1.030, CPC).

2) A **ausência de contrarrazões** não gera consequência imediata negativa ao recorrido (não gera o efeito material da revelia, qual seja, a presunção de veracidade do que alega o recorrente), embora se tenha perdido boa oportunidade para reforçar o acerto da decisão prolatada, ou mesmo apontar eventual falta de preenchimento de pressupostos recursais pelo recorrente.

3) Sobre a **eficácia da decisão**, mesmo que interposto (e ainda não julgado) o recurso especial pela parte adversa, na ausência de efeito suspensivo da decisão (art. 995, CPC), será permitido ao vencedor (justamente o "recorrido"), por petição distinta desta do presente modelo, requerer o cumprimento provisório da condenação (ou execução provisória do julgado), nos termos dos arts. 520/522, CPC.

Modelo

EXMO. DES. PRESIDENTE DO TRIBUNAL DE JUSTIÇA DO RIO DE JANEIRO

RECURSO ESPECIAL Nº 2016.003.44512786-8.

PROC. ORIGINÁRIO Nº 0000123-30.2015.8.19.0001

CAIO CARVALHO, já qualificado nos autos em epígrafe, da demanda que promove em face de TÍCIO TAVARES, por não concordar com o teor do recurso especial interposto pelo outra parte vem, por intermédio do seu procurador regularmente constituído, respeitosamente, apresentar as suas:

CONTRARRAZÕES AO RECURSO ESPECIAL

> Deve o recorrido apoiar suas contrarrazões, conforme o caso, no eventual não preenchimento pelo recorrente dos pressupostos de admissibilidade específicos dos recursos excepcionais, mormente a vedação do reexame de matéria fática e a existência de prequestionamento, identificando e abalizando o vício.

pelos fundamentos que se seguem.

Não merece reparo a decisão judicial que está sendo impugnada por meio do recurso especial, eis que não há razão alguma ao recorrente. A decisão judicial foi precisa e bem soube aplicar o Direito ao caso concreto. Não se vislumbra, em absoluto, qualquer mácula na atividade dos magistrados atuantes no processo, razão pela qual a sua decisão deve ser mantida em todos os seus termos.

Com efeito, em todas as instâncias foi reconhecido o direito do recorrido, por meio de decisão precisamente fundamentada, não havendo qualquer violação ao texto legal.

Pelo exposto, requer que o recurso especial interposto pela parte adversa não seja conhecido, caso ausente algum requisito de admissibilidade, ou, em caso contrário, seja-lhe negado provimento, mantendo-se íntegro o teor da decisão impugnada.

Em caso de rejeição do recurso, requer seja condenado o recorrente em verba honorária recursal, majorando aquela já determinada nos autos, em razão do contraditório desenvolvido e da nova atividade laboral do advogado, conforme autoriza a legislação processual (art. 85, § 11, CPC), o que encontra eco dentro do próprio tribunal superior em relação à hipótese vertente (Enunciado administrativo nº 7, STJ: "*Somente nos recursos interpostos contra decisão publicada a partir de 18 de março de 2016, será possível o arbitramento de honorários sucumbenciais recursais, na forma do art. 85, § 11, do novo CPC*").

> Trata-se de item facultativo, para os casos em que o recorrente quiser se valer desta prerrogativa.

Aproveitando o ensejo, o recorrido já manifesta o seu interesse em realizar sustentação oral (art. 937, inc. IV, CPC).

Termos em que

Pede e espera deferimento.

Local e data.

Nome e assinatura do advogado(a)

7.16. Recurso Extraordinário

Peça vinculada ao caso concreto: Sim.

Finalidade: Obter a reforma/invalidação de uma decisão judicial que infringe norma constitucional, quando já não é mais possível interpor qualquer recurso. O recurso extraordinário é espécie do gênero "recursos excepcionais", já que não visa diretamente à tutela do direito da parte, afinal não se presta para o exercício de um novo juízo de mérito sobre qual das versões fáticas narradas pelas partes corresponde à realidade. Na verdade, o objetivo da previsão de tal recurso é *trazer unidade ao direito objetivo*, assegurando o regime federativo, de modo a evitar que o direito positivo constitucional se disperse em diversas interpretações regionais, o que faz presente a tarefa principal dos tribunais de superposição, como o STF, que é realizar um trabalho de unificação de jurisprudência. Nitidamente, tal desiderato justifica as restrições ao processamento e julgamento dos recursos excepcionais, cuja "excepcionalidade" se revela pela exigência de preenchimento de pressupostos recursais específicos (esgotamento da instância ordinária; vedação de reexame de prova; prequestionamento; e repercussão geral) – cabendo ao recorrente demonstrar, também, o preenchimento dos requisitos genéricos, comuns a qualquer tipo de recurso, também exigíveis nesta seara (legitimidade; interesse; regularidade formal; tempestividade; preparo; dentre outros).

Dispositivo(s): art. 1.029 – art. 1.041, CPC e art. 102, inc. III, CRFB; art. 321 – art. 329, RISTF.

Prazo: 15 (quinze) dias (art. 1.003, § 5º, CPC).

Necessidade de preparo: Sim.

Importante:

1) Trata-se de **recurso de fundamentação vinculada**, que somente pode ser utilizado nas hipóteses previstas na Carta Magna (art. 102, III, CRFB), relacionando-se restritamente a questões *de direito*.

2) Para reapreciação da prova descaberá o recurso especial (Verbete Sumular nº 279, STJ), porém para **análise da aplicação do direito probatório**, tratando-se de uma questão de direito constitucional, vê-se possível o controle via recurso excepcional (por exemplo, para questionar a ilicitude da prova). Em visualização: "*3. A argumentação do recurso extraordinário traz versão dos fatos diversa da exposta no acórdão, de modo que seu acolhimento passa necessariamente pela revisão das provas. Incide, portanto, o óbice da Súmula nº 279 desta Corte*" (STF – ARE 1.016.644 AgR/PR, 1ª Turma, DJ 29/06/2018).

3) Exige-se o **prequestionamento** da questão constitucional, objeto do recurso extraordinário, para a sua admissibilidade. Somente serão objeto de reexame pela Corte Suprema, via recurso extraordinário, as "*causas decididas*" em única ou última instância (art. 102, III, CRFB). O prequestionamento traduz a imposição de que a questão de direito tenha sido enfrentada na

388 ■ *Petições e Prática Cível*

instância inferior, estando presente nos autos entendimento explícito do órgão julgador sobre o tema. É a noção de que não seria possível estabelecer violação a Constituição se o tema sequer foi apreciado pelas instâncias ordinárias. Em visualização: "*2. O Juízo de origem não analisou a questão constitucional veiculada, não tendo sido esgotados todos os mecanismos ordinários de discussão, inexistindo, portanto, o necessário prequestionamento explícito, que pressupõe o debate e a decisão prévios sobre o tema jurígeno constitucional versado no recurso. Incidência das Súmulas 282 e 35, ambas desta Corte Suprema*" (STF – ARE 1.101.812 AgR/SP, 1ª Turma, DJ 29/06/2018). Por isso, para fins de "questionar previamente" a matéria, deve a parte escorar seu pedido ou defesa no respectivo fundamento legal (causa de pedir) que lhe é supostamente favorável. O ideal é que isto se dê logo na petição inicial ou na contestação (como relatado por esse livro no respectivo modelo de peças), mas nada impede que seja realizado posteriormente, inclusive em alegações finais; ou mesmo ao recorrer ou contra-arrazoar recursos, o que decorre do efeito devolutivo na profundidade. Sobre a possibilidade de embargos de declaração com efeitos prequestionadores, inexiste caráter protelatório quando utilizado tal recurso para suprir omissão no julgamento de questão aduzida. É importante não utilizar os embargos de declaração como mero "pós-questionamento", hipótese em que não cumprirão o papel desejado: "*O cumprimento do requisito do prequestionamento dá-se quando oportunamente suscitada a matéria constitucional, o que ocorre em momento processualmente adequado, nos termos da legislação vigente. A inovação da matéria em sede de embargos de declaração é juridicamente inaceitável para os fins de comprovação de prequestionamento. Precedentes*" (STF – RE 598.123 AgR/PI, 1ª Turma, DJ 06/04/2010). Finalmente, concernente à interpretação do art. 1.025, CPC, *vide* o capítulo sobre o recurso de embargos de declaração nesta obra.

4) O recurso extraordinário exige o pressuposto recursal específico da **repercussão geral** (art. 1.035, CPC c/c art. 102, par. 3º, CRFB). Constitui um filtro no topo da pirâmide da organização judiciária brasileira, com o objeto de aliviar a carga de trabalho da Corte Suprema. É seguida a lógica de que o STF não é um tribunal vocacionado a "dirimir brigas de vizinhos", devendo se ocupar das questões constitucionais mais relevantes, em valorização de sua posição como "Corte Constitucional". A lei indica um parâmetro do que seja a repercussão geral, cujos indicadores positivos são a relevância econômica, política, social ou jurídica que ultrapasse o interesse subjetivo do processo (art. 1.035, par. 1º, CPC), ou seja, deve transcender os interesses do caso individual. Sob o aspecto jurídico, haverá repercussão geral quando a decisão atacada pelo recurso extraordinário tenha julgado questão constitucional suscetível de reprodução em múltiplos feitos (justamente para minorar o número de lides sobre o tema em debate). Ainda, todas as matérias sumuladas (ainda que não vinculantes) ou reiteradamente tratadas pelo STF ("*jurisprudência dominante*") têm repercussão geral (art. 1.035, par. 3º, I, CPC), como também quanto às decisões de tribunal inferior que tenham reconhecido a inconstitucionalidade de tratado ou de lei federal, aplicado o princípio da reserva de plenário (art. 1.035, par. 3º, III, CPC), já que possuem relevância jurídica. Deve-se registrar que cabe recurso extraordinário, com repercussão geral presumida, do julgamento do mérito do IRDR (art. 987, par. 1º, CPC). A jurisprudência da Corte Suprema dá um parâmetro do que espera encontrar para reconhecer a repercussão geral: "*1. A obrigação do recorrente em apresentar formal e motivadamente a preliminar de repercussão geral (...) não se confunde com meras invocações desacompanhadas de sólidos fundamentos no sentido de que o tema controvertido é portador de ampla repercussão e de suma importância para o cenário econômico, político, social ou jurídico, ou que não interessa única e simplesmente às partes envolvidas na lide, muito menos ainda divagações de que a jurisprudência do STF é incontroversa no tocante à causa debatida, entre outras de igual patamar argumentativo*" (STF – ARE 1.079.483 AgR/MG, 1ª Turma, *DJ* 29/06/2018).

5) Há possibilidade de recurso extraordinário para impugnar **decisão proferida pelo tribunal de origem em sede de agravo de instrumento**, desde que presentes as hipóteses previstas na Constituição (art. 102, III, CRFB), sendo que este recurso não mais ficará retido, tal como era no modelo primitivo (art. 542, par. 3º, CPC/1973, não reproduzido no CPC/2015).

6) A interposição do recurso extraordinário pode ser simultânea à do recurso especial, contra a mesma decisão (art. 1.031, CPC), o que se dará em petições distintas, e tem aplicabilidade para a hipótese de "**acórdão com duplo fundamento**", tornando indispensável a impugnação pela dupla via (Verbetes Sumulares nº 283, STF; e nº 126, STJ).

7) Em regra, o recurso extraordinário é **desprovido de efeito suspensivo** (art. 995, CPC), podendo a parte obtê-lo por meio de simples petição dirigida ao órgão competente (art. 1.029, par. 5º, CPC), não mais se cogitando de uma ação cautelar com tal objetivo.

8) As situações de se tratar de **recurso extraordinário em *casos não repetitivos* ou em *casos repetitivos***, ou mesmo de **recurso extraordinário *cuja questão foi ou não submetida anteriormente ao regime da repercussão geral***, importarão na aplicação de processamentos distintos, especialmente com (i) *atribuição de incumbências diversas ao presidente ou vice-presidente do tribunal recorrido* (*vide* art. 1.030, V, CPC, relacionado ao recurso extraordinário não repetitivo, ou ao recurso extraordinário cuja questão ainda não tenha sido submetida ao regime da repercussão geral; e arts. 1.030, I a IV; e 1.036/1.041, CPC, relacionados ao recurso extraordinário repetitivo, e ao recurso extraordinário cuja questão já foi previamente submetida ao regime da repercussão geral) e (ii) *cabimento diferenciado de recurso conforme a hipótese* (arts. 1.030, par. 1º, e 1.042, CPC, relacionados ao recurso extraordinário não repetitivo, ou ao recurso extraordinário cuja questão ainda não tenha sido submetida ao regime da repercussão geral; e arts. 1.030, par. 2º, e 1.021, CPC, relacionados ao recurso extraordinário repetitivo e ao recurso extraordinário cuja questão já foi previamente submetida ao regime da repercussão geral).

Verbete(s): Súmula nº 272, STF: "*Simples interpretação de cláusulas contratuais não dá lugar a recurso extraordinário*"; **Súmula nº 279, STF:** "*Para simples reexame de e prova não cabe recurso extraordinário*"; **Súmula nº 281, STF:** "*É inadmissível o recurso extraordinário, quando couber, na Justiça de origem, recurso ordinário da decisão impugnada*"; **Súmula nº 282, STF:** "*É inadmissível o recurso extraordinário quando não ventilada, na decisão recorrida, a questão federal suscitada*" (N.A.: com o advento da CRFB/1988 e, com a consequente criação do STJ e de sua competência para o recurso especial, este verbete sumular deve ser interpretado como fazendo referência à "questão constitucional" suscitada); **Súmula nº 283, STF:** "*É inadmissível

390 ■ *Petições e Prática Cível*

o recurso extraordinário, quando a decisão recorrida assenta em mais de um fundamento suficiente e o recurso não abrange todos eles"; **Súmula nº 292, STF:** *"Interposto o recurso extraordinário por mais de um dos fundamentos indicados no art. 101, III, da Constituição, a admissão apenas por um deles não prejudica o conhecimento por qualquer dos outros".* (N.A.: com o advento da CRFB, a norma citada na Súmula deve ser interpretada como fazendo referência ao atual art. 102, III, da Carta Magna); **Súmula nº 356, STF:** *"O ponto omisso da decisão, sobre o qual não foram opostos embargos declaratórios, não pode ser objeto de recurso extraordinário, por faltar o requisito do prequestionamento"*; **Súmula nº 513, STF:** *"A decisão que enseja a interposição de recurso ordinário ou extraordinário não é a do plenário, que resolve o incidente de inconstitucionalidade, mas a do órgão (câmaras, grupos ou turmas) que completa o julgamento do feito"*; **Súmula nº 634, STF:** *"Não compete ao STF conceder medida cautelar para dar efeito suspensivo a recurso extraordinário que ainda não foi objeto de juízo de admissibilidade na origem"*; **Súmula nº 635, STF:** *"Cabe ao Presidente do Tribunal de origem decidir o pedido de medida cautelar em recurso extraordinário ainda pendente do seu juízo de admissibilidade"*; **Súmula nº 636, STF:** *"Não cabe recurso extraordinário por contrariedade a princípio constitucional da legalidade, quando a sua verificação pressuponha rever a interpretação dada a normas infraconstitucionais pela decisão recorrida"*; **Súmula nº 640, STF:** *"É cabível recurso extraordinário contra decisão proferida por juiz de primeiro grau nas causas de alçada, ou por turma recursal de Juizado Especial"*; **Súmula nº 733, STF:** *"Não cabe recurso extraordinário contra decisão proferida no processamento de precatórios"*; **Súmula nº 735, STF:** *"Não cabe recurso extraordinário contra acórdão que defere medida liminar".*

Modelo

Tal recurso é interposto perante a Presidência ou Vice-Presidência do Tribunal de origem (art. 1.029, CPC), razão pela qual se torna necessário conhecer seu respectivo regimento interno para que haja o escorreito direcionamento.

EXMO. DES. PRESIDENTE DO TRIBUNAL DE JUSTIÇA DO RIO DE JANEIRO.

RECURSO EXTRAORDINÁRIO Nº

PROC. ORIGINÁRIO Nº 0000123-30.2015.8.19.0001

TÍCIO TAVARES, já qualificado nos autos em epígrafe, da ação de cobrança em procedimento comum que lhe promove CAIO CARVALHO, por não concordar com o teor da decisão proferida, vem, por intermédio do seu procurador regularmente constituído, respeitosamente, interpor:

RECURSO EXTRAORDINÁRIO

com os fundamentos que passa a aduzir, para que, após ser determinada a intimação do recorrido para fins de contra-arrazoar, sejam os autos admitidos por este órgão e, na sequência, haja a remessa dos mesmos para o Tribunal Superior (art. 1.030, inc. V, CPC), para que o recurso seja provido com a reforma/anulação do aludido ato decisório.

Por oportuno, esclarece o recorrente que o recurso é tempestivo, uma vez que foi interposto no prazo de 15 (quinze) dias úteis (art. 1.003, par. 5º, c/c art. 219, CPC), contados da intimação da decisão. Cabe anotar a ocorrência de feriado local (art. 1.003, par. 6º, CPC), a influir na contagem do prazo, devidamente comprovado pela documentação idônea anexa, em referência ao calendário de funcionamento do tribunal inferior.

I – Preliminarmente: repercussão geral (art. 1.035, CPC).

Em todas as suas principais petições (contestação e recursos), o demandado vem chamando a atenção para o fato de toda e qualquer decisão judicial proferida ter que ser minuciosamente fundamentada, sob pena de se ver vulnerada norma jurídica que tanto tem matriz constitucional (art. 93, inc. IX, CRFB), quanto infraconstitucional (art. 489, § 1º, CPC), o que lamentavelmente não foi observado nos presentes autos.

Desta maneira, observa-se que o tema, afeto à necessidade de fundamentação exaustiva das decisões judiciais, é extremamente relevante do ponto de vista jurídico, afetando todo e qualquer processo jurisdicional, razão pela qual ultrapassa os interesses subjetivos do processo (art. 1.035, par. 1º, CPC). Portanto, requer que, após a admissão do presente recurso, sejam os autos encaminhados física ou eletronicamente ao STF, para que possa se pronunciar quanto ao conteúdo da repercussão geral suscitada pelo recorrente.

II – Razões recursais.

Conforme se observa nos autos, o pedido deduzido pelo autor foi julgado inteiramente procedente, com a condenação do recorrente a pagar ao recorrido a quantia de R$ 15.000,00 (quinze mil reais), mais juros e correção monetária, além da sucumbência. E, mesmo com a interposição de todos os anteriores recursos pelo demandado (Verbete nº 281, STF), a mesma conclusão foi ratificada no Tribunal de origem.

Ocorre que, malgrado o reconhecido saber jurídico de todos os magistrados que labutaram no processo, o que se observa é que não foram analisadas todas as teses defensivas apontadas pelo demandado, ora recorrente, em sua contestação. Com efeito, soa nítido que a prestação jurisdicional não foi a mais adequada, pois o enfrentamento com o devido aprofundamento iria permitir que o resultado do processo fosse outro. E, por

---

A análise do preenchimento dos pressupostos recursais é realizada inicialmente perante o Tribunal de origem (juízo de admissibilidade provisório), e, sendo ele recebido, é posteriormente encaminhado ao superior para nova análise (juízo de admissibilidade definitivo). Aplica-se disposição que foi objeto de reforma legislativa no próprio interregno de *vacatio legis* da lei processual codificada (art. 1.030, CPC, alterado pela Lei nº 13.256/2016).

O feriado local deve ser comprovado na interposição do recurso, até porque vem se negando a correção deste vício posteriormente: "*1. A jurisprudência do STF é no sentido de que 'a tempestividade do recurso em virtude de feriado local ou de suspensão dos prazos processuais pelo Tribunal a quo que não sejam de conhecimento obrigatório da instância ad quem deve ser comprovada no momento de sua interposição'* (AI 681.384-ED, Rel.ª Min.ª Ellen Gracie)" (STF – ARE 1.109.500 AgR/DF, 1ª Turma, *DJ* 20/04/2018).

A preliminar formal e justificada de repercussão geral apresenta-se como item obrigatório em todo e qualquer recurso extraordinário, sob pena de inadmissão (STF – ARE 1.079.483 AgR/MG, 1ª Turma, *DJ* 29/06/2018). Contudo, o Tribunal de origem apenas analisa se a parte interessada suscitou o tema, já que lhe é vedado analisar o "mérito" da repercussão geral, algo que será feito exclusivamente pelo STF (art. 1.035, *caput*, CPC).

392 ■ *Petições e Prática Cível*

O argumento foi formulado aqui de forma bem genérica, cabendo ao recorrente esmiuçá-lo, conforme as circunstâncias vivenciadas no feito.

este motivo, houve violação à norma constitucional (art. 93, inc. IX, CRFB) que impõe um exaustivo dever de motivação das decisões judiciais.

Desta maneira, descumprindo este preceito constitucional, e já tendo sido exauridas todas as demais vias recursais, alternativa outra não há ao recorrente do que interpor o presente recurso, mormente se for considerado que o mesmo encontra respaldo na Carta Magna (art. 102, inc. III, CRFB).

III – Requerimento(s).

Pelo exposto requer que:

a)   após a intimação do recorrido para apresentar contrarrazões em 15 (quinze) dias (art. 1.030, CPC), seja admitido o presente recurso pelo Tribunal de origem, ocasião em que o mesmo será encaminhado ao STF para um novo e definitivo juízo de admissibilidade;

b)   na eventualidade de ausência de algum requisito de admissibilidade, ou de vício formal superável (exceto a intempestividade), seja o recorrente imediatamente intimado a supri-lo (art. 932, parágrafo único, CPC), pugnando o recorrente, também, pela sua desconsideração pelo órgão judicante, conforme o caso (art. 1.029, § 3º, CPC);

Convém fazer tal ressalva, embora o primeiro dispositivo retrate imposição legal de conduta ao órgão jurisdicional que fará o juízo de admissibilidade recursal. São regras inovadoras que visam a atacar a chamada "jurisprudência defensiva", franqueando o amplo acesso aos tribunais superiores mediante a atividade recursal.

c) mesmo em casos em que o Tribunal de origem tiver se negado a realizar o enfrentamento da questão constitucional suscitada em prequestionamento, que tal requisito seja considerado feito de maneira ficta, conforme recomenda a legislação processual (art. 1.025, CPC), inclusive no que diz respeito ao voto vencido (art. 941, par. 3º, CPC);

Tal menção pressupõe a interposição prévia de embargos de declaração com fins prequestionadores (com alegação de omissão quanto à questão constitucional aduzida no feito), tendo o tribunal inferior os rejeitado.

d) em casos em que este Tribunal Superior considere como reflexa a ofensa à Constituição Federal, que seja o mesmo então encaminhado ao STJ para que seja analisado como se recurso especial fosse (art. 1.033, CPC);

Cuida-se de mais um regramento inovador em desapego à forma e valorização do conteúdo do recurso, no caso chancelando a fungibilidade recursal.

e) o Relator no STF admita, se for o caso, a intervenção de *amicus curiae* para debate na análise da repercussão geral (art. 1.035, § 4º, CPC) ou mesmo se este recurso for processado no regime próprio dos repetitivos (art. 1.038, inc. I, CPC);

f) se o recurso extraordinário tiver sua repercussão geral reconhecida seja processado e julgado no prazo impróprio de 1 (um) ano, conforme estabelece a legislação (art. 1.035, § 9º, CPC);

g) após sua regular admissão e escorreito processamento – inclusive, se for o caso, pelo regime específico dos recursos repetitivos (art. 1.036 – art. 1.041, CPC) –, tenha o recurso extraordinário o seu mérito provido, para fins de anulação da decisão impugnada, a fim de que outra seja proferida pelo órgão competente com a devida observação ao disposto na Carta Magna (art. 93, inc. IX, CRFB) e na legislação infraconstitucional (art. 489, § 1º, CPC), preferencialmente no sentido da total improcedência do pleito autoral.

O recorrente também já manifesta o seu interesse em realizar sustentação oral (art. 937, inc. IV, CPC).

> O item é facultativo, para o caso em que o recorrente queira se valer desta prerrogativa.

Em caso de êxito recursal por esta parte, requer seja aplicado o disposto na legislação processual, para que haja a fixação dos honorários advocatícios, inclusive diante da nova atividade laboral do advogado (art. 85, § 11, CPC).

Termos em que

Pede e espera deferimento.

Local e data.

Nome e assinatura do advogado(a)

7.17. Contrarrazões ao Recurso Extraordinário

Peça vinculada ao caso concreto: Sim.

Finalidade: Meio de exercer o contraditório quando a outra parte tiver interposto recurso extraordinário.

Dispositivo(s): art. 1.030, CPC.

Prazo: 15 (quinze) dias (art. 1.003, § 5º, CPC).

Necessidade de preparo: Não.

Importante:

1) Trata-se de petição **sem exigência de maiores formalidades**, sendo interposta perante o tribunal inferior (arts. 1.029/1.030, CPC).

2) A **ausência de contrarrazões** não gera consequência imediata negativa ao recorrido (não gera o efeito material da revelia, qual seja, a presunção de veracidade do que alega o recorrente), embora se tenha perdido boa oportunidade para reforçar o acerto da decisão prolatada, ou mesmo apontar eventual falta de preenchimento de pressupostos recursais pelo recorrente.

3) Sobre a **eficácia da decisão**, mesmo que interposto e ainda não julgado o recurso extraordinário pela parte adversa, na ausência de efeito suspensivo da decisão (art. 995, CPC), será permitido ao vencedor (justamente o "recorrido"), por petição distinta desta do presente modelo, requerer o cumprimento provisório da condenação (ou execução provisória do julgado), nos termos dos arts. 520/522, CPC.

Modelo

EXMO. DES. PRESIDENTE DO TRIBUNAL DE JUSTIÇA DO RIO DE JANEIRO.

RECURSO EXTRAORDINÁRIO Nº 2016.004.881133444-60-6.

PROC. ORIGINÁRIO Nº 0000123-30.2015.8.19.0001

CAIO CARVALHO, já qualificado nos autos em epígrafe, da demanda que promove em face de TÍCIO TAVARES, por não concordar com o teor do recurso extraordinário interposto pelo outra parte vem, por intermédio de seu procurador regularmente constituído, respeitosamente, apresentar as suas:

CONTRARRAZÕES AO RECURSO EXTRAORDINÁRIO

Deve o recorrido apoiar suas contrarrazões, conforme o caso, no eventual não preenchimento pelo recorrente dos pressupostos de admissibilidade específicos dos recursos excepcionais, mormente a vedação do reexame de matéria fática, existência de prequestionamento, e, no caso do recurso extraordinário, da ausência de repercussão geral, inclusive num capítulo formal separado para chamar mais atenção.

pelos fundamentos que se seguem.

Não merece reparo a decisão judicial que está sendo impugnada por meio do recurso extraordinário, eis que não há razão alguma do recorrente. A decisão judicial foi precisa e bem soube aplicar o Direito ao caso concreto. Não se vislumbra, em absoluto, qualquer mácula na atividade dos magistrados atuantes no processo, razão pela qual a sua decisão deve ser mantida em todos os seus termos.

Com efeito, em todas as instâncias foi reconhecido o direito do recorrido, por meio de decisão precisamente fundamentada, não havendo qualquer violação ao texto constitucional ou sequer aos demais atos normativos. Ainda, inexiste repercussão geral da questão constitucional versada nos presentes autos, que apenas interessa às partes integrantes do presente feito.

Convém, sempre, identificar e abalizar o pressuposto recursal não preenchido pelo recorrente.

Pelo exposto, requer que o recurso extraordinário interposto pela parte adversa não seja conhecido, caso ausente algum requisito de admissibilidade, ou, em caso contrário, seja-lhe negado provimento, mantendo-se íntegro o teor da decisão impugnada.

Em caso de rejeição do recurso, requer seja condenado o recorrente em verba honorária recursal, majorando aquela já determinada nos autos, em razão do contraditório desenvolvido e da nova atividade laboral do advogado, conforme autoriza a legislação processual (art. 85, § 11, CPC).

Trata-se de item facultativo, para os casos em que o recorrente quiser se valer desta prerrogativa.

Aproveitando o ensejo, o recorrido já manifesta o seu interesse em realizar sustentação oral (art. 937, inc. IV, CPC).

Termos em que

Pede e espera deferimento.

Local e data.

Nome e assinatura do advogado(a)

7.18. Arguição de *Distinguishing* (Distinção) em Recurso Repetitivo

Peça vinculada ao caso concreto: Sim.

Finalidade: *Distinguishing* guarda o sentido de "distinção" (método de confronto), tendo aplicabilidade quando o caso concreto em julgamento apresenta particularidades que não permitem o emprego adequado da jurisprudência de tribunal, *já firmada ou a ser firmada*, sendo certo que o modelo de petição ora abordado faz referência a esta última hipótese, justamente como um meio de informar ao magistrado que o recurso interposto em questão deve manter seu escorreito processamento por tratar de matéria distinta daquela afetada em diverso recurso excepcional (extraordinário ou especial) sob o regime dos repetitivos pelas instâncias superiores.

Dispositivo(s): art. 1.037, §§ 9º a 13, CPC.

Prazo: A lei é omissa, então pode ser apresentada antes do julgamento dos recursos afetados ou até mesmo após, para demonstrar que o precedente não se aplica ao caso indevidamente sobrestado.

Necessidade de preparo: Não.

Importante:

1) Trata-se de petição **sem exigência de maiores formalidades**.

2) Uma vez afetado o recurso especial ou recurso extraordinário para julgamento sob o regime dos repetitivos, ter-se-á a **suspensão do processamento de "todos os processos pendentes"**, individuais ou coletivos, que versem sobre a questão e tramitem no território nacional (art. 1.037, II, CPC), ou seja, não se suspendem apenas "recursos" que versem sobre aquela temática que se pretende uniformizar. Por exemplo, estando o processo na primeira instância quando surgida a decisão de sobrestamento, será o caso de peticionar ao próprio juiz da causa alegando o *distinguishing* (art. 1.037, § 10, I, CPC), de cuja decisão cabe agravo de instrumento ao respectivo tribunal inferior (art. 1.037, § 13, CPC). É importante frisar que despontam interpretações restritivas à suspensão na hipótese, conforme o caso, *vide* CJF, nº 78 (I Jornada de Direito Processual Civil): "*A suspensão do recurso prevista no art. 1.030, III, do CPC deve se dar apenas em relação ao capítulo da decisão afetada pelo repetitivo, devendo o recurso ter seguimento em relação ao remanescente da controvérsia, salvo se a questão repetitiva for prejudicial à solução das demais matérias*"; CJF, nº 126 (II Jornada de Direito Processual Civil): "*O juiz pode resolver parcialmente o mérito, em relação à matéria não afetada para julgamento, nos processos suspensos em razão de recursos repetitivos, repercussão geral, incidente de resolução de demandas repetitivas ou incidente de assunção de competência*"; FPPC, nº 364: "*(art. 1.036, par. 1º). O sobrestamento da causa em primeira instância não ocorrerá caso se mostre necessária a produção de provas para efeito de distinção de precedentes*"; FPPC, nº 205: "*(art. 982, caput, I e par. 3º) Havendo cumulação*

396 ■ *Petições e Prática Cível*

de pedidos simples, a aplicação do art. 982, I e § 3º, poderá provocar apenas a suspensão parcial do processo, não impedindo o prosseguimento em relação ao pedido não abrangido pela tese a ser firmada no incidente de resolução de demandas repetitivas".

3) O *distinguishing* é tema relacionado à fundamentação da decisão jurisdicional, de modo que não é adequadamente motivada a decisão que *deixe de aplicar um precedente*, sem fazer a devida "distinção" (*v.g.*, art. 489, par. 1º, VI, CPC), o que se sujeita a **embargos de declaração** (art. 1.022, par. único, II, CPC).

4) As regras aqui expostas valem analogicamente para a **sistemática do IRDR**, conforme CJF, nº 142 (II Jornada de Direito Processual Civil): *"Determinada a suspensão decorrente da admissão do IRDR (art. 982, I), a alegação de distinção entre a questão jurídica versada em uma demanda em curso e aquela a ser julgada no incidente será veiculada por meio do requerimento previsto no art. 1.037, § 10".* No mesmo sentido: *"O procedimento de distinção (distinguishing) previsto no art. 1.037, §§ 9º e 13, do CPC/2015, aplica-se também ao incidente de resolução de demandas repetitivas – IRDR"* (STJ – REsp 1.846.109/SP, 3ª Turma, *DJ* 13/12/2019).

5) Em tese, se transitar em julgado a decisão baseada em enunciado de súmula ou acórdão proferido em julgamento de casos repetitivos que não tenha considerado a existência de distinção entre a questão discutida no processo e o padrão decisório que lhe deu fundamento, será cabível o ajuizamento de **ação rescisória** (art. 966, pars. 5º e 6º, CPC).

Modelo

Se o processo sobrestado estiver em primeiro grau, será o caso de peticionar ao próprio juízo da causa (art. 1.037, par. 10, I, CPC); se o processo sobrestado estiver no tribunal de origem, será o caso de peticionar ao relator da causa (art. 1.037, par. 10, II, CPC); se for sobrestado recurso especial ou recurso extraordinário, ao relator do acórdão recorrido (art. 1.037, par. 10, III, CPC); se for sobrestado o recurso especial ou recurso extraordinário em trâmite nas instâncias superiores, ao relator do tribunal superior (art. 1.037, par. 10, IV, CPC).	COLENDO JUÍZO DA 5ª CÂMARA CÍVEL DO TRIBUNAL DE JUSTIÇA DO RIO DE JANEIRO.

RECURSO ESPECIAL Nº 2016.003.44512786-8.

PROC. ORIGINÁRIO Nº 0000123-30.2015.8.19.0001

TÍCIO TAVARES, já qualificado nos autos em epígrafe, da demanda que lhe foi proposta por CAIO CARVALHO, tendo em vista que foi determinado que o presente recurso fosse processado na forma de repetitivo, por já se encontrar, perante o Tribunal Superior, outro recurso afetado que, supostamente, versa sobre a mesma matéria, vem, por intermédio de seu procurador regularmente constituído, respeitosamente, arguir:

DISTINGUISHING EM RECURSO REPETITIVO

pelos motivos que se seguem.

Conforme consta nos autos, foi determinado por esse Tribunal que o recurso especial interposto pelo recorrente fosse sobrestado para aguardar a definição da tese jurídica a ser aplicável, o que ocorrerá por ocasião do julgamento dos recursos especiais nº 2015.003.78965421-32 e nº 2015.54632187-87 que foram afetados e já estão sendo processados perante o STJ.

Contudo, os aludidos recursos afetados cuidam de tema distinto, que não é ventilado nos presentes autos, algo que é aferível pela própria identificação realizada pelo Superior Tribunal de Justiça quanto à questão a ser submetida a julgamento paradigmático (art. 1.037, inc. I, CPC).

Com efeito, os "recursos especiais por amostragem" versam sobre a natureza remuneratória ou indenizatória do 1/3 (um terço) de férias percebidas pelos agentes públicos, enquanto o presente processo trata de assunto absolutamente distinto, que é a relação jurídica de mútuo envolvendo dois particulares.

> O exemplo mencionado demonstra erro flagrante na afetação do recurso em comento, já que completamente distintas as teses jurídicas, sendo relevante apenas a questão formal ora apresentada.

Em nenhum momento, portanto, se discutiu sobre temas de ordem tributária ou de interesse de agentes públicos, o que reforça o pleito de *distinguishing* (distinção), de modo que o recurso especial ora interposto se encontra indevidamente sobrestado.

Pelo exposto, requer a intimação da parte adversa para se manifestar em 5 (cinco) dias (art. 1.037, § 11, CPC), bem como que, na sequência, seja deferido o presente requerimento, para fins de prosseguimento do recurso já interposto, e que sejam observadas as demais providências constantes na legislação (art. 1.037, § 12, CPC).

> Desta decisão cabe recurso de agravo de instrumento, se o processo estiver em primeiro grau; ou agravo interno, se a decisão for de relator (art. 1.037, § 13, CPC).

Termos em que

Pede e espera deferimento.

Local e data.

Nome e assinatura do advogado(a)

7.19. Requerimento de Efeito Suspensivo ao Recurso Especial ou Extraordinário

Peça vinculada ao caso concreto: Sim.

Finalidade: Meio de obter efeito suspensivo ao recurso extraordinário ou especial, para que a parte vencedora fique impedida de promover cumprimento provisório de decisão judicial (art. 520 – art. 522, CPC). Em contrapartida à ausência de efeito suspensivo *ope legis* (por força da lei) dos recursos excepcionais (art. 995, CPC), abre-se a via do requererimento de concessão *ope iudicis* (por intermédio do juiz) do referido efeito, o que se justifica em situações excepcionais, devidamente justificadas.

398 ■ *Petições e Prática Cível*

Dispositivo(s): art. 1.029, § 5º, CPC.
Prazo: A lei é omissa, então pode ser apresentada antes do julgamento do mérito do recurso.
Necessidade de preparo: Não.

Importante:

1) Trata-se de petição **sem exigência de maiores formalidades**.

2) Sobre a **competência** para análise de tal requerimento, cabe atentar que se o recurso especial ou recurso extraordinário ainda não foi objeto de juízo de admissibilidade positivo no tribunal inferior (*vide* art. 1.030, V, CPC), não será firmada a jurisdição dos tribunais superiores para deferir o atinente efeito suspensivo (art. 1.029, par. 5º, III, primeira parte, CPC). Em visualização: "*II – O pedido de efeito suspensivo a recurso especial somente pode ser formulado perante esta Corte após a publicação da decisão de admissão do recurso. III – Do mesmo modo, pedido cautelar realizado em recurso especial pendente de admissibilidade pelo tribunal de origem deve ser apreciado perante aquela Corte, uma vez que a competência é do tribunal a quo, de acordo com as Súmulas nºs 634 e 635 do STF, as quais se aplicam por analogia*" (STJ – AgInt na Pet 12.051/MG, 1ª Turma, *DJ* 21/06/2018). Entretanto, em casos teratológicos, já se entendeu diverso: "*1. Incompetência do STJ para apreciar pedido de tutela provisória referente a recurso especial pendente de admissibilidade, nos termos do art. 1.029, par. 5º, I, do CPC de 2015. 2. Apenas em situações absolutamente excepcionais o STJ tem admitido a apreciação de pedido de tutela de urgência visando à concessão do efeito suspensivo a recurso especial ainda pendente de juízo de admissibilidade, condicionando sua procedência à demonstração da presença concomitante do* fumus boni iuris *e do* periculum in mora, *bem como da situação de manifesta teratologia do acórdão recorrido, o que não restou demonstrado no caso concreto*" (STJ – AgInt no TP 1.322/SC, 3ª Turma, *DJ* 17/04/2018).

3) Sobre a **competência** para análise de tal requerimento, no caso de recurso especial ou recurso extraordinário sobrestado no tribunal de origem em razão da *decisão de afetação em recurso repetitivo*, será o caso de requerer a concessão de efeito suspensivo ao presidente ou vice-presidente do tribunal inferior (art. 1.029, par. 5º, III, *in fine*, CPC). Em visualização: "*1. Compete ao tribunal ou à turma recursal local a apreciação do pedido cautelar de efeito suspensivo quando, reconhecida a repercussão geral da matéria constitucional, esteja o recurso extraordinário, ainda que já admitido, sobrestado na origem para os fins previstos no art. 1.036 do CPC atual. Não instauração da jurisdição cautelar do STF. Incompetência do STF. Precedentes*" (STF – Pet 7.133 AgR/SP, 2ª Turma, *DJ* 07/11/2017).

4) Caso o requerimento deste modelo de petição seja julgado monocraticamente por relator, ainda será possível ao vencido interpor **agravo interno** (art. 1.021, CPC).

5) Contra a **decisão do IRDR**, cabe recurso extraordinário ou recurso especial com efeito suspensivo determinado pela lei, (art. 987, par. 1º, CPC), tornando inócua a utilização da presente petição.

Verbete(s): Súmula nº 634, STF: "*Não compete ao Supremo Tribunal Federal conceder medida cautelar para dar efeito suspensivo a recurso extraordinário que ainda não foi objeto de juízo de admissibilidade na origem*"; **Súmula nº 635, STF:** "*Cabe ao Presidente do Tribunal de origem*

Petições Cíveis: Recursos ■ **399**

decidir o pedido de medida cautelar em recurso extraordinário ainda pendente do seu juízo de admissibilidade" (N.A.: tais verbetes sumulares devem ser interpretados em conformidade com o vigente art. 1.029, CPC, não sendo preciso articular tal requerimento mediante o ajuizamento de ação autônoma cautelar).

Modelo

EXMO. DES. PRESIDENTE DO TRIBUNAL DE JUSTIÇA DO RIO DE JANEIRO

> Esta petição deve ser dirigida ao órgão jurisdicional indicado na legislação vigente, que varia conforme a hipótese envolvida (art. 1.029, § 5º, CPC).

RECURSO ESPECIAL Nº 2016.003.44512786-8.

PROC. ORIGINÁRIO Nº 0000123-30.2015.8.19.0001

TÍCIO TAVARES, já qualificado nos autos em epígrafe, da demanda que promove em face de CAIO CARVALHO, tendo em vista a interposição do seu recurso especial, vem, por intermédio de seu procurador regularmente constituído, respeitosamente, apresentar:

> Este requerimento avulso deve vir acompanhado com cópias reprográficas de todo o processo físico ou, pelo menos, das peças que são mais essenciais, para que o Relator possa ter melhores elementos para analisar a urgência na obtenção da medida. Em se tratando de processo eletrônico será desnecessário carrear qualquer cópia, embora seja de bom tom fazer menção a esta circunstância na petição.

REQUERIMENTO PARA A OBTENÇÃO DE EFEITO SUSPENSIVO AO RECURSO ESPECIAL

pelos motivos que se seguem.

Conforme consta nos autos (cópias reprográficas em anexo), o recorrente foi condenado a pagar ao recorrido a quantia de R$ 15.000,00 (quinze mil reais), mais os seus devidos acréscimos, muito embora ainda esteja impugnando a aludida decisão.

Contudo, como o recurso em questão não possui efeito suspensivo automático (art. 995, CPC), o recorrente encontra-se em situação aflitiva, tendo em vista a possibilidade de o recorrido já pleitear o início do cumprimento provisório de decisão judicial (art. 520 – art. 522, CPC), caso em que o recorrente será intimado para pagar o referido valor no prazo de 15 (quinze) dias, sob pena de incidir em multa de 10% (dez por cento), além de novos honorários advocatícios também no mesmo patamar de 10% (dez por cento), muito embora a referida condenação sequer tenha transitado em julgado até o momento (art. 520, § 2º, CPC).

> Em geral, a jurisprudência exige os requisitos da tutela provisória de urgência para obtenção do efeito suspensivo (STJ – AgRg na MC 16.403/SP, 3ª Turma, DJ 23/02/2010).

Portanto, respeitosamente requer, a vista dos argumentos apresentados, que V.Ex.a se digne de conceder efeito suspensivo ao recurso

400 ■ *Petições e Prática Cível*

especial em questão, nos termos da legislação (art. 1.029, § 5º, CPC), o que se constituirá na medida mais adequada e justa para o caso concreto.

Termos em que

Pede e espera deferimento.

Local e data.

Nome e assinatura do advogado(a)

7.20. Agravo em Recurso Especial e em Recurso Extraordinário

Peça vinculada ao caso concreto: Sim.

Finalidade: Impugnar a decisão do Presidente ou do Vice-Presidente do Tribunal recorrido que tenha inadmitido o recurso extraordinário ou recurso especial na origem (art. 1.030, V, e par. 1º, CPC) – salvo quando tal decisório seja fundado na aplicação de entendimento firmado em regime de repercussão geral ou em julgamento de recursos repetitivos, hipótese em que não caberá agravo em recurso especial ou agravo em recurso extraordinário, e sim agravo interno (art. 1.030, par. 2º, CPC).

Dispositivo(s): art. 1.042, CPC (alterado pela Lei nº 13.256/2016); art. 253, RISTJ (cf. Emenda Regimental nº 22/2016); art. 313 – art. 316, RISTF.

Prazo: 15 (quinze) dias (art. 1.003, § 5º, c/c art. 1.070, CPC).

Necessidade de preparo: Não (art. 1.042, § 2º, CPC).

Importante:

1) A **nomenclatura** "agravo em recurso especial" ou "agravo em recurso extraordinário" substitui a antiga "agravo nos próprios autos" (art. 544, CPC/1973), embora continue tal recurso a ser interposto dentro dos próprios autos.

2) Na hipótese de **interposição conjunta de recurso extraordinário e recurso especial**, o agravante deverá interpor um agravo para cada recurso não admitido (art. 1.042, par. 6º, CPC).

3) Sobre a **eficácia da decisão**, interposto e ainda pendente de julgamento o recurso indicado no presente modelo, na ausência de efeito suspensivo (art. 995, CPC), será permitido o cumprimento provisório da condenação (ou execução provisória do julgado) pela parte adversa vencedora ("recorrido"), conforme arts. 520/522, CPC. Em especial, será autorizado o levantamento de depósito em dinheiro e a prática de atos que importem transferência de posse ou alienação de propriedade ou de outro direito real (art. 520, IV, CPC), *independente de prestação de caução pelo exequente provisório* (arts. 521, III, c/c art. 1.042, CPC).

Verbete(s): Súmula nº 727, STF: *"Não pode o magistrado deixar de encaminhar ao Supremo Tribunal Federal o agravo de instrumento interposto da decisão que não admite recurso extraordinário,* *ainda que referente a causa instaurada no âmbito dos Juizados Especiais".* (N.A.: este verbete sumular deve ser interpretado como referente ao agravo ora abordado – art. 1.042, CPC); **Súmula nº 123, STJ:** *"A decisão que admite, ou não, o recurso especial deve ser fundamentada, com o exame dos seus pressupostos gerais e constitucionais".*

Modelo

EXMO. DES. PRESIDENTE DO TRIBUNAL DE JUSTIÇA DO RIO DE JANEIRO.

> Este recurso é interposto perante a Presidência ou Vice-Presidência do Tribunal de origem (art. 1.042, § 2º, CPC), razão pela qual se torna necessário conhecer seu respectivo regimento interno para que haja o escorreito direcionamento.

RECURSO EXTRAORDINÁRIO Nº 2016.004.881133444-60-6.

PROC. ORIGINÁRIO Nº 0000123-30.2015.8.19.0001

TÍCIO TAVARES, já qualificado nos autos em epígrafe, da ação de cobrança em procedimento comum que lhe promove CAIO CARVALHO, por não concordar com o teor da decisão proferida que inadmitiu seu recurso extraordinário ainda no Tribunal de origem, vem, por intermédio de seu procurador regularmente constituído, respeitosamente, interpor:

AGRAVO EM RECURSO EXTRAORDINÁRIO

com os fundamentos que passa a aduzir, para que, após ser determinada a intimação do demandado para fins de contra-arrazoar, sejam os autos remetidos ao Tribunal Superior para realização do juízo de admissibilidade (art. 1.042, §§ 3º e 4º, CPC) e para que o recurso seja provido com a reforma/anulação do aludido ato decisório.

> Apesar de este recurso ser direcionado ao Tribunal de origem, o juízo de admissibilidade será realizado apenas no Tribunal Superior (sentido do Verbete Sumular nº 727, STF). Se houve invasão de competência, será cabível reclamação, conforme FPPC, nº 685: *"(Arts. 988 e 1.042, par. 4º; Súmula do STF, nº 727). Cabe reclamação, por usurpação de competência do Tribunal Superior, contra decisão do tribunal local que não admite agravo em recurso especial ou em recurso extraordinário".*

Conforme se observa nos autos, o recurso extraordinário não foi admitido no Tribunal de origem ante o argumento de que não foi realizado o prequestionamento de forma regular. Contudo, com as devidas vênias, não é bem o que se constata após análise mais detida dos autos.

O prequestionamento é um requisito de admissibilidade próprio para os recursos excepcionais, o que significa dizer que o conteúdo recursal não pode conter matéria jurídica inédita no feito. Ocorre que o recorrente vem, desde os primórdios do processo, alertando para que o mesmo seja realizado. É o que se aquilata, por exemplo, ao final de sua contestação (fls.) e do próprio recurso de apelação (fls.).

402 ■ *Petições e Prática Cível*

De toda sorte, a tese jurídica está claramente explícita, em demonstrativo do juízo de valor oriundo da decisão recorrida: "(...) 2. *O prequestionamento do dispositivo legal pode ser explícito ou implícito, a tese jurídica é que deve ser sempre explícita.* (...)" (STJ – AgRg no REsp 502.632/MG, 2ª Turma, Rel.ª Min.ª Eliana Calmon, *DJ* 21/10/2003).

> Embora não se tenha narrado a interposição de embargos de declaração com tal finalidade no caso concreto, coloca-se aqui tal argumento para fins de visualização.

Além disso, a legislação prevê que o prequestionamento será considerado fictamente realizado, mesmo que após a interposição de embargos de declaração com fins prequestionadores (sentido do Verbete Sumular nº 98, STJ), a omissão permaneça (art. 1.025, CPC).

Portanto, por não ser juridicamente sustentável a decisão que inadmitiu o recurso extraordinário, é que o recorrente interpõe o presente agravo para fins de reforma desta decisão.

Pelo exposto, requer que:

a) após a intimação do agravado para apresentar contrarrazões, no prazo de 15 (quinze) dias (art. 1.042, § 3º, CPC), seja realizado o juízo de retratação chancelado pela legislação, para admitir o presente recurso excepcional (art. 1.042, § 4º, CPC);

> Fez-se previsão de efeito regressivo recursal, ou seja, da permissão de juízo de retratação pelo órgão prolator da decisão recorrida na hipótese.

b) em caso contrário, seja o presente recurso encaminhado ao Tribunal superior competente (art. 1.042, § 4º, *in fine*, CPC), realizando-se o juízo de admissibilidade, e, sendo constatado vício ou documentação faltante, seja o recorrente previamente intimado para sanar as eventuais irregularidades no prazo de 5 (cinco) dias (art. 932, parágrafo único);

> Convém fazer tal ressalva, embora se trate de imposição legal de conduta ao órgão jurisdicional que fará o juízo de admissibilidade de recursal. Cuida-se de regra nova que visa a atacar a denominada "jurisprudência defensiva", dando ao processo um caráter ainda mais instrumental.

c) o presente recurso seja admitido e provido para que haja a reforma do acórdão que não admitiu o recurso extraordinário anteriormente interposto;

> Da decisão monocrática de inadmissão ou rejeição deste agravo, será cabível agravo interno ao respectivo colegiado no próprio Tribunal Superior (art. 1.021, CPC).

d) em caso de êxito recursal por esta parte, seja aplicado o disposto na legislação processual (art. 85, § 11, CPC), para que haja a fixação dos honorários advocatícios.

> Trata-se de item facultativo, para os casos em que o recorrente quiser se valer desta prerrogativa.

O recorrente também já manifesta o seu interesse em realizar sustentação oral, acaso o agravo em questão seja julgado conjuntamente ao recurso excepcional (art. 1.042, § 5º, CPC).

Termos em que

Pede e espera deferimento.

Local e data.

Nome e assinatura do advogado(a)

7.21. Contrarrazões ao Agravo em Recurso Especial e em Recurso Extraordinário

Peça vinculada ao caso concreto: Sim.

Finalidade: Meio de exercer o contraditório quando a outra parte tiver interposto agravo em recurso especial e em recurso extraordinário.

Dispositivo(s): art. 1.042, § 3º, CPC.

Prazo: 15 (quinze) dias (art. 1.003, § 5º, CPC).

Necessidade de preparo: Não.

Importante:

1) Trata-se de petição **sem exigência de maiores formalidades**.

2) A **interposição** deste recurso, bem como as suas contrarrazões, se dá perante a presidência ou vice-presidência do tribunal de origem, conforme o Regimento dispuser (art. 1.042, par. 2º, CPC).

3) A **ausência de contrarrazões** não gera consequência imediata negativa ao recorrido (não gera o efeito material da revelia, qual seja, a presunção de veracidade do que alega o recorrente), embora se tenha perdido boa oportunidade para reforçar o acerto da decisão prolatada, ou mesmo apontar eventual falta de preenchimento de pressupostos recursais pelo recorrente.

4) Sobre a **eficácia da decisão**, mesmo que interposto (e ainda não julgado) o agravo em recurso especial ou agravo em recurso extraordinário pela parte adversa, na ausência de efeito suspensivo (art. 995, CPC), será permitido ao vencedor (justamente o "recorrido") requerer o cumprimento provisório da condenação (ou execução provisória do julgado), conforme arts. 520/522, CPC. Em especial, será autorizado o levantamento de depósito em dinheiro e a prática de atos que importem transferência de posse ou alienação de propriedade ou de outro direito real (art. 520, IV, CPC), *independente de prestação de caução pelo exequente provisório* (arts. 521, III, c/c art. 1.042, CPC).

Modelo

EXMO. DES. PRESIDENTE DO TRIBUNAL DE JUSTIÇA DO RIO DE JANEIRO.

> O endereçamento das contrarrazões deve seguir a distribuição do atinente recurso interposto, em conformidade com o regramento previsto no regimento interno do respectivo Tribunal de origem

AGRAVO EM RECURSO EXTRAORDINÁRIO Nº 2016.004.881133444-60-6B.

RECURSO EXTRAORDINÁRIO Nº 2016.004.881133444-60-6.

PROC. ORIGINÁRIO Nº 0000123-30.2015.8.19.0001

404 ■ *Petições e Prática Cível*

CAIO CARVALHO, já qualificado nos autos em epígrafe, da demanda que promove em face de TÍCIO TAVARES, por não concordar com o teor do agravo em recurso extraordinário interposto pelo outra parte vem, por intermédio do seu procurador regularmente constituído, respeitosamente, apresentar as suas:

CONTRARRAZÕES AO AGRAVO EM RECURSO EXTRAORDINÁRIO

pelos fundamentos que se seguem.

Não merece reparo a decisão judicial que está sendo impugnada por meio do agravo em recurso extraordinário, eis que não há razão alguma do recorrente. A decisão judicial foi precisa e bem soube aplicar o Direito ao caso concreto. Não se vislumbra, em absoluto, qualquer mácula na atividade judicante desempenhada, razão pela qual o *decisum* deve ser mantido em todos os seus termos.

> Salvo a situação excepcional de autorização de prequestionamento ficto, os Tribunais Superiores fazem exigência de prequestionamento explícito da "tese jurídica", em demonstrativo do juízo de valor oriundo da decisão recorrida (STF – AI 253.566 AgR/RS, 1ª Turma, DJ 15/02/2000; STJ – AgRg no REsp 502.632/MG, 2ª Turma, DJ 21/10/2003).

Com efeito, a Carta Magna (art. 102, inc. III, CRFB) exige expressamente o requisito do prequestionamento, ao prever que somente é cabível o recurso extraordinário de "causas decididas", o que torna irrelevante lei infraconstitucional fazer menção de que o prequestionamento pode ser considerado como ficto em dadas circunstâncias (art. 1.025, CPC).

Desta maneira, como não houve enfrentamento expresso em relação à norma constitucional invocada pelo recorrente, o que, aliás, é de completa impertinência, fatalmente se pode concluir que a decisão impugnada se encontra correta e, por este motivo, deve ser mantida.

Pelo exposto, requer que seja inadmitido o presente recurso, caso ausente algum pressuposto recursal; ou, em caso contrário, seja confirmada a inadmissão do recurso excepcional, diante da falta de preenchimento dos seus requisitos de admissibilidade, conforme atestado acertadamente no

> Convém, sempre, identificar e abalizar o pressuposto recursal não preenchido pelo recorrente.

juízo provisório realizado pelo tribunal local, negando-se provimento a ele, para manter o inteiro teor da decisão anteriormente proferida.

Em caso de rejeição do recurso, requer seja condenado o recorrente em verba honorária recursal, majorando aquela já determinada nos autos, em razão do contraditório desenvolvido e da nova atividade laboral do advogado, conforme autoriza a legislação processual (art. 85, par. 11, CPC).

O recorrido também já manifesta o seu interesse em realizar sustentação oral, acaso o agravo em questão seja julgado conjuntamente ao recurso excepcional (art. 1.042, par. 5º, CPC).

Termos em que

Pede e espera deferimento.

Local e data.

Nome e assinatura do advogado(a)

7.22. Embargos de Divergência

Peça vinculada ao caso concreto: Sim.

Finalidade: O objetivo imediato do recorrente é reformar a decisão de mérito proferida por órgão fracionário do STF ou do STJ (decisão embargada/objeto) que divirja de outra decisão (decisão paradigma) do mesmo Tribunal Superior. Entretanto, a *ratio* de criação deste recurso é uniformizar a jurisprudência interna dos respectivos Tribunais Superiores, eliminando uma divergência *intra muros*, oriunda sombriamente dos próprios tribunais que têm a função de criar paradigmas para outros tribunais da Federação. Atende-se, assim, o norte de coerência da jurisprudência (art. 926, CPC). Obtida a uniformização de jurisprudência interna, atende-se ao segundo objetivo dos embargos de divergência: reformar/anular o acórdão embargado, substituindo o acórdão embargado que o motivou.

Dispositivo(s): art. 1.043 – art. 1.044, CPC; art. 266 – art. 267-D, RISTJ (cf. Emenda Regimental nº 22/2016); art. 330 – art. 336, RISTF.

Prazo: 15 (quinze) dias (art. 1.003, § 5º, c/c art. 1.070, CPC).

Necessidade de preparo: Sim.

Importante:

1) Quanto ao **processamento**, os embargos de divergência constituem recurso restrito ao STJ e ao STF, interposto e julgado perante o respectivo tribunal superior.

2) O recorrente promoverá a **comprovação da divergência** com certidão, cópia ou citação de repositório oficial ou credenciado de jurisprudência, inclusive em mídia eletrônica, onde foi publicado o acórdão divergente, ou com a reprodução de julgado disponível na rede mundial de computadores, indicando a respectiva fonte, e mencionará as circunstâncias que identificam ou assemelham os casos confrontados (art. 1.043, par. 4º c/c art. 1.029, par. 1º, CPC). Em visualização: "*1. Os Embargos de Divergência devem ser inadmitidos quando o recorrente não procede ao necessário cotejo analítico, deixando de evidenciar o ponto em que os acórdãos confrontados, diante da mesma base fática, teriam adotado solução jurídica diversa, nos termos do art. 266, par. 4º, do RISTJ, não cumprindo tal exigência a mera transcrição de ementas e de trechos de julgados. Precedentes*" (STJ – AgInt nos EAREsp 547.866/SP, 1ª Seção, *DJ* 20/06/2018).

3) A **divergência** que autoriza a interposição de embargos de divergência pode verificar-se na aplicação do *direito material* ou do *direito processual* (art. 1.043, par. 2º, CPC). Em se tratando de questões fáticas diversas, verificadas caso a caso, entre os casos confrontados, serão inadmissíveis os embargos de divergência: "*O escopo dos embargos de divergência é a uniformização da jurisprudência no âmbito desta Corte e, por isso, pressupõe a existência de julgados com identidade de fato e solução normativa diversa. Não são admissíveis embargos de divergência que pretendam a majoração de honorários advocatícios, pois ela é casuística, depende de apreciação equitativa do juiz, que levará em conta as particularidades de cada casa concreto*" (STJ – AgRg nos EREsp 954.247/RS, 3ª Seção, *DJ* 08/10/2008). No entanto, quanto às questões processuais

406 ■ *Petições e Prática Cível*

outra interpretação foi dada quanto à identidade dos fatos: "*I – Segundo a jurisprudência deste STJ, os embargos de divergência tem como finalidade precípua a uniformização de teses jurídicas divergentes, ainda que de índole processual, o que se encontra presente na espécie. II – Tratando-se de divergência sobre regra de direito processual, não se exige que os fatos em causa no acórdão recorrido e paradigma sejam semelhantes, mas apenas que divirjam as Turmas a propósito da interpretação do dispositivo de lei federal controvertido no recurso*" (STJ – EREsp 1.144.667/RS, Corte Especial, DJ 07/03/2018).

4) Descabe cogitar de embargos de divergência contra *decisão proferida pelo plenário* do STF ou STJ, conforme o caso, pois seria pernicioso renovar o exame daquilo que foi decidido pelo próprio órgão especial (*v.g.*, STF – AI 725.078 AgR-EDv-AgR/DF, Tribunal Pleno, DJ 24/11/2011).

5) Também **não cabem embargos de divergência** quando o paradigma é *decisão monocrática de relator* (*v.g.*, STJ – AgRg nos EAg 1.122.672/RJ, Corte Especial, DJ 1º/07/2011). Assim, os embargos de divergência são cabíveis contra acórdão, inclusive aquele que julgar o agravo interno, desde que tenha analisado a matéria ventilada no REsp e RE (Verbete Sumular nº 316, STJ). Nesse sentido, FPPC, nº 230: "*(Art. 1.043) Cabem embargos de divergência contra acórdão que, em agravo interno ou agravo em recurso especial ou extraordinário, decide recurso especial ou extraordinário*".

6) A interposição de embargos de divergência *no STJ* provoca a **interrupção do prazo** para interposição de recurso extraordinário ao STF por qualquer das partes (art. 1.044, par. 2º, CPC).

Verbete(s):Súmula nº 158, STJ: "*Não se presta a justificar embargos de divergência o dissídio com acórdão de Turma ou Seção que não mais tenha competência para a matéria neles versada*"; **Súmula nº 168, STJ:** "*Não cabem embargos de divergência, quando a jurisprudência do Tribunal se firmou no mesmo sentido do acórdão embargado*"; **Súmula nº 316, STJ:** "*Cabem embargos de divergência contra acórdão que, em agravo regimental, decide recurso especial*"; **Súmula nº 420, STJ:** "*Incabível, em embargos de divergência, discutir o valor de indenização por danos morais*".

Modelo

Este recurso deve ser interposto seguindo as regras do Regimento do respectivo Tribunal Superior (art. 1.044, CPC).

COLENDO JUÍZO DA 1ª TURMA DO SUPERIOR TRIBUNAL DE JUSTIÇA

RECURSO ESPECIAL Nº 2016.003.44512786-8.

PROC. ORIGINÁRIO Nº 0000123-30.2015.8.19.0001

TÍCIO TAVARES, já qualificado nos autos em epígrafe, da ação de cobrança em procedimento comum que lhe promove CAIO CARVALHO, por não concordar com o teor da decisão proferida, vem, por intermédio de seu procurador regularmente constituído, respeitosamente, interpor:

EMBARGOS DE DIVERGÊNCIA

com os fundamentos que passa a aduzir.

Conforme se observa nos autos (fls.), o pedido deduzido pelo autor foi julgado inteiramente procedente, com a condenação do recorrente a pagar ao recorrido a quantia de R$ 15.000,00 (quinze mil reais), mais juros e correção monetária, além da sucumbência. Ocorre que foram interpostos vários recursos, basicamente aduzindo que a decisão de mérito não foi adequadamente fundamentada, pois não foram enfrentadas todas as teses defensivas apresentadas pelo demandado, ora recorrente.

No caso específico do recurso especial nº 2016.002.44512786-8, que foi processado e julgado na 1ª Turma deste Egrégio Tribunal Superior, foi proferida decisão no sentido da negativa de provimento (fls.). Com efeito, nele foi reconhecida a dispensa do dever de fundamentação exaustiva dos atos decisórios, conforme se pode depreender em uma perfunctória análise nos autos, em especial na ementa do aludido julgamento, que pontua que:

> *"Ainda que sucinta a fundamentação adotada, esta contemplou integralmente o debate que se apresentou, não persistindo omissão, contradição ou obscuridade que enseje o acolhimento dos presentes aclaratórios, não podendo ser confundida com ausência de fundamentação essa, sim, ensejadora de nulidade. 2. O STF no julgamento da Repercussão Geral na QO no AI 791.292/PE, rel. Min. Gilmar Mendes, julg. em 23/6/2010, decidiu que o art. 93, IX, da CF exige que o acórdão ou decisão judicial sejam fundamentados, ainda que de forma sucinta, sem determinar, contudo, o exame pormenorizado de cada uma das alegações ou provas, nem que sejam corretos os fundamentos da decisão atacada, reconhecendo, portanto, a inexistência de nulidade do acórdão que, no julgamento de regimental, limita-se a transcrever os fundamentos de decisão de inadmissibilidade, ao fundamento de que as razões do recurso não teriam logrado infirmar os termos do decisum, o qual se sustentaria pelos seus fundamentos. 3. Recurso especial que é conhecido, mas, no mérito, tem seu provimento negado por unanimidade".*

Contudo, o teor deste julgamento colide com inúmeros outros proferidos por esta mesma Corte Jurisdicional, entre os quais se extrai a seguinte ementa, que cuida de acórdão proferido recentemente por outro órgão integrante deste mesmo Tribunal Superior:

> *"1. Esta Corte tem reiteradamente decidido que a motivação do Juízo de primeiro grau a respeito das alegações formuladas na referida defesa preliminar deve ser sucinta, limitando-se o magistrado a fazer um juízo de admissibilidade da acusação, principalmente quando não evidenciado fato que ensejaria a absolvição sumária do réu, até porque o mérito da acusação será devidamente apreciado no decorrer da instrução criminal. 2. A alteração do CPP feita pela Lei nº 11.719/2008 deu à defesa prévia um*

O recorrente deve demonstrar a atualidade da dissidência interna, envolvendo órgãos com atual competência para julgar aquele tema (Verbetes Sumulares nºs 158 e 168, STJ); bem como demonstrar cabalmente a divergência, não bastando a mera transcrição de ementas, algo que impede a real compreensão da controvérsia pelos julgadores.

caráter mais robusto, pois agora o defensor poderá, nos termos do art. 396-A do CPP, arguir preliminares e alegar tudo o que interesse à sua defesa, oferecer documentos e justificações, especificar as provas pretendidas e arrolar testemunhas, qualificando-as e requerendo sua intimação, quando necessário. 3. Não se pode exigir, na análise da resposta à acusação, uma cognição plena da matéria elencada pela defesa, pois uma decisão de mérito só será possível após a regular instrução do processo. Contudo, em contraponto, não se pode confundir fundamentação concisa com ausência de fundamentação. 4. No caso dos autos, a magistrada proferiu decisão padrão e genérica, fazendo menção tão somente ao fato de que as hipóteses do art. 397 do CPP não se encontravam presentes, designado data para a audiência de instrução. 5. Recurso em habeas corpus *provido a fim de anular a Ação Penal nº 0041050-89.2013.8.26.0506 a partir da decisão que analisou a resposta à acusação, para que o magistrado de piso a aprecie de forma fundamentada, nos termos do art. 397 do CPP!"* (STJ–RHC nº 64278, 6ª Turma, DJ 07/04/2016).

> Poderão ser confrontadas teses jurídicas contidas em julgamentos de recursos e de ações de competência originária, tanto de direito material quanto de direito processual (art. 1.043, §§ 1º e 2º, CPC). Além disso, também cabem embargos de divergência quando o acórdão paradigma for da mesma turma que proferiu a decisão embargada, desde que sua composição tenha sofrido alteração em mais da metade de seus membros (art. 1.043, § 3º, CPC).

Vale dizer que o recorrente, dando cumprimento ao ônus legal que lhe é imposto (art. 1.043, § 4º c/c art. 1.029, § 1º, CPC), demonstra a aludida divergência entre o teor do acórdão proferido pela 1ª Turma do STJ neste processo e inúmeros outros julgados proferidos por outros órgãos do mesmo Tribunal, trazendo aos autos o inteiro teor de todos os outros julgamentos, incluindo voto vencido, devidamente obtidos por meio da rede mundial de computadores, e sempre com a menção à respectiva fonte (documentos anexos), justamente para que seja permitido um cotejo analítico, a fim de se constatar as circunstâncias que identificam ou assemelham os casos confrontados, que tratam de fundamentação defeituosa das decisões judiciais.

Pelo exposto, requer que:

> Convém fazer tal ressalva, embora se trate de imposição legal de conduta ao órgão jurisdicional que fará o juízo de admissibilidade recursal. Cuida-se de regra nova que visa a atacar a denominada "jurisprudência defensiva", dando ao processo um caráter ainda mais instrumental.

a) seja o presente recurso encaminhado ao Relator, após regular distribuição, para que seja realizado o juízo de admissibilidade (art. 266-C, RISTJ), e que, antes de qualquer decisão de inadmissão, seja o recorrente previamente intimado para sanar eventuais irregularidades no prazo de 5 (cinco) dias (art. 932, parágrafo único);

b) sendo admitido o presente recurso, também seja determinada a intimação do recorrido para apresentar contrarrazões no prazo de 15 (quinze) dias (art. 267, RISTJ), bem como a do membro do Ministério Público se for constatada alguma hipótese em que o mesmo deve atuar como fiscal da ordem jurídica (art. 266-D, RISTJ);

c) ao final do seu regular processamento, fia e confia que o presente recurso seja provido para que haja a reforma do acórdão impugnando, devendo prevalecer o mesmo entendimento esposado em inúmeros outros acórdãos proferidos por outros órgãos integrantes do STJ, que impõe aos magistrados um exaustivo dever de fundamentação das decisões judiciais, com análise de todas as questões trazidas pelo ora recorrente.

O recorrente também já manifesta o seu interesse em realizar sustentação oral aos embargos de divergência (art. 937, inc. V, CPC).

> Trata-se de item facultativo, para os casos em que o recorrente quiser se valer desta prerrogativa.

Termos em que

Pede e espera deferimento.

Local e data.

Nome e assinatura do advogado(a)

7.23. Contrarrazões aos Embargos de Divergência

Peça vinculada ao caso concreto: Sim.

Finalidade: Meio de exercer o contraditório quando a outra parte tiver interposto embargos de divergência.

Dispositivo(s): art. 1.044, CPC (que remete ao regimento interno do respectivo Tribunal Superior).

Prazo: 15 (quinze) dias (art. 1.003, § 5º, CPC).

Necessidade de preparo: Não.

Importante:

1) Trata-se de petição **sem exigência de maiores formalidades**.

2) A **ausência de contrarrazões** não gera consequência imediata negativa ao recorrido (não gera o efeito material da revelia, qual seja, a presunção de veracidade do que alega o recorrente), embora se tenha perdido boa oportunidade para reforçar o acerto da decisão prolatada, ou mesmo apontar eventual falta de preenchimento de pressupostos recursais pelo recorrente.

3) Sobre a **eficácia da decisão**, mesmo que interposto (e ainda não julgado) o recurso de embargos de divergência pela parte adversa, na ausência de efeito suspensivo (art. 995, CPC), será permitido ao vencedor (justamente o "recorrido") requerer o cumprimento provisório da condenação (ou execução provisória do julgado), conforme arts. 520/522, CPC.

Modelo

COLENDO ÓRGÃO ESPECIAL DO SUPERIOR TRIBUNAL DE JUSTIÇA.

> O endereçamento das contrarrazões deve seguir a distribuição do atinente recurso interposto, em conformidade com o regramento previsto no regimento interno do respectivo Tribunal Superior.

EMBARGOS DE DIVERGÊNCIA 2016.003.44512786-8a).

RECURSO ESPECIAL Nº 2016.003.44512786-8.

PROC. ORIGINÁRIO Nº 0000123-30.2015.8.19.0001

CAIO CARVALHO, já qualificado nos autos em epígrafe, da demanda que promove em face de TÍCIO TAVARES, por não concordar com o teor dos embargos de divergência interpostos pela outra parte vem, por intermédio de seu procurador regularmente constituído, respeitosamente, apresentar as suas:

CONTRARRAZÕES AOS EMBARGOS DE DIVERGÊNCIA

pelos fundamentos que se seguem.

Não merece reparo a decisão judicial que está sendo impugnada por meio do presente recurso, eis que não há razão alguma do recorrente.

Com efeito, os embargos de divergência são o meio próprio para reformar decisão judicial que se encontra em divergência com outra(s) do mesmo Tribunal Superior. Contudo, para a sua viabilidade, compete ao recorrente indicar, com precisão, a semelhança entre os julgamentos proferidos, pormenorizando a situação fática envolvida, com a apresentação dos respectivos acórdãos, justamente para que seja possível um confronto analítico (art. 1.044, par. 4º, CPC).

Contudo, o que se observa é que não existe qualquer similitude entre os acórdãos trazidos pelo recorrente em relação à decisão proferida pela 1ª Turma do STJ nos presentes autos. Afinal, todos os julgados colacionados, sem exceção, cuidam de matéria distinta, envolvendo processos penais, que são calcados em premissas e valores distintos daqueles que cuidam de processos exclusivamente civis.

Assim, não tendo o recorrente cumprido o ônus que lhe impõe, de trazer e indicar, com precisão, a similitude entre os casos confrontados, é de rigor que seja negado seguimento aos presentes embargos de divergência, o que se requer, bem como que, nesse caso, sejam majorados os honorários advocatícios, em razão do contraditório desenvolvido e da nova atividade laboral do advogado, conforme dita a legislação processual (art. 85, § 11, CPC).

> Em geral, o recorrido busca atestar que os julgados confrontados não possuem identidade de fato, por isso a solução normativa diversa. A identidade de fato só não tem importância quanto à divergência de questão processual: "I – (...) os embargos de divergência tem como finalidade precípua a uniformização de teses jurídicas divergentes, ainda que de índole processual, o que se encontra presente na espécie. II – Tratando-se de divergência sobre regra de direito processual, não se exige que os fatos em causa no acórdão recorrido e paradigma sejam semelhantes, mas apenas que divirjam as Turmas a propósito da interpretação do dispositivo de lei federal controvertido no recurso" (STJ – EREsp 1.144.667/RS, Corte Especial, DJ 07/03/2018).

Termos em que

Pede e espera deferimento.

Local e data.

Nome e assinatura do advogado(a)

Petições Cíveis: Recursos ■ 411

7.24. Fluxogramas

RECURSO de APELAÇÃO

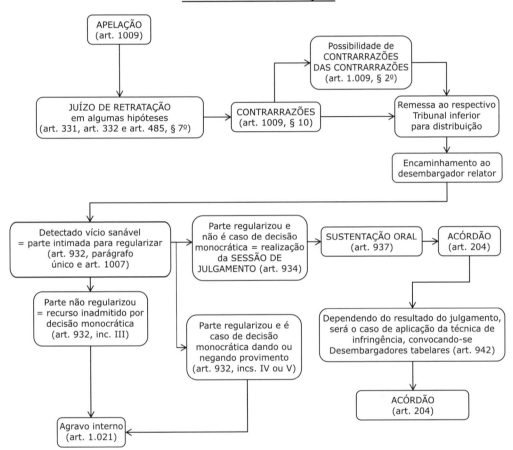

AGRAVO DE INSTRUMENTO

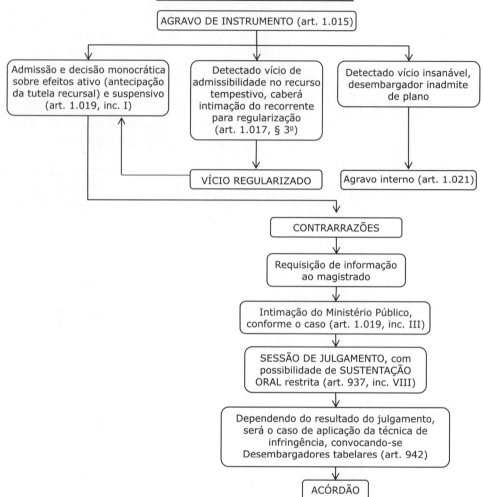

AGRAVO INTERNO

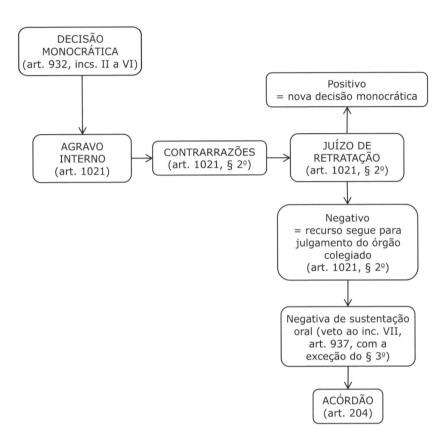

EMBARGOS DE DECLARAÇÃO

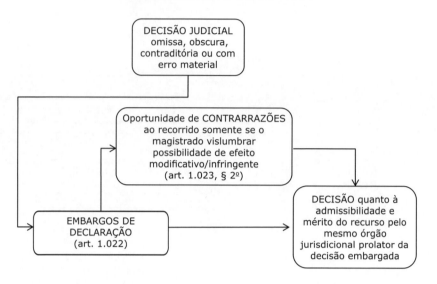

RECURSO ORDINÁRIO

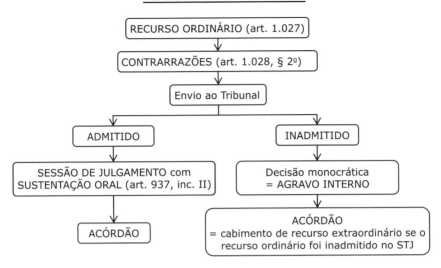

RECURSO EXTRAORDINÁRIO (REXTR) e RECURSO ESPECIAL (RESP)

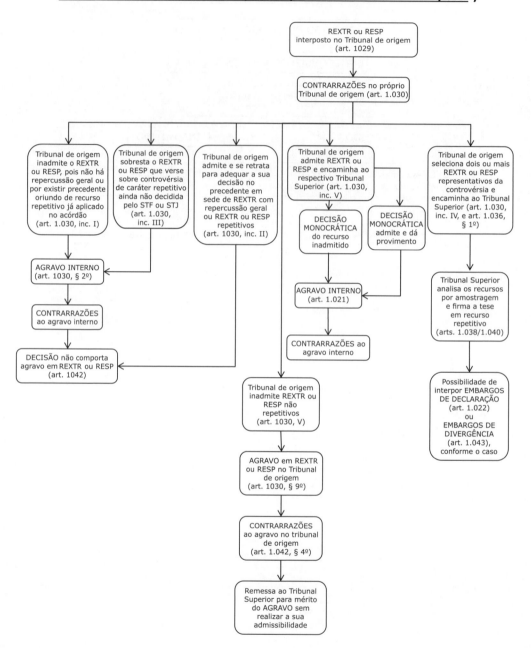

AGRAVO EM RECURSO EXTRAORDINÁRIO OU EM RECURSO ESPECIAL

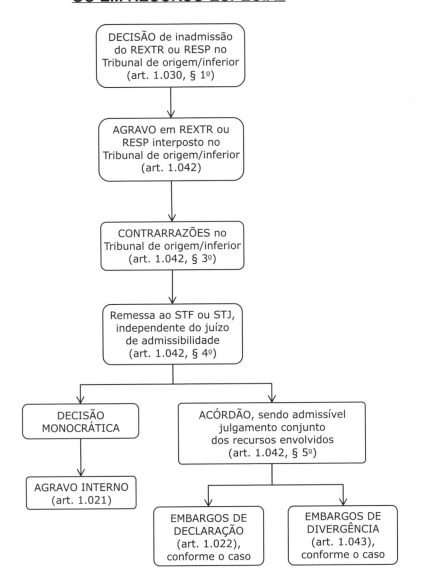

EMBARGOS DE DIVERGÊNCIA

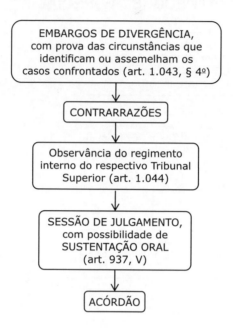

Capítulo 8
Prática Forense

8.1. Atuação do Advogado

Serão abordados os seguintes temas: **a)** providências preparatórias ao ajuizamento da causa, como a formalização dos instrumentos de procuração e substabelecimento, bem como do contrato de prestação de serviços advocatícios, incluindo planos para quantificação da cobrança de verba honorária; **b)** sucessão de advogados, mediante renúncia ou revogação do mandato; e **c)** gerenciamento e estratagema de situações processuais cruciais pelo advogado.

8.1.1. Preparação da Demanda

De forma prévia ao ajuizamento da demanda judicial, deve o advogado adotar inúmeras medidas, sobretudo no que concerne ao estreitamento de sua relação com o (possível) cliente. Assim é que, ao marcar a primeira reunião com este último, convém solicitar que lhe seja enviado antecipadamente um *e-mail*/mensagem com o resumo dos fatos, o que permitirá ao advogado não só fazer um estudo prévio do caso concreto, permitindo uma melhor orientação ao cliente, mas, também, para a **indicação pregressa dos dados e documentos exigidos para a ação judicial pretendida** – *v.g.*, cópia do documento de identidade e de comprovante recente de residência do cliente, se pessoa física; dos atos constitutivos registrados na Junta Comercial ou no Registro Civil de Pessoas Jurídicas, se pessoa jurídica; bem como dos demais documentos que compõem o conjunto probatório, como um contrato ou recibo de pagamento (art. 434, CPC).

O advogado deve *informar* ao seu cliente o valor aproximado (parâmetro) das custas judiciais exigidas para a empreitada judicial, além dos riscos de eventual derrota/sucumbência (art. 82, par. 2º, e art. 85, CPC) – como também, se for o caso, explicar a ele sobre a possibilidade de se pleitear a benesse da gratuidade de justiça, indicando os documentos exigidos para tanto (*v.g.*, contracheque, gastos médicos).

Ainda, para resguardar os direitos dos envolvidos, torna-se pertinente firmar com o cliente, antecipadamente, um ***contrato de serviços profissionais***, com a previsão da cobrança de honorários e seu patamar (item nº 8.1.1.3.).

É de se registrar que a função advocatícia não se limita à representação judicial, de modo que cabe ao advogado instruir seu cliente, de forma clara e inequívoca, da probabilidade de êxito da demanda judicial – embora sua obrigação seja de meio, e não de resultado –, cerrando

420 ■ *Petições e Prática Cível*

ou moldando, *modus in rebus*, as desmedidas pretensões ("aventuras judiciais"), a que este, por desconhecimento, possa querer se arriscar (*v.g.*, pleito contrário a entendimento jurisprudencial consolidado em súmula ou jurisprudência dominante de Tribunal Superior). É a noção do advogado como primeiro "higienizador do processo", cabendo sublinhar que estamos a tratar de um dever de atuação do advogado (arts. 2º, par. único, VII, e 9º, Resolução nº 02/2015, novo Código de Ética da OAB).

No mesmo sentido, embora seja corriqueira a expressão de que "o jurisdicionado sabe o dia em que entra na Justiça, mas nunca o dia que dela saia", sempre é conveniente que o advogado tente precisar ao cliente o tempo médio que o processo levará para terminar, pois isso poderá ser um combustível para a busca da solução consensual, ainda que no curso do feito; ou mesmo poderá servir para diminuir a ansiedade do contratante.

De toda sorte, é prudente o advogado que faz prévia apuração de eventual histórico judicial positivo ou negativo quanto à parte adversa (existência de demandas judiciais pregressas que o envolvam e seu respectivo andamento ou resultado), trazendo tal informação ao seu cliente. Tal tarefa pode não só impedir o ajuizamento de demandas fadadas ao insucesso (*v.g.*, verificação de que o réu é devedor contumaz, sendo que nenhum credor conseguiu encontrar bens de sua titularidade); mas também chancelar ocasional fruto/proveito processual (*v.g.*, aproveitamento de prova emprestada, conforme art. 372, CPC; descoberta de endereços para fins de facilitação da citação; descoberta de ativos bloqueados ou bens penhorados em processo em que o seu adversário é credor, a possibilitar o pleito de "penhora no rosto dos autos", conforme art. 860, CPC).

Deve o advogado, ainda, prestar **consultoria prévia** sobre: **a)** melhor forma de documentação do litígio vivenciado pelo cliente (*v.g.*, envio de notificação extrajudicial para atestar a mora do devedor; documentação do fato mediante lavratura de ata notarial, conforme art. 384, CPC; guarda/acumulação de reclamações, inclusive em e-mails ou protocolos de atendimento, conforme art. 422, par. 3º, CPC, que possam embasar uma indenização por dano moral, ou mesmo atuar em auxílio para comprovação do dissabor vivenciado e, consequentemente, aumentar o respectivo quantitativo); **b)** eventual formalização de um título executivo extrajudicial que possa evitar o processo de conhecimento (*v.g.*, novação de dívida formalizada com duas testemunhas, conforme art. 784, III, CPC); como também: **c)** celebração de acordos/negócios processuais prévios (ou pré-processuais) – depois ou, sobretudo, antes do surgimento da controvérsia, quando é mais frequente o encontro de vontades –, que possam contribuir para reduzir o ônus financeiro do processo (*v.g.*, foro de eleição pode reduzir o custo de deslocamento da parte e do advogado; acordo de rateio de despesas processuais) e/ou seu tempo de duração (*v.g.*, acordo para redução de prazos processuais; acordo de dispensa da atuação de assistente técnico), bem como melhorar a gestão do risco processual (*v.g.*, distribuição convencional do ônus da prova; acordo para não realização da audiência de conciliação ou mediação no procedimento comum).

Na confecção da petição inicial, cabe ao advogado cuidar do **preenchimento dos requisitos processuais** (*v.g.*, arts. 319; 320; 77, V; 82; 287; e 330, par. 2º, CPC), inclusive a capacidade de estar em juízo (*v.g.*, art. 71, CPC) ou a necessidade de formação de um litisconsórcio passivo necessário (*v.g.*, art. 73, par. 1º, CPC). Deve aferir, ainda, se é caso de se postular prioridade de tramitação, fazendo prova da condição exigida para obtenção do benefício (*v.g.*, art. 1.048, par. 1º, CPC); e, por sua vez, se é oportuno fazer um requerimento de concessão de tutela provisória, seja de urgência (arts. 300/310, CPC) ou de evidência (art. 311, CPC).

Evidentemente, deverá ser apurada a **competência** aplicável na hipótese, cujo regramento está esparso na Constituição Federal, Código de Processo Civil, legislação extravagante, leis estaduais de organização judiciária; bem como o **procedimento** a ser seguido, aplicando-se o rito comum, salvo disposição em contrário do próprio CPC ou de lei específica (art. 318, *caput*, CPC).

Vale a ressalva de que alguns procedimentos são tidos como opcionais (*v.g.*, mandado de segurança ou ação de rito comum). Aliás, tal faculdade encontra especial repercussão nos Juizados Especiais Cíveis Estaduais, já que a referida lei de regência trata como uma "opção" do demandante ajuizar a ação judicial valendo-se deste microssistema processual (art. 3º, par. 3º, Lei nº 9.099/95). Nesse sentido: FONAJE, nº 1: "*O exercício do direito de ação no Juizado Especial Cível é facultativo para o autor*". Na jurisprudência: "*O STJ possui entendimento de que o processamento da ação perante o Juizado Especial é opção do autor, que pode, se preferir, ajuizar sua demanda perante a Justiça Comum*" (STJ – RMS 53.227/RS, 2ª Turma, DJ 27/06/2017).

Quando autorizada, a escolha do rito deve ser sempre objeto de valoração pelo advogado, mesmo porque pode implicar, principalmente, no descabimento de provas, na limitação de recursos ou, até mesmo, na não aceitação da condenação em verba honorária sucumbencial (*v.g.*, art. 55, Lei nº 9.099/1995). De igual maneira, na hipótese de competência concorrente (*v.g.*, art. 46, par. 1º, CPC), deverá o advogado ter o tino de definir a regra territorial que mais seja favorável aos interesses de seu cliente.

Merece especial atenção a formulação do(s) pedido(s) inicial(ais), porquanto está a se estabelecer os limites da decisão jurisdicional a ser proferida (arts. 141 e 492, CPC), no que se denomina princípio da congruência. Explique-se que até é possível a alteração do pedido no curso do feito, mas, após a realização da citação do réu, isto somente poderá se dar com o consentimento deste (art. 329, I, CPC). Cabe notar que antes da citação do réu é plenamente possível a alteração objetiva da petição inicial (causa de pedir e pedido), inclusive para juntar documentos não acostados à inicial.

Em sentido geral, sintetizam-se as **diretrizes básicas para qualquer postulação**, muitas relacionadas ao dever de colaboração processual (art. 6º, CPC): **a)** as petições devem ser concisas na medida do possível, até porque *nenhuma situação é tão complicada que uma petição exageradamente comprida não possa piorar*. Muito rodeio no texto sinaliza falta de Direito. *Vide* a abordagem do seguinte julgado: "*2. O CPC não prevê a possibilidade de se exigir do advogado a redução da exordial para um número de folhas considerado pelo juiz como razoável, muito menos que se indefira a petição inicial em razão da quantidade de laudas da peça (no caso, 115 folhas). 3. Muito embora seja censurável a postura do impetrante, que precisou se valer de mais de uma centena de laudas para expor suas razões, não há óbice jurídico que limite o exercício do direito de ação pela parte a determinado número de páginas. Esse* quantum *fica a critério exclusivo do bom senso do advogado, a quem se recomenda buscar sempre a empatia do julgador, facilitando o seu acesso às teses jurídicas tratadas na lide*" (STJ – REsp 1.218.630/SC, 2ª Turma, DJ 17/02/2011); **b)** exige-se a utilização do vernáculo (idioma nacional), devendo ser feito bom uso da língua portuguesa (art. 192, CPC); **c)** os requerimentos devem ser respeitosos, não só por exigência legal (art. 78, CPC), mas para esmerar uma melhor prestatividade em seu exame (*v.g.*, recomenda-se utilizar o termo

422 ■ Petições e Prática Cível

"respeitosamente"; "com o devido respeito"; "sem intenção de polemizar"); **d)** no mesmo objetivo, é apropriado listar as fls. dos autos onde podem ser encontradas as peças, documentos e decisões essenciais à compreensão da controvérsia, sempre que for feita tal alusão, mormente na atividade recursal; **e)** convém setorizar os requerimentos e matérias defensivas (*v.g.*, abrir tópicos para cada tema), bem como dar o devido destaque aos argumentos importantes ou palavras-chaves (*v.g.*, negritar/sublinhar), tratando-se de medidas englobadas na ótica da liberdade das formas (art. 188, CPC); **f)** ao fazer referência à doutrina e jurisprudência, cabe incluir adequadamente a fonte de pesquisa (*v.g.*, indicação da data do julgamento e órgão prolator do precedente jurisdicional invocado, além da descrição da ementa de forma íntegra).

Em tempos modernos, o advogado deve procurar se utilizar de técnicas visuais e de linguagem para facilitar a comunicação nos documentos jurídicos (*v.g.*, aplicação de imagens; linhas do tempo; infográficos; vídeos e ambientes simulados). É o que se denomina *visual law*, sendo que já há estudos indicando que as apresentações com recursos visuais são mais persuasivas por serem mais facilmente compreendidas. Como norte, o movimento do *visual law* vem a combater o chamado "juridiquês", isto é, o emprego de palavras rebuscadas e prolixas, bem como o uso de expressões em latim, quando verdadeiramente não contributivas para a solução da lide. No entanto, deve-se ter cuidado com excessos para que a defesa técnica de seu cliente não se veja diminuída ou desabonada na prática (*v.g.*, convém não utilizar emojis numa petição; ou mesmo quadrinhos para relatar uma situação fática).

Uma atitude que se demonstra correta é repassar a petição inicial pronta ao cliente para sua conferência (decerto, quanto à descrição dos fatos e dinâmica dos acontecimentos), antes do ajuizamento, evitando qualquer mal-entendido ou mudança de versão que possa comprometer o trabalho inicial desenvolvido pelo advogado – até porque a eventual alteração de causa de pedir e pedido no curso do feito poderá depender do (penoso) consentimento do demandado (art. 329, II, CPC).

Tem, finalmente, que alertar seu cliente de que qualquer mudança de endereço deverá ser relatada ao advogado, para imediata informação nos autos – dever legal da parte e de seus procuradores (art. 77, V, *in fine*, CPC) –, diante da presunção de validade da intimação dirigida ao endereço (antigo) então constante dos autos, ainda que não recebida pessoalmente pelo interessado, caso inexistente a notícia da alteração (art. 274, par. único, CPC), o que se pretende evitar.

Conclui-se tal tópico com a diretiva de que o advogado deve evitar o ajuizamento açodado da demanda judicial, somente devendo fazê-lo quando amadurecida a postulação (seu formato e conteúdo), safando-se de futuros estorvos processuais. Como afirmado pelo jurista Eduardo Couture, "o tempo vinga-se das coisas que se fazem sem a sua colaboração".

8.1.1.1. Instrumento de procuração

Finalidade: A procuração é o instrumento do mandato, que se opera quando alguém (outorgado) recebe de outrem (outorgante) poderes para, em seu nome, praticar atos ou administrar interesses (art. 654, CC). A parte é representada em juízo por advogado legalmente habilitado, sendo necessário comprovar a respectiva outorga de poderes mediante juntada do instrumento de procuração.

Dispositivo(s): art. 104 e art. 287 (exigências), além do art. 105 (poderes gerais e específicos), CPC.

Importante:

1) Em se tratando de procuração judicial ou *ad judicia* (nomeação de advogado para atuar em juízo), **dispensa-se o reconhecimento de firma** (STJ – REsp 256.098/SP, Corte Especial, *DJ* 20/09/2000 e inúmeros outros precedentes).

2) Quanto à **outorga de poderes**, a procuração deve ser outorgada individualmente ao advogado, admitindo-se que sejam vários patronos outorgados, e pode indicar a sociedade de que façam parte (art. 15, par. 3º, Lei nº 8.906/94).

3) A procuração outorgada na fase de conhecimento tem **eficácia** para todas as fases do processo, inclusive para o cumprimento da sentença (execução), embora seja possível dispor expressamente em sentido contrário (art. 105, par. 4º, CPC).

4) Segundo a lei processual, a **declaração de hipossuficiência** da parte, firmada pelo advogado, deve ser respaldada por instrumento de procuração com cláusula específica de autorização (art. 105, *in fine*, CPC).

5) A **publicação com fins intimatórios** deve conter o nome completo do advogado constante na procuração, sob pena de invalidade (art. 272, par. 4º, CPC).

6) O advogado não deve aceitar procuração de quem já tem **outro patrono constituído**, sem prévio conhecimento deste, salvo por motivo plenamente justificável ou para adoção de medidas judiciais urgentes e inadiáveis (art. 14, Resolução nº 02/2015, novo Código de Ética da OAB). De toda forma, o cliente tem o direito de revogar o mandato do advogado (art. 111, CPC), mesmo no curso do processo, hipótese em que será o caso de constituir um novo advogado (*vide* modelo de "petição de revogação de mandato" no item nº 8.1.2.1 deste livro).

7) Sobre a **delimitação dos poderes outorgados**: o modelo que será apresentado na sequência faz indicação da outorga de inúmeros poderes especiais previstos em lei, o que naturalmente depende da vontade do outorgante. É possível e bastante comum a delimitação da outorga de poderes em relação a um específico processo, com menção ao seu respectivo número e juízo na procuração, caso o feito já tenha sido distribuído; bem como para a prática de apenas um ato processual (*v.g.*, para participação da sessão de julgamento e realização de sustentação oral).

8) O advogado postula, em juízo ou fora dele, fazendo prova do mandato. Afirmando urgência, poderá **atuar sem procuração**, obrigando-se a apresentá-la no prazo de 15 dias, prorrogável por igual período (art. 5º, par. 1º, Lei nº 8.906/1994). A própria lei processual dita que o advogado poderá postular sem procuração, se for "*para evitar preclusão, decadência ou prescrição, ou para praticar ato considerado urgente*" (art. 104, *in fine*, CPC).

9) O advogado, mesmo sem procuração, tem o **direito de examinar autos de qualquer processo**, independente da fase de tramitação, assegurada a obtenção de cópias, salvo na hipótese de segredo de justiça, na qual apenas o advogado constituído terá acesso aos autos (art. 107, CPC). Tal prerrogativa vale integralmente para os processos eletrônicos (art. 107, § 5º, CPC c/c art. 11, §§ 6º e 7º, Lei nº 11.419/2006, incluídos pela Lei nº 13.793/2019).

424 ■ *Petições e Prática Cível*

10) É cabível a **pactuação de verba honorária contratual (relação cliente-advogado) no bojo da própria procuração**, inclusive nos termos da lei civil (art. 107, CC). Entendeu-se que *"ante a ausência de regra legal a fixar uma forma especial para a celebração dos contratos de prestação de serviços jurídicos, não se pode recusar valor jurídico aos pactos celebrados entre os mandantes e os seus patronos, inclusive quanto à remuneração prometida a estes últimos, ainda que essa cláusula econômica se encontre no bojo dos próprios instrumentos de mandato, é dizer, no corpo das respectivas procurações, sob pena de se ferir a autonomia da vontade por eles manifestada"* (STJ – REsp 1.818.107/RJ, 1ª Turma, *DJ* 07/12/2021).

Modelo

Pelo presente instrumento particular de PROCURAÇÃO, e em conformidade com a lei (art. 5º, § 2º, Lei nº 8.906/94), CAIO CARVALHO, brasileiro, solteiro, agente público, domiciliado e residente na Rua Barão do Rio Branco, nº 1.505, Centro, Cep: 33.122-101, na cidade do Rio de Janeiro – RJ, regularmente inscrito no CPF sob o nº 183.298.118-59, nomeia e constitui como sua procuradora, MARIA FERNANDA LACOMBE, brasileira, advogada, casada, inscrita na OAB – RJ, sob o nº 99.567, e no CPF sob o nº 001.158.107-06, integrante da sociedade SAMPAIO & LACOMBE ADVOGADOS ASSOCIADOS, com registro na OAB – RJ sob o nº 9.654, com escritório na Rua do Rosário, nº 88, Centro, Cep: 33.142-176, na cidade do Rio de Janeiro – RJ e endereço eletrônico fernanda.lacombe@internet.com.br, à qual outorga poderes para todos os atos do processo, bem como poderes especiais para receber citação, confessar, reconhecer a procedência do pedido, transigir, desistir, renunciar ao direito sobre o qual se funda a ação, receber, dar quitação, firmar compromisso e assinar declaração de hipossuficiência econômica, especificamente quanto à ação de cobrança, de rito comum, perante o Juízo Cível da Comarca do Rio de Janeiro – RJ.

Local e data.

Assinatura do outorgante

8.1.1.2. Instrumento de substabelecimento

Peça: Modelo de instrumento de substabelecimento.

Finalidade: O substabelecimento retrata a transferência de poderes recebidos pelo procurador (substabelecente) para outra pessoa (substabelecido).

Dispositivo(s): art. 26, Lei nº 8.906/94 e art. 26, Resolução nº 02/2015 (novo Código de Ética da OAB).

Importante:

1) Sobre as **modalidades**, o substabelecimento pode ser (i) "com reserva de (iguais) poderes", quando o advogado não está se desligando da causa, hipótese em que o substabelecido deve ajustar antecipadamente seus honorários com o substabelecente (art.

26, par. 2º, Resolução nº 02/2015, novo Código de Ética da OAB); como também (ii) "sem reserva de (iguais) poderes", quando o advogado se desliga do mandato (transferência definitiva de poderes, com a renúncia ao poder de representação), hipótese em que se exige o prévio e inequívoco conhecimento do cliente (art. 26, par. 1º, Resolução nº 02/2015, novo Código de Ética da OAB).

2) Embora haja previsão de responsabilidade para aquele que, sem autorização, substabelecer poderes que deveria exercer pessoalmente (art. 667, CC), tem-se que o substabelecimento, com reserva de poderes, é ato pessoal do advogado da causa (art. 26, *caput*, Resolução nº 02/2015, novo Código de Ética da OAB), ou seja, não exige **poderes** especiais na procuração para substabelecer (inteligência do art. 5º, par. 2º, Lei nº 8.906/94).

3) No caso de substabelecimento, a verba correspondente aos **honorários da sucumbência** será repartida entre o substabelecente e o substabelecido, proporcionalmente à atuação de cada um no processo ou conforme haja sido entre eles ajustado (art. 51, par. 1º, Resolução nº 02/2015, novo Código de Ética da OAB).

4) A jurisprudência dita que, havendo substabelecimento com reserva de poderes, é válida a **intimação** feita em nome de qualquer dos advogados constituídos, salvo na hipótese de pedido expresso para que a publicação seja efetivada em nome de determinado defensor (STJ – AgRg no ARESP 690.607/PR, 4ª Turma, *DJ* 17/03/2016). Desta feita, torna-se conveniente que, no ato processual praticado pelo substabelecido, conste expressa menção sobre o nome do advogado (substabelecente ou substabelecido) que deverá constar nas futuras publicações, sob pena de nulidade (art. 272, par. 5º, CPC). Por fim, nada obsta que seja realizado requerimento para que a intimação seja feita no próprio nome da sociedade a que pertença o advogado (art. 272, par. 1º, CPC).

5) Quanto à **responsabilidade** daquele que promove o substabelecimento pelos atos do substabelecido que causem danos ao cliente: *"2.1 Para o reconhecimento da culpa* in eligendo *do substabelecente, é indispensável que este, no momento da escolha, tenha inequívoca ciência a respeito da ausência de capacidade legal, de condição técnica ou de idoneidade do substabelecido para o exercício do mandato. 2.2 Compreender que o mandatário incorre em culpa* in eligendo *pelo fato de o substabelecido ter, durante o exercício do mandato, por ato próprio, causado danos ao mandante, a revelar somente nesse momento sua inaptidão legal, técnica ou moral, equivaleria a reconhecer, sempre e indistintamente, a responsabilidade solidária entre eles, o que se afasta por completo dos ditames legais. (...) 4. O substabelecimento, em especial, o com reserva de poderes, evidencia, naturalmente, a existência, entre as partes envolvidas (substabelecente e substabelecido), de uma relação calcada, minimamente, na confiança. Entretanto, essa relação prévia, por si, não é suficiente para vincular o substabelecente, a ponto de responsabilizá-lo por atos praticados pelo substabelecido que venham a desbordar dos poderes transferidos, a revelar sua inaptidão para o exercício do mandato. (...) 4.2 No caso dos autos, o acórdão recorrido não indica nenhum fato idôneo que sinalize ter o substabelecente obtido, ao proceder à escolha da substabelecida, ciência de que esta não ostentava idoneidade para o exercício do mandato, aspecto essencial à configuração da culpa* in eligendo, *tendo, na verdade, passado ao largo de qualquer consideração nesse sentido"* (STJ – REsp 1.742.246/ES, 3ª Turma, DJ 19/03/2019).

426 ■ *Petições e Prática Cível*

Modelo

Pelo presente instrumento particular de SUBSTABELECIMENTO, e em conformidade com a lei (art. 26, *caput*, Resolução nº 02/2015, novo Código de Ética da OAB), MARIA FERNANDA LACOMBE, brasileira, advogada, casada, inscrita na OAB – RJ, sob o nº 99.567, e no CPF sob o nº 001.158.107-06, integrante da sociedade SAMPAIO & LACOMBE ADVOGADOS ASSOCIADOS, com registro na OAB – RJ sob o nº 9.654, com escritório na Rua do Rosário, nº 88, Centro, Cep: 33.142-176, na cidade do Rio de Janeiro – RJ e endereço eletrônico fernanda.lacombe@internet.com.br, substabelece, COM RESERVA DE PODERES, na pessoa de EDSON TESLA, brasileiro, advogado, solteiro, inscrito na OAB – RJ, sob o nº 100.001, inscrito no CPF sob o nº 043.144.007-01, com escritório na Avenida Senhor dos Passos, nº 15, Centro, na cidade do Rio de Janeiro – RJ, os poderes que me foram outorgados por CAIO CARVALHO, conforme instrumento de procuração, para agir no feito em trâmite na 10ª Vara Cível da Comarca do Rio de Janeiro (Proc nº 0000123-30.2015.8.19.0001), cuja parte adversa é TÍCIO TAVARES.

Local e data.

Assinatura do substabelecente

8.1.1.3. Contrato de honorários advocatícios

Finalidade: Os honorários advocatícios convencionados constituem o pacto de remuneração em razão da prestação de serviço profissional por um advogado, de forma independente do resultado alcançado na causa.

Dispositivo(s): art. 24, Lei nº 8.906/94; Art. 48 – art. 54, Resolução nº 02/2015, novo Código de Ética da OAB.

Importante:

1) O **contrato "escrito"** que estipular honorários advocatícios tem natureza de título executivo extrajudicial (art. 24, Lei nº 8.906/94), diversamente do contrato verbal, que exige o ajuizamento de ação de conhecimento para cobrança dos respectivos valores, hipótese em que o advogado pleiteará o arbitramento judicial da verba honorária (art. 22, par. 2º, Lei nº 8.906/94).

2) Sobre o **formato**, o contrato de prestação de serviços de advocacia não exige forma especial, devendo estabelecer, porém, com clareza e precisão, o seu objeto, os honorários ajustados, a forma de pagamento, a extensão do patrocínio, esclarecendo se este abrangerá todos os atos do processo ou limitar-se-á a determinado grau de jurisdição, além de dispor sobre a hipótese de a causa encerrar-se mediante transação ou acordo (art. 48, § 1º, Resolução nº 02/2015, novo Código de Ética da OAB). Há precedente jurisdicional pela possibilidade de que a pactuação da verba honorária contratual (relação cliente-advogado) se dê no bojo da própria procuração, inclusive nos termos da lei civil (art. 107, CC), o que acaba por facilitar a vida do advogado: "*ante a ausência de regra legal a fixar uma forma especial para a celebração dos contratos* *de prestação de serviços jurídicos, não se pode recusar valor jurídico aos pactos celebrados entre os mandantes e os seus patronos, inclusive quanto à remuneração prometida a estes últimos, ainda que essa cláusula econômica se encontre no bojo dos próprios instrumentos de mandato, é dizer, no corpo das respectivas procurações, sob pena de se ferir a autonomia da vontade por eles manifestada"* (STJ – REsp 1.818.107/RJ, 1ª Turma, *DJ* 07/12/2021).

3) Como **parâmetro de cobrança**, cabe seguir a tabela de honorários fixada pela Seccional da OAB de cada Estado da Federação, cujo desrespeito ao mínimo demonstra "aviltamento de honorários" (ou "mercantilização da advocacia"), ferindo a ética profissional (art. 48, par. 6º, Resolução nº 02/2015, novo Código de Ética da OAB). Por sua vez, não há limite máximo, diante da especialização dos serviços contratados.

4) O contrato de honorários pode adotar a **cláusula *quota litis***, o que significa que o recebimento da verba honorária dependerá da vantagem obtida pelo cliente no processo. Nesse caso, deverão os honorários advocatícios ser representados em pecúnia e, quando acrescidos dos honorários da sucumbência, não podem ser superiores às vantagens advindas a favor do cliente (art. 50, Resolução nº 02/2015, novo Código de Ética da OAB), ou seja, não podem ultrapassar 50% do benefício total auferido pelo cliente (sob pena de o advogado ganhar mais propriamente do que o cliente, o que se nega) – diga-se que há precedente no sentido de se estabelecer um parâmetro de moderação ao contrato de honorários *quota litis*, quando verificada situação de lesão, ou seja, na desproporção existente entre as prestações de um contrato no momento da realização do negócio (*vide* arts. 157, 421, 422 e 187, CC), havendo para uma das partes (no caso, o advogado) um aproveitamento indevido decorrente da situação de inferioridade da outra parte (no caso, seu cliente) (STJ – REsp 1.155.200/DF, 3ª Turma, *DJ* 22/02/2011, tendo sido fixado o limite de 30% para o respectivo caso concreto);

5) O contrato de honorários pode pactuar a **atuação do advogado** de forma ampla, ou mesmo em formato desmembrado para cada ato processual isolado (*v.g.*, delimitar o quantitativo de audiências de conciliação ou de mediação que estarão compreendidas no contrato, com a presença do advogado, tendo em vista o art. 334, pars. 2º e 9º, CPC), como também delimitar a instância de atuação, por exemplo, excluir a atuação profissional nos tribunais superiores, sendo o caso.

6) Muitas das **previsões contratuais** ditadas no modelo abaixo não são obrigatórias, mas são convenientes para trazer maior informação e transparência das vicissitudes práticas ao cliente, evitando futuros aborrecimentos e a discórdia entre os contratantes.

Modelo

Pelo presente instrumento particular, CAIO CARVALHO, brasileiro, solteiro, agente público, domiciliado e residente na Rua Barão do Rio Branco, nº 1.505, Centro, Cep: 33.122-101, na cidade do Rio de Janeiro – RJ, regularmente inscrito no CPF sob o nº 183.298.118-59, doravante denominado CONTRATANTE; e de outro FRANCISCO LEITE DE BITTENCOURT SAMPAIO, brasileiro, advogado, casado, inscrito na OAB – RJ, sob o

428 ■ *Petições e Prática Cível*

nº 1.834, e no CPF sob o nº 001.158.107-06, MARIA FERNANDA DA CUNHA LACOMBE, brasileira, advogada, casada, inscrita na OAB – RJ, sob o nº 52.168 e ALCINO BOTELHO, brasileiro, advogado, solteiro, inscrito na OAB – RJ sob o nº 88.659, todos integrantes da sociedade de advogados Sampaio & Lacombe Advogados Associados, com endereço à Rua do Rosário, nº 88, Centro, Cep: 33.142-176, na cidade do Rio de Janeiro – RJ, doravante denominados CONTRATADOS, firmam contrato de prestação de serviços profissionais, conforme cláusulas e condições a seguir:

Cláusula Primeira: O objeto deste contrato é a atuação judicial dos CONTRATADOS no interesse do CONTRATANTE, incluindo o ajuizamento, acompanhamento e movimentação no feito, responsabilizando-se pelo respeito aos prazos processuais e atendimento às exigências legais e judiciais, até a decisão final de última instância, no que concerne, em síntese, ao seguinte fato: cobrança de valores decorrentes de contrato de mútuo inadimplido, celebrado entre o CONTRATANTE e o Sr. Tício Tavares, cujo vencimento se deu em 10/04/2018.

Parágrafo Único: Aos CONTRATADOS é admitido substabelecer o mandato, com reserva de poderes, em auxílio à prática dos atos processuais pertinentes ao presente mandato (art. 26, *caput*, Resolução nº 02/2015, novo Código de Ética da OAB).

Cláusula Segunda: O CONTRATANTE, mediante orientação preventiva dos CONTRATADOS, se obriga a fornecer as informações, documentos e meios necessários ao embasamento do pretendido direito; bem como a efetuar o recolhimento das despesas decorrentes da causa, exigidas no início, no decorrer e na baixa do processo, desde que devidamente comprovadas, incluindo as diligências de comunicação processual, pagamento de perito e assistente técnico, preparo recursal, dentre outros, cujos valores deverão ser adiantados pelo CONTRATANTE (art. 48, par. 3º, Resolução nº 02/2015, novo Código de Ética da OAB), com a ciência de que a inércia do cliente quanto às providências solicitadas poderá implicar na renúncia ao mandato pelo advogado (art. 15, Resolução nº 02/2015, novo Código de Ética da OAB).

Parágrafo Único: O CONTRATANTE se compromete a manter atualizados os meios de contato ora informados, devendo informar imediatamente aos CONTRATADOS qualquer alteração havida.

Cláusula Terceira: OS CONTRATADOS se comprometem a manter o CONTRATANTE atualizado dos acontecimentos relevantes do processo, bem como a esclarecer dúvidas sobre o procedimento e julgamento, através do e-mail ou telefone profissional do escritório, no horário de expediente e em dias úteis. A utilização de mensagens por celular, WhatsApp ou rede social, bem como ligações telefônicas, fora do horário de expediente ou em finais de semana e feriados, têm cunho excepcional para situações de emergência, podendo ser desconsideradas caso estejam fora deste teor. No caso de insistência, sobretudo na via ou horário inadequado, será cobrado o valor de hora consulta nos termos da tabela da OAB local.

Cláusula Quarta: Em remuneração dos serviços profissionais contratados, o CONTRATANTE se obriga ao pagamento de verba honorária aos CONTRATADOS no valor de R$ 12.000,00 (doze mil reais), divididos em 3 (três) parcelas de R$ 4.000,00 (quatro mil reais), sendo a primeira para pagamento imediato, no momento da celebração desta avença; a segunda até a decisão final de primeiro grau; e a última no final do processo (art. 22, par. 3º, Lei nº 8.906/94).

Parágrafo Primeiro: O pagamento da verba honorária contratual independe do êxito na causa, ficando também estabelecido que em caso de atraso serão cobrados juros de mora na razão de 1% (um por cento) ao mês.

Parágrafo Segundo: No caso de composição amigável, ou outro ato dispositivo praticado por qualquer das partes, a verba honorária ora contratada não será reduzida (art. 48, par. 5º, Resolução nº 02/2015, novo Código de Ética da OAB).

Parágrafo Terceiro: Havendo condenação em honorários de sucumbência, pertencerão estes aos CONTRATADOS, sem exclusão da verba honorária ora contratada, em atenção aos preceitos legais (art. 85, *caput*, e par. 14, CPC c/c art. 23, Lei nº 8.906/94).

Parágrafo Quarto: A revogação do mandato judicial por vontade do CONTRATANTE não o desobriga do pagamento das verbas honorárias contratadas, assim como não retira o direito de os CONTRATADOS receberem o quanto lhes seja devido em eventual verba honorária de sucumbência, calculada proporcionalmente em face do serviço efetivamente prestado (art. 17, Resolução nº 02/2015, novo Código de Ética da OAB).

Cláusula Quinta: Havendo levantamento ou recebimento de valores, o CONTRATADO fica autorizado a deduzir, dos valores favoráveis aos CONTRATANTES, a importância referente à verba honorária e despesas, mediante prestação de contas, conforme preceito legal (art. 48, par. 2º, Resolução nº 02/2015, novo Código de Ética da OAB).

Cláusula Sexta: Elegem as partes o foro da Comarca do Rio de Janeiro/RJ, para dirimir controvérsias oriundas do presente contrato, podendo os CONTRATADOS, ainda, optarem pelo foro de domicílio do CONTRATANTE.

Por estarem justos e contratados, assinam o presente instrumento particular em duas vias de igual teor, para os devidos fins legais.

Local e data.

Assinatura do contratante

Assinatura dos contratados

8.1.1.4. Noções sobre empreendedorismo na seara advocatícia

Muitos advogados têm dificuldade na tarefa de estipular o **montante de honorários contratuais cobrado ao cliente**, notadamente para estabelecer um preço não só adequado

430 ■ Petições e Prática Cível

mas lucrativo em relação aos serviços que estão sendo ofertados. Não é incomum a situação de o advogado se nivelar por baixo e entrar numa guerra de preços com outros advogados ("quem cobra menos") para não perder o cliente.

Principiando informações gerais de empreendedorismo na seara advocatícia, visando a potencializar o preço dos seus serviços, cabe anotar: **a)** quanto maior for a percepção pelo cliente da autoridade do advogado naquele segmento (seja pela especialidade ou reputação), mais fácil será cobrar um patamar maior de honorários advocatícios; **b)** o advogado deve demonstrar ao cliente que poderá lhe trazer muito mais valor/resultado ("aquilo que o cliente percebe como vantagem") do que o patamar de verba honorária cobrado; **c)** atender as expectativas do cliente é importante tanto para fidelizá-lo, quanto para obter outros clientes mediante indicação dele; **d)** estabelecer o segmento de atuação e analisar o respectivo público-alvo (identificação do problema vivenciado pelo cliente, sua necessidade e expectativa) tende a facilitar a captação de contratantes; **e)** na formulação da oferta, uma regra básica é o advogado, antes, inteirar o cliente da natureza/qualidade do atinente trabalho ofertado e do resultado que poderá ser obtido, para só depois passar o preço do respectivo serviço, pois desse modo não se estará a entrar num nivelamento que diga respeito apenas à "precificação", já que introduzido na equação o fator "especialidade/qualidade dos serviços" e "potencialidade do resultado"; **f)** na negativa do cliente quanto ao patamar de verba honorária indicado inicialmente pelo advogado, deve este, como técnica de negociação, não simplesmente diminuí-lo, mas tentar outras alternativas que possam manter o patamar inicial (*v.g.* ofertar um parcelamento, estabelecer metas de êxito, ofertar serviços extras etc.).

Uma forma de conquistar o mercado é investir no *marketing* digital, de forma que o(a) advogado(a) deve refletir seriamente sobre a produção e compartilhamento de conteúdo sobre a sua área de atuação (*v.g.*, redigir textos sobre reformas legislativas ou julgados importantes naquele segmento, enviando para sites especializados; criar contas em redes sociais para divulgação do trabalho) – desde que respeitado o Código de Ética e Disciplina da OAB, que autoriza o uso da internet e outros meios eletrônicos de publicidade, mas veda a propaganda que ofereça serviços ou representem forma de captação de clientela (arts. 39 e 46, Resolução nº 02/2015, Conselho Federal da OAB).

Na lógica de transformação digital, tal a velocidade da informação, muitas vezes se apresentará mais frutífero, em termos de alavancar a credibilidade do profissional no mercado, ter um bom perfil em redes sociais (verdadeiro currículo *on-line*), gratuitamente criado e facilmente encontrado pelos interessados, do que possuir um escritório físico ou site específico. Além disso, aqueles que investem nesta seara têm nos comentários e curtidas importantes indicativos de quais matérias encontram maior receptividade, podendo, assim, direcionar o seu labor ao ramo ou assunto mais aclamado.

Finalmente, na *questão contábil-financeira*, convém destacar que o profissional advogado pode aderir ao Simples Nacional, regime simplificado de tributação, obtendo grandes vantagens em comparação ao IRPF (art. 15, Lei nº 8.906/94, com redação dada pela Lei nº 13.247/2016) – o que reflete grande conquista para a classe.

8.1.2. Sucessão de Advogados

A sucessão de advogados é possível (e comum) no curso do feito, tanto pela revogação quanto pela renúncia, encontrando guarida na própria legislação processual codificada (art. 111 – art. 112, CPC).

8.1.2.1. Petição de revogação de mandato

Peça vinculada ao caso concreto: Sim.

Finalidade: Objetiva a saída do advogado do processo, por vontade do cliente, fazendo cessar a responsabilidade profissional pelo acompanhamento da causa. Difere da renúncia ao mandato, cujo ato volitivo parte do próprio advogado (art. 112, CPC). Com a saída do advogado, a parte desabrigada deverá constituir novo advogado no mesmo ato, e, caso isso não seja feito, deverá o juiz suspender o processo e designar prazo razoável para que seja constituído novo patrono (art. 76, CPC).

Dispositivo(s): art. 111, CPC, art. 682, inc. I, art. 686, CC e art. 17, Resolução nº 02/2015, novo Código de Ética da OAB.

Importante:

1) Dispensa-se a prévia comunicação ao advogado desconstituído, embora recomendável para inibir conflitos.

2) A jurisprudência da Corte Superior é orientada no sentido de que a constituição de novo procurador nos autos, sem que haja ressalva em sentido contrário, acarreta **revogação tácita** dos mandatos anteriores: *"1. Este Superior Tribunal tem precedentes firmados no sentido de que a outorga de poderes a um novo patrono, sem reservas quanto aos do antigo advogado, revoga tacitamente o mandato anterior"* (STJ – HC 507.487/PB, 6ª Turma, DJ 05/09/2019).

3) A revogação do mandato judicial por vontade do cliente não o desobriga do pagamento da **verba honorária** *contratada*, assim como não retira o direito de o advogado receber o quanto lhe seja devido em eventual verba honorária *sucumbencial*, calculada proporcionalmente em razão do serviço efetivamente prestado (art. 17, Resolução nº 02/2015, novo Código de Ética da OAB). Nesse caso, o antigo advogado não está autorizado a demandar honorários de sucumbência da parte adversa nos próprios autos da execução relativa ao objeto, devendo, em verdade, pleitear seus direitos (*v.g.*, honorários contratuais e indenização pelos honorários sucumbenciais de que foi privado) em ação autônoma proposta contra o seu antigo (STJ – AgRg no AREsp 757.537/RS, 3ª Turma, DJ 27/10/2015).

3) Sobre o **prazo prescricional** para cobrança de honorários advocatícios *contratuais* ao cliente que revogou o mandado, tem-se a fluência desta comunicação de quebra contratual: *"1. O prazo prescricional para cobrança de honorários advocatícios contratuais, quando houver renúncia ou revogação do mandato, conta-se do dia da ciência desses atos, e não do trânsito em julgado verificado*

432 ■ *Petições e Prática Cível*

na ação em que se deu a atuação do advogado. Precedentes" (STJ – AgInt no AREsp 1.122.564/ RS, 4ª Turma, *DJ* 26/06/2018).

4) Uma vez que se refere a direito potestativo, **descabe a incidência de multa contratual** para o caso de revogação do mandato pelo cliente: *"5. No contrato de prestação de serviços advocatícios, em razão do mister do advogado, só há falar em cláusula penal para as situações de mora e/ou inadimplemento e desde que os valores sejam fixados com razoabilidade, sob pena de redução (CC, arts. 412/413). 6. Não é possível a estipulação de multa no contrato de honorários para as hipóteses de renúncia ou revogação unilateral do mandato do advogado, independentemente de motivação, respeitado o direito de recebimento dos honorários proporcionais ao serviço prestado"* (STJ – REsp 1.346.171/PR, 4ª Turma, DJ 11/10/2016).

Modelo

COLENDO JUÍZO DA 10ª VARA CÍVEL DA COMARCA DO RIO DE JANEIRO – RJ

PROC. Nº 0000123-30.2015.8.19.0001

TÍCIO TAVARES, já qualificado nos autos em epígrafe, da demanda que lhe promove CAIO CARVALHO, vem, à presença de V.Ex.a, respeitosamente, comunicar expressamente a revogação do mandato outorgado ao advogado Dr. BERNARDO SANTORO, não mais lhe convindo a continuação do exercício dos poderes conferidos nestes autos, conforme faculdade outorgada pela lei (art. 111, CPC c/c art. 682, inc. I, CC). Aproveitando o ensejo, vem nomear outro patrono para lhe representar na causa, Dr. LETÍCIO LÊNIO, subscritor da presente petição, conforme instrumento de procuração em anexo (art. 104, CPC), para os devidos fins. Requer, assim, seja anotada a referida alteração de representação nos autos, bem como que as futuras comunicações processuais sejam feitas em nome do novo advogado indicado, sob pena de nulidade (art. 272, § 5º, CPC).

Termos em que

Pede e espera deferimento.

Local e data.

Nome e assinatura do(a) advogado(a)

8.1.2.2. Petição de renúncia ao mandato

Peça vinculada ao caso concreto: Sim.

Finalidade: Objetiva a saída do advogado do processo, por vontade deste, fazendo cessar a responsabilidade profissional pelo acompanhamento da causa, uma vez decorrido o prazo legal. Difere da revogação do mandato, cujo ato volitivo parte do cliente (art. 111, CPC). Com a saída do advogado, a parte desabrigada deverá constituir novo advogado, devendo o juiz, se for o caso, suspender o processo e designar prazo razoável para que seja constituído novo patrono (art. 76, CPC).

Dispositivo(s): art. 112, CPC; art. 682, inc. I, e art. 688, CC; art. 5º, par. 3º, Lei nº 8.906/1994; art. 15 e art. 16, Resolução no 02/2015, novo Código de Ética da OAB.

Importante:

1) A petição é feita em nome do advogado, justamente aquele que apresenta renúncia ao mandato, não sendo preciso declinar o **motivo da abdicação de poderes** (art. 16, Resolução nº 02/2015, novo Código de Ética da OAB).

2) Deverá ser feita prévia **notificação do cliente** acerca da renúncia (art. 112, CPC c/c art. 688, CC), sendo ineficaz a mera manifestação nos autos de tal intenção pelo advogado (Verbete Sumular nº 278, TJ-RJ). Dispensa-se, porém, esta comunicação se a procuração tiver sido outorgada a vários advogados e a parte continuar sendo representada por outro, apesar desta isolada renúncia (art. 112, par. 2º, CPC).

3) Após a comunicação da renúncia, ter-se-á a **permanência de representação pelo advogado** do mandante, desde que necessário para lhe evitar prejuízo, nos 10 (dez) dias seguintes (art. 112, par. 1º, CPC c/c art. 5º, par. 3º, Lei nº 8.906/1994).

4) Quanto ao prosseguimento do feito, a jurisprudência pontua a **desnecessidade de intimação pessoal da parte, cujo advogado renunciou, para que constitua novo patrono** (inaplicável o art. 76, par. 1º, CPC): "Havendo regular comunicação à parte no que tange à renúncia do mandato pelo seu patrono, é dispensável a determinação judicial para intimação da parte objetivando a regularização da representação processual, sendo seu ônus a constituição de novo patrono. Precedentes" (STJ – AgInt no AREsp 1.025.325/SP, 4ª Turma, *DJ* 06/04/2017).

5) Uma vez que se refere a direito potestativo, **descabe a incidência de multa contratual** para o caso de renúncia ao mandato pelo advogado: "*5. No contrato de prestação de serviços advocatícios, em razão do mister do advogado, só há falar em cláusula penal para as situações de mora e/ou inadimplemento e desde que os valores sejam fixados com razoabilidade, sob pena de redução (CC, arts. 412/413). 6. Não é possível a estipulação de multa no contrato de honorários para as hipóteses de renúncia ou revogação unilateral do mandato do advogado, independentemente de motivação, respeitado o direito de recebimento dos honorários proporcionais ao serviço prestado*" (STJ – REsp 1.346.171/PR, 4ª Turma, DJ 11/10/2016).

Verbete(s): Súmula nº 278, TJ-RJ: "*É ineficaz a comunicação feita nos autos, por advogado, acerca da renúncia do mandato, antes da efetiva notificação do mandante*".

434 ▪ *Petições e Prática Cível*

Modelo

COLENDO JUÍZO DA 10ª VARA CÍVEL DA COMARCA DO RIO DE JANEIRO – RJ

PROC. Nº 0000123-30.2015.8.19.0001

ALCINO BOTELHO, advogado, devidamente constituído nos presentes autos para representar os interesses de CAIO CARVALHO, autor da presente demanda, vem à presença de V.Ex.a, respeitosamente, apresentar a sua renúncia ao mandato, faculdade que lhe é outorgada pela lei (art. 112, CPC c/c art. 682, inc. I, CC), demonstrando comprovação da escorreita comunicação do mandante a fim de nomear sucessor, conforme cópia do anexo aviso de recebimento de notificação positivo.

Termos em que

Pede e espera deferimento.

Local e data.

Nome e assinatura do advogado(a)

8.1.3. Gestão e Estratégia Processual

Uma vez que defende sujeito processual parcial, não se pode mesmo esperar imparcialidade do advogado. Nesse espírito, *Piero Calamandrei* chegou a exclamar que "a querela entre os advogados e a verdade é tão antiga quanto a que existe entre o diabo e a água benta". Embora a primeira assertiva seja irrefutável, vê-se inegável a sujeição do advogado aos deveres processuais de colaboração e de agir com boa-fé (arts. 5º, 6º, 77, CPC), atendendo a ética profissional, dentre outros.

O atuar partidário do advogado dá o tom da racionalidade desenvolvida no processo, em que os litigantes constroem seus comportamentos de acordo com os incentivos e desencorajamentos do sistema, em complexa "disputa" judicial; afinal se litiga pela vitória na causa (art. 2º, § 2º, Lei nº 8.906/94).

Justamente nesse tino, cabe ao advogado gerenciar os entraves processuais, permitir o desenvolvimento regular do procedimento, e laborar de forma estratégica para convencer o julgador do acerto e justiça de sua postulação ou defesa.

Quem está começando logo entenderá que *não basta peticionar e aguardar o resultado, sendo muitas das vezes fundamental cobrar o andamento cartorário, ou mesmo "despachar" com o julgador para obter uma decisão favorável. A dinâmica cartorária ensina a importância de petições claras, assertivas e curtas. Também não se deve dar nenhuma brecha para que a parte adversa, querendo, crie tumulto processual.*

Quanto ao debate desenvolvido no feito, certo é que nem sempre ele será vencido por aquele que tem razão. Quer se dizer que o esquema argumentativo contribui e pode ser decisivo quanto ao convencimento judicial. Embora neste livro se defenda a utilização lícita e ética de estratagemas dialéticos (como não poderia deixar de ser), cabe-nos considerá-los mesmo num tom de perversidade, com o objetivo de alerta ao incauto.

Em visualização, vê-se frequente a utilização da "tática de desmerecimento" quanto às afirmações do adversário, de modo a incutir um conceito de depreciação integral do arrazoado, o que pode ser explorado pelo advogado, sobretudo no momento da contestação e na réplica (*v.g.*, apontar falha ou incoerência na narrativa fática ou mesmo na formulação jurídica apresentada).

Outro exemplo, porém indigno de nosso elogio/aconselhamento, é extraído da tática da "cortina de fumaça", no sentido de se fazer alegações defensivas amplas, em geral despidas de fundamento, não necessariamente mentirosas, objetivando tumultuar a compreensão judicial da narrativa fática e/ou o desalinho na interpretação do Direito aplicável (*v.g.*, embaralhar os fatos e a forma em que os eventos se deram; valer-se de jurisprudência já ultrapassada). Embora muito frequente, tal conduta nem sempre é coibida pelo Judiciário como deveria (na forma, *v.g.*, dos arts. 80/81 e 774, CPC), cabendo ao advogado da parte prejudicada apontar e requerer a aplicação de sanções no caso concreto. *Sempre que seu adversário tenha agido para desorientar as circunstâncias fáticas, de modo a levar o julgador a equívoco, deverá o advogado redobrar o cuidado em tornar direta e imediatamente compreensível sua exposição da dinâmica dos fatos (v.g., fazer esquemas temporais em data crescente dos acontecimentos).*

Sobre o *gerenciamento do feito*, traz-se enredo exemplificativo aplicável (e aconselhável) em situações cruciais do processo, a exigir especial atenção e planejamento do advogado, com o objetivo de incrementar a perspectiva de um resultado favorável e eficaz na causa, conforme o caso. O intuito deste extrato (embrionário) é apenas reverenciar a importância do atuar zeloso, producente e cooperativo do advogado. Assim, tais estratégias se somam às outras previstas de forma esparsa nos demais capítulos.

Tutela provisória: a) atentar que a concessão da tutela provisória pode se dar até mesmo na sentença, ganhando corpo o requerimento ou sua reiteração no momento das alegações finais, algo que servirá para quebrar o efeito suspensivo do recurso de apelação, nesta parte (art. 1.012, par. 1º, V, CPC); **b**) contemplar a possibilidade de requerimento da tutela provisória de evidência, instituto reverenciado na nova lei processual (art. 311, CPC), sobretudo no momento da réplica, em *tática de desmerecimento* da defesa apresentada pelo demandado (*v.g.*, para alegar que o réu não opôs prova capaz de gerar dúvida razoável quanto à prova documental autoral); **c**) observar que o indeferimento inicial da tutela provisória pode ser remediado com um novo pleito, desde que sejam trazidos *novos fatos e provas* (noção do art. 493, CPC), o que deve ser bem frisado para afastar o discurso de preclusão da matéria (art. 507, CPC).

436 ■ *Petições e Prática Cível*

Citação: a) se não for o caso de citação do demandado por meio eletrônico, meio preferencial (art. 246, CPC, com redação dada pela Lei nº 14.195/2021), evocar o cabimento da citação pelos correios, o que pode se dar para qualquer comarca do país (art. 247, CPC, com redação dada pela Lei nº 14.195/2021), tratando-se de medida menos custosa, a evitar a expedição de carta precatória quando o réu residir em outra localidade, sem contar que há disciplina ditando válida a entrega da respectiva ordem de citação a funcionário da portaria responsável pelo recebimento da correspondência em condomínio edilício ou loteamento com controle de acesso, o que agilizar a comunicação processual por tal via (art. 248, § 4º, CPC).

Acordo: a) no cotejo do *ganho certo de um acordo* e do *ganho probabilístico de um resultado jurisdicional final favorável*, a realização de composição amigável no processo de conhecimento pode ser muito interessante, ainda que com certo deságio/perda, para encerrar desde já a fase cognitiva do feito, sobretudo quando não se tenham firmes elementos probatórios a escorar a pretensão (*v.g.*, vale o mesmo para o acordo extrajudicial que envolva dívida com eficácia executiva prescrita, ou sem o adequado preenchimento dos requisitos legais para sua cobrança); **b**) convém ponderar, inclusive como técnica argumentativa, que o desejo egoísta de ganho (tirar algo de outrem, sem ganho mútuo) inibe o resultado positivo da negociação, fazendo com que as partes deixem de alcançar um acordo mesmo que ambas dele se beneficiem direta ou indiretamente (*v.g.*, evitar dispêndio de recursos e/ou perda de tempo num desnecessário "cabo de força"); **c**) em razão de a audiência de conciliação ou de mediação estar situada num momento posterior à propositura da ação, porém anterior à apresentação de defesa do demandado (arts. 334/335, CPC), em termos de barganha, pode-se extrair certa vantagem do réu, que já conhece a fundamentação e limites do pedido do autor, enquanto este último desconhece qual a estratégia argumentativa de seu opositor – algo que, naturalmente, deve ser explorado/potencializado pelo advogado do demandado; **d**) conforme o caso, apresenta-se como uma boa técnica de acordo a conduta de o litigante melhorar a proposta formulada, ainda que de forma diminuta (e não se demonstrar irredutível quanto à proposição inicial), de modo a *incutir no adversário a percepção de que tal foi vencedor e auferiu alguma vantagem (ainda que mínima) na negociação*; **e**) quando há iminente risco de derrota, algumas sociedades empresárias, sobretudo no segmento consumerista, utilizam-se da tática de realizar composição amigável para evitar que se firme jurisprudência contrária a si; **f**) especificamente, se o réu não deseja a realização da audiência de conciliação ou de mediação, poderá não só apresentar seu pedido de cancelamento (art. 334, par. 5º, CPC), mas também a própria contestação, antecipando-a (art. 218, par. 4º, CPC); **g**) o requerimento de designação de audiência especial conciliatória (art. 139, VI, CPC), embora possa constituir uma tática do demandado visando a ganhar tempo processual, não costuma ser reprimido na prática forense.

Provas: a) realizar requerimento de provas de forma bem ampla, afinal deve a parte cumprir o ônus que lhe cabe (art. 373, CPC), inclusive porque nem sempre se pode precisar qual prova o juiz (seu principal destinatário) entenderá como categórica para a formação do seu convencimento; **b**) considerar que o requerimento de provas constitui a *apresentação das armas do postulante*, e isto pode interferir na forma como a parte adversa se comportará na demanda judicial (*v.g.,* se o autor não postular a produção de prova testemunhal, poderá argumentar o advogado do réu que o demandante sequer possui uma testemunha que ateste o ocorrido); **c**) na atividade de juntar fotos em demonstração visual do ocorrido (*v.g.,* dano e sua extensão), pode o advogado, valendo-se da liberdade das formas (art. 188, CPC), copiá-las no próprio corpo da petição, logo após a sua respectiva menção – ou seja, não é necessário sempre juntá-las em anexo –, o que tende a facilitar a análise judicial; **d**) sopesar o regramento do ônus da prova, já que a defesa indireta de mérito (quando o réu confessa o fato alegado pelo autor e opõe um novo fato destrutivo do direito autoral) pode não se demonstrar a melhor estratégia defensiva quando se saiba que o autor não tem como comprovar o fato constitutivo do seu direito, e o fato defensivo aduzido pelo réu for de difícil comprovação (*v.g.,* por vezes, a dificuldade da comprovação do pagamento da dívida faz com que o réu opte por adotar linha defensiva de negar a própria dívida); **e**) pleitear dinamização do ônus probatório na petição inicial ou na contestação, conforme o caso (art. 373, par. 1º, CPC), verificada a dificuldade na produção probatória; **f**) verificar a utilidade de pleitear a alteração da ordem de produção de provas (art. 139, VI, *in fine*; e art. 361, *caput*, CPC), o que pode, inclusive servir para dispensa de uma prova mais custosa (*v.g.,* requerer a realização da prova oral antes em formato para evitar a produção de prova pericial, aduzindo-se ser esta última desnecessária, conforme art. 464, inc. II, CPC); **g**) considerar o problema acometido ao Poder Judiciário da enxurrada de processos, de modo que o advogado deve, organizada e assertivamente, *favorecer o conhecimento do conjunto probatório pelos julgadores* (*v.g.,* apresentar memoriais aos julgadores de órgãos colegiados com relato e cópia dos documentos essenciais ao entendimento da controvérsia; quanto aos vídeos, cada vez mais comuns como meio de prova, sendo impraticável a sua juntada no próprio processo eletrônico, o que faz exigível o acautelamento em Cartório – em CD-ROM, DVD ou mesmo pen-drive –, convém levar o computador para audiência, o que facilitará a sua visualização pelo julgador, ou até mesmo colocá-los numa plataforma pública, como o site YouTube, com a numeração do respectivo processo, algo que não é vedado – exceto se vigorar segredo de justiça –, desde que esteja respaldado pelo acautelamento prévio de prova idêntica no feito; **h**) considerar que no pleito de dano moral deve ser bem trabalhada a prova das circunstâncias fáticas e dos dissabores vivenciados (como também, a gravidade do fato em si e suas consequências para a vítima; a intensidade do dolo ou grau de culpa do agente; as condições econômicas do ofensor; e as condições pessoais da vítima), porquanto a jurisprudência encampa a exegese de que o mero inadimplemento contratual não é apto, por si só, para gerar a condenação, algo combatido pela tese do Desvio Produtivo do Consumidor, relatada em outras passagens deste livro; **i**) quando se trate de defesa do demandado, como forma de minorar a eventual condenação em danos morais (ou mesmo excluí-la), convém orientar o cliente a cumprir imediatamente a obrigação judicializada (*v.g.,* religar a conta telefônica), se de fato devida, logo após o ajuizamento, porquanto isto demonstrará intenção colaborativa; **j**) diante do alto custo da perícia, requerer, eventualmente, a gratuidade de justiça apenas quanto ao respectivo ato (art. 98, par. 5º, CPC), o parcelamento de seu valor (art. 98, par. 6º, CPC), ou mesmo o pagamento de 50% no início dos trabalhos e o restante ao

438 ■ *Petições e Prática Cível*

final (art. 465, par. 4º, CPC). Ainda, se o intuito for a dispensa da produção da prova pericial, poderá se cogitar do requerimento da substituição da perícia por prova técnica simplificada (art. 464, pars. 2º a 4º, CPC). Outro caminho para convencer o juiz a dispensar a perícia é a parte apresentar pareceres técnicos ou documentos elucidativos, na inicial ou na contestação (arts. 472 e 464, par. 1º, II, CPC); **k**) valer-se da ata notarial (art. 384, CPC) como meio de prova, o que ganha relevo diante da fé pública daquele que atesta a existência ou modo de existir de um fato.

Recurso: a) no agravo de instrumento em processo eletrônico, embora não imprescindível que se junte as cópias das peças processuais que demonstram a regularidade formal do recurso (art. 1.017, I e III, e par. 5º, CPC), torna-se conveniente ao advogado fazer expressa referência ao número das folhas dos autos em que se encontram as respectivas peças; **b**) no cotejo sobre a viabilidade de apelar de uma sentença, atentar que se houve prévio agravo de instrumento oriundo do referido feito, haverá regra de prevenção firmando a competência do órgão fracionário que julgou o primeiro recurso (art. 930, par. único, CPC), de modo que se tornará mais fácil elaborar um prognóstico sobre o êxito do recurso de apelação (*v.g.*, fazendo pesquisa de jurisprudência daquele órgão jurisdicional); **c**) nas contrarrazões recursais em geral, eventualmente requerer que eventuais nulidades sanáveis sejam corrigidas sem decretar a nulidade do julgado (art. 938, par. 1º, CPC); **d**) ainda que precluso o prazo para os embargos de declaração (prazo de 5 dias), interpor o recurso específico contra a respectiva decisão (prazo de 15 dias), aduzindo, neste último, também os vícios que fundamentam o primeiro; **e**) No caso de erro do juiz ao sentenciar, verificar se é hipótese em que se permite a retratação pelo magistrado sentenciante, reforçando tal pedido (*v.g.*, art. 331, art. 332 e art. 485, par. 7º, CPC).

Execução: a) na ausência de citação do executado, requerer a medida de bloqueio (arresto) on-line, o que ganha corpo caso já se tenha diligenciado de forma frustrada num endereço formal do devedor (*v.g.*, constante no contrato ou na certidão da Junta Comercial), medida que pode contribuir, inclusive, para forçar o comparecimento espontâneo daquele que tiver seus bens bloqueados; **b**) buscar arrestar/penhorar o bem mais valioso na perspectiva do executado, pois isto o fará se sentir mais pressionado ao pagamento ou a realizar um acordo em condições mais vantajosas ao credor; **c**) observar que a impenhorabilidade do salário de pessoa física (art. 833, IV, CPC) apenas atinge o valor do contracheque no referido mês, cabendo alegar que o valor excedente (reserva de valor) pode ser penhorado; **d**) antecipar o recolhimento das custas judiciais, bem como sempre juntar planilha atualizada do débito, na petição em que se pleiteia penhora on-line, até porque se trata de medida preferencial executiva (art. 835, par. 1º, CPC), e de modo a manter o caráter de surpresa ao executado (art. 854, CPC); **e**) realizar consulta de histórico judicial do devedor, para fins de localização de outros endereços/bens, que possibilitem o prosseguimento do feito; **f**) requerer a determinação de inclusão do nome do executado em cadastros de inadimplentes (art. 782, par. 3º, CPC); ou requerer que a decisão judicial transitada em julgado seja levada a protesto (art. 517, CPC), tratando-se de medidas que potencializam a coerção para que o devedor efetue o pagamento da dívida, conforme o caso; **g**) na óptica defensiva, quando o devedor detenha bens para responder pela dívida (solvência), vê-se mais do que pertinente a este intentar a formalização de acordo, ou mesmo consignar os valores incontroversos em juízo, como forma de estancar os consectários incidentes sobre a dívida; **h**) na óptica defensiva, havendo a intenção do demandado em realizar o pagamento da dívida, vê-se recomendável tentar, antes, ofertar à parte adversa um valor inferior ou parcelado (ou seja, trabalhar melhores condições financeiras).

8.1.4. Processo eletrônico

O intuito deste tópico é trazer temas da vida prática do advogado em sua atuação no processo eletrônico, com indicativo dos entendimentos jurisprudenciais prevalentes.

A informatização do processo judicial no Brasil tem seu primórdio com o advento da Lei do Processo Eletrônico (Lei nº 11.419/2006). Os benefícios do processo eletrônico se relacionam à obtenção de maior celeridade, melhor acessibilidade e mais transparência, além de que se trata de um formato mais econômico e sustentável.

Seguindo tal tendência da "era eletrônica", o Código de Processo Civil de 2015 trouxe vários dispositivos com menção específica concernente à prática eletrônica de atos processuais (*vide* arts. 193-199, CPC), seja sobre efetivação de citações (art. 246, CPC) e intimações (arts. 270; 106, § 2º; 513, § 2º, III, CPC), expedição de cartas (art. 263, CPC); realização de audiências (art. 334, § 7º, CPC), autorização para a prática de atos processuais por meio de videoconferência (arts. 236, § 3º; 385, § 3º; 453, § 1º; 461, § 2º; 937, § 4º, CPC); previsão de documentos eletrônicos (arts. 439-441, CPC), realização de alienação judicial mediante leilão eletrônico (art. 879, II, CPC); dentre outros.

Destaque-se que a Lei nº 14.195/2021 alterou o CPC/2015, elegendo a citação eletrônica como medida preferencial de comunicação processual (art. 246, *caput*, CPC), priorizando-a diante da eficiência que ocasiona. O tema será abordado no tópico nº 8.1.4.2., momento em que se enfrentará sistematicamente a alteração normativa produzida no campo da citação eletrônica (*vide* arts. 77, VII; 231, IX; 238, par. único; 246, *caput*, e §§ 1º, 1º-A, 1º-B, 1º-C, 4º, 5º e 6º; e 247, CPC).

8.1.4.1. Atuação no processo eletrônico

Observe-se que o advogado deverá necessariamente efetuar o credenciamento prévio junto ao órgão do Poder Judiciário respectivo, justamente para que possa, mediante o uso de assinatura eletrônica, peticionar nos autos (art. 2º, Lei nº 11.419/2006).

A *assinatura eletrônica* destina-se à identificação inequívoca do signatário do documento, o qual passa a ostentar o nome do detentor do certificado digital utilizado, o número de série do certificado, bem como a data e a hora do lançamento da firma digital (art. 1º, § 2º, III, Lei nº 11.419/2009).

O advogado, *mesmo sem procuração*, tem o direito de examinar autos de qualquer processo, independente da fase de tramitação, assegurada a obtenção de cópias, salvo na hipótese de segredo de justiça, na qual apenas o advogado constituído terá acesso aos autos (art. 107,

CPC). Tal prerrogativa vale integralmente para os *processos eletrônicos* (art. 107, § 5º, CPC c/c art. 11, §§ 6º e 7º, Lei nº 11.419/2006, incluídos pela Lei nº 13.793/2019).

Em relação ao peticionamento eletrônico, o advogado titular do certificado digital utilizado deve ter procuração nos autos, sob pena de inexistência do respectivo ato processual praticado por petição, ao menos no que se refere à interposição de recursos (interpretação do Verbete Sumular nº 115, STJ). Quanto aos demais atos processuais, como apresentação de petição comum no feito, pode funcionar um raciocínio de instrumentalidade, tratando o vício como mera irregularidade, a permitir a correção do vício (*vide*, ainda, os arts. 104 e 76, CPC),

É irrelevante que na petição esteja ou não grafado o nome do advogado, isto é, vê-se como desnecessária a aposição e assinatura física: "*2. A assinatura eletrônica é a forma de identificação inequívoca do signatário, e a opção pela utilização do meio eletrônico de peticionamento implica a vinculação do advogado titular do certificado digital ao documento chancelado, que será considerado, para todos os efeitos, o subscritor da peça, não tendo valor eventual nome grafado de outro advogado que venha a constar da peça encaminhada e assinada eletronicamente, mesmo que este possua procuração. Precedentes da Corte Especial do STJ*" (STJ – AgInt no REsp 1.802.216/SP, 4ª Turma, DJ 17/09/2019); "*1. Quando a petição é apresentada por meio eletrônico, é irrelevante, para se conhecer do recurso, eventual assinatura no documento físico ou, até mesmo, a ausência dela. Nesses casos, a validade e existência do documento estão condicionadas à existência de procuração ou substabelecimento outorgado ao titular do certificado digital, ou seja, ao advogado que assinou digitalmente a petição. 2. Não se conhece de embargos de declaração enviados por meio eletrônico quando constatado que o advogado que encaminhou a petição, que é o detentor do certificado digital e do respectivo cadastramento, não tem procuração nos autos. Incidência da Súmula nº 115/STJ*" (STJ – EDcl nos EDcl no AgRg no Ag 1.165.174/SP, 3ª Turma, DJ 10/09/2013).

Diferentemente da lógica do processo físico, o mero peticionamento do advogado se habilitando nos autos não faz presumir o conhecimento deste quanto ao andamento processual: "*A habilitação de advogado em autos eletrônicos não é suficiente para a presunção de ciência inequívoca das decisões, sendo inaplicável a lógica dos autos físicos*", com a seguinte fundamentação: "*Cinge-se a controvérsia a saber se a habilitação de advogado no processo eletrônico deve ser entendida como a antiga carga física dos autos, onde a interpretação dessa Corte Superior era no sentido de que se presumia ciente da decisão constante do processo. Tal lógica não é aplicável ao processo eletrônico, onde o advogado habilitado recebe uma chave para ter acesso aos autos. Entretanto, para ler o conteúdo de uma decisão prolatada e ainda não publicada, o advogado precisa, necessariamente, clicar sobre ela, gerando uma intimação imediata do seu teor, constando da movimentação o ocorrido. Assim, a lógica da habilitação de advogado em autos físicos, com a carga, gerando a presunção de ciência das decisões constantes no corpo do processo, não se aplica aos processos eletrônicos, onde, para ter acesso ao conteúdo de uma decisão prolatada e não publicada, precisa necessariamente se intimar na via eletrônica, momento em que inicia seu prazo recursal, constando do movimento do processo de tal ato do procurador da parte*" (STJ – AgInt no REsp 1.592.443/PR, 3ª Turma, DJ 17/12/2018).

8.1.4.2. Comunicação processual eletrônica

A comunicação processual eletrônica poderá ser feita para qualquer demandado, inclusive a Fazenda Pública (art. 6º, Lei nº 11.419/2006), desde que haja *prévio credenciamento no sistema digital* (art. 4º, Lei nº 11.419/2006). A conveniência do cadastro voluntário se vê factível para que grandes litigantes possam otimizar o recebimento das referidas comunicações e, assim, o cumprimento das atinentes providências judiciais.

A **Lei nº 14.195/2021** promoveu mudanças significativas no que se refere à citação por meio eletrônico, como se passa a expor. Esclareça-se que tal lei teve sua validade impugnada via *ação direta de inconstitucionalidade* protocolada em 23/09/2021, por violação ao art. 1º, *caput* e par. único; art. 2º, *caput*; art. 3º; art. 5º, *caput*, e LIV; e art. 62, § 1º, I, *b*; todos da CRFB, isto é, por afronta ao princípio democrático e ao devido processo legislativo, bem como por versar sobre direito processual civil, que é matéria em que o texto constitucional proíbe ser objeto de medida provisória (STF – ADI 7.005/DF, Rel. Min. Roberto Barroso), ainda sem julgamento até o encerramento de 2021.

Fato é que a *vigência* da referida lei se deu na data de sua publicação (arts. 58, V; e 44, Lei nº 14.195/2021); além do que cabe afirmar sua *aplicabilidade imediata aos processos em curso*, respeitados os atos processuais praticados e as situações jurídicas consolidadas sob a vigência da norma revogada (art. 14, CPC).

Atualmente, já se cogita de um verdadeiro **dever processual** de informar e manter atualizados os dados cadastrais perante o Poder Judiciário (art. 77, VII, CPC, com redação dada pela Lei nº 14.195/2021), muito embora não se tenha previsto punição pela ausência de cadastro. Diga-se que o CPC/1015 trouxe regramento pela obrigatoriedade de cadastro de empresas públicas e privadas no sistema de processo em autos eletrônicos, para fins de recebimento de citações e intimações, em medida que muito contribuirá para a aceleração do feito. Exemplificando, o Sistema de Cadastro de Pessoa Jurídica existe no âmbito do TJRJ (SISTCADPJ), cabendo às respectivas empresas sujeitas efetuarem seu cadastro utilizando o Certificado Digital de Pessoas Jurídicas para fazer vínculo de seus representantes (Ato Normativo Conjunto nº 102/2016). Tal dever antes era restrito às pessoas jurídicas públicas e privadas, o que restou mantido mesmo após a reforma legislativa (art. 246, §§ 1º e 2º, CPC, com redação dada pela Lei nº 14.195/2021). Entretanto, as *empresas de pequeno porte e microempresas* passam a se sujeitar a referida obrigatoriedade de cadastro *"quando não possuírem endereço eletrônico cadastrado no sistema integrado da Rede Nacional para a Simplificação do Registro e da Legalização de Empresas e Negócios (Redesim)"* (art. 246, § 6º, CPC, incluído pela Lei nº 14.195/2021).

Nesses moldes, a **citação eletrônica** foi tida como **medida preferencial** de comunicação processual – superando, inclusive, a citação pelos correios –, a ser realizada por *"meio dos endereços eletrônicos indicados pelo citando no banco de dados do Poder Judiciário, conforme regulamento do CNJ"* (art. 246, CPC, com redação dada pela Lei nº 14.195/2021).

No entanto, convém esclarecer que até o momento inexiste banco de dados regulamentado pelo CNJ, que permita o cadastramento de endereço eletrônico em nível nacional. O que temos atualmente são as Resoluções nº 234/2016, CNJ (instituição da plataforma de comunicações processuais); e nº 335/2020, CNJ (integração dos tribunais do país com a criação da plataforma digital do Poder Judiciário brasileiro).

Ainda sobre o assunto, note-se que o legislador não detalhou exatamente qual meio eletrônico é admitido na Lei nº 14.195/2021, gerando uma zona de incerteza. Em princípio, a jurisprudência não vem reconhecendo como válida a **citação por WhatsApp ou outro aplicativo de mensagens**, exceto em regime excepcional, o que se potencializou na situação de pandemia da Covid-19.

No sentido exposto: *"Agravo de instrumento. Citação. Inércia do oficial de justiça. Pedido de citação por WhatsApp. Inexistência de previsão legal específica a respeito. Ademais, na Lei nº 14.195/2021 não prevê utilização do aplicativo whatsapp mas citação por endereços eletrônicos indicados pelo citando no banco de dados do Poder Judiciário, conforme regulamento a ser expedido pelo Conselho Nacional de Justiça. No mais, a eventual inércia do oficial de justiça deve ser objeto de questionamento perante a Corregedoria do Setor de Mandados da Comarca. Decisão mantida. Recurso improvido, com observação"* (TJ-SP – 2204482-41.2021.8.26.0000, 4ª Câmara de Direito Privado, DJ 21/09/2021); *"Agravo de instrumento. Direito processual civil. Decisão agravada que indeferiu, por ora, a citação do réu por meio de aplicativo de mensagem – WhatsApp. 1) O novo regramento para a citação instaurado pela Lei nº 14.195/2021 não autoriza expressamente a citação por meio de aplicativos de mensagem. 2) A regra atual é de que a citação deve se dar, preferencialmente, pelo meio eletrônico, por meio dos endereços eletrônicos indicados pelo citando no banco de dados do Poder Judiciário. 3) Em consulta ao CNPJ indicado pelo autor no cadastro mantido por este Tribunal de Justiça, não foram localizadas informações pertinentes ao réu. 3) Nada obstante, a jurisprudência pátria vem admitindo a citação por whatsapp, desde que observados certos requisitos para comprovar a identidade do destinatário. 4) Outrossim, considerando a pandemia da Covid-19, o Provimento 56, de 2020, da Corregedoria Geral de Justiça, autorizou a comunicação processual por meio de aplicativos de mensagens, desde que o Oficial de Justiça Avaliador designado para o cumprimento da diligência estivesse inserido em grupo de risco, e, portanto, impossibilitado de cumprir as suas funções presencialmente, peculiaridade desconhecida neste feito. 5) Muito embora não se possa negar que a tecnologia é, de fato, forte aliada para que se alcance a celeridade processual, não se pode descurar dos princípios basilares do processo, quais sejam, o contraditório e a ampla defesa, a pretexto de simplificação do ato citatório. 6) Na hipótese em exame, tendo retornado negativo o AR de citação, por motivos de mudança da parte ré, é de rigor, por ora, à míngua de inscrição da demandada no banco de dados do Poder Judiciário, a consulta aos órgãos conveniados a este Tribunal, para fins de localização do atual endereço, como já deferido pelo magistrado a quo. 7) Recurso ao qual se nega provimento"* (TJ-RJ – 006596-26.2021.8.19.0000, 5ª Câmara Cível, DJ 13/10/2021); *"A defesa se insurge contra a citação do requerente feita por mensagem eletrônica enviada pelo aplicativo WhatsApp. Considerando a situação excepcional causada pela pandemia da Covid-19, à luz da teoria das nulidades, em especial do princípio do pas nullité sans grief, tem* se firmado na jurisprudência nacional entendimento sobre a validade de citações feitas por meio eletrônico, a despeito da inexistência de Lei em sentido estrito regulamentando a matéria, desde que haja comprovação de ausência de prejuízo para a defesa e que o ato praticado por meio eletrônico seja realizado com cautelas que permitam verificar a identidade do citado e a sua efetiva ciência. Precedentes. Na espécie, da análise dos documentos constantes nos autos e das informações prestadas pela autoridade coatora, não se extrai que o paciente efetivamente tenha tomado conhecimento da ação penal que tramita em seu desfavor. A citação do paciente foi praticada sem que fossem adotadas as cautelas necessárias para que houvesse certeza de que a pessoa contatada pelo aplicativo de mensagens WhatsApp se tratava efetivamente da pessoa elencada na inicial acusatória. Assim, merece renovação o ato da citação do réu, a fim de evitar futura alegação de nulidade" (TJ-RS – 5214309-15.2021.8.21.7000, 5ª Câmara Criminal, DJ 29/11/2021).

Entretanto, frise-se a existência de **precedente de tribunal superior no sentido da possibilidade de validação da citação por WhatsApp, desde que contenha elementos indutivos da autenticidade do destinatário, como número do telefone, confirmação escrita e foto individual**, conforme o caso concreto apresentado, antes mesmo da referida modificação legislativa de 2021: "4. *Assim, em um primeiro momento, vários óbices impediriam a citação via* WhatsApp, *seja de ordem formal, haja vista a competência privativa da União para legislar sobre processo (art. 22, I, da CRFB), ou de ordem material, em razão da ausência de previsão legal e possível malferimento de princípios caros como o devido processo legal, o contraditório e a ampla defesa. (...) 6. Abstratamente, é possível imaginar-se a utilização do* WhatsApp *para fins de citação na esfera penal, com base no princípio* pas nullité sans grief. *De todo modo, para tanto, imperiosa a adoção de todos os cuidados possíveis para se comprovar a autenticidade não apenas do número telefônico com que o oficial de justiça realiza a conversa, mas também a identidade do destinatário das mensagens. 7. Como cediço, a tecnologia em questão permite a troca de arquivos de texto e de imagens, o que possibilita ao oficial de justiça, com quase igual precisão da verificação pessoal, aferir a autenticidade da conversa. É possível imaginar-se, por exemplo, a exigência pelo agente público do envio de foto do documento de identificação do acusado, de um termo de ciência do ato citatório assinado de próprio punho, quando o oficial possuir algum documento do citando para poder comparar as assinaturas, ou qualquer outra medida que torne incontestável tratar-se de conversa travada com o verdadeiro denunciado. De outro lado, a mera confirmação escrita da identidade pelo citando não nos parece suficiente. 8. Necessário distinguir, porém, essa situação daquela em que, além da escrita pelo citando, há no aplicativo foto individual dele. Nesse caso, ante a mitigação dos riscos,* **diante da concorrência de três elementos indutivos da autenticidade do destinatário, número de telefone, confirmação escrita e foto individual, entendo possível presumir-se que a citação se deu de maneira válida,** *ressalvado o direito do citando de, posteriormente, comprovar eventual nulidade, seja com registro de ocorrência de furto, roubo ou perda do celular na época da citação, com contrato de permuta, com testemunhas ou qualquer outro meio válido que autorize concluir de forma assertiva não ter havido citação válida. 9.* Habeas corpus *não conhecido, mas ordem concedida de ofício para anular a citação via* WhatsApp, *porque sem nenhum comprovante quanto à autenticidade da identidade do citando, ressaltando, porém, a possibilidade de o comparecimento*

444 ■ *Petições e Prática Cível*

do acusado suprir o vício, bem como a possibilidade de se usar a referida tecnologia, desde que, com a adoção de medidas suficientes para atestar a identidade do indivíduo com quem se travou a conversa" (STJ – HC 641.877/DF, 5ª Turma, *DJ* 09/03/2021).

Com efeito, *o(a) advogado(a) deve ter em mente a possibilidade, ainda que em caráter extremo, de requerer a citação do demandado via aplicativos de mensagem, desde que consiga comprovar os elementos indicados pela jurisprudência sobre a identidade do destinatário.* No ponto, cabe recordar que a forma impressa de mensagem eletrônica é considerada prova documental (art. 422, § 3º, CPC), sendo factível juntar aos autos outras conversas anteriores mantidas com o destinatário da comunicação eletrônica, ou mesmo comprovantes da divulgação pelo próprio do seu número de telefone e WhatsApp em cartões, propagandas, sites, etc. Ademais, *vê-se com bons olhos aconselhar seus clientes a firmar uma cláusula (negócio processual) no momento da contratação, antes mesmo da ocorrência do litígio, prevendo a possibilidade de recebimento de citação dos contratantes por* WhatsApp *(art. 190, CPC), com indicação expressa no pacto negocial do respectivo número de telefone apto a receber tais mensagens e de sua titularidade.*

Avançando no estudo técnico do sistema de comunicação processual da Lei nº 14.195/2021, que funciona da seguinte forma: determinada a citação por meio eletrônico (no prazo de 2 dias úteis previsto no art. 246, *caput*, CPC), caso esta não seja **confirmada** no prazo de 3 dias úteis contados do recebimento da citação eletrônica, será o caso de realização de citação por outro meio (art. 246, § 1º-A, I a IV, CPC, incluído pela Lei nº 14.195/2021). No ponto, a crítica é de que a inovação cria um dever de consultar/checar o sistema a cada 3 dias; com o pesar de que não temos ainda um sistema integrado dos diversos Tribunais, como já afirmado. Cabe perceber que, nesse formato, *inexiste presunção de citação válida do réu* somente pela ausência de confirmação do seu recebimento pela via eletrônica.

Em sua primeira manifestação nos autos, o réu deverá apresentar **justa causa** para a ausência de confirmação do recebimento da citação enviada eletronicamente, sendo passível de **multa** de até 5% do valor da causa, em caso contrário (art. 246, §§ 1º-B e 1º-C, CPC, incluídos pela Lei nº 14.195/2021).

Outra novidade é a previsão de **fluência do prazo** para o réu contestar, *quando citado por meio eletrônico*, contado do 5º dia útil seguinte à confirmação do recebimento da citação (art. 231, IX, CPC, incluído pela Lei nº 14.195/2021) – lembrando que tal confirmação deve se dar no prazo de 3 dias úteis contados do recebimento da citação por meio eletrônico (art. 246, § 1º-A, CPC, incluído pela Lei nº 14.195/2021).

Temos a previsão de **vedação** de citação por meio eletrônico em determinadas hipóteses (art. 247, *caput*, CPC, com redação pela Lei nº 14.195/2021), o que soa inexplicável no caso do inciso IV do art. 247, CPC; como também incoerente sistematicamente no caso do inciso III do art. 247, CPC (em cotejo com o art. 246, § 2º, CPC).

Convém ressaltar as disposições da lei especial sobre o processo eletrônico: a citação eletrônica será considerada ocorrida no dia em que o citando efetivar a consulta eletrônica ao teor da comunicação processual; e se isso ocorrer em dia não útil, a intimação se dará no primeiro dia útil seguinte (art. 5º, §§ 1º e 2º, Lei nº 11.419/2006). Se ultrapassado 10 dias

Prática Forense ■ **445**

corridos da data de envio da citação, considerar-se-á automaticamente efetivada a comunicação processual (art. 5º, § 3º, Lei nº 11.419/2006 c/c art. 11, Resolução nº 234/2016, CNJ).

As **intimações** também podem se dar na forma eletrônica, o que passa a ser a regra (art. 270, CPC), notadamente para aqueles que se cadastrarem previamente no portal próprio do Tribunal, dispensando a publicação no órgão oficial, onde houver (art. 5º, Lei nº 11.419/2006).

Dá-se a intimação pelo portal eletrônico quando realizado o acesso do advogado, o que deve ser certificado nos autos (art. 5º, § 1º, Lei nº 11.419/2006). Se o advogado tardar a realizar a consulta, mediante *login* no referido sistema, ter-se-á realizada a intimação tácita, no fim do prazo de "*10 dias corridos*" contados da data do envio da intimação (art. 5º, § 2º, Lei nº 11.419/2006). As intimações feitas nesse formato, ainda que na forma tácita, são consideradas pessoais para todos os efeitos legais (art. 5º, § 6º, Lei nº 11.419/2006).

8.1.4.3. Prazos no processo eletrônico

Será tempestiva a petição transmitida até as 24 horas do seu último dia (art. 213, CPC c/c art. 3º, Lei nº 11.419/2006). Difere, assim, da lógica comum do processo físico, em que as petições devem ser protocoladas dentro do horário de expediente forense, nos termos da lei de organização judiciária local (art. 212, § 3º, CPC).

Destaque-se a necessidade de comprovação, pelo advogado, da eventual indisponibilidade do sistema de peticionamento eletrônico para averiguação da tempestividade do ato processual: "*A indisponibilidade do sistema eletrônico do Tribunal de origem também deve ser comprovado, mediante documento oficial, no ato da interposição do recurso*" (STJ – AgInt no AREsp 1.317.805/MS, 4ª Turma, DJ 13/12/2018).

Nesse ponto, cabe atentar que "*eventual indisponibilidade do sistema, que venha a acarretar a suspensão dos prazos processuais dos feitos eletrônicos, por ato executivo do Tribunal competente, tem relevância para contagem, no caso de coincidência com o dia do começo ou do vencimento do prazo. Caso em que, serão protraídos para o primeiro dia útil seguinte. Ocorrendo a suspensão em qualquer outro dia, não enseja a prorrogação do prazo*" (TJ-RJ – 0034295-97.2019.8.19.0000, 4ª Câmara Cível, DJ 25/09/2019, dentre outros inúmeros precedentes).

Tenha-se cautela quanto à verificação do ato processual gerador da fluência do prazo, porque há certa controvérsia se as informações do serviço de consulta processual via internet (site do tribunal), caso equivocadas, poderão gerar a devolução do prazo perdido pela parte. No sentido de que as informações prestadas pela internet possuem natureza meramente informativa, sem caráter oficial, pelo que eventual erro nesta divulgação não permitiria a reabertura do prazo: "*1. Segundo orientação jurisprudencial desta Corte, os dados processuais disponibilizados pela internet são meramente informativos, de modo que eventuais omissões ou equívocos em relação ao andamento processual não configuram justa causa para devolução de prazos processuais, devendo o patrono da parte acompanhar as publicações oficiais*" (STJ – AgInt no AREsp 1.155.442/MG, 3ª Turma, *DJ* 05/12/2017). Por sua vez, outro raciocínio é no sentido de considerar que o equívoco na informação pode ocasionar a situação de justa causa e, assim, permitir a devolução do prazo, havendo prejuízo. Não pode a parte de boa-fé ser prejudicada por eventuais informações processuais errôneas implantadas na própria página do respectivo tribunal. Entender do contrário seria um contrassenso sob a ótica do processo eletrônico: "1. (..) as informações sobre o 'andamento processual' emanam de fonte oficial, não podendo servir de meio para confundir/punir as partes, levando-as a comportamentos equivocados e prejudiciais a seus interesses formais e materiais, conduzindo-as à perda de oportunidades processuais preclusivas" (STJ – AgRg no Ag 1.361.859/PR, 4ª Turma, DJ 25/02/2014). Nesse último sentido: STJ – EAREsp 688.615/RS, Corte Especial, DJ 04/03/2020.

Sobre a fluência de prazos processuais em referência às comunicações trazidas no *Diário de Justiça Eletrônico*, considera-se como data da publicação o primeiro dia útil seguinte ao da disponibilização da informação (art. 4º, § 3º, Lei nº 11.419/2006), sendo que os prazos processuais terão início no primeiro dia útil que seguir ao considerado como data da publicação (art. 4º, § 4º, Lei nº 11.419/2006).

Dita a lei ainda que se considera dia do começo do prazo o dia útil seguinte à consulta ao teor da citação ou da intimação ou ao término do prazo para que a consulta se dê (art. 231, V, CPC), cuja última referência trata da intimação tácita (art. 5º, § 3º, Lei nº 11.419/2006).

Caso tal prazo da intimação tácita termine em dia não útil, será prorrogado ao primeiro dia útil: "2. *O propósito recursal é decidir sobre a prorrogação da data da intimação tácita, quando coincidir com dia não útil, a fim de que, em consequência, se reconheça a tempestividade da apelação interposta na origem. (...) 4. Malgrado o § 3º do art. 5º da Lei 11.419/2006, que dispõe sobre a intimação tácita, não trate expressamente da possível prorrogação para o primeiro dia útil seguinte, se o último dia do decêndio for feriado ou outro dia não útil, o § 2º do mesmo dispositivo legal prevê que, 'nos casos em que a consulta se dê em dia não útil, a intimação será considerada como realizada no primeiro dia útil seguinte'. 5. A interpretação sistemática, portanto, induz a conclusão de que, recaindo a data da consulta eletrônica ou o término do decêndio em feriado ou dia não útil, considera-se como data da intimação o primeiro dia útil seguinte*" (STJ – REsp 1.663.172/TO, 3ª Turma, DJ 08/08/2017).

Explique-se que quando não realizadas por meio eletrônico, as intimações serão feitas pela publicação dos atos no órgão oficial (art. 272, CPC). Surge, então, a controvérsia entre a prevalência da intimação realizada pelo portal eletrônico e, paralelamente, daquela publicada no *Diário da Justiça*. Depois de idas e vindas na jurisprudência, o STJ firmou posição que a **intimação pelo portal eletrônico** deve prevalecer sobre a intimação no *Diário da Justiça*: "*O termo inicial de contagem dos prazos processuais, em caso de duplicidade de intimações eletrônicas, dá-se com a realizada pelo portal eletrônico, que prevalece sobre a publicação no* Diário da Justiça (DJe)" (STJ – EAREsp 1.663.952/RJ, Corte Especial, DJ 19/05/2021). Entendeu-se que "*partindo-se da premissa de que, diante de procedimento do próprio Poder Judiciário que cause dúvida, como no caso de duplicidade de intimações válidas, não pode a parte ser prejudicada – mormente porque, em tais circunstâncias, cria-se uma incerteza no tocante ao exato termo inicial para contagem dos prazos processuais –, considera-se que a melhor exegese é a que faz prevalecer a* *intimação no Portal Eletrônico em detrimento da tradicional intimação por Diário da Justiça, ainda que atualmente esta também seja eletrônica".* Ainda, *"Se a própria Lei do Processo Eletrônico criou essa forma de intimação, dispensando qualquer outra, e tornou este mecanismo hábil a promover, inclusive, as intimações pessoais dos entes que possuem tal prerrogativa, não há como afastar a conclusão de que esta regerá o prazo naturalmente em relação ao advogado que esteja cadastrado no sistema eletrônico. Há, pois, uma presunção de validade, que leva a exigir do Poder Judiciário comportamento condizente com os ditames legais e com a boa-fé processual".*

Finalmente, em regramento específico, afirme-se que não se aplica ao processo eletrônico o prazo em dobro para litisconsortes com advogados distintos (art. 229, § 2º, CPC), afinal ambas as partes litisconsortes podem ter acesso simultaneamente, *on-line*, ao decisório.

8.2. Institutos processuais relevantes e impactos do CPC/2015 na vida prática do advogado

8.2.1. Direito Intertemporal

a) **Aplicabilidade do novo Código de Processo Civil (estudo da "Lei processual no tempo").**

O novo *Codex* entrou em vigor após decorrido 1 (um) ano da data de sua publicação (art. 1.045, CPC), exatamente em 18/03/2016 – valendo o mesmo para a legislação que promoveu alterações no seu texto (art. 4º, Lei nº 13.256/2016).

Suas disposições têm imediata aplicação aos processos pendentes, respeitados os atos processuais praticados e as situações jurídicas consolidadas sob a égide da norma revogada (arts. 14 e 1.046, CPC). Aplica-se, basicamente, a teoria *tempus regis actum*, sendo considerada a norma vigente no momento da prática do ato. Colocando em prática tal regramento, cabe seguir a teoria do isolamento dos atos processuais, o que faz perceptível a distinção entre efeito imediato e efeito retroativo. Assim é que uma vez realizado o ato processual, este será considerado imune à eficácia da lei processual nova (inaplicabilidade do efeito retroativo). No entanto, quanto aos demais atos processuais supervenientes, a lei processual nova terá natural aplicabilidade (efeito imediato) – cujo desrespeito, inclusive, pode configurar erro grosseiro.

Sobre *honorários advocatícios*, vem se entendendo pela não aplicação das regras do CPC/2015 aos processos pendentes sentenciados antes de sua vigência: *"4. Assentou o STJ que 'em homenagem à natureza processual material e com o escopo de preservar-se o direito adquirido, as normas sobre honorários advocatícios não são alcançadas por lei nova. A sentença, como ato processual que qualifica o nascedouro do direito à percepção dos honorários advocatícios, deve ser considerada o marco temporal para a aplicação das regras fixadas pelo CPC/2015' (REsp 1.465.535/SP,*

448 ■ *Petições e Prática Cível*

Rel. Min. Luis Felipe Salomão, Quarta Turma, julg. em 21/06/2016, DJe 22/08/2016). (...) 8. No presente caso, a sentença foi publicada antes de 18/03/2016. Logo, aplica-se aos honorários sucumbenciais o CPC/1973" (STJ – REsp 1.672.706/RS, 2ª Turma, DJ 22/08/2017).

8.2.2. Procedimentos

a) Reformulação do rito comum (arts. 318-512, CPC) – unificação dos antigos ritos comum ordinário e sumário.

Foi excluído o rito comum sumário (arts. 275-281, CPC-73), embora o mesmo permaneça aplicável para as ações propostas e não sentenciadas até o início da vigência do novo *codex* (art. 1.046, § 1º, CPC).

b) Rito comum: audiência de conciliação ou de mediação (art. 334, CPC).

Resta prevista a realização de audiência de conciliação ou de mediação como regra procedimental preambular do *rito comum*, cujo ato processual é realizado antes mesmo da oferta de resposta pelo demandado. Valoriza-se a tentativa de solução consensual dos conflitos (art. 3º, pars. 2º e 3º, CPC), evitando que a apresentação da contestação acentue a polarização entre as partes, já que a defesa, via de regra, somente será apresentada no prazo de 15 (quinze) dias contados da referida audiência (art. 335, I, CPC) – muito embora não se impeça a prática do ato antes do termo inicial do prazo (art. 218, par. 4º, CPC).

Destaque-se que o juiz poderá designar audiências especiais desta natureza a qualquer tempo (art. 139, V, CPC), o que pode ser objeto de requerimento do advogado.

c) Ritos especiais da legislação processual codificada (arts. 539-770, CPC).

Quanto à jurisdição contenciosa, promove-se a **exclusão** dos ritos especiais da ação de depósito (arts. 901-906, CPC-73); ação de anulação e substituição de títulos ao portador (arts. 907-913, CPC-73); nunciação de obra nova (arts. 934-940, CPC-73); e usucapião (arts. 941-945, CPC-73). Tais postulações seguirão, doravante, o rito comum (art. 318, CPC). Entretanto, as disposições revogadas aplicar-se-ão às ações propostas e não sentenciadas até o início da vigência do novo Código (art. 1.046, § 1º, CPC). Tem-se, porém, a **inclusão** de outros ritos especiais de jurisdição contenciosa, quais sejam: ação de dissolução parcial de sociedade (arts. 599-609, CPC); oposição (arts. 682-686, CPC – tratada anteriormente como "intervenção de terceiros"; ações de família (arts. 693-699, CPC); homologação de penhor legal (arts. 703-706, CPC, tratada anteriormente como "processo cautelar autônomo"); regulação de avaria grossa (arts. 707-711, CPC).

d) Manutenção dos ritos especiais previstos em legislação extravagante.

Permanecem em vigor as disposições especiais, aplicando-se, supletivamente, as normas da lei processual codificada (arts. 1.046, § 2º; e 318, parágrafo único, CPC).

Quanto aos **Juizados Especiais Cíveis**, há de se fazer, ainda, verificação de compatibilidade com os princípios norteadores do referido microssistema (FONAJE, nº 161: *"Considerado o princípio da especialidade, o CPC/2015 somente terá aplicação ao Sistema dos Juizados Especiais* *nos casos de expressa e específica remissão ou na hipótese de compatibilidade com os critérios previstos no art. 2º da Lei 9.099/95"; JEC-RJ, nº 1.1, alterado pelo Aviso Conjunto TJ-RJ/ COJES nº 15/2016, de 06/06/2016: "Considerando o princípio da especialidade, o CPC/2015 somente terá aplicação ao Sistema dos Juizados Especiais nos casos de expressa e específica remissão ou na hipótese de compatibilidade com os critérios previstos no art. 2º da Lei 9.099/95").*

e) Flexibilização procedimental.

A novel legislação processual teve como mote a simplificação ritual, outorgando ao julgador, ademais, certa margem para adaptação do rito (v.g., arts. 139, inc. VI; 327, § 2º; 700, § 5º; 968, §§ 5º e 6º, CPC), como se extrai da não reprodução da hipótese de indeferimento da inicial pelo erro na eleição do rito (art. 295, inc. V, CPC-73) no novo texto legal correlato (art. 330, CPC). De fato, a solução pela adaptação do procedimento quando se apure o erro de forma, anulando-se "apenas" os atos que não possam ser reaproveitados (art. 283, CPC), harmoniza-se com os princípios da economia processual e da instrumentalidade, sendo correto o entendimento pela possibilidade, no mais das vezes, de retificação.

8.2.3. Competência

a) Aproveitamento dos atos praticados no juízo incompetente (art. 64, § 4º, CPC).

Uma vez reconhecida a incompetência, ainda que absoluta, não decorre obrigatoriamente a declaração de invalidade de todos os atos processuais praticados. Além da conservação dos atos instrutórios praticados – exemplo: produção de prova testemunhal –, torna-se permissível aproveitar os efeitos de decisão proferida pelo juízo incompetente – exemplo: decisão provisória que determine uma obrigação de não fazer –, salvo decisão judicial em sentido contrário do juízo competente. A temática é aderente à lógica da unidade da jurisdição.

b) Ampliação da jurisdição internacional concorrente brasileira (art. 22, CPC).

O objetivo é franquear o ajuizamento destas demandas judiciais no Brasil. Ditou-se o cabimento de: a) ação de alimentos, quando o credor (alimentando) tiver domicílio ou residência no Brasil (art. 22, inc. I, "a", CPC); ou se o devedor (alimentante) aqui mantiver vínculos, tais como posse ou propriedade de bens, recebimento de renda ou obtenção de benefícios econômicos (art. 22, inc. I, "b", CPC). Também se incluiu previsão de: b) ação consumerista, quando o consumidor tiver domicílio no Brasil (art. 22, inc. II, CPC), corrigindo o descompasso que havia com a legislação correlata interna (art. 101, inc. I, CDC). Finalmente, c) quando as partes, expressa ou tacitamente, se submeterem à jurisdição nacional (art. 22, inc. III, CPC), até porque chancelada a possibilidade de foro internacional de eleição (art. 25, CPC).

c) Foro competente nas ações de família.

Para a ação de divórcio, separação, anulação de casamento e reconhecimento ou dissolução de união estável, passa a ser competente o domicílio do guardião de filho incapaz (noção do Verbete Sumular nº 383, STJ); do domicílio do casal, caso não haja filho incapaz; ou do domicílio do réu, se nenhuma das partes residir no antigo domicílio do casal (art. 53, I, CPC). Não foi, pois, reproduzido o foro vantajoso da mulher para ações deste naipe (art. 100, I, CPC-73).

Finalmente, consta alteração legislativa trazendo outra competência territorial especial para as ações de família, no caso favorável à vítima de violência doméstica, independentemente da existência de filho incapaz: *"foro do domicílio da vítima de violência doméstica e familiar, nos termos da Lei nº 11.340/2016"* (art. 53, I, "d", CPC, incluído pela Lei nº 13.894/2019).

d) Foro competente nas ações que envolvam entes públicos.

Fez-se previsão da competência de foro nas ações contra a União Federal, seja como autora (art. 51, CPC) ou ré (art. 51, parágrafo único, CPC), na esteira do texto constitucional (art. 109, §§ 1º e 2º, CRFB); bem como quando envolvido o Estado ou Distrito Federal (art. 52, CPC) ou ré (art. 52, parágrafo único, CPC).

e) Formato de arguição da incompetência.

Não mais se tem previsão da "exceção de incompetência territorial", devendo a alegação da incompetência relativa se dar em preliminar de contestação (arts. 64 e 337, inc. II, CPC). Caso não alegado o vício, ocorrerá o fenômeno da prorrogação de competência (art. 65, CPC). Ademais, a alegação de incompetência, absoluta ou relativa, pode ser protocolada no foro do domicílio do réu (art. 340, CPC), e provocar a suspensão da realização da audiência de conciliação ou de mediação que tiver sido designada no juízo do foro incompetente (art. 340, § 3º, CPC).

f) Competência federal por delegação

Nas causas de natureza previdenciária, não havendo juízo federal instalado na localidade, a demanda poderá ser ajuizada perante a Justiça Estadual, no foro de domicílio do segurado, nos termos da lei (art. 109, § 3º, CRFB, com redação dada pela EC nº 103/2019). A *ratio* do regramento é facilitar a vida do cidadão e decorre do fato de que a Justiça Federal ainda está em processo de interiorização, o que tende cada vez mais a se efetivar.

Doravante, conforme alteração legislativa com vigência em 1º/01/2020, *"quando a Comarca não for sede de Vara Federal, poderão ser processadas e julgadas na Justiça Estadual: (...) III - as causas em que forem parte instituição de previdência social e segurado e que se referirem a benefícios de natureza pecuniária, quando a Comarca de domicílio do segurado estiver localizada a mais de 70 km de Município sede de Vara Federal;"* (art. 15, III, Lei nº 5.010/66, alterado pela Lei nº 13.876/2019). Isso significa que somente persistirá a competência delegada da Justiça Estadual se houver mais de 70km de distância entre o Município do segurado e o Município sede de Vara Federal.

Finalmente, esclareça-se que há outras hipóteses de delegação de competência previstas na legislação, *v.g.*, expedida a carta precatória pela Justiça Federal para local onde não haja Juízo Federal, haverá cumprimento pela Justiça Estadual (art. 237, parágrafo único, CPC).

Prática Forense ■ **451**

8.2.4. Gratuidade de Justiça

a) **Previsão e reformulação normativa**.

A gratuidade de justiça passa a ter previsão específica na codificação (art. 98 – art. 102, CPC), sendo revogada, quase totalmente, a Lei nº 1.050/60, norma de regência anterior (art. 1.072, inc. III, CPC). Dentre as novidades, destacam-se: a) resta expressa a possibilidade de a pessoa jurídica ser beneficiária da gratuidade de justiça (art. 98, CPC c/c Verbete Sumular nº 481, STJ), embora não se presuma como verdadeira sua mera alegação de hipossuficiência, que deve ser, assim, comprovada nos autos (art. 99, § 3º, CPC, *a contrario sensu*); b) a declaração de hipossuficiência da parte, firmada pelo advogado, deve ser respaldada por instrumento de procuração com cláusula específica de autorização (art. 105, *in fine*, CPC); c) a assistência do requerente por advogado particular não impede a concessão de gratuidade de justiça (art. 99, § 4º, CPC); d) se requerida a gratuidade de justiça em recurso, havendo indeferimento da benesse, deverá o julgador abrir prazo para realização do recolhimento (art. 99, § 7º, CPC); e) a impugnação à concessão da gratuidade pode ser oferecida independentemente de petição específica (não mais através de impugnação à gratuidade de justiça) e da necessidade de instauração de incidente em apartado, seja pelo réu em preliminar de contestação, pelo autor na réplica, pelo recorrido em contrarrazões de recurso, ou por qualquer das partes por meio de simples petição (art. 100 e art. 337, inc. XIII, CPC); f) da decisão que rejeita o pedido de gratuidade de justiça ou de acolhimento do pedido de sua revogação, cabe agravo de instrumento (art. 1.015, inc. V, CPC).

8.2.5. Intervenção de Terceiros

a) **Rol das modalidades cabíveis**.

Foram mantidas: assistência (art. 119 – art. 124, CPC); denunciação da lide (art. 125 – art. 129, CPC); chamamento ao processo (art. 130 – art. 132, CPC); como também o recurso de terceiro prejudicado, alocado no capítulo recursal (art. 996, CPC). A oposição foi transportada para o capítulo dos procedimentos especiais do processo de conhecimento (art. 682 – art. 686, CPC), já que envolve a deflagração de ação pelo terceiro. A nomeação à autoria foi excluída, porém criou-se um mecanismo semelhante, inclusive mais amplo, para alegação de ilegitimidade passiva na contestação (art. 338 – art. 339, CPC). Foram incluídas: incidente de desconsideração da personalidade jurídica (art. 133 – art. 137, CPC) – inclusive com cabimento no âmbito dos **Juizados Especiais** (art. 1.062, CPC) –; e intervenção do *amicus curiae* (art. 138, CPC).

8.2.6. Imparcialidade do Magistrado

a) **Novas hipóteses de parcialidade do juiz**.

Ampliou-se a situação de impedimento por parentesco entre o juiz e o advogado até o "terceiro grau, inclusive" (art. 144, III, CPC). Criou-se a situação de impedimento do juiz

452 ■ Petições e Prática Cível

quando figure parte cliente do escritório de advocacia de seu cônjuge, companheiro ou parente, até certo grau de parentesco, mesmo que patrocinado por advogado de outro escritório (art. 144, VIII, CPC). Ainda, incluiu-se a situação de suspeição do juiz por amizade íntima ou inimizade com o "advogado" (art. 145, I, CPC).

b) Formato de arguição da parcialidade do julgador.

Não mais se tem previsão da "exceção de impedimento do juiz" ou "exceção de suspeição do juiz", devendo tal alegação ser realizada por petição específica, dirigida ao julgador do processo, sem grandes exigências formais, no prazo de 15 (quinze) dias, a contar da ciência do fato (art. 146, CPC). Se o julgador não concordar com tal alegação, será o caso de autuação em apartado da petição, com a subida dos autos ao tribunal para análise do respectivo incidente processual (art. 146, § 1º, *in fine*, CPC). Interessa notar que é possível que o relator receba o incidente processual sem efeito suspensivo, o que não impedirá o tramitar do processo principal (art. 146, § 2º, inc. I, CPC), algo que contribui para inibir arguições infundadas de parcialidade.

8.2.7. Negócios Processuais

a) Inclusão de cláusula geral para convenções processuais (art. 190, CPC).

Os negócios processuais (ou convenções processuais) decorrem da autonomia privada e refletem os acordos sobre situações jurídicas processuais – e não sobre o direito material discutido no processo (*v.g.*, não se trata do acordo que preveja desconto na cobrança de dívida) –, sobretudo para amoldar o procedimento à vontade dos litigantes, o que pode ser objeto de controle judicial, evitando arbitrariedades (art. 190, par. único, CPC). Os acordos processuais podem se dar antes mesmo do início do feito, inclusive em contrato de adesão (art. 190, parágrafo único, CPC), devendo sempre vigorar a boa-fé (arts. 5º, CPC c/c 422, CC). *Ganha relevo, com efeito, a atuação de consultoria do advogado ao seu cliente, que pode buscar encurtar/facilitar o caminho de eventual empreitada judicial, antes mesmo da ocorrência do litígio propriamente dito.*

São exemplos legais (negócios processuais **típicos**): foro de eleição (art. 63, CPC); distribuição convencional do ônus da prova (art. 373, pars. 3º e 4º, CPC); escolha do perito pelas partes, no que se denomina "perícia consensual" (art. 471, CPC); alteração de prazos, sendo que a nova legislação do processo dita que ao juiz é vedado reduzir prazos peremptórios sem a anuência das partes (art. 222, par. 1º, CPC), o que traz o raciocínio da possibilidade de convenção processual nesta temática; renúncia recursal (art. 999, CPC). Também é possível cogitar de negócios jurídicos processuais **atípicos** (sob as bases do princípio do autorregramento da vontade no processo civil), por exemplo, quanto ao rateio de despesas processuais.

Sobre o assunto, há vários enunciados de orientação estabelecendo hipóteses de ocorrência e de vedações, conforme ENFAM, nº 36: *"A regra do art. 190 do CPC/2015 não autoriza às partes a celebração de negócios jurídicos processuais atípicos que afetem poderes e deveres do juiz, tais como os que: a) limitem seus poderes de instrução ou de sanção à litigância ímproba; b) subtraiam do Estado/juiz o controle da legitimidade das partes ou do ingresso de* amicus curiae; *c) introduzam novas hipóteses de recorribilidade, de rescisória ou de sustentação oral não previstas em lei; d) estipulem o julgamento do conflito com base em lei diversa da nacional vigente; e e) estabeleçam prioridade de julgamento não prevista em lei"*; ENFAM, nº 37: *"São nulas, por ilicitude do objeto, as convenções processuais que violem as garantias constitucionais do processo, tais como as que: a) autorizem o uso de prova ilícita; b) limitem a publicidade do processo para além das hipóteses expressamente previstas em lei; c) modifiquem o regime de competência absoluta; e d) dispensem o dever de motivação"*; FPPC, nº 19: *"(Art. 190) São admissíveis os seguintes negócios processuais, dentre outros: pacto de impenhorabilidade, acordo de ampliação de prazos das partes de qualquer natureza, acordo de rateio de despesas processuais, dispensa consensual de assistente técnico, acordo para retirar o efeito suspensivo da apelação, acordo para não promover execução provisória"*; FPPC, nº 20: *"(Art. 190) Não são admissíveis os seguintes negócios bilaterais, dentre outros: acordo para modificação da competência absoluta, acordo para supressão da primeira instância"*; FPPC, nº 490: *"(Art. 190; art. 81, par. 3º; art. 297, par. único; art. 329, inc. II; art. 520, inc. I; art. 848, inc. II). São admissíveis os seguintes negócios processuais, entre outros: pacto de inexecução parcial ou total de multa coercitiva; pacto de alteração de ordem de penhora; pré-indicação de bem penhorável preferencial (art. 848, II); prefixação de indenização por dano processual prevista nos arts. 81, par. 3º, 520, inc. I, 297, par. único (cláusula penal processual); negócio de anuência prévia para aditamento ou alteração do pedido ou da causa de pedir até o saneamento (art. 329, inc. II)"*

Em razão de sua importância prática, traz-se uma compilação específica de exemplos de formulação de negócios processuais atípicos no âmbito da **execução**. Com efeito, de modo favorável àquele que será possivelmente "executado": pacto de não executar, o que não significa renúncia ao crédito, permitindo ao credor adotar medidas extrajudiciais para recebimento do crédito (*v.g.*, protesto do título); pacto para dotar a impugnação ao cumprimento de sentença ou os embargos à execução de efeito suspensivo automático (de forma contrária aos arts. 525, par. 6º; e 919, CPC); pacto de ampliação de hipóteses de impenhorabilidade de bens pela via negocial, com o devedor/credor avençando, inclusive objetivando a preservação da empresa devedora (em alargamento do art. 833, CPC) – o que só tem aplicabilidade às partes contratantes, conforme CJF, nº 152 (II Jornada de Direito Processual Civil): *"O pacto de impenhorabilidade (arts. 190, 200 e 833, I) produz efeitos entre as partes, não alcançando terceiros"*; pacto para permitir a aplicação do parcelamento do art. 916, CPC, também ao cumprimento de sentença; pacto para condicionar o ajuizamento da execução de título extrajudicial a notificação extrajudicial ou protesto prévios, ou mesmo a uma tentativa de conciliação extrajudicial prévia; pacto para negar a averbação da execução (art. 828, CPC). Por sua vez, de modo favorável àquele que será possivelmente "exequente": pacto para dispensa de caução para fins de cumprimento provisório de sentença (art. 520, V, CPC); pacto para fins de admissão da intimação/citação extrajudicial para o processo executivo (*v.g.*, e-mail, notificação extrajudicial); pacto para ampliação da multa de 10% pelo não pagamento da condenação por quantia no prazo de 15 dias (art. 523, par. 1º, CPC).

8.2.8. Prazos

a) Contagem em dias úteis.

Na contagem de prazo em "dias", estabelecido por lei ou pelo juiz, computar-se-ão somente os dias úteis (art. 219, CPC). Cuida-se de alteração elaborada em prol dos advogados, em preservação do descanso nos dias não úteis. Tal forma de contagem só vale para os prazos processuais (art. 219, parágrafo único, CPC), o que significa dizer sua inaplicabilidade para prazos de direito material, como a prescrição e decadência (*v.g.,* não se aplica a contagem em dias úteis para o prazo de 120 dias para impetração do mandado de segurança, conforme art. 23, Lei nº 12.016/2009).

Faça-se um aparte para esclarecer que foi editada lei prevendo o cômputo apenas de dias úteis para contagem de prazo de qualquer ato processual, inclusive para a interposição de recursos, no âmbito do macrossistema dos **Juizados Especiais Cíveis** (art. 12-A, Lei nº 9.099/95, introduzido pela Lei nº 13.728/2018).

Uma vez que somente os dias úteis são contados, merece destaque a imputação legal **de um ônus ao recorrente de comprovar a ocorrência de feriado local (art. 1.003, § 6º, CPC), valendo o mesmo para a ocorrência de causa oficial de suspensão de prazos (art. 221, CPC)**, o que tem especial relevância para os recursos direcionados aos Tribunais Superiores. Sobre o assunto, há precedentes não admitindo a comprovação posterior à interposição do recurso (inaplicabilidade do art. 932, parágrafo único, CPC): "*1. O novo CPC inovou ao estabelecer, de forma expressa, no § 6º do art. 1.003 que 'o recorrente comprovará a ocorrência de feriado local no ato de interposição do recurso'. A interpretação sistemática do CPC/2015, notadamente do § 3º. do art. 1.029 e do § 2º do art. 1.036, conduz à conclusão de que o novo diploma atribuiu à intempestividade o epíteto de vício grave, não havendo se falar, portanto, em possibilidade de saná-lo por meio da incidência do disposto no parágrafo único do art. 932 do mesmo Código. (...) 5. Destarte, é necessário e razoável, ante o amplo debate sobre o tema instalado nesta Corte Especial e considerando os princípios da segurança jurídica, da proteção da confiança, da isonomia e da primazia da decisão de mérito, que sejam modulados os efeitos da presente decisão, de modo que seja aplicada, tão somente, aos recursos interpostos após a publicação do acórdão respectivo, a teor do § 3º do art. 927 do CPC/2015*" (STJ – REsp 1.813.684/SP, Corte Especial, *DJ* 02/10/2019); "*1. A jurisprudência do STF é no sentido de que 'a tempestividade do recurso em virtude de feriado local ou de suspensão dos prazos processuais pelo Tribunal a quo que não sejam de conhecimento obrigatório da instância ad quem deve ser comprovada no momento de sua interposição'* (AI 681.384-ED, Rel. Min. Ellen Gracie)" (STF – ARE 1.109.500 AgR/DF, 1ª Turma, *DJ* 20/04/2018).

Para não correr o risco de perda de prazo, o(a) advogado(a) deve ter muita cautela na comprovação do ato normativo que provocou a situação de suspensão de prazo, trazendo-o em seu inteiro teor, não bastando sua mera menção na petição. Em visualização: "*A alegação da ocorrência de ponto facultativo embasada em ato do Poder Executivo Estadual não é capaz, por si só, de comprovar a inexistência de expediente forense para aferição da tempestividade recursal*" (STJ – EDcl no AgInt no AREsp 1.510.568/RJ, 3ª Turma, *DJ* 23/03/2020). Entendeu-se que "*a simples juntada de ato emanado pelo Poder Executivo Estadual, lei e decreto estaduais, determinando ponto facultativo nas repartições públicas estaduais, por si só, não comprova a inexistência de expediente forense para aferição da tempestividade do recurso, em razão da desvinculação administrativa e da separação entre os Poderes. Da mesma forma,* **a juntada de calendário extraído de páginas da internet não é meio idôneo para comprovação da tempestividade recursal**. *Desse modo, caberia à recorrente, no momento da interposição recursal, fazer a juntada de documento idôneo, o qual, no caso, consistia no inteiro teor do Aviso do tribunal estadual, a fim de vincular a decretação do feriado nas repartições públicas estaduais com a suspensão dos prazos pela Corte de Justiça".* No mesmo sentido: *"A simples referência à existência de feriado local previsto em Regimento Interno e em Código de Organização Judiciária Estadual não é suficiente para a comprovação de tempestividade do recurso especial nos moldes do art. 1.003, § 6º, do CPC/2015"* (STJ – REsp 1.763.167/GO, 3ª Turma, DJ 18/02/2020).

b) **Prazos especiais**.

Estabelece a nova legislação o prazo em dobro para "todas" as manifestações processuais da União, dos Estados, do Distrito Federal, dos Municípios, e suas respectivas autarquias e fundações de direito público (art. 183, CPC), valendo o mesmo para o Ministério Público (art. 180, CPC) e a Defensoria Pública (art. 186, CPC). Quanto à Fazenda Pública e ao Ministério Público, a diferença é que tais entes só tinham prazo especial para contestar (em quádruplo) e recorrer (em dobro), conforme lei pretérita (art. 188, CPC-73). Aliás, a prerrogativa de prazo especial é estendida para os escritórios de prática jurídica das faculdades de Direito reconhecidas na forma da lei e às entidades que prestam assistência jurídica gratuita em razão de convênios firmados com a Defensoria Pública (art. 186, § 3º, CPC).

Por sua vez, na hipótese de litisconsortes com advogados distintos, desde que de escritórios de advocacia distintos, será aplicado o prazo em dobro para todas as suas manifestações, em qualquer juízo ou tribunal, independentemente de requerimento (art. 229, CPC). A regra se justifica pela proibição de retirada unilateral de um feito do Cartório, diante do prazo comum (art. 107, § 2º, CPC), de modo a não prejudicar os litisconsortes. Em razão disso, no processo eletrônico, pelo fato de os autos estarem disponíveis na internet, não se aplicará tal prazo especial (art. 229, § 2º, CPC). Ademais, não deve valer, por razão de celeridade ritual, no âmbito dos **Juizados Especiais Cíveis** (Enunciado nº 08.2016, Aviso conjunto TJ-RJ/ COJES nº 15/2016, de 06/06/2016: *"O art. 229, caput, do CPC/2015 não se aplica ao Sistema dos Juizados Especiais"*).

Finalmente, vale a nota de que o regramento de contagem de prazos somente em dias úteis incide quanto aos prazos especiais, que serão, assim, sobremaneira, alongados.

c) **Unificação dos prazos recursais**.

Fica instituída a regra geral de 15 (quinze) dias para interpor e responder aos recursos, com exceção dos embargos de declaração (art. 1.003, § 5º, CPC), que permanecem com o prazo de 5 (cinco) dias (art. 1.023, CPC). Na prática, em diferenciação do regime anterior (CPC-73), são aumentados o prazo do agravo de instrumento, bem como do agravo interno (art. 1.070, CPC).

456 ■ *Petições e Prática Cível*

d) Tempestividade do ato processual praticado antes do termo inicial do prazo.

É rejeitada a tese da "intempestividade por antecipação", caso a petição da parte seja protocolada antes do termo inicial do respectivo prazo (art. 218, § 4º, CPC).

e) Fluência do prazo na comunicação por carta.

A nova lei processual dita que nos atos de comunicação por carta – v.g., precatória (art. 237, CPC) –, a realização da citação ou intimação será imediatamente informada, por meio eletrônico, pelo juiz deprecado ao juiz deprecante (art. 232, CPC), servindo a juntada desta comunicação aos autos de origem (juízo deprecante), como marco de fluência do prazo; não havendo tal comunicado, o prazo será contado da data de juntada da carta devidamente cumprida nos autos de origem (art. 231, inc. VI, CPC).

f) Fluência do prazo para cumprimento de determinação judicial no caso de ato a ser praticado diretamente pela parte, sem a intermediação de representante judicial.

Nesse caso, o dia do começo do prazo corresponderá à data em que se der a comunicação (art. 231, § 3º, CPC), e não da juntada aos autos do respectivo aviso de recebimento ou mandado.

8.2.9. Citação

a) Citação realizada pelo escrivão ou chefe de secretaria, se o citando comparecer em Cartório (art. 246, III, CPC).

O comparecimento espontâneo do réu ou do executado em Cartório supre a falta ou nulidade de citação, fluindo a partir desta data o prazo para apresentação de contestação ou de embargos (art. 239, § 1º, CPC).

b) Admissão da citação pelo correio na execução (art. 247, CPC).

Foi excluída a vedação de citação pelos correios no processo de execução que constava na lei processual anterior (art. 222, "d", CPC-73).

c) Citação através de entrega do mandado ao porteiro de condomínio edilício ou loteamentos com controle de acesso do qual resida o réu.

O funcionário da portaria responsável pelo recebimento da correspondência poderá receber o mandado citatório, só o podendo recusar, caso declare, por escrito, sob as penas da lei, que o destinatário da correspondência está ausente (art. 248, § 4º, CPC).

d) Obrigatoriedade de cadastro de empresas públicas e privadas no sistema de processo em autos eletrônicos, para fins de recebimento de citações e intimações.

Com exceção das microempresas e das empresas de pequeno porte, as empresas públicas e privadas deverão fazer cadastro para recebimento de comunicação processual de forma eletrônica (art. 246, par. 1º, CPC), em medida que muito contribuirá para aceleração do feito (*vide* Resolução nº 234/2016, CNJ). Exemplificando, o Sistema de Cadastro de Pessoa Jurídica já existe no âmbito do TJ-RJ (SISTCADPJ), cabendo às respectivas empresas sujeitas efetuarem seu cadastro utilizando o Certificado Digital de Pessoas Jurídicas para fazer vínculo de seus representantes (Ato normativo Conjunto nº 102/2016, de 29/04/2016).

Nestas hipóteses, o aperfeiçoamento da comunicação processual por meio eletrônico, com a correspondente abertura do prazo, se houver, ocorrerá no momento em que o destinatário consultar efetivamente o seu teor documental, manifestando inequivocamente sua ciência. Quando a consulta ocorrer em dia não útil, a comunicação processual será considerada como realizada no primeiro dia útil seguinte. Não havendo consulta em até 10 dias corridos contados da data do envio da comunicação processual, considerar-se-á automaticamente realizada na data do término desse prazo, nos termos do art. 5º, par. 3º, da Lei nº 11.419/2006, não se aplicando o disposto no art. 219 da Lei 13.105/2015 a esse interstício (art. 11, Resolução nº 234/2016, CNJ).

Tal ferramenta processual tem aplicabilidade à intimação no cumprimento de sentença: na hipótese de o réu ter sido citado por meio eletrônico na fase de conhecimento, não possuindo advogado constituído nos autos, será o caso de intimação também por meio eletrônico na fase de cumprimento da sentença (art. 513, par. 2º, III, CPC).

e) Ação de usucapião de imóvel e a citação dos confinantes.

Os vizinhos do imóvel a ser usucapido devem ocupar o polo passivo da ação de usucapião de imóvel, que passa a seguir o rito comum (não reprodução dos arts. 941-945, CPC-73). Tal litisconsórcio passivo necessário somente não será formado se a usucapião visar à unidade autônoma de prédio em condomínio, caso em que tal citação é dispensada (art. 246, § 3º, CPC).

f) Expedição de ofícios para localização de endereço do réu.

Resta positivado que se infrutíferas as tentativas de citação, estando o réu em local ignorado ou incerto, será possível requerer ao juízo que requisite informações sobre seu endereço nos cadastros de órgãos públicos ou de concessionárias de serviços públicos (art. 256, par. 3º, CPC), o que atende recomendação do Conselho Nacional de Justiça (Recomendação nº 51, de 23/05/2015, CNJ).

8.2.10. Intimações

a) Intimação do advogado da parte adversa através de formato extrajudicial.

O advogado pode promover a intimação do advogado da outra parte por meio do correio, juntando aos autos, na sequência, a cópia do ofício da intimação e do aviso de recebimento (art. 269, § 1º, CPC). *A medida pode constituir estratégia processual para evitar que o advogado*

458 ■ *Petições e Prática Cível*

da parte adversa desfrute do prazo de 10 dias previsto no processo eletrônico para abrir a respectiva intimação(art. 5º, § 3º, Lei nº 11.419/2006), *antecipando-a.*

b) Intimação nominal à sociedade de advogados.

Autoriza-se a possibilidade de intimação em nome da sociedade de advogados, desde que devidamente registrada na OAB (art. 272, § 1º, CPC), o que se afigura útil, sobretudo, quando se tenham muitos advogados associados num escritório.

8.2.11. Petição Inicial: Pedido

a) Pedido implícito.

É aquele pleito não expresso, extraído de uma interpretação lógico-sistemática daquilo que foi afirmado na petição inicial, podendo o juiz considerá-lo na decisão, sem que se cogite de qualquer nulidade, o que atenua o chamado princípio da congruência (art. 141 e art. 492, CPC). Dentre os pedidos considerados implícitos, cogita-se da correção monetária, dos juros legais e das verbas sucumbenciais, inclusive os honorários advocatícios (art. 322, § 1º, CPC). De toda sorte, não deve o advogado omitir esta postulação, embora possa atacar a eventual decisão que não conceda tais consectários da condenação mediante embargos de declaração.

b) Negativa de pedido genérico de dano moral.

O CPC/2015 determinou que nas ações indenizatórias, inclusive de dano moral, o valor da causa será extraído do valor pretendido (art. 292, V, CPC), sob pena de indeferimento da inicial (art. 330, § 1º, II, CPC). Tal regra põe fim à possibilidade de pleito genérico de dano moral (interpretação do art. 286, II, CPC/73), muito utilizado para que o demandante recolhesse apenas o mínimo de taxa judiciária, deixando ao juiz o livre-arbítrio do quantitativo a ser outorgado na hipótese, justamente pelo caráter subjetivo da fixação deste patamar.

O intuito é conter aquilo que jocosamente se chama de "indústria do dano moral" e/ou a "porta da esperança" relacionada ao resultado exitoso da demanda. Com isso, acaba com a possível limitação ao contraditório antes verificada, pois ao réu era cerceada a discussão sobre o patamar pretendido pelo autor, diante da inevitável surpresa de sua fixação pelo juiz na condenação.

Nesta hipótese, se o juiz condenar o réu em montante inferior àquilo expressamente postulado na inicial, convém manter a exegese de que não será caso de sucumbência recíproca, mas sim de sucumbência integral imposta ao réu vencido (Verbete Sumular nº 326, STJ: "Na ação de indenização por dano moral, a condenação em montante inferior ao postulado na inicial não implica sucumbência recíproca" e Verbete Sumular nº 105, TJ-RJ: "*A indenização por dano moral, fixada em montante inferior ao requerido, não implica, necessariamente, em sucumbência recíproca*"), sob pena de impor ao autor uma exigência odiosa, tendo em vista a subjetividade e ausência de parâmetro para fixação do valor condenatório neste tipo de responsabilização civil.

Aplicando tal raciocínio mesmo sob a égide do CPC/2015: "*Responsabilidade civil. Concessionária de serviço público. Danos morais. Dever de indenizar. (...) 4. Não ocorre sucumbência recíproca na hipótese em que a condenação é fixada em montante inferior ao postulado na inicial, segundo o que dispõe a Súmula nº 326 do STJ*" (STJ – REsp 1.791.371/RS, 2ª Turma, DJ 09/05/2019); "*Dano moral configurado, mostrando-se razoável e proporcional a verba indenizatória fixada no valor de r$ 5.000,00. Precedentes desta Corte. Sucumbência integral da parte ré, não obstante o valor fixado na condenação ter sido menor do que o pretendido pela parte autora. Art. 292, V, do CPC que se refere tão somente à fixação do valor da causa. Inteligência da Súmula nº 326 do STJ*" (TJ-RJ – 0336041-89.2017.8.19.0001, 3ª Câmara Cível, DJ 18/09/2019).

Por fim, registre-se que há entendimento pela inaplicabilidade do dispositivo aos **Juizados Especiais Cíveis**, permitindo-se, nesta seara, o pleito genérico de danos morais, embora limitado ao teto legal de 40 salários mínimos (FONAJE, nº 170: "*No Sistema dos Juizados Especiais, não se aplica o disposto no inc. V do art. 292 do CPC/2015 especificamente quanto ao pedido de dano moral; caso o autor opte por atribuir um valor específico, este deverá ser computado conjuntamente com o valor da pretensão do dano material para efeito de alçada e pagamento de custas*").

8.2.12. Tutela Provisória

a) **Não reprodução do Livro específico sobre o Processo Cautelar**.

A tutela cautelar, assim como a tutela antecipada passam a ter previsão no capítulo denominado "Tutela Provisória", na Parte Geral do novo *Codex* (arts. 294-311, CPC). Consta rol exemplificativo das medidas cautelares idôneas para asseguração do direito (art. 301, CPC), persistindo, portanto, a possibilidade de que seja requerida, inclusive, em caráter antecedente/preparatório (art. 305, CPC).

b) **Tutela da evidência (art. 311, CPC)**.

Cuida-se de tutela provisória desvinculada da demonstração do *periculum in mora*, seja quando vislumbrado o abuso do direito de defesa ou manifesto propósito protelatório da parte (art. 311, I, CPC), ou em outras situações de direito evidente, havendo firme prova documental, como no contrato de depósito (art. 311, II, III e IV, CPC).

Em visualização de uma de suas hipóteses, em que se exige a chamada *dupla conformação*, isto é, suficiência probatória da alegação autoral e insuficiência probatória da defesa (contraprova) do réu, tornando descabida sua concessão antes de ouvido o demandado (art. 311, parágrafo único, CPC): "*A finalidade da tutela da evidência não implica no afastamento do risco de dano jurídico, mas, sim, no combate à injustiça suportada pela parte que, mesmo tendo a evidência de seu direito material, se vê privada de exercê-la. Medida cabível nos casos em que é possível constatar, de plano, o alto grau de probabilidade do direito, não sendo necessária a demonstração de perigo de dano irreparável ou de difícil reparação. Ocorre que, no caso dos autos a tutela pretendida está*

460 ■ Petições e Prática Cível

inserida no art. 311, IV, do CPC, exigindo a instrução da inicial com prova documental suficiente dos fatos constitutivos do direito do Requerente, sem que o Réu consiga opor prova capaz de gerar dúvida razoável. Dessa forma, um dos pressupostos para a concessão da medida antecipatória é a insuficiência da contraprova do Réu, de modo que o mesmo já deve ter sido citado e ouvido. In casu, a relação jurídica não foi integralizada, não sendo possível a concessão da medida no momento" (TJ-RJ – 0023693-81.2018.8.19.0000, 5ª Câmara Cível, DJ 22/05/2018).

A tutela de evidência vela pelo postulado da efetividade, seja por coibir a má-fé e/ou a demora processual, e tem aplicação prática, caso concedida, para coibir a incidência do efeito suspensivo de um eventual recurso de apelação (aplicação do art. 1.012, § 1º, V, CPC).

O advogado pode fazer constar no referido pleito que, se não for o caso de concessão da tutela de evidência, poder-se-á cogitar da fungibilidade para que seja concedida, em seu lugar, a tutela de urgência, preenchidos os requisitos desta última. Nesse sentido: *"5. A tutela de evidência, prevista no art. 311 do CPC/2015, é espécie do gênero tutela provisória, proferida igualmente em cognição sumária, tendo como fundamento apenas o juízo de probabilidade do direito, sendo dispensável o periculum in mora para a sua concessão. 6. Neste sentido, verifica-se que, in casu, a hipótese dos autos não se adequa a nenhuma das situações taxativas elencadas para a concessão da tutela de evidência, todavia, presentes os requisitos autorizadores da tutela de urgência, aplica-se a fungibilidade"* (TJ-RJ – 0042328-81.2016.8.19.0000, 25ª Câmara Cível do Consumidor, DJ 23/11/2016).

Em tese, admite-se o estabelecimento convencional de prova documental apta a ensejar a tutela de evidência, ou seja, a indicação via negócio processual da evidência do direito a permitir tal tutela provisória (art. 190, CPC). *Isso ganha relevo na atividade de consultoria do advogado ao seu cliente, na tentativa de encurtar/facilitar o caminho de eventual empreitada judicial, antes mesmo da ocorrência do litígio propriamente dito.*

Finalmente, cabe mencionar sobre o assunto: CJF, nº 48 (I Jornada de Direito Processual Civil): *"É admissível a tutela provisória da evidência, prevista no art. 311, II, do CPC, também em casos de tese firmada em repercussão geral ou em súmulas dos tribunais superiores"*; CJF, nº 135 (I Jornada de Direito Processual Civil): *"É admissível a concessão de tutela da evidência fundada em tese firmada em incidente de assunção de competência".*

8.2.13. Resposta do Demandado

a) **Aglutinação na contestação de respostas do demandado**.

Visando a desburocratizar o feito, o legislador concentrou no corpo da contestação, através de preliminar, as alegações de incompetência relativa (arts. 64 e 337, inc. II, CPC); de incorreção ao valor da causa (arts. 293 e 337, inc. III, CPC); bem como de indevida concessão do benefício de gratuidade de justiça (arts. 100 e 337, inc. XIII, CPC). No regime anterior, tais alegações vinham em petições apartadas, sendo processadas em apenso ao feito principal. Por seu turno, embora a reconvenção tenha permanecido, a mesma deve ser apresentada na própria contestação, com indicação do valor dado à causa (art. 343 c/c art. 292, CPC).

Prática Forense ■ **461**

8.2.14. Provas

a) Dinamização do ônus da prova (art. 373, par. 1º, CPC).

Passa a ser chancelada pela lei a teoria da distribuição dinâmica do ônus da prova (ou das "cargas probatórias dinâmicas"), para que o juiz relativize a regra fixa prevista em lei (art. 373, I e II, CPC), independentemente de a causa ser consumerista. De forma casuística, poderá o juiz, motivadamente, atribuir o ônus da prova a quem se encontre em *melhores condições de provar*, oportunizando-lhe um momento para tanto.

A lógica é escorada na exigência ao julgador de igualdade/paridade de tratamento, ou de oportunidade para postulações em juízo, entre os litigantes; e tem o sentido de busca da verdade mais próxima da real (art. 139, VI, CPC). Segue-se a dimensão material do princípio do devido processo legal, pois quem estiver numa posição privilegiada para provar as alegações de fato trazidas a juízo, deverá agir solidariamente com o órgão judicial (art. 6º; e art. 378, CPC): *"3. No processo civil, a técnica do ônus dinâmico da prova concretiza e aglutina os cânones da solidariedade, da facilitação do acesso à Justiça, da efetividade da prestação jurisdicional e do combate às desigualdades, bem como expressa um renovado due process, tudo a exigir uma genuína e sincera cooperação entre os sujeitos na demanda. 4. O legislador, diretamente na lei (= ope legis), ou por meio de poderes que atribui, específica ou genericamente, ao juiz (= ope judicis), modifica a incidência do onus probandi, transferindo-o para a parte em melhores condições de suportá-lo ou cumpri-lo eficaz e eficientemente, tanto mais em relações jurídicas nas quais ora claudiquem direitos indisponíveis ou intergeracionais, ora as vítimas transitem no universo movediço em que convergem incertezas tecnológicas, informações cobertas por sigilo industrial, conhecimento especializado, redes de causalidade complexa, bem como danos futuros, de manifestação diferida, protraída ou prolongada"* (STJ – REsp 883.656/RS, 2ª Turma, *DJ* 09/03/2010).

b) Prova emprestada (art. 372, CPC).

Constitui a prova produzida num processo e transladada para outro, havendo interesse no seu uso, por meio de certidão extraída daquele. Nada mais é do que o transporte da produção probatória, seja testemunhal, pericial ou depoimento pessoal, por empréstimo, de um processo ao outro. A vantagem em se admitir a prova emprestada pode ser demonstrada na economia processual, ao se evitar a repetição da produção probatória sem utilidade, observado o contraditório.

Não há exigência de que as partes sejam as mesmas nos dois processos envolvidos: *"10. Independentemente de haver identidade de partes, o contraditório é o requisito primordial para o aproveitamento da prova emprestada, de maneira que, assegurado às partes o contraditório sobre a prova, isto é, o direito de se insurgir contra a prova e de refutá-la adequadamente, afigura-se válido o empréstimo"* (STJ – EREsp 617.428/SP, Corte Especial, *DJ* 04/06/2014). No mesmo sentido: CJF, nº 30 (I Jornada de Direito Processual Civil): *"É admissível a prova emprestada, ainda que não haja identidade de partes, nos termos do art. 372 do CPC".*

c) Produção antecipada de provas (art. 381, CPC).

A nova legislação processual traz situação de produção antecipada da prova de forma desvinculada da situação de urgência, como para viabilizar a autocomposição ou outro meio

462 ■ Petições e Prática Cível

adequado de solução do conflito (art. 381, inc. II, CPC); ou para justificar ou evitar o ajuizamento de ação (art. 381, inc. III, CPC). Tal ferramenta pode ser útil para formação de firme conjunto probatório com aptidão para embasar a ação de cunho principal em situações complexas.

d) Ata notarial (art. 384, CPC).

Cuida-se de procedimento extrajudicial que se consubstancia na documentação de fato através de ato declarativo lavrado por tabelião ou notário, donde advém a nomenclatura. O conteúdo da ata notarial é narrativo ou testemunhal, fazendo prova documental daquilo que lhe consta, com presunção de veracidade, muito embora seja produzida unilateralmente, afinal lavrada por um detentor de fé pública.

A ata notarial tem aplicabilidade, sobretudo, quando se corre o risco de o elemento probatório ser excluído da base de dados – exemplos: posts em redes sociais; sons gravados em arquivos eletrônicos (art. 384, par. único, CPC) –, guardando especial relevância por tornar ociosa a deflagração de um procedimento judicial de produção antecipada de provas (art. 381 – art. 384, CPC).

São apuradas outras hipóteses de acolhida da ata notarial mesmo de forma distante da informática, ou ainda que os fatos autenticados sejam presenciados, inclusive, fora do Cartório – exemplos: ocorrência/manutenção de determinado ato ilícito, como a proibição de acesso a determinado clube privado ou condomínio; verificação do conteúdo de um cofre que será arrombado; tempo de posse do requerente e seus antecessores, conforme o caso e suas circunstâncias, para fins de reconhecimento extrajudicial da usucapião extrajudicial (art. 216-A, I, Lei nº 6.015/1973, acrescentado pelo art. 1.071, CPC, com as alterações e inclusões do art. 7º, Lei nº 13.645/2017).

Certo é que a ata notarial torna cômodo o reconhecimento pelo juiz da existência ou modo de existir de um fato, muito mais, decerto, do que o tino para contrariá-la. Daí é extraída a vantagem prática de a ata notarial notadamente servir para dispensar a dilação probatória em juízo.

e) Dispensa da prova pericial e a prova técnica simplificada.

O juiz poderá dispensar a prova pericial quando as partes apresentem pareceres técnicos ou documentos elucidativos que considerar suficientes (art. 472, CPC). Inclusive, vai além a nova lei processual disciplinando de forma pormenorizada a substituição da prova pericial pela prova técnica simplificada, consistente na oitiva do perito em audiência (art. 361, inc. I, CPC), quando não se tenha complexidade e seja possível dispensar o laudo escrito (art. 464, §§ 2º a 4º, CPC). Faz-se um paralelo ao regime existente nos Juizados Especiais Cíveis (art. 35, Lei nº 9.099/95). Quando determinada a prova técnica simplificada *ex officio* pelo juiz, caberá aplicar analogicamente o cadastro de peritos mantido pelo tribunal (art. 156, § 1º, CPC), bem como a regra de custeio, a cargo do autor (art. 95, CPC).

f) Exibição de documentos ou coisa.

A exibição de documento ou coisa constitui meio de prova típico ou mesmo uma forma de obtenção da prova documental ou coisa (arts. 396/404, CPC). Exibir é expor o documento ou a coisa ao juiz, constituindo prova em favor de uma das partes (*v.g.*, exibição de um contrato; exibição de um veículo acidentado para fins de perícia). O estudo do tema permeia a questão da colaboração processual para o descobrimento da verdade (arts. 6º e 378, CPC), como também do próprio direito à prova.

Na conjuntura atual, a exibição de documento ou coisa é somente tratada no capítulo sobre o sistema probatório (e não mais como um procedimento cautelar típico como era no CPC/73), de forma desvinculada ao preenchimento da urgência como requisito – embora a urgência possa fundamentá-la, conforme a hipótese do art. 383, I, CPC.

De toda forma, a exibição de documento pode ser buscada como pedido autônomo numa ação específica; ou mesmo pleiteada incidentalmente, como elemento de prova, numa ação judicial.

Um ponto a se destacar é a viabilidade de a parte postular a exibição de "*categoria de documentos ou de coisas*" (art. 397, I a III, CPC, com redação dada pela Lei nº 14.195/2021), isto é, de forma mais ampla/genérica, sem especificar exatamente qual documento ou coisa deseja que seja exibido (*v.g.*, requerer sejam exibidos o contrato e todas as comunicações eletrônicas mantidas nas tratativas que precederam a assinatura daquele). No ponto, cabe abordar a possibilidade de ocorrência do que se denomina *fishing expedition*, na *utilização do instituto pelo(a) advogado(a) para "pescar fatos" da parte adversa e, assim, constituir a causa de pedir de sua postulação* (cabendo a crítica de que isso fomentaria a ocorrência de litígios), sobretudo quando o pleito se der mediante ação probatória autônoma, como já admitiu a jurisprudência (STJ – REsp 1.803.251/SC, 3ª Turma, *DJ* 22/10/2019).

Finalmente, o legislador fez previsão sobre a possibilidade de *imposição judicial de multa cominatória* para compelir a parte adversa a realizar a exibição do documento ou coisa (art. 400, parágrafo único, CPC), o que foi ratificado pela tese de recurso especial repetitivo nº 1.000, STJ, *DJ* 26/05/2021: "*Desde que prováveis a existência da relação jurídica entre as partes e de documento ou coisa que se pretende seja exibido, apurada em contraditório prévio, poderá o juiz, após tentativa de busca e apreensão ou outra medida coercitiva, determinar sua exibição sob pena de multa com base no art. 400, parágrafo único, do CPC/2015*". Com isso, vê-se superada a exegese do verbete sumular nº 372, STJ.

8.2.15. Sentença

a) **Direito de influência e o dever de completude de motivação.**

Na lógica de reverência ao prévio contraditório (arts. 9º, *caput*; e 10, CPC), resta consagrado o direito de as partes influenciarem a convicção juiz (art. 369, *in fine*, CPC), ou seja, de terem seus argumentos considerados, o que tem íntima relação com a exigência de completude de motivação das decisões (art. 11 e art. 489, § 1º, CPC). Isto é bem visualizado na decisão do juiz que não enfrenta todos os argumentos deduzidos no processo capazes de, em tese, infirmar a conclusão adotada pelo julgador (art. 489, § 1º, IV, CPC), sujeitando-se tal omissão, assim, ao

464 ■ *Petições e Prática Cível*

ataque via interposição de embargos de declaração (art. 1.022, parágrafo único, II, CPC); ou mesmo outro recurso.

O dever de adequada fundamentação também engloba a decisão que aplica ou deixa de aplicar um precedente no caso concreto (art. 489, § 1º, V e VI, CPC). Sobre o assunto: *"A regra do art. 489, § 1º, VI, do CPC, segundo a qual o juiz, para deixar de aplicar enunciado de súmula, jurisprudência ou precedente invocado pela parte, deve demonstrar a existência de distinção ou de superação, somente se aplica às súmulas ou precedentes vinculantes, mas não às súmulas e aos precedentes apenas persuasivos, como, por exemplo, os acórdãos proferidos por Tribunais de 2º grau distintos daquele a que o julgador está vinculado"* (STJ – REsp 1.698.774/RS, 3ª Turma, DJ 1º/09/2020).

Frise-se que há entendimento refratário da exigência de completude de motivação no âmbito dos **Juizados Especiais Cíveis**: FONAJE, nº 162: "Não se aplica ao Sistema dos Juizados Especiais a regra do art. 489 do CPC/2015 diante da expressa previsão contida no art. 38, *caput*, da Lei nº 9.099/95"; JEC-RJ nº 10.2, alterado pelo Aviso Conjunto TJ-RJ/COJES nº 15/2016: *"A sentença em sede de Juizados Especiais Cíveis observará o disposto nos arts. 2º e 38 da Lei nº 9.099/95, sendo fundamentada de maneira concisa, com menção a todas as questões de fato e de direito relevantes para julgamento da lide, inaplicável o art. 489 do CPC* (art. 38, *caput*, da Lei nº 9.099/95)".

b) Ampliada a permissão de juízo de retratação pelo juízo sentenciante na apelação.

Se prolatada sentença de extinção do feito sem julgamento do mérito, havendo apelação, o juiz terá 5 (cinco) dias para retratar-se, impedindo a subida do recurso (art. 485, § 7º, CPC).

c) Formato especial quanto às despesas e honorários advocatícios havendo transação entre as partes ou reconhecimento da procedência do pedido pelo réu.

Em estímulo ao acordo, se a transação ocorrer antes da sentença, as partes ficarão dispensadas do pagamento das custas processuais remanescentes, havendo estas (art. 90, § 3º, CPC). Por sua vez, se o réu reconhecer a procedência do pedido e, simultaneamente, cumprir de forma integral a prestação reconhecida, a verba honorária sucumbencial será reduzida pela metade (art. 90, § 4º, CPC).

8.2.16. Cumprimento da Sentença

a) Termo inicial para cumprimento voluntário da condenação.

O devedor será intimado para cumprir a sentença, pelo Diário da Justiça, na pessoa de seu advogado constituído nos autos (art. 513, § 2º, inc. I, CPC)". Entretanto, se o exequente demorar a pleitear o início da execução, passa-se a exigir que a intimação do devedor seja feita por meio de carta com aviso de recebimento (art. 513, § 4º, CPC). Por sua vez, quando não tiver advogado constituído nos autos, o devedor será intimado para cumprir a sentença, por carta com aviso de recebimento (art. 513, § 2º, inc. II, CPC). Se o devedor tiver mudado de endereço sem prévia comunicação ao juízo, será tida como válida a intimação destinada ao endereço então conhecido, ainda que negativa a respectiva comunicação (arts. 513, § 3º, inc. II; e 274, parágrafo único, CPC). Quando tenha se dado a citação por edital na fase de conhecimento, exigir-se-á uma nova intimação por edital na fase de cumprimento de sentença (art. 513, § 2º, inc. IV, CPC), conforme o caso. Na hipótese de o réu ter sido citado por meio eletrônico na fase de conhecimento, não possuindo advogado constituído nos autos, será o caso de intimação também por meio eletrônico na fase de cumprimento da sentença (art. 513, § 2º, inc. III, CPC), o que tem aplicação para as pessoas jurídicas sujeitas ao prévio cadastro para recebimento de comunicações processuais (art. 246, § 1º, CPC).

b) Incidência de verba honorária no cumprimento da sentença.

Além da multa de 10%, incide no cumprimento de sentença um (novo) arbitramento de verba honorária (art. 523, § 1º, CPC). De fato, o melhor raciocínio é aquele que permite imputação de (novos) honorários para tal fase subsequente do processo sincrético, desde que fique configurada a necessidade de nova atividade laboral dos advogados para o cumprimento forçado da obrigação, que só se dá após esgotado o prazo para cumprimento voluntário da obrigação (Verbete Sumular nº 517, STJ).

Cabe atentar que já se decidiu que a multa de 10% prevista pelo art. 523, § 1º, CPC, não integra a base de cálculo dos honorários advocatícios do cumprimento de sentença: "*3. A base de cálculo sobre a qual incidem os honorários advocatícios devidos em cumprimento de sentença é o valor da dívida (quantia fixada em sentença ou na liquidação), acrescido das custas processuais, se houver, sem a inclusão da multa de 10% (dez por cento) pelo descumprimento da obrigação dentro do prazo legal (art. 523, § 1º, do CPC/2015)*" (STJ – REsp 1.757.033/DF, 3ª Turma, DJ 09/10/2018).

c) Impugnação ao cumprimento da sentença: prazo e desnecessidade de garantia prévia do juízo.

A impugnação deve ser apresentada no prazo de 15 (quinze) dias, cuja fluência decorre do fim do prazo para cumprimento voluntário da condenação (art. 523, CPC) – ou seja, têm início no 16º dia útil na sequência (art. 219, CPC) –, independente de nova intimação (art. 525, *caput*, CPC). A nova lei processual expressou claramente que a garantia do juízo não constitui requisito para apresentação da impugnação ao cumprimento da sentença (art. 525, *caput*, CPC), de forma similar ao sistema dos embargos à execução (art. 914, CPC).

d) Unificação do regime defensivo no cumprimento de sentença.

De forma contrária ao sistema anterior, fez-se previsão do cabimento de impugnação como defesa para a hipótese de cumprimento de sentença que reconheça a exigibilidade de pagar quantia pela Fazenda Pública (art. 535, CPC). E restou prevista a impugnação como defesa na execução de título judicial concernente à obrigação de fazer (art. 536, § 4º, CPC) e de entrega de coisa (art. 538, § 3º, CPC).

466 ■ *Petições e Prática Cível*

8.2.17. Execução de Título Extrajudicial

a) Títulos executivos extrajudiciais.

O novo Código de Processo Civil incluiu no rol dos títulos executivos extrajudiciais o crédito referente às *contribuições ordinárias ou extraordinárias de condomínio edilício, previstas na respectiva convenção ou aprovadas em assembleia geral, desde que documentalmente comprovadas* (art. 784, X, CPC). Na vigência da legislação revogada, o condomínio deveria ajuizar prévia ação de cobrança, de rito sumário, e, obtida a sentença de procedência, promover a execução do título judicial (art. 275, II, "b", CPC/73).

Sobre o art. 784, X, CPC, prevalece o entendimento pela possibilidade de execução de *parcelas vincendas*, ainda que se alegue que o pleito inicial executivo não retrataria propriamente obrigação certa, líquida e exigível. O sentido é evitar ajuizamentos seguidos de diversas ações de execução, conforme o vencimento de cada parcela da dívida, de modo a se permitir que o pedido executivo do Condomínio contemple parcelas vencidas e vincendas, com aplicação subsidiária das normas do processo de conhecimento para prestações de trato sucessivo (art. 292, §§ 1º e 2º, CPC). Importante é que as parcelas vincendas sejam sujeitas ao prévio contraditório antes de qualquer medida executiva que as contemple. Nesse sentido, CJF, nº 86 (I Jornada de Direito Processual Civil): *"As prestações vincendas até o efetivo cumprimento da obrigação incluem-se na execução de título executivo extrajudicial (arts. 323 e 318, parágrafo único, do CPC)".* Inclusive, há normatização no âmbito do TJ-RJ (Aviso CGJ nº 882, de 18/05/2016). Na jurisprudência: "À luz das disposições do CPC de 2015, é possível a inclusão em ação de execução de cotas condominiais das parcelas vincendas no débito exequendo, até o cumprimento integral da obrigação no curso do processo" (STJ – REsp 1.756.791/RS, 3ª Turma, DJ 06/08/2019).

Ainda, o art. 784, X, CPC, deve valer para condomínios verticais ou horizontais, conforme CJF, nº 100 (I Jornada de Direito Processual Civil): *"Interpreta-se a expressão condomínio edilício do art. 784, X, do CPC de forma a compreender tanto os condomínios verticais, quanto os horizontais de lotes, nos termos do art. 1.358-A do Código Civil".*

Noutro giro, em incitação à composição amigável extrajudicial, a legislação incluiu como título executivo extrajudicial o *instrumento de transação referendado por conciliador ou mediador credenciado por tribunal* (art. 784, IV, *in fine*, CPC), o que tem relevância à mediação extrajudicial (arts. 21/23, Lei nº 13.140/2015).

b) Regime da penhora *on-line*.

Resta expresso que a penhora *on-line* de ativos financeiros do executado é "prioritária", não sendo possível ao juiz alterar a ordem de bens penhoráveis de modo a prejudicá-la (art. 835, I, e par. 1º, CPC). Deve o juiz determinar o bloqueio "sem dar ciência prévia ao executado" (art. 854, CPC), em exceção ao prévio contraditório. Tornados indisponíveis os ativos financeiros do executado, este será intimado na pessoa de seu advogado ou, não o tendo, pessoalmente, para no *prazo de 5 (cinco) dias*, apresentar impugnação quanto à impenhorabilidade das quantias, ou indisponibilidade excessiva (art. 854, par. 2º, CPC).

c) Possibilidade de penhora de salário de alta monta.

A nova lei do processo prega que a impenhorabilidade do salário não se aplica às importâncias excedentes a 50 salários-mínimos mensais (art. 833, par. 2º, CPC).

Diga-se que a jurisprudência do STJ evoluiu para admitir a flexibilização da regra da impenhorabilidade também no caso de *dívida comum (não alimentar)*, permitindo a penhora de salário mesmo abaixo deste patamar desde que esteja comprovado nos autos que o bloqueio de parte da remuneração não prejudica a subsistência ou dignidade do devedor (STJ – REsp 1.514.931/DF, 3ª Turma, *DJ* 06/12/2016).

d) Expressão de novos bens penhoráveis.

Em inovação, passa a se admitir a penhora de semoventes (art. 835, VII, CPC) e dos direitos aquisitivos derivados de promessa de compra e venda e de alienação fiduciária em garantia (art. 835, XII, CPC), o que guarda especial relevância aos veículos financiados, conforme já chancelava a jurisprudência. Nesse último caso, pode-se requerer a expedição de comunicação ao terceiro fiduciário, com fins análogos à penhora de crédito (art. 855, CPC), além de ofício ao Detran, para averbação de restrição judicial, em caráter preventivo.

Na jurisprudência, destaque-se o julgado que permitiu a penhora de arma de fogo, enquadrando-a como um bem móvel em geral (art. 835, VI, CPC): "*A arma de fogo pode ser penhorada e expropriada, desde que assegurada pelo Juízo da execução a observância das mesmas restrições impostas pela legislação de regência para a sua comercialização e aquisição*" (STJ – REsp 1.866.148/RS, 2ª Turma, *DJ* 26/05/2020).

e) Atipicidade dos meios executivos (e a possibilidade de retenção da carteira de motorista ou de passaporte do devedor).

Ampliam-se os poderes-deveres do juiz, sendo-lhe imputado velar pela efetividade processual e, assim, "*determinar todas as medidas indutivas, coercitivas, mandamentais ou sub-rogatórias necessárias para assegurar o cumprimento de ordem judicial, inclusive nas ações que tenham por objeto prestação pecuniária*" (art. 139, IV, CPC). Com efeito, admite-se a imposição judicial de medidas não previstas expressamente em lei (atipicidade dos meios executivos, *vide* ainda art. 297; e 536, § 1º, CPC), o que *pode ser explorado pelo advogado quando atue em busca da satisfação de obrigação reconhecida favorável ao seu cliente.*

A polêmica reside na possibilidade de o juiz, por exemplo, determinar a *retenção da carteira de motorista de devedor*, como forma de pressioná-lo ao pagamento. Há precedente de tribunal superior em sentido positivo, admitindo a medida casuisticamente, desde que haja devido respeito ao contraditório; que a decretação se dê após outras tentativas de quitação do débito (esgotadas as medidas executivas típicas); bem como quando verificado que o devedor está escondendo o patrimônio para evitar o pagamento (STJ – RHC 97.876/SP, 4ª Turma, *DJ* 05/06/2018). Tal julgado não permitiu a *retenção do passaporte do devedor* na referida hipótese, por restringir o direito de ir e vir (sem negar o possível deferimento em outro caso concreto); o que se entendeu não aplicável à carteira de motorista, afinal, nesse último caso, o devedor teria outros meios de se transportar que não na condução do veículo. Na prática, o Poder Judiciário determinará ao Detran a suspensão da pessoa do direito de dirigir. Se a pessoa estiver com a carteira recolhida e for flagrada dirigindo, terá o carro apreendido e responderá por crime e multa, com a cassação definitiva da carteira nacional de habilitação.

No mesmo sentido, permitindo a retenção da carteira de motorista do devedor como medida executiva atípica, conforme o caso, deixando claro que o *habeas corpus* não é a via adequada para questionar tal decisão judicial em razão da inocorrência de violação direta à liberdade de locomoção: "*4. A suspensão da Carteira Nacional de Habilitação não configura dano ou risco potencial direto e imediato à liberdade de locomoção do paciente, devendo a questão ser, pois, enfrentada pelas vias recursais próprias. Precedentes*" (STJ – RHC 99.606/SP, 3ª Turma, DJ 13/11/2018).

Por sua vez, permitindo a retenção do passaporte, inclusive com destaque a via do *habeas corpus* é adequada para tal questionamento: "*Cumprimento de sentença. Indenização por dano ambiental. Medida coercitiva atípica em execução por quantia certa. Restrição ao uso de passaporte. Injusta violação do direito fundamental de ir e vir. Não ocorrência. Decisão adequadamente fundamentada. Observância do contraditório. Ponderação dos valores em colisão. Preponderância, in concreto, do direito fundamental à tutela do meio ambiente*" (STJ – HC 478.963/RS, 2ª Turma, DJ 14/05/2019).

Ressalve-se que, no âmbito da execução fiscal, tem-se visão restritiva ao cabimento das medidas aflitivas pessoais atípicas, justamente pela existência de outras vantagens processuais relacionadas ao atuar da Fazenda Pública em juízo: "*12. Tratando-se de Execução Fiscal, o raciocínio toma outros rumos quando medidas aflitivas pessoais atípicas são colocadas em vigência nesse procedimento de satisfação de créditos fiscais. Inegavelmente, o Executivo Fiscal é destinado a saldar créditos que são titularizados pela coletividade, mas que contam com a representação da autoridade do Estado, a quem incumbe a promoção das ações conducentes à obtenção do crédito. (...) São providências que não encontram paralelo nas execuções comuns. 15. Nesse raciocínio, é de imediata conclusão que medidas atípicas aflitivas pessoais, tais como a suspensão de passaporte e da licença para dirigir, não se firmam placidamente no Executivo Fiscal. A aplicação delas, nesse contexto, resulta em excessos*" (STJ – HC 453.870/PR, 1ª Turma, DJ 25/06/2019).

f) Permissão de arrematação de bem por valor inferior ao da avaliação, conforme preço mínimo fixado pelo juiz, e a determinação do conceito de preço vil.

Cabe ao juiz da execução estabelecer o preço mínimo, as condições de pagamento e as garantias que poderão ser prestadas pelo arrematante (art. 885, CPC). O edital, que precede a realização do leilão judicial, indicará o valor pelo qual o bem foi avaliado e o preço mínimo pelo qual poderá ser alienado (art. 886, II, CPC), além de indicar o local, dia e hora de um eventual segundo leilão presencial, caso não haja interessado no primeiro (art. 886, V, CPC). Independente de se tratar do primeiro ou segundo leilão, será vil o preço inferior ao mínimo estipulado pelo juiz, ou, não tendo este sido fixado, o preço inferior a 50% do valor da avaliação (art. 891, par. único, CPC).

g) Positivação da exceção de pré-executividade.

A nova lei processual traz hipóteses permissivas de defesa na execução através de simples petição (*v.g.*, arts. 518; 525, par. 11; 803, par. único, CPC). A decisão que a julga tem natureza interlocutória e se sujeita ao recurso de agravo de instrumento (art. 1.015, par. único, CPC), salvo se implicar na extinção da execução, por sentença, quando será atacada via recurso de apelação (arts. 203, par. 1º; e 1.009, CPC).

h) Prescrição intercorrente.

Há autorização legal para reconhecimento da prescrição intercorrente, conforme procedimento de suspensão do processo prévio que ateste a ausência de bens penhoráveis (art. 921, par. 5º, CPC), o que implicará na extinção da execução (art. 924, III, CPC).

i) "Direito de laje" e amplitude dos deveres de comunicação da penhora.

O legislador concedeu *status* oficial ao "puxadinho", consagrando-o como "direito real de laje" (art. 1.225, inc. XIIII, CC, incluído pela Lei nº 13.645/2017, em conversão da Medida Provisória nº 759/2016), em reconhecimento da destinação econômica dada a unidade imobiliária autônoma sobreposta. Nesse ponto, a referida lei alterou o CPC/2015 na parte que trata das incumbências do exequente quando a penhora recair sobre direito, garantia ou bem de terceiro, que deve ser, assim, intimado antes da expropriação. Funciona assim: (i) a penhora pode recair sobre o direito real de laje, devendo o exequente intimar o titular da construção-base, bem como o titular das lajes anteriores (art. 799, X, CPC); (ii) se a penhora recair sobre a construção-base, deverá ser intimado o titular das lajes (art. 799, XI, CPC).

8.2.18. Recursos

a) Possibilidade genérica de convalidação de vícios formais.

Em lógica de superação da jurisprudência defensiva, antes de considerar inadmissível o recurso, o relator concederá o prazo de 5 (cinco) dias ao recorrente para que seja sanado vício ou complementada a documentação (art. 932, par. único, CPC), o que vale, inclusive, para o agravo de instrumento (art. 1.017, par. 3º, CPC).

Diga-se que a Corte Superior editou enunciado de orientação neste tema quanto ao direito intertemporal (Enunciado administrativo nº 5, STJ: *"Nos recursos tempestivos interpostos com fundamento no CPC/1973 (relativos a decisões publicadas até 17 de março de 2016), não caberá a abertura de prazo prevista no art. 932, par. único, c/c o art. 1.029, par. 3º, do novo CPC"*).

Por sua vez, a Corte Suprema balizou que o art. 932, par. único, CPC só se aplica aos casos em que seja necessário sanar vícios formais, como a ausência de procuração ou de assinatura; *e não à complementação da fundamentação*, ou seja, resta impossível aplicar tal dispositivo para remediar ausência de impugnação específica de fundamentos (STF – ARE 953.221 AgR/SP, 1ª Turma, *DJ* 07/06/2016).

Sobre o preparo recursal (adiantamento de despesas), permanece o regramento no sentido de que o "recolhimento insuficiente" não gera automática deserção (inadmissibilidade) do recurso interposto (art. 1.007, par. 2º, CPC). Na "ausência de recolhimento", ainda assim, será aberta oportunidade de recolhimento posterior, o que deverá ser feito em dobro (art. 1.007, par. 4º, CPC).

Quanto aos **Juizados Especiais Cíveis**, especificamente sobre a falta de recolhimento suficiente do preparo, consta posicionamento pela impossibilidade de complementação posterior (FONAJE, nº 80, XXXIX Encontro – Maceió/AL, em junho/2016: "*O recurso inominado será julgado deserto quando não houver o recolhimento integral do preparo e sua respectiva comprovação pela parte, no prazo de 48 horas, não admitida a complementação intempestiva [art. 42, par. 1º, da Lei nº 9.099/1995]*").

b) Exclusão do agravo retido e impugnação de decisões interlocutórias na apelação.

As decisões interlocutórias que não comportam agravo de instrumento (fora do rol do art. 1.015, CPC) somente serão impugnadas através de recurso de apelação interposto contra a sentença (art. 1.009, § 1º, CPC). Nas audiências, não mais terão os advogados que pedir que constem em ata a interposição oral de agravo retido (não reprodução do art. 523, § 3º, CPC-73), embora devam fiscalizar se a decisão interlocutória que lhe é contrária constou expressamente na ata da audiência – aliás, como é exigido pela lei (art. 367, CPC). Note-se que as decisões interlocutórias pretéritas não se apuram automaticamente impugnadas na apelação ou contrarrazões de apelação, devendo "*ser suscitadas*" expressamente (art. 1.009, § 1º, CPC), sob pena de não conhecimento, o que significa preclusão. Nesse último aspecto, nada mudou quanto ao regime pretérito.

c) Fim do juízo de admissibilidade provisório, feito pelo órgão a quo, no recurso de apelação.

Na nova lei processual, embora mantida a interposição do apelo perante o órgão a quo (art. 1.010, *caput*, CPC), excluiu-se o juízo de admissibilidade provisório na apelação (art. 1.010, § 3º, CPC). Não há mais previsão, portanto, do recurso de agravo de instrumento contra decisão de inadmissibilidade de recurso na origem (não foi reproduzido, neste aspecto, o art. 522, CPC-73). Algo semelhante se deu no recurso ordinário (art. 1.028, § 3º, CPC).

Quanto aos **Juizados Especiais Cíveis**, especificamente sobre o recurso inominado contra sentença (art. 41, Lei nº 9.099/95), consta posicionamento pela manutenção do juízo de admissibilidade provisório pelo órgão de primeiro grau (FONAJE, nº 166, XXXIX Encontro – Maceió/AL, em junho/2016: "Nos Juizados Especiais Cíveis, o juízo prévio de admissibilidade do recurso será feito em primeiro grau").

d) Regime de valorização dos precedentes jurisdicionais (art. 927, CPC) e cabimento dos embargos de declaração.

Considera-se omissa a decisão que deixar de se manifestar sobre tese firmada em julgamento de casos repetitivos ou em incidente de assunção de competência aplicável ao caso sob julgamento, sendo cabíveis embargos de declaração (art. 1.022, parágrafo único, inc. I, CPC).

e) **Exclusão do recurso de embargos infringentes e criação da técnica de julgamento de infringência**.

Os embargos infringentes deixam de ser considerados uma espécie recursal (ficam de fora do rol do art. 994, CPC). Em seu lugar, foi criada uma *técnica de complementação de julgamento* (ou *de julgamento ampliado*), realizada de forma automática (independente da voluntariedade do interessado), que consta, topograficamente, no capítulo "*Da Ordem dos Processos nos Tribunais*" (art. 942, CPC).

Quanto ao lado negativo, prega-se o prejuízo à celeridade, até porque sua aplicabilidade é mais abrangente: no julgamento da apelação, agora sequer se exige a reforma da decisão, exigindo-se tal técnica de julgamento mesmo se mantida, por maioria, a decisão de primeira instância. Leve-se em consideração, ainda, a possibilidade de sustentação oral do advogado no reexame necessário de infringência (art. 942, *caput*, CPC), bem como a autorização para revisão dos votos daqueles julgadores que se manifestaram no julgamento por maioria (art. 942, § 2º, CPC). Outra crítica é a busca desenfreada de justiça, quando sabido que mesmo os julgados unânimes podem se demonstrar injustos (unanimidade não é certeza de justiça).

Positivamente, alerte-se que a modificação legislativa revela um instrumento qualitativo, adequado sistematicamente à completude de motivação e racionalidade dos julgados (vetores da reforma), justamente no sentido da busca de uma melhor decisão. Qualquer sinal de possível divergência revela insegurança jurídica e não se vê tal técnica de julgamento como um fator significativamente prejudicial à celeridade.

Tal técnica só é aplicável ao julgamento dos recursos de apelação e agravo de instrumento, além da hipótese de ação rescisória (art. 942, *caput* e § 3º, CPC), em exegese restritiva que já encontra suporte na jurisprudência (STJ – EDcl nos EDcl nos EDcl no AgRg no AREsp 705.844/SP, 2ª Turma, *DJ* 06/10/2016).

A técnica de ampliação do colegiado também merece aplicação no julgamento não unânime de admissibilidade recursal: "*5. O art. 942 do CPC não determina a ampliação do julgamento apenas em relação às questões de mérito. 6. Na apelação, a técnica de ampliação do colegiado deve ser aplicada a qualquer julgamento não unânime, incluindo as questões preliminares relativas ao juízo de admissibilidade do recurso*" (STJ – REsp 1.798.705/SC, 3ª Turma, *DJ* 22/10/2019).

No caso de recurso de apelação, a técnica de julgamento ampliado deve ser aplicada também para a sentença "mantida" por julgamento não unânime (STJ – REsp 1.733.820/SC, 4ª Turma, *DJ* 02/10/2018), em formato mais amplo até do que o antigo recurso de embargos infringentes (que só cabia no caso de "reforma" da sentença de primeiro grau por julgamento não unânime).

Já se decidiu que no processamento desta técnica de julgamento poderá ser analisada questão fora da divergência inicial, não havendo preclusão nesse sentido aos respectivos julgadores: "*7. Constatada a ausência de unanimidade no resultado da apelação, é obrigatória a aplicação do art. 942 do CPC/2015, sendo que o julgamento não se encerra até o pronunciamento pelo colegiado estendido, ou seja, inexiste a lavratura de acórdão parcial de mérito. 8. Os novos julgadores convocados não ficam restritos aos capítulos ou pontos sobre os quais houve inicialmente divergência, cabendo-lhes a apreciação da integralidade do recurso. 9. O prosseguimento do julgamento com quórum ampliado em caso de divergência tem por objetivo a qualificação do debate, assegurando-se oportunidade para a análise aprofundada das teses jurídicas contrapostas e das questões fáticas controvertidas, com vistas a criar e manter uma jurisprudência uniforme, estável, íntegra e coerente"* (STJ – REsp 1.771.815/SP, 3ª Turma, DJ 13/11/2018).

Finalmente, consta precedente no sentido de que não pode o tribunal dispensar o voto do(a) quinto(a) julgador(a), até porque este(a) poderá votar e convencer os demais que já votaram a rever seus votos: "*Constitui ofensa ao art. 942 do CPC/2015 a dispensa do quinto julgador, integrante necessário do quórum ampliado, sob o argumento de que já teria sido atingida a maioria sem possibilidade de inversão do resultado*" (STJ – REsp 1.890.473/MS, 3ª Turma, *DJ* 17/08/2021).

g) Sucumbência recursal.

Passa a ser admitida a majoração da verba honorária no julgamento de recursos, diante da nova atividade laboral do advogado. Certo é que a sucumbência recursal atua em combate do automatismo na interposição de recursos. Todavia, deve ser respeitado o limite legal relacionado à "fase de conhecimento" (art. 85, par. 11, CPC). Esta última assertiva traz a exegese de que resta possível a ultrapassagem deste cômputo geral quanto à inclusão da verba honorária da fase de execução, o que a lei passou a admitir (art. 523, par. 1º, *in fine*, CPC).

Diga-se que a Corte Superior editou enunciado de orientação neste tema quanto ao direito intertemporal (Enunciado administrativo nº 7, STJ: "*Somente nos recursos interpostos contra decisão publicada a partir de 18 de março de 2016, será possível o arbitramento de honorários sucumbenciais recursais, na forma do art. 85, par. 11, do novo CPC*").

Há precedente da Corte Suprema no sentido da possibilidade de condenação em verba honorária recursal em *embargos de declaração*, afirmando que a razão de ser da imposição da sucumbência recursal seria dissuadir manobras protelatórias (STF – RE 929.925 AgR-ED/RS, 1ª Turma, *DJ* 07/06/2016).

Outro precedente da Corte Suprema é no sentido da incidência de honorários sucumbenciais recursais de forma favorável ao advogado do recorrido, mesmo na *ausência de contrarrazões* deste último, na hipótese de derrota do recorrente (STF – AI 864.689 AgR/MS e ARE 951.257 AgR/RJ, 1ª Turma, *DJ* 27/09/2016). Não se levou em consideração a ausência de trabalho adicional do advogado do recorrido em grau recursal, conforme cogita a lei (art. 85, par. 11, CPC).

No STJ, já se decidiu que "*o par. 11 do art. 85 do CPC possui dupla funcionalidade, devendo atender à justa remuneração do patrono pelo trabalho adicional na fase recursal e inibir recursos cuja matéria já tenha sido exaustivamente tratada*" (STJ – AgInt no AREsp 349.637/RS, 3ª Turma, *DJ* 09/08/2016).

Criando balizas genéricas sobre o assunto, a Corte Superior destacou os **requisitos** para arbitramento de honorários advocatícios recursais: (i) o recurso deverá desafiar decisão publicada a partir de 18/03/2016; (ii) o não conhecimento integral ou o desprovimento do

Prática Forense ■ **473**

recurso pelo relator monocraticamente, ou pelo órgão colegiado competente (ou seja, de derrota do recorrente); (iii) a verba honorária sucumbencial deve ser devida desde a origem no feito em que interposto o recurso (portanto, não cabe em mandado de segurança, onde é vedada por lei tal imposição); (iv) não é possível majorar os honorários advocatícios na hipótese de interposição de recurso na mesma instância (descabe a sua incidência em agravo interno ou em embargos de declaração); (v) o limite máximo para a primeira instância e para a instância recursal é de 20% para a fase de conhecimento (então, esse cômputo geral não pode ultrapassar tal limite); (vi) não se exige, necessariamente, a apresentação de contrarrazões ou realização de sustentação oral pelo advogado para incidir a verba honorária, embora tal atividade possa servir de critério para quantificação valorativa (STJ – EDcl no REsp 1.573.573/RJ, 3ª Turma, DJ 04/04/2017).

h) Especificação de casos de fungibilidade recursal e sua aplicação.

Havendo apenas um recurso cabível para a hipótese, passa-se a analisar o *erro na escolha do meio recursal*, cujo equívoco levaria, em regra, ao não conhecimento do recurso (juízo de admissibilidade negativo). Entretanto, pelo princípio da fungibilidade, escorado no princípio do máximo aproveitamento dos atos processuais, bem como o da instrumentalidade das formas, admite-se a *conversão de um recurso em outro*, através de determinação *ex officio* pelo juiz, para não prejudicar a parte.

Exigem-se alguns requisitos para aplicação da fungibilidade recursal, inclusive a boa-fé do recorrente (art. 5º, CPC): "*Conforme já sedimentado na jurisprudência desta Corte, a aplicação do princípio da fungibilidade recursal demanda, além da não configuração da má-fé da parte, a existência de dúvida objetiva na doutrina e na jurisprudência, a ausência de erro grosseiro na interposição, e a observância do prazo do recurso adequado*" (STJ – REsp 1.026.021/SP, T3ª, DJ 17/04/2008).

Situação recorrente na jurisprudência é o *recebimento como agravo interno de embargos de declaração opostos à decisão monocrática do relator*, submetendo imediatamente a questão ao colegiado, em atenção, também, ao princípio da economia processual, o que restou positivado na lei processual, desde que oportunizado o prazo de 5 dias para que o recorrente complemente suas razões recursais (art. 1.024, par. 3º, CPC).

Outros exemplos positivados: se o relator no STJ considerar que o recurso especial versa sobre questão constitucional, ao invés de inadmiti-lo, deverá conceder o prazo de 15 dias para que o recorrente demonstre a existência de repercussão geral e se manifeste sobre a questão constitucional, remetendo-o, depois, para o STF, que poderá devolvê-lo (art. 1.032, CPC). Por sua vez, torna-se defesa a inadmissão do recurso extraordinário caso o STF considere reflexa a ofensa à Constituição, por pressupor a revisão da interpretação da lei federal ou de tratado, sendo o caso de remessa ao STJ (art. 1.033, CPC).

Noutras hipóteses, importa destacar que a Corte Superior permitiu a aplicação da fungibilidade se o juiz leva a parte ao erro: "*Execução de título extrajudicial. Exceção de pré-executividade. Exclusão do executado do polo passivo. Interposição de apelação ao invés de agravo de*

474 ■ *Petições e Prática Cível*

instrumento. Indução a erro pelo juízo. Relativização da dúvida objetiva. Aplicabilidade do princípio da fungibilidade" (STJ – EAREsp 230.380/RN, 2ª Seção, DJ 13/09/2017).

8.2.19. Incidentes nos Tribunais

a) Incidente de resolução de demandas repetitivas – IRDR (art. 976 – art. 987, CPC).

Vivemos em uma época de conflitos massificados, sobretudo em razão da atuação recalcitrante lesiva dos grandes litigantes brasileiros (*repeat players*, como o Poder Público, instituições financeiras, telefônicas, dentre outros). Em maximização da tutela jurisdicional coletiva, coexistindo ao formato via ajuizamento de ações deste naipe, fez-se previsão na nova legislação processual de um incidente processual de caráter coletivo para a resolução de demandas repetitivas. O intuito é evitar a dispersão em larga escala da jurisprudência em situações homogêneas, através da eleição de "caso-piloto", possibilitando o "julgamento em bloco" pelo tribunal de segunda instância (art. 978, CPC). O IRDR trata apenas da uniformização de questão de direito (art. 976, inc. I, CPC), material ou processual (art. 928, parágrafo único, CPC), quando haja simultânea situação de risco de ofensa à isonomia e à segurança jurídica (art. 976, inc. II, CPC). Não é seu objetivo analisar/uniformizar questões fáticas, mas sim de teses jurídicas, o que, somado ao aspecto dos seus efeitos vinculantes, lhe traz uma índole de "processo objetivo". O incidente pode ser instaurado conforme manifestação do juiz ou relator, *ex officio*; das partes, por petição; ou do Ministério Público ou da Defensoria Pública, também por petição (art. 977, CPC). É importante frisar que a instauração do IRDR provoca a suspensão *ope legis* dos processos pendentes, individuais e coletivos, que tramitam no Estado ou Região (art. 982, inc. I, CPC), bem como de que há vinculação decisória para os casos idênticos sobrestados e futuros (art. 985, CPC). Do julgamento do mérito do IRDR, cabe recurso extraordinário – com repercussão geral presumida (art. 987, § 1º, CPC) – ou recurso especial, conforme o caso (art. 987, CPC).

b) Incidente de assunção de competência – IAC (art. 947, CPC).

Neste mecanismo processual (anteriormente previsto no art. 555, CPC/1973 e agora modificado), poderá o relator, como também outro julgador da causa em trâmite no órgão fracionário, ou mesmo a parte, o Ministério Público ou a Defensoria Pública, no julgamento de relevante questão de direito, material ou processual (analogia do art. 928, par. único, CPC), adjetivando-a como aquela de que decorra *"grande repercussão social, sem repetição em múltiplos processos"* (em diferenciação do IRDR), incidentalmente, propor assunção de competência para que determinado órgão colegiado de maior hierarquia dentro do tribunal, além de analisar a questão, julgue desde logo toda a causa. O sentido é *acelerar a formação de um precedente jurisdicional vinculante*, seja perante os tribunais inferiores, ou mesmo no âmbito dos tribunais superiores.

A natureza jurídica deste instituto não é apropriadamente de um incidente processual (ao menos na visão tradicional), devendo ser pensado como uma mera *causa de deslocamento/*

elevação de competência. Não há desvio procedimental diante da cisão de competência, mas simples declínio de competência para órgão de maior hierarquia dentro do respectivo tribunal. Ainda, não se tem um julgamento subjetivamente complexo, afinal o órgão competente para o IAC constituirá o (novo e único) órgão competente para a causa.

De toda forma, defende-se a fungibilidade ente IAC e IRDR, conforme CJF, nº 141 (II Jornada de Direito Processual Civil): *"É possível a conversão de Incidente de Assunção de Competência em Incidente de Resolução de Demandas Repetitivas, se demonstrada a efetiva repetição de processos em que se discute a mesma questão de direito".*

8.3. Principais Prazos Processuais

Neste tópico, serão apresentados muitos dos prazos estabelecidos pela Lei nº 13.105/2015 (CPC), divididos nos tópicos seguintes: a) parte geral; b) processo de conhecimento; c) cumprimento de sentença; d) procedimentos especiais; e) processo de execução; f) processo nos Tribunais e impugnação das decisões judiciais.

8.3.1. Parte Geral

– Impugnação à gratuidade de justiça: 15 (quinze) dias (art. 100, CPC).

– Defesa na impugnação à gratuidade de justiça referente a despesas cartorárias: 15 (quinze) dias (art. 98, CPC).

– Recurso contra decisão que indefere gratuidade de justiça: 15 (quinze) dias (art. 101, CPC).

– Suprimento de omissão relativa a dados do advogado na inicial: 5 (cinco) dias (art. 106, CPC).

– Vista dos autos: 5 (cinco) dias (art. 107, CPC).

– Vista dos autos durante prazo comum: 2 (duas) a 6 (seis) horas (art. 107, CPC).

– Constituição de novo advogado após revogação de mandato: 15 (quinze) dias (art. 111, CPC).

– Continuidade da representação após renúncia de mandato: 10 (dez) dias (art. 112, CPC).

– Impugnação ao pedido de assistência: 15 (quinze) dias (art. 120, CPC).

– Citação no chamamento ao processo: 30 (trinta) dias ou 2 (dois) meses, conforme o caso (art. 131, CPC).

– Manifestação no incidente de desconsideração da personalidade jurídica: 15 (quinze) dias (art. 135, CPC).

– Manifestação do *amicus curiae*: 15 (quinze) dias (art. 138, CPC).

– Arguição de impedimento ou suspeição: 15 (quinze) dias(art. 146, CPC).

– Impedimento ou suspeição (MP, auxiliares da justiça e outros): 15 (quinze) dias (art. 148, CPC).

476 ▪ *Petições e Prática Cível*

– Informações no inconformismo quanto à falta da observância da ordem cronológica que deve ser preferencialmente observada pelos servidores ao efetivarem as decisões e despachos do magistrado: 2 (dois) dias (art. 153, CPC).

– Manifestação sobre proposta de autocomposição em mandado: 5 (cinco) dias (art. 154, CPC).

– Inabilitação do perito para atuar em processos: 2 (dois) a 5 (cinco) anos (art. 158, CPC).

– Impedimento do conciliador/mediador em relação às partes: 1 (um) ano (art. 172, CPC).

– Afastamento do conciliador/mediador de sua atividade: até 180 (cento e oitenta) dias (art. 173, CPC).

– Manifestação do Ministério Público: sempre em dobro, exceto quando a legislação estipular prazo específico para a sua manifestação (art. 180, CPC).

– Manifestação da Fazenda Pública: sempre em dobro, exceto quando a legislação estipular prazo específico para a sua manifestação (art. 183, CPC).

– Manifestação da Defensoria Pública: sempre em dobro, exceto quando a legislação estipular prazo específico para a sua manifestação (art. 186, CPC).

– Prática de ato processual por meio eletrônico: até às 24h00 (art. 213, CPC).

– Prorrogação de prazos processuais nas comarcas de difícil acesso: até 2 (dois) meses (art. 222, CPC).

– Prazo na ausência de previsão legal ou judicial: 5 (cinco) dias (art. 218, CPC).

– Atos do juiz: despachos: 5 (cinco) dias; decisões interlocutórias: 10 (dez) dias; sentenças: 30 dias (art. 226, CPC), com possibilidade de todos serem dobrados (art. 227, CPC).

– Atos do serventuário: remeter autos: 1 (um) dia; executar atos processuais: 5 (cinco) dias (art. 228, CPC).

– Prazos dos litisconsortes com diferentes procuradores: em dobro, mas com algumas ressalvas (art. 229, CPC).

– Comparecimento após intimações sem prazo legal ou judicial: 48 (quarenta e oito) horas (art. 218, CPC).

– Restituição de autos, após intimação para devolução: 3 (três) dias (art. 234, CPC).

– Manifestação do magistrado em representação apresentada ao CNJ, por excesso de prazo: 15 (quinze) dias.

– Providências para citação do réu: 10 (dez) dias (art. 240, CPC).

– Elaboração de laudo médico, no exame do impossibilitado de receber citação: 5 (cinco) dias (art. 245, CPC).

– Ciência ao réu na citação por hora certa: 10 (dez) dias (art. 254, CPC).

– Citação por edital: 20 (vinte) a 60 (sessenta) dias (art. 257, CPC).

– Devolução de carta ao juízo de origem: 10 (dez) dias (art. 268, CPC).

– Pagamento de custas na distribuição: 15 (quinze) dias (art. 290, CPC).

– Fornecimento de dados para citação do réu na tutela provisória de urgência antecipada: 5 (cinco) dias (art. 302, CPC).

– Aditamento da petição inicial quando for concedida tutela provisória de urgência antecipada: 15 (quinze) dias (art. 303, CPC).

– Aditamento da petição inicial quando for indeferida tutela provisória de urgência antecipada: 15 (quinze) dias (art. 303, CPC).

– Prazo de defesa quando o autor requerer tutela provisória de urgência cautelar: 5 (cinco) dias (art. 306, CPC).

– Aditamento da petição inicial quando for concedida tutela provisória de urgência cautelar: 30 (trinta) dias (art. 308, CPC).

– Suspensão do processo por morte no polo ativo ou passivo, para que a habilitação do sucessor seja realizada: prazo judicial (art. 313, CPC).

– Suspensão do processo por morte do advogado: 15 (quinze) dias (art. 313, CPC).

– Suspensão do processo por convenção das partes: prazo máximo de 6 (seis) meses (art. 313, CPC).

– Suspensão do processo por questão prejudicial constante em outro processo: prazo máximo de 1 (um) ano (art. 313, CPC).

– Suspensão do processo por questão prévia no juízo criminal: prazo entre 3 (três) meses a 1 (um) ano, dependendo se já há demanda criminal em curso (art. 315, CPC).

8.3.2. Processo de Conhecimento

– Emenda da petição inicial: 15 (quinze) dias (art. 321, CPC).

– Alteração ou aditamento do pedido sem consentimento do demandado: até a citação (art. 329, CPC).

– Alteração ou aditamento do pedido com consentimento do demandado: até o saneamento do processo (art. 329, CPC).

– Retratação do juiz no indeferimento da petição inicial, se for interposta apelação: 5 (cinco) dias (art. 331, CPC).

– Retratação do juiz na improcedência liminar, se for interposta apelação: 5 (cinco) dias; resposta ao recurso: 15 (quinze) dias (art. 332, CPC).

– Contestação: 15 (quinze) dias (art. 335, CPC).

– Emenda da petição inicial em caso de preliminar de ilegitimidade passiva: 15 (quinze) dias (art. 338, CPC).

– Resposta na reconvenção: 15 (quinze) dias (art. 343, CPC).

– Réplica: 15 (quinze) dias (art. 350 e art. 351, CPC).

– Correção de irregularidades pelo magistrado: máximo de 30 dias (art. 352, CPC).

– Pedido de esclarecimentos ou ajustes na decisão de saneamento do processo: 15 (quinze) dias (art. 357, CPC).

– Apresentação do rol de testemunhas: prazo máximo de 15 (quinze) dias (art. 357, CPC).

– Apresentação de alegações finais oralmente: 20 minutos (art. 364, CPC).

– Apresentação de memoriais escritos: 15 (quinze) dias (art. 364, CPC).

– Prazo para proferir sentença após o encerramento da AIJ: 30 dias (art. 366, CPC).

478 ■ *Petições e Prática Cível*

– Resposta ao requerimento de exibição de documento: 5 (cinco) dias (art. 398, CPC).

– Resposta de terceiros no requerimento de exibição de documento: 15 (quinze) dias (art. 401, CPC).

– Depósito do documento por terceiro caso recuse a exibição: 5 (cinco) dias (art. 403, CPC).

– Prazo para manifestação sobre prova documental: 15 (quinze) dias, embora possa ser dilatado (art. 437, CPC).

– Prazo para obtenção de informações em processos administrativos: 1 (um) mês (art. 438, CPC).

– Juntada do comprovante de intimação de testemunhas: 3 (três) dias de antecedência da AIJ (art. 455, CPC).

– Ressarcimento de despesas efetuadas pela testemunha: de imediato ou em até 3 (três) dias (art. 462, CPC).

– Comunicação das diligências ao assistente técnico: 5 (cinco) dias de antecedência ao exame que for realizado (art. 466, CPC).

– Devolução dos honorários pelo perito substituído: 15 (quinze) dias (art. 468, CPC).

– Retratação do magistrado que houver prolatado sentença sem resolução do mérito: 5 (cinco) dias (art. 485, CPC).

– Comunicação da realização de registro da hipoteca judiciária: 15 (quinze) dias (art. 495, CPC).

8.3.3. Cumprimento de Sentença

– Verificação do contador quanto ao demonstrativo de cálculo no cumprimento de sentença: 30 dias no máximo, exceto se outro for fixado pelo magistrado (art. 509, CPC).

– Apresentação de dados a respeito do demonstrativo de cálculo no cumprimento de sentença: 30 dias (art. 524, CPC).

– Apresentação de documentos na liquidação por arbitramento: prazo judicial (art. 510, CPC).

– Contestação na liquidação de sentença pelo procedimento comum: 15 (quinze) dias (art. 511).

– Prazo para efetuar o pagamento da dívida no cumprimento de sentença: 15 (quinze) dias (art. 523, CPC).

– Prazo para o executado apresentar impugnação no cumprimento de sentença: pagamento do débito: 15 (quinze) dias (art. 525, CPC).

– Fornecimento pelo cartório de certidão para fins de protesto de decisão judicial:3 (três) dias (art. 517, CPC).

– Prazo para cancelamento do protesto de decisão judicial: 3 (três) dias (art. 517, CPC).

– Manifestação do credor sobre pagamento voluntário do devedor: 5 (cinco) dias (art. 526, CPC).

– Prazo para pagamento do débito em cumprimento de decisão que condena a pagar alimentos: 3 (três) dias (art. 528, CPC).

– Tempo da prisão civil decretada em cumprimento de decisão que condena a pagar alimentos: 1 (um) a 3 (três) meses (art. 528, CPC).

Prática Forense ■ **479**

– Prazo para oferecimento de impugnação no cumprimento de sentença contra a Fazenda Pública: 30 (trinta) dias (art. 535, CPC).

8.3.4. Procedimentos Especiais

– Ciência do credor na consignação extrajudicial: 10 (dez) dias (art. 539, CPC).

– Apresentação das contas ou resposta na ação de exigir contas: 15 (quinze) dias (art. 550 e 551, CPC).

– Prazo exigido para o deferimento de liminar em ações possessórias: 1 (um) ano e 1 (um) dia da ocorrência da moléstia a posse (art. 558, CPC).

– Defesa na ação de demarcação: 15 (quinze) dias (art. 577, CPC).

– Manifestação dos condôminos na ação de divisão: (art. 591, CPC).

– Instauração de inventário judicial: 2 (dois) meses(art. 611, CPC).

– Prazo de defesa no requerimento de remoção do inventariante: 15 (quinze) dias (art. 623, CPC).

– Prazo para manifestação das partes em relação a requerimento de habilitação de herdeiro preterido: 15 (quinze) dias (art. 628, CPC).

– Prazo para a apresentação do laudo do avaliador no arrolamento: 10 (dez) dias (art. 664, CPC).

– Contestação na oposição: 15 (quinze) dias (art. 683, CPC).

– Sobrestamento do processo em caso de oposição: prazo judicial (art. 685, CPC).

– Apresentação de defesa na habilitação: 5 (cinco) dias (art. 690, CPC).

– Prazo para citação nas ações de família: citação: 15 (quinze) dias de antecedência da audiência (art. 695, CPC).

– Contestação na restauração de autos: contestação: 5 (cinco) dias (art. 714, CPC).

– Prazo para oferecimento de embargos na ação monitória: 15 (quinze) dias (art. 702, CPC).

– Prazo para oferecimento de impugnação a interdição: 15 (quinze) dias (art. 752, CPC).

8.3.5. Processo de Execução

– Manifestação da escolha nas obrigações alternativas: 10 (dez) dias (art. 800, CPC).

– Embargos de terceiro na fraude à execução: 15 (quinze) dias (art. 792, CPC).

– Prazo para comunicação ao juízo da realização da averbação da certidão de ajuizamento da execução no registro de imóveis: 10 (dez) dias (art. 828, CPC).

– Emenda da inicial no processo de execução: 15 (quinze) dias (art. 801, CPC).

– Prazo para se impugnar a escolha na obrigação de entrega de coisa incerta: 15 (quinze) dias (art. 812, CPC).

– Arresto executivo: 10 (dez) dias (art. 830, CPC).

– Requerimento de alienação judicial na penhora de direito e ação: 10 (dez) dias (art. 857, CPC).

– Providências do executado na penhora de quotas ou ações: 3 (três) meses, embora possa ocorrer prorrogação (art. 861, CPC).

480 ■ *Petições e Prática Cível*

– Apresentação do plano de administração na penhora de estabelecimento: 10 (dez) dias (art. 862, CPC).

– Auto de adjudicação: 5 (cinco) dias (art. 877, CPC).

– Manifestação de desistência do arrematante: 10 (dez) dias contados da expedição da carta (art. 903, CPC).

– Suspensão da alienação de imóveis de incapaz: prazo máximo de 1 (um) ano (art. 896, CPC).

– Prazo para pagamento na execução de alimentos fundada em título executivo extrajudicial: 3 (três) dias (art. 911, CPC).

– Prazo para ajuizamento de embargos à execução: 15 (quinze) dias (art. 915, CPC).

– Prazo para requerer parcelamento ou moratória legal: 15 (quinze) dias (art. 916, CPC).

– Prazo de duração da suspensão da execução, e também do prazo da prescrição intercorrente, pela não localização do executado ou por falta de bens penhoráveis: 1 (um) ano (art. 921, III, § 1º, CPC, na redação dada pela Lei nº 14.195/2021).

8.3.6. Processo nos Tribunais e Impugnação das Decisões Judiciais

– Manifestação do MP em conflito de competência: 5 (cinco) dias (art. 956, CPC).

– Prazo para o ajuizamento de ação rescisória: em regra são 2 (dois) anos, mas há possibilidade de ser maior em alguns casos (art. 975, CPC).

– Tempo para o processamento e julgamento do incidente de resolução de demandas repetitivas: 1 (um) ano (art. 980, CPC).

– Prazo para apresentação de informações na reclamação: 10 (dez) dias (art. 989, CPC).

– Prazo geral para interpor e apresentar contrarrazões aos recursos, com exceção dos embargos de declaração:15 (quinze) dias (art. 1.003 e art. 1070, CPC).

– Prazo para a manifestação do recorrente sobre questões preliminares suscitadas em contrarrazões: 15 (quinze) dias (art. 1.009, CPC).

8.4. Audiências e Sessão de Julgamento

8.4.1. Disciplina Comum

a) **Pregão.**

Na data da audiência, se dará o pregão das partes e de seus respectivos advogados, bem como de outras pessoas que dela devam participar, no que se refere ao chamamento oficial para realização do ato processual designado (art. 358, CPC), através de sistema de som, ou em tom alto de voz, que faça concluir que todos daquele recinto captaram a informação do início daquela audiência. Se a parte ali presente não ouvir o pregão e perder a audiência, deverá obter uma certidão cartorária demonstrativa do comparecimento, o que embasará seu pleito posterior de repetição do ato processual.

b) Ordem preferencial.

A advogada gestante, lactante, adotante ou que der à luz, tem direito de preferência na ordem das audiências de cada dia, mediante comprovação de sua condição (art. 7º-A, III, Lei nº 8.906/1994, incluído pela Lei nº 13.363/2016).

c) Atuação judicial.

Cabe ao juiz exercer o poder de polícia, para manter a ordem e o decoro na audiência, podendo ordenar que se retirem da sala aqueles que se comportarem de forma inconveniente, inclusive através de força policial, se necessário (art. 360, CPC). Quando expressões ou condutas ofensivas forem manifestadas oral ou presencialmente, o juiz advertirá o ofensor de que não as deve usar ou repetir, sob pena de lhe ser cassada a palavra (art. 78, par. 1º, CPC). A nova lei processual inclui o dever de tratar com urbanidade os participantes do processo (art. 360, inc. IV, CPC) e de registrar em ata, com exatidão, todos os requerimentos apresentados em audiência (arts. 360, inc. V, e 367, CPC).

Destaque-se que o juiz tem o poder de designar audiência especial visando à autocomposição, preferencialmente com auxílio de conciliadores e mediadores judiciais (art. 139, V, CPC). É comum ocorrer uma consulta às partes sobre a viabilidade de composição amigável, mirando a designação da referida audiência.

d) Intervenção do advogado.

O advogado tem o direito de usar da palavra, "pela ordem", em qualquer juízo ou tribunal, mediante intervenção sumária, para esclarecer equívoco ou dúvida surgida em relação a fatos, documentos ou afirmações que influam no julgamento, bem como para replicar acusação ou censura que lhe forem feitas (art. 7º, inc. X, Lei nº 8.906/1994). Tal faculdade pode ser utilizada pelo advogado para inibir determinadas situações de equívoco ou desrespeito às regras legais, inclusive no momento da inquirição do perito, assistentes técnicos, partes ou testemunhas (*v.g.,* arts. 361, par. único, e 459, par. 2º, CPC).

Também pode ser requerido ao juiz que advirta o advogado adverso para que não se valha ou repita expressão ou conduta ofensiva, sob pena de cassação da palavra (art. 78, par. 1º, CPC).

e) Gravação.

A nova lei processual expressa a possibilidade de a parte gravar em imagem e áudio a realização da audiência, independentemente de autorização judicial (art. 367, par. 6º, CPC).

Por razões de publicidade e transparência dos atos processuais, tal indicação deveria valer para as audiências nos **Juizados Especiais Cíveis** (arts. 318 e 1.046, par. 2º, CPC), no entanto, já se apura entendimento de orientação refratário à aplicabilidade da disposição (Enunciado nº 10.2016, Aviso conjunto TJ-RJ/COJES nº 15/2016: "São inaplicáveis no âmbito dos

482 ■ *Petições e Prática Cível*

Juizados Especiais Cíveis as disposições do art. 367, par. 5º e par. 6º do CPC/2015 ante a incompatibilidade com a disposição expressa do art. 13 da Lei nº 9.099/1995").

8.4.2. Audiência de Conciliação ou de Mediação

a) Utilidade.

A nova lei processual valoriza a solução consensual dos conflitos, estimulando a conciliação ou a mediação, inclusive no curso do processo judicial (art. 3º, §§ 2º e 3º, CPC). Caminha o legislador na direção da secundariedade da jurisdição, no sentido de que o Estado apenas deve impor imperativamente a solução do conflito quando falharem os outros mecanismos de resolução de litígios, inclusive a conciliação e a mediação, seja na esfera extrajudicial ou no interregno processual.

b) Diferença entre a conciliação e a mediação.

O conciliador atuará preferencialmente nos feitos em que não houver vínculo prévio entre as partes; e o mediador, nas hipóteses em que este se verificar (art. 165, §§ 2º e 3º, CPC). A ideia é que a mediação ocorra para as situações de relações continuativas, como aquela ocorrente entre familiares, vizinhos, ou pessoas que por algum motivo convivem intensamente. A mediação atua quando há vínculo entre os litigantes e seu objetivo é justamente resolver o vínculo, e não o problema isolado, definindo um espaço mínimo de convivência entre os litigantes. O resultado alcançado pela mediação tenta reconstruir, dentro do possível, o relacionamento entre as partes, ajudando-as a resolver suas disputas e administrar melhor os seus conflitos.

Nessa linha, a legislação processual codificada coloca que o conciliador poderá "sugerir soluções para o litígio", enquanto o mediador "auxiliará os interessados a compreender as questões e os interesses em conflito", de modo que estes possam "identificar, por si próprios, soluções consensuais que gerem benefícios mútuos".

Naturalmente, deverá o juiz ter a devida cautela para identificar o tipo de litígio e a espécie de audiência adequada à hipótese, o que deve ser fiscalizado pelo advogado. Nas ações de família, extrai-se a imposição da realização desta audiência inicial, até porque o rito específico somente remete ao "comum" depois de realizada a mesma ("a partir de então", conforme art. 697, CPC). Corrobora a assertiva o fato de que o réu é citado para comparecer à audiência sem que o respectivo mandado conste a cópia da petição inicial (art. 695, § 1º, CPC). Ademais, "todos os esforços serão empreendidos para a solução consensual da controvérsia" nesse tipo de causa (art. 694, CPC).

c) Requerimento autoral.

O autor deverá indicar na petição inicial sua opção pela realização ou não desta audiência preliminar (art. 319, VII, CPC).

Como a nova legislação do processo implanta tal audiência preliminar como ato processual praticamente inerente ao procedimento, cabe compreender que o silêncio do autor quanto à manifestação sobre o interesse nesta audiência não se sujeita à necessidade de intimação para emenda/correção; não compromete a sua realização; nem implica no seu cancelamento, sendo defeso entendê-la como tácita falta da vontade de conciliar. Em argumentação, se a falta de manifestação pretérita do réu resulta na realização da audiência (não realização do ônus previsto no art. 334, § 5º, in fine, CPC), há de se entender, paralelamente, que a inércia autoral nesta indicação inicial importará na mesma consequência, realizando-se o ato processual da audiência. Só se justifica a exegese de abrir vistas ao autor para emendar a inicial e demonstrar seu interesse na realização da audiência caso o juiz adote a interpretação de que basta a manifestação isolada do autor para dispensa do referido ato processual.

d) "Facultatividade" de designação e de realização.

Se não indeferida a inicial (art. 330, CPC), nem julgada improcedente *prima facie* (art. 332, CPC), o juiz "designará" audiência de conciliação ou de mediação, com antecedência mínima de 30 dias, devendo ser citado o réu com precedência ao menos de 20 dias da data designada para realização deste ato processual (art. 334, *caput*, CPC). Faz-se previsão de prazos regressivos a serem contados da data da audiência para trás.

Note-se que não há prazo legal máximo para realização desta audiência, sendo importante que ela não demore a ocorrer, sob pena de impactar prejudicialmente todo o procedimento.

Frise-se que tal designação poderá nem ocorrer se o direito envolvido não admitir transação (art. 334, § 4º, inc. II, CPC). O problema prático é o juiz ter tal leitura somente escorada nas alegações do autor na inicial, já que a resposta do réu somente é apresentada, conforme o procedimento, posteriormente. Na dúvida sobre a indisponibilidade do direito envolvido – até porque alguns direitos tidos por indisponíveis permitem a conciliação –, ter-se-á como inafastável a designação desta audiência, inclusive pelo mote conciliatório do novo diploma. Cabe registrar que, no caso de direito que não admita transação, a resposta do réu deverá se dar no prazo de 15 (quinze) dias conforme a modalidade de citação envolvida (art. 231 e art. 335, inc. III, CPC).

Uma vez designada, será expedido o mandado citatório do demandado – ou carta (art. 248, § 3º, CPC) – que conterá a descrição da intimação para o comparecimento à referida audiência, com a menção do dia, hora e local, além da necessidade de acompanhamento por advogado ou defensor público (art. 250, inc. IV, CPC).

O réu, citado, poderá se manifestar pelo (1) cancelamento da audiência já designada, protocolando petição neste sentido com 10 (dez) dias de antecedência da audiência (art. 344, § 5º, CPC). Tendo em vista que a citação válida deve ser realizada com antecedência de 20 (vinte) dias, isso significa que o réu terá, no mínimo, 10 (dez) dias para peticionar neste sentido. Nesse caso, da data do protocolo desta petição correrá o prazo de 15 (quinze) dias para contestação (art. 335, inc. II, CPC).

Se o demandado (2) entender pela realização da audiência, esta se realizará, ainda que o autor tenha se manifestado contrariamente. A legislação foi clara em exigir a discordância dupla para que a audiência não seja realizada (art. 334, § 4º, inc. I, CPC), em autorização para que a manifestação das partes, em conjunto, flexibilize o procedimento. Nesse caso, o prazo de 15 (quinze) dias para contestação correrá da data da audiência de conciliação ou mediação, ou da última sessão de conciliação, se for o caso (art. 335, inc. I, CPC).

Funciona assim: se o autor se manifestar pela realização da audiência na inicial, esta fatalmente ocorrerá; se o autor optar pela não realização, mas o réu por ela se interessar, a audiência também se realizará de forma obrigatória. Como se nota, dificilmente esta audiência não irá ocorrer, pois sua realização acaba por gerar o aumento do prazo defensivo do réu, provavelmente interessado no prolongamento do feito.

Na prática, outro prognóstico que se pode fazer é que caso o autor não pretenda a audiência, assim optando na inicial, terá o seu advogado que ficar demasiadamente atento ao processo, decerto sobre a manifestação do réu pelo respectivo cancelamento, até 10 dias antes da data em que foi designada. O problema prático é que o cartório terá um prazo relativamente curto para o processamento desta petição, de modo a proceder tal alerta ao autor sobre o cancelamento da audiência (pela discordância dupla), quanto mais na situação de alegação de incompetência territorial pelo réu, cuja petição pode ser protocolada em foro longínquo daquele onde se processa a demanda (art. 340, CPC). Como se vê, não foi à toa a expressão "imediatamente" e "preferencialmente por meio eletrônico" neste último dispositivo.

A regra da discordância dupla amolda-se sistematicamente à lógica privatista assumida pelo novo *Codex* (art. 190, CPC). Todavia, fragiliza o método consensual ao obrigar a realização da audiência de conciliação ou de mediação quando uma das partes não a deseje ("se um não quer, dois não conciliam"), burocratizando e aumentando os custos do procedimento. Não é por outro motivo que a Lei de Mediação sublinha que "ninguém será obrigado a permanecer em procedimento de mediação" (art. 2º, § 2º, Lei nº 13.140/2015). De fato, quem não procede pela própria vontade, tende a se mostrar mais reticente ao que encontra, o que acabará por inibir acordos.

Há precedentes no sentido de que inexiste nulidade processual pela não realização da referida audiência, tendo em vista a ausência de prejuízo: *"1) No que tange à alegação de nulidade da sentença por ausência de audiência de conciliação a mesma não deve prosperar. 2) A realização da audiência de conciliação ou mediação, de que trata o art. 334, do CPC, não é obrigatória, posto que não impede que as partes, caso exista o ânimo conciliatório, transacionem extrajudicialmente, submetendo o acordo à homologação judicial. 3) Ademais, já havia manifestação expressa do ora apelado quanto ao seu desinteresse na conciliação, sendo assim, a designação da audiência ocasionaria a protelação do julgamento do feito, retardando, desnecessariamente, a efetiva entrega da prestação jurisdicional"* (TJ-RJ – 0423931-03.2016.8.19.0001, 25ª Câmara Cível, DJ 23/01/2019).

A comunidade jurídica elenca algumas hipóteses de dispensa da audiência: FPPC, nº 639: *"(334, § 4º, II) O juiz poderá, excepcionalmente, dispensar a audiência de mediação ou conciliação nas ações em que uma das partes estiver amparada por medida protetiva"*; CJF, nº 24 (I Jornada de Direito Processual Civil): *"Havendo a Fazenda Pública publicizado ampla e previamente as hipóteses em que está autorizada a transigir, pode o juiz dispensar a realização da audiência de mediação e conciliação, com base no art. 334, § 4º, II, do CPC, quando o direito discutido na ação não se enquadrar em tais situações".*

Por fim, merece atenção como formato sugestivo para impedir que a audiência se transforme num escudo defensivo procrastinatório, mormente para a situação de litigante passivo contumaz, seria seguir a exegese de que se o demandado silenciar quanto ao protocolo da petição prévia com pedido de cancelamento do ato – o que não impede a sua realização –, passa-se a se presumir o seu interesse em conciliar, devendo este último, obrigatoriamente, apresentar proposta de acordo, em patamares razoáveis, sob pena de comportamento contraditório processual (art. 80, IV, CPC), incidindo a imposição de multa pela litigância de má-fé (art. 81, CPC). Isso porque, em aplicação direta da diretriz cooperativa fixada pelo art. 6º, CPC, se o réu também não queria acordar, que assim se manifestasse antes pelo cancelamento da audiência, sob pena de ser sancionado. Convém que a possibilidade de aplicação da penalidade seja advertida no mandado citatório, como já o será a indicação autoral pela não realização do acordo (art. 250, II e III, CPC). De toda forma, já há enunciado que trata do tema levando em consideração o comportamento prévio da parte: CJF, nº 121 (II Jornada de Direito Processual Civil): *"Não cabe aplicar multa a quem, comparecendo à audiência do art. 334 do CPC, apenas manifesta desinteresse na realização de acordo, salvo se a sessão foi designada unicamente por requerimento seu e não houver justificativa para a alteração de posição".*

e) Comparecimento e ausência.

A ausência do autor não implica na extinção do feito, e a do réu muito menos em revelia. O não comparecimento injustificado denota ato atentatório à dignidade da Justiça, com imposição de sanção de até dois por cento da vantagem econômica ou do valor da causa pretendido, revertida em favor da União ou do Estado (art. 334, § 8º, CPC). Tal multa incide contra a parte, e não para o seu advogado (interpretação sistemática do art. 77, § 6º, CPC).

As partes devem estar acompanhadas de seus advogados e defensores públicos (art. 334, § 9º, CPC). *Admite-se que a parte outorgue poderes para que alguém se faça passar por seu representante, mediante procuração específica (art. 334, § 10, CPC)* – em regramento inovador que se distancia da realidade do que ocorre nos Juizados Especiais Cíveis, onde se exige a presença da parte. Frise-se que há regramento de que "é defeso ao advogado funcionar no mesmo processo, simultaneamente, como patrono e preposto do empregador ou cliente" (art. 25, Resolução nº 02/2015, novo Código de Ética da OAB).

No entanto, já se decidiu pela possibilidade de o advogado com poderes para conciliar substituir a parte na audiência de conciliação: *"Não cabe a aplicação de multa pelo não comparecimento pessoal à audiência de conciliação, por ato atentatório à dignidade da Justiça, quando a parte estiver representada por advogado com poderes específicos para transigir"* (STJ – RMS 56.422/MS, 4ª Turma, DJ 08/06/2021); *"2. O não comparecimento da parte autora à audiência de conciliação não configura ato atentatório à dignidade da justiça, se esta se faz representar por procurador, com poderes especiais para transigir, na forma do art. 334, § 10, do CPC. 3. Reforma parcial da r. Sentença, apenas, para afastar a multa aplicada ao autor/apelante por ato atentatório à dignidade da justiça"* (TJ-RJ – 0267759-96.2017.8.19.0001, 15ª, Câmara Cível, *DJ* 07/05/2019).

Caso o advogado não compareça, tendo em vista o silêncio normativo sobre a sanção, bem como pelo fato de que tal situação não impede a realização do ato (art. 10, Lei nº 13.140/2015: *"as partes poderão ser assistidas por advogados ou defensores públicos"*), nem mesmo o fechamento de acordo, há de se entender pelo descabimento de imposição da multa. Nesse sentido: *"1. A sanção prevista no § 8º do art. 334 do NCPC se refere tão somente à ausência das partes e não à ausência do patrono das partes. No caso em tela, em que pese a ausência do Defensor Público que assiste o autor, este compareceu devidamente à audiência, sendo certo que o magistrado, inclusive, proferiu sentença de mérito na referida audiência. 2. É verdade que o art. 334, § 9º, do CPC dispõe que 'as partes devem estar acompanhadas por seus advogados ou defensores públicos', no entanto, a ausência do advogado não impedirá a realização da audiência de conciliação e mediação, a teor do que dispõe o Enunciado nº 48 do FONAMEC (Fórum Nacional da Mediação e Conciliação), que diz: 'Nos procedimentos processuais (mediação e conciliação judiciais), quando o advogado ou defensor público, devidamente intimado, não comparecer à audiência injustificadamente, o ato poderá ser realizado sem a sua presença se o cliente/assistido concordar expressamente.' (...) 5. Sentença que se reforma em parte para excluir a condenação do autor ao pagamento da multa prevista no art. 334, § 8º, do NCPC"* (TJ-RJ – 0308618-91.2016.8.19.0001, 19ª Câmara Cível, DJ 25/07/2017).

f) Redesignação da audiência.

Pode haver mais de uma sessão de conciliação ou mediação, não excedendo o prazo de 2 (dois) meses entre uma e outra (art. 334, § 2º, CPC). *Em lógica inversa, a nova sessão somente será designada, caso ambas as partes expressamente "concordem" com a sua realização; isto porque é a livre autonomia dos interessados que rege o procedimento da conciliação ou da mediação (art. 166, § 4º, CPC).*

g) Confidencialidade.

Como a mediação se escora no princípio da confidencialidade (arts. 166, CPC c/c 2º, inc. VII, Lei nº 13.140/2015), e até para que isto contribua ao deslinde amigável, na ata da audiência somente deverá constar aquilo que as partes expressamente autorizaram, o que deve ser fiscalizado pelo advogado, conforme os interesses de seu cliente.

h) Acordo.

Em análise conjectural, cabe ao advogado cotejar o ganho certo de um acordo e o ganho probabilístico de uma decisão final favorável. Na ótica da barganha, cabe notar que na audiência de conciliação ou de mediação (art. 334, CPC), o réu já conhece a fundamentação do pleito autoral, e a viabilidade potencial de seus ganhos, enquanto o autor ignora a estratégia argumentativa e processual de seu opositor.

Havendo concessões mútuas que imponham o fim ao litígio, será o caso de prolação de sentença de extinção do processo com julgamento do mérito (art. 487, III, "b", CPC), o que reflete um título executivo judicial (art. 515, II, CPC).

Nos termos legais (art. 515, par. 2º, CPC), o acordo pode envolver um sujeito estranho ao processo (como um fiador), e versar sobre relação jurídica que não tenha sido deduzida em juízo (como outra dívida não ainda judicializada). Por exemplo, poderá o advogado do réu numa ação de indenização por dano material fazer incluir que o acordo contempla a renúncia quanto a eventual pleito de dano moral, minorando as consequências do fato litigioso.

Em regramento motivador da solução amigável, se a transação se der antes da sentença, as partes ficam dispensadas do pagamento das custas processuais remanescentes, havendo estas (art. 90, par. 2º, CPC).

i) Como o advogado deve se comportar na mediação.

Cabe refletir inicialmente que, numa sociedade acelerada, a resolução de conflitos por meios alternativos será crescente. O litígio cada vez mais será observado como perda de tempo e recursos.

Segundo a lei de regência, as partes deverão estar assistidas por advogados ou defensores públicos durante as sessões de mediação judicial, exceto no âmbito de Juizados Especiais (art. 26, Lei nº 13.140/2015 c/c art. 334, par. 9º, CPC). Na mediação extrajudicial, as partes poderão ser assistidas por advogados ou defensores públicos (art. 10, Lei nº 13.140/2015). Comparecendo uma das partes acompanhada de advogado ou defensor público, o mediador suspenderá o procedimento, até que todas estejam também devidamente assistidas (art. 10, par. único, Lei nº 13.140/2015).

O advogado que atua na mediação deve se despir da postura combativa (defender um lado e acusar o outro) e desenvolver uma *postura mais cooperativa* (art. 3º, par. 3º, CPC). Vale a conhecida metáfora: "Não deve tentar apagar o incêndio com um balde de gasolina". *O advogado deve, assim, aperfeiçoar suas técnicas de comunicação (v.g., escuta ativa) e de negociação (v.g., separar as pessoas do problema; concentrar-se nos interesses em jogo, não nas posições; pensar variedades de solução). Como tática de negociação, o ideal é buscar benefícios mútuos, sempre que possível, tentando sair da lógica "ganha-perde" (antagonismo).*

A vantagem de submeter (e estimular) seu cliente à mediação, sobretudo a modalidade extrajudicial (arts. 21/23, Lei nº 13.140/2015), é obter a *solução do litígio do seu cliente em curto espaço de tempo*, o que não implica, necessariamente, na diminuição dos honorários advocatícios a receber. Sendo o caso, cabe fazer previsão contratual da possibilidade de mediação como forma de solução de conflito, sem redução do percentual de verba honorária pactuado com o cliente. Frise-se que o eventual instrumento de transação referendado por mediador credenciado por tribunal terá força de título executivo extrajudicial (art. 784, IV, CPC).

Outro ponto a se destacar é que vigora a *confidencialidade* na mediação (art. 2º, VII, Lei nº 13.140/2015 c/c art. 166, CPC). A confidencialidade estende-se a todas as informações produzidas no curso do procedimento, cujo teor não poderá ser utilizado para fim diverso daquele previsto por expressa deliberação das partes. Eventual reconhecimento do direito do adversário ou proposta discutida na sessão de mediação não serão documentados, sendo negada a sua utilização como argumentação num litígio posterior.

488 ■ *Petições e Prática Cível*

Finalmente, em visão de *empreendedorismo jurídico*, atuar como mediador poderá trazer reconhecimento profissional ao advogado, que não vê impedida a continuidade do seu exercício profissional, exceto perante o juízo em que atuar (art. 167, par. 5º, CPC), ficando ainda impedido, pelo prazo de 1 ano, contado da última audiência em que atuou, de assessorar, representar ou patrocinar qualquer das partes (art. 6º, Lei nº 13.140/2015 c/c art. 172, CPC).

8.4.3. Audiência de Saneamento Compartilhado e Organização da Instrução

a) Utilidade.

Em se tratando de causa com complexidade em matéria de fato ou de direito, a nova lei processual expressa o dever judicial de designar audiência para realização do saneamento do processo em cooperação com as partes, naquilo que se denomina "saneamento compartilhado" (art. 357, § 3º, CPC). *Cuida-se de audiência não obrigatória, a ser designada conforme discricionariedade judicial, que pode ser relevante para o esclarecimento e integração de alegações das partes, sobretudo em causas intrincadas, não constando nenhum impeditivo para que o advogado requeira sua designação.*

8.4.4. Audiência de Instrução e Julgamento

a) Utilidade.

A audiência de instrução e julgamento (AIJ), no rito comum do processo de conhecimento (arts. 358-368, CPC), somente é designada se necessária a colheita de prova oral, seja a oitiva do perito e dos assistentes técnicos; do depoimento pessoal do autor ou do réu; ou das testemunhas, nessa ordem (art. 361, CPC). A AIJ não é obrigatória. Difere, portanto, do que ocorre nos Juizados Especiais Cíveis Estaduais, onde se tem a AIJ como obrigatória, já que retrata o momento processual para apresentação da contestação do réu e desenvolvimento da instrução (v.g., art. 27 – art. 31, Lei nº 9.099/95), caso não haja prévio acordo.

b) Novo momento para tentativa de acordo.

O sentido da AIJ é instruir e julgar, mas não antes da renovação da tentativa conciliatória, em se tratando de direito transigível, *ainda que frustrada a prévia tentativa extrajudicial, por exemplo, de mediação (art. 359, CPC). Convém ao advogado que compareça à audiência munido de espírito conciliatório (naturalmente, quando possível), inclusive pela ciência de que esta é a tônica da nova lei processual (art. 3º, §§ 2º e 3º, CPC).*

c) Ordem preferencial para produção de prova.

O regramento dita que a AIJ terá início com a oitiva do perito e do assistente técnico (art. 361, inc. I, CPC). O perito deverá apresentar o laudo pericial no prazo fixado pelo juiz, pelo menos com 20 (vinte) dias de antecedência da AIJ (art. 477, CPC), justamente para que as partes possam, nela, ouvir explicações do perito, se necessário. *Vale registrar que a permissão de substituição da prova pericial pela prova técnica simplificada amplia a possibilidade de oitiva do perito em audiência, quando não se tenha complexidade e se possa dispensar o laudo escrito (art. 464, §§ 2º a 4º, CPC).*

Após, serão ouvidos o depoimento pessoal do autor e do réu, nesta ordem (art. 361, II, CPC), sendo vedado que uma das partes assista o interrogatório da outra (art. 385, § 2º, CPC). Ao final, será colhida a prova testemunhal (art. 361, inc. III, CPC). A colheita da prova testemunhal se dá separadamente, para que uma testemunha não ouça e se sinta influenciada pelo depoimento da outra (art. 456, CPC). Em virtude do regramento fixo quanto ao ônus da prova (art. 373, CPC), primeiro serão inquiridas as testemunhas do autor, e depois as do réu, algo que pode ser relativizado na inversão ou dinamização do encargo de provar, ou conforme a conveniência das partes (art. 456, parágrafo único, CPC). Algumas situações na prática tornam difícil seguir esta ordem para oitiva das testemunhas, como, exemplificativamente, quando expedida carta precatória, pelo trânsito e separação entre os juízos deprecante e deprecado; ou na ausência de comparecimento de uma das testemunhas arroladas, em que a designação de uma nova audiência visando a evitar a contaminação entre os testemunhos, tornará penosa a vida das testemunhas que compareceram, já que estas terão que retornar ao juízo em outra data para depor, podendo, por isso mesmo, serem as faltantes na audiência seguinte.

Foi incluída a expressão "preferencialmente" na nova lei processual (art. 361, caput, CPC), ditando a faculdade de o juiz alterar a ordem para colheita dos depoimentos na AIJ (art. 139, inc. VI, CPC). Certo é que tal "inversão de pauta" somente poderá gerar nulidade se causar prejuízo (STJ – REsp 35.786/SP, 4ª Turma, DJ 14/11/1994).

d) Adiamento.

Admite-se o adiamento da AIJ por convenção das partes, sem que seja preciso declinar o motivo (art. 362, inc. I, CPC); ou não puderem comparecer os peritos, as partes, as testemunhas ou os advogados, por motivo justificado (art. 362, inc. II, CPC). *O fato de o advogado ter outra audiência designada para a mesma data e horário, em outro processo, caracteriza motivo justo para o adiamento ou redesignação da segunda audiência marcada, mediante requerimento. É certo que o advogado não pode estar em dois lugares ao mesmo tempo, nem se pode punir a parte por ter procurado um advogado com muitos clientes, ou por ter sido vítima de uma coincidência (v.g., TJ-RJ – 0006992-26.2010.8.19.0000, 12ª Câmara Cível, DJ 08/06/2010).*

O obstáculo ao comparecimento, antes conhecido, deve ser comprovado até a abertura da audiência (art. 362, § 1º, CPC). O obstáculo surgido inesperadamente poderá ser comunicado posteriormente, sustentado pela ocorrência de justa causa (art. 223, §§ 1º e 2º, CPC), *mas deve ser demonstrado ao juiz com a maior brevidade possível, sob pena de preclusão.*

Inova a lei processual ao ditar, como motivo de adiamento, o atraso injustificado de seu início por tempo superior a 30 (trinta) minutos do horário marcado (art. 362, inc. III, CPC). Paralelamente, a legislação especial protetiva dos advogados já ditava a possibilidade de o patrono "retirar-se do recinto onde se encontre aguardando pregão para ato judicial, após 30 (trinta) minutos do

490 ■ *Petições e Prática Cível*

horário designado e ao qual ainda não tenha comparecido a autoridade que deva presidir a ele, *mediante comunicação protocolizada em juízo*" (art. 7º, inc. XX, Lei nº 8.906/94).

e) Comparecimento e ausência.

No rito comum do processo de conhecimento, a presença da parte não é obrigatória na AIJ, muito embora seja recomendável; *cabe ao advogado comparecer, afinal a prática do ato exige capacidade postulatória* (arts. 1º e 2º, § 2º, Lei nº 8.906/94). Somente se a AIJ for designada para fins de colheita de depoimento pessoal é que será exigida a presença da parte, sob pena de se presumir confessados os fatos contra ela alegados, o que vale, inclusive, se esta comparecer e recusar-se a depor (art. 385, § 1º. CPC). Na ausência do advogado, poderá o juiz dispensar a produção probatória (art. 362, § 2º, CPC).

Faltando a testemunha, poderá o juiz designar nova AIJ visando a sua oitiva, em reverência à ampla defesa da parte (art. 5º, inc. LV, CRFB), para elucidação de fatos que definam seu direito. Deixando a testemunha de comparecer, sem motivo justificado, será conduzida "sob vara" (com auxílio de força policial), respondendo pelas despesas do adiamento (art. 455, § 5º, CPC). Permite-se que o juiz, em caso de descumprimento desta incumbência, determine, além da imposição de multa, outras medidas indutivas, coercitivas, mandamentais ou sub-rogatórias (art. 380, parágrafo único, CPC). Vale diferenciar que não se dá condução coercitiva à audiência para a própria parte, afinal, como interessada na demanda, assume esta os riscos de sua conduta.

Há verdadeiro dever de comparecer imputado à testemunha (art. 378 e art. 380, inc. I, CPC), e, por isso, merecerá esta o reembolso das despesas de deslocamento até o fórum (art. 462, CPC). O depoimento prestado em juízo é considerado serviço público, de modo que é vedado ao empregador da pessoa que for testemunhar impor qualquer perda de salário ou desconto no tempo de serviço (art. 463, *caput* e parágrafo único, CPC).

f) Depoimento pessoal: ato personalíssimo da parte.

Cuida-se de meio de prova (art. 385 – art. 388, CPC) que visa à oitiva da parte, autor ou réu, numa espécie de "defesa não técnica". Diferentemente, quando se trate de ouvir terceiro, aplicar-se-ão as disposições sobre a prova testemunhal (art. 442 – art. 463, CPC).

O depoimento pessoal constitui um ato personalíssimo, pois o que se pretende é, justamente, obter o esclarecimento "da parte" sobre os fatos objeto da controvérsia, de modo que resta vedada a outorga de procuração a quem quer que seja (insuscetível a delegação). A parte deverá responder pessoalmente sobre os fatos articulados, *restando vedado que o advogado deponha em seu lugar, afinal não presenciou os fatos, mas tão somente ouviu a sua narrativa. A assertiva se mantém ainda que o advogado tenha poderes especiais para confessar (arts. 105 e 390, § 1º, CPC), não constando autorização legislativa em sentido contrário (STJ – REsp 623.575/RO, 3ª Turma, DJ 18/11/2004).* Isso porquanto a confissão se refere a fato(s) determinado(s); já o depoimento pessoal, diversamente, se refere a fatos variados, sendo impraticável, antes da audiência, determinar quais serão levantados ou questionados pelo juiz e/ou parte adversa. Ademais, a parte não pode se valer da leitura de escritos premeditados, exceto notas breves, sobretudo de difícil memorização, em consulta (art. 387, CPC). O objetivo, sempre, é preservar a espontaneidade do depoimento pessoal.

Frise-se que a parte não pode postular a sua própria oitiva no sentido de reforçar a convicção do juiz. O advogado deve ficar atento para extrair o máximo da narrativa do depoente, objetivando provocar e obter a confissão do depoente, o que poderá dispensar a produção de outras provas (art. 374, inc. II, CPC).

g) Pessoa a ser ouvida domiciliada em localidade distinta do juízo da causa: expedição de carta ou utilização de videoconferência.

Se a testemunha mora em diversa localidade, será ouvida mediante carta precatória/ rogatória pelo juízo deprecado/rogado (art. 453, inc. II, CPC). O mesmo vale para a parte, cujo depoimento pessoal também poderá ser feito nestes moldes, o que evita o cerceamento de defesa e chancela o desenvolvimento do contraditório participativo. É que a parte não está obrigada a comparecer perante o juízo diverso daquele em que reside (STJ – REsp 161.438/SP, 4ª Turma, DJ 06/10/2005). Em embasamento, cabe aduzir a dimensão continental de nosso país e a profusão das regras de competência.

Passa a se admitir a colheita do depoimento pessoal por videoconferência, ou outro recurso tecnológico de transmissão de sons e imagens em tempo real, da parte que residir em outra comarca, seção ou subseção judiciária, que não aquela onde tramita o feito (art. 385, § 3º, CPC). A mesma sistemática é chancelada para a prova testemunhal (art. 453, § 1º, CPC).

h) Prova testemunhal: quantidade máxima e substituição de testemunhas.

Sobre o quantitativo, as partes podem indicar até 10 (dez) testemunhas, sendo 3 (três), no máximo, para a prova de cada fato (art. 357, § 6º, CPC). Ainda, há regramento genérico de que o juiz poderá limitar o número de testemunhas levando em conta a complexidade da causa e dos fatos individualmente considerados (art. 357, § 7º, CPC). Diversamente, no rito dos Juizados Especiais Cíveis, há limite de 3 (três) testemunhas, que serão levadas à juízo "pela parte que as tenha arrolado, independentemente de intimação, ou mediante esta, se assim for requerido" (art. 34, Lei nº 9.099/95).

O prazo para indicar as testemunhas (art. 357, § 4º, CPC) é considerado preclusivo para as partes, sendo descabido apresentar depois um rol complementar (STJ – AgRg no Ag 942.141/ SP, 3ª Turma, DJ 27/04/2010). Nem mesmo se admite substituir a testemunha quando esta simplesmente não possa comparecer à audiência; nesse caso, a audiência merecerá simples adiamento (art. 362, inc. II, CPC). Somente se admite a substituição da testemunha nos casos expressamente arrolados: a) quando ocorrer a morte desta (art. 451, inc. I, CPC); b) se esta não estiver em condições de depor por enfermidade (art. 451, inc. II, CPC); c) se esta mudou de residência ou do local de trabalho, não tendo sido encontrada (art. 451, inc. III, CPC). *O arrolamento de testemunhas com endereço fictício constitui artimanha de contorno da preclusão, algo que vem encontrando resistência na jurisprudência (v.g., TJ-RJ – 0026886-51.2011.8.19.0000, 3ª Câmara Cível, DJ 07/06/2011).*

i) Prova testemunhal: intimação da testemunha pelo advogado.

Na nova lei processual, com o intuito de desafogar cartórios, passa a ser responsabilidade do advogado da parte informar ou intimar a testemunha por ele arrolada, por carta com aviso de recebimento, dispensando-se a intimação do juízo (art. 455, CPC). *A medida é salutar para ganhar tempo no processo, de modo a evitar o (demorado) processamento cartorário de confecção e expedição do mandado de intimação judicial.* Caberá ao advogado juntar os comprovantes da intimação e recebimento com antecedência de 3 (três) dias da data da audiência (art. 455, § 1º, CPC). Se frustrada tal medida, desde que a necessidade de sua manifestação seja demonstrada ao juiz, dentre outros casos, poderá se dar a intimação judicial (art. 455, § 4º, CPC), isto é, caso a testemunha não compareça não haverá perda da prova, sendo possível requerer a renovação de sua intimação, no formato judicial.

Por outro lado, a parte pode se comprometer a levar a testemunha arrolada à audiência, *independentemente de intimação*, mas, nessa situação, caso ela não compareça, haverá presunção de desistência de produção da prova (art. 455, § 2º, CPC). *Tal último formato é simples, porém corre-se um exponencial risco de perda da prova testemunhal.*

j) Prova testemunhal: contradita das testemunhas.

Antes do início do depoimento, a testemunha será qualificada (art. 457, CPC), momento em que será lícito ao advogado contraditar a testemunha, arguindo-lhe incapacidade, impedimento ou suspeição (art. 457, § 1º, CPC). *A contradita é a oposição da parte adversa a que arrolou a testemunha, fundada em tais alegações, o que pode ser escorado em documentos ou diversas testemunhas. A contradita de testemunha pela parte interessada deve anteceder seu depoimento, sob pena de preclusão. Por isso a exigência de prazo ao autor para indicar o rol das testemunhas com qualificação antes da audiência.*

Registre-se que ainda que a testemunha seja menor, suspeita ou impedida, ainda assim poderá ser ouvida como *informante do juízo*, quando estritamente necessário à formação da convicção do julgador, que dará ao seu depoimento o valor que possa merecer (art. 447, § 4º e 5º, CPC) – notadamente um valor menor daquele prestado com compromisso e, portanto, sem o risco de cometimento do crime de falso testemunho.

k) Colheita da prova oral: formulação de perguntas.

Inicialmente, o juiz inquirirá o perito e o assistente técnico, as partes, bem como as testemunhas (art. 456, CPC). Na sequência, aos advogados caberá a formulação de perguntas.

A nova lei processual fez ruir o sistema dito presidencialista – como já havia ocorrido no processo penal (Lei nº 11.690/2008) –, acabando com a intermediação judicial obrigatória nas perguntas feita pelo advogado ao interrogando ("eliminou-se o telefone sem fio processual"). De agora em diante as perguntas serão formuladas pelo advogado diretamente à testemunha, sujeitando, porém, a controle do juiz, que pode "filtrar" as perguntas que possam induzir resposta, que não tiverem relação com as questões de fato objeto da atividade instrutória, ou importarem repetição de outra já respondida (art. 459, CPC). O mesmo vale para a tomada do depoimento pessoal da parte (art. 361, inc. II, CPC, que excluiu a expressão "o juiz tomará os depoimentos pessoais", prevista no art. 452, inc. II, CPC-73).

Certo é que neste sistema deverão os advogados ter uma melhor estratégia ou tino na formulação de perguntas. Uma das táticas interessantes é não fazer perguntas abertas quando não se sabe a resposta que será dada pelo interrogando (em visualização desta lógica, numa hipótese de acidente de veículo em que se pretende evitar a responsabilização da seguradora, seria uma pergunta apropriada à vítima: "O senhor confirma que estava chovendo no momento do acidente?"; e seria uma pergunta inadequada: "Por que o acidente ocorreu?"). *As perguntas abertas são apropriadas quando o foco seja estimular o inquirido a cair em contradição. As perguntas fechadas, por refletirem respostas objetivas, evitam que o inquirido fale mais do que o esperado.*

O juiz poderá inquirir as testemunhas tanto antes quanto depois da inquirição feita pelas partes (art. 459, par. 1º, CPC).

l) Intervenção do advogado.

Enquanto depuserem o perito, os assistentes técnicos, as partes e as testemunhas, não poderão os advogados e o Ministério Público intervir ou apartear, sem licença do juiz (art. 361, parágrafo único, CPC). *Apesar disso, determinadas situações de equívoco ou desrespeito às regras legais – como perguntas capciosas ou vexatórias, legalmente vedadas (art. 459, § 2º, CPC) – devem ser aparteadas, de imediato, pelo advogado, adequadamente, pela utilização da expressão "pela ordem" (art. 7º, inc. X, Lei nº 8.906/94).*

m) Recorribilidade das decisões.

Não mais subsiste o recurso de agravo retido (art. 522 e art. 523, CPC-73), de modo que *não foi repetido o dispositivo que ditava a necessidade de interposição, oral e imediata, de recurso em audiência* (art. 523, § 3º, CPC-73).

É incorreto dizer, no entanto, que se tornam irrecorríveis as decisões antes sujeitas ao finado agravo retido, já que permanece a possibilidade de sua impugnação, porém, no novo formato, mediante ato processual único do interessado, especificamente a interposição de recurso de apelação contra a sentença, em preliminar das razões recursais, ou, pelo recorrido, através das respectivas contrarrazões (art. 1.009, § 1º, CPC).

Como expressou a legislação, o eixo da alteração legislativa de 2015 foi tornar inexistente a possibilidade de impugnação recursal imediata pelo irresignado desta tipologia de decisões interlocutórias, sem tornar preclusa a matéria decidida. O grande préstimo disto é a desburocratização do feito, que não mais terá o registro da impugnação via agravo retido, e nem seu processamento prefacial, notadamente de intimação do recorrido para contrarrazoar, algo que era realizado mesmo com a retenção deste recurso. Não se olvide que poderiam existir tantos agravos retidos quantos fossem as decisões interlocutórias a ele sujeitas, causando tormento ao desenrolar procedimental.

Com efeito, vê-se facilitado o trabalho dos advogados que não mais terão que expressar impugnação quanto às decisões interlocutórias, deste naipe, vivenciadas no feito, sem risco da

494 ■ *Petições e Prática Cível*

ocorrência de preclusão. A assertiva se demonstra mais sensível nas audiências, ficando desobrigados os advogados de pedir que constem em ata a interposição oral de agravo retido, ou de qualquer protesto ou insurgência contra decisões como o indeferimento de prova testemunhal, indeferimento de perguntas feitas pelo advogado, inversão da ordem de produção de provas em audiência etc.

Apesar disso, deve o advogado fiscalizar que a(s) decisão(ões) interlocutória(s) que lhe é(são) contrária(s) conste(m) expressamente na ata da audiência – aliás, como é exigido pela lei (art. 360, inc. V, art. 367 e art. 459, § 3º, CPC) –, sob pena de impossibilidade de "ressuscitar" a matéria no apelo, pois, neste caso, sequer decisum *pretérito adverso existiria.*

Frise-se que quando for hipótese autorizadora de agravo de instrumento (art. 1.015, CPC), cuja interposição faz permitir o reexame imediato do pronunciamento judicial interlocutório, ficará privado o irresignado de se valer do regime de impugnação via apelação ora relatado, diante da preclusão da matéria. Resta mantida, por conseguinte, a índole residual do esquema recursal quanto às decisões não agraváveis por instrumento.

n) Debates finais orais.

Finda a instrução, serão iniciados os debates orais, dando-se a palavra em primeiro lugar ao advogado do autor e posteriormente ao advogado do réu, como também ao Ministério Público, pelo prazo de 20 (vinte) minutos para cada um, prorrogáveis por 10 minutos, a critério do juiz (art. 364, CPC). *Cuida-se de momento em que o advogado deve reforçar os principais fatos e argumentos da sua tese, em síntese explicativa.*

Havendo litisconsortes com diferentes procuradores, será aplicado o prazo de 30 (trinta) minutos, dividindo-se entre os do mesmo grupo, se não convencionarem de modo diverso (art. 364, § 1º, CPC).

Quando a causa apresentar questões complexas de fato ou de direito, poderá o advogado requerer que o debate oral seja substituído por razões finais escritas, que serão apresentadas pelo autor e pelo réu, bem como pelo Ministério Público, se for o caso de sua intervenção, em prazos sucessivos de 15 (quinze) dias, assegurada vistas dos autos (art. 364, § 2º, CPC).

8.4.5. Audiências nos Juizados Especiais Cíveis

a) Audiências: utilidade.

O procedimento prevê a realização de 2 (duas) audiências: sessão de conciliação e audiência de instrução e julgamento (AIJ) – embora não seja incomum a realização de uma única audiência condensando ambas, denominada audiência de conciliação, de instrução e julgamento (ACIJ), com a intimação prévia das partes quanto ao referido procedimento.

Seguindo a sistemática geral, distribuída a petição inicial, será designada sessão de conciliação (art. 16, Lei nº 9.099/1995), cujo único objetivo é a realização do acordo.

Não havendo acordo na primeira audiência, será o caso de designação da AIJ, inclusive para o mesmo dia, se convirem as partes ou se previamente intimadas desta possibilidade (Aviso nº 23/2008, Consolidação de Enunciados dos Juizados Especiais do Rio de Janeiro, doravante denominado JEC-RJ, nº 8.3: "É possível a realização de AIJ no mesmo dia da conciliação, desde que o réu seja citado e o autor intimado acerca de tal possibilidade, ou no caso de concordância das partes"). A AIJ serve para nova tentativa de acordo, além da apresentação da contestação pelo réu e da réplica pelo autor, produção de provas, e eventual julgamento da causa.

b) Comparecimento e ausência.

A presença das partes é obrigatória em audiência, devendo o juiz togado ou leigo esclarecer as partes sobre as vantagens da conciliação (art. 21, Lei nº 9.099/95), que é a eliminação do conflito no plano sociológico.

Diga-se que passou a ser admitida a realização de conciliação não presencial conduzida pelo Juizado mediante o emprego dos recursos tecnológicos disponíveis de transmissão de sons e imagens em tempo real, devendo o resultado da tentativa de conciliação ser reduzido a escrito com os anexos pertinentes (art. 21, § 2º, Lei nº 9.099/1995, incluído pela Lei nº 13.994/2020). Permite-se, assim, a realização de audiência de maneira não presencial, isto é, por videoconferência, cuja inovação normativa tem o sentido de evitar deslocamentos até a sede do juízo no âmbito dos Juizados Especiais, acompanhando o que já se previa para a Justiça Comum (art. 334, § 7º, CPC). Sobre o assunto, foi instituída a Plataforma Emergencial de Videoconferência para a realização de audiências e sessões de julgamento nos órgãos do Poder Judiciário, no período de isolamento social provocado pela pandemia do COVID-19 (Portaria nº 61/2020, CNJ).

Na data da audiência, 3 (três) situações podem ocorrer: a) autor não comparecer; b) demandado não comparecer; c) patrono de qualquer das partes não comparecer. Na primeira delas, se o autor estiver ausente, o feito será extinto (arts. 23 e 51, I, Lei nº 9.099/95), arcando este com as custas judiciais (art. 51, § 2º, Lei nº 9.099/95), exceto demonstração de justa causa, o que vale para qualquer das audiências (Enunciado nº 16/2016, Aviso conjunto TJ-RJ/COJES nº 15/2016: "*A condenação em custas pela ausência injustificada à audiência constitui penalidade e não guarda correlação com a hipossuficiência*"). Por sua vez, se o réu não comparecer, será revel (art. 20, Lei nº 9.099/95). Extrai-se que, aqui, a revelia pode decorrer da mera ausência do réu em quaisquer das audiências. Ainda, ficará o juiz autorizado a proferir o julgamento antecipado da lide (art. 23, Lei nº 9.099/95).

As pessoas jurídicas deverão estar representadas por "preposto credenciado, munido de carta de preposição com poderes para transigir, sem haver necessidade de vínculo empregatício" (art. 9º, § 4º, Lei nº 9.099/95). Na verdade, a exigência de vínculo empregatício desenvolvida outrora pela jurisprudência visava a impedir a presença de prepostos sem verdadeira representação da empresa e sem poderes para transigir, como por exemplo, estagiários de escritório de advocacia terceirizados.

A presença de preposto é obrigatória nas audiências, sob pena de revelia (FONAJE, nº 20: "*O comparecimento pessoal da parte às audiências é obrigatório. A pessoa jurídica poderá ser representada por preposto*" c/c JEC-RJ, nº 8.1: "*A presença das partes – pessoas físicas e/ou pessoas*

496 ■ *Petições e Prática Cível*

jurídicas, representadas por preposto – é obrigatória nas audiências de conciliação e/ou julgamento").
Não se permite que preposto e advogado do réu sejam a mesma pessoa (FONAJE, nº 98:
*"É vedada a acumulação SIMULTÂNEA das condições de preposto e advogado na mesma pessoa
(arts. 35, I, e 36, II da Lei nº 8.906/94 combinado com o art. 23 do Código de Ética e Disciplina da
OAB"* c/c JEC-RJ, nº 8.2).

O preposto que não porta carta de preposição na audiência poderá apresentá-la
posteriormente (FONAJE, nº 99: *"O preposto que comparece sem carta de preposição, obriga-se
a apresentá-la no prazo que for assinado, para validade de eventual acordo, sob as penas dos artigos
20 e 51, I, da Lei nº 9099/95, conforme o caso"*c/c JEC-RJ, nº 8.9).

Paralelamente, as pessoas jurídicas que excepcionalmente podem atuar como autoras nos
Juizados Especiais Cíveis (art. 8º, § 1º, Lei nº 9.099/95) também deverão estar representadas
por preposto em audiência (FONAJE, nº 141: *"A microempresa e a empresa de pequeno porte,
quando autoras, devem ser representadas, inclusive em audiência, pelo empresário individual ou pelo
sócio dirigente"*).

Já a presença do advogado só será necessária na AIJ, em relação às causas superiores a 20
(vinte) salários-mínimos (art. 9º, Lei nº 9.099/95 c/c FONAJE, nº 36: *"A assistência obrigatória
prevista no art. 9º da Lei nº 9.099/95 tem lugar a partir da fase instrutória, não se aplicando para a
formulação do pedido e a sessão de conciliação"* c/c JEC-RJ, nº 7.1). É que, nesse momento, não
se pratica qualquer ato que requeira capacidade postulatória, mas apenas, possivelmente, o ato
civil de transação. Todavia, poderá o juiz designar advogado dativo ou defensor público para a
parte, o que é recomendável, *in casu,* para maior garantia da própria parte.

Faltando o advogado na AIJ, o juiz poderá realizar o julgamento de pronto da lide (JEC-RJ,
nº 8.5: *"A ausência de advogado na AIJ, em feito de valor superior a 20 salários-mínimos permite que
o Juiz dispense a instrução e julgue a lide 'no estado'"*).

**c) Audiência de instrução e julgamento: momento para apresentação de resposta pelo
demandado**.

Inicialmente, frise-se que o autor poderá aditar o pedido até tal momento processual, ou
mesmo no curso da AIJ, desde que se oportunize a defesa ao demandado (FONAJE, nº 157,
XXXIX Encontro – Maceió/AL, em junho/2016: *"Nos Juizados Especiais Cíveis, o autor poderá
aditar o pedido até o momento da audiência de instrução e julgamento, ou até a fase instrutória,
resguardado ao réu o respectivo direito de defesa"*).

Frustrada a nova tentativa de conciliação, ao réu se oportunizará a apresentação da contestação,
na própria AIJ, de forma oral ou escrita (art. 30, Lei nº 9.099/95). Percebe-se uma desigualdade de
tratamento entre as partes, pois se o réu tem bastante tempo para produzir sua defesa (da citação
até a audiência), o autor deverá tomar conhecimento e se manifestar sobre a defesa, e documentos
anexos, em réplica, num único momento, na própria AIJ. Apesar do afirmado, da legislação se
extrai chancela para que o juiz permita a apresentação de réplica pelo autor posteriormente e por
escrito (art. 31, parágrafo único, Lei nº 9.099/95), notadamente quando a resposta do réu tiver
matéria complexa – algo teoricamente vedado neste último microssistema.

No que concerne ao **processo eletrônico**, não é incomum a exigência local de juntada de contestação e documentos de forma prévia à realização da audiência, o que deve ser objeto de cautela pelo advogado, muito embora deva ser chancelada a defesa oral (v.g., Enunciado nº 05.2016, Aviso conjunto TJ-RJ/COJES nº 15/2016, de 06/06/2016: "*Em atenção aos princípios da oralidade, concentração dos atos processuais e contraditório, é possível a apresentação de contestação oral, ou aditamento da contestação escrita na hipótese de ocorrência do disposto no enunciado 3.1.1, em audiência, que serão consignados, de forma simples e resumida, na ata da própria audiência, vedado o recebimento, por meio físico, de qualquer documento, inclusive procuração, substabelecimento e atos constitutivos, devendo a parte atentar para o Enunciado 03.2016, ressalvada a hipótese de mandato oral prevista no art. 9º, § 3º da Lei 9.099/95, que deverá constar em ata*").

d) Audiência de instrução e julgamento: produção de prova.

A indicação de competência para as causas cíveis de menor complexidade (art. 98, inc. I, CRFB) identifica hipóteses em que não se exige dilação probatória; em que não há necessidade de produção de prova técnica, pericial, sempre a critério do juiz (FONAJE, nº 54: "*A menor complexidade da causa para a fixação da competência é aferida pelo objeto da prova e não em face do direito material*"). Vale dizer que o espírito legislativo foi, primeiramente, de conferir celeridade ritual; e, segundo, de afirmar tal vedação não como uma regra de conveniência das partes – leia-se defesa –, mas de ratificar que o processo deve ser extinto sem o julgamento do mérito pela necessidade de prova pericial quando houver necessidade e essencialidade (único meio de prova) para o deslinde da causa.

Todavia, a perícia informal é admissível nos Juizados Especiais Cíveis (FONAJE, nº 12: "*A perícia informal é admissível na hipótese do art. 35, Lei nº 9.099/95*"). Permite-se que as partes apresentem parecer técnico (v.g., para contrariar planilha apresentada pela parte adversa), bem como a inquirição de técnicos da confiança do juiz (art. 35, Lei nº 9.099/95 c/c JEC-RJ, nº 9.3: "*Não é cabível perícia judicial tradicional em sede de Juizado Especial. A avaliação técnica a que se refere o art. 35 da Lei nº 9.099/95, é feita por profissional da livre escolha do Juiz, facultado às partes inquiri-lo em audiência ou no caso de concordância das partes*"). Aliás, cabe destacar que a nova lei processual expressa a possibilidade de prova técnica simplificada, nestes moldes (art. 464, §§ 2º-4º, CPC).

A prova testemunhal é limitada ao número de 3 (três) testemunhas, que serão levadas à juízo "pela parte que as tenha arrolado, independentemente de intimação, ou mediante esta, se assim for requerido" (art. 34, Lei nº 9.099/95). Há certa controvérsia sobre a necessidade de o autor realizar um prévio arrolamento das testemunhas, sendo mais razoável o raciocínio que prega que o regramento mencionado faz referência ao ato intimatório, mas não dispensa o prévio arrolamento da testemunha, mormente para instrumentalizar possível contradita apresentada pela parte adversa (noção do art. 457, § 1º, CPC). A exigência de qualificação das testemunhas com antecedência repousa no princípio da lealdade processual, de modo a não surpreender a parte contrária na audiência com testemunha de identidade duvidosa, em que não foi possível adequadamente analisar seu interesse no resultado da demanda, com fins de contraditá-la, inclusive trazendo documentos ou testemunhas (STJ – REsp 137.495/SP,

498 ■ *Petições e Prática Cível*

3ª Turma, DJ 14/10/1997). De qualquer forma, se a parte desejar a intimação das testemunhas, deverá comunicar ao juízo tal necessidade até no máximo 5 (cinco) dias antes da AIJ (art. 34, § 1º, Lei nº 9.099/95).

Sobre os documentos apresentados por uma das partes, manifestar-se-á imediatamente a parte contrária, sem interrupção da audiência (art. 29, parágrafo único, Lei nº 9.099/95). Por fim, chancela a lei a realização de inspeção judicial em pessoas e coisas (art. 35, parágrafo único, Lei nº 9.099/95), embora a medida seja incomum.

No que concerne ao **processo eletrônico**, não é incomum a exigência local de juntada de documentos de forma prévia à realização da audiência, o que deve ser objeto de cautela pelo advogado (v.g., Enunciado nº 03.2016, Aviso conjunto TJ-RJ/COJES nº 15/2016, de 06/06/2016: *"No caso de processo judicial eletrônico as partes somente poderão apresentar documentos pelo sistema eletrônico. No caso de se destinarem a audiências, devem ser protocolados, eletronicamente, até o horário designado para o ato, vedado o recebimento em meio físico)"*. Entretanto, é possível ao advogado requerer que conste o conteúdo da prova, de forma resumida, em ata, resguardada a possibilidade de manifestação da parte adversa (v.g., Enunciado nº 04.2016, Aviso conjunto TJ-RJ/COJES nº 15/2016, de 06/06/2016: *"Sendo apresentadas provas em meio físico no decorrer de audiência de processo eletrônico, não juntadas com antecedência, poderá ser consignado de forma resumida, em ata, o conteúdo das provas apresentadas, com manifestação da parte contrária"*).

e) Especificidades das audiências nos Juizados Especiais Federais.

Neste âmbito há desenrolar procedimental diverso dos Juizados Especiais Estaduais, o que se justifica pela presença da Fazenda Pública no polo passivo, diante da peculiaridade envolvendo o seu atuar em juízo. Por exemplo, as dificuldades em realizar uma composição amigável ou mesmo as hipóteses em que a questão é unicamente de direito (sem necessidade de dilação probatória), sinalizam a infrutuosidade de se designar audiências nestes casos. Assim, urge uma simplificação deste procedimento, com ajustamento das exigências formais, nas hipóteses em que estas se mostrem desnecessárias e morosas ao resultado final. De fato, há possibilidade de dispensa da realização de audiência, sem qualquer imposição de nulidade (Enunciado nº 12, TR-RJ: *"Embora seja regra geral a realização de audiência no âmbito do JEF, a não realização da mesma, a critério do Juiz, não induz em princípio à nulidade"*); ou, se for o caso de sua designação, que nela se tenha a prática de atos instrutórios e o julgamento da causa.

Ajuizada a demanda, o juiz determinará a citação do demandado, que deverá ser realizada com antecedência mínima de 30 (trinta) dias (prazo regressivo) para a data da audiência de conciliação (art. 9º, Lei nº 10.259/2001). A contestação deve ser apresentada até a data da audiência de conciliação (art. 11, Lei nº 10.259/2001).

Deixe-se claro que, apesar de recomendável, não há exigência de constituição de advogado para propositura de demanda nos Juizados Especiais Federais, independente do valor da causa (art. 10, Lei nº 10.259/2001), o que difere dos Juizados Especiais Estaduais (art. 9º, *caput*, Lei nº 9.099/95). A intenção é óbvia, notadamente diminuir os custos da demanda, eliminando os gastos com o profissional da área jurídica. Entretanto, apesar de tal regramento denotar desprestígio a figura do advogado, já que sua atuação é essencial para a administração da Justiça (art. 133, CRFB), entendeu a Corte Suprema pela constitucionalidade da dispensa legal em matéria cível (STF – ADI 3.168/DF, Tribunal Pleno, DJ 08/06/2006).

Finalmente, destaque-se que a competência nos Juizados Especiais Federais não possui relação com a complexidade da causa, sendo admitida prova pericial, ou exame técnico (art. 12, Lei nº 10.259/2001), algo com acolhida jurisprudencial (STJ – AgRg no CC 95.890/SC, 1ª Seção, DJ 10/09/2008), o que pode implicar na necessidade de designação de audiência de instrução e julgamento, caso necessário a oitiva do expert.

f) Especificidades das audiências nos Juizados Especiais da Fazenda Pública (JEFP).

No âmbito dos Juizados Especiais Fazendários do Estado do Rio de Janeiro, aplica-se o procedimento específico previsto em norma regional (Lei Estadual nº 5.781/2010).

Diferentemente dos Juizados Especiais Estaduais, a audiência de conciliação é dispensável nos JEFP (art. 28, Lei Estadual nº 5.781/2010); e a apresentação da contestação pelo réu não se dá na AIJ. Segundo tal legislação, por hipótese, se não houver interesse na realização da conciliação ou da produção de prova oral, a resposta do réu deverá ser apresentada até a data então designada para a audiência (art. 27, inc. III, Lei Estadual nº 5.781/2010), que não ocorrerá. Ainda, os réus poderão fornecer ao juízo listas de matérias em relação às quais consideram inviável qualquer conciliação ou acordo, hipótese em que não serão realizadas audiências de conciliação (art. 28, parágrafo único, Lei Estadual nº 5.781/2010).

No caso de realização da audiência de conciliação, não se exige a figura do preposto para a Fazenda Pública (art. 24, § 5º, Lei Estadual nº 5.781/2010). A contestação e documentos considerados necessários ao deslinde da controvérsia deverão ser apresentados até a data da audiência (analogia art. 11, Lei nº 10.259/2001).

Aliás, o mandado de citação poderá fixar a data de realização da audiência de instrução e julgamento, que poderá ser a mesma prevista para a realização da audiência de conciliação, para as hipóteses em que, embora inviável a conciliação, seja necessária a produção de prova oral (art. 27, parágrafo único, Lei Estadual nº 5.781/2010). A AIJ somente será realizada quando houver necessidade de prova oral (art. 29, Lei Estadual nº 5.781/2010), algo que deve ser informado pelo autor na inicial, sob pena de preclusão (art. 29, parágrafo único, Lei Estadual nº 5.781/2010).

8.4.6. Sessão de Julgamento

a) Sessão de julgamento: interregno mínimo contado da data da publicação da pauta.

Foi ampliado o prazo entre a data da publicação da pauta e a sessão de julgamento para 5 (cinco) dias (art. 935, CPC), contando-se em dias úteis (art. 219, CPC), o que facilita o acompanhamento e comparecimento do advogado ao julgamento.

500 ■ *Petições e Prática Cível*

Apura-se regramento diverso deste prazo no âmbito dos **Juizados Especiais Cíveis Estaduais** do Rio de Janeiro (Enunciado nº 13, Aviso conjunto TJ-RJ/COJES nº 15/2016: "As pautas de julgamento das Turmas Recursais poderão ser publicadas com a antecedência mínima de 48 horas ao dia da designação das sessões de julgamento").

b) Sessão de julgamento e ordem preferencial.

A pauta da sessão de julgamento será afixada na entrada da respectiva sala onde se dará o ato processual (art. 935, par. 2º, CPC). Deve o advogado comparecer com certa antecedência, em geral de 1 (uma) hora, não só para se inscrever perante o secretário do colegiado para a sustentação oral, mas, inclusive, para realizar o requerimento, até o início da sessão, que o processo seja julgado em primeiro lugar, sem prejuízo das preferências legais (arts. 937, par. 2º, e 936, I, CPC).

A advogada gestante, lactante, adotante ou que der à luz, tem direito de preferência na ordem das sustentações orais de cada dia de julgamento, mediante comprovação de sua condição (art. 7º-A, III, Lei nº 8.906/1994, incluído pela Lei nº 13.363/2016).

Apura-se regramento específico quanto à lista de preferência no âmbito dos **Juizados Especiais Cíveis Estaduais** do Rio de Janeiro (Enunciado nº 15, Aviso conjunto TJ-RJ/COJES nº 15/2016: "As listas de preferência de julgamento das sessões ficarão disponíveis aos advogados e partes até a primeira hora após a abertura da sessão pelo Juiz Presidente da Turma Recursal").

c) Sustentação oral: cabimento.

A sustentação oral situa-se dentro da esfera da ampla defesa (art. 5º, CRFB), constituindo a oportunidade que tem o advogado de sustentar, perante o órgão colegiado, da tribuna e oralmente, as suas razões ou contrarrazões, nas sessões de julgamento de recursos; de ações de competência originária dos tribunais – *v.g.*, ação rescisória, mandado de segurança (com destaque à Lei nº 13.676/2018, que alterou o art. 16 da Lei nº 12.016/2009, para permitir a defesa oral do pedido de liminar na sessão de julgamento do *writ*) e reclamação (art. 937, VI, CPC) –; bem como de incidentes processuais de competência dos tribunais – *v.g.*, incidente de resolução de demandas repetitivas, vulgo IRDR (art. 937, par. 1º, e art. 984, CPC).

Quanto às espécies recursais, a sustentação oral é possível no *recurso de apelação*, no *recurso ordinário*, no *recurso especial*, no *recurso extraordinário*, nos *embargos de divergência*, bem como no agravo de instrumento contra decisão interlocutória que versem sobre tutelas provisórias de urgência ou da evidência (*art.* 937, incs. I a V e VIII, CPC). Quando ao agravo de instrumento, ressalve-se, ainda, o entendimento extensivo preconizado pelo CJF, nº 61 (I Jornada de Direito Processual Civil): "*Deve ser franqueado às partes sustentar oralmente as suas razões, na forma e pelo prazo previsto no art. 937, caput, do CPC, no agravo de instrumento que impugne decisão de resolução parcial de mérito (art. 356, par. 5º, do CPC)*"; bem como pelo FPPC, nº 681: "*(Arts. 937, VIII; 1.015, I e X e par. único; 919, par. 1º; 525, par. 6º) Cabe sustentação oral no julgamento do agravo de instrumento interposto contra decisão que versa sobre efeito suspensivo em embargos à execução ou em impugnação ao cumprimento de sentença*".

Quanto ao *agravo interno*, somente caberá sustentação oral nos processos de competência originária dos tribunais contra decisão de relator que o extinga (art. 937, par. 3º, CPC). Foi vetada a disposição que a admitia amplamente neste recurso (veto ao inc. VII, art. 937, CPC).

Finalmente, o *agravo em recurso especial ou em recurso extraordinário* poderá ser julgado, conforme o caso, conjuntamente com o recurso excepcional, sendo assegurada a sustentação oral (art. 1.042, par. 5º, CPC).

De toda forma, ainda que vedada a sustentação oral, convém ao advogado comparecer à sessão de julgamento, sendo-lhe permitido prestar algum esclarecimento ou realizar determinada intervenção (art. 7º, inc. X, Lei nº 8.906/1994), caso necessário (v.g., evitar que o julgamento considere premissa fática inexistente/equivocada por mera falta de leitura adequada dos autos pelos julgadores). Inclusive, há julgados que expressam tal possibilidade (*v.g.*, TJ-RJ – 0014370-18.2011.8.19.0026, 13ª Câmara Cível, *DJ* 28/01/2014).

Destaque-se a admissibilidade na técnica de julgamento de infringência, podendo ser realizada eventual e nova sustentação oral perante os novos julgadores (art. 942, *in fine*, CPC).

d) Sustentação oral: momento ritual e tempo de duração.

A sustentação oral pelo advogado é cabível após a exposição da causa pelo relator, que dará a palavra, sucessivamente, ao recorrente, ao recorrido e, nos casos de sua intervenção, ao Ministério Público (art. 178, CPC), pelo prazo improrrogável de 15 (quinze) minutos para cada um (art. 937, CPC).

Diga-se que, para fins de sustentação oral, regimentos internos de diversos tribunais pregam que havendo litisconsortes representados por diferentes advogados, o respectivo prazo será contado em dobro (lógica do art. 229, CPC) e dividido igualmente entre os do mesmo grupo, se diversamente entre eles não se convencionar (*v.g.*, art. 132, par. 2º, Regimento Interno do STF).

Frise-se que o IRDR tem regramento especial quanto à sustentação oral, sendo aplicável o prazo de 30 (trinta) minutos para as partes e o Ministério Público, sucessivamente, além de que se permite que demais interessados sustentem suas razões, dividindo-se entre todos o prazo de 30 (trinta) minutos, com a exigência de inscrição com 2 (dois) dias de antecedência (art. 984, inc. II, CPC).

e) Sustentação oral: utilização de videoconferência.

De modo a evitar o cerceamento de defesa e chancelar o contraditório participativo (e direito de influência), como também pela dimensão continental de nosso país, passa a se admitir que o advogado com domicílio profissional em cidade diversa daquela onde sediado o tribunal realize sustentação oral por meio de videoconferência ou outro recurso tecnológico de transmissão de sons e imagens em tempo real, desde que o requerimento para tanto se dê até o dia anterior ao da sessão (art. 937, par. 4º, CPC).

f) Sustentação oral: possibilidade de requerimento de tutela provisória.

Admite-se o requerimento de antecipação dos efeitos da tutela em sede de sustentação oral: "*A antecipação dos efeitos da tutela constitui relevante medida à disposição do juiz, para que propicie*

502 ■ Petições e Prática Cível

a prestação jurisdicional oportuna e adequada que, efetivamente, confira proteção ao bem jurídico em litígio, abreviando, ainda que em caráter provisório, os efeitos práticos do provimento definitivo. Em linha de princípio, o requerimento da tutela antecipada – requisito exigido nos termos do art. 273 do CPC/1973 –, assim como a sua extensão, pode ser formulado ou alterado pelo autor, desde que observado o pedido inicial, pois a medida não pode ser mais ampla. Assim, pode o autor requerer ou não, na exordial, a antecipação de parte da tutela, e depois pedir a antecipação da tutela jurisdicional em sua totalidade – o ordenamento jurídico não é infenso à modificação do requerimento de tutela antecipatória. Ora, se o pedido poderia ser formulado ao relator, e o próprio art. 273 do CPC/1973 deixa nítido que novas circunstâncias autorizam o requerimento, possível também que seja deduzido em sessão de julgamento, em feito que comporta sustentação oral, ao Colegiado que apreciará o recurso. Isso porque, tal procedimento consiste em manifestação formal (art. 554 do CPC/1973 e 937 do CPC/2015) a oportunizar à parte adversa até mesmo o contraditório prévio ao exame do pedido" (STJ – REsp 1.332.766/SP, 4ª Turma, DJ 1º/06/2017).

g) Sustentação oral: estratégia.

Todos os grandes oradores ficam apreensivos nos primeiros instantes da apresentação; porém, a prática, a experiência e a tranquilidade, com o tempo, dominarão os obstáculos. Para os advogados mais receosos, ou aqueles de primeira viagem, uma forma de se preparar é conhecer previamente o ambiente em que se dará a sustentação oral, ou mesmo acompanhar de forma antecedente as sessões de julgamento de outros processos naquele órgão jurisdicional.

O bom advogado é aquele que sabe argumentar convincentemente. Os argumentos fortes devem ser apresentados isoladamente, para que se possa demonstrar a consistência de cada um deles; porém, se tais forem fracos, a melhor tática será apresentá-los juntos, para tentar torná-los mais consistentes. O ideal é iniciar com um bom argumento, provocando uma boa impressão desde o início.

Em orientação geral: **a)** o advogado deve estar preparado e se demonstrar respeitoso, franco e prestimoso, iniciando pelo cumprimento aos julgadores; **b)** deve fazê-la olhando aos julgadores, e não para a plateia; **c)** deve manter cabeça elevada e boa postura (*v.g.*, não deve cruzar os braços), controlar o volume de voz e o gesticular exagerado (v.g., procure realizar gestos reduzidos); bem como demonstrar expressão séria e confiante (v.g., cabe afastar um possível ar arrogante por excesso de confiança); **d)** deve evitar ler sua sustentação oral, ou mesmo textos longos, tornando-a enfadonha para os julgadores; **e)** deve focalizar suas alegações, com assertividade, abordando, logo de início, os pontos importantes que irá discorrer, com controle do tempo que lhe é disponível, sabidamente exíguo; **f)** se apurado que os julgadores demonstram ignorar a sustentação oral – o que, muitas vezes, reflete apenas que estejam discutindo o seu caso entre si –, pode o advogado se valer da técnica de paralisar momentaneamente a fala, visando a recapturar a atenção dos interlocutores, embora seja mais contundente aumentar moderadamente o seu tom de voz (v.g., alterar as pausas, valorizando algumas palavras ou ideias) e empenhar-se para tornar a argumentação mais interessante; **g)** deve fazer pesquisa prévia sobre precedentes jurisdicionais sobre a tese discutida no feito, sejam favoráveis ou contrários – até porque em se tratando de relevante questão de direito, com grande repercussão social, sem repetição em múltiplos processos, dentro daquele tribunal, poderá a parte suscitar o incidente de assunção de competência (art. 947, par. 1º, CPC), ainda que neste momento da sustentação oral; **h)** de forma antecedente à sessão de julgamento, embora ausente previsão legal, pode o advogado ofertar memoriais (arrazoado objetivo e enxuto da tese, anexando cópia das principais provas acostadas aos autos, *o que ganha relevo no processo eletrônico, considerando a eventual resistência/embaraço na visualização completa dos autos por aquele que os manuseia*) ao colegiado – em mãos, preferencialmente, ou ao(s) respectivo(s) secretário(s) –, destinados a cada um dos membros que participarão do julgamento, até porque, ainda que já apresentado o relatório pelo relator (art. 931, CPC), têm-se como costumeiro que os demais julgadores só passem a ter conhecimento do assunto litigioso no dia e na hora do julgamento; **i)** o advogado deve considerar que caso consiga persuadir um único julgador, fomentando a divergência interna no colegiado, isto já será pálio para o prosseguimento da sessão a ser designada com a presença de outros julgadores (art. 942, CPC); ou mesmo sobre o préstimo do voto vencido integrante do acórdão para fins de prequestionamento aos recursos especial e extraordinário (art. 941, par. 3º, CPC); **j)** o advogado deve também ponderar que, caso a derrota na causa se demonstre presumível, sua sustentação oral terá mais funcionalidade caso se paute na tentativa de influenciar os julgadores quanto à diminuição dos efeitos negativos da decisão contrária – *v.g.*, diminuição da condenação em danos morais, em se tratando da defesa do réu –; **k)** não é preciso esgotar o tempo que lhe é disponível, de modo que apresentados os argumentos, deve o advogado concluir sua sustentação – costuma-se apreciar a brevidade –, indicando, entretanto, que está aberto para eventuais perguntas dos julgadores.

Enfim, o advogado somente deve realizar a sustentação oral, que não é obrigatória, se for para fazê-la bem-feita. Parafraseando o Des. José Carlos Barbosa Moreira, há sustentações orais que praticamente determinam a sorte do pleito – nem sempre, registre-se, no sentido visado por quem as faz.

8.5. Honorários Advocatícios

8.5.1. Introdução

O advogado detém direito a 3 (três) espécies de verba honorária: a contratada, a fixada por arbitramento judicial e a sucumbencial (art. 22, Lei nº 8.906/94). A primeira é resultado de uma avença entre advogado e cliente; a segunda se dá mediante fixação pelo juiz, em remuneração compatível com o trabalho e o valor econômico da questão, em casos específicos; e a terceira decorre de imposição legal pela vitória na causa.

Um ponto massificado atualmente é sobre a **natureza alimentar** dos honorários advocatícios, servindo à subsistência do advogado. A nova legislação processual expressa tal natureza alimentar, tratando-os com o mesmo *status* de privilégio dos créditos oriundos da legislação do trabalho (art. 85, par. 14, CPC).

Todavia, a experiência jurisprudencial não é uniforme quanto ao **acesso aos instrumentos legais** a partir da concepção desta natureza alimentar, afinal isso pode gerar uma situação desproporcional em que o advogado receberia seu crédito antes de seu cliente. Ao revés, seria incoerente admitir a natureza alimentar da verba honorária e negar as técnicas expropriatórias previstas na legislação para hipóteses semelhantes.

Diga-se que a própria Corte Suprema já externou breve crítica às normas que transferem os honorários de sucumbência ao advogado, no sentido de que a ausência de reembolso da parte vencedora quanto aos gastos contratuais com advogado provoca desfalque do seu próprio direito. Vale o registro da declaração do então Ministro Joaquim Barbosa: *"Não é plausível, assim, que uma lei cujo objetivo seja regular prerrogativas para a nobilíssima classe dos advogados estabeleça que não cabe à parte vencedora, seja ela empregadora ou não, os honorários de sucumbência. Tais honorários visam justamente a que a parte vencedora seja ressarcida dos custos que tem com o advogado, empregado seu ou contratado. Os dispositivos impugnados, ao disciplinarem que a verba de sucumbência pertence ao advogado, não promovem propriamente a rule of law, mas o rule of lawyers. Com isso, não se incrementa a proteção judiciária, mas apenas se privilegia certa classe de profissionais que devem atuar sempre em interesse da parte que representam, de acordo com as regras de conduta da advocacia"* (STF – ADI 1.194/DF, Tribunal Pleno, DJ 20/05/2009).

No entanto, ainda preteritamente ao CPC/2015, a Corte Suprema deliberou sobre a temática ditando, de forma vinculativa, a natureza alimentar da verba honorária advocatícia, cogitando de sua satisfação destacada mediante **precatório ou RPV** (Verbete Sumular Vinculante nº 47, STF: *"Os honorários advocatícios incluídos na condenação ou destacados do montante principal devido ao credor consubstanciam verba de natureza alimentar cuja satisfação ocorrerá com a expedição de precatório ou requisição de pequeno valor, observada ordem especial restrita aos créditos dessa natureza"*). Nesse sentido, de forma a permitir o pagamento autônomo da verba honorária: *"Alegado fracionamento de execução contra a Fazenda Pública de Estado-membro. Honorários advocatícios. Verba de natureza alimentar, a qual não se confunde com o débito principal. Ausência de caráter acessório. Titulares diversos. Possibilidade de pagamento autônomo. Requerimento desvinculado da expedição do ofício requisitório principal. Vedação constitucional de repartição de execução para fraudar o pagamento por precatório. Interpretação do art. 100, par. 8º (originariamente par. 4º), da CRFB"* (STF – RE 564.132/RS, Tribunal Pleno, DJ 30/10/2014).

Também no sentido de que a vedação de fracionamento do precatório toma por base a titularidade do crédito, ou seja, relacionando-se a um único credor (e não quando se tem cliente e advogado): *"5. Não há impedimento constitucional, ou mesmo legal, para que os honorários advocatícios, quando não excederem ao valor limite, possam ser executados mediante RPV, ainda que o crédito dito 'principal' observe o regime dos precatórios. Esta é, sem dúvida, a melhor exegese para o art. 100, par. 8º, da CF, e por tabela para os arts. 17, par. 3º, da Lei 10.259/2001 e 128, par. 1º, da Lei*

8.213/1991, neste recurso apontados como malferidos" (STJ – REsp 1.347.736/RS, 1ª Seção, *DJ* 09/10/2013). Nesse sentido: Verbete Sumular nº 135, TJ-RJ, *DJ* 04/06/2007: *"Os honorários advocatícios de sucumbência constituem verba autônoma, de natureza alimentar, podendo ser objeto de requisição específica e independente de requisitório correspondente à condenação da parte".*

No entanto, há entendimento restritivo no sentido de que tal enunciado sumular vinculante não se aplica aos honorários advocatícios contratuais: *"1. A jurisprudência da Corte é firme no sentido de que a Súmula Vinculante nº 47 não alcança os honorários contratuais resultantes do contrato firmado entre advogado e cliente, não abrangendo aquele que não fez parte do acordo. 2. O STF já assentou a inviabilidade de expedição de RPV ou de precatório para pagamento de honorários contratuais dissociados do principal a ser requisitado, à luz do art. 100, par. 8º, da CF"* (STF – RE 1.094.439 AgR/DF, 2ª Turma, *DJ* 02/03/2018).

Prosseguindo, tendo a verba honorária natureza alimentar, admite-se o emprego da medida executiva de **penhora de salário**, ou de desconto em folha de pagamento do devedor desta verba, em respeito, inclusive, à gradação legal que coloca o dinheiro como bem penhorável preferencial (art. 835, I, CPC): *"1. A jurisprudência desta Corte Superior consolidou o entendimento no sentido de que o caráter absoluto da impenhorabilidade dos vencimentos, soldos e salários (dentre outras verbas destinadas à remuneração do trabalho) é excepcionado pelo par. 2º do art. 649 do CPC/1973 (atual art. 833, par. 2º, do CPC/2015), quando se tratar de penhora para pagamento de prestações alimentícias. 2. Os honorários advocatícios, contratuais ou sucumbenciais, têm natureza alimentícia. Precedentes"* (STJ – AgInt no AREsp 1.107.619/PR, 4ª Turma, *DJ* 16/11/2017). No mesmo sentido: CJF, nº 105 (I Jornada de Direito Processual Civil): *"As hipóteses de penhora do art. 833, par. 2º, do CPC aplicam-se ao cumprimento da sentença ou à execução de título extrajudicial relativo a honorários advocatícios, em razão de sua natureza alimentar".*

De outro modo, apesar da natureza alimentícia, entende-se que a cobrança de honorários advocatícios não justifica a **penhora de bem de família**, afinal não equiparados à *"pensão alimentícia"* para tal desiderato de exceção à impenhorabilidade (art. 3º, III, Lei nº 8.009/1990): *"Embargos à execução de honorários advocatícios. Natureza alimentar do crédito. Penhora de bem de família. Exceção à impenhorabilidade (Lei nº 8.009/1990, art. 3º). Improcedência. Descabida ampliação do alcance da exceção prevista na lei. (...) 3. A exclusão da impenhorabilidade, prevista na lei específica, é a do credor de pensão alimentícia, a qual, sendo espécie do gênero prestação alimentícia (ou crédito alimentar), é mais restrita do que a situação do credor de qualquer outra prestação alimentícia. 4. Toda prestação cuja verba tenha natureza alimentar é prestação alimentícia, mas nem toda prestação alimentícia é pensão alimentícia, embora toda pensão alimentícia seja prestação alimentícia. A lógica é de gênero e espécie. Há diferença"* (STJ – REsp 1.361.473/DF, 4ª Turma, *DJ* 09/05/2017). No mesmo sentido: STJ – AgRg no AREsp 477.776/DF, 3ª Turma, *DJ* 07/08/2014.

Num **concurso de crédito**, evoluiu-se o entendimento para que os honorários advocatícios figurem na classe de créditos trabalhistas para efeito de habilitação em processo falimentar: *"1. Para efeito do art. 543-C do CPC/1973: 1.1) Os créditos resultantes de honorários advocatícios têm natureza alimentar e equiparam-se aos trabalhistas para efeito de habilitação em falência, seja pela*

506 ■ Petições e Prática Cível

regência do Decreto-Lei nº 7.661/1945, seja pela forma prevista na Lei nº 11.101/2005, observado, neste último caso, o limite de valor previsto no art. 83, inc. I, do referido Diploma legal. 1.2) São créditos extraconcursais os honorários de advogado resultantes de trabalhos prestados à massa falida, depois do decreto de falência, nos termos dos arts. 84 e 149 da Lei nº 11.101/2005" (STJ – REsp 1.152.218/RS, Corte Especial, DJ 07/05/2014); *"1. A Corte Especial adotou o novel entendimento de que os honorários advocatícios ostentam natureza alimentar e detêm privilégio geral em concurso de credores, equiparando-se ao crédito trabalhista, mesmo em se tratando de Execução Fiscal. Precedente: EDcl nos EREsp 1.351.256/PR, Rel. Min. Mauro Campbell Marques, Corte Especial, julg. em 04/03/2015, DJe 20/03/2015"* (STJ – REsp 1.673.940/RS, 2ª Turma, DJ 26/09/2017).

Em sentido diverso: *"2. Embora esta Corte tenha reconhecido a natureza alimentar dos créditos decorrentes de honorários advocatícios, estes não se equiparam aos créditos trabalhistas, razão pela qual eles não têm preferência diante do crédito fiscal no concurso de credores. Precedentes"* (STJ – AgRg nos EDcl no AREsp 647.094/SC, 3ª Turma, DJ 07/11/2017).

8.5.1.1. Honorários contratuais/convencionais

A previsão de honorários advocatícios em contrato decorre da autonomia privada e da especialização de serviços, o que permite a cobrança diferenciada em razão da qualidade do labor prestado. Estes são justificados, também, para evitar que o advogado somente seja remunerado no caso de êxito no feito, o que, naturalmente, não acontece sempre. Além disso, há de se garantir alguma remuneração do advogado nos procedimentos judiciais que negam a condenação em honorários sucumbenciais – v.g., mandado de segurança (art. 25, Lei nº 12.016/2009); Juizados Especiais Cíveis (art. 55, Lei nº 9.099/95) –; ou mesmo quando esteja a litigar contra parte necessitada, pois a condenação na sucumbência, decorrente da vitória na causa, fica coberta por condição suspensiva de sua exigibilidade (art. 98, § 3º, CPC).

Se a verba honorária for estipulada em **contrato escrito**, constituir-se-á em título executivo extrajudicial (art. 24, Lei nº 8.906/94); caso contrário, deverá o advogado ajuizar ação de cobrança de honorários advocatícios, trazendo conjunto probatório dos serviços prestados, com o pleito de arbitramento judicial da verba honorária (art. 22, § 2º, Lei nº 8.906/94).

Em qualquer dos casos, a **competência** não é da Justiça do Trabalho, em sim da Justiça Estadual (Verbete Sumular nº 363, STJ: *"Compete à justiça estadual processar e julgar a ação de cobrança ajuizada por profissional liberal contra cliente"*). Em visualização: *"Não se enquadra na competência da Justiça do Trabalho, nem mesmo com a ampliação da sua competência promovida pela EC nº 45/2004, causa relativa à cobrança de honorários profissionais previstos em contrato de prestação de serviços advocatícios, movida por advogada contra cliente. Além de a relação jurídica que se estabelece entre as partes ser disciplinada pelo Direito Civil, não há vínculo trabalhista entre os sujeitos da relação jurídica litigiosa, nem qualquer espécie de relação de trabalho. Por* *isso, a competência é da Justiça Comum. Precedentes"* (STJ – CC 93.055/MG, 1ª Seção, *DJ* 26/03/2008).

O advogado pode pedir a **retenção do valor** destinado a pagar-lhe os honorários contratuais, nos próprios autos para os quais foi contratado, juntando a respectiva avença contratual, desde que ausente conflito junto ao seu cliente: *"1. A execução dos honorários advocatícios obedece a seguinte sistemática: a) quanto àqueles decorrentes da sucumbência, podem ser requeridos pela parte outorgante ou pelo próprio advogado, nos próprios autos da execução; b) quanto aos convencionais, o patrono poderá requer a reserva do valor nos próprios autos, promovendo a juntada do contrato, desde que não haja litígio entre o outorgante e o advogado, ou entre este e os novos patronos nomeados no feito, hipótese em que deverá manejar a via executiva autônoma (art. 585, VII, do CPC c/c art. 24, da Lei nº 8.906/94. 2. O patrono dos exequentes ostenta legitimidade para requerer, nos próprios autos da execução de sentença proferida no processo em que atuou, o destacamento da condenação dos valores a ele devido a título de honorários sucumbenciais ou contratuais, sendo certo que, nesta última hipótese deve proceder à juntada do contrato de prestação de serviços advocatícios, consoante o disposto nos arts. 22, § 4º, e 23, da Lei nº 8.906/94. Precedentes"* (STJ – REsp 1.087.135/PR, 1ª Turma, DJ 03/11/2009).

Convém frisar que é possível que uma pessoa necessitada obtenha **gratuidade de justiça** ainda que se valha do patrocínio de advogado privado, sem que este tenha que apresentar declaração relatando a ausência da cobrança de honorários contratuais (art. 99, § 4º, CPC c/c Verbete Sumular nº 40, TJ-RJ: *"Não é obrigatória a atuação da Defensoria Pública em favor do beneficiário da gratuidade de Justiça, facultada a escolha de advogado particular para representá-lo em Juízo, sem a obrigação de firmar declaração de que não cobra honorários"*). Nessa hipótese, havendo êxito no pleito pelo necessitado, os honorários convencionais de seu procurador, dada a sua natureza contratual e personalíssima, serão devidos, havendo renúncia ao benefício legal, independentemente da situação econômica da parte se modificar ou não pelo resultado final da ação: *"1. Nada impede a parte de obter os benefícios da assistência judiciária e ser representada por advogado particular que indique, hipótese em que, havendo a celebração de contrato com previsão de pagamento de honorários ad exito, estes serão devidos, independentemente da sua situação econômica ser modificada pelo resultado final da ação, não se aplicando a isenção prevista no art. 3º, V, da Lei nº 1.060/50, presumindo-se que a esta renunciou"* (STJ – REsp 1.153.163/RS, 3ª Turma, DJ 26/06/2012).

Quanto ao **reembolso** da parte (cliente) vencedora pelo pagamento dos honorários contratuais de seu próprio advogado, já se admitiu que tal verba integre a condenação de perdas e danos. Aquele que deu causa ao processo deve restituir os valores despendidos com os honorários contratuais pela parte adversa, de modo a prestigiar os princípios da restituição integral, da equidade e da justiça: *"Valores despendidos a título de honorários advocatícios contratuais. Perdas e danos. Princípio da restituição integral. 1. Aquele que deu causa ao processo deve restituir os valores despendidos pela outra parte com os honorários contratuais, que integram o*

508 ■ *Petições e Prática Cível*

valor devido a título de perdas e danos, nos termos dos arts. 389, 395 e 404 do CC/2002" (STJ – REsp 1.134.725/MG, 3ª Turma, DJ 14/06/2011).

8.5.1.2. Honorários por arbitramento judicial

A verba honorária fixada por arbitramento judicial se dá, sobretudo, quando ausente estipulação ou acordo entre o cliente e o advogado, cabendo ao juiz fixá-los em remuneração compatível com o trabalho e o valor econômico da questão, não podendo ser inferiores aos estabelecidos na tabela organizada pelo Conselho Secccional da OAB (art. 22, § 2º, Lei nº 8.906/94). Há balizas para tal arbitramento, como, por exemplo, a relevância e a dificuldade das questões versadas; o trabalho e o tempo empregados; o lugar da prestação de serviços; dentre outros (Art. 49, Resolução nº 02/2015, novo Código de Ética da OAB).

A ideia é garantir a remuneração do advogado ainda que ausente o contrato escrito de honorários, e mesmo que na derrota na causa – até porque a obrigação do advogado é de meio, e não de resultado. Certo é que a maior prova do direito do profissional será o demonstrativo do próprio serviço advocatício prestado (v.g., cópia da ata de audiência realizada; cópia do protocolo de recurso).

Outra hipótese frequente para fixação judicial da verba honorária se dá na substituição de advogados no curso da demanda judicial (v.g., revogação de mandato), também quando ausente o instrumento contratual e havendo conflito.

Finalmente, na necessidade de promover arbitramento ou cobrança judicial de honorários, deverá o advogado renunciar previamente ao mandato que recebera do cliente em débito (art. 54, Resolução nº 02/2015, novo Código de Ética da OAB).

8.5.1.3. Honorários sucumbenciais

São aqueles arbitrados judicialmente e recebidos por vitória na respectiva demanda. Os honorários sucumbenciais são escorados no **princípio da causalidade** consagrado em nosso diploma processual, segundo o qual, aquele que deu causa à movimentação do processo judicial, deve arcar com as suas despesas. Assim é que nos casos de perda de objeto, a condenação em verba honorária será imputada àquele que deu causa ao processo (art. 85, § 10, CPC). Outro exemplo, na jurisprudência, é extraído dos embargos de terceiro (Verbete Sumular nº 303, STJ: *"Em embargos de terceiro, quem deu causa à constrição indevida, deverá arcar com os honorários advocatícios"*).

Note-se que a causalidade implica no arbitramento de verba honorária mesmo havendo sentença de extinção do feito "sem" julgamento do mérito, de forma contrária ao autor (art. 85, par. 6º, *in fine*, CPC); isso, naturalmente, se a parte ré já se encontrava integrada ao feito, e de modo favorável a esta última (STJ – REsp 1.138.109/MG, 4ª Turma, *DJ* 18/05/2010).

Ainda, incidem honorários ainda que proferida decisão "parcial" processual ou de mérito; nesse sentido, CJF, nº 5 (I Jornada de Direito Processual Civil): "Ao proferir decisão parcial de mérito ou decisão parcial fundada no art. 485 do CPC, condenar-se-á proporcionalmente o vencido a pagar honorários ao advogado do vencedor, nos termos do art. 85 do CPC".

De toda sorte, a verba sucumbencial não serve para ressarcir à parte, já que é destinada ao advogado, pelo labor técnico desenvolvido no processo, constituindo, na expressão legal, direito seu, inclusive para fins de execução autônoma (art. 22 – art. 23, Lei nº 8.906/94).

Os questionamentos contrários à atribuição de honorários sucumbenciais ao advogado repousam no fato de que tal verba deveria ser paga à parte, para que esta se ressarcisse das despesas com advogado. Ao revés, em sentido favorável ao destino do montante ao causídico, aduz-se que se a verba honorária não fosse destinada ao advogado, este teria que previamente cobrar, ou cobrar mais, honorários contratuais, para fins de garantir sua remuneração, tornando mais dificultoso o acesso à Justiça para aquele que precise ingressar com uma demanda jurisdicional e não se enquadre como necessitado para obter a defesa técnica gratuita. Isto porque, sob este argumento, caso não convencionada a verba honorária contratual, no caso de derrota na empreitada judicial, ficaria o advogado sem nada a receber pelo serviço prestado.

O novo Código de Processo Civil reforça a ideia da titularidade da verba honorária decorrente da sucumbência pertencer ao advogado ao ditar que "*a sentença condenará o vencido a pagar honorários **ao advogado** do vencedor*" (art. 85, *caput*, CPC), além de que expressa a **natureza alimentar** da verba honorária, "*com os mesmos privilégios dos créditos oriundos da legislação do trabalho*" (art. 85, § 14, CPC).

Assim é que, ainda que o **advogado esteja em causa própria**, se vencedor, terá a seu favor a condenação da parte adversa na verba honorária (art. 85, § 17, CPC).

Ainda dentro da concepção da natureza alimentar da verba honorária, confere-se ao advogado o **direito autônomo** de executar a sentença na parte dos honorários advocatícios (art. 23, Lei nº 8.906/94), o que pode se dar nos mesmos autos da ação que os tenha fixado (art. 24, parágrafo único, Lei nº 8.906/94). Seguindo tal raciocínio, o advogado também tem legitimidade para recorrer da parte da sentença que fixou a verba honorária, na condição de terceiro interessado (art. 996, CPC): "*Legitimidade recursal. 1. A jurisprudência do STJ pacificou que tanto a parte como seu patrono possuem legitimidade para recorrer da sentença com relação à fixação dos honorários advocatícios*" (STJ – AgRg no REsp 532.173/SP, 2ª Turma, DJ 14/04/2009). Isso tudo sem excluir a possibilidade de que a parte, através do advogado, recorra e execute todo o julgado.

Frise-se que a condenação na verba sucumbencial pode se dar mesmo na ausência de pedido expresso da parte neste sentido, porquanto se trata de "**pedido implícito**" decorrente da própria formulação da petição inicial (art. 322, § 1º, CPC).

Se não constar a condenação em honorários advocatícios na sentença condenatória, caberá à parte recorrer através de embargos de declaração para suprir a omissão, pois inviável a "condenação implícita" (art. 1.022, inc. II, CPC). A nova lei do processo segue a mesma sistemática anterior de impedir a execução da verba honorária que não foi incluída no decisório transitado em julgado, mas esclarece a possibilidade de via **ação autônoma** para sua definição e cobrança (art. 85, § 18, CPC).

O advogado pode negociar a verba sucumbencial. Muito embora a previsão originária sobre a nulidade da cláusula contratual que retire do advogado o direito ao recebimento dos honorários de sucumbência (art. 24, § 3º, Lei nº 8.906/94), tal norma foi declarada inconstitucional pela Corte Suprema, que chancelou a possibilidade de se negociar a destinação dos honorários sucumbenciais, em reverência da preservação da liberdade contratual, afinal se trata de direito disponível: "*4. O art. 21 e seu parágrafo único da Lei nº 8.906/94 deve ser interpretado no sentido da preservação da liberdade contratual quanto à destinação dos honorários de sucumbência fixados judicialmente. 5. Pela interpretação conforme conferida ao art. 21 e seu parágrafo único, declara-se inconstitucional o § 3º do art. 24 da Lei nº 8.906/94*" (STF – ADI 1.194/DF, Tribunal Pleno, DJ 20/05/2009). A própria legislação de regência, em contradição, traz disposição com tal chancela, ao tratar do advogado empregado (art. 21, par. único, Lei nº 8.906/94). Diga-se que no silêncio do contrato de prestação de serviços, pertencerá tal verba ao advogado da parte vencedora.

Finalmente, o advogado pode requerer que o pagamento dos honorários que lhe caibam seja efetuado em nome da **sociedade de advogados** que integra na qualidade de sócio (art. 85, § 15, CPC), o que pode lhe favorecer quanto ao regime tributário aplicável.

8.5.2. Espécies de Sucumbência e a Negativa de Compensação

A **sucumbência integral** se dá na derrota total no(s) pedido(s), possibilitando a interposição de recurso independente pela parte inteiramente vencida (não pela outra, vencedora, que não tem interesse recursal em mudar a decisão).

Ocorrerá a **sucumbência parcial,** quando se faz mais de um pedido, sendo ao menos um deles num sentido (por exemplo, procedente) e o outro noutro (por exemplo, improcedente), hipótese em que ambas as partes poderão recorrer independentemente, cada uma quanto ao pedido em que restou vencida (e não de forma adesiva, afinal não se tem sucumbência recíproca).

Já a **sucumbência recíproca** ocorre quando há vencidos e vencedores quanto ao pedido analisado, na "condenação média", quando haverá recíproca e proporcional compensação da verba honorária (art. 86, CPC). Neste caso, permite-se a interposição de recurso independente ou adesivo por cada parte, conforme o caso. Em síntese quanto ao formato de interposição de recurso: o recurso independente cabe nos casos de sucumbência integral, parcial ou recíproca; já o recurso adesivo somente no caso de sucumbência recíproca (art. 997, CPC).

Quanto à **compensação de honorários**: havia previsão legal de que na hipótese de sucumbência recíproca, ou seja, de decaimento parcial do pedido, o juiz poderia compensar os honorários advocatícios (art. 21, CPC-73), sem que isso importasse em qualquer ofensa à legislação específica, algo que restou cristalizado na jurisprudência de tribunal superior no formato de Súmula (Verbete Sumular nº 306, STJ: "*Os honorários advocatícios devem ser compensados quando houver sucumbência recíproca, assegurado o direito autônomo do advogado à execução do saldo sem excluir a legitimidade da própria parte*") e como tese de recurso repetitivo (STJ – REsp 963.528/PR, Corte Especial, DJ 02/12/2009).

Ocorre que a nova lei do processo destrói a construção sobre a possibilidade de compensação, frisando que os honorários constituem direito do advogado, têm natureza alimentar, sendo **vedada a compensação** em caso de sucumbência parcial (art. 85, § 14, CPC), bem como retirada a menção que ditava a compensação no caso de sucumbência recíproca (*vide* art. 86, CPC, em substituição ao art. 21, CPC-73). O sentido, nesses casos, é o de que cada advogado será credor da parte contrária, diante da absoluta inviabilidade de compensação, porquanto indevida a disposição, pela parte, de direito alheio. A exegese ainda é reforçada pelo afirmado caráter alimentar dos honorários advocatícios. Sobre o assunto: "A sucumbência recíproca, por si só, não afasta a condenação em honorários advocatícios sucumbenciais nem impede a sua majoração em sede recursal" (STJ – AgInt no AREsp 1.495.369/MS, 4ª Turma, DJ 1º/09/2020).

Vem se entendendo pela não aplicação do CPC/2015 (e, consequentemente, da vedação de compensação de verba honorária sucumbencial trazida pelo novo Código) aos **processos pendentes sentenciados antes de sua vigência**, os quais merecem aplicação, ainda, do CPC/1973: "*4. Assentou o STJ que 'em homenagem à natureza processual material e com o escopo de preservar-se o direito adquirido, as normas sobre honorários advocatícios não são alcançadas por lei nova. A sentença, como ato processual que qualifica o nascedouro do direito à percepção dos honorários advocatícios, deve ser considerada o marco temporal para a aplicação das regras fixadas pelo CPC/2015' (REsp 1.465.535/SP, Rel. Min. Luis Felipe Salomão, Quarta Turma, julg. em 21/06/2016, DJe 22/08/2016). (...) 8. No presente caso, a sentença foi publicada antes de 18/03/2016. Logo, aplica-se aos honorários sucumbenciais o CPC/1973. 9. Admite-se a compensação de honorários advocatícios, em consonância com o entendimento firmado no julgamento do REsp 963.528/PR (Tema 195 do STJ), afetado à Corte Especial do STJ, com base no procedimento da Lei nº 11.672/2008 e Resolução nº 8/2008 (Lei de Recursos Repetitivos) (...)*" (STJ – REsp 1.672.706/RS, 2ª Turma, DJ 22/08/2017).

De outra banda: especificamente na **ação de indenização por dano moral**, ainda que o juiz não acolha integralmente o pleito do autor, condenando o réu em montante inferior àquilo postulado na inicial, não se subsume hipótese de sucumbência recíproca, mas sim de sucumbência integral imposta ao réu vencido. A linha de raciocínio é de que o pedido foi integralmente acolhido e que o arbitramento de danos é mero desdobramento da procedência, o que foi acolhido pela jurisprudência de outrora (Verbete Sumular nº 326, STJ: "*Na ação de indenização por dano moral, a condenação em montante inferior ao postulado na inicial não implica sucumbência recíproca*" c/c Verbete Sumular nº 105, TJ-RJ: "*A indenização por dano moral, fixada em montante inferior ao requerido, não implica, necessariamente, em sucumbência recíproca*"). Nessa situação, então, fica vedada a interposição de recurso na forma adesiva (sem aplicação o art. 997, § 1º, CPC).

512 ■ *Petições e Prática Cível*

8.5.3. Fixação do Patamar dos Honorários Advocatícios

A legislação estabelece inúmeras situações para arbitramento do percentual de verba honorária sucumbencial. Sendo imprevisível o desenrolar do feito – o que levará em conta a atuação das partes, a necessidade de instrução probatória e a interposição de recursos, por exemplo –, extrai-se o patamar maleável de fixação.

Quando se tiver como litigantes pessoas físicas ou jurídicas de direito privado, os honorários serão fixados percentuais entre 10% (dez por cento) e o máximo de 20% (vinte por cento) sobre o valor da condenação ou, não sendo possível mensurá-lo, sobre o valor atualizado da causa (art. 85, § 2º, CPC). Contudo, nas causas em que for inestimável ou irrisório o proveito econômico ou, ainda, quando o valor da causa for muito baixo, o juiz fixará o valor dos honorários por apreciação equitativa (art. 85, § 8º, CPC).

Sobre o assunto, decidiu-se que: *"O **juízo de equidade** na fixação dos honorários advocatícios somente pode ser utilizado de **forma subsidiária**, quando não presente qualquer hipótese prevista no § 2º do art. 85 do CPC", com a explicação de que o CPC/2015 "introduziu autêntica e objetiva 'ordem de vocação' para fixação da base de cálculo da verba honorária, na qual a subsunção do caso concreto a uma das hipóteses legais prévias impede o avanço para outra categoria. De fato, a seguinte ordem de preferência, na fixação dos honorários advocatícios sucumbenciais, é obtida pela conjugação dos §§ 2º e 8º do art. 85 do CPC: (a) primeiro, quando houver condenação, devem ser fixados entre 10% e 20% sobre o montante desta (art. 85, § 2º); (b) segundo, não havendo condenação, serão também fixados entre 10% e 20%, das seguintes bases de cálculo: (b.1) sobre o proveito econômico obtido pelo vencedor (art. 85, § 2º); ou (b.2) não sendo possível mensurar o proveito econômico obtido, sobre o valor atualizado da causa (art. 85, § 2º); (c) havendo ou não condenação, nas causas em que for inestimável ou irrisório o proveito econômico ou em que o valor da causa for muito baixo, deverão, só então, ser fixados por apreciação equitativa (art; 85, § 8º). A conclusão lógica é a de que o § 2º do art. 85 do CPC/2015 veicula a regra geral e obrigatória, relegado ao § 8º do art. 85 a instituição de regra excepcional, de aplicação subsidiária. Assim, a incidência, pela ordem, de uma das hipóteses do art. 85, § 2º, impede que o julgador prossiga com sua análise a fim de investigar eventual enquadramento no § 8º do mesmo dispositivo, porque a subsunção da norma ao fato já se terá esgotado"* (STJ – REsp 1.746.072/PR, 2ª Seção, DJ 13/02/2019).

Ocorre que há regra específica regulamentando os honorários quando a **Fazenda Pública** for vencida, estabelecendo critérios diferenciados. Para tanto, quanto maior for a condenação pecuniária, menor será o percentual de honorários que o advogado irá receber sobre a condenação (art. 85, § 3º, CPC).

Independentemente dos litigantes, a lei processual dita que aquele que praticar **ato dispositivo** – como a desistência e renúncia pelo autor, ou o reconhecimento da procedência do pedido pelo réu – arcará com as despesas e honorários advocatícios (art. 90, CPC). Aliás, consta nova disposição no sentido de que se realizado o **reconhecimento da procedência do pedido** pelo réu, e este cumprir integralmente a prestação reconhecida, os honorários serão reduzidos pela metade (art. 90, § 4º, CPC).

Havendo **transação**, e nada tendo sido acordado quanto às despesas, estas serão divididas igualmente (art. 90, § 2º, CPC). Porém, não podem as partes dispor entre si da verba honorária pertencente ao advogado, já que a este último pertencente: "*1. Os honorários profissionais pertencem ao Advogado e constituindo direito autônomo não podem ser apropriados à compensação com crédito ou valor reconhecido em favor da parte que o constituiu para representá-la judicialmente (art. 23 e § 1º, Lei 8.906/94). No CPC permanecem as normas gerais de regência (arts. 20 e segts.)*" (STJ – REsp 167.498/SP, 1ª Turma, DJ 06/12/2001). Se a transação ocorrer antes da sentença, as partes ficam dispensadas das custas processuais remanescentes, havendo estas, o que constitui novo regramento estimulante da composição amigável (art. 90, § 3º, CPC).

Havendo **litisconsórcio**, os ônus sucumbenciais serão divididos proporcionalmente quando concorrerem diversos autores ou diversos réus (art. 87, CPC), o que deve constar expressamente na sentença (art. 87, § 1º, CPC). Se isto não for feito, os vencidos responderão solidariamente pelas despesas e pelos honorários (art. 87, § 2º, CPC), o que acaba por constituir vantagem ao vencedor da causa.

Mesmo a parte **beneficiária da gratuidade de justiça**, se derrotada, será condenada a arcar com a sucumbência. Tal condenação será suspensa pelo prazo prescricional de 5 anos (art. 98, § 3º, CPC), tempo em que estará oportunizada ao credor a prova, neste ínterim, de que cessou o estágio de hipossuficiência do condenado. Trata-se, portanto, de uma sentença que cria uma obrigação certa e líquida, muito embora a sua exigibilidade seja submetida à condição futura.

8.5.4. Cálculo dos Honorários Advocatícios

A verba honorária sucumbencial deve ser calculada sobre o montante total da condenação, ou seja, incide sobre o valor imputado devidamente atualizado, incluídos juros de mora. Os honorários advocatícios não incidem sobre o valor das custas judiciais cujo reembolso se pretende (art. 82, § 2º, *in fine*, CPC). Ademais, não incide a verba honorária sobre as *astreintes* (art. 537, CPC), sob a justificativa de que os honorários advocatícios integram a condenação, ao passo que tal modalidade de multa tem natureza de medida executiva coercitiva, que não faz parte daquela, visando apenas à efetivação do preceito judicial descumprido (Verbete Sumular nº 279, TJ-RJ: "*Os honorários advocatícios não incidem sobre a medida coercitiva de multa*").

Noutras situações, quando instituídos os honorários advocatícios em razão do valor da causa, deverá ser observado o quantitativo atualizado (art. 85, § 2º, *in fine*, CPC). Realmente, incide correção monetária sobre a verba honorária sucumbencial (art. 1º, Lei nº 6.899/81), sendo certo que seu cálculo deve ter início a contar do ajuizamento da causa (art. 1º, § 2º, Lei nº 6.899/81). Preserva-se, assim, o caráter igualitário quanto às cominações legais, levando em consideração, também, a notória defasagem experimentada pelo fator tempo e o valor real da causa medido por sua influência econômica (Verbete Sumular nº 14, STJ: "*Arbitrados honorários em percentual sobre o valor da causa, a correção monetária incide a partir do respectivo ajuizamento*").

Sobre os juros de mora, quando a decisão fixe a verba honorária em quantia certa, incidirão aqueles a partir da data do trânsito em julgado da decisão (art. 85, § 16, CPC). Com efeito, para tal incidência, não mais se exige a comunicação processual do executado, no cumprimento da sentença (interpretação sistemática do art. 240, CPC), superando certa jurisprudência do regime pretérito (STJ – EDcl no Ag 1.196.696/SP, 4ª Turma, DJ 11/10/2011).

8.5.5. Cumulação de Verba Sucumbencial

Interessa notar que o advogado poderá ser credor de **várias verbas honorárias num único processo**, como, por exemplo, de forma oriunda da fase de conhecimento (art. 85, *caput*, CPC), da fase recursal (art. 85, par. 11, CPC) e da fase de execução (arts. 85, par. 1º. e 523, par. 1º, CPC), cumulativamente.

Quanto à **fase de conhecimento**, a sentença de primeira instância fará constar tal condenação, como já afirmado. Já a condenação na **sucumbência recursal**, em desfecho do acertamento do direito, constará no decisório que julgar o recurso. A inovação encontra respaldo no **trabalho adicional** do advogado na esfera recursal (art. 85, par. 1º, *in fine*, CPC: "*cumulativamente*"), como também para atuar como um contrapeso ao "automatismo recursal". Frise-se que restou expressado um limite para a majoração dos honorários advocatícios realizada na fase recursal, porém restrito à "fase de conhecimento" (art. 85, par. 11, CPC).

Criando balizas genéricas sobre o assunto, a Corte Superior destacou os **requisitos** para arbitramento de honorários advocatícios recursais: (i) o recurso deverá desafiar decisão publicada a partir de 18/03/2016; (ii) o não conhecimento integral ou o desprovimento do recurso pelo relator monocraticamente, ou pelo órgão colegiado competente (ou seja, de derrota do recorrente); (iii) a verba honorária sucumbencial deve ser devida desde a origem no feito em que interposto o recurso (portanto, não cabe em mandado de segurança, onde é vedada por lei tal imposição); (iv) não é possível majorar os honorários advocatícios na hipótese de interposição de recurso na mesma instância (descabe a sua incidência em agravo interno ou em embargos de declaração); (v) o limite máximo para a primeira instância e para a instância recursal é de 20% para a fase de conhecimento (então, esse cômputo geral não pode ultrapassar tal limite); (vi) não se exige, necessariamente, a apresentação de contrarrazões ou realização de sustentação oral pelo advogado para incidir a verba honorária, embora tal atividade possa servir de critério para quantificação valorativa (STJ – EDcl no REsp 1.573.573/RJ, 3ª Turma, *DJ* 04/04/2017).

Ainda, incide um **(novo) arbitramento de verba honorária no cumprimento de sentença** (art. 523, par. 1º, CPC). De fato, o melhor raciocínio é aquele que permite (novos) honorários para tal fase subsequente do processo sincrético, já que configurada a necessidade de **nova atividade laboral** dos advogados para o cumprimento forçado da obrigação, que só se dá após esgotado o prazo para cumprimento voluntário da obrigação (Verbete Sumular nº 517, STJ: "*São devidos honorários advocatícios no cumprimento de sentença, haja ou não impugnação,* *depois de escoado o prazo para pagamento voluntário, que se inicia após a intimação do advogado da parte executada"* c/c Verbete Sumular nº 154, TJ-RJ: *"Incide verba honorária no cumprimento da sentença a partir do decurso do prazo previsto no art. 475-J, do CPC/1973"*). Tal verba honorária incide ainda que não haja resistência à execução (art. 85, par. 1º, CPC).

Cabe atentar que o referido limite legal da condenação em verba honorária abrange a fase de conhecimento e a recursal (art. 85, par. 11, CPC), de modo que se vê preservada a ultrapassagem deste cômputo geral quanto à inclusão da verba honorária da fase de execução.

No caso de apresentação de defesa na execução de título judicial, ou seja, na **impugnação ao cumprimento da sentença** (art. 525, CPC), somente será cabível condenação em verba honorária em caso de acolhimento desta, em reversão lógica favorável ao executado, com a consequente extinção da execução, hipótese em que os honorários fixados no cumprimento de sentença, favoráveis até então ao exequente, deixam de existir. Em caso de rejeição da impugnação, somente os honorários fixados no pedido de cumprimento de sentença subsistirão, evitando uma espécie de *bis in idem* neste sentido (Verbete Sumular nº 519, STJ: *"Na hipótese de rejeição da impugnação ao cumprimento de sentença, não são cabíveis honorários advocatícios"*): *"1. Para efeitos do art. 543-C do CPC/1973: (...) 1.2. Não são cabíveis honorários advocatícios pela rejeição da impugnação ao cumprimento de sentença. 1.3. Apenas no caso de acolhimento da impugnação, ainda que parcial, serão arbitrados honorários em benefício do executado, com base no art. 20, par. 4º, do CPC/1973"* (STJ – REsp 1.134.186/RS, Corte Especial, *DJ* 1º/08/2011).

8.5.6. Verba Honorária Sucumbencial na Ação de Execução

Se a petição inicial executiva estiver regular, o juiz proferirá o despacho liminar positivo, fixando os honorários advocatícios de 10% (art. 827, CPC), que poderão ser reduzidos pela metade, no caso de integral pagamento pelo devedor (art. 827, par. 1º, CPC), em estímulo para tal comportamento. Decerto, tal redução da verba honorária é adequada, pois certamente menos atividade laborativa teve o advogado do exequente.

O valor da verba honorária poderá ser elevado até o limite de 20% (vinte por cento) quando **rejeitados** os embargos à execução; se estes **não forem opostos**, a majoração poderá ocorrer ao final do procedimento executivo, em atenção ao trabalho desenvolvido pelo advogado do exequente (art. 827, par. 2º, CPC). Cabe o registro de que se rejeitados os embargos à execução, a verba sucumbencial desta ação-defesa será acrescida no valor do débito principal, para todos os efeitos legais (art. 85, par. 13, CPC), o que serve à unificação procedimental satisfativa.

No entanto, se os embargos à execução forem **acolhidos**, entende-se que somente será possível ao embargante/executado executar a sucumbência de verba honorária referente aos embargos à execução, diante da extinção da execução. Se acolhidos os embargos à execução, importando na extinção da execução, haverá uma única imposição de verba honorária, justamente na ação-defesa. Nesse sentido: *"Honorários advocatícios. Execução e embargos do devedor. Somatório das verbas. Impossibilidade, no caso. 1.– Apesar de a condenação ao pagamento de honorários na execução não estar condicionada à oposição dos embargos do devedor, o êxito desses*

516 ■ *Petições e Prática Cível*

influencia no dimensionamento daqueles, tendo em vista que o valor fixado inicialmente, para o caso de cumprimento espontâneo da obrigação, tem caráter provisório, estando reservado o seu arbitramento em definitivo, com a observância do limite de 20% das verbas somadas, para o final do julgamento dos embargos à execução, mas desde que esses sejam julgados improcedentes, caracterizando uma única sucumbência, o que não ocorreu no caso. 2.– Na hipótese de serem acolhidos os embargos à execução, o embargante fará jus apenas aos honorários decorrentes do seu resultado satisfatório nessa ação" (STJ – AgRg no REsp 1.292.372/MS, 3ª Turma, *DJ* 16/10/2012).

No caso de acolhimento dos embargos à execução, em se tratando de verba honorária fixada sobre o valor da causa, a atualização monetária incide a partir do ajuizamento dos embargos (STJ – AgRg no REsp 1.099.438/ES, 6ª Turma, *DJ* 25/02/2014), em respeito ao já mencionado Verbete Sumular nº 14, STJ.

No caso de decisão que diminui o valor exequendo, ter-se-á fixada a verba honorária pelo acolhimento dos embargos à execução no limite do excesso apurado: *"3. A jurisprudência do STJ reconhece que a base de cálculo dos honorários, quando acolhidos os embargos à execução ou provida a exceção de pré-executividade, deve ser o valor afastado com a procedência do pedido, incidindo, portanto, sobre o excesso apurado, no que se alinha o entendimento firmado pela origem"* (STJ – AgInt no REsp 1.574.037/SP, 2ª Turma, *DJ* 03/05/2016).

8.5.7. Verba Honorária Sucumbencial na Ação Monitória

Citado, se o réu cumprir a obrigação dentro do prazo de 15 (quinze) dias, ficará isento de custas processuais (art. 701, § 1º, CPC), devendo pagar honorários advocatícios no patamar de 5% (art. 701, *in fine*, CPC). Constitui "técnica de encorajamento", premiando aquele que cumpre a norma jurídica. Na legislação processual pretérita, havia isenção total da verba honorária na hipótese (art. 1.102-C, § 1º, CPC-73).

8.5.8. Verba Honorária Sucumbencial no Mandado de Segurança

No mandado de segurança, não há imposição de sucumbência, inclusive no caso de derrota do impetrante (art. 25, Lei nº 12.016/2009 c/c Verbete Sumular nº 512, STF: *"Não cabe condenação em honorários de advogado na ação de mandado de segurança"* c/c Verbete Sumular nº 105, STJ: *"Na ação de mandado de segurança não se admite condenação em honorários advocatícios"*). O principal argumento deste regramento é que o *writ of mandamus* constitui um contencioso de legalidade.

Aliás, por isso mesmo nem os honorários sucumbenciais recursais serão cabíveis no decorrer procedimental do mandado de segurança (STJ – RMS 51.721/ES, 2ª Turma, *DJ* 06/10/2016).

8.6. Jurisprudência em Temas

É o estudo de posições jurisprudenciais (decisões reiteradas em determinado sentido) e/ou de relevantes precedentes judiciais recentes, no sentido de familiarizar o advogado em temas corriqueiros na prática cível, inclusive para que tal conste como referência em suas petições. Não há intenção de esgotar os temas, nem de aprofundá-los, até porque isto afastaria o presente tópico das pretensões deste livro.

Embora não seja conveniente ao advogado iniciar "causas perdidas" (*v.g.*, contrárias à lei vigente ou à jurisprudência sedimentada atual) – cabendo-lhe, inclusive, informar ao cliente previamente dos riscos desta litigância incerta –, vê-se relevante frisar que sempre podem ser elaborados melhores argumentos, trabalhando a inconstitucionalidade ou a melhor interpretação da legislação (art. 1º, CPC), bem como a superação da respectiva jurisprudência ora trazida, que sabidamente está sujeita à revisão.

Alerte-se que em alguns temas como "alimentos", "ações de família", "sucessões", "locação", dentre outros, a coletânea de jurisprudência relevante deve ser procurada pelo leitor nos capítulos em que são descritas as respectivas ações judiciais e seu modelo.

8.6.1. Bancário e cartão de crédito

1) O Código de Defesa do Consumidor é aplicável às **instituições financeiras**.
(Verbete Sumular nº 297, STJ)

2) Constitui prática comercial abusiva o **envio de cartão de crédito** sem prévia e expressa solicitação do consumidor, configurando-se ato ilícito indenizável e sujeito à aplicação de multa administrativa.
(Verbete Sumular nº 532, STJ)

3) As bandeiras ou marcas de cartão de crédito **respondem solidariamente** com os bancos e as administradoras de cartão de crédito pelos danos decorrentes da má prestação de serviços.
(STJ – AgRg no AREsp 596.237/SP, 3ª Turma, *DJ* 03/02/2015; STJ – AgRg no REsp 1.116.569/ES, 4ª Turma, *DJ* 21/02/2013; dentre outros)

4) É objetiva a responsabilidade civil das instituições financeiras pelos **crimes ocorridos no interior do estabelecimento bancário** por se tratar de risco inerente à atividade econômica (art. 14 do CDC).
(STJ – AgRg no AREsp 162.062/SP, 4ª Turma, *DJ* 16/12/2014; STJ – AgRg no REsp 1.353.504/SP, 3ª Turma, *DJ* 18/06/2015; dentre outros)

5) As instituições financeiras respondem objetivamente pelos danos gerados por fortuito interno relativo a **fraudes e delitos** praticados por terceiros no âmbito de operações bancárias. (Verbete Sumular nº 479, STJ)

6) A estipulação de **juros** remuneratórios superiores a 12% ao ano, por si só, não indica abusividade.
(Verbete Sumular nº 382, STJ)

7) O simples fato de os **juros** remuneratórios contratados serem superiores à taxa média de mercado, por si só, não configura abusividade.
(STJ – AgRg no AREsp 564.360/RS, 3ª Turma, *DJ* 24/02/2015; STJ – AgRg no AREsp 259.816/SC, 4ª Turma, *DJ* 07/08/2014; dentre outros)

8) É admitida a **revisão de taxas de juros** remuneratórios em situações excepcionais, desde que caracterizada a relação de consumo e que a abusividade (capaz de colocar o consumidor em desvantagem exagerada – art. 51, par. 1º, do CDC) fique cabalmente demonstrada, ante as peculiaridades do julgamento em concreto.
(STJ – AgRg no AREsp 720.099/MS, 3ª Turma, *DJ* 1º/09/2015; STJ – AgRg no REsp 1.385.348/SC, 4ª Turma, *DJ* 04/08/2015; dentre outros)

9) As empresas administradoras de cartão de crédito são instituições financeiras e, por isso, os **juros** remuneratórios por elas cobrados não sofrem as limitações da Lei de Usura.
(Verbete Sumular nº 283, STJ)

10) Os **empréstimos** com desconto em folha de pagamento (consignação facultativa/voluntária) devem limitar-se a 30% dos vencimentos do trabalhador, ante a natureza alimentar do salário e do princípio da razoabilidade.
(STJ – AgRg no AREsp 435.294/MG, 1ª Turma, *DJ* 1º/10/2015; STJ – Edcl no REsp 1.201.838/RS, 4ª Turma, *DJ* 18/08/2015; Súmula nº 200, TJ-RJ; dentre outros)

11) Na hipótese em que o consumidor/autor impugnar a **autenticidade da assinatura constante em contrato bancário** juntado ao processo pela instituição financeira, caberá a esta o ônus de provar a autenticidade (arts. 6º; 369; e 429, II, CPC).
(STJ – REsp 1.846.649/MA, 2ª Seção, *DJ* 24/11/2021, sob o regime repetitivo, tema nº 1.061)

12) O pleito de **exibição de documentos bancários** (cópias e segunda via de documentos) exige a demonstração da existência de relação jurídica entre as partes, a comprovação de prévio pedido à instituição financeira não atendido em prazo razoável, e o pagamento do custo do serviço conforme previsão contratual e normatização da autoridade monetária.
(STJ – REsp 1.349.453/MS, 2ª Seção, j. 10/12/2014, sob o regime repetitivo; STJ – AgInt no AREsp 1.276.515/MG, 4ª Turma, j. 26/06/2018; dentre outros)."

8.6.2. "Bem de família"

1) O conceito de impenhorabilidade de bem de família abrange também o imóvel pertencente a **pessoas solteiras, separadas e viúvas**.
(Verbete Sumular nº 364, STJ)

2) A **vaga de garagem** que possui matrícula própria no registro de imóveis não constitui bem de família para efeito de penhora.
(Verbete Sumular nº 449, STJ)

3) É válida a penhora de bem de família pertencente a **fiador de contrato de locação**.
(Verbete Sumular nº 549, STJ; Verbete Sumular nº 63, TJ-RJ)

4) É impenhorável o único imóvel residencial do devedor que esteja **locado** a terceiros, desde que a renda obtida com a locação seja revertida para a subsistência ou a moradia da sua família.
(Verbete Sumular nº 486, STJ)

5) É legítima a penhora do **estabelecimento comercial**, em caráter excepcional.
(Verbete Sumular nº 451, STJ; STJ – AgRg no AREsp 490.801/SC, 4ª Turma, *DJ* 09/09/2014; dentre outros)

6) É possível a penhora do bem de família para assegurar o pagamento de dívidas oriundas de **despesas condominiais** do próprio bem.
(STJ – REsp 1.401.815/ES, 3ª Turma, *DJ* 03/12/2013; STJ – AgRg no Ag 1.041.751/DF, 4ª Turma, *DJ* 06/04/2010; dentre outros)

7) Afasta-se a proteção conferida pela Lei nº 8.009/1990 ao bem de família, quando caracterizado **abuso do direito de propriedade, violação da boa-fé objetiva e fraude a execução**.
(STJ – REsp 1.364.509/RS, 3ª Turma, *DJ* 10/06/2014; STJ – REsp 1.200.112/RJ, 2ª Turma, *DJ* 07/08/2012; dentre outros)

8) A exceção do art. 3º, inc. V, da Lei nº 8.009/1990, que permite a **penhora de bem dado em hipoteca**, limita-se à hipótese de dívida constituída em favor da entidade familiar. Nas hipóteses em que a hipoteca, em verdade, é suporte a dívida de terceiros, a impenhorabilidade do imóvel deve, em princípio, ser reconhecida.
(STJ – REsp 1.180.873/RS, 4ª Turma, *DJ* 17/09/2015; STJ – REsp 1.141.732/SP, 3ª Turma, *DJ* 09/11/2010; dentre outros)

9) O bem de família será *impenhorável* quando for dado em **garantia real de dívida por um dos sócios da pessoa jurídica**, exceto se o credor provar que o proveito se reverteu à entidade familiar. Entretanto, o bem de família será *penhorável* quando os únicos sócios da empresa devedora são os titulares do imóvel hipotecado, sendo ônus dos proprietários a demonstração de que não se beneficiaram dos valores auferidos.
(STJ – EAREsp 848.498/PR, 2ª Seção, *DJ* 25/04/2018)

10) Os integrantes da entidade familiar residentes no imóvel protegido pela Lei nº 8.009/1990 possuem **legitimidade** para se insurgirem contra penhora do bem de família.
(STJ – EDcl no REsp 1.084.059/SP, 4ª Turma, *DJ* 11/04/2013; STJ – REsp 1.004.908/SC, 1ª Turma, *DJ* 22/04/2008; dentre outros)

11) Na hipótese em que o consumidor/autor impugnar a **autenticidade da assinatura constante em contrato bancário** juntado ao processo pela instituição financeira, caberá a esta o ônus de provar a autenticidade (arts. 6º; 369; e 429, II, CPC).
(STJ – REsp 1.846.649/MA, 2ª Seção, *DJ* 24/11/2021, sob o regime repetitivo, tema nº 1.061)

12) A medida de **indisponibilidade de bens na ação de improbidade administrativa**, em regra, não pode atingir bem de família do réu, *"salvo se comprovado que o imóvel seja fruto de vantagem patrimonial indevida"* (art. 16, § 14, Lei nº 8.429/92, incluído pela Lei nº 14.230/2021). (em reestruturação legal da exegese então predominante, *vide* STJ – AgInt no REsp 1.772.897/ ES, 1ª Turma, *DJ* 05/12/2019; dentre outros)

8.6.3. Condomínio

1) Nas relações jurídicas estabelecidas entre condomínio e condôminos não incide o **Código de Defesa do Consumidor**.
(STJ – AgRg no Ag 1.122.191/SP, 4ª Turma, *DJ* 22/06/2010; STJ – RMS 17.605/GO, 2ª Turma, *DJ* 15/06/2010; dentre outros)

2) O **prazo prescricional** aplicável à pretensão de cobrança de taxas condominiais é de cinco anos, de acordo com art. 206, par. 5º, I, do Código Civil.
(STJ – AgRg no REsp 1.490.550/PR, 3ª Turma, *DJ* 1º/09/2015; STJ – AgRg no AREsp; 813.752/PR, 4ª Turma, *DJ* 04/02/2016; dentre outros)

3) Nas dívidas relativas a cotas condominiais deliberadas em assembleia, incide o condômino em **mora** a partir de seu vencimento, independente da utilização de meios de cobrança.
(STJ – AgInt no AREsp 1.151.386/DF, 3ª Turma, *DJ* 20/02/2018; Súmula nº 372, TJ-RJ)

4) Quanto às **sanções ao condômino inadimplente**, o condomínio deve se valer dos meios legais e legítimos para cobrança da taxa condominial (aplicando-se o art. 1.336, par. 1º, CC), inclusive mediante execução forçada, e não de imposição de sanções como a "suspensão de serviços essenciais" (*v.g.*, vedação de utilização dos elevadores).
(STJ – REsp 1.401.815/ES, 3ª Turma, *DJ* 03/12/2013; STJ – REsp 1.564.030/MG, 3ª Turma, *DJ* 09/08/2016; dentre outros)

5) As cotas condominiais possuem **natureza *propter rem***, razão pela qual o comprador do imóvel responde pelos débitos anteriores à aquisição.
(STJ – AgRg no AREsp 215.906/RO, 3ª Turma, *DJ* 15/03/2016; STJ – AgRg no Ag 1.375.488/ SP, 4ª Turma, *DJ* 1º/03/2016; dentre outros)

6) Havendo **compromisso de compra e venda não levado a registro**, a responsabilidade pelas despesas de condomínio pode recair tanto sobre o promitente vendedor quanto sobre o promissário comprador, dependendo das circunstâncias de cada caso concreto.
(STJ – AgInt no AREsp 733.185/SP, 3ª Turma, *DJ* 24/05/2016; STJ – REsp 1.345.331/RS, 2ª Seção, *DJ* 08/04/2015; dentre outros)

7) O crédito condominial, previsto na convenção ou aprovado em assembleia geral, desde que documentalmente comprovado, passará a constituir **título executivo extrajudicial** (art. 784, X, CPC), sendo possível incluir as **parcelas vincendas**.
(STJ – REsp 1.835.998/RS, 4ª Turma, *DJ* 26/10/2021; STJ – REsp 1.756.791/RS, 3ª Turma, *DJ* 06/08/2019; TJ-RJ – 0028671-04.2018.8.19.0000, 9ª Câmara Cível, *DJ* 14/08/2018; dentre outros)

8) Admite-se a **penhora do bem de família** para assegurar o pagamento de dívidas oriundas de despesas condominiais do próprio bem.
(STJ – REsp 1.401.815/ES, 3ª Turma, *DJ* 03/12/2013; STJ – AgRg no AgRg no AREsp 198.372/SP, 4ª Turma, *DJ* 19/11/2013; dentre outros)

9) A penhora do imóvel nas ações de cobrança de cotas condominiais requer a **citação** daquele em nome de quem o bem está registrado.
(Verbete Sumular nº 347, TJ-RJ)

10) Na execução de crédito relativo a cotas condominiais, este tem **preferência** sobre o hipotecário.
(Verbete Sumular nº 478, STJ)

11) O crédito tributário **prefere** ao condominial e este ao hipotecário.
(Verbete Sumular nº 276, TJ-RJ)

12) O **arrematante** só responde pelo saldo remanescente do débito condominial se constar no edital da **hasta pública** a informação referente ao ônus incidente sobre o imóvel.
(STJ – AgInt no REsp 1.582.933/SP, 3ª Turma, *DJ* 14/06/2016; STJ – AgRg no AREsp 227546/DF, 4ª Turma, *DJ* 18/08/2015; dentre outros)

13) É indevida a inclusão do **arrematante** de bem imóvel no cumprimento de sentença proferida em ação de cobrança de cota condominial, tendo em vista que não participou da fase processual em que constituído o título executivo.
(STJ – AgRg no Ag 1.375.488/SP, 4ª Turma, *DJ* 1º/03/2016; STJ – CC 81.450/SP, 2ª Seção, *DJ* 25/06/2008; dentre outros)

14) A **legitimidade passiva** na ação cautelar de exibição de documentos é do síndico e não do condomínio.
(STJ – AgRg no AREsp 430.735/MG, 3ª Turma, *DJ* 16/06/2016; STJ – REsp 827326/MG, 1ª Turma, *DJ* 18/05/2006; dentre outros)

522 ■ *Petições e Prática Cível*

15) A despesa pelo **serviço de transporte coletivo** prestado a condomínio pode ser objeto de rateio obrigatório entre os condôminos, desde que aprovados em assembleia, na forma da convenção.

(Verbete Sumular nº 346, TJ-RJ)

16) A convenção de condomínio aprovada, ainda que **sem registro**, é eficaz para regular as relações entre os condôminos.

(Verbete Sumular nº 260, STJ)

17) Na **condenação do condomínio** por danos causados a terceiros, admite-se o redirecionamento da execução em relação aos condôminos, na proporção de sua fração ideal, após esgotadas as tentativas de constrição de bens do condomínio.

(STJ – REsp 1.486.478/PR, 3ª Turma, *DJ* 05/04/2016; STJ – REsp 1.473.484/RS, 4ª Turma, *DJ* 21/06/2018; dentre outros)

18) O condomínio que possui destinação exclusivamente residencial pode proibir (ou não), conforme convenção condominial, a locação de unidade autônoma por curto período de tempo, **através de plataformas digitais de hospedagem**.

(STJ – REsp 1.884.483/PR, 3ª Turma, *DJ* 23/11/2021; STJ – REsp 1.819.075/RS, 4ª Turma, *DJ* 20/04/2021)

8.6.4. Consumidor: aplicação/inaplicação do CDC

1) Não se aplica o Código de Defesa do Consumidor à relação contratual entre **advogados e clientes**, a qual é regida pelo Estatuto da Advocacia e da OAB (Lei nº 8.906/1994).

(STJ – REsp 1.134.709/MG, 4ª Turma, *DJ* 19/05/2015; STJ – REsp 1.371.431/RJ, 3ª Turma, *DJ* 25/06/2013; dentre outros)

2) A relação entre **concessionária de serviço público e o usuário final** para o fornecimento de serviços públicos essenciais é consumerista, sendo cabível a aplicação do Código de Defesa do Consumidor.

(STJ – REsp 1.595.018/RJ, 2ª Turma, *DJ* 18/08/2016; STJ – REsp 1.396.925/MG, Corte Especial, *DJ* 05/11/2014; dentre outros)

3) Não incide o Código de Defesa do Consumidor nas relações jurídicas estabelecidas entre **condomínio e condôminos**.

(STJ – AgRg no REsp 1.096.723/PR, 4ª Turma, *DJ* 07/04/2015; STJ – AgRg no Ag 1.307.222/SP, 3ª Turma, *DJ* 04/08/2011; dentre outros)

4) O Código de Defesa do Consumidor não é aplicável aos **contratos locatícios** regidos pela Lei nº 8.245/1991.

(STJ – REsp 1.535.727/RS, 4ª Turma, *DJ* 10/05/2016; STJ – AgRg no AREsp 272.955/RS, 3ª Turma, *DJ* 12/03/2013; dentre outros)

5) O Código de Defesa do Consumidor é aplicável às **instituições financeiras**.
(Verbete Sumular nº 297, STJ)

6) O Código de Defesa do Consumidor é aplicável às **entidades abertas de previdência complementar**, não incidindo nos contratos previdenciários celebrados com entidades fechadas.
(Verbete Sumular nº 563, STJ)

7) Aplica-se o Código de Defesa do Consumidor aos contratos de **plano de saúde**.
(Verbete Sumular nº 469, STJ)

8) Aplica-se o Código de Defesa do Consumidor aos contratos de **plano de saúde**, salvo os administrados por entidades de autogestão.
(Verbete Sumular nº 608, STJ)

8.6.5. Consumidor: assuntos gerais

1) A aquisição de produto de **gênero alimentício** contendo em seu interior **corpo estranho**, expondo o consumidor a risco concreto de lesão à sua saúde e segurança, ainda que não ocorra a ingestão de seu conteúdo, dá direito à compensação por dano moral, dada a ofensa ao direito fundamental à alimentação adequada, corolário do princípio da dignidade da pessoa humana.
(STJ – REsp nº 1.644.405/RS, 3ª Turma, *DJ* 09/11/2017; STJ – AgInt no REsp 1.558.010/MG, 3ª Turma, *DJ* 06/03/2018 – em superação da jurisprudência anterior, conforme STJ – AgRg no AREsp 489.030/SP, 4ª Turma, *DJ* 16/04/2015; STJ – REsp 1.395.647/SC, 3ª Turma, *DJ* 18/11/2014; Súmula nº 383, TJ-RJ)

2) Considera-se abusiva a prática de limitar a liberdade de escolha do consumidor vinculando a compra de produto ou serviço à aquisição concomitante de outro produto ou serviço de natureza distinta e comercializado em separado, hipótese em que se configura a **venda casada**.
(STJ – REsp 1.331.948/SP, 3ª Turma, *DJ* 14/06/2016; STJ – REsp 1.558.086/SP, 2ª Turma, *DJ* 10/03/2016; dentre outros)

3) É cabível indenização por dano moral quando o consumidor de **veículos zero-quilômetro** necessita retornar à concessionária por diversas vezes para reparo de defeitos apresentados no veículo.
(STJ – AgRg no AREsp 692.459/SC, 4ª Turma, *DJ* 16/06/2015; STJ – AgRg no AREsp 672.872/SP, 3ª Turma, *DJ* 26/05/2015; dentre outros)

4) A constatação de defeito em **veículo zero-quilômetro** revela hipótese de vício do produto e impõe a responsabilização solidária da concessionária e do fabricante.
(STJ – AgRg no AREsp 661.420/ES, 3ª Turma, *DJ* 26/05/2015; STJ – EDcl no REsp 567.333/RN, 4ª Turma, *DJ* 20/06/2013; dentre outros)

524 ■ *Petições e Prática Cível*

5) A empresa responde, perante o cliente, pela reparação de dano ou furto de veículos ocorridos em seu **estacionamento**.
(Verbete Sumular nº 130, STJ)

6) É solidária a responsabilidade entre aqueles que veiculam **publicidade enganosa** e os que dela se aproveitam na comercialização de seu produto ou serviço.
(STJ – REsp 1.365.609/SP, 4ª Turma, *DJ* 28/04/2015; STJ – REsp 1.391.084/RJ, 3ª Turma, *DJ* 26/11/2013; dentre outros)

7) A **agência de turismo** que comercializa pacotes de viagens responde solidariamente, nos termos do art. 14 do CDC, pelos defeitos na prestação de serviços que integram o pacote.
(STJ – AgRg no AREsp 461.448/RS, 4ª Turma, *DJ* 09/12/2014; STJ – AgRg no REsp 1.453.920/CE, 3ª Turma, *DJ* 09/12/2014; dentre outros)

8) As instituições de ensino superior respondem objetivamente pelos danos suportados pelo aluno/consumidor pela realização de **curso não reconhecido** pelo Ministério da Educação, sobre o qual não lhe tenha sido dada prévia e adequada informação.
(Verbete Sumular nº 595, STJ)

9) No caso de **pagamento antecipado de parcelas vincendas**, constitui direito do consumidor a dedução do valor devido referente a juros incorporados às prestações mensais.
(Verbete Sumular nº 358, TJ-RJ)

10) A **devolução em dobro** dos valores pagos pelo consumidor, prevista no art. 42, par. único, do CDC, pressupõe tanto a existência de pagamento indevido quanto a má-fé do credor.
(STJ – AgRg no AgRg no AREsp 618.411/MS, 4ª Turma, *DJ* 26/05/2015; STJ – AgRg no AREsp 460.436/SP, 3ª Turma, *DJ* 07/04/2015; dentre outros)

11) Aplica-se a teoria do **Desvio Produtivo do Consumidor**, no sentido de que todo tempo desperdiçado pelo consumidor para a solução de problemas gerados por maus fornecedores constitui dano indenizável.
(STJ – AREsp 1.241.259/SP, 4ª Turma, DJ 27/03/2018; STJ – AREsp 1.260.458/SP, 3ª Turma, DJ 25/04/2018)

8.6.6. Cadastro de inadimplentes e negativação indevida

1) A **inscrição indevida** em cadastro de inadimplentes configura dano moral *in re ipsa*.
(STJ – AgRg no AREsp 821.839/SP, 4ª Turma, *DJ* 26/04/2016; STJ – AgRg no REsp 1.435.412/MA, 3ª Turma, *DJ* 15/12/2015; Verbete Sumular nº 89, TJ-RJ; dentre outros)

2) Da anotação irregular em cadastro de proteção ao crédito, não cabe indenização por dano moral, quando **preexistente legítima inscrição**, ressalvado o direito ao cancelamento.

(Verbete Sumular nº 385, STJ; com aplicação tanto se o pedido de indenização for buscado contra os cadastros restritivos de crédito, quando às ações voltadas contra o suposto credor que efetivou a inscrição irregular, *vide* STJ – REsp 1.386.424/MG, 2ª Seção, *DJ* 27/04/2016)

3) É indevido e enseja dano moral inscrever em cadastro restritivo de crédito o não pagamento de tarifa bancária incidente sobre **conta inativa**.
(Verbete Sumular nº 294, TJ-RJ)

4) Não existindo anotação irregular nos órgãos de proteção ao crédito, a **mera cobrança indevida** de serviços ao consumidor não gera danos morais presumido.
(STJ – AgRg no AREsp 680.941/SP, 3ª Turma, *DJ* 17/03/2016; STJ – REsp 1.550.509/RJ, 4ª Turma, *DJ* 03/03/2016; Verbetes Sumulares nᵒˢ 228 e 230, TJ-RJ; dentre outros)

5) A inscrição em cadastro restritivo de crédito de devedor solidário de **conta bancária conjunta**, por dívida contraída isoladamente por outro correntista, configura dano moral.
(Verbete Sumular nº 204, TJ-RJ)

6) A data em que o consumidor tem ciência do registro indevido de seu nome nos cadastros de inadimplentes é o termo inicial da **prescrição** para o ajuizamento da demanda indenizatória.
(STJ – AgRg no AREsp 651.304/RS, 3ª Turma, *DJ* 15/12/2015; STJ – REsp 1.276.311/RS, 4ª Turma, *DJ* 20/09/2011; dentre outros)

7) A ação de indenização por danos morais decorrente da inscrição indevida em cadastro de inadimplentes não se sujeita ao **prazo** quinquenal do art. 27 do CDC, mas ao prazo de 3 (três) anos previsto no art. 206, par. 3º, V, do CC/2002.
(STJ – AgRg no REsp 1.303.012/RS, 4ª Turma, *DJ* 24/06/2014; STJ – AgRg no Ag 1.418.421/RS, 3ª Turma, *DJ* 02/08/2012; dentre outros)

8) Cabe ao órgão mantenedor do Cadastro de Proteção ao Crédito a **notificação** do devedor antes de proceder à inscrição.
(Verbete Sumular nº 359, STJ)

9) É dispensável o **aviso de recebimento** (AR) na carta de comunicação ao consumidor sobre a negativação de seu nome em banco de dados e cadastros.
(Verbete Sumular nº 404, STJ)

10) Os órgãos mantenedores de cadastros possuem **legitimidade passiva** para as ações que buscam a reparação dos danos morais e materiais decorrentes da inscrição, sem prévia notificação, do nome de devedor em seus cadastros restritivos, inclusive quando os dados utilizados para a negativação são oriundos do CCF do Banco Central ou de outros cadastros mantidos por entidades diversas.
(STJ – AgRg no REsp 1.526.114/SP, 3ª Turma, *DJ* 18/08/2015; STJ – AgRg no REsp 1.367.998/RS, 4ª Turma, *DJ* 05/06/2014; dentre outros)

11) Incumbe ao credor a **exclusão do registro da dívida** em nome do devedor no cadastro de inadimplentes no prazo de cinco dias úteis, a partir do integral e efetivo pagamento do débito.
(Verbete Sumular nº 548, STJ)

526 ■ *Petições e Prática Cível*

12) É cabível a aplicação de **multa** diária como meio coercitivo para o cumprimento de decisão judicial que determina a exclusão ou impede a inscrição do nome do devedor em cadastro de restrição de crédito.

(STJ – AgRg no AREsp 607.670/SC, 3ª Turma, *DJ* 18/06/2015; STJ – AgRg no AREsp 603.525/SC, 4ª Turma, *DJ* 07/05/2015; dentre outros)

13) A inscrição do nome do devedor pode ser mantida nos serviços de proteção ao crédito até o **prazo máximo** de cinco anos, independentemente da prescrição da execução.

(Verbete Sumular nº 323, STJ)

8.6.7. Dano moral

1) A tenra idade, a doença mental e outros estados limitadores da **consciência de agressão** não excluem a incidência de dano moral.

(Verbete Sumular nº 216, TJ-RJ)

2) A **pessoa jurídica** pode sofrer dano moral.

(Verbete Sumular nº 227, STJ)

3) Caracteriza dano moral a **apresentação antecipada de cheque pré-datado**.

(Verbete Sumular nº 370, STJ)

4) É lícita a **cumulação** das indenizações de dano estético e dano moral.

(Verbete Sumular nº 387, STJ; Verbete Sumular nº 96, TJ-RJ)

5) São **cumuláveis** as indenizações por dano material e dano moral oriundos do mesmo fato.

(Verbete Sumular nº 37, STJ)

6) Independe de prova do prejuízo a indenização pela **publicidade não autorizada de imagem de pessoa** com fins econômicos ou comerciais.

(Verbete Sumular nº 403, STJ)

7) O **simples descumprimento de dever legal ou contratual**, por caracterizar mero aborrecimento, em princípio, não configura dano moral, salvo se da infração advém circunstância que atenta contra a dignidade da pessoa.

(Verbete Sumular nº 75, TJ-RJ – Atenção: O Órgão Especial do TJ-RJ ao julgar o Proc. 0056716-18.2018.8.19.0000, na sessão de 17/12/2018, determinou o CANCELAMENTO desta súmula).

8) Aplica-se a teoria do **Desvio Produtivo do Consumidor**, no sentido de que todo tempo desperdiçado pelo consumidor para a solução de problemas gerados por maus fornecedores constitui dano indenizável.

(STJ – AREsp 1.241.259/SP, 4ª Turma, DJ 27/03/2018; STJ – AREsp 1.260.458/SP, 3ª Turma, DJ 25/04/2018)

9) Em regra, a **demora na entrega do imóvel** pela promitente vendedora constitui mero inadimplemento contratual, o que, por si só, não gera dano moral indenizável, embora possa ensejar dano material.
(STJ – AgInt no AREsp 975.289/PR, 4ª Turma, DJ 22/08/2017; STJ – AgRg no AREsp 570.086/PE, 3ª Turma, DJ 20/10/2015; dentre outros)

10) Caracteriza dano moral a **indevida apropriação pelo advogado** de valores pertencentes ao mandante.
(Verbete Sumular nº 174, TJ-RJ)

11) A concessionária de transporte ferroviário pode responder por dano moral sofrido por passageira, vítima de **assédio sexual**, praticado por outro usuário no interior do trem.
(STJ – REsp 1.662.551/SP, 3ª Turma, *DJ* 15/05/2018)

12) A verba indenizatória do dano moral somente será **modificada** se não atendidos pela sentença os princípios da proporcionalidade e da razoabilidade na fixação do valor da condenação.
(Verbete Sumular nº 343, TJ-RJ)

13) O quantum compensatório arbitrado a título de danos morais só pode ser modificado no julgamento de **recurso especial** quando se revelar manifestamente irrisório ou exorbitante.
(STJ – AgRg no AREsp 747.355/RJ, 3ª Turma, DJ 15/12/2015; STJ – AgInt no AREsp 1.034.778/SP, 4ª Turma, DJ 24/04/2018; dentre outros, em interpretação excepcional da Súmula nº 7, STJ)

14) A **correção monetária** da verba indenizatória do dano moral, sempre arbitrada em moeda corrente, somente deve fluir do julgado que a fixar.
(Verbete Sumular nº 97, TJ-RJ)

15) A verba percebida a título de dano moral tem a natureza jurídica de indenização, cujo objetivo precípuo é a reparação do sofrimento e da dor da vítima ou de seus parentes, causados pela lesão de direito, razão pela qual torna-se infensa à **incidência do imposto de renda**, porquanto inexistente qualquer acréscimo patrimonial.
(STJ – REsp 1.152.764/CE, 1ª Seção, *DJ* 23/06/2010; STJ – REsp 686.920/MS, 2ª Turma, *DJ* 06/10/2009; dentre outros)

16) São imprescritíveis as ações indenizatórias por danos morais e materiais decorrentes de atos de **perseguição política** com violação de direitos fundamentais ocorridos durante o regime militar.
(Verbete Sumular nº 647, STJ, *DJ* 10/03/2021)

17) A **divulgação de mensagens trocadas via WhatsApp**, pelos interlocutores ou por terceiros, pode ensejar a responsabilização por eventuais danos decorrentes da difusão do conteúdo.
(STJ – REsp 1.903.273/PR, 3ª Turma, *DJ* 24/08/2021)

8.6.8. Incorporação imobiliária

1) O pagamento de despesas com **decoração** das áreas comuns, em incorporações imobiliárias, é de responsabilidade do incorporador, vedada sua transferência ao adquirente.
(Verbete Sumular nº 351, TJ-RJ)

2) As **taxas de deslocamento ou de interveniência** sobre o repasse do financiamento são de responsabilidade do incorporador e construtor, vedada a sua transferência ao adquirente, mesmo que prevista contratualmente.
(Verbete Sumular nº 336, TJ-RJ)

3) Não é abusiva a cláusula de cobrança de **juros compensatórios** incidentes em período anterior à entrega das chaves nos contratos de compromisso de compra e venda de imóveis em construção sob o regime de incorporação imobiliária.
(STJ – AgRg no Ag 1.252.154/SP, 4ª Turma, *DJ* 23/06/2015; STJ – AgRg no REsp 1.504.443/RJ, 3ª Turma, *DJ* 19/05/2015; dentre outros)

4) Nos contratos de promessa de compra e venda decorrentes de incorporação imobiliária, é válida a **cláusula de tolerância** de prorrogação de 180 dias para a entrega do imóvel, pactuada expressamente pelas partes.
(Verbete Sumular nº 350, TJ-RJ; Verbete Sumular nº 164, TJ-SP – Direito Privado)

5) Em regra, a **demora na entrega do imóvel** pela promitente vendedora constitui mero inadimplemento contratual, o que, por si só, não gera dano moral indenizável, embora possa ensejar dano material.
(STJ – AgInt no AREsp 975.289/PR, 4ª Turma, DJ 22/08/2017; STJ – AgRg no AREsp 570.086/PE, 3ª Turma, DJ 20/10/2015; dentre outros)

6) **Descumprido prazo de entrega do imóvel** objeto do compromisso de compra e venda, é cabível, além da indenização correspondente à cláusula penal de natureza moratória o pagamento de indenização por lucros cessantes.
(Verbete Sumular nº 348, TJ-RJ; Verbete Sumular nº 162, TJ-SP – Direito Privado)

7) **Descumprido o prazo para a entrega do imóvel** objeto do compromisso de compra e venda, é cabível a condenação da vendedora por lucros cessantes, havendo a presunção de prejuízo do adquirente, ainda que não demonstrada a finalidade negocial da transação.
(STJ – EREsp 1.341.138/SP, 2ª Seção, DJ 09/05/2018)

8) Na hipótese de resolução de contrato de promessa de compra e venda de imóvel submetido ao Código de Defesa do Consumidor, deve ocorrer a imediata **restituição das parcelas** pagas pelo promitente-comprador – integralmente, em caso de culpa exclusiva do promitente vendedor/construtor, ou parcialmente, caso tenha sido o comprador quem deu causa ao desfazimento.
(Verbete Sumular nº 543, STJ)

9) Abusividade da cobrança pelo promitente-vendedor do serviço de **assessoria técnico-imobiliária (SATI)**, ou atividade congênere, vinculado à celebração de promessa de compra e venda de imóvel.
(STJ – REsp 1.599.511/SP, 2ª Seção, DJ 24/08/2016, sob o regime repetitivo)

10) Validade da cláusula contratual que transfere ao promitente-comprador a obrigação de pagar a **comissão de corretagem** nos contratos de compra e venda de unidade autônoma em regime de incorporação imobiliária, desde que previamente informado o preço total da aquisição da unidade autônoma, com o destaque do valor da comissão da corretagem.
(STJ – REsp 1.599.511/SP, 2ª Seção, DJ 24/08/2016, sob o regime repetitivo)

11) **Legitimidade passiva** *ad causam* da incorporadora, na condição de promitente-vendedora, para responder pela restituição ao consumidor dos valores pagos a título de comissão de corretagem e de taxa de assessoria técnico-imobiliária, nas demandas em que se alega prática abusiva na transferência desses encargos ao consumidor.
(STJ – REsp 1.551.951/SP, 2ª Seção, DJ 24/08/2016, sob o regime repetitivo)

8.6.9. Planos de saúde

1) Aplica-se o **Código de Defesa do Consumidor** aos contratos de plano de saúde.
(Verbete Sumular nº 469, STJ; Verbete Sumular nº 100, TJ-SP – Direito Privado)

2) Aplica-se o **Código de Defesa do Consumidor** aos contratos de plano de saúde, salvo os administrados por entidades de autogestão.
(Verbete Sumular nº 608, STJ)

3) É abusiva a cláusula contratual de plano de saúde que limita no tempo a **internação hospitalar** do segurado.
(Verbete Sumular nº 302, STJ; Verbete Sumular nº 92, TJ-SP – Direito Privado)

4) É abusiva a cláusula contratual que exclui **internação hospitalar** e sua recusa configura dano moral.
(Verbete Sumular nº 352, TJ-RJ)

5) O **prazo prescricional** aplicável às demandas em que se pleiteiam revisão de cláusula abusiva em contratos de plano de saúde é de 10 (dez) anos, nos termos do art. 205 do Código Civil.
(STJ – REsp 1.261.469/RJ, 3ª Turma, *DJ* 16/10/2012; STJ – REsp 1.264.497/RS, 4ª Turma, *DJ* 30/10/2013; dentre outros)

6) É abusiva cláusula contratual que prevê reajuste de mensalidade de plano de saúde em decorrência exclusiva de **mudança de faixa etária do segurado**.
(STJ – AgRg no AREsp 101.370/RS, 3ª Turma, *DJ* 10/09/2013; STJ – AgRg no AREsp 202.013/DF, 4ª Turma, *DJ* 21/03/2013; dentre outros)

530 ■ *Petições e Prática Cível*

7) O **período de carência** contratualmente estipulado em contratos de seguro-saúde não prevalece em situações emergenciais.
(STJ – AgRg no AREsp 110.818/RS, 3ª Turma, *DJ* 06/08/2013; STJ – AgRg no AREsp 213.169/RS, 4ª Turma, *DJ* 04/10/2012; dentre outros)

8) A cláusula contratual de plano de saúde que prevê **carência** para utilização dos serviços de assistência médica nas situações de emergência ou de urgência é considerada abusiva se ultrapassado o prazo máximo de 24 horas contado da data da contratação.
(Verbete Sumular nº 597, STJ; Verbete Sumular nº 103, TJ-SP – Direito Privado)

9) A **injusta recusa** de plano de saúde à cobertura securitária enseja reparação por dano moral.
(STJ – AgRg no REsp 1.385.554/MS, 3ª Turma, *DJ* 03/10/2013; STJ – EDcl no AREsp 353.411/PR, 4ª Turma, *DJ* 19/09/2013; Verbetes Sumulares nº 209 e 339, TJ-RJ; dentre outros)

10) A **recusa indevida**, pela operadora de planos de saúde, de internação em estado de emergência/urgência gera dano moral *in re ipsa*.
(Verbete Sumular nº 337, TJ-RJ)

11) É abusiva a cláusula contratual que exclui da cobertura do plano de saúde o custeio de **prótese** necessária ao pleno restabelecimento da saúde do segurado, em procedimento cirúrgico coberto pelo plano.
(STJ – AgRg no AREsp 158.625/SP, 3ª Turma, *DJ* 20/08/2013; STJ – AgRg no Ag 1.226.643/SP, 4ª Turma, *DJ* 05/04/2011; dentre outros)

12) É abusiva a cláusula contratual que exclua da cobertura do plano de saúde algum tipo de procedimento ou medicamento necessário para assegurar o **tratamento de doenças previstas pelo referido plano**.
(STJ – AgRg no AgRg no AREsp 90.117/SP, 4ª Turma, *DJ* 10/09/2013; STJ – REsp 1.364.775/MG, 4ª Turma, *DJ* 20/06/2013; Verbete Sumular nº 340, TJ-RJ; dentre outros)

13) É abusiva a cláusula contratual que exclua da cobertura do plano de saúde o **tratamento de AIDS ou de doenças infectocontagiosas**.
(STJ – AgRg no REsp 1.299.069/SP, 3ª Turma, *DJ* 10/09/2013; STJ – Ag 1.274.148/MG, 4ª Turma, *DJ* 15/02/2011; dentre outros)

14) É abusiva a cláusula contratual que exclui da cobertura do plano de saúde o fornecimento de medicamento para **quimioterapia** tão somente pelo fato de ser ministrado em ambiente domiciliar.
(STJ – AgRg no AREsp 292.259/SP, 4ª Turma, *DJ* 25/06/2013; STJ – AgRg no AREsp 147376/SP, 4ª Turma, *DJ* 06/12/2012; dentre outros)

15) A recusa de cobertura securitária, sob a alegação de **doença preexistente**, é ilícita se não houve a exigência de exames médicos prévios à contratação ou a demonstração de má-fé do segurado.
(Verbete Sumular nº 609, STJ; Verbete Sumular nº 105, TJ-SP – Direito Privado)

16) As operadoras de plano de saúde não estão obrigadas a fornecer **medicamento não registrado na ANVISA.**

(STJ – REsp 1.712.163/SP, 2ª Seção, *DJ* 08/11/2018, sob o regime repetitivo)

17) Nos contratos de plano de saúde não é abusiva a **cláusula de coparticipação** expressamente ajustada e informada ao consumidor, à razão máxima de 50% do valor das despesas, nos casos de internação superior a 30 dias por ano, decorrente de **transtornos psiquiátricos**, preservada a manutenção do equilíbrio financeiro.

(STJ – REsp 1.809.486/SP, 2ª Seção, *DJ* 09/12/2020, sob o regime repetitivo, tema nº 1.032)

18) Salvo disposição contratual expressa, os planos de saúde não são obrigados a custear o tratamento médico de **fertilização** *in vitro*.

(STJ – REsp 1.851.062/SP, 2ª Seção, *DJ* 13/10/2021, sob o regime repetitivo, tema nº 1.067)

8.6.10. Transportes

1) O descumprimento do contrato de transporte em virtude do **excesso de reservas** configura dano moral *in re ipsa*.

(Verbete Sumular nº 355, TJ-RJ)

2) O **fato causado por terceiro**, estranho ao contrato de transporte de passageiro, constitui excludente de responsabilidade da empresa transportadora.

(Verbete Sumular nº 349, TJ-RJ)

3) A pretensão fundada em responsabilidade civil, decorrente de contrato de transporte de pessoas, **prescreve** em cinco anos.

(Verbete Sumular nº 206, TJ-RJ)

4) É abusiva a prática comercial consistente no **cancelamento unilateral e automático de um dos trechos da passagem aérea**, sob a justificativa de não ter o passageiro se apresentado para embarque no voo antecedente, por afrontar direitos básicos do consumidor, tais como a vedação ao enriquecimento ilícito, a falta de razoabilidade nas sanções impostas e, ainda, a deficiência na informação sobre os produtos e serviços prestados.

(STJ – REsp 1.595.731/RO, 4ª Turma, *DJ* 14/11/2017)

5) É devida indenização por dano moral sofrido por passageiro, em decorrência do **extravio de bagagem**, nos casos de transporte aéreo.

(Verbete Sumular nº 45, TJ-RJ)

6) É aplicável o **limite indenizatório** estabelecido na Convenção de Varsóvia e demais acordos internacionais subscritos pelo Brasil, em relação às condenações por dano material decorrente de **extravio de bagagem**, em voos internacionais. Fixação da tese: "Nos termos do art. 178 da CRFB, as normas e os tratados internacionais limitadores da responsabilidade das

532 ■ *Petições e Prática Cível*

transportadoras aéreas de passageiros, especialmente as Convenções de Varsóvia e Montreal, têm prevalência em relação ao CDC".
(STF – RE 636.331/RJ, Tribunal Pleno, *DJ* 25/05/2017; STF – ARE 700.013 AgR-segundo/PR, 1ª Turma, *DJ* 1º/12/2017; STJ – REsp 673.048/RS, 3ª Turma, DJ 08/05/2018; dentre outros)

7) A concessionária de transporte ferroviário pode responder por dano moral sofrido por passageira, vítima de **assédio sexual**, praticado por outro usuário no interior do trem.
(STJ – REsp 1.662.551/SP, 3ª Turma, *DJ* 15/05/2018)

8.6.11. Seguro DPVAT

1) A ação de cobrança do seguro obrigatório (DPVAT) **prescreve** em 3 anos.
(Verbete Sumular nº 405, STJ)

2) A ação de cobrança da complementação do seguro obrigatório (DPVAT) **prescreve** em 3 anos a contar do pagamento feito a menor.
(STJ – AgRg no REsp 1.382.52/PR, 3ª Turma, *DJ* 27/08/2013; STJ – AgRg no AREsp 122.012/SP, 4ª Turma, *DJ* 13/03/2012; dentre outros)

3) Nas ações de indenização decorrente de seguro DPVAT, a ciência inequívoca do caráter permanente da invalidez, para fins de contagem do **prazo prescricional**, depende de laudo médico, exceto nos casos de invalidez permanente notória ou naqueles em que o conhecimento anterior resulte comprovado na fase de instrução.
(Verbete Sumular nº 573, STJ)

4) O pedido de pagamento de indenização à seguradora suspende o **prazo prescricional** da ação de cobrança do seguro obrigatório (DPVAT) até que o segurado tenha ciência da decisão.
(STJ – AgRg no AREsp 341.788/RS, 4ª Turma, *DJ* 15/10/2013; STJ – AgRg no REsp 1.227.349/RS, 3ª Turma, *DJ* 04/05/2011; dentre outros)

5) Na ação de cobrança do seguro DPVAT, constitui faculdade do autor escolher entre os **foros** do seu domicílio, do local do acidente ou ainda do domicílio do réu.
(Verbete Sumular nº 540, STJ)

6) As seguradoras integrantes do consórcio do seguro obrigatório (DPVAT) são **solidariamente responsáveis** pelo pagamento das indenizações securitárias.
(STJ – REsp 1.108.15/PR, 4ª Turma, *DJ* 15/05/2012; STJ – AgRg no Ag 742.443/RJ, 3ª Turma, *DJ* 04/04/2006; dentre outros)

7) A **indenização** do seguro DPVAT, em caso de invalidez parcial do beneficiário, será paga de forma proporcional ao grau de invalidez.
(Verbete Sumular nº 474, STJ)

8) Os **juros** de mora na indenização do seguro DPVAT fluem a partir da citação.
(Verbete Sumular nº 426, STJ)

8.6.12. Serviços públicos

1) É legítimo o **corte no fornecimento** de serviços públicos essenciais quando inadimplente o usuário, desde que precedido de notificação.
(STJ – AgRg no AREsp 412.822/RJ, 2ª Turma, *DJ* 19/11/2013; STJ – AgRg no REsp 1.090.405/RO, 1ª Turma, *DJ* 17/04/2012; dentre outros)

2) É legítimo o **corte no fornecimento** de serviços públicos essenciais por razões de ordem técnica ou de segurança das instalações, desde que precedido de notificação.
(STJ – REsp 1.298.735/RS, 2ª Turma, *DJ* 1º/03/2012; STJ – AgRg no REsp 1.184.594/MT, 2ª Turma, *DJ* 04/05/2010; dentre outros)

3) A **indevida interrupção** na prestação de serviços essenciais de água, energia elétrica, telefone e gás configura dano moral.
(Verbete Sumular nº 192, TJ-RJ)

4) Breve interrupção na prestação de serviços essenciais de água, energia elétrica, telefone e gás por deficiência operacional não constitui dano moral.
(Verbete Sumular nº 193, TJ-RJ)

5) Qualquer interrupção de prestação de serviço essencial decorrente de **ligação clandestina** não configura dano moral.
(Verbete Sumular nº 285, TJ-RJ)

6) Não configura dano moral o **simples aviso**, ainda que sem amparo legal, de interrupção de serviço essencial, salvo em caso de comprovada repercussão externa.
(Verbete Sumular nº 199, TJ-RJ)

7) Incabível a interrupção de serviço público essencial em razão de **débito pretérito**, ainda que o usuário seja previamente notificado, uma vez que a interrupção pressupõe o inadimplemento de conta regular relativa ao mês do consumo.
(STJ – AgRg no AREsp 484.166/RS, 1ª Turma, *DJ* 24/04/2014; STJ – AgRg no AREsp 462.325/RJ, 2ª Turma, *DJ* 27/03/2014; Súmula nº 194, TJ-RJ)

8) É ilegítimo o corte no fornecimento de serviços públicos essenciais por débitos de **usuário anterior**, em razão da natureza pessoal da dívida.
(STJ – AgRg no AREsp 196.374/SP, 1ª Turma, *DJ* 22/04/2014; STJ – AgRg no REsp 1.381.468/RN, 1ª Turma, *DJ* 06/08/2013)

9) É ilegítimo o corte no fornecimento de energia elétrica em razão de **débito irrisório**, por configurar abuso do direito e ofensa aos princípios da proporcionalidade e razoabilidade, sendo cabível a indenização ao consumidor por danos morais.
(STJ – REsp 811.690/RR, 1ª Turma, *DJ* 18/05/2006; STJ – AREsp 452.420/SP, 2ª Turma, *DJ* 19/12/2013)

10) É ilegítimo o corte no fornecimento de serviços públicos essenciais quando o débito decorrer de irregularidade no hidrômetro ou no medidor de energia elétrica, **apurada unilateralmente** pela concessionária.

534 ■ Petições e Prática Cível

(STJ – AgRg no AREsp 346.561/PE, 1ª Turma, DJ 25/03/2014; STJ – AgRg no AREsp 412.849/RJ, 2ª Turma, DJ 03/12/2013)

11) A alegação de concessionária, destituída de prova de que a **área é de risco**, não a exime de reparar serviço essencial, sendo cabível a antecipação da tutela para restabelecê-lo ou a conversão em perdas em danos em favor do usuário.
(Verbete Sumular nº 197, TJ-RJ)

12) A cobrança desproporcional e abusiva da tarifa relativa a serviços essenciais autoriza a antecipação da tutela para o pagamento por consignação nos próprios autos pelo **valor médio** dos últimos seis meses anteriores ao período reclamado.
(Verbete Sumular nº 195, TJ-RJ)

13) É legítima a cobrança da **tarifa de água** fixada de acordo com a categoria de usuários e as faixas de consumo.
(Verbete Sumular nº 407, STJ; STJ – REsp 1.113.403/RJ, 1ª Seção, DJ 09/09/2009, sob o regime repetitivo)

14) Na prestação do serviço de água e esgoto é incabível a aplicação da **tarifa mínima** multiplicada pelo número de unidades autônomas do condomínio.
(STJ – REsp 1.166.561/RJ, 1ª Seção, DJ 25/08/2010, sob o regime repetitivo; Verbete Sumular nº 191, TJ-RJ)

15) A cobrança de **tarifa mínima** de água e esgoto, multiplicada pelo número de unidades autônomas (economias) de um condomínio, sujeita a concessionária à devolução em dobro do valor comprovadamente pago.
(Verbete Sumular nº 175, TJ-RJ)

16) No caso de **atropelamento de pedestre em via férrea**, configura-se a concorrência de causas, impondo a redução da indenização por dano moral pela metade, quando: (i) a concessionária de transporte ferroviário descumpre o dever de cercar e fiscalizar os limites da via férrea, mormente em locais urbanos e populosos, adotando conduta negligente no tocante às necessárias práticas de cuidado e diligência tendentes a evitar a ocorrência de sinistros; e (ii) a vítima adota conduta imprudente, atravessando a via férrea em local inapropriado.
(STJ – AgRg no AREsp 724.028/RJ, 4ª Turma, DJ 15/03/2016; STJ – AgRg no AREsp 676.392/RJ, 3ª Turma, DJ 24/11/2015; dentre outros)

8.7. Alienação em Leilão Judicial.

O objetivo deste tópico é demonstrar uma visão prática dos leilões judiciais, seus requisitos e atinente processamento, para que o advogado possa melhor conduzi-lo, como também para informar seu cliente (seja credor, devedor ou mesmo terceiro arrematante), acerca dos proveitos e riscos desta modalidade expropriatória. É digno de registro que os autores deste livro contaram com a precisa e Indispensável colaboração do Leiloeiro Público *Maurício Kronemberg Hartmann* (<http://www.mauriciokronemberg.com.br>) para confecção do texto que se passa a expor.

Avaliados os bens penhorados, seguirão os atos de **expropriação** de bens (art. 875, CPC), numa forma de desapossar o executado de sua propriedade, visando à satisfação do credor, cujo regramento é comum para a execução de obrigação de pagar escorada em título executivo extrajudicial ou judicial (art. 771, CPC).

Ressalve-se que o *executado* poderá a todo tempo **remir a execução** (pagar ou consignar o crédito), antes de adjudicados ou alienados os bens (arts. 826 e 902, CPC), "salvando-os" da expropriação, o que permitirá a extinção da execução pela satisfação do credor (art. 924, II, CPC).

A medida preferencial expropriatória é a ***adjudicação*** (*vide* arts. 880 e 881, CPC), provocando a transferência do próprio bem penhorado para o exequente, ou mesmo para outras pessoas expressamente indicadas – como os credores concorrentes que hajam penhorado o mesmo bem, além do cônjuge (e o companheiro), descendentes ou ascendentes do executado (art. 876, § 5º, CPC) –, por mero requerimento do interessado nos autos. A vantagem é a celeridade, já que não se terá a oferta pública do bem (que não se sabe sequer se terá arrematantes), sendo inexigível a publicação de editais. Uma possível desvantagem ao exequente deve ser assimilada caso o bem tenha sido avaliado em montante excessivo em comparação ao mercado, já que a adjudicação exige o respeito ao valor da avaliação.

Se não ocorrente a adjudicação do bem penhorado, outra medida expropriatória possível é a ***alienação por iniciativa particular*** (art. 880, CPC), mais uma vez sem a oferta pública do bem. Caracteriza-se pela iniciativa particular para localização de compradores, inclusive por intermédio de leiloeiro público credenciado perante a autoridade judiciária (art. 880, § 3º, CPC), para depois se permitir uma alienação judicial. Apurando-se um terceiro que pague o valor da avaliação ou o preço mínimo fixado pelo juiz, ter-se-á a vantagem da desnecessidade de publicação de editais. Tal medida pode ser requerida pelo exequente, como também pelo executado, por exemplo, dizendo conseguir um comprador pelo preço da avaliação. Isso é plenamente factível, já que o executado tem razões para preferir vender o bem a um terceiro que pague o "preço cheio" e, assim, impedir a realização do leilão judicial, quando o bem poderia ser arrematado eventualmente por valor até de 50% do bem. Até o terceiro adquirente se verá mais confiante em comprar um bem já penhorado pagando em juízo, para evitar o risco de ocorrência de fraude de execução.

Se não houver prévia adjudicação ou alienação por iniciativa particular, outra modalidade expropriatória – a qual se dedica precisamente este tópico – é a ***alienação em leilão judicial*** (arts. 881/903, CPC), através de oferta pública do bem, comumente denominada arrematação. Não é necessário convite. O leilão judicial nada mais é que uma licitação, onde os bens penhorados serão expropriados e incorporados ao patrimônio de quem os arrematar (adquirir), diante do maior lanço/oferta acima do valor mínimo, finalizada a disputa ("batido o martelo").

536 ■ *Petições e Prática Cível*

Exige-se a nomeação de **leiloeiro público**, verdadeiro auxiliar da justiça, sendo assegurada a sua indicação pelo exequente (art. 883, CPC), como reconhece a jurisprudência (STJ – REsp 1.354.974/MG, 2ª Turma, DJ 05/03/2013; TJ-RJ – 0040209-50.2016.8.19.0000, 10ª Câmara Cível, DJ 12/09/2016). Dentre as funções do leiloeiro, destacam-se a publicação do edital e a ampla divulgação da alienação (art. 887, *caput*, CPC), o que se vê favorecido quando se tenha um profissional com reputação no mercado e amplitude para atrair interessados. O leiloeiro tem o direito de receber do arrematante a comissão estabelecida em lei ou arbitrada pelo juiz (art. 884, parágrafo único, CPC c/c art. 24, Decreto nº 21.981/1932), que constará no edital que precede o leilão (art. 886, II, CPC).

O leilão judicial pode se dar de forma eletrônica ou presencial (art. 879, II, CPC), sendo preferencialmente realizado eletronicamente (art. 882, CPC), preenchidos os requisitos de ampla publicidade, autenticidade e segurança, com observância das regras estabelecidas na legislação sobre certificação digital (art. 882, § 2º, CPC).

Segundo a legislação, podem ser realizadas duas licitações, constando as duas datas no edital publicado com antecedência (art. 886, V, CPC). Em princípio, o primeiro leilão seguirá o valor da avaliação do bem penhorado; e, no segundo, terá como base de partida o valor de 50% da respectiva avaliação, sob pena de ocorrência do **vício de arrematação por preço vil** (arts. 891; e 903, § 1º, I, CPC), cujo conceito perde sua indeterminação (art. 891, parágrafo único, CPC). Entretanto, não se impede o juiz de, fundamentadamente, fixar *preço mínimo* de arrematação diverso (art. 885, CPC), algo que se não fixado não gera nulidade.

Não havendo arrematantes nas duas datas designadas, tem-se como possível requerer a designação de um *eventual terceiro leilão* (STJ – REsp 946.660/MS, 3ª Turma, DJ 1º/09/2011). Aliás, frustradas as tentativas de alienação do bem, será reaberta oportunidade para requerimento de adjudicação pelo credor, ou mesmo de realização de uma *nova avaliação* (art. 878, CPC), de maneira a aproximar a avaliação do valor de mercado do bem e evitar que o preço vil seja descaracterizado em virtude do fator inflacionário acumulado nesse entrementes (STJ – EDcl no Ag 1.365.203/RJ, 4ª Turma, DJ 21/06/2012).

O juiz poderá *adiar* o leilão judicial por prazo não superior a 1 ano, se verificado que o *imóvel de incapaz* não alcança em praça pelo menos 80% do valor da avaliação (art. 896, CPC), autorizando a locação neste interregno (art. 896, § 3º, CPC). Por outro lado, poderá *antecipar* o leilão judicial quando os bens estiverem sujeitos à deterioração ou depreciação, bem como houver manifesta vantagem (art. 852, CPC), sem que a lei tenha especificado a modalidade de expropriação.

Cabe esclarecer que algumas pessoas não podem participar do leilão judicial como **arrematantes**, como tutores e curadores sobre os bens confiados à sua guarda; leiloeiros e seus prepostos, quanto aos bens de cuja venda estejam encarregados; dentre outros (art. 890, CPC c/c art. 497, CC). No entanto, não havendo ressalva na legislação e por uma questão de igualdade, segue-se o raciocínio de que o próprio *exequente* que não quis adjudicar o bem poderá, num segundo leilão judicial, participar da licitação ofertando lanço inferior ao da avaliação, desde que supere a oferta dos outros licitantes concorrentes, e que não seja considerado preço vil. Feito isso, com a arrematação do bem pelo próprio exequente/credor, não precisará este exibir o preço (depositar o valor) se a dívida não tiver sido suportada pela hasta pública realizada (art. 892, § 1º, CPC): "*Legítima a arrematação de lote de bens penhorados pelo credor em segunda hasta pública em lanço inferior ao preço avaliado*" (STJ – REsp 325.291/MS, 4ª Turma, DJ 21/06/2001; como também STJ – REsp 1.006.387/SC, 3ª Turma, DJ 02/09/2010). Tal medida pode se demonstrar bem interessante ao credor.

Um fator relevante para legitimar a arrematação é a publicidade. Para interessados, a hasta pública deverá ser precedida da **publicação de edital**, que conterá a descrição do bem penhorado com suas características (art. 886, I, CPC); valor da avaliação, preço mínimo em que pode ser alienado, condições de pagamento, e, se for, o caso a comissão do leiloeiro designado (art. 886, II, CPC); indicação do local para o leilão presencial (arts. 886, IV; e 882, § 3º, CPC); alerta sobre a possibilidade de realização de um segundo leilão, caso o primeiro reste sem licitantes (art. 886, VI, CPC); e sobre a existência de ônus sobre o bem, ou ação judicial pendente sobre os bens (art. 868, VI, CPC), sob pena de nulidade da arrematação (art. 903, § 1º, I, *in fine*, CPC).

O edital será publicado na rede mundial de computadores, em sítio designado pelo juízo da execução, com informação da realização eletrônica ou presencial do leilão (art. 887, § 2º, CPC). Se não for possível a publicação na rede mundial de computadores, bem como considerando o juiz que tal meio de divulgação é insuficiente ou inadequado, o edital será afixado em local de costume e publicado, em resumo, pelo menos uma vez em jornal de grande circulação local (art. 887, § 3º, CPC). O formato de publicidade é maleável, podendo o juiz mandar o edital ser publicado em local de grande circulação, ou em avisos em emissora de rádio e televisão local, conforme o caso (art. 887, § 4º, CPC). O edital sobre bens imóveis ou veículos automotores devem ser publicados, preferencialmente, na seção ou no local reservados à publicidade dos respectivos negócios (art. 887, § 5º, CPC).

Além da publicação do edital, constitui ato processual indispensável para a alienação judicial a *intimação prévia do executado*, cuja **comunicação processual** pode se dar através de seu advogado, ou, subsidiariamente, por carta registrada, mandado, edital ou outro meio idôneo (art. 889, I, CPC). Já se admitiu a sua intimação via hora certa sobre a realização da hasta pública, diante de apurada manobra procrastinatória (STJ – REsp 1.024.001/RJ, 3ª Turma, DJ 18/08/2009). Segundo a lei, se o executado for revel e não tiver advogado constituído, não constando dos autos seu endereço atual ou, ainda, não sendo ele encontrado no endereço constante do processo, a intimação considerar-se-á feita por meio do próprio edital de leilão (art. 889, parágrafo único, CPC).

Será eventualmente necessária a *intimação de outras pessoas*, como o coproprietário de bem indivisível do qual tenha sido penhorada fração ideal; o credor hipotecário; e o credor que tenha penhora anteriormente averbada (*vide* art. 889, CPC), justamente para garantir o exercício dos respectivos direitos. Em geral, um bom leiloeiro público dará plena informação sobre os requisitos a serem preenchidos para que o leilão judicial se dê de forma válida e eficaz, sem risco de retrocessos.

538 ■ *Petições e Prática Cível*

Quanto ao **processamento e aperfeiçoamento do leilão judicial**, após a realização da hasta pública, será lavrado o *auto de arrematação*, podendo abranger bens penhorados em mais de uma execução (art. 901, CPC), sendo assinado pelo juiz, pelo arrematante e pelo leiloeiro, o que a tornará *perfeita, acabada e irretratável* (art. 903, CPC). Após, não mais poderá o executado remir a execução (art. 902, CPC), em proteção aos direitos do arrematante, o qual adquiriu o bem em procedimento legal conduzido por um magistrado (STJ – AgRg no REsp 844.532/SP, 6ª Turma, DJ 18/11/2008).

A existência de **vícios** pode fazer com que a arrematação seja *invalidada*, quando realizada por preço vil ou com outro vício (art. 903, § 1º, I, CPC); considerada *ineficaz*, se não respeitado o art. 804, CPC, que versa sobre a intimação do credor pignoratício, hipotecário ou anticrético, quando o bem esteja assim gravado (art. 903, § 1º, II, CPC); ou *resolvida*, se não for pago o preço ou se não for prestada caução (art. 903, § 1º, III, CPC).

Se provocado em até 10 dias após o aperfeiçoamento da arrematação, por *simples petição* (**defesa não mais veiculada como "embargos à arrematação"**) o juiz decidirá acerca de vícios na arrematação (art. 902, § 2º, CPC). Ultrapassado esse prazo, será expedida a carta de arrematação e, conforme o caso, a ordem de entrega ou mandado de imissão na posse (art. 903, § 3º, CPC). Feito isso, a invalidação da arrematação somente poderá ser pleiteada por *ação autônoma*, em cujo processo o arrematante figurará como litisconsorte necessário passivo (art. 903, § 4º, CPC).

O arrematante deve demonstrar o **pagamento** *"de imediato"*, por depósito judicial ou meio eletrônico, salvo pronunciamento judicial em sentido diverso, flexibilizando a referida regra (art. 892, CPC). Cabe destacar que é admissível o *parcelamento do pagamento*, desde que seja apresentada proposta, *por escrito*, e *antes* da realização do leilão (art. 895, CPC), com oferta de lance à vista de pelo menos 25% e o restante parcelado em até 30 meses, garantido por caução idônea, quando se tratar de móveis; e por hipoteca do próprio bem, quando se tratar de imóvel (art. 895, § 2º, CPC). A apresentação desta proposta não suspende o leilão (art. 895, § 6º, CPC) e não prevalece sobre a proposta de pagamento à vista (art. 895, § 7º, CPC).

Então, será expedida a ordem de entrega do bem móvel ou a carta de arrematação do bem imóvel (art. 903, § 3º, *in fine*, CPC), formalizando a aquisição do bem pelo arrematante Se imóvel, impõe-se levar a registro, com o que o arrematante adquirirá a propriedade do bem (art. 1.245, CC).

Findará a execução pela entrega do dinheiro ao exequente (art. 904, II, CPC), até o limite do seu crédito atualizado, incluindo consectários como custas judiciais e honorários de advogado. A expedição de mandado de levantamento pode ser substituída pela transferência eletrônica do valor depositado em conta vinculada ao juízo para outra indicada pelo exequente (art. 906, parágrafo único, CPC). Sobrando dinheiro, restituir-se-á ao executado o saldo (art. 907, CPC).

Havendo vários credores perseguindo um bem específico do patrimônio do executado, ocorrerá o chamado **concurso singular de credores** (art. 908, CPC), em análise das preferências legais existentes, fazendo com que não seja possível simplesmente liberar o valor ao exequente. Difere do chamado *concurso universal de credores*, pois neste último estes concorrem em relação a todo o patrimônio do executado insolvente (*v.g.*, art. 748, CPC/1973, mantido pelo art. 1.052, CPC). Em explicação: "*1. Havendo duas execuções movidas contra o mesmo devedor, com pluralidade de penhoras sobre o mesmo bem, instaura-se o concurso especial ou particular, posto não versar o mesmo a totalidade dos credores do executado, nem todos os seus bens, o que caracterizaria o concurso universal*" (STJ – REsp 501.924/SC, 1ª Turma, DJ 04/11/2003). Nos dois casos, há de se perquirir a primazia de pagamento, mas, no concurso singular de credores, os credores quirografários (sem garantia material) receberão conforme sua preferência de caráter processual (realização da penhora em primeiro lugar).

O concurso singular constitui um incidente processual entre os credores, em que não participa o devedor, cuja decisão poderá ser atacada por agravo de instrumento (arts. 909 e 1.015, parágrafo único, CPC). A competência é do juízo da execução que detém à sua disposição o produto da arrematação, que ordenará os pagamentos de acordo com os títulos de preferência apresentados (art. 908, CPC).

Sobre a **primazia de pagamento**, em primeiro lugar se analisa (i) a *natureza do crédito*, em razão da existência da gradação vertical que o envolve, em virtude da opção legislativa de resguardo de determinados interesses e valores jurídicos considerados importantes. Daí, ficam na frente os créditos trabalhistas, fiscais (art. 186, CTN), além daqueles que haja hipoteca, penhor, dentre outros (arts. 957/961, CC). Em visualização: "*1. O **crédito trabalhista** prefere a todos os demais, independentemente da existência de penhora na reclamação trabalhista. 2. Se em outra execução há alienação do bem penhorado, cede a preferência para atender ao credor trabalhista que **goza da preferência das preferências**. 3. A preferência de direito processual não tem a força para sobrepor-se à preferência de direito material. Precedentes*" (STJ – REsp 1.180.192/SC, 2ª Turma, DJ 16/03/2010).

Após o crédito trabalhista, goza de preferência o crédito tributário perante o condominial e o hipotecário, nessa ordem (Verbete Sumular nº 276, TJ-RJ: "*O crédito tributário prefere ao condominial e este ao hipotecário*"). No mesmo sentido: "*4. A jurisprudência do STJ orienta que o crédito resultante de despesas condominiais tem preferência sobre o crédito hipotecário. 5. No concurso singular de credores, o crédito tributário prefere a qualquer outro, inclusive ao crédito condominial, ressalvados apenas aqueles decorrentes da legislação do trabalho ou do acidente de trabalho*" (STJ – REsp 1.580.750/SP, 3ª Turma, DJ 19/06/2018). O crédito relativo a *cotas condominiais* (obrigação *propter rem*), porque constituído em função da utilização da coisa ou para evitar seu perecimento, prefere ao crédito hipotecário (Verbete Sumular nº 478, STJ: "*Na execução de crédito relativo a cotas condominais, este tem preferência sobre o hipotecário*").

Outro critério é a primazia decorrente da (ii) *anterioridade de penhora* (princípio do *prior tempore, portior iure*, ou seja a penhora anterior prevalece sobre a posterior), onde entram os credores quirografários, sem garantia, de acordo com a ordem de realização da penhora ou mesmo do arresto (arts. 797 e 908, § 2º, CPC). Tal título de preferência de caráter processual não cede caso realizada outra penhora/gravame sobre o bem (art. 797, parágrafo único, CPC).

O segundo credor penhorante só exercitará seu direito após a satisfação do credor da primeira constrição judicial e se sobrar valor.

Finalmente, alguns pontos devem ser esclarecidos sobre a situação do **arrematante de imóvel em leilão judicial**. Sobre a incidência do princípio da **evicção**: a legislação civilista prega que *"subsiste esta garantia ainda que a aquisição se tenha realizado em hasta pública"* (art. 447, CC), salvaguardando o interesse do arrematante, caso se demonstre que o bem pertence a um terceiro alheio ao processo (*vide* art. 675, *in fine*, CPC). Embora a ausência de natureza negocial da arrematação (isso porque não haveria tecnicamente a venda de um bem, mas execução forçada), prevalece a exegese de que aqui deve ser reconhecida uma garantia equivalente à evicção contratual, para que o evicto (arrematante) recupere o preço indevidamente pago, evitando um enriquecimento sem causa de quem quer que seja.

Quanto aos **vícios redibitórios** (ocultos), ao contrário, não há lugar para reclamações do arrematante, afinal realizada uma alienação forçada, e não uma mera transferência negocial de caráter consensual a ensejar a aplicação de tal regime de garantia. Por exemplo, o arrematante assume os riscos decorrentes da arrematação, não sendo cabível, depois, pleitear indenização pelos gastos que efetuou para o conserto do veículo arrematado (nesse sentido: TJ-RJ – 0372860-06.2009.8.19.0001, 2ª Câmara Cível, Des. Alexandre Freitas Câmara, DJ 12/04/2011). É o melhor posicionamento até porque usualmente o edital do leilão judicial faz constar que os bens serão alienados no estado em que se encontram, isentando responsabilidades por vícios, ocultos ou não.

No que concerne à **responsabilidade tributária** relacionada a *eventual dívida de IPTU (art. 156, I, CRFB) ou ITR (art. 153, VI, CRFB) já incidente sobre o imóvel arrematado em hasta pública,* cabe esclarecer que tal forma de alienação judicial revela um *modo originário de aquisição da propriedade*, sem natureza contratual e não caracterizando sucessão; nesse caso, a subrogação ocorre sobre o respectivo preço (art. 130, parágrafo único, CTN), passando ao arrematante o imóvel arrematado livre e desembaraçado dos encargos tributários, exceto ressalva no edital. Isso significa que o valor disponibilizado pelo arrematante servirá para pagar o débito tributário, não ficando o o arrematante responsável pelo eventual saldo devedor: *"3. A arrematação em hasta pública extingue o ônus do imóvel arrematado, que passa ao arrematante livre e desembaraçado de tributo ou responsabilidade, sendo, portanto, considerada aquisição originária, de modo que os débitos tributários anteriores à arrematação sub-rogam-se no preço da hasta. Precedentes (...) 4. (...) o crédito fiscal perquirido pelo fisco é abatido do pagamento, quando da praça, por isso que, encerrada a arrematação, não se pode imputar ao adquirente qualquer encargo ou responsabilidade"* (STJ – REsp 1.179.056/MG, 2ª Turma, DJ 07/10/2010).

Por sua vez, uma vez arrematado o imóvel em leilão judicial e, permanecendo existente algum **débito condominial**, este deverá ser pago com o produto da arrematação, em prejuízo do antigo proprietário. O arrematante recebe o bem de forma direta, livre e desembaraçada de qualquer ônus e sem estabelecer qualquer relação com o antigo proprietário, responsabilizando-se, apenas, com as obrigações estabelecidas no respectivo edital: *"I.*

Se a dívida constou do edital de praça, o arrematante é responsável pelos débitos condominiais anteriores à arrematação, caso contrário, poderá ser feita a reserva de parte do produto da arrematação para a quitação da mesma. Precedentes" (STJ – EDcl no REsp 1.044.890/RS, 3ª Turma, DJ 02/12/2010; TJ-RJ – 0040770-40.2017.8.19.0000, 5ª Câmara Cível, DJ 07/11/2017). Porém, *se não constar no edital*, não pode o arrematante ser responsabilizado pelas despesas condominiais anteriores à arrematação, pelo que poderá requerer que o produto da arrematação seja reservado para tal pagamento (STJ – REsp 1.297.672/SP, 3ª Turma, DJ 24/09/2013).

Bibliografia Sugerida

ALMEIDA, Diogo Assumpção Rezende de Almeida. *Recursos cíveis*. 2ª ed. Salvador: JusPodivm, 2020.

_____. *A contratualização do processo*: das convenções processuais no processo civil. São Paulo: LTr, 2015.

ALMEIDA, Marcelo Pereira. *Precedentes judiciais* – análise crítica dos métodos empregados no Brasil para a solução de demandas em massa. Curitiba: Juruá, 2014.

ARAUJO, Luis Carlos de. MELLO, Cleyson de Moraes. *Curso do novo processo civil*. Rio de Janeiro: Freitas Bastos, 2015.

ARAÚJO, José Henrique Mouta. *Mandado de segurança*. 8ª ed. Salvador: JusPodivm, 2021.

BEDAQUE, José Roberto dos Santos. *Efetividade do processo e técnica processual*. São Paulo: Malheiros, 2006.

BODART, Bruno Vinicius da Rós. *Tutela de evidência*. São Paulo: RT, 2014.

BUENO, Cassio Scarpinella. *Manual de direito processual civil*. São Paulo: Saraiva, 2015.

_____. *Novo código de processo civil anotado*. 1ª ed. São Paulo: Saraiva, 2015.

CABRAL, Antônio do Passo. CRAMER, Ronaldo (Coords.). *Comentários ao novo código de processo civil*. Rio de Janeiro: Forense, 2015.

CALAMANDREI, Piero. *Eles, os juízes, vistos por nós, os advogados*. 6ª ed. Lisboa: Livraria Clássica, 1960.

CÂMARA, Alexandre Freitas. *O novo processo civil brasileiro*. 6ª ed. São Paulo: Atlas, 2020.

CAPPELLETTI, Mauro; GARTH, Bryant. *Acesso à justiça*, tradução de Ellen Gracie Northfleet. Porto Alegre: Sérgio Antônio Fabris Editor, 2002.

CARNEIRO, Paulo Cezar Pinheiro. *Inventário e partilha*. Forense: Rio de Janeiro, 2019.

_____. *O novo processo civil brasileiro*. Forense: Rio de Janeiro, 2019.

CARNEIRO, Paulo Cezar Pinheiro. PINHO, Humberto Dalla Bernardina de. *Novo código de processo civil – anotado e comparado*. Rio de Janeiro: Gen Método, 2015.

CHINI, Alexandre; FLEXA, Alexandre; COUTO, Ana Paula; ROCHA, Felippe Borring; COUTO, Marco. *Juizados especiais cíveis e criminais*. Salvador: JusPodivm, 2018.

COUTURE, Eduardo. *Os mandamentos do advogado*. Trad. de Ovídio Batista da Silva e Carlos Otávio Athayde. Porto Alegre: Sergio Antonio Fabris Editor, 1979.

CRAMER, Ronaldo. *Precedentes judiciais – teoria e dinâmica*. Forense: Rio de Janeiro, 2016.

DESSAUNE, Marcos. *Teoria aprofundada do desvio produtivo do consumidor*: o prejuízo do tempo desperdiçado e da vida alterada. 2 ed. Vitória: Edição especial do autor, 2017.

DIDIER JÚNIOR, Fredie. *Curso de direito processual civil*, v. 1. Salvador: JusPodivm, 17ª ed., 2015.

DIDIER JÚNIOR, Fredie. BRAGA, Paula Sarno. OLIVEIRA, Rafael Alexandria de. *Curso de Direito Processual Civil*, v. 2. 10ª ed. Salvador: JusPodium, 2015.

DIDIER JÚNIOR, Fredie. CUNHA, Leonardo Carneiro da. *Curso de direito processual civil*, v. 3. Salvador: JusPodivm, 13ª ed., 2016.

FARIA, Márcio Carvalho. *A lealdade processual na prestação jurisdicional*: em busca de um modelo de juiz leal. RT: São Paulo, 2017.

FLEXA, Alexandre. MACEDO, Daniel. BASTOS, Fabrício. *Novo código de processo civil.* Salvador: JusPodivm. 2015.

GAJARDONI, Fernando da Fonseca; DELLORE, Luiz; ROQUE, Andre Vasconcelos; OLIVEIRA Jr., Zulmar Duarte de. *Processo de conhecimento e cumprimento de sentença*: comentários ao CPC de 2015. 2ª ed. São Paulo: Método, 2018.

GRECO, Leonardo. A tutela da urgência e a tutela da evidência no Código de Processo Civil de 2014/2015 In: *Revista Eletrônica de Direito Processual Civil – REDP*, v. XIV, 2014. Disponível em: <http://www.redp.com.br/edicao_14.htm>. Acesso em: 13 jun. 2015, às 11:56 h.

_____. A crise no processo de execução. In: *Estudos de direito processual.* Faculdade de Direito de Campos, 2005, p. 07-88.

_____. A reforma do poder judiciário e o acesso à justiça. In: *Estudos de Direito Processual.* Faculdade de Direito de Campos, 2005, p. 583-621.

HARTMANN, Guilherme Kronemberg. *Competência no processo civil:* da teoria tradicional à gestão judicial da competência adequada. Salvador: JusPodivm, 2021.

_____. Convenções processuais sobre a competência: análise da cláusula de eleição de foro. In: *Coleção Grandes Temas do novo CPC*, v. 1: Negócios Processuais. Antonio do Passo Cabral; Pedro Henrique Nogueira (Coords.). Salvador: JusPodivm, 2020, p. 293/308.

_____. Reclamação no âmbito do CPC/2015 e sua faceta de controle da observância de precedentes. *Revista da EMERJ*, v. 21, n.1, ano 2019, jan./abr., p. 155/176.

_____. Complexidade da causa, inadmissibilidade ritual e o aproveitamento dos atos processuais praticados nos juizados especiais cíveis estaduais. In: *Coleção Repercussões do novo CPC*, v. 7 – Juizados Especiais. REDONDO, Bruno Garcia et al. (Coords.). 1. ed. Salvador: JusPodivm, 2016.

_____ et al. A reforma do direito probatório no processo civil brasileiro – Anteprojeto do grupo de pesquisa 'Observatório das reformas processuais da Faculdade de Direito da UERJ' (versão preliminar). In: *Revista Eletrônica de Direito Processual Civil – REDP*, v. XIII, 2014. Disponível em: <http://www.e-publicacoes.uerj.br/index.php/redp/issue/view/828 >. Acesso: 20 abr. 2015, às 12:39 h.

HARTMANN, Rodolfo Kronemberg. *Curso completo de processo civil.* 6. ed. Niterói: Impetus, 2020.

_____. *Novo código de processo civil – comparado e anotado.* 3. ed. Niterói: Impetus, 2019.

HILL, Flávia Pereira. Breves comentários às principais inovações quanto aos meios de impugnação das decisões judiciais no novo CPC. In: *Processo nos tribunais e meios de impugnação às decisões judiciais* – coleção novo CPC: doutrina selecionada. 2ª ed. Salvador: JusPodivm, 2016, p. 487-512.

IWAKURA, Cristiane Rodrigues. *Princípio da interoperabilidade:* acesso à justiça e processo eletrônico. 1. ed. Belo Horizonte: Dialética, 2020.

LOPES, Mauro Luís Rocha. *Processo judicial tributário.* 10ª ed. Niterói: Impetus, 2019.

LOURENÇO, Haroldo. *Processo civil sistematizado.* 4 ed. Rio de Janeiro: Forense, 2018.

MADEIRA, Anderşon Soares; EVANGELISTA, Anderson Pereira; GUERRA, Lilian Dias Coelho Lins de Menezes; SANTOS, Marcelo Pereira dos. *Curso de direito de família*. 3 ed. Rio de Janeiro: Lumen Juris, 2017.

MARTINS, Danniel Adriano Araldi; PORTO, José Roberto de Mello. *Ações constitucionais – coleção sinopses para concursos*. Salvador: JusPodivm, 2020.

MASCIOTRA, Mario. *La conducta procesal de las partes*. Buenos Aires: Ad-Hoc, 2009.

MAZZOLA, Marcelo. *Tutela jurisdicional colaborativa*: a cooperação como fundamento autônomo de impugnação. Curitiba: CRV, 2017.

MELO, Marco Aurélio Bezerra de; PORTO, José Roberto de Mello. *Posse e usucapião*: direito material e direito processual. Salvador: JusPodivm, 2020.

MENDES, Aluisio Gonçalves de Castro; HARTMANN, Guilherme Kronemberg. A audiência de conciliação ou de mediação no novo código de processo civil. In: *Revista de Processo – REPRO*, ano 41, nº 253, mar./2016.

MENDES, Aluisio Gonçalves de Castro. *Incidente de resolução de demandas repetitivas*: *sistematização, análise e interpretação do novo instituto processual*. Rio de Janeiro: Forense, 2017.

MITIDIERO, Daniel. *Colaboração no processo civil*: pressupostos sociais, lógicos e éticos. São Paulo: RT, 2009.

MOREIRA, José Carlos Barbosa. Duelo e processo In: *Temas de direito processual*, série 8. São Paulo: Saraiva, 2004, p. 211-221.

_____. O processo, as partes e a sociedade In: *Temas de direito processual*, série 8. São Paulo: Saraiva, 2004, p. 29-40.

_____. Por um processo socialmente efetivo In: *Temas de direito processual*, série 8. São Paulo: Saraiva, 2004, p. 15-27.

_____. O neoprivatismo no processo civil In: *Leituras complementares de processo civil*. 6ª ed. Salvador: JusPodivm, 2008.

NALINI, José Renato. *Ética geral e profissional*. 8 ed. São Paulo: RT, 2011.

NEVES, Daniel Amorim Assumpção. *Manual de direito processual civil*. 8ª ed. Salvador: JusPodivm, 2016.

_____. *Novo código de processo civil comentado artigo por artigo*. 1ª ed. Salvador: JusPodivm, 2016.

NOOKIN, Robert Harris; PEPPET, Scott R.; TULUMELLO, Andrew S. *Beyond winning – negotiating to create value in deals and disputes*. Harvard University Press, 2004.

PASSOS, J. J. Calmon de. O magistrado, protagonista do processo jurisdicional? In: *Os poderes do juiz e o controle das decisões judiciais*. José Miguel Garcia Medida et al. (Coords.). São Paulo: RT, 2008.

PINHO, Humberto Dalla Bernardina de. *Direito processual civil contemporâneo*: processo de conhecimento, procedimentos especiais, processo de execução, processo nos tribunais, e disposições finais e transitória, 5ª ed. Rio de Janeiro: Saraiva, 2018. v. 2.

PINHO, Humberto Dalla Bernardina de; MAZZOLA, Marcelo. *Manual de mediação e arbitragem*. Saraiva: São Paulo, 2019.

POLITO, Reinaldo. *Seja um ótimo orador*. São Paulo: Saraiva, 2005.

REDONDO, Bruno Garcia. SANTOS, Welder Queiroz dos. SILVA, Augusto Vinícius e. VALLADARES, Leandro Carlos Pereira (Coords.). *Coleção repercussões do Novo CPC, v. 7 – Juizados Especiais.* 1ª ed. Salvador: JusPodivm, 2016.

ROCHA, Felippe Borring. *Manual dos juizados especiais cíveis estaduais.* 8ª ed. São Paulo: Atlas, 2016.

RODRIGUES, Marco Antonio. *Fazenda pública em juízo.* 4 ed. São Paulo: Atlas, 2016.

SANTANA, Alexandre Ávalo. ANDRADE NETO, José. *Novo CPC – Análise doutrinária sobre o novo direito processual brasileiro.* Campo Grande: Contemplar, 2015.

SILVA, Franklyn Roger Alves. *CPC/2015: perspectiva da defensoria pública.* 2 ed. São Paulo: JusPodivm, 2016.

SOUZA, Marcia Cristina Xavier de. *Juizados especiais fazendários.* Rio de Janeiro: Forense, 2010.

SOUZA, Sylvio Capanema de. *A lei do inquilinato comentada.* 9 ed. Rio de Janeiro: Forense, 2014.

TARTUCE, Fernanda; ROQUE, Andre; GAJARDONI, Fernando; DELLORE, Luiz; MACHADO, Marcelo; DUARTE, Zulmar. *CPC na jurisprudência.* Indaiatuba: Editora Foco, 2018.

TEMER, Sofia. *Incidente de resolução de demandas repetitivas.* 4ª ed. Salvador: JusPodivm, 2020.

THEODORO JUNIOR, Humberto. *Curso de Direito Processual Civil, v. I.* 56ª ed. Rio de Janeiro: Forense, 2015.

THEODORO JÚNIOR, Humberto. NUNES, Dierle. BAHIA, Alexandre Melo Franco. PEDRON, Flávio Quinaud. *Novo CPC– fundamentos e sistematizações.* 1ª ed. Rio de Janeiro: Gen Forense, 2015.

TUCCI, José Rogério Cruz e. *Tempo e processo:* uma análise empírica das repercussões do tempo na fenomenologia processual (civil e penal). São Paulo: Saraiva, 1997.

WOLKART, Erik Navarro. *Análise econômica do processo civil* – como a economia, o direito e a psicologia podem vencer a tragédia da justiça. RT: São Paulo, 2019.

ANOTAÇÕES

ANOTAÇÕES

ANOTAÇÕES

Av. Ernani do Amaral Peixoto, 507 – Loja 05
24.020-072 – Centro – Niterói – RJ
Telefax: (21) 2621-7007

www.impetus.com.br

Esta obra foi impressa em papel offset 75 grs./m^2